개정판

무역결제론

최정호·이제현

博 英 社

개정판 머리말

명품은 국가에 관계없이 지구촌에 살고 있는 사람들로부터 아낌없는 사랑을 받는다. 사람들이 명품을 좋아하는 이유는 명품은 사람들이 원하는 모든 것을 만족시키기 때문이다. 18개월 만에 개정판을 내면서 이 책은 독자들이 원하는 것을 얼마나 만족시킬 수 있을까? 라는 질문에 저자는 선뜻 무엇이라고 대답할 수가 없었다.

이 책의 부족한 점을 보완하려고 최선을 다했지만 완성된 원고를 보면 너무 부족하다는 느낌을 지울 수가 없었다. 괜히 개정판을 내어 출판사에게 누를 끼치지나 않을까 염려도 했다. 그 동안 부족한 이 책을 애독해 주신 독자들 분과 교과서로 채택해 주신 대학의 교수님께 깊은 감사를 드리며 그 분들께 죄송한 마음 금할 길이 없다. 명품은 그냥 만들어지는 것이 아니라 부단한 노력과 생산자의 혼이 담긴 열정으로 만들어진다는 단순한 사실을 가슴에 담고 이 책이 명품이 될 수 있도록 최선의 노력을 다해야 된다는 각오를 해본다.

1994년에 개정된 UCP가 다시 개정되어 2007년 7월 1일부터 시행에 들어갔기 때문에 부득이하게 개정하지 않으면 안 되었다. UCP 600은 UCP 500보다 대폭 개정되었다. 본 개정판에서는 UCP 600의 통일규칙 해설편과 관련 사례를 해당조항 끝에 알기 쉽게 설명하여 UCP 600을 잘 이해할 수 있도록 하였다.

현재 무역대금결제방식에서 신용장이 차지하는 비중은 20% 미만으로 그 사용률이 급격히 떨어져서 신용장은 중요하지 않다고 말하는 학자도 있지만 신용장은 무역대금결제수단으로서 여전히 중요한 기능을 하고 있다고 본다. 2002년부터 2005년 8월까지 우리나라 수출기업이 외국에 상품을 수출하고 수출대금을 회수하지 못한 금액은 8,027억원에 달해 무역대금결제방식이 무역에서 얼마나 중요한지를 강조하고 있다. 수출기업은 궁극적으로 수출대금을 수입기업으로부터 받아야 되고 받지 못하면 그 동안의 노력은 물거품이 된다.

무역업계에 종사하고 있는 모든 분들이 UCP 600을 정확하게 이해하여 UCP 600을 정확하게 이해하지 못함으로써 손해 보는 일이 없기를 기대한다.

끝으로 늘 자식을 위하여 기도하고 계신 두 어머님, 묵묵히 내조를 해 준 아내와 수형, 다영이에게도 감사를 드리며 책의 출간이라는 결실을 맺게 하여준 박영사 안종만 회장님을 비롯한 관계자분들에게도 감사를 드린다.

2007년 8월 24일

오정골에서 저자 씀

머 리 말

한국능률협회에 근무하다가 2003년에 학교에 왔다. 학교에 부임할 때 밤낮으로 책과 씨름하여 꾸준히 논문과 책을 쓰고 학생들을 위하여 헌신하겠다는 굳은 결심을 하였다. 학교에 부임하기 전에 교수는 연구와 가르치는 것이 최고의 덕목으로 알고 있었다. 그러나 막상 학교에 와 보니 가르치는 것뿐만 아니라 학생들의 미래도 함께 고민하면서 학생들의 취업도 연구 못지않게 중요하다는 사실을 깨달았다.

본 책이 학생들의 취업에 얼마나 도움이 될 것인지를 밤낮으로 고민하면서 한장 한장 원고를 완성하였다. 막상 책을 다 완성하고 보니 부족한 부분이 너무 많아서 어떻게 출판사에 원고를 넘길까 고민하였었다.

본 책은 무역결제에 관련한 것을 저술한 것이다. 1990년에 접어들면서 신용장 사용은 매년 감소하고 무신용장방식은 매년 증가하는 추세를 보이면서 전자결제방식도 등장하여 무역결제방식에 관련된 책을 다시 집필할 필요성을 느끼게 되었다. 신용장의 이용률이 과거에 비해서 큰 폭으로 떨어졌지만 그래도 무역거래에서 차지하는 중요성은 간과할 수 없기 때문에 신용장을 중심으로 전자결제방식과 eUCP 내용을 보완하여 전자결제방식에 대한 이해도를 높이도록 구성하였다. 또한 무신용장방식의 거래유형과 거래위험을 분석하여 무역거래방식을 종합적으로 분석하여 결정할 수 있는 균형감각을 가질 수 있도록 하였다.

무역거래는 전자서류이든 서면서류이든 반드시 서류를 필요로 한다. 신용장방식에 의한 무역거래는 수출자에게는 신용장에서 요구하는 조건과 일치한 서류를 제시할 시 대금회수의 안전성이 보장되어 있고, 수입자는 물품인도의 보장이 확보되어 수출입업자 모두를 만족시켜 주는 가장 진보된 대금결제방식이다.

그러나 실무적으로 많은 신용장을 접하고 보면 신용장방식은 매매당사자 모두에게 위험을 안고 있는 거래방식임을 실감케 되며, 특히 수입상의 입장에서는 더욱 위험을 안고 있다. 수입상의 위험이란 도착된 물품이 매매계약과 다르더라도 신용장의 조건과 일치한 서류가 제시되면 대금지급의 의무를 피할 수 없기 때문이다.

따라서 수입상은 이러한 위험을 제거하기 위하여 신용장 개설시 각 항목마다 최대한 자신에게 유리하도록 조건을 제시하며, 또한 각종 보충서류들을 요구하게 되는 것이다. 문제는 이러한 조건에 일치하는 서류를 제시하지 못할 경우 신용장은 대금결제기능으로서 의미가 없어지는 것이다.

최근의 무역거래는 그 형태가 갈수록 다양해지고 있으며, 따라서 신용장 또한 내용이 매우 복잡해져 전문가들로서도 서류작성에 대하여 선뜻 답하기가 어려운 경우가 많다. 이러한 신용장을 접하고 서류작성에 들어가면 어떻게 작성하고 표현해야 될지에 대하여 많은 고민을 하게 된다. 이러한 고민은 서류를 작성해 보지 않은 사람은 아마 잘 모를 것이다.

신용장에서 요구하는 조건과 일치하는 서류의 작성은 신용장에 대한 깊은 지식과 경험, 그리고 숙련된 기술을 필요로 한다. 동일한 신용장이라도 서류작성자의 표현방법에 따라 unpaid를 피할 수도 있고 반대로 당할 수도 있다.

NEGO서류작성은 무역거래의 flow에서 마지막 공정이며, 매우 전문적이고 또한 정성을 필요로 하고 있다. 서류작성 착오로 지급거절을 당해 막대한 손해를 본 사례는 얼마든지 찾아볼 수 있다. 일부 수입상의 경우 고의적으로 애매한 조항을 제시해 놓고 시황이 악화되면 서류하자를 사유로 물품인수를 거절하며, 가격의 할인을 통해 손실을 보전하려는 경우도 볼 수 있다.

본 책은 전자결제방식과 무신용장방식을 소개하고 신용장을 중심으로 전자서류나 서면서류를 작성을 위한 실무 지침서로서 뿐만 아니라 신용장에 대한 전문지식도 함께 편집하였다. 사례로 든 NEGO서류작성방법이 완벽하다고 말할 수는 없지만 신용장과 일치하는 서류라고는 말할 수 있다. NEGO서류는 신용장에서 요구하는 사항을 정확히, 그리고 간결하게 작성하는 것이 최선의 방법이다.

저자가 섬유업체와 컨설팅과 교육을 했던 관계로 섬유업체 위주의 신용장이 주로 인용된 점을 이해하여 주시기 바라며, 본 저서가 무역업체와 외환업무종사자, 한국무역의 미래를 이끌어갈 젊은이들에게 일부라도 도움이 되었으면 하는 바람을 가진다.

끝으로 늘 자식을 위해 기도하고 계신 부모님, 묵묵히 내조를 해준 아내와 자식들에게도 감사를 드리며 책의 출간이라는 결실을 맺게 하여준 박영사 안종만 회장님을 비롯한 관계자분들에게도 감사를 드린다.

2006년 2월

저자 씀

차　　　례

제 1 부　국제무역위험과 대금결제방식

제2부　신용장과 신용장 통일규칙 및 eUCP 해설

제1장　신용장의 특성

제3부 신용장실무론

제1장 신용장의 형식

제 1 부

국제무역위험과 대금결제방식

제 1 장

국제무역위험에 대한 개요

국제무역위험의 본질을 파악하기 위해서는 기업위험에 대한 이해가 선행되어야 한다. 기업위험의 종류와 특성을 토대로 국제무역위험에 대해 구체적으로 살펴보기로 한다.

제 1 절

국제무역위험의 특성

1. 정 의

수출입거래에서 수출입계약이 체결된 후에도 수출입기업은 많은 위험에 노출되어 있다. 수출입상이 일방적으로 수출입계약을 파기하거나 고의로 약정된 기일 내에 수출대금을 결제하지 않거나 수출상이 상이한 상품을 선적하는 경우가 있으며 수출입계약에서 합의된 사항을 제대로 이행하지 않을 수도 있다. 그리고 수입상의 파산으로 이미 수출한 상품의 대금을 회수할 수 없는 경우도 있고 수입국 내에서의 전쟁, 비상조치 등으로 외환거래가 제한되어 대금회수가 지연되거나 불가능해질 수도 있다. 이와 같이 국제무역위험은 수출입국의 환경변화와 수출입기업의 신용변동으로 이미 수출한 상품의 대금을 회수할 수 없거나 또는 수출한 상품의 품질이 불량하여 수출입기업 쌍방에게 경제적 손실을 초래할 위험을 의미한다.

국제무역위험의 정의를 세부적으로 분석해 보면 다음과 같다.

첫째, 국제무역위험은 수출입기업이 수출입활동에 참여함으로써 발생하는 위험의 일부분이다. 따라서 국제무역위험은 수출입활동에서 발생하는 다른 위험과 중복될 수 있다.

둘째, 국제무역위험은 [그림 1-1]에서처럼 수출입환경에서 발생하기 때문에 비상위험, 신용위험, 환위험, 운송위험으로 구성되는 위험을 말한다. 수출거래의 특성으로 형성되는 수출입환경은 수출입국과 수출입상의 측면으로 집약될 수 있다.

셋째, 국제무역위험은 각 수출입거래의 특성에 따라 위험의 형태가 다르게 나타난다. 수출입거래대상국, 수출입기업, 대금결제방법, 결제기간, 결제통화 등과 같은 국제무역위험으로 인한 수출입기업의 경제적 손실은 수출

[그림 1-1] 수출입환경과 국제무역위험

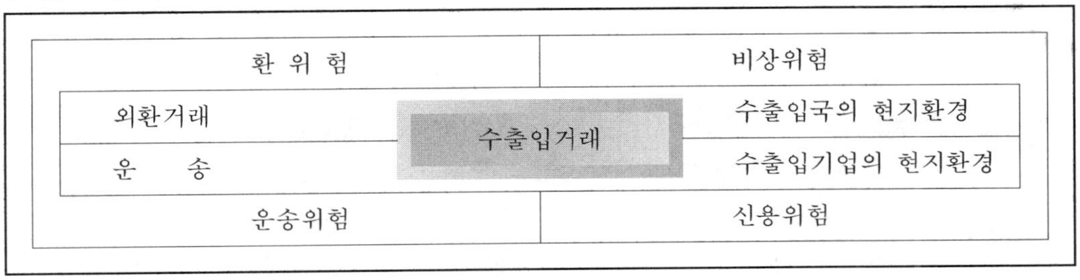

입계약 이행불능과 수출대금회수불능, 수입상품의 하자, 수입상품의 선적지연, 가격변동위험과 같은 형태로 나타난다.

2. 특 징

국제무역위험은 다음과 같은 특징을 갖고 있다.

첫째, 국제무역위험은 동태위험이다. 이 위험은 예상하기 어려운 외생적인 변수들에 의해 급변하는 특성을 갖고 있다.

둘째, 국제무역위험은 동시다발적인 위험이다. 위험의 동시다발성은 특정위험의 발생결과가 여러 집단 또는 행위에 동시에 영향을 미치게 됨을 의미한다. 즉 어떤 수입국이 외환거래를 제한하는 경우 그 나라와 결제하는 모든 수출기업들은 동일한 국제무역위험에 노출된다.

셋째, 국제무역위험은 손실강도가 매우 높게 나타날 수 있다. 국제무역위험은 일단 발생하면 수출입기업에게 큰 경제적 손실을 발생시킨다.

넷째, 국제무역위험은 동태위험과 기본위험의 성격을 함께 갖고 있다. 국제무역위험은 동태적으로 급변하는 환경이 조성됨으로써 발생하는 동태위험이다. 또한 거시경제적인 측면을 위험관리부분에 포함시키는 기본위험이기 때문에 개인적인 통제가 불가능하다.

다섯째, 국제무역위험은 개인이 보험으로 관리할 수 없기 때문에 대부분 국가에서 공영보험으로 관리한다. 이것은 국제무역위험의 동시다발적인 성격 때문에 손실보전을 위해서는 막대한 담보자금이 필요하고 대수의 법칙이 적용될 수 없어 개인의 보험관리대상이 될 수 없기 때문이다.

3. 발생과 종결시점

국제무역위험은 수출입거래에서 발생하는 위험이기 때문에 발생시기와 소멸시기는 각각 수출입거래의 수출입계약을 체결하는 시점과 수출물품의 인수와 수출대금이 결제되는 시점이 된다.

일반적으로 수출거래는 [그림 1-2]에서 제시된 흐름에 따라 이행된다. 수출거래의 이행과정에 따라 국제무역결제위험의 발생시점과 소멸시점을 보면 다음과 같다.

수출상은 해외시장조사를 통하여 수입거래선을 발굴하게 되고 수출원가계산을 통하여 수출단가를 산정한 다음 오퍼를 수입상에게 발송하게 된다. 오퍼를 받아본 수입상은 오퍼조건이 수입상에게 불리하면 이를 수정할 것을 요구하는 Counter Offer를 발송하게 된다. 수출상과 수입상이 오퍼를 서로 반복해서 주고 받은 다음 구체적인 수출거래내용이 확정된다. 그리고 이러한 내용을 문서화하기 위해 수출계약을 체결하면 법적 효력이 발생하게 된다.

이때 수출계약의 당사자들은 계약내용에 수출대금결제를 신용장방식으로 할 것인지 아니면 추심방식으로 할 것인지를 명시하게 된다. 이러한 수출계약의 조건에 따라 수입상은 신용장을 수출상에게 계약에서 합의한 방법으로 개설해야 한다. 수출상은 신용장을 인수한 후 여러 조건들이 계약에서 명시한 조건과 일치하는지 확인한 후 수출품 생산에 들어간다.

수출품이 생산되고 나면 동 제품을 계약에 명시된 선적항에서 명시된 기간을 준수하여 명시된 선박에 선적하고 신용장 또는 수출계약서에서 명시한 제반 서류를 작성하여 동 서류와 함께 개설은행 또는 수입상을 지급인으로 하는 환어음을 발행하여 수출대금을 회수하게 된다. 수출대금이 개설은행으로부터 매입은행으로 입금되었는지 수입상이 개설은행으로부터 환어음을 인수하였는지 입금확인을 해야 하고 입금이 완료된 경우 상품을 인수한 수입상이 동 상품에 대해 클레임을 요구하는지 등 사후관리와 거래선 관리를 통하여 수출거래가 종결되게 된다.

따라서 수출거래의 이행단계는 ① 수출계약이 체결되기 전의 수출활동, ② 수출계약이 체결되고 나서 수출대금결제가 완료되는 시점까지의 수출활동, ③ 사후관리활동으로 구분할 수 있다.

수출이행단계에서 볼 때 국제무역위험은 수출계약이 체결되는 단계에서

[그림 1-2] 수출거래의 절차

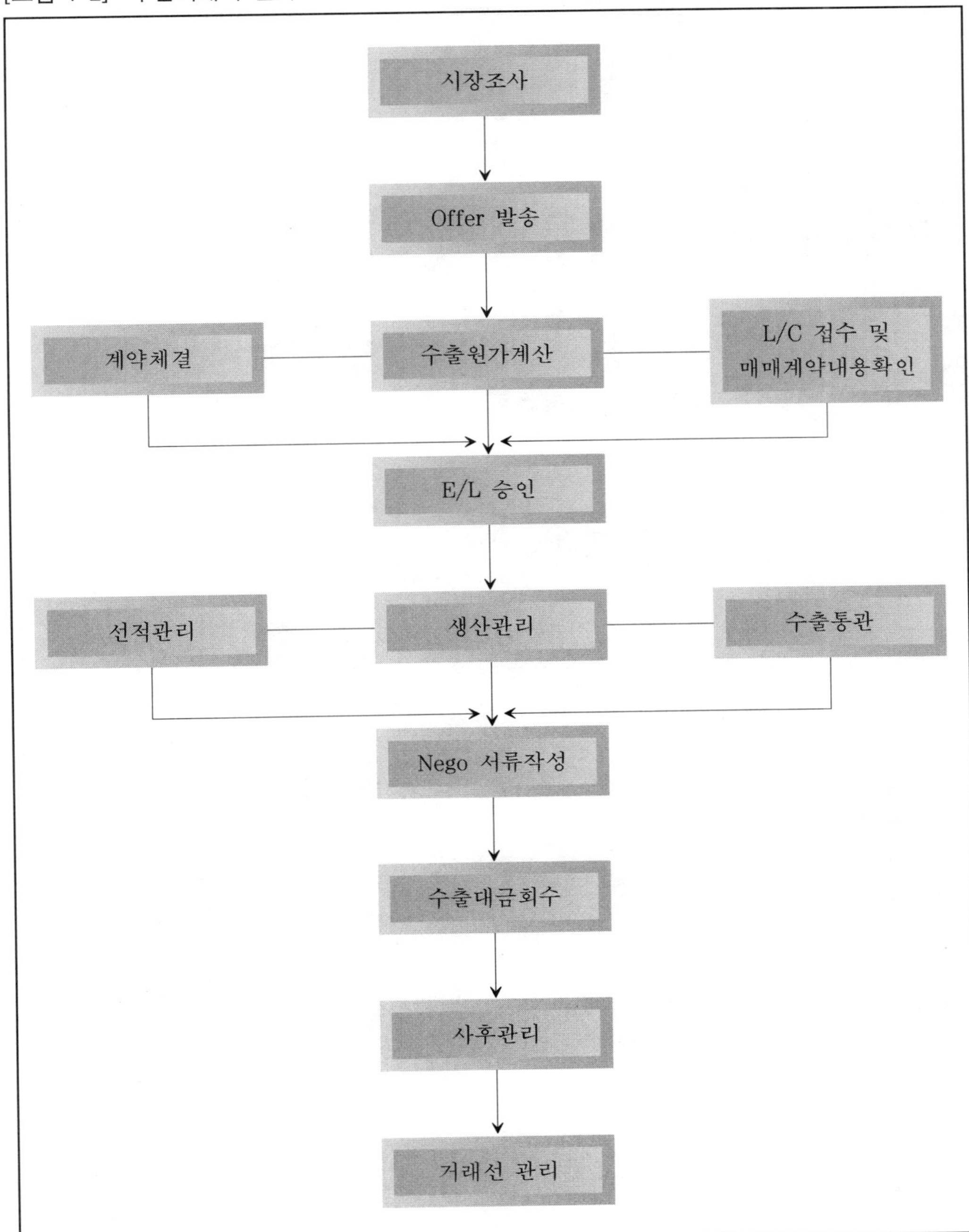

[그림 1-3] 수입거래의 절차

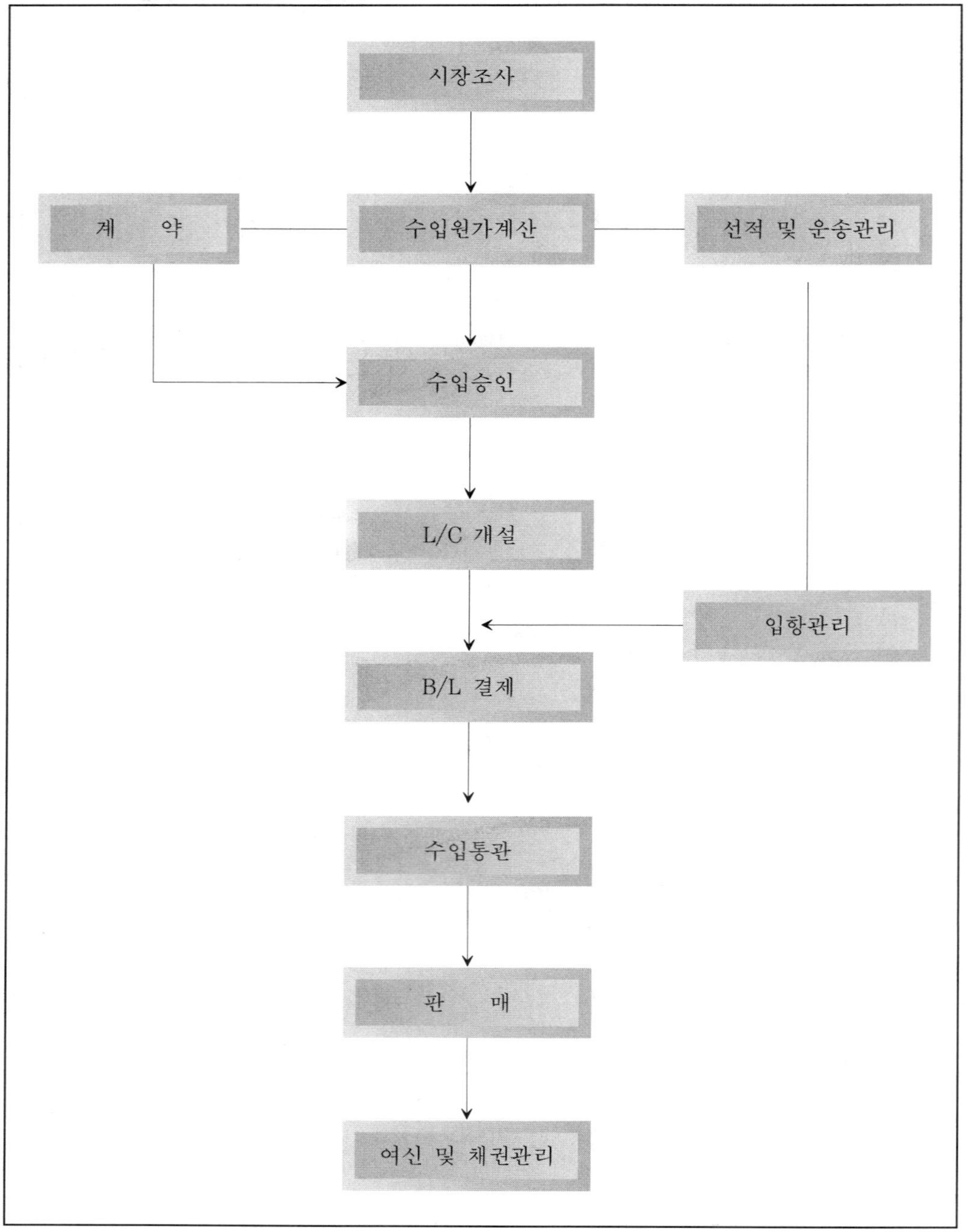

발생되고 수입상이 수출대금을 개설은행에 최종적으로 입금하거나 또는 환어음을 인수하는 시점에서 종결되게 된다.

수입거래는 [그림 1-3]에서 제시된 절차에 따라 진행된다. 수입상은 시장조사를 통해 국내판매거래선과 해외수출상을 조사하게 되고 수출상이 보내온 견적서를 근거로 국내판매단가를 산정하여 수출상과 매매계약을 체결한다. 수입승인과 매매계약에서 합의한 신용장을 개설하고 선적과 입항관리를 하게 된다.

수입상은 개설은행에 수입대금을 지급하고 선하증권을 받아 수입통관을 한다. 국내거래선에 수입된 상품을 판매하고, 판매된 상품의 대금지급조건에 따라 여신 및 채권관리를 한다. 수입상에서의 국제무역위험은 매매계약이 체결되는 시점에서 발생하여 판매상품의 대금을 받을 때 종결한다.

제 2 절 국제무역위험의 종류

국제무역거래에서 발생되는 국제무역위험을 살펴보면 다음과 같다.

1. 비상위험

비상위험(country risk)은 수출입거래에서 수출입계약 당사자들이 수출입계약을 이행하는 과정에서 명시된 사항을 이행하지 않음으로써 발생하는 것이 아니라 계약당사자들이 통제할 수 없는, 관련국가의 정세에 따라 발생하는 위험이다.

수출상은 외국의 수입상에게 상품을 수출함으로써 그 수입국의 정치, 경제제도에 영향을 받게 된다. 이러한 영향은 수입국의 정치변화와 경제제도의 변경으로 비상조치가 발생될 경우 이로 인한 경제적 손실이 발생할 가능성을 의미한다.

이와 같이 비상위험은 수출입계약 당사자의 귀책사유가 아닌 이유로 발생되는 수출입계약이행불능 또는 수출대금회수불능의 위험을 의미한다. 비상위험으로 수출상이 부담하게 되는 경제적 손실은 기체결된 수출계약이 이행되지 않음으로써 발생하는 기회비용의 상실과 추가비용의 부담이고 선적 후 수출상품이 수입상에게 인도된 후에 발생하는 수출대금의 상실이 이에 속한다.

비상위험을 발생시키는 주요원인은 수입국의 비상조치와 수입국과 무관한 제3국의 비상조치로 나누어 볼 수 있다. 국제거래에 대한 비상조치, 정치경제제도에 대한 비상조치, 기타 불가항력 등이 전자에 속한다. 반면에 후자는 수입국이 아닌 제3국에서 발생하는 국제거래와 정치경제의 비상조치로 인해 수출계약의 이행을 불가능하게 하거나 수출대금을 회수할 수 없게 되는 경우이다.

비상위험을 발생시키는 원인을 구체적으로 살펴보면 다음과 같다.

① 수입국 또는 지급국에서의 수입제한, 수입금지환거래의 제한 또는 금지, 관세인상 등 국제거래에 대한 비상조치
② 타국에서의 전쟁, 혁명, 내란 기타 이에 준하는 사유로 인한 환거래의 불능
③ 수입국에서의 전쟁, 혁명, 내란 또는 천재지변으로 인한 그 수입국의 수입불능
④ 수입국에서의 동맹파업, 불매운동 등 사회적 변혁
⑤ 수출국 밖에서 발생한 사유로 인한 수입국으로의 수송불능
⑥ 정부간 합의에 따른 채무상환연기협정 또는 지급국에 원인이 있는 외화송금지연

2. 신용위험

신용위험은 수출계약에 명시된 사항을 수입상이 이행하지 않음으로써 발생되는 수출상의 경제적 손실을 의미하며 수출거래에 있어서 수입상의 파산, 지급불능, 지급지체, 수출상품에 대한 수입상의 인수거절, 수입상 또는 개설은행의 신용악화 등으로 수출계약이 이행되지 못하거나 수출대금이 회수되지 않을 가능성으로 정의할 수 있다.

수출상은 수출상품을 선적한 후 개설은행 또는 수입상을 지급인으로 하는 환어음을 발행하여 수출대금회수에 들어가게 된다. 그런데 수입상이 환

[표 1-1] 신용위험의 종류와 정의

종 류	정 의
지급불능 (insolvency)	지급수취인의 계속적인 부주의로 인하여 수입상이 채무를 변제할 수 없는 상태를 말하며 수입상의 파산 등 법률상의 지급불능, 강제관리 등으로 인한 사실상의 지급불능으로 구분된다.
지급거절 (repudiation)	수입상이 수입대금채무 자체를 부인하여 고의적으로 수입대금지급을 거절하여 채무이행의 의무를 인정하지 않는 것을 말한다.
지급지체 (protracted default)	수입상이 상품을 인수후 수입대금지급을 지연시키는 경우로서 계약에 명시된 수입대금지급일로부터 6개월 이상 수입대금지급이 이루어지지 않는 것을 말한다.
인수거절 (nonacceptance)	환어음 지급인은 환어음의 만기일이 도래하면 정당하게 환어음을 인수하고 대금을 환어음 제시인에게 지급하여야 하는데 이러한 환어음의 인수의무를 하게 함으로써 환어음이 결제되지 않는 것을 말한다.

어음을 인수하지 않거나 인수한 후에 어음만기일에 환어음을 결제하지 않으면 신용위험이 발생하게 된다. 이와 같이 수입상이 계약이행의무를 태만히 하는 것은 수입상품의 국제가격이나 수입국 내의 판매가격이 폭락하여 큰 판매적자가 예상되기 때문에 여러 가지 이유를 들어 수출대금결제를 회피하는 것을 말한다.

수입상의 귀책사유로 신용위험이 발생되면 수출상은 수출대금을 회수하기 위해 수입상을 법에 기소하는 방법이 있지만 수입상의 경제적 능력이 이미 상실되었기 때문에 큰 효과를 기대하기는 어렵다. 신용위험을 구체적으로 분류해 보면 [표 1-1]과 같다.

신용위험은 수출거래에서 다음과 같은 유형으로 나타난다.

① 수출계약이 체결된 후 수입상의 일방적인 계약파기
② 수출계약에서 명시된 기간 내에 신용장을 개설하지 않는 것
③ 수출계약에서 명시된 선수금을 장시간 지연시키는 것
④ 환어음의 인수거절, 즉 수출상이 수출계약에 명시된 대로 상품을 선적하고 개설은행 또는 수입상을 지급인으로 하는 환어음을 발행하여 환어음의 인수를 위해 제시하였으나 정당한 이유없이 수입상이 환어

음의 인수를 거절하는 것

⑤ 계약상품을 인수한 후 대금결제를 지연하는 것으로 단기거래에서는 1개월 이상, 중장기 거래에서는 6개월 이상 지급을 지연시키는 경우

지금까지 살펴본 바와 같이 ①, ②, ③은 주로 수출계약의 이행불능을 초래하는 위험이고 나머지는 신용위험을 야기시킨다.

3. 운송위험

국제무역은 국가간의 상거래를 통한 상품의 이동을 의미한다. 운송위험은 매매계약에 명시된 수출상품이 수출지역에서 매매계약에 명시된 수입상의 최종목적지까지 운송하는 과정에서 발생하는 제반 위험을 말한다.

운송위험은 운송방법에 따라 육상운송위험, 항공운송위험, 내수로운송위험, 해상운송위험, 복합운송위험으로 나눌 수 있다. 국제무역은 대부분 선박에 의해서 이루어지고 있다. 따라서 운송위험은 해상운송과정에서 발생할 수 있는 화재, 침몰, 좌초 등과 같은 해상고유의 위험과 인간의 과실 등으로 인한 위험을 말한다.

4. 환 위 험

수출상과 수입상은 어느 나라 통화로 수출입대금을 지급할 것인가를 매매계약에서 약정하게 된다. 수출입매매계약에서 약정했던 당시의 환율이 변동함에 따라서 발생되는 위험이 환위험이다. 환율변동은 수출상에게 환차익을 수입상에게 환차손을 또는, 수출상에게 환차손을 수입상에게 환차익을 필연적으로 동반하게 된다.

5. 상업위험

국제무역은 국가와 국가간에 상품의 매매하는 상거래를 말한다. 즉 서로 다른 국가간에 거주하는 수출상과 수입상이 상거래를 통해서 이익을 추구하는 경제활동이다.

수출상이 수입상에게 상품을 판매하는 시점과 수입상이 수입지역에서 제3자에게 상품을 판매하는 시점에서의 가격변동에 따라 발생하는 위험을 상업위험이라고 한다. 수출상이 수입상에게 상품을 판매한 후 가격이 상승하면 수출상은 손해를 보게 될 것이고 반대로 가격이 하락하면 수입상이 손해를 입게 될 것이다.

수입상이 수입국에서 수입상품을 판매한 시점에서 국내판매가격이 상승하면 상승한 만큼 이익이 발생하고 반대로 판매가격이 하락하면 그만큼 손실을 보게 될 것이다.

수입가격은 수출상이 제시한 조건으로 국내에서 상품을 판매할 수 있는지 국내유통구조와 법규 등 제반 사항을 조사하게 된다. 수출상이 제시한 가격으로 국내판매단가를 산정하고 수입계약을 체결한다.

제 2 장

무역대금결제방식과 국제무역위험

국제무역 대금결제방식은 수출입거래의 당사자인 수출상과 수입상이 대금결제조건을 어떻게 정하느냐에 따라 결정된다. 수출입상이 다른 무역거래조건에 합의하고도 무역대금결제조건을 놓고 장시간 협상을 하는 경우가 허다하며 심지어 무역대금결제조건 때문에 무역거래 자체가 무산되는 경우도 빈번하게 발생한다.

그 이유는 수출입상의 이해관계가 다르기 때문이다. 수출상이 수출계약을 성사시키려고 지나치게 무역대금결제조건을 양보하면 수출대금을 회수하지 못할 국제무역위험에 직면할 수 있다. 따라서 수출상은 가장 빠르고 안전한 방법으로 수출대금을 회수하려고 하는 반면에 수입상은 무역대금의 지급시기를 가능한 한 늦추면서 시황이 불리하게 전개되면 자신을 보호하려는 방안을 강구하게 된다.

국제무역 대금결제방식은 수출입거래 당사자인 수출입상의 합의에 따라 결정되기 때문에 매우 다양하다. 본 장에서는 일반적으로 국제무역 대금결제방식으로 수출입상이 사용하고 있는 송금결제방식(Remittance Basis)과 추심결제방식(Documentary Collection), 포피팅(Forfeiting) 결제방식, 국제팩토링(Factoring) 결제방식으로 한정하여 수출입상에게 어떠한 국제무역위험을 수반하는지 분석하기로 한다.

제 1 절 송금결제방식과 국제무역위험

수출상이 수출상품을 수입상에게 인도하기 전 또는 인도한 후, 인도와 동시에 수입상이 수입대금을 수출상에게 송금하여 무역대금을 결제하는 방식을 송금결제방식이라고 한다. 이 방식은 수출상이 수입상에게 수출상품을 인도하는 시점에 따라 세 가지로 구분된다.

1. 사전송금방식

1) 사전송금방식과 국제무역위험

수출상이 수출상품을 선적하기 전에 수입상이 먼저 수입대금의 전액을 수출상에게 결제한 후 수출상은 매매계약에 명시된 수출상품을 약정된 기간에 선적하는 방식이다.

이 국제무역 대금결제방식은 수출상에게 있어서 무역위험이 전혀 발생하지 않고 수입상에게 일방적으로 무역위험이 발생할 가능성이 매우 높다. 수출상은 수출상품을 선적하기 전에 선불로 수출대금을 받았기 때문에 수출대금을 회수하지 못할 무역위험에 전혀 노출되어 있지 않다.

반면에 수입상은 매매계약에서 명시된 수입상품이 선적되기 전에 수입상품대금을 선불로 지급하였기 때문에 수출상이 매매계약에 명시된 상품을 선적할 것인가?, 수출상이 파산하여 제대로 상품을 선적할 것인가?, 수출상이 선불받은 수출상품대금을 갖고 도주할 가능성 등과 같은 무역위험들이 수입상에게 있어서 발생할 가능성이 매우 높다.

따라서 본 국제무역 대금결제방식은 수출상의 신용을 근거로 이루어지기 때문에 수출상의 신용이 불량할 경우 수입상이 국제무역 대금결제방식으로 선택하기 어려운 결제방식이다.

2) 송금환에 의한 결제

(1) 송금환의 정의

국가간의 대금결제는 서로 다른 통화를 사용하고 있기 때문에 외국환어음·전신환·우편환 등의 외국환(foreign exchange)이라고 하는 신용수단을 이용하여 이루어지고 있다.

수입상은 외국환을 이용하여 수출상에게 수입대금을 지급하고 있다. 따라서 외국환거래는 수입국통화를 수출국통화로 환전해 주기 때문에 환율변동에 따른 환위험이 발생할 수 있고 수입국에서 발행한 외국환이 수출국에 도착하기까지의 표준우편일수 만큼 이자가 발생하기도 한다.

외국환은 자금이 채권자와 채무자 사이에 이동하는 방향에 따라 송금환과 추심환으로 나누어진다. 송금환(remittance)은 채무자가 채무금액을 외국환은행에게 원화 또는 외화로 지급하고 이를 외국환은행이 채권자에게 송금해 줄 것을 위탁하는 환거래를 송금환 또는 순환이라고 한다.

송금환은 외국환은행간의 지급지시방법에 우편송금환, 전신송금환 및 송금수표로 구분된다.

추심환(collection)은 채권자가 채무자 또는 은행을 지급인으로 환어음을 발행하여 채무자에게 환어음의 추심을 요청하는 환거래를 추심환 또는 역환이라고 한다.

신용장방식 및 D/A, D/P 방식의 거래에서 채권자인 수출상이 수입상과 은행을 지급인으로 환어음을 발행하여 수출대금을 회수하기 때문에 환어음은 그 성격상 추심환에 해당된다. 외국환은행이 고객에게 원화를 받고 외국환을 매도할 경우 매도환(selling exchange)이라고 하고 반면에 고객에게 원화를 주고 외국환을 매입할 경우에는 매입환(buying exchange)이라고 한다.

(2) 송금환의 종류

① 송금수표(Demand Draft) 송금수표는 수입상이 자기거래은행에게 수입대금을 송금수표로 발행해 줄 것을 요청하면 수입상의 거래은행은 해외 본·지점 또는 환거래취결은행을 지급은행으로 하고 수출상을 지급인으로 된 송금수표를 발행하여 수입상에게 인도한다. 그러면 수입상은 송금수표를 수출상에게 인도하고 수출상은 송금수표를 지급은행에게 제시하여 수출대금을 회수한다.

송금수표는 발행은행이 수출상에게 직접 인도하는 것이 아니라 수입상이 은행으로부터 받아서 수출상에게 인도하기 때문에 인도하는 기간 동안에 분실될 수도 있고 송금수표를 제시하는 자가 지급인인지 확인하기가 어려운 경우도 있다. 따라서 송금수표의 발행은행은 송금수표와 별도로 수표발행통지서를 수출국에 있는 지급은행에게 보내면 지급은행은 송금수표와 수표발행통지서를 상호대조하여 현금을 지급한다. 송금수표는 통상 은행이 발행한 은행수표(Banker's Check)가 이용된다.

② 우편송금환(Mail Transfer) 수입상은 수입대금을 거래은행에게 위탁하여 수출상에게 지급해 줄 것을 요청하면 거래은행은 수출국에 있는 외국환은행에게 수출상에게 수출대금을 지급하도록 지급지시서(payment order)를 우편으로 보낸다.

지급지시서를 받은 은행은 수출상의 신분을 확인한 후에 수출대금을 지급하고 동 금액을 지급지시은행의 예금계정에서 인출한다. 수입국은행이 우편송금환을 우편으로 수출국은행으로 보내기 때문에 분실과 우편일수만큼의 이자가 발생한다.

③ 전신송금환(Telegraphic Transfer) 전신송금환이 우편송금환과 다른

점은 지급지시를 전신으로 한다는 점이다. 수입상이 수입대금을 거래은행에 위탁하여 수출상에게 지급해 줄 것을 요청하고 거래은행은 수출국에 있는 외국환은행에 수출대금을 수출상에게 지급할 것을 전신으로 전송하면 외국환은행은 수출상에게 수출대금을 즉시 지급한다. 전신송금환은 수입국은행에서 수출국은행으로 전신으로 전송되기 때문에 분실과 이자가 발생하지 않기 때문에 무역거래에서 주로 사용되고 있다.

2. 사후송금방식

1) 서류상환불 결제방식(CAD: Cash against Documents)

서류상환불 결제방식은 수출상이 수출상품을 선적한 후 선적서류를 수출지역에 있는 수입상의 대리인에게 인도하면서 수출대금을 결제받는 방식이다.

수입상의 대리인은 수입상과의 대리인계약을 통해 수출지역에서 수입상을 위해 수입상이 원하는 상품을 수출상으로부터 구매해 주며, 이러한 구매행위는 전적으로 수입상의 이익을 위해서 이행된다.

수출상의 입장에서 보면 이 결제방식은 수출상이 수출상품을 생산하여 지정된 선박에 선적한 후 선적서류를 수입상의 대리인에게 제시한 후 수출대금을 결제받도록 되었기 때문에 수입상의 대리인이 수입상의 지시를 받아 선적서류의 인수를 거부하면 수출대금을 회수하지 못하는 무역위험에 노출되어 있다. 수출상은 기선적된 상품을 수입지역에서 회수하여 판매해야 하며 상품가격이 매매계약에 명시된 가격보다 하락한 경우 그 차액과 제반 비용을 부담해야 하는 무역위험에 직면해 있다.

반면에 수출지역에 있는 수입상의 대리인과 수출상이 공모하여 상품이 선적되지도 않았는데 수입대금이 결제될 수 있는 무역위험이 수입상에게 있어서 발생할 수도 있다.

2) 상품인도불 결제방식(COD: Cash on Delivery)

상품인도불 결제방식은 수출상이 수출상품을 선적한 후 선적서류를 수입지역에 있는 수출상의 대리인에게 송부하여 수출상품이 수입상이 지정한 장소에 도착하면 수입상이 상품을 검사한 후 매매계약에서 약정한 상품과 동일하여 동 상품을 인수하면 수출대금이 결제되는 방식이다.

수입상의 입장에서 보면 국내거래와 동일하다. 수입상은 수입된 물품을 확인하여 매매계약에서 약정된 물품과 동일한 경우에 물품을 인수하고 수입대금을 결제할 수 있기 때문에 무역위험에 전혀 노출되어 있지 않다.

수출상은 수출상품을 생산하고 수출지역에서 수출항까지 수출상품의 운송과 수출통관을 스스로 해야 하고 수출항에서 수입항까지 해상운송이나 항공운송을 이용하여 수출상품을 운송해야 한다. 또한 수출상은 수입통관뿐만 아니라 수입항에서부터 수입상이 지정한 장소까지 수출상품을 운송해야 한다. 따라서 수출상의 무역위험이 발생할 가능성이 매우 높은 결제방식이다.

3) 청산계정결제방식(Open Account)

청산계정결제방식은 수출입거래가 많은 수출입상이 매번 거래마다 수출입대금을 결제하면 그에 따르는 비용과 시간이 반복되어 발생하기 때문에 일정기간을 약정하여 그 약정기일이 도래하면 그 동안 발생된 수출입대금을 결제하는 방식이다. 수출상은 수입상이 수입대금을 결제하기 전에 미리 수출상품을 수입상에게 송부한 후에 수출대금을 수입상에게 요구한다.

본 결제방식에서 운송서류는 은행을 통해서 수입상에게 전달되지 않고 수출상이 직접 수입상에게 송부하기 때문에 무역위험이 그만큼 발생할 가능성이 높다. 또한 본 결제방식은 수출입거래 당사자의 신용에 근거해서 이루어지는 외상거래에 해당되기 때문에 수출입상이 서로 믿지 못하는 경우에는 이용되기가 어렵다. 결제수단으로는 개인수표(personal check), 은행어음(bankers draft), 우편환(mail transfer), 전신환(telegraphic transfer) 등이 사용된다.

제 2 절
추심결제방식과 국제무역위험

추심결제방식은 수출상이 수출상품을 선적한 후 수입상을 지급인으로 하는 화환추심어음을 발행하여 수입지역의 추심은행(collecting bank)에 추심을 의뢰함으로써 수출대금을 회수하는 것으로 운송서류의 인도조건에 따라

인수도 조건과 지급도 조건으로 구분된다.

1. 인수도 조건(D/A: Documents against Acceptance)

인수도 조건은 수출상이 수출상품을 생산하여 계약에 명시된 선적일자에 선적을 완료한 후 수입상을 지급인으로 하는 기한부 환어음을 발행하여 추심은행을 통해서 수입상에게 제시되면 수입상은 환어음에 대한 인수(acceptance)만으로 운송서류를 찾아간다.

즉, 수입상은 어음에 대한 지급의 약속으로 "accepted"라고 쓰고 서명, 날인함으로써 운송서류를 인도받을 수 있으며 어음만기일에 수입대금을 추심은행에게 지급하게 된다. 따라서 인수도 조건은 외상거래에 해당되며 수입상은 인도받은 운송서류로 상품을 운송회사로부터 찾아 판매한 후 그 대금으로 어음만기일에 결제하면 된다.

수출상은 만기일 후 수출대금을 추심은행을 통해서 지급받는다. 인수도 조건의 추심과정을 살펴보면 [그림 2-1]과 같다.

① 매매계약의 체결: 수출상은 수입상과 상품매매계약을 체결하고 수출대금은 인수도 조건으로 결제하기로 한다.

② 선적지시: 수입상은 수입에 필요한 모든 허가와 승인을 취득한 후 수출상에게 선적지시를 통지한다.

③ 선적완료: 수출상은 수출에 필요한 모든 허가와 승인을 취득한 후 약정된 선적기일 내에 명시된 선박에 선적을 완료하여 선하증권을 교부받고 기타 필요한 제반 서류를 구비한다.

④ 선적서류 및 어음제시: 수출상은 수입상을 지급인으로 하는 환어음을 발행하여 기타 선적서류와 함께 거래은행에 제시하여 수입상 앞으로 추심을 의뢰한다.

⑤ 선적서류 및 어음송부: 추심의뢰은행은 수출상이 제시한 제반 서류와 환어음을 수입상 지역에 있는 추심은행 앞으로 송부하여 추심을 의뢰한다.

⑥ 선적서류 도착통지: 수입상의 추심은행은 수입상에게 관계 선적서류와 환어음이 도착했음을 통지한다.

[그림 2-1] D/A조건의 구조

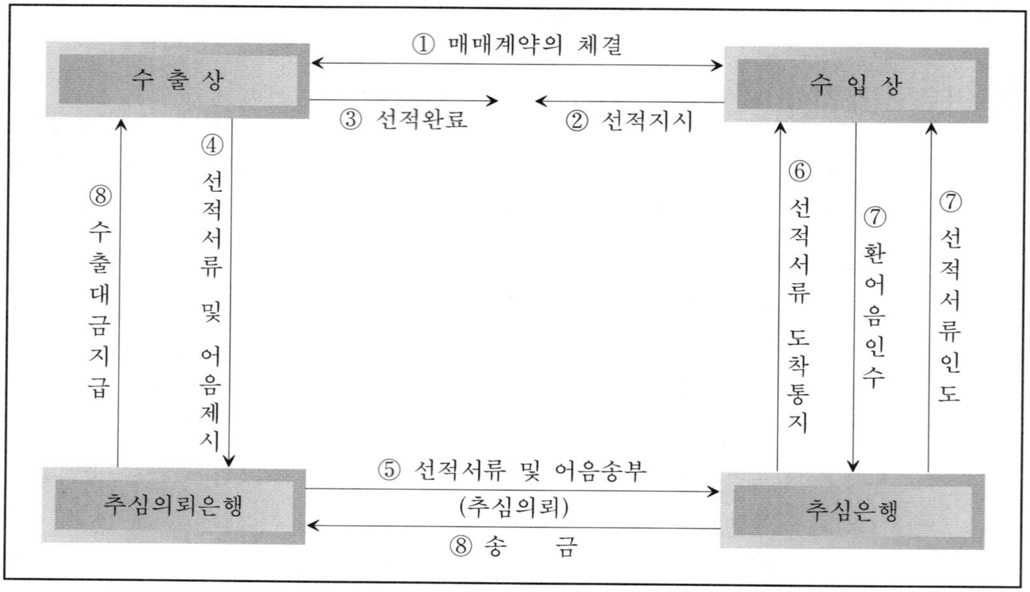

⑦ 환어음인수 및 선적서류입수: 수입상은 서류도착 통지에 따라 환어음을 인수하고 선적서류를 인도받는다.

⑧ 송금 및 수출대금지급: 수출대금은 추심은행, 추심의뢰은행을 통하여 수출상 앞으로 송금된다.

2. 지급도 조건(D/P: Documents against Payment)

지급도 조건은 수출상이 수출상품을 계약에 명시된 선적일자에 선적한 후 수입상을 지급인으로 하는 일람불 환어음을 발행하여 운송서류와 함께 수입상의 거래은행으로 송부하여 수출대금의 추심을 의뢰하면 추심은행은 수입상에게 어음을 제시하여 어음금액의 일람지급을 받고 운송서류를 인도하는 방식을 말한다.

지급도 방식에서 수입상이 추심은행에 수입대금을 반드시 지급해야만 추심은행은 수입상에게 운송서류를 인도한다. 만약 수입상이 환어음에 대한 지급을 거절하면 관계 서류는 수출상에게 반송된다. 지급도 조건의 추심과정을 살펴보면 [그림 2-2]와 같다.

[그림 2-2] D/P조건의 구조

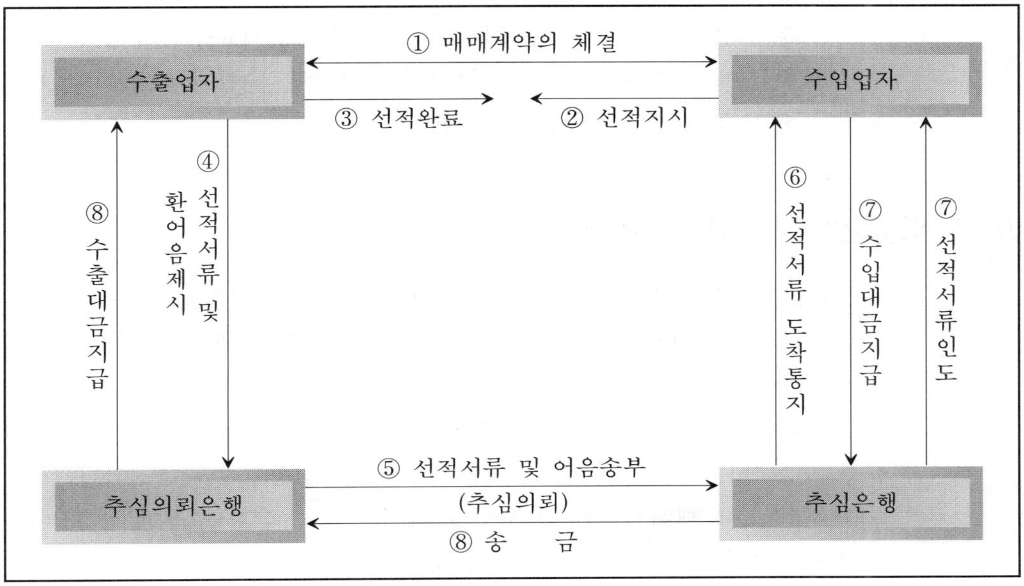

① 매매계약의 체결: 수출상은 수입상과 매매계약을 체결하고 수출대금은 지급도 조건으로 하기로 한다.

② 선적지시: 수입상은 수입에 필요한 모든 허가와 승인을 취득한 후 수출상에게 선적지시를 통지한다.

③ 선적완료: 수출상은 수출에 필요한 모든 허가와 승인을 취득한 후 수입상의 선적지시에 따라 수출상품을 선적한 후 선박회사로부터 선하증권을 발급받는다.

④ 선적서류 및 환어음제시: 수출상은 수입상을 지급인으로 하는 화환어음을 발행하고 운송서류와 함께 거래은행(추심의뢰은행)을 통하여 수입상으로부터 수출대금을 추심해 줄 것을 요청한다.

⑤ 선적서류 및 어음송부: 추심의뢰은행은 아무런 책임을 부담하지 않고 수입상 지역에 있는 추심은행 앞으로 운송서류와 환어음을 송부하면서 추심을 의뢰한다.

⑥ 선적서류 도착통지: 추심은행은 수입상에게 운송서류와 환어음이 도착한 사실을 통지한다.

⑦ 수입대금지급 및 선적서류입수: 지급인인 수입상은 수입대금을 추심은행에 지급하고 나서 추심은행으로부터 운송서류를 입수한다.

⑧ 송금 및 수출대금지급: 추심은행은 결제받은 수출대금을 추심의뢰은행을 통하여 수출상에게 상환한다.

3. 추심결제방식과 국제무역위험

무신용장방식에 의한 수출거래는 매매당사자간의 신용을 근거로 수출입거래가 성사되기 때문에 신용장방식에 비해서 다음과 같은 특성에 의해서 무역위험이 발생할 가능성이 높다.

첫째, 신용장거래에서는 개설은행이 수입상의 수출대금지급의무를 대신해서 지급확약을 하고 있지만 무신용장방식은 추심은행이나 추심의뢰은행이 수출대금지급에 대해서 어떠한 확약을 하지 않고 단순히 추심만 한다. 따라서 무신용장거래는 수출상이 오로지 수입상의 신용상태만 믿고 수출거래를 수행한다는 것을 의미한다.

둘째, 신용장거래에서 수입상은 신용장의 독립추상성 때문에 개설은행이 제시한 운송서류가 신용장의 조건과 일치하면 이 운송서류의 인수를 거절할 수 없다. 그러나 무신용장거래에서 수입상은 추심은행이 제시한 환어음과 운송서류의 인수를 얼마든지 거절할 수 있다. 이런 점에서 무신용장방식은 수출상에게 매우 불리한 결제방식이다.

수입상이 수출대금결제를 거절하면 운송서류는 수출상에게 반송되고 경우에 따라서는 수입항에 도착한 수출상품을 반송처리하든지 수입국에서 수출상이 판매처분해야 하는 경우도 발생한다. 인수도 조건에서는 수입상이 어음상의 인수만으로 운송서류와 수입상품을 운송회사로부터 찾을 수 있어 수출대금 미회수위험이 발생할 가능성이 매우 높다.

셋째, 신용장거래에서는 수출상이 발행한 화환어음의 지급인은 개설은행 또는 개설은행이 지정한 제3의 은행이 된다. 그러나 무신용장거래에서 수출상이 발행한 환어음은 지급인이 수입상으로 되어 있다. 즉 신용장거래에서는 발행된 환어음에 대한 지급보증을 개설은행이 하지만 무신용장방식에서는 수입상이 하기 때문에 지급상의 모든 책임은 수입상에게 있다.

추심결제방식은 거래의 이런 특성으로 인해 수출상의 입장에서 보면 수출대금 결제위험이 매우 높지만 수입상의 측면에서는 신용장개설에 따른 담보금을 제시할 필요가 없기 때문에 신용장방식보다 이 방식이 유리할 수 있다.

제 3 절 포피팅 결제방식과 국제무역위험

포피팅(Forfaiting) 결제방식은 수출상이 수출대금에 대한 채권을 포피팅 계약을 통하여 포피터에게 양도하고 포피터는 그에 상응한 대금을 수출상에게 지급하는 결제방식이다. 본 결제방식은 수출거래에 따른 환어음이나 약속어음을 소구권 없이 할인하여 신용판매를 현찰판매로 환원시키는 금융기법을 말한다. 포피팅은 소구권을 행사할 수 없다는 특징을 갖고 있다. 따라서 연지급어음을 소지한 당사자는 어음만기일에 어음지급인이 어음결제를 거부한 경우 그 이전에 어음을 소지한 자에게 소구권을 행사할 수 없다. 수출상은 포피팅 계약을 통해 포피터로부터 수출대금을 영수한 경우 수입상의 대금지급거절, 또는 연기와 같은 모든 무역위험으로부터 벗어날 수 있다. 반면에 수입상은 환변동위험과 상업위험에 노출되어 있다.

1. 포피팅의 거래절차

포피팅에는 수출상, 수입상, 포피터, 보증은행이 개입하게 되는데 포피터는 수출상과 포피팅 계약을 통해서 수출상이 발행한 연불어음을 할인매입하는 은행을 말한다. 보증은행은 수입상을 위해 환어음의 지급을 보증하거나 지급보증서를 발급하는 은행을 말한다.

지급보증은행이 환어음을 보증할 때 어음상에 Aval을 추가하는 방식을 쓰는데 이는 보증은행이 환어음 자체에 보증한다는 뜻을 기입하여 채무를 성실히 이행할 것을 보증하는 취소불능의 무조건 보증을 말한다. 보증형식이 간단하고 양도될 수 있어 널리 사용되고 있다([그림 2-3] 참조).

포피팅 거래절차는 다음과 같다.

[그림 2-3] 포피팅 거래절차

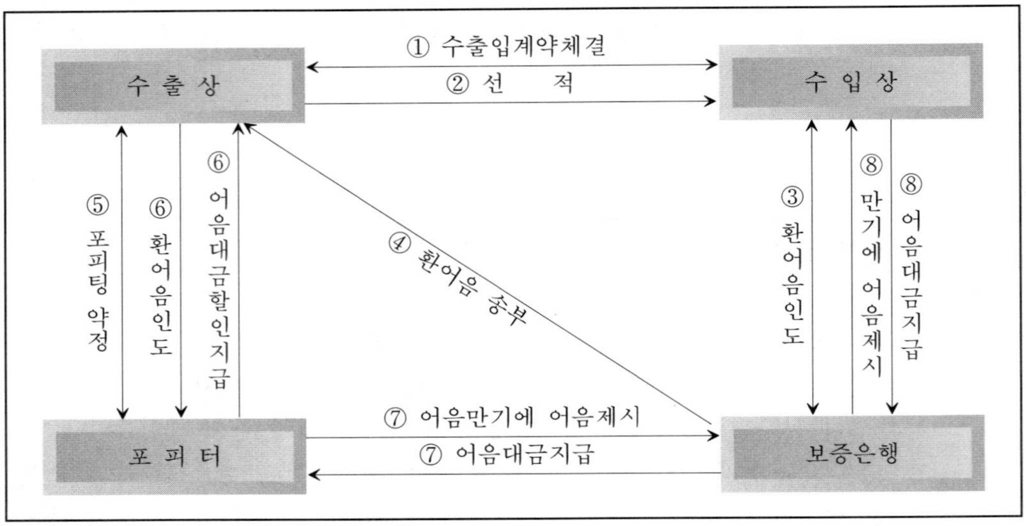

① 수출입계약체결: 수출상과 수입상이 수출입매매계약을 체결하고 본 계약 조항에 무역대금은 포피팅으로 결제된다는 것을 포함시켜 무역대금 결제조건에 대해 수출상과 수입상이 합의한다.

② 선 적: 수출상은 계약에 명시된 상품을 선적기일 내에 선적한다.

③ 어음보증: 수입상이 지급보증은행에 어음이나 환어음을 제출하면 지급보증은행은 별도의 지급보증서를 발급하거나 환어음이나 어음상에 Aval을 추가한다.

④ 환어음송부: 지급보증은행은 보증이 첨부된 환어음을 수출상에게 인도한다.

⑤ 포피팅 약정: 수출상은 포피터와 포피팅 계약을 체결하고 포피터는 수출상에게 어음대금을 할인하여 지급한다. 수출어음이 확정되면 수출자는 포피터에게 문의하여 확정오퍼를 받는다. 포피터가 보낸 확정오퍼를 수출상이 인수하면 포피팅 계약이 체결된다.

⑥ 환어음인도 및 어음대금지급확인: 포피팅 계약에 따라 포피터는 어음을 약정한 요율로 매입하고 어음보증 또는 Aval과 수입승인 및 기타 제반 허가사항을 확인한다. 수출상은 수출상품을 선적하고 선적

서류를 포피터에게 제시하고 포피팅 계약에 명시된 요율에 따라 할인지급을 받게 되며 금리기간은 선하증권의 일자로부터 기산된다.

⑦ 어음만기에 어음제시 및 어음대금지급: 포피터는 어음의 만기일에 어음을 지급보증은행에 제시하고 지급보증은행은 포피터에게 대금을 지급한다.

⑧ 어음제시 및 어음대금지급: 보증은행은 포피터가 제시한 어음을 수입상에게 제시하고 수입상으로부터 대금을 회수한다.

2. 포피팅의 특징

포피팅은 다음과 같은 특징을 갖고 있다.

첫째, 포피팅은 주로 수출상이 발행한 환어음이나 약속어음과 같은 채권을 대상으로 한다. 단순외상매출채권, 채권 또는 다른 연불지급 약속수단도 포피팅의 대상이 될수 있으나 분쟁이 발생할 가능성이 높고 권리취득이 복잡하기 때문에 국제무역상거래에서 수출상과 수입상이 오랫동안 사용하여 국제적 관행과 법적 지위가 확립되어 있는 환어음과 약속어음만을 대상으로 한다.

둘째, 포피터는 수입자은행의 지급보증을 담보로 한다. 포피터는 수입상의 신용상태를 조사하여 평가하기 어렵고 수출상에게 소구권을 행사할 수 없기 때문에 수입자은행이 별도로 발행하는 취소불능지급보증이나 환어음 및 약속어음에 추가하는 지급약속을 담보로 확보한다.

셋째, 포피팅은 규모가 크고 중장기 연불어음을 고정금리부로 할인한다. 포피팅은 환어음이나 약속어음을 할인하는 형식을 취하여 이자를 액면에서 공제하고 대금을 지급하므로 신용판매를 현찰판매로 환원시키는 효과를 갖는다.

넷째, 포피터는 수출상에게 환어음에 대한 소구권을 행사할 수 없다. 수출상이 발행한 환어음을 할인·매입한 후 어음만기일에 수입상이 어음을 결제하지 않아도 수출상은 포피터가 지급한 수출대금을 포피터에게 반환할 필요가 없다. 따라서 수출상은 포피터로부터 수출대금을 결제받으면 본 거래는 종결되어 안심하고 다른 수출거래에 전념할 수 있다.

다섯째, 포피터는 수입상 거래은행의 지급보증을 담보로 수출상에게 금융을 제공한다. 포피터는 수출상에 대한 상환청구권도 없고 수입상의 신용상태를 면밀하게 조사할 수 없기 때문에 보증은행의 지급보증을 담보로 수출상에게 여신을 제공한다.

3. 포피팅 결제방식과 국제무역위험

수출상이 포피팅 결제방식을 활용하는 경우 수출상은 포피터에게 고정금리, 소구권면제 조건부로 수출환어음이나 약속어음을 할인받게 되므로 이자율 및 환율변동에 따른 무역위험과 수입상의 대금지급거절이나 연기 등의 상업적 무역위험을 관리할 수 있다. 또한 수출상은 포피팅 결제방식을 이용함으로써 다른 경쟁업체보다 비교우위를 확보할 수 있다. 수출상은 포피터에게 어음을 할인하여 해외구매자에게 최장 10년까지의 장기신용을 제공할 수 있게 됨으로써 경쟁업체에 비해 금융상의 비교우위를 확보할 수 있다. 무역위험이 발생할 가능성이 높은 지역에 대해서도 포피팅을 활용할 수 있으므로 신시장 개척을 위한 금융조달이 가능하다.

포피팅 결제방식은 신속한 현금확보가 가능하고 이용절차가 편리하다. 처음 이용하는 수출상의 경우에도 포피팅을 이용할 수 있는지 단시간에 알 수 있으며 요구서류가 간단하여 서류를 준비하는 데 시간이 많이 소요되지 않는다. 수출상은 선적 후 포피터에게 포피팅 계약에서 명시된 서류들을 제시하면 수출대금을 지급받을 수 있기 때문에 자금문제에서 벗어날 수 있다. 그러나 수입상의 신용이 중요하기 때문에 일반적으로 활용하기에는 제한이 있으며 포피팅 거래조건에서 국제무역위험은 환변동과 시황의 변화에 따른 상업위험이 여전히 수출입상에게 존재한다.

제 4 절

국제팩토링 결제방식과 국제무역위험

1. 국제팩토링의 정의

팩터(factor)는 판매자와 구매자를 중개하는 중개업에서 국제무역으로 발전하여 활용되고 있는 국제무역결제방식이다. 국제팩토링은 수출상에게 수출대금지급을 확약하여 수출상의 금융부담을 완화시켜 준다. 따라서 수출상은 수출대금을 안전하게 회수할 수 있어서 다른 수출업무에 전념할 수 있다. 국제팩토링은 금융서비스를 이용하여 수출대금을 결제하는 무신용장방식의 새로운 무역거래형태로 국제무역에서 활용되어 왔다.

국제팩토링 결제방식에서 중요한 역할을 하는 당사자는 팩터이다. 이 팩터는 수출팩터와 수입팩터로 구분되는데 수출팩터는 수출상에게 수출대금의 지급을 확약하고 수출팩터가 수출대금을 지급한 경우 수출상은 채권을 수출팩터에게 양도한다. 수입팩터는 수입상에게 신용을 공여하게 하여 무역거래가 원활히 이루어지도록 한다.

수출상은 수출팩터로부터 수출대금을 지급받을 수 있고 더 나아가 수출생산자금을 받을 수 있어 금융부담을 덜 수 있다. 그리고 수입상은 수입팩터의 신용을 활용하여 기한부 조건으로 수입할 수 있으므로 자기자금이 없거나 신용이 낮을 경우에도 수입할 수 있다.

2. 국제팩토링 결제방식의 절차

국제팩토링의 당사자는 수출상, 수입상, 수출팩터, 수입팩터로 구분할 수 있다. 수출상은 수출상품을 수입상에게 판매하는 자로서 팩터와 팩토링 거래계약을 체결하고 거래계약에 따라 수출대금채권을 팩터에게 양도한다. 팩토링 계약은 수출매매계약과 하등의 관계가 없는 독립된 계약이며 준거법은 팩터가 팩토링 사업을 하는 국가의 법으로 한다. 수입상은 수출상과의 수입매매계약을 체결하고 매매계약조건에 따라 상품을 인수하고 수입대금을 지급하는 당사자로서 국제팩토링 거래에서 궁극적으로 채무를 부담하는 당사자이다.

수출팩터는 수출국의 팩토링 회사를 말하며 수출상과 팩토링 계약을 체결하며, 팩토링 계약조건에 따라 수출채권을 관리하고 수출상에게 수출대금의 지급을 보증한다. 그 밖에 수출팩터는 수출상품의 생산, 확보에 필요한 생산자금과 수출업무에 관련된 경영서비스를 수출상에게 제공한다. 수입팩터는 수입국의 팩토링 회사를 의미하며 수입상에 대한 신용조사 및 신용승인을 하고 수출채권을 양수받아 수출대금을 회수하여 송금하는 업무 등을 주로 한다.

국제팩토링 결제방식은 다음과 같이 이루어진다([그림 2-4] 참조).

① 수출입매매계약: 수출상과 수입상은 수출입매매계약을 체결하고 수출대금은 팩토링 결제방식으로 한다는 데 합의한다.
② 신용승인의뢰: 수출상은 수출팩터의 소정양식인 신용승인신청서를 이용하여 수입상에 대한 신용조사를 수출팩터에 의뢰한다.
③ 신용승인요청: 수출팩터는 수입팩터에게 수입상의 신용상태를 파악하여 수입팩터가 보장할 수 있는 신용한도를 요구한다.
④ 신용조사: 수입팩터는 수입상의 신용상태를 철저히 분석하여 신용한도액을 산정한다.
⑤ 신용승인: 수입팩터는 수입상에게 제공할 수 있는 신용한도와 신용상태에 대한 자료를 수출팩터에게 제공한다.
⑥ 신용승인통보: 수출팩터는 수입팩터가 통지한 자료를 근거로 수출상에게 신용승인을 알린다.

[그림 2-4] 국제팩토링 결제방식

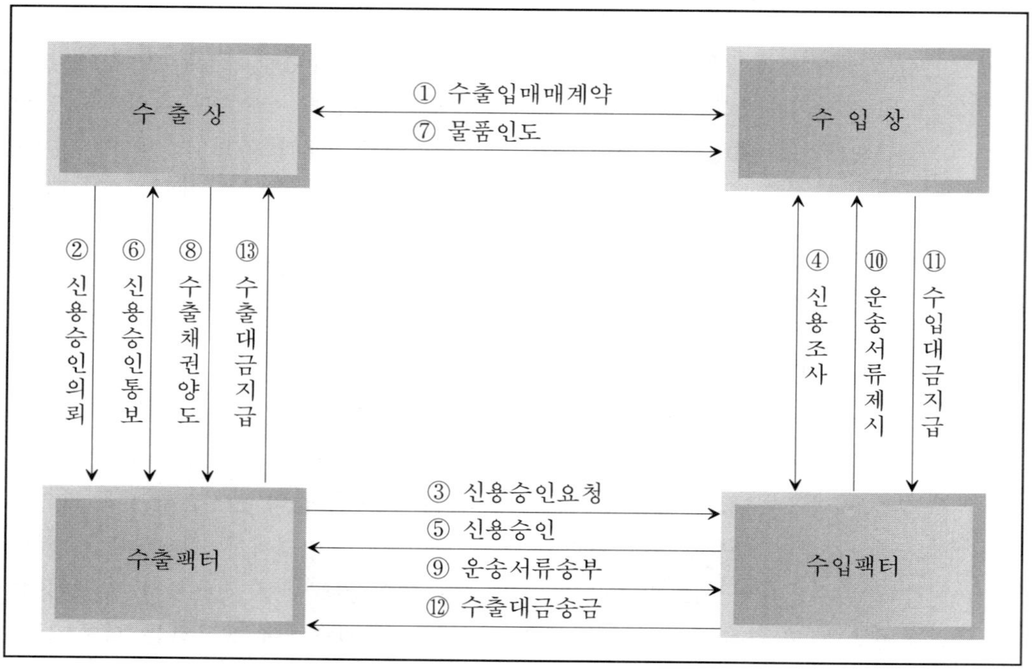

⑦ 물품인도: 수출상은 수출입매매계약에서 약정한 상품을 수입상에게 선적한다.

⑧ 수출채권양도: 수출상은 수출상품에 관련된 운송서류를 수출팩터에게 양도한다.

⑨ 운송서류송부: 수출팩터는 제반 운송서류를 수입팩터에게 송부하여 수출물품에 대한 수출채권을 수입팩터에게 양도한다.

⑩ 운송서류제시: 수입팩터는 운송서류를 수입상에게 양도하여 수입상이 수입상품을 운송회사로부터 인수하게 한다.

⑪ 수입대금지급: 수입상은 수입대금지급 만기일에 수입팩터에게 수입대금을 지급한다.

⑫ 수출대금송금: 수입팩터는 수입상으로부터 받은 대금을 수출팩터에게 송금한다.

⑬ 수출대금지급: 수출팩터는 수출상에게 송금된 수출대금을 지급한다.

3. 국제팩토링 결제방식과 국제무역위험

국제팩토링은 수입상의 신용을 근간으로 이루어지는 결제방식으로 수출상의 측면에서 보면 수출대금회수불능과 같은 국제무역위험은 크게 줄어들 수 있지만 수입상의 측면에서 보면 여전히 수입상품의 품질, 환변동위험, 가격변동위험이 수입상에게 존재한다.

제 5 절
전자결제방식

전자무역의 급격한 발전으로 대금결제방식에 있어서 새롭고 다양한 방법이 개발되어 사용되고 있다. 전자무역의 대금지급방법에는 정보통신망을 이용한 전자신용장, 인터넷환경을 이용한 TradeCard 시스템, Bolero 시스템 등이 있다.

1. TradeCard

1) TradeCard의 개요

TradeCard는 인터넷과 TradeCard 시스템을 이용하여 수출상과 수입상의 무역대금을 결제해 주는 것을 말한다.

세계무역센터협회(WTCA)는 1997년에 TradeCard Inc.(WWW.tradecard.com)를 설립하고 TradeCard 시스템을 개발하여 1998년에 미국특허 및 상품관리국으로부터 특허를 획득하였으며, 현재 400여 개의 무역회사와 41개의 물류회사, 물품검사업체의 80%, 신용정보회사, 보험회사가 회원사로 가입되어 TradeCard 시스템을 이용하고 있다.

TradeCard 시스템은 수출상과 수입상이 인터넷으로 무역거래를 하고 무역대금결제를 할 수 있도록 지원하는 인프라이며 수출상과 수입상간의 복잡한 무역거래업무를 인터넷을 이용하여 자동화시키고 복잡한 서류를 간소화시킴으로써 국가간 전자상거래를 활성화시키기 위해서 만들어진 솔루션이다.

TradeCard 시스템은 인터넷상에서 완벽한 온라인 거래가 가능한 솔루션을 제공하고 있으며 인터넷으로 발행되고 전송된 전자문서가 일치하는지 자동으로 검색할 수 있는 자동검색엔진의 특허를 갖고 있다. 따라서 물류업체, 검사회사, 적하보험회사, 신용자금조달 및 외환 서비스와 연계하여 TradeCard 시스템이 온라인상에서 수출상과 수입상이 TradeCard사가 승인한 서류를 제시하고, 전체 무역거래업무의 진행상황을 점검할 수 있고 무역거래에 필요한 각종 무역서류와 자료를 정확하게 적기에 제시하게 함으로써 무역거래의 효율성을 극대화시킬 수 있다.

2) TradeCard의 종류

(1) 자동승인 지급방식

① 자동승인 지급방식의 개념

자동승인 지급방식(Auto Approved Payment: AAP)은 TradeCard사가 업무관계를 갖고 있는 Coface사에게 수입상의 신용조사를 의뢰하고 Coface사의 수입상의 신용조사 결과에 따라 수출상에게 Coface사가 수출대금의 지급을 보증하는 것을 말한다.

TradeCard사의 요청에 따라 Coface사는 수입상을 대신하여 수출상에게 수출대금의 지급을 보증하고 수출대금지급보증은 Coface사의 수입상에 대한 신용조사결과에 따라 결정된다. Coface사는 자사의 신용조사결과에 의한 범위 내에서만 지급보증을 하지만 수입업체로부터 지급보증 수수료를 받고 신용조사결과를 초과하여 지급보증을 할 수 있다.

② 자동승인 지급방식의 거래절차

수출상과 수입상은 수출입매매계약을 체결하기로 약정하고 수입상이 수출상과 합의한 내용에 따라 수입계약서를 작성하여 TradeCard사에게 전송하고 수출상이 TradeCard사의 시스템을 통하여 수입상이 전송한 수입계약서 내용을 검토하여 계약내용을 승인하면 수출입매매계약이 체결되어 수출

[그림 2-5] 자동승인 지급방식의 거래절차

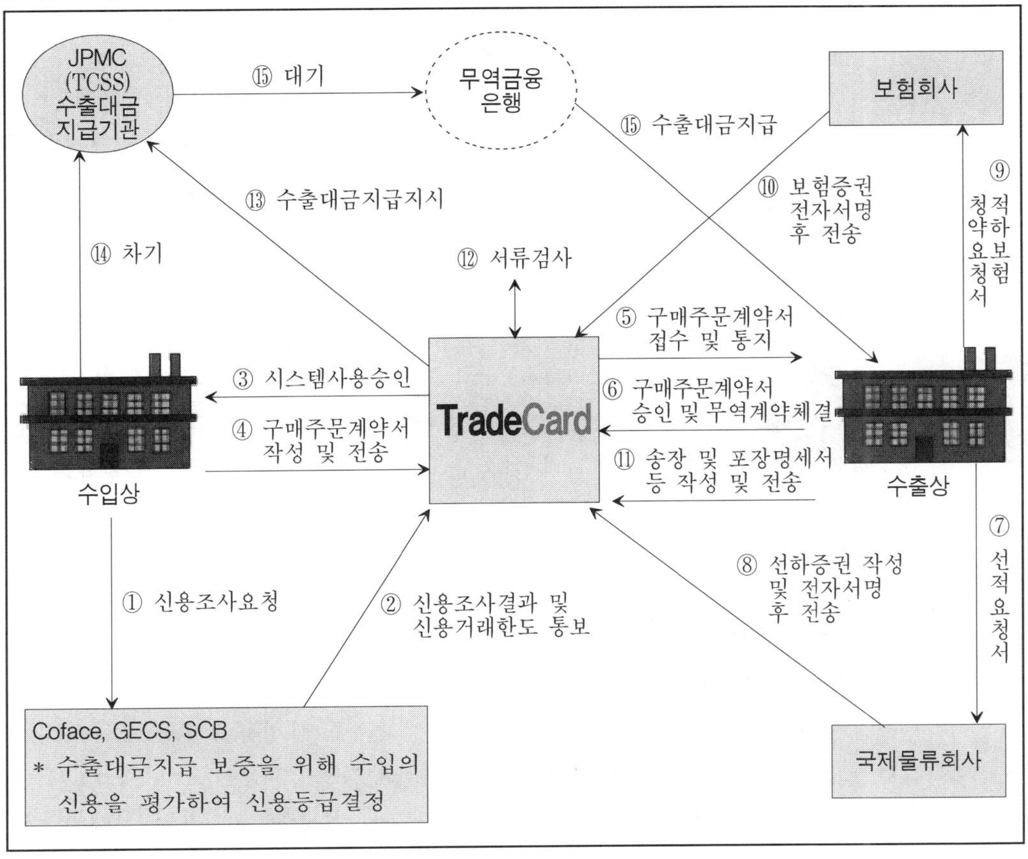

상은 수출거래에 필요한 모든 서류를 작성하여 TradeCard 시스템을 이용하여 TradeCard사에게 전송하여야 하며 수출거래가 종료될 때까지 모든 수출거래업무와 서류는 TradeCard 시스템을 통하여 이루어진다(〈그림 2-5〉 참조).

(2) 수입상 승인지급방식

① 수입상 승인지급방식의 개념

수입상 승인지급방식(Buyer Approved Payment: BAP)은 신용보증기관의 수출대금지급확약이 없이 수출상이 수입상의 신용을 근거로 수출대금을 지급받는 것을 말한다. 수출상은 수출상품을 선적하고 필요한 모든 선적서류를 TradeCard사로 전송하고 TradeCard사는 전송된 서류를 검사한 후 수입상의 대금지급 승인이 있고 수입상으로부터 대금이 결제되면 수출대금결제은행을 통하여 수출상에게 수출대금을 지급한다.

② 수입상 승인지급방식의 거래절차

수입상은 TradeCard사에게 TradeCard 시스템의 사용신청을 하여 승인을 받는 후에 구매주문계약서를 작성하여 TradeCard 시스템으로 전송한다. TradeCard사는 전송된 구매주문계약서를 검토한 후에 수출상에게 구매주문계약서를 받은 사실과 동 구매주문계약서를 수출상에게 전송한다. 이를 그림으로 설명하면 〈그림 2-6〉과 같다.

(3) 송장제시방식

송장제시방식(Invoice Presentation: IP)은 신용기관의 수출대금지급 확약이 없고 TradeCard사가 전송된 선적서류를 검사하지 않는 거래방식이다. 수출상은 상업송장을 TradeCard 시스템을 이용하여 수입상에게 전송하고 수입상은 전송된 상업송장을 근거로 수입대금결제시점을 결정하여 지급하는 결제방식이다.

3) TradeCard의 이용절차

(1) 구매주문계약서의 입력과 승인

수입상은 수출상과 합의한 구매주문계약서를 작성하여 TradeCard 시스템을 통하여 TradeCard사에게 전송하여야 한다. 수입상은 TradeCard 시스템에 접속하여 시스템에 있는 구매주문계약서 화면을 클릭하면 구매주문계

[그림 2-6] 수입상 승인지급방식의 거래절차

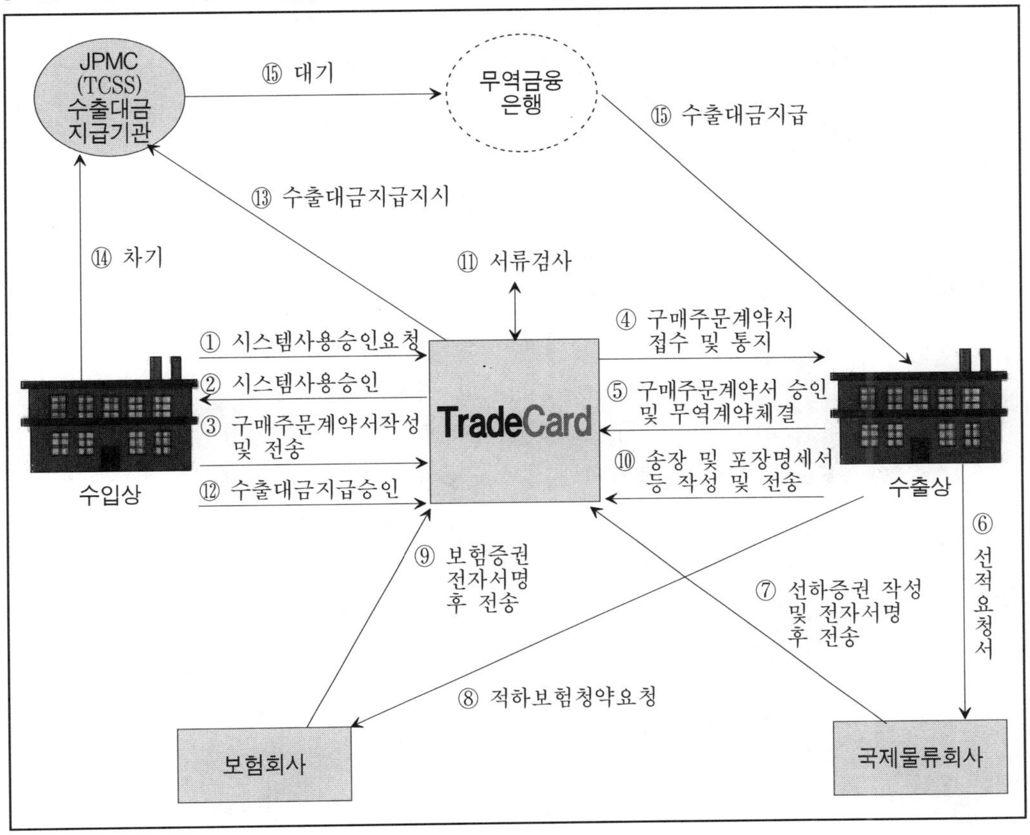

약서 서식의 창이 만들어지고 이것을 작성하여 입력하면 된다. TradeCard사는 수입상으로부터 전송된 구매주문계약서를 저장하고 동시에 구매주문계약서 내용과 수입상의 신용한도내용을 검토한 후에 구매주문계약서가 작성되었음을 수출상에게 전신으로 통지하여야 한다.

(2) 선적관련사항 입력 및 승인

수입상이 구매주문계약서를 작성하여 TradeCard사의 시스템에 입력하면 TradeCard 시스템에서는 전자선적서류가 자동으로 만들어지며 Incoterms의 거래조건에 따라 수입상은 수입상이 부담하는 전자선적서류에 필요한 내용들을 기재하여 입력해야 한다.

⑶ 대금지급사항 확인

수입상이 전자선적서류를 작성하여 TradeCard 시스템에 입력하면 시스템에서 자동으로 수입상의 구매인출계좌와 수출상의 수출대금 입금계좌를 확인할 수 있는 문서가 만들어진다. 수입상과 수출상은 시스템에서 생성된 인출계좌와 입금계좌가 정확한지 확인하여야 한다.

⑷ 수입계약서 승인 및 전자선적서류의 작성

TradeCard사는 TradeCard 시스템으로부터 새로운 전자선적서류가 작성되었음을 전신으로 수출상에게 통보한다. TradeCard사로부터 수입계약서를 전신으로 받은 수출상은 수입계약서가 수입상과 합의한 내용대로 작성되었는지 검토한 후에 계약내용이 상이한 경우 수입상에게 전신으로 상이한 계약내용을 통지하여 온라인상에서 계약내용을 서로 조정하여 결정할 수 있으며 최종적으로 전자무역계약은 수출상이 수입상이 전송한 수입계약서에 전자서명을 하고 동 계약서를 TradeCard사에게 전신으로 전송함으로써 체결된다. 전자무역계약에 체결된 후에 전자무역계약내용을 변경하는 경우에는 변경된 계약내용에 관하여 TradeCard사와 Coface사의 전자승인을 받아야 한다. 수출상은 전자선적서류를 기재하여야 한다.

⑸ 상업송장 입력 및 승인

수출상은 수입상이 전송한 수입계약서를 승인한 후에 수출물품을 생산하여 운송회사에 인도하여 선적지시를 한다. 계약서에 합의한 내용에 따라 검사회사, 보험회사 등에게 검사와 보험계약체결을 지시하여야 한다. TradeCard 시스템을 이용하여 수출거래에 필요한 모든 전자문서와 신용보증기관으로부터 지급보증을 받기 위하여 상업송장을 작성하여 TradeCard사로 전송한다. 수출상은 Coface사로부터 지급보증을 받는 경우 모든 선적서류에 지급보증금액 및 기간을 입력하여야 한다.

⑹ 포장명세서 작성

상업송장이 작성되면 TradeCard 시스템에서 자동으로 포장명세서(Packing List Draft)가 만들어지며 수출상은 포장명세서에 필요한 사항을 기재하여 TradeCard 시스템으로 전송한다.

(7) 검사증명서와 선적증명서 작성

상업송장이 작성되면 TradeCard 시스템에서 자동으로 검사증명서(Proof of Inspection)와 선적증명서(Proof of Delivery)가 만들어진다. 검사회사와 운송회사는 검사증명서와 선적증명서에 필요한 사항을 기재하여 TradeCard 시스템으로 전송하면 수출상과 수입상, 검사회사, 운송회사는 검사증명서와 선적증명서의 기재내용을 동시에 확인할 수 있다.

(8) 지급보증문서의 확인

수출상이 상업송장을 작성할 때 Coface의 지급보증을 받기로 신청한 경우에는 TradeCard 시스템에서 지급보증증명서(Proof of Protection)가 자동으로 만들어진다. 수출상은 TradeCard 시스템에서 자동으로 만들어진 지급보증증명서의 내용을 확인하여야 한다.

(9) 검사증명서 작성

검사회사는 TradeCard 시스템에서 자동으로 생성된 검사증명서를 확인하고 검사결과를 검사증명서에 기재하여 TradeCard 시스템에 전송하면 검사증명서가 작성된다.

(10) 인도증명서 작성

운송회사는 TradeCard 시스템에 자동으로 생성된 인도증명서를 확인하고 인도증명서에 선적사항을 포함해서 필요한 사항을 기재하여 TradeCard 시스템으로 전송한다.

(11) 무역금융요청서 작성 및 승인

수출상이 자기 거래은행으로부터 무역금융을 받고자 하면 상업송장을 작성한 후에 TradeCard 시스템에서 무역금융신청서(Financing Request)가 만들어진다. 수출상은 무역금융신청서를 작성하여 입력하면 자동적으로 수출상이 무역금융을 요청한 은행으로 전송된다. 은행은 무역금융요청서의 기재사항을 확인한 후 무역금융을 승인할 경우 무역금융을 허용하는 금액을 입력하여 TradeCard사로 전송한다.

(12) 전송된 서류의 검토 및 하자통보

수출상과 검사회사, 보험회사, 운송회사 등이 작성한 계약서, 상업송장, 포장명세서, 운송서류, 보험서류, 검사증명서 등과 같은 전자문서가 Trade-

Card사로 전송된다. TradeCard사는 전송된 전자문서들이 상호 일치하는가를 자동서류검토프로그램을 이용하여 검토한 후에 전송된 서류가 상호 불일치하면 TradeCard 시스템에서 자동으로 불일치통지서(Discrepancy Notice)가 만들어져 수출상과 수입상에게 통지되며 수입상은 이러한 불일치 서류를 인수할 것인지 거부할 것인지 결정할 수 있고 하자사항에 대하여 TradeCard 시스템을 이용하여 수출상과 협의할 수 있다. 전송된 서류가 일치하거나 하자사항에 대하여 수출상과 수입상이 합의하면 TradeCard 시스템에서 대금지급지시서(Payment Presentation)가 만들어진다.

⒀ 대금지급지시서의 확인

전송된 제반 서류가 계약서에 명시된 내용과 일치하면 TradeCard 시스템에서는 대금지급지시서가 자동으로 생성되어 결제기관인 Thomas Cook에 통보된다. Thomas Cook은 수출상에게 수출대금을 지급해야 한다.

⒁ 인출 및 입금

Thomas Cook은 수입상이 사전에 자기거래은행에 입금한 금액을 인출(Debit)하여 수출상의 거래은행에 입금(Credit)한다. 수출상은 자기거래은행을 통하여 수출대금을 지급받는다. Coface사의 대금지급보증의 경우 수입상을 대신하여 대금을 입금하며 통상결제기간은 서류일치여부를 검사한 후에 5-6일 정도가 된다.

⒂ 물품의 수령

수입상은 이러한 절차가 끝나면 수출상으로부터 전달받은 서류를 가지고 운송회사로부터 물품을 수령한다.

2. boleroSURF

1) boleroSURF의 개요

세계의 무역상사, 운송회사, 은행, 통신회사가 참여하여 1994년에 선하증권전자등록기구(Bill of Lading Electronic Registry Organization)를 설립하였다. 선하증권전자등록기구는 국가간 전자무역을 활성화시키기 위하여 전자선하증권을 이용한 물품의 소유권을 용이하게 이전시킬 수 있는 전자서식과 전자서식을 교환할 수 있는 볼레로시스템(Bolero System)을 개발하였다. 볼레로시스템은 웹상에서 구현되는 개방적이고 중립적인 시스템으로써 기능적인 표준을 확립하고 전세계에 무역체인의 솔루션을 제한하는 보안과 전자무역 서류의 법적 문제를 해결하는 완전한 전자네트워크로서 볼레로인터내셔널(Bolero International Ltd)에 의해서 판매되고 있다.

볼레로인터내셔널은 세계은행금융통신망(The Society for Worldwide Inter-bank Financial Telecommunications: SWIFT)과 운송상호보험협회에 의해서 1998년 4월 설립된법인으로서 볼레로서비스를 제공하고 있다. 볼레로인터내셔널이 제공하는 bolero.net의 솔루션은 국가간 전자무역거래에 참여한 모든 당사자가 전자방식으로 전자문서와 자료를 안전하게 교환할 수 있기 때문에 전자무역거래에서 중요한 역할을 할 것이다.

SURF는 볼레로시스템상에서 전자문서대금결제를 완벽하게 실행하기 위하여 세계주요 은행들과 함께 개발된 것으로 볼레로시스템에서 전자무역서류의 결제과정을 완전하게 자동화시켰다. SURF는 볼레로시스템(Core Messaging Platform: CMP)에서 제공되는 서비스를 이용하여 수출상과 수입상이 합의한 내용과 제시된 서류내용을 점검하는 시스템이기 때문에 수출상이 제시한 모든 서류를 자동적으로 점검한다. 수출상이 선하증권을 비롯한 모든 선적서류를 SURF시스템으로 전송하면 SURF시스템은 전송된 모든 서류를 검사하고 이상이 없으면 보증은행 또는 수입상에게 결제를 요구한다. 수출대금의 결제가 이루어지면 선적서류가 SURF시스템으로 수입상에게 전송되고 은행과 수출, 수입상사간 또는 은행과 은행간의 수출입대금의 이체는 기존의 거래방식으로 이루어진다. 전자무역시대에는 전자문서의 신속한 확인과 전송이 무엇보다도 중요하기 때문에 이를 각 은행이 수행하기보다는 볼레로회사가 대행한다.

2) SURF의 대금결제방식과 이용절차

(1) SURF신용장결제방식

SURF신용장결제방식은 신용장개설은행이 수입상을 대신하여 수출상에게 수출상이 제시한 모든 서류가 신용장의 제 조건을 충족시키면 수출대금을 지급하겠다는 약정서로 기존의 신용장과 큰 차이는 없지만 신용장에서 요구한 모든 서류가 볼레로시스템을 통하여 전송되고 전자문서 제시를 위한 신용장통일규칙의 보칙(Supplement to the Uniform Customs and Practice for

[그림 2-7] SURF신용장결제방식의 거래절차

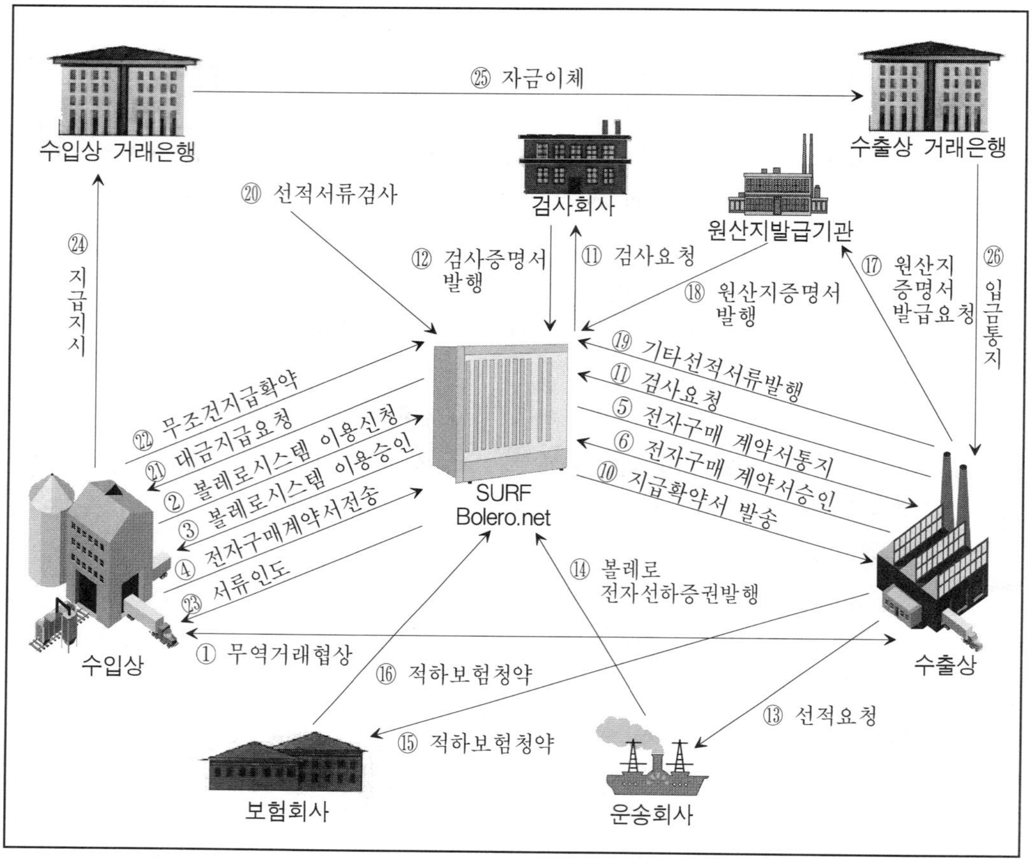

Documentary Credits for Electronic Presentation, Version 1.0; eUCP)이 적용된다.

수출상과 수입상은 무역거래를 하기 위하여 상거래조건과 볼레로시스템을 이용할 것에 합의를 한다. 수입상은 볼레로시스템의 이용신청과 승낙을 통해 볼레로시스템에 자동으로 생성된 전자구매계약서에 필요한 사항을 기재하여 볼레로시스템으로 전송한다. 볼레로시스템은 수출상에게 수입상이 전송한 전자구매계약서를 통지하고 수출상은 전자구매계약서의 내용을 검토한 후 전자구매계약서의 승인서를 볼레로시스템에게 전송한다. 전자무역계약은 수출상이 수입상이 전송한 전자구매계약서를 승낙한다는 승인서를 볼레로시스템에 전송하는 순간 체결된다. 볼레로인터내셔널은 수입상의 거래은행에게 지급확약을 요청하고 은행은 수입상에 대한 신용조사와 수입담보금의 예치를 통하여 조건부 지급확약서를 발급한다. 볼레로인터내셔널은 은행이 발행한 지급확약서를 수출상에게 전송하고 수출상은 은행의 수출대금 지급확약서를 근거로 수출상품을 생산하여 선적한다. 구체적인 거래절차는 〈그림 2-7〉과 같다.

(2) SURF추심결제방식

SURF추심결제방식은 수출상이 수입상의 여신을 믿고 거래하는 것으로 수출대금지급에 대한 은행의 약정이 없는 것을 말하며 수출상과 수입상간에

[그림 2-8] SURF추심결제방식의 거래절차

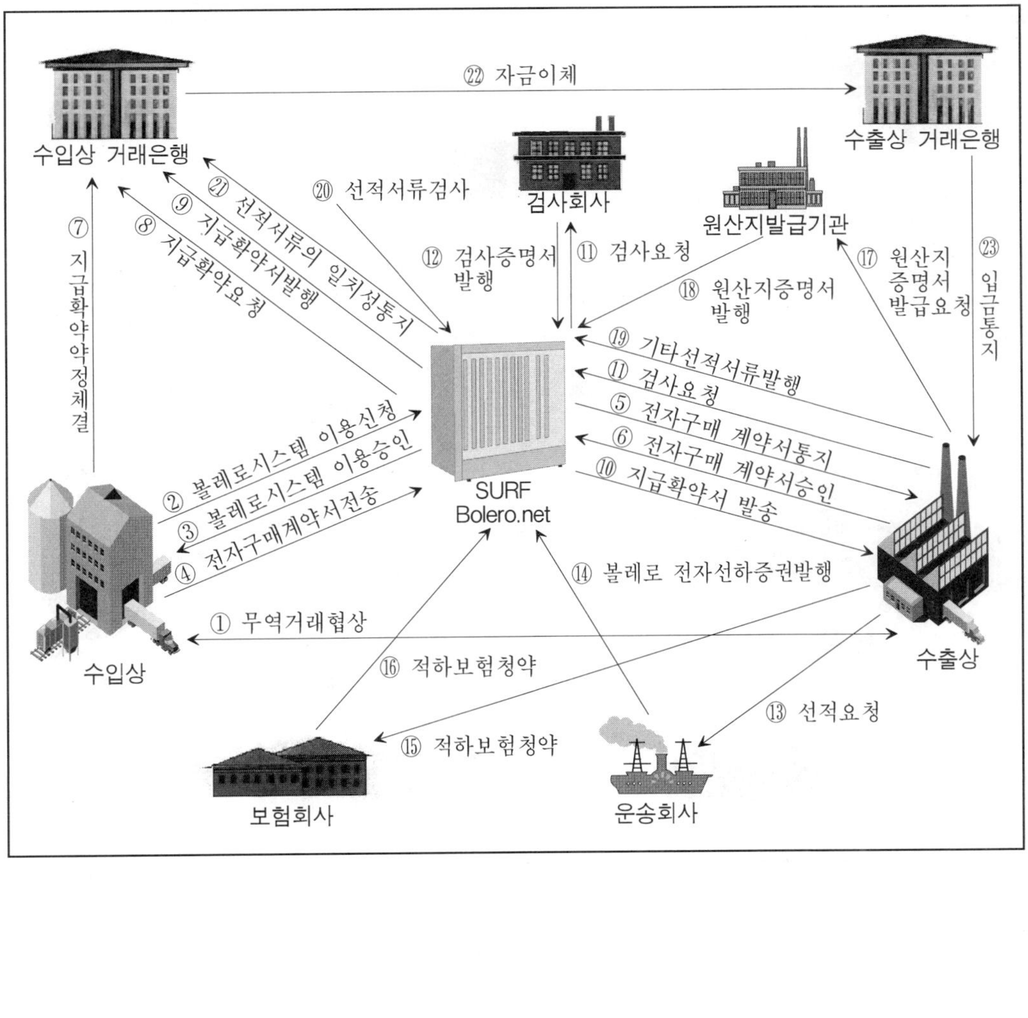

필요한 모든 선적서류와 자료는 볼레로시스템을 통하여 전송된다.

수입상은 볼레로인터내셔널의 지급요청이 있으면 무조건 대금을 지급할 것을 약정하고 볼레로인터내셔널의 지급요청이 있으면 무조건 지급확약서를 볼레로인터내셔널에게 발행하며 볼레로인터내셔널은 수입상이 발행한 무조건 지급확약서를 근거로 선적서류를 수입상에게 인도한다. 수입상은 선적서류를 받고 수입상거래은행에 대금지급을 지시하고 이러한 지시를 받은 은행은 수입상의 은행계좌에서 대금을 인출하여 수출상거래은행으로 이체시킨다. 수출상은 수입상의 여신을 믿고 본 거래를 수행하기 때문에 수입상이 수출물품의 인수를 거부하면 전적으로 수출상이 책임을 부담해야 하며 본

[그림 2-9] 서류인도조건의 거래절차

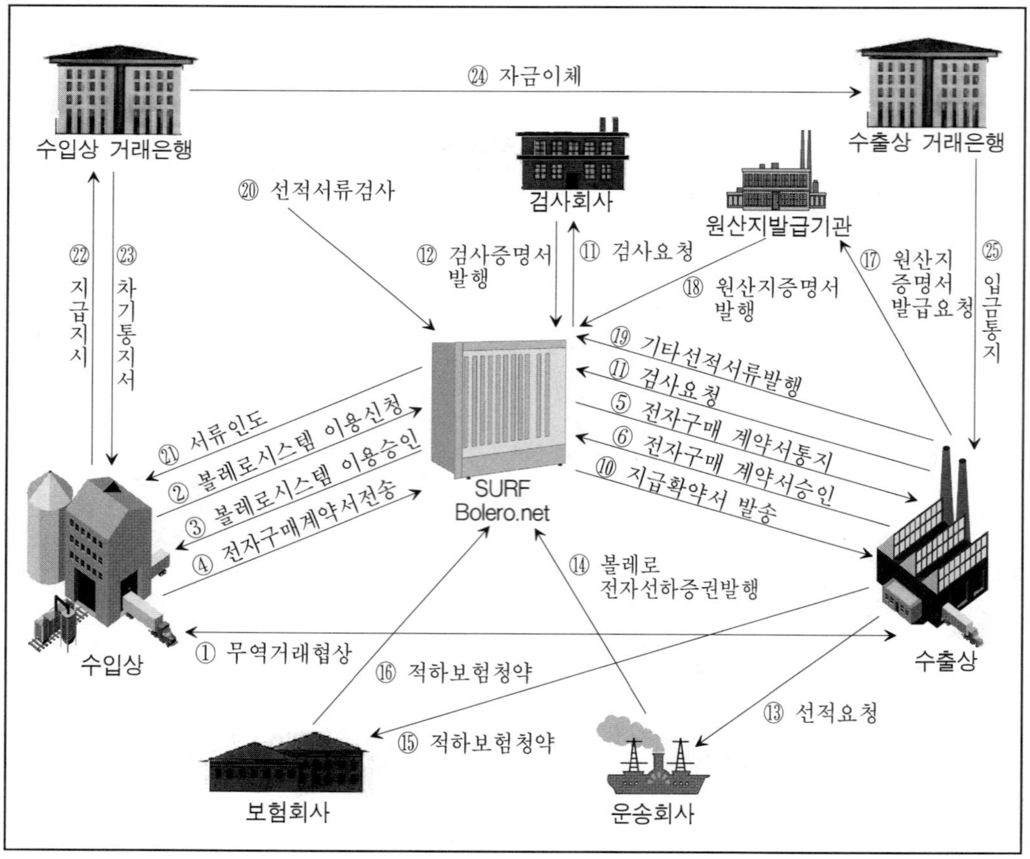

거래로 발생되는 모든 수출대금결제위험에 대해서 수출상이 부담해야 한다.

(3) 서류인도결제방식

서류인도결제방식(Open Account)은 수출상이 수출거래에 필요한 모든 선적서류를 볼레로시스템을 이용하여 수입상에게 인도하고 수입상에게 수출대금의 지급을 요청하는 결제방식으로써 수출상에게 발생할 수 있는 수출대금미회수 위험과 수입상에게 발생할 수 있는 수입상품의 품질문제에 관하여 수출거래 당사자인 수출상과 수입상이 부담해야 한다. 수출상과 수입상은 사전에 볼레로시스템을 이용하여 서류인도결제방식으로 수출대금을 결제한다는 것에 합의한다. 수입상은 볼레로인터내셔널회사에게 볼레로시스템의 이용신청을 하여 승인을 받는 후에 볼레로시스템으로 전자구매계약서를 전송하여 무역거래를 시작한다. 수입상은 볼레로인터내셔널에게 대급지급확약을 하지 않으며 볼레로인터내셔널은 수출상으로부터 받은 선적서류를 수입상에게 인도하면 된다(그림 2-9 참조).

3. 전자신용장

전자신용장(Electronic Letter of Credit)은 전자무역거래의 대금지불과 상품수입을 원활하게 하기 위하여 수입상의 요청과 지시에 따라 수입상의 거래은행이 수출상 또는 그의 지시인으로 하여금 일정기간 및 일정조건 아래 전자선적서류를 담보로 하여 개설은행 또는 개설은행이 지정하는 제 3 의 은행을 지시인으로 하는 전자화환어음을 발행하도록 하여 이 전자환어음이 제시될 때에는 지급, 인수 또는 매입할 것을 전자어음발행인(수출상) 또는 전자어음 수취인(전자어음 매입은행)에 대해서 약정하는 증서이다. 이와 같이 전자신용장은 종이신용장에서 개설은행의 수출대금지급확약과 같은 신용장의 특성을 동일하게 갖고 있으며 신용장이 전자방식으로 개설되고 신용장에서 요구한 모든 서류가 전자방식으로 발행되며 신용장의 모든 거래업무가 전자방식으로 이루어지는 것을 말한다. 개설은행은 수출상이 개설은행과 제3의 은행을 지급인으로 발행한 전자환어음과 선적서류를 전자방식으로 제시하면 제시된 서류를 검사하고 제시된 서류가 신용장의 요건을 충족시키면 무조건 수출대금을 지급해야 한다. 전자화환신용장은 전자신용장에 전자환어음과 전자선적서류가 첨부된 신용장으로써 신용장통일규칙의 보칙(Supplement to the Uniform Customs and Practice for Documentary Credits for Electronic Presentation, Version 1.0; eUCP)이 적용된다.

전자신용장결제방식은 신용장개설은행이 수입상을 대신하여 수출상에게 수출상이 제시한 모든 서류가 신용장의 제조건을 충족시키면 수출대금을 지급하겠다는 약정서로 기존의 신용장과 큰 차이는 없지만 신용장에서 요구한 모든 서류가 무역정보통신회사가 제공하는 시스템을 통하여 전송된다. 수출상과 수입상은 무역거래를 하기 위하여 상거래조건과 무역정보통신회사와 무역정보통신회사가 제공하는 시스템을 이용할 것에 합의를 하여야 한다.

수입상은 무역정보통신회사의 시스템 이용신청과 승낙을 통해 무역정보통신회사의 시스템에 자동으로 생성된 전자구매계약서에 필요한 사항을 기재하여 무역정보통신회사의 시스템으로 전송한다. 무역정보통신회사의 시스템은 수출상에게 수입상이 전송한 전자구매계약서를 통지하고 수출상은 전자구매계약서의 내용을 검토한 후 전자구매계약서의 승인서를 무역정보통신회사의 시스템에게 전송한다.

전자무역계약은 수출상이 수입상이 전송한 전자구매계약서를 승낙한다는 승인서를 무역정보통신회사의 시스템에 전송하는 순간 체결된다. 무역정보통신회사는 수입상의 거래은행에게 지급확약을 요청하고 은행은 수입상에 대한 신용조사와 수입담보금의 예치를 통하여 조건부 지급확약서를 발급한다. 무역정보통신회사는 은행이 발행한 지급확약서를 수출상에게 전송하고 수출상은 은행의 수출대금 지급확약서를 근거로 수출상품을 생산하여 선적하고, 전자신용장에서 요구한 전자문서를 합의한 무역정보통신 시스템으로 개설은행에게 전송하며, 개설은행은 전송된 전자문서와 전자문서가 전송된 무역정보통신 시스템을 검사한 후 수출대금을 수출상에게 지급한다.

제 2 부

신용장과 신용장 통일규칙 및 eUCP 해설

제 1 장

신용장의 특성

신용장 대금결제방식의 특성과 당사자간의 법률관계를 살펴보고 국제무역거래에서 활용되고 있는 신용장의 종류와 장단점을 알아본다.

제 1 절

신용장 결제방식과 국제무역위험

1. 신용장의 개념

신용장(Letter of Credit)에 의한 수출거래조건은 국제상거래에서 일찍이 정형화된 수출거래방식이다. 신용장의 중요한 목적은 수출상이 수입상에게 제공한 상품이나 서비스에 대한 지불수단을 제공하는 데에 있고, 또한 수출상에게 수출계약상품과 서비스에 대한 대금지급을 확신시켜 주고 수입상에게는 수출계약에 명시된 상품을 인도할 것을 명확히 함으로써 서로 다른 국가에 거주하는 계약당사자들간의 거래를 활성화시키는 데 있다.[1)]

신용장은 수입상의 수입대금지불능력을 특정은행이 대신하여 보증함으로써 수입상의 상업신용이 은행신용으로 바뀌게 된다. 따라서 이는 수출상에 대해서 수출대금회수를 보장하고 수입상에 대해서는 상품수입을 원활하게 함으로써 국제거래를 활성화시키는 금융수단이다. 신용장의 정의에 대해서 많은 학자들이 다양하게 정의를 내리고 있는데 이들을 종합해 보면 다음과 같이 정의할 수 있다.

신용장이란 무역거래의 대금지불과 상품수입의 원활을 기하기 위하여 수입상의 요청과 지시에 따라 수입상의 거래은행이 수출상 또는 그의 지시인으로 하여금 일정기간 및 일정조건 아래 선적서류를 담보로 하여 개설은행 또는 개설은행이 지정하는 제3의 은행을 지급인으로 하는 화환어음을 발행하도록 하여 이 어음이 제시될 때에는 지급, 인수 또는 매입할 것을 어음발행인(수출상) 또는 어음수취인(어음매입은행)에 대해서 약정하는 증서이다. 따라서 신용장방식으로 수출대금을 결제할 경우 개설은행은 제시된 운송서류와 제반 서류가 신용장에 명시된 조건과 일치하면 무조건적으로 수출

---

1) Gutteridge and Megrah, *The Law of Banker's Commercial Credits*, London, Europe Publications Ltd., 1984, p. 1.

대금을 지급해야 한다.

2. 신용장의 거래절차

신용장의 거래절차를 살펴보면 다음과 같다([그림 1-1] 참조).

① 매매계약의 체결: 수출상과 수입상이 매매계약을 체결하면서 수출대금의 결제는 신용장 거래조건으로 해야 한다는 것을 매매계약에 명시한다.

② 수입상의 신용장 개설요청과 지시: 수입상은 계약에 명시된 기간 내에 신용장을 개설하기 위해 수입약정서를 체결하고 수입담보금을 예치한 다음 신용장 개설신청서를 작성하여 은행에 제시한다.

③ 신용장의 개설: 수입상으로부터 신용장 개설요청과 지시를 받은 은행은 수입상이 제시한 신용장 개설신청서를 근거로 신용장을 개설한다.

④ 신용장의 통지: 신용장은 개설은행으로부터 직접 수출상에게 통지되는 방법과 제3의 은행을 통해서 통지되는 방법이 있다. 일반적으로 제3의 은행을 통해서 신용장이 수출상에게 전달된다.

⑤ 매매계약과 신용장 내용확인: 수출상은 신용장을 인수하고 신용장내용이 수출계약과 일치하는지 반드시 검토하고 일치하지 않을 경우 신용장 조건변경을 수입상에게 요구하여 수출계약과 일치한 신용장을 받아야 한다.

⑥ 수출품 생산 및 선적: 신용장을 접수한 수출상은 신용장내용이 매매계약의 내용과 일치하는지 검토한 다음 수출품 생산활동에 들어가게 된다. 생산된 상품을 신용장에 명시된 기간 내에 명시된 선박에 선적하여 선적을 완료하게 된다.

⑦ 화환어음 매입의뢰: 수출상은 운송회사로부터 선하증권을 발급받고 신용장에 명시된 제반 서류를 작성하고 개설은행 또는 제3의 은행을 지급인으로 하는 화환어음을 발행하여 매입은행에 제시함으로써 매입을 의뢰하게 된다.

⑧ 수출대금지급: 매입은행은 제시된 서류가 신용장의 여러 조건과 일치하는지 검토한 후 수출대금을 수출상에게 지급한다.

[그림 1-1] 신용장거래의 구조

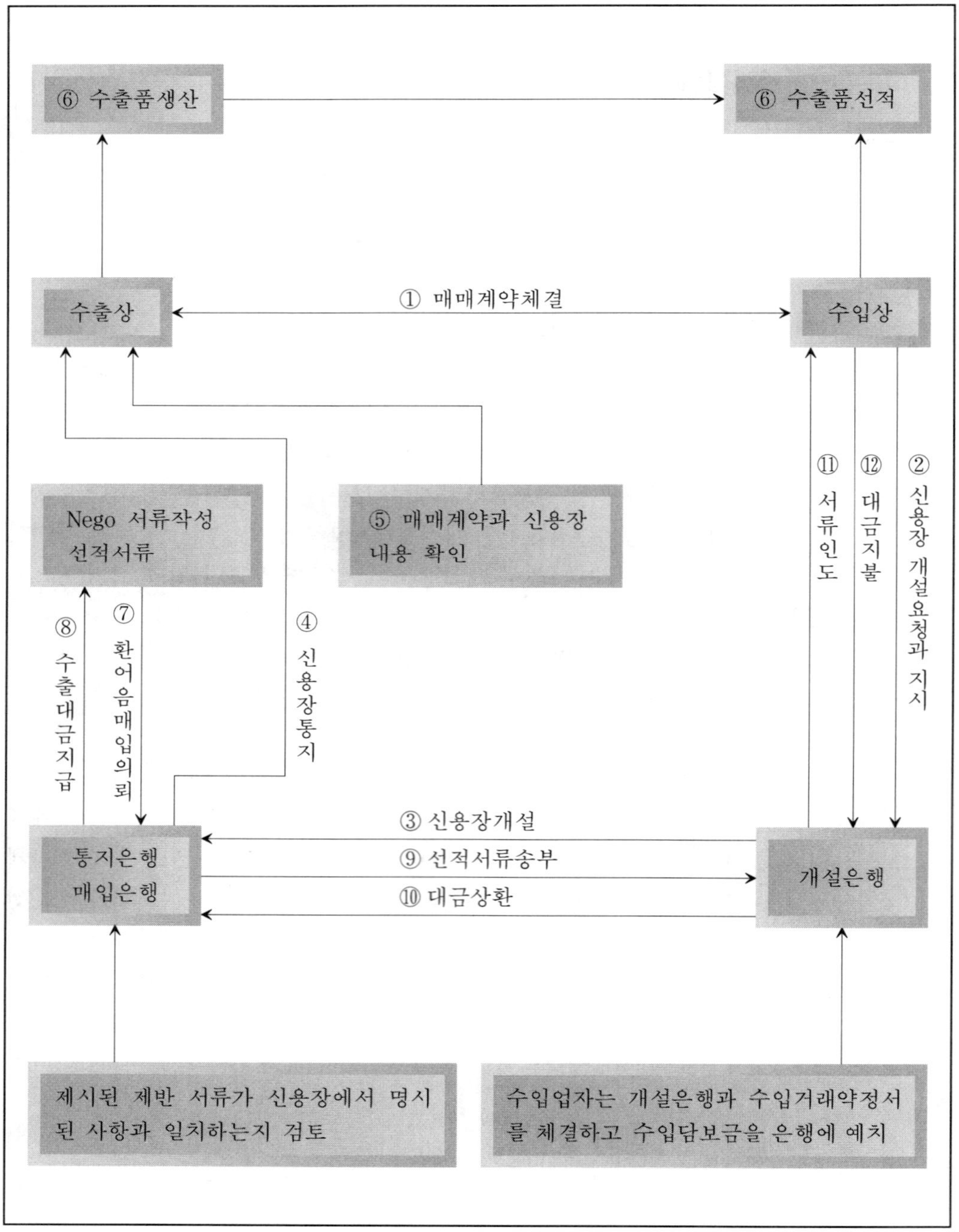

⑨ 선적서류송부: 매입은행은 제반 선적서류를 개설은행에 송부하여 대금지급을 요청한다.

⑩ 대금상환: 개설은행은 매입은행으로부터 송부된 제반 서류를 면밀히 검토하여 그것이 신용장의 조건을 충족시키면 매입은행에 대금을 상환하게 된다.

⑪⑫ 선적서류 인도 및 대금지급: 개설은행은 송부되어 온 운송서류를 수입상에게 제시하고 수입상은 이에 따른 수입대금을 지급한다.

3. 신용장 거래방식과 국제무역위험

신용장은 독립성과 추상성이라는 특성을 갖고 있다. 신용장은 비록 그것이 매매계약이나 다른 계약에 근거를 두고 있다고 하더라도 본질적으로 이러한 계약과는 별개의 거래이며, 또한 이러한 계약에 대한 참조사항이 신용장에 포함되어 있다고 하더라도 그러한 계약과는 하등의 관계도 없으며 또한 기속당하지도 않는다. 따라서 신용장하에서 은행이 행하는 지급, 환어음의 인수 및 지급 또는 매입 및 다른 모든 의무를 수행하는 행위는 개설의뢰인의 개설은행 또는 수익자와의 관계에서 초래되는 개설의뢰인에 의한 클레임이나 항변의 대상이 되지 않는다.

또한 수출상은 어떠한 경우에도 은행 상호간에 또는 개설의뢰인과 개설은행간에 존재하는 계약관계를 원용할 수 없다. 신용장거래에 있어서 모든 관계당사자는 서류를 취급하는 것이지 그 서류와 관련될 수 있는 물품, 용역 및 또는 기타 의무이행을 취급하는 것이 아니다.

취소불능신용장(Irrevocable Credit)은 일단 개설되면 신용장거래의 당사자 전원의 동의 없이 한 당사자에 의해 일방적으로 취소 또는 변경이 될 수 없다. 이러한 모든 측면을 고려해 볼 때 신용장방식으로 수출대금이 결제되면 수출위험은 제한적으로 발생한다고 볼 수 있다. 취소불능신용장이 개설되기 전에 수입상은 수입승인을 받아야 한다(제 1 부 [그림 1-3] 수입거래의 절차 참조). 신용장이 일단 발급되면 외환통제가 강화되어도 이미 개설된 신용장에 대해서는 정부가 대외신용을 추락시키면서까지 지급거절을 하지 않을 것이다.

신용장거래에서 수출대금지급보증은 개설은행이 한다. 따라서 수출상은 수출대금회수를 보장받을 수 있다. 그러나 신용장방식으로 수출대금을 결제한다고 해서 수출대금결제위험이 완벽하게 방지될 수 있는 것은 아니다. 수출상의 수출대금지급확약을 하는 개설은행의 신용상태가 현저히 떨어지는 경우 수출상은 수출대금을 회수하지 못할 수도 있다.

또한 신용장거래에서의 수출대금지급의 전제조건은 신용장에서 명시된 대로 수출상이 명시된 서류를 완벽하게 작성해야만 된다. 수출상이 신용장에 명시된 대로 제반 서류를 작성하지 못하면 수출대금을 완벽하게 회수할 수 없다. 국제가격과 수입국의 판매가격이 폭락하면 수입상이 서류상의 조그만 하자를 트집잡아 수출대금지급을 거부할 수도 있다. 따라서 신용장방식으로 수출대금을 결제하게 되면 수출대금결제위험이 크게 줄어들긴 하지만 완벽하게 방지할 수 있는 것은 아니다.

따라서 신용장 결제방식하에서 수출대금결제위험을 완벽하게 방지하려면 개설은행의 신용조사와 신용장내용의 완벽한 분석을 통해서 수출상에게 불리한 내용을 수정하고 신용장에서 명시된 대로 완벽하게 서류를 작성하는 시스템이 수출상에 도입될 때 가능하게 될 것이다.

또한 수입상측면에서 보면 신용장거래는 서류상의 거래이기 때문에 매매계약에서 명시된 상품을 입수한다고 보장할 수 없다.

지금까지 살펴본 바와 같이 수출상과 수입상의 이해관계를 완벽하게 충족시켜 줄 수 있는 제도는 아직까지는 없는 것 같다. 그나마 신용장 결제방식이 조금이나마 제3자인 은행이 수출대금지급을 보증함으로써 수출상과 수입상의 이해관계를 반영시켜 국제무역거래를 활성화시키는 데 기여하고 있다고 평가할 수 있다.

제 2 절

신용장의 기능과 특성

1. 신용장의 기능

1) 대금결제수단

신용장 대금결제방식은 수출입매매계약 당사자 이외에 제3자인 개설은행이 개입하여 수출상에게 신용장조건과 일치하는 선적서류와 상환으로 수출대금의 지급을 보증함으로써 신용장조건과 일치하는 선적서류를 제시하는 조건으로 상품거래를 서류거래로 구현시켜 매매계약의 당사자인 수출상에게는 수출대금을 받기 전에 수출상품에 대한 대금결제위험을 제거하여 준다.

반면에 수입상에게는 신용장에 의하여 수출상이 의무를 이행하도록 하며 수입상품을 인수하기 전에 대금지급을 확약하는 대금결제수단으로서 기능을 갖는다. 신용장제도가 오늘날 국제무역거래의 대금결제방식으로서 주류를 이루게 된 것도 바로 이러한 신용장의 대금결제수단으로서의 기능 때문이다.

2) 금융수단

신용장은 매매계약의 당사자인 수출상과 수입상의 금융상의 부담을 완화시켜 주는 역할을 한다. 수출상에게는 수출상품을 선적하자마자 수출대금의 회수를 가능케 하며, 수입상에게는 상품의 도착과 더불어 대금의 지불을 가능케 하는 금융수단으로서 기능을 하는 한편, 나아가 개설은행의 공신력을 바탕으로 수출입거래의 자동결제기능(Function of Self-Liquidating)이 부여되어 각종 신용편의(Credit Facility)가 창출된다.

신용장에 의한 각종 금융편의는 수출거래에 있어 무역금융편의, 매입편의(Negotiation-Facility), 우편기일편의(Mail Credit Facility), 할인기본기능인보증편의(Guarantee Facility) 이외에 화물대도편의(Trust Receipt(T/R) Facility), 인수편의(Acceptance Facility), 금융편의(Refinance Facility) 등이 있다.

2. 신용장의 특성

1) 독 립 성

신용장 자체는 어떤 특정한 매매계약에 의해 생성되었다 할지라도 일단 신용장이 존재하게 되면 그 전의 모든 계약에 의해서는 하등의 구애를 받지 않고 독자적인 법률성을 갖게 되며, 신용장의 당사자인 은행과 매도인 및 매수인은 신용장거래에서 야기된 어떤 문제를 매매계약의 내용을 들어 영향을 미치게 할 수 없는 것이다. 수출대금지급에 관한 결정은 매매계약을 근거로 하는 것이 아니라 전적으로 신용장에 명시된 내용을 근거로 판단하게 된다.

2) 추 상 성

신용장거래는 상품이 아닌 서류상의 거래라는 추상성을 강조하고 있다. 신용장에 의한 거래의 목적은 상품에 있는 것이 아니라 서류에 있다. 그러므로 신용장거래에서는 상품이 서류보다 목적지에 먼저 도착해도 그 상품을 검사하고 대금을 결제하는 것은 용납되지 않고 반드시 서류상의 인수와 결제가 끝난 후에 상품을 인수할 수 있다. 즉 모든 당사자는 서류만 갖고 수출대금을 결제할 것인지를 결정하여야 한다.

3) 한 계 성

신용장은 독립추상성을 바탕으로 국제거래를 촉진시켜 주는 편리한 결제수단이다. 그러나 원만한 계약이행을 위해서는 매매당사자의 성실성이 중요한 것이지 신용장이 개설되었다고 모든 것이 다 원만하게 해결되는 것은 아니다. 다시 말해서 신용장에도 몇 가지 한계점이 있다. 신용장은 하나의 독립된 지급수단이 될 수 없다. 신용장은 반드시 개설의뢰인의 지시와 요청이 있어야만 개설은행이 개설한다.

신용장에서 개설은행은 매매계약의 당사자가 아니며, 단지 일정한 조건을 충족시키는 경우에 한해서만 개설은행이 지급, 인수 또는 매입을 하겠다는 독자적인 약속을 하는 것으로서 매수인이 상품대금을 지급하지 않으면 은행이 대신 갚아 준다고 생각해서는 안 된다.

개설은행의 대금지급확약은 제시된 서류가 신용장의 제조건과 일치해야 된다는 조건부 보증이다.

신용장은 반드시 계약상품이 인수된다고 보장하지는 않는다. 신용장거래는 상품의 거래가 아니라 서류상의 거래이기 대문에 매매계약에서 명시된 상품을 수입상이 인수받는다는 것을 보증하지 못한다. 선하증권이 위조되었을 경우 수입상은 매매계약에서 명시된 상품을 인수하기보다는 사기에 휘말려 수입대금을 한 푼도 찾지 못하는 위험에 직면할 수도 있다.

3. 신용장거래의 당사자

1) 개설의뢰인(Applicant)

매매당사자간의 약정에 따라 수입지에서 자신의 거래은행에 신용장의 개설을 의뢰하는 자를 말한다. 개설의뢰인은 하는 역할에 따라 다르게 불리어진다. 상품을 수입하는 당사자라 하여 Importer 또는 Buyer로, 환어음의 지급인으로서 Drawee, 수입대금을 지급해야 하는 채무자로서 Accountee, 화물을 인수한다는 의미에서 Consignee, 신용장을 개설한다는 의미에서 Opener, 등으로 표시되기도 한다. 서류에 표기된 이러한 표현들은 모두 수입상을 의미하는 것으로 보아도 된다.

2) 수익자(Beneficiary)

수출입매매계약의 매도인으로서 개설된 신용장의 조건에 따라 수출을 이행하여 이익을 얻는 당사자를 의미한다. 수익자는 상품을 매도하는 자라 하여 Seller, 상품을 수출하는 수출상으로서 Exporter, 환어음의 발행자로서 Drawer, 신용장의 수취인이라 하여 Addressee, 신용장을 이용하는 자라 하여 User, 화물선적 위탁자라 하여 Consigner 등으로 표시되기도 한다. 수익자는 신용장에 명시된 조건에 따라 개설은행 및 제 3 의 은행을 지급인으로 하는 환어음을 발행하며 기타 요구서류와 함께 은행에 제시하고 지급, 인수 또는 매입을 의뢰한다.

3) 개설은행(Opening Bank, Issuing Bank)

수입자의 지시와 요청과 따라 수출상을 수익자로 된 취소불능신용장을 개설하여 수출상에게 수출대금을 확약하는 당사자이다. 신용장을 개설한다고 하여 Opening Bank 또는 Issuing Bank로 불리운다. 개설은행은 수출상이 제시한 서류가 신용장의 제조건을 충족시키면 수출상품의 매매계약과 관계없이 수출상에게 수출대금을 지급해야 한다.

4) 통지은행(Advising Bank, Notifying Bank, Transmitting Bank)

수출상에게 개설은행이 개설한 신용장을 통지해 주는 은행을 말한다. 통지은행은 통상 개설은행의 본·지점이나 개설은행과의 환거래 취결관계에 있는 은행이며, 개설은행의 지시와 요청에 따라 통지은행이 직접 신용장을 개설하여 수출상에게 통지하기도 한다. 신용장을 전달하는 은행이라 하여 Notifying 또는 Transmitting Bank라고 한다. 통지은행은 신용장을 통지할 때 신용장의 진위확인을 할 의무가 있으며 통지신용장에 대해서 하등의 책임을 부담하지 않고 약정 없이 신용장을 수출상에게 통지할 수도 있다.

5) 확인은행(Confirming Bank)

수출상은 개설은행의 수출대금지급확약을 믿고 상품을 수입상에게 수출한다. 그런데 대금지급을 확약한 개설은행의 신용을 믿지 못하는 경우 수출상은 수입상에게 제3의 은행이 당해 신용장의 대금지급을 확인해 주도록 요청하게 된다. 확인은행은 개설은행과 같이 수출상에게 수출대금의 지급을 확약하여 개설은행이 수출상에게 수출대금을 지급하지 못하면 확인은행은 수출상에게 개설은행을 대신해서 수출대금을 지급할 의무가 있다.

6) 매입은행(Negotiating Bank)

수출상은 신용장에 명시된 대로 환어음이나 선적서류를 첨부하여 은행에 매입을 의뢰한다. 매입의뢰를 받은 은행은 제시된 서류가 문면상 신용장의 제조건을 충족시키는지 면밀히 검토하여 하자사항이 없으면 개설은행에 의한 최종지급일까지의 이자(환가료) 및 수수료를 공제하고 수출대금을 미리 수출상에게 지급하는 은행을 말한다. 매입의뢰은행의 매입은 개설은행의 대금지급확약을 믿고 개설은행으로부터 수출대금의 상환을 받은 것을 전제로 하여 자기은행의 자금으로 수익자에게 수출대금을 지급하여 준다.

7) 지급은행(Paying Bank)

개설은행과 예치환거래계약을 체결하여 자행에 개설은행의 명의의 예금계정을 설치하여 두고 신용장의 조건과 일치되는 서류가 제출될 때 개설은행의 예금계정에서 차감하면서 지급을 이행하는 은행을 말한다.

8) 인수은행(Accepting Bank)

수출상은 환어음과 제반 서류와 상환으로 수출대금을 지급받든지 아니면 환어음과 제반 서류를 수입상에게 넘겨주고 일정기간이 지난 후에 수출대금을 지급받는 방법이 있다. 일정기간 동안의 여신을 수입상에게 제공하는 은행을 인수은행이라고 하며 인수은행은 기한부 어음을 인수하고 수출상에게 서류와 상환으로 수출대금을 지급하고 어음만기일에 개설은행으로부터 수출대금을 지급받는다. 통상 여신이자는 개설은행으로부터 선불로 받고, 어음 만기일에 가서 지급은행이 된다.

9) 상환은행(Reimbursing Bank)

개설은행은 자행의 본·지점, 또는 타은행에 예금계좌를 설치해 두고 매입은행으로부터 자행이 개설한 신용장에 의거 발행된 환어음의 매입대전에 대한 상환요청이 오면 자행의 예금계정을 차기(Debit)하여 상환을 이행하도록 신용장 개설시점에서 타은행에 수권 또는 위임을 하게 되는데, 이러한 수권 또는 위임을 받아 상환업무를 대행해 주는 은행을 말한다.

10) 양도은행(Transferring Bank)

양도가능신용장하에서 수익자의 요청에 의하여 제2의 수익자에게 양도하는 은행을 양도은행(Transferring Bank)이라고 한다.

4. 신용장거래 당사자간의 법률관계

1) 개설의뢰인의 지위

(1) 개설은행과의 관계

수입상은 자기 거래은행에 신용장개설을 의뢰하게 된다. 이때 신용장개설신청서와 수입거래약정서가 수입상과 개설은행간에 체결되어 양자간의 법적 관계가 성립된다. 개설은행은 신용장의 개설신청서에 기재된 내용대로 신용장을 개설하게 된다. 개설은행은 어디까지나 수입상의 지시와 요청에 따라 신용장을 개설해야지 개설은행이 임의로 신용장을 개설할 수 없다. 개설은행이 수입상의 지시와 요청을 제대로 지키지 못하여 수입상에게 손해를 발생시키면 그에 대한 책임을 져야 하며 귀책사항은 신용장 개설신청서에 기재된 내용에 따라 결정된다. 개설되는 신용장이 취소불능신용장인 경우에는 신용장이 일단 개설되면 개설의뢰인과 개설은행간에 어떠한 새로운 합의를 하여도 제3자인 수익자의 동의 없이는 내용의 변경이나 취소가 불가능하므로 개설시에는 특히 이 점을 주의하여야 한다. 당해 신용장거래와 관련하여 해외의 은행들에게 부담하는 제반 비용과 지출하는 경비 및 신용장대금을 지급하여야 할 의무가 있다.

취소불능신용장의 경우 개설은행은 수출상에게 신용장을 통지해 줄 의무가 있다. 이러한 의무는 수출입매매계약에서 수입상이 수출상에게 부담하는 의무이며 신용장 개설신청서에 명시된 내용에 따라 개설은행이 수입상에게 부담하는 의무이다. 신용장의 통지는 개설은행이 수출상에게 직접 하거나 제 3 의 은행을 통하여 수출상에게 전달되며 후자의 방법이 가장 많이 이용된다.

개설은행은 제시된 서류가 신용장의 제조건과 문면상 일치하는지 상당한 주의를 기울여 검토하여야 한다. 개설은행이 신용장의 제조건과 일치하지 않는 서류와 상환으로 대금을 지급하였다면 수입상은 개설은행의 대금지급요청을 거부할 수 있다. 따라서 개설은행은 자신과 고객인 수입상의 이익을 보호하기 위해 제시된 서류를 엄격하게 심사해야 한다.

개설은행이 신용장을 개설할 때 개설의뢰인으로부터 개설담보금을 받는다. 개설은행이 파산하면 개설의뢰인은 개설은행으로부터 개설담보금을 일반 채권자에 우선하여 받을 수 있는가이다. 개설담보금의 목적에 따라 두가지로 해석할 수 있다. 수입상이 개설담보금을 신용장의 어음이 개설은행에 제시되면 틀림없이 결제하겠다고 약속한 것이고, 수입상의 일반예금을 개설담보금으로 예치한 것이라면 개설은행이 파산했을 때 수입상은 개설은행의 일반채권자와 같이 일정비율에 의해서 청산을 받는다. 그러나 개설담보금이 당거래의 신용장만을 결제하기 위해서 특별히 예치된 경우에 개설은행이 파산하면 수입상은 개설담보금 전액을 되돌려 받을 수 있다. 즉 개설담보금이 특정목적을 위해 예치되었다가 그 목적이 이루어지지 않았기 때문이다.

(2) 수익자와의 관계

수출상과 수입상의 법적 관계는 수출입매매계약에 약정한 사항에 따라 결정된다. 수출입매매계약에 수출대금지급조건을 신용장으로 약정하면 신용장거래에 따른 법적 관계가 성립된다. 따라서 수입상은 수출입매매계약에서 합의한 종류의 신용장을 약정된 기간 내에, 약정된 개설은행을 통하여 수출상 앞으로 개설해야 된다. 이와 같이 수입상의 신용장개설은 수출상 입장에서 보면 수출입매매계약을 이행하기 위한 선행조건이 된다.

즉 신용장이 개설되어야만 수출상은 수출상품을 생산할 수 있다.[2] 수입상은 매매계약에서 명시된 신용장을 약정된 기일 내에 수출상 앞으로 개설해야 한다. 수입상이 매매계약에 명시된 신용장을 개설하지 않으면 매매계약을 위반하게 된다. 수출입매매계약에서 합의한 신용장이 개설되지 않거나 지연되면 수출상은 수출입매매계약을 해제할 수 있다.

(3) 확인은행과의 관계

개설의뢰인과 직접적인 법률관계는 성립되지 않지만 만일 개설은행이 파산되어 확인은행이 신용장대금을 대신 지급한 경우 그 결제대금은 확인은행이 개설의뢰인에게 구상할 수 있다.

(4) 통지, 매입, 지급, 인수, 상환은행과의 관계

통지, 매입, 지급, 인수, 상환은행과 개설의뢰인과는 아무런 법률관계가 성립되지 않아 법적으로 권리와 의무관계가 존재하지 않는다. 통지, 매입, 지급, 인수, 상환은행은 개설의뢰인의 지시와 요청에 따라 행동하는 것이 아니라 개설은행의 지시와 요청에 따라 통지, 매입, 지급, 인수, 상환을 하게 된다. 따라서 통지, 매입, 지급, 인수, 상환은행과 개설의뢰인은 아무런 관계가 없다.

2) 개설은행의 지위

(1) 수익자와의 관계

신용장거래에서 가장 중요한 것이 수익자와 개설은행간의 법적 관계이며 이러한 법적 관계는 수출상과 수입상이 체결한 수출입매매계약에서 비롯된 것이 아니라 은행이 개설한 신용장에 의해서 성립된 것이다.

"We hereby guarantee to protect the drawers, and bona-fide holders from any consequences which may arise in the event of non-acceptance

2) 수출상과 수입상이 어렵게 수출입매매계약을 체결하고도 신용장이 개설되지 않는 경우가 실무에서 흔하게 발생하고 있기 때문에 수출상은 반드시 신용장을 접수한 후에 수출상품의 생산에 들어가야 한다. 수출입매매계약을 체결하고 신용장이 개설되지 않는 상태에서 상품을 먼저 생산하고 신용장이 개설되지 않으면 큰 어려움에 처할 수 있다.

or non-payment of drawn in accordance with the terms of this credit."

와 같은 내용이 신용장에 포함되어 있고 이러한 개설은행의 확약에 따라 수익자에게 법적으로 기속당한다.

개설은행의 약정은 절대적이며, 수출상과 수입상이 체결한 수출입매매계약에 명시된 특정내용과 전혀 관계없이 존속한다. 신용장이 개설되고 수출상에게 통지되는 과정에서 제대로 수출상에게 전달되지 않는 경우 개설은행은 면책된다고 신용장 통일규칙 제16조와 제18조 b항에 명시되어 있다. 그러나 수출상의 입장에서 보면 수출상의 권리는 신용장을 인수한 후에 발생하게 되므로 수출상이 신용장을 받지 않으면 신용장이 개설되지 않았기 때문에 개설은행과 수출상과의 법적 관계가 성립되지 않는 것으로 간주한다.

따라서 개설은행은 개설된 신용장을 정확하게 수출상에게 통지해 주어야 한다. 개설은행은 수출상과 수입상이 체결한 수출입매매계약의 내용이나 수입상의 파산 등과 같은 이유를 들어 수출상에게 수출대금의 지급을 거절할 수 없다.

신용장거래에서 핵심적인 역할을 하는 개설은행이 파산하면 신용장거래는 종결된다. 따라서 수익자는 수출계약에 의거 수입상에게 수입대금의 지급을 요청할 수 있다. 개설은행이 수출상이 개설은행을 지급인으로 발행한 기한부어음을 인수하고 어음만기일이 도래하기 전에 파산하여 수출상이 청산인으로써 수출대금의 일부를 받았다면 나머지 수출대금은 수출계약에 의거 수입상으로부터 지급받을 수 있다.

개설은행이 기한부어음을 인수하고 어음만기일이 만료되기 전에 수입상이 개설은행에게 수입대금을 일반계정과 별도로 선불하였는데 어음이 만기되기 전에 개설은행이 파산하면 선의의 어음 소지자인 수출상은 개설은행의 일반채권자와 다르게 우선적으로 수출대금을 회수할 수 있다.

(2) 통지은행과의 관계

국제무역거래에 신용장이 개입하면 수출지역에 있는 은행이 신용장거래 당사자로 참여하게 된다. 통상 신용장이 개설되면 개설은행이 지정한 수출지역에 있는 제3의 은행(개설은행과의 환거래 취결은행)을 통하여 신용장이 수출상에게 통지된다. 이와 같이 통지은행이 개설은행의 지시와 요청을 받아들이고 그렇게 행동함으로써 개설은행과 대리 또는 위임관계가 성립된다.

통지은행은 개설은행의 지시와 요청에 따라 통지의무를 이행해야 하며 개설은행의 지시사항을 임의로 변경할 수 없고 개설은행의 지시사항이 불분명하거나 불명확한 경우 개설은행에게 내용을 정확히 확인하든지 아니면 통지은행의 책임 없이 단지 정보사항으로 다음과 같이 수출상에게 통지할 수 있다.

"Without any responsibility or engagement on our part for possible errors, ommission, or delays in the transmission there of."
"If after careful examination of credit terms, you do not agree with any of them, please contact your buyers for the appropriate amendment."

통지은행은 개설은행의 대리인 자격으로 수익자에게 신용장의 개설 및 조건변경사항을 신속하고 정확하게 알려주어야 하며 통지은행은 개설은행의 지시만 따른다. 개설은행이 신용장을 개설할 때 통지은행을 지정한 경우 당 신용장거래가 종결될 때까지 타은행으로 바꿀 수 없다. 개설은행의 대리인 자격으로 수익자에게 신용장의 개설 및 조건변경사항을 신속하고 정확하게 알려주어야 한다.

(3) 매입은행과의 관계

매입은행은 개설은행과 매입은행간에 위임 또는 대리인 관계가 성립되어 개설은행의 대금지급확약을 믿고 수출상에게 서류와 상환으로 수출대금을 지급하게 된다. 매입은행이 완전히 위임 또는 대리인 역할을 수행하면 매입은행은 개설은행에게 대금의 상환을 요구할 수 있으며 이러한 내용은 신용장 통일규칙 제 2 조에 정확히 구현되어 있다.

"Nominated bank means the bank authorized in the credit to honour or negotiate or, in the case of a freery credit, any bank."

취소불능 매입제한신용장의 경우 매입이 제한된 은행에게 개설은행이 대금지급을 약정한 것이기 때문에 매입제한은행 외에 다른 은행이 매입제한 신용장을 매입할 경우 매입은행은 개설은행에 대한 청구권이 없기 때문에 매입에 따르는 위험을 전적으로 부담해야 된다. 개설은행의 대금지급약정은 지정은행에게만 국한된 것이기 때문에 제3의 은행이 지정신용장을 매입하는 경우 매입은행은 매입제한신용장과 같이 개설은행의 대금지급확약을 받지 않아서 개설은행에 대한 청구권이 없다.

> "We hereby engage with the bonafide holders of all drafts drawn and/or documents presented under and in compliance with the terms of the letter of credit that such drafts and/or documents will be duly honored upon presentation to us."

매입은행이 하자 없는 서류를 개설은행에 송부하고 대금청구를 해올 경우 개설은행은 개설의뢰인의 지급불능, 개설의뢰인과 수익자간의 매매계약상의 하자 등을 이유로 이의 지급을 거절할 수 없다.

⑷ 지급, 인수, 상환은행과의 관계

지급은행은 수익자가 제시한 선적서류를 직접 지급하는 은행으로서 개설은행 수출지역에 있는 개설은행의 지점 또는 Corres관계에 있는 은행 및 제3의 은행이 될 수 있다. 개설은행의 대금지급확약을 믿고 지급은행은 환어음을 결제하게 되며 이러한 지급은행의 지급행위에 대한 책임은 최종적으로 개설은행이 부담한다. 인수은행은 기한부 어음을 인수하는 은행으로서 그 어음만기일에 지급은행이 되며 인수은행은 개설은행의 대금지급확약을 믿고 기한부 어음을 인수하고 수익자에게 수출대금을 지급하고 개설은행은 어음만기일에 대금을 인수은행에게 지급해야 한다.

인수은행이 기한부 어음의 인수를 거부하면 수익자는 개설은행을 지급인으로 하는 기한부 어음을 발행하여 개설은행에 대금지급을 요청할 수 있고 인수은행이 기한부 어음을 인수한 후 어음만기일에 지급을 하지 못하면 최종적으로 개설은행이 책임져야 한다. 상환은행은 개설은행의 요청과 지시에 따라 지급, 인수, 매입은행에게 대금을 지급하는 은행이다. 지급, 인수, 상환은행과 개설은행과의 법적 관계는 위임 및 대리인 관계에 있다고 볼 수 있다.[3)]

상기 은행들이 예금잔고 부족 등을 이유로 지급, 인수, 상환업무처리 거

---

3) Gutteridge, *op., cit.,* p. 77.

절시 개설은행은 이의를 제기하지 못한다. 상기 은행들이 서류심사를 게을리 하여 비록 하자 있는 서류에 대하여 지급, 인수, 상환을 하였다 하여도 개설은행은 이들 은행의 구상요청에 항변할 수 없다.

3) 수익자의 지위

(1) 통지은행과의 관계

개설은행의 지시와 요청에 따라 수익자에게 신용장을 통지하기 때문에 통지은행의 의무는 수익자에 대한 의무가 아니라 개설은행에 대한 의무로 볼 수 있다. 통지은행이 신용장을 통지할 때 신용장을 안전하고, 정확하게 그리고 신속하게 수익자에게 전달해야 하며, 개설은행의 지시와 요청을 철저히 따라야 하고 개설은행의 지시와 요청을 태만히 함으로써 손실을 발생시키면 그에 대한 응분의 책임을 부담해야 한다.

개설은행의 지시와 요청에 따라 통지은행이 신용장을 개설할 때 신용장의 내용에 대해 상당한 주의를 기울여야 한다. 수익자에 대한 통지은행의 의무는 신속하고 정확하게 통지해 주어야 할 의무가 있다. 통상 통지은행은 신용장 통지서에 다음과 같은 면책조항을 삽입시킴으로써 전달하는 내용에 오류가 있어도 책임을 지지 않고 있다.

> "At the request of the issuing bank, and without any engagement or responsibility on our part, we are pleased to inform you that we have received the following authenticated teletransmission dated 2000. 02.23(h-0452-00)"

(2) 매입은행과의 관계

수익자는 상품을 선적한 후 화환어음과 선적서류를 매입은행에 제시하여 매입을 의뢰하게 되며 이때 수익자와 매입은행은 수출거래약정서를 체결하여 매입을 하게 되고 수익자와 매입은행과의 법적 관계는 신용장거래와 어음법에 의한 관계가 성립된다. 매입은행이 수익자가 발행한 환어음을 매입하면 수익자가 개설은행(지급, 인수, 상환은행 포함)에 대하여 보유하고 있는 청구권을 어음매입시점에서 양도받은 양수인 또는 어음소지인(Purchaser of Draft or Bona-Fide Holder)의 지위를 갖는다.

따라서 수입상이 발행된 환어음을 서류상의 하자를 이유로 인수하지 않거나 어음만기일에 지급하지 않으면 매입은행은 환어음 발행인에게 상환청구를 할 수 있다. 상환청구불능신용장(Without Recourse L/C)과 환어음에 무담보문구(Sans Recourse)가 없는 한 환어음 발행인은 매입은행의 상환요구에 응해야 한다. 매입은행은 신용장에 매입은행으로 지정되어 있지 않으면 수익자가 제시한 환어음을 반드시 매입할 의무는 없고 확인은행이 매입은행의 역할을 겸하는 경우 매입은행의 상환청구권을 인정하지 않는다.

(3) 지급, 인수, 상환은행과의 관계

지급, 인수, 상환은행과 수익자와의 직접적인 법률관계는 없으며 개설은행을 중심으로 간접적인 법률관계를 맺고 있다고 볼 수 있다. 수익자는 지급, 인수, 상환은행이 지급, 인수, 상환을 거부하면 개설은행에게 직접 지급, 인수, 상환을 요청할 수 있고 이러한 요청을 받은 개설은행은 수익자의 요청을 받아들여 지급, 인수, 상환을 해 주어야 한다.

(4) 수익자와 확인은행과의 관계

확인은행과 수익자와의 법적 관계는 개설은행과 수익자와의 법적 관계와 동일하여 확인은행은 수익자와 개설은행, 신용장 개설의뢰인의 동의 없이 확인한 신용장조건을 변경하거나 취소할 수 없다. 또한 수익자와 개설은행, 신용장 개설의뢰인도 확인은행의 동의 없이 신용장내용을 변경하거나 취소할 수 없다.

신용장 대금결제와 관련하는 한, 확인은행은 수익자와 매입은행에 대하여 개설은행과 동일한 책임 및 의무를 진다. 수익자나 매입은행으로부터 지급청구를 받은 확인은행은 개설은행의 파산이나 지불불능 등의 이유로 거절할 수 없다. 신용장의 조건변경이나 취소에서도 개설은행과 독립하여 서면동의권을 행사할 수 있다.

제 3 절

신용장의 종류

신용장은 그 사용방법 결제기간 등에 따라 여러 가지로 분류되는데 은행실무에서 많이 쓰이는 신용장을 중심으로 살펴보면 다음과 같다.

1. 취소불능신용장

개설은행이 수입상의 지시와 요청에 따라 수출상을 수익자로 취소불능 신용장을 개설하면 신용장거래의 당사자인 수출상, 수입상, 개설은행, 확인 신용장의 경우 확인은행이 모두 합의하지 않는 한 신용장내용이 변경 또는 취소될 수 없는 신용장을 말한다.

2. 신용장의 사용방법에 따른 분류

신용장 통일규칙 제10조에서 모든 신용장을 일람출급신용장(Sight Payment Credit), 연지급신용장(Deferred Payment Credit), 인수신용장(Acceptance Credit), 매입신용장(Negotiation Credit)으로 구분하여 신용장의 사용방법을 명확히 표시하도록 규정하고 있다. 또한 신용장의 매입이 개설은행에서 직접 하거나 또는 어느 은행에서 가능하도록 되어 있는 자유매입신용장(Freely Negotiable Credit)를 제외하고는 반드시 지급, 인수 및 매입할 수 있는 은행을 지정해야 한다.

1) **매입신용장**(Negotiation Credit)

화환어음과 선적서류의 매입이 어느 은행에서나 가능한 신용장을 말하며 매입시 선적서류와 화환어음이 함께 제시되어야 한다. 일람출금 또는 기한부 신용장으로 사용되며 기한부 신용장으로는 수출상이 여신을 제공하는 Shipper's Usance의 경우에 사용하는 것이 일반적이며 신용장의 뒷면에 매입사실의 배서를 요구하는 배서신용장이다.

2) **지급신용장**(Payment Credit)

환어음이 없이 선적서류를 지급은행에 제시하면 지급은행은 서류를 검토한 후 서류가 신용장에 명시된 내용과 일치하면 수출대금을 지급하는 일람출급신용장을 말하며 신용장 뒷면에 매입사실의 배서가 필요 없다. 지급은행은 통상 수출지의 통지은행이 되며 통지은행은 개설은행의 예치한 거래은행이나 해외지점일 경우 사용될 수 있다.

3) 인수신용장(Acceptance Credit)

기한부 화환어음과 선적서류를 인수은행에 제시하면 인수은행은 여신을 제공하여 수출상에게 수출대금을 지급하고 어음만기일에 개설은행으로부터 대금지급을 받은 신용장을 말한다 기한부 화환어음이 개설은행이나 제3의 은행을 지급인으로 발행되고 신용장 뒷면에 매입사실의 배서를 요구하지 않는 비배서신용장이다.

4) 연지급신용장(Deferred Payment Credit)

기한부 화환어음이 없이 선적서류가 연지급은행에 제시되어 일정기간이 도래하면 수출대금이 지급되는 기한부 신용장을 의미하며 신용장 뒷면에 매입사실의 배서를 요구하지 않는 비배서신용장이다. 통상 연지급은행은 수출자의 통지은행이 되며 예치환 거래은행 또는 해외지점일 때 사용된다.

3. 대금지급방법에 따른 분류

1) 일람출급신용장(Sight Credit)

수출상이 화환어음과 선적서류를 매입은행에 제시하고 서류상의 하자가 없으면 곧 바로 수출대금을 지급하는 신용장으로 일람출급지급신용장과 일람출급매입신용장이 이에 해당된다.

2) 기한부 신용장(Usance Credit)

수출상이 화환어음과 선적서류를 제시하고 일정기간이 경과한 후에 수출대금을 지급하는 신용장으로 일정기간에 대한 기간의 이익을 수입상이 향유하며 전술한 인수신용장, 연지급신용장, 기한부 매입신용장이 이에 해당된다. 이는 다시 일정기간에 대한 신용공여를 누가 하느냐에 따라 Banker's Usance와 Shipper's Usance로 분류된다.

4. 매입은행 지정여부에 따른 분류

1) 자유매입신용장(Freely Negotiable Credit)

신용장 중 매입신용장은 원칙적으로 어느 은행에서나 화환어음과 선적서류의 매입이 가능하도록 발행하는데 이를 자유매입신용장(Freely Negotiable Credit)이라고 하고, 매입은행이 특정되지 않는다고 하여 보통신용장(General Credit)이라고도 하며, 매입이 모든 은행에 개방되어 있다고 하여 개방신용장(Open Credit)이라고도 한다. 반대로 특정은행에 화환어음과 선적서류의 매입이 제한되어 있는 신용장은 매입제한신용장(Restricted Credit)이라고 한다.

매입제한신용장은 신용장 원본에 매입을 제한하는 명시적인 문구가 기재되어 있는 매입제한신용장(Negotiation Restricted Credit)과 상환문구를 통지은행용 사본에만 표시하고 있어 결과적으로 매입이 제한되는 상환제한신용장(Reimbursement Restricted Credit)으로 구분된다.

매입제한 문언은 매입제한 신용장의 경우에 다음과 같이 표시된다.

"Negotiation under this credit is restricted to XXX Bank (Yourselves, Advising Bank)."
"Drafts drawn under this credit are negotiable through XXX Bank."
"The drafts drawn under this credit are payable by XXX Bank."
"Negotiation are restricted to XXX Bank."
"This credit is available only through XXX Bank."
"Drafts drawn under this credits must be presented for negotiation on or before at the advising Bank."

2) 지정신용장(Straight Credit)

신용장 중에서 지급신용장, 연지급신용장 및 인수신용장이 이에 속하며, 이들 신용장의 지급확약문언에서 보는 바와 같이 신용장에 의한 환어음의 매입여부 및 어음의 배서인이나 선의의 소지인에 대한 아무런 조건 없이 신용장조건과 일치하는 선적서류나 환어음을 제시하면 지급하겠다고 약정하고 있는 신용장을 말한다.

"신용장 통일규칙 제10조"에서 지급신용장과 인수신용장인 경우 개설은행은 반드시 지급은행이나 인수은행을 지정하여 신용장조건과 일치된 서류가 제시될 때 지급 또는 인수토록 수권하고 동 수권된 은행에 대하여 상환할 의무를 부담한다고 규정하고 있다. 실무적으로 이러한 지정신용장에 대한 선적서류 매입은 매입제한신용장(Restricted Credit)에 준하여 처리하고 있다. 지정신용장은 매입은행이 특정되어 있다고 하여 Special Credit 또는 Nominated Credit이라고도 한다.

> "We engage with beneficiary that all drafts drawn under and in compliance with the terms of credit will be duly honored on delivery of documents as specified, if presented at your office on or before ⋯. We agree with you that drafts drawn in compliance with the condition of these credits will be duly honored."

5. 양도가능여부에 따른 분류

1) 양도가능신용장(Transferable Credit)

수익자가 신용장금액의 전부 또는 일부를 제 3 자(제2의 수익자)에게 양도할 수 있는 권한이 부여된 신용장을 말한다. 즉 신용장상에 "Transferable"이라는 문구가 표시되어 있는 신용장을 말한다.

2) 양도불능신용장(Non-Transferable Credit)

수익자가 신용장을 제 3 자에게 양도할 수 없는 신용장을 말한다. 즉 신용장상에 "Transferable"이라는 문구가 표시되어 있지 않은 신용장을 말한다.

6. 확인여부에 따른 분류

신용장을 제 3 의 은행이 확인했느냐 하지 않았느냐에 따라 확인신용장(Confirmed Credit)과 미확인신용장(Unconfirmed Credit)으로 구분된다. 즉 확인신용장이란 수익자가 발행한 어음의 인수, 지급, 또는 매입에 대해 제 3 은행의 추가적 확약이 있는 신용장을 말한다. 만일의 경우 개설은행이 지급불능 상태에 빠지면 확인은행이 개설은행을 대신하여 지급하여야 하므로 수익자는 이중의 지급확약을 받게 되어 그만큼 신용도가 높아지게 된다.

일반적으로 개설은행이 통지은행에게 신용장통지시 확인을 추가하도록 요청하게 되며 수익자 소재지 또는 제3국의 유력한 은행에게 확인을 요청하는 경우도 있다.

7. 어음유무에 따른 분류

신용장에서 어음의 제시를 요구하는 경우를 어음부 신용장(With Draft Credit), 어음을 필요로 하지 않는 신용장을 무어음신용장(Without Draft Credit)이라 한다. 지급신용장 및 연지급신용장은 무어음신용장이고 인수 및 매입신용장은 어음부 신용장이다. 독일, 프랑스 등의 유럽국가에서는 환어음에 첨부하는 인지세가 비싸므로 무어음신용장이 많이 이용되고 있다.

8. 상환방법에 따른 분류

1) **송금신용장**(Remittance Credit)

서류매입은행이 서류를 매입하고 자기가 대금을 받기 원하는 은행을 지정하면 개설은행이 지정된 은행에 대금을 송금함으로써 지급이 이루어지는 신용장을 말한다.

"Upon receipt of complying documents, we will reimburse you as per your instructions."

2) **상환신용장**(Reimbursement Credit)

신용장개설시 대금청구를 특정은행(Reimbursing Bank)으로 하도록 지정되어 있는 신용장을 상환신용장이라 한다. 이러한 경우 매입은행은 개설은행이 지정한 제3의 은행 앞으로 상환청구를 별도로 하여야 한다.

상환제한신용장은 매입을 제한하는 문언은 없으나 신용장 원본에 상환권리가 어느 특정은행에 제한된다는 문언이 있거나, 통지은행이 다음과 같은 문언을 신용장 원본에 표시한 신용장이다.

"We are holding special instructions regarding reimbursement."

"We are holding special instruction for reimbursement."
"Reimbursement are arranged."
"Reimbursement for all drafts negotiated under this credit shall be obtained by the advising bank from XXX Bank."
"Reimbursement will be effected to you by XXX Bank upon their receiving your advice of negotiation."
"In reimbursement, negotiating bank are authorized to reimburse themselves on XXX Bank(reimbursing bank)."

9. 회전신용장(Revolving Credit)

신용장금액이 일정조건하에 결제됨과 동시에 자동적으로 동액의 금액이 되살아 나는 신용장을 회전신용장(Revolving Credit. Self-Continuing Credit)이라고 한다. 회전신용장 중 회전될 때 전회의 미사용 잔액이 있는 경우 그 잔액이 이월되는 경우를 누적식 회전신용장(Cumulative Revolving Credit), 그 잔액이 이월되지 않는 경우를 비누적식 회전신용장(Non-Cumulative Revolving Credit)이라고 한다.

10. 상환청구가능여부에 따른 분류

상환청구가능신용장(With Recourse Credit)과 상환청구불능신용장(Without Recourse Credit)은 수출상이 발행한 화환어음과 제반 서류를 매입은행이 인수하고 수출대금을 지급한 후 매입은행은 개설은행 앞으로 화환어음과 제반 서류를 송부하여 수출대금을 청구하게 된다. 이때 개설은행은 송부된 서류를 면밀히 검토하여 신용장의 제조건과 일치하게 되면 매입은행에게 수출대금을 송금하게 된다. 그러나 제시된 서류가 신용장의 제조건과 일치하지 않으면 수출대금의 송금을 거부하게 된다. 이때 어음의 선의의 소지자(매입은행)가 화환어음발행인(수출상)에게 이미 지급한 수출대금의 반환을 청구할 수 있으면 상환청구가능신용장이고 청구할 수 없으면 상환청구불능신용장이라고 한다.

우리나라에서는 상환청구불능신용장이 인정되지 않는다. 그러나 영·미법에서는 상환청구불능신용장에서 Without Recourse라는 문구가 어음상에 기재되면 법적으로 효력이 있다.

11. 연계무역거래에 사용되는 신용장

1) 동시발행신용장(Back to Back Credit)

원래의 뜻은 원신용장(Bank to Back Clause Credit)을 견질로 하여 발행되는 제 2 의 신용장(Back to Back Credit)으로 수출과 수입을 연계, 수출입의 균형을 기하기 위한 연계무역하에서 사용되어진다.

일국에서 일정액의 수입신용장을 개설할 경우 그 신용장은 수출국에서 동액 또는 그와 상응하는 일정액의 수입신용장을 개설하여 오는 경우에만 유효하다는 조건이 있는 신용장을 Bank to Back Clause Credit이라고 하며 이러한 원신용장을 근거로 하여 개설된 제 2 의 신용장을 Back to Back Credit이라고 한다.

2) 기탁신용장(Escrow Credit)

구상무역하에서 수출입의 균형을 기하기 위하여 수입자가 수입신용장 개설시에 신용장의 한 조건으로 당해 신용장에 발행되는 어음의 매입대금은 수익자에게 지급되지 않고 수익자 명의의 Escrow Account(기탁계정)에 기탁하여 두었다가 그 수익자가 원신용장 개설국으로부터 수입하는 상품의 결제대전에만 사용하도록 명시된 신용장을 말한다.

3) Tomas Credit

Back to back Clause Credit과 유사하나 수출입 당사자가 서로 동액 또는 그와 상응하는 일정액의 신용장을 개설하는 데 있어, 먼저 신용장을 개설하는 일방이 신용장의 발효요건으로 동액 또는 그와 상응하는 일정액의 Bank to Bank Credit개설을 전제로 하는 것이 아니라 상대방이 일정기간 후 동액의 신용장을 개설하겠다는 보증서의 제출을 조건으로 하는 신용장을 말한다.

12. 선대신용장(Advance Payment Credit)

수출상이 선적 전에 해당 상품의 대금을 선지급받을 수 있도록 되어 있는 신용장으로 그 선대받은 대전이 수출상품의 포장(Parking)이나 집하에 사용된다는 관행에서 집하신용장(Packing Credit), 선대문언을 붉은 타자로 표시하는 관행에서 적기신용장(Red Clause Credit)이라고도 하며 통상 Red Clause L/C라고 한다.

이러한 선대신용장은 일국의 통화정책 및 국제수지와 밀접한 관련이 있어 현행 우리나라 외국환관리규정에서도 수출선수금의 영수한도 및 대응수출이행기간 등에 대해 엄격히 규제하고 있다.

> "We authorize the negotiating Bank to pay the sums not exceeding 20% of the above mentinoned amount to the beneficiary against presentation of the following documents: Beneficiary's clean draft at sight on the accountee Beneficiary's receipt stating that the beneficiary have duly received sums representing 20% advance payment for the delivery of commodity from Pusan to New York."

13. 보증신용장(Stand-by Credit)

보증신용장은 수출입거래에 수반되는 상품대금의 결제를 목적으로 하는 화환신용장(Documentary L/C)과는 달리 금융 또는 채무보증 등을 목적으로 발행되는 특수한 무화환신용장(Clean L/C)을 말한다. 화환신용장은 수출자가 매입은행에 선적서류를 의뢰할 때 운송서류(Transport Documents)의 제시를 요구하는 신용장이며, 무화환신용장은 매입시 운송서류의 제시를 요구하지 않는 신용장이다.

일반적으로 보증신용장은 국제입찰참가에 수반되는 입찰보증금(Bid Bond), 계약이행보증금(Performance Bond), 선수금환급보증금(Advance Payment Bond) 등의 적립에 대신하여 사용되거나 자국상사의 해외지사가 수출입거래에 필요한 운영자금을 현지은행에서 공급받는 경우 동 채무를 보증할 목적으로 국내 외국환은행이 해외은행 앞으로 발행하는 신용장이다.

따라서 보증신용장을 받은 은행은 현지에서 보증신용장에 의하여 대출을 받은 상사 또는 피보증상사가 채무를 불이행하였을 경우, 신용장에 의거 발행은행 앞으로 지급을 청구하여 채권을 회수할 수 있게 된다.

14. 내국신용장(Local Letter of Credit)

1) 내국신용장의 개념과 장점

국내의 수출상이 국내에서 생산되는 수출용 완제품 및 수출용 원자재를 국내의 다른 업체로부터 구매하게 될 때 국내수출상의 신용이 낮으면 수출상품을 구매하기가 어려울 수도 있다. 내국신용장은 국내은행이 국내수출상을 대신해서 국내제조업체에게 물품대금의 지급을 보증하는 것이다. 따라서 국내제조업체는 국내은행의 보증을 믿고 제품을 국내수출상에게 판매하게 된다.

국내수출상이 개설의뢰인이 되고 수출물품생산업체를 수익자로 하여 외국환은행이 물품대금지급에 대하여 책임을 진 지급보증확약서로 국내업체간에 이용되는 신용장을 말한다.

내국신용장의 개설의뢰인은 무역금융 수혜와 결제자금의 편의, 수출물품의 안정적 확보 등의 이점이 있고 국내제조업체는 무역금융의 활용, 수출실적 인정, 관세환급, 부가가치세 영세율 적용, 물품대금 회수의 보장 등과 같은 이점이 있다.

2) 내국신용장의 종류

(1) 원자재 내국신용장

제조업체로부터 국내에서 생산된 수출용 원자재를 또는 유통업자로부터 수출용 수입원자재를 구입할 목적으로 개설되는 내국신용장을 말한다. 개설의뢰인은 수출신용장 등 융자대상증빙 보유자 및 과거수출실적 보유자로서 생산시설 보유자 및 생산시설 보유자와 임가공계약을 체결한 자가 된다.

(2) 완제품 내국신용장

국내에서 생산된 수출용 완제품을 구매할 목적으로 개설되는 내국신용장으로, 무역금융을 취급할 수 없다. 개설의뢰인은 무역종합상사 및 무역업

신고업체 중 원수출신용장 등 융자대상증빙(내국신용장 제외)을 보유하고 있는 자가 된다. 완제품과 원자재의 구분은 거래대상물품이 같다고 하더라도 해외 직수출물품이 자동차인 경우에는 원자재, 내국신용장 개설의뢰인의 수출물품이 철강인 경우에는 완제품이 된다.

(3) 임가공 내국신용장

임가공 내국신용장은 생산시설이 없거나 부족한 업체가 생산시설을 보유한 업체와 임가공계약을 맺고 임가공 자체를 거래대상으로 하여 개설된 내국신용장을 말한다. 임가공은 가공의 성격에 따라 원자재임가공과 완제품임가공으로 구분된다.

원자재임가공은 수출물품의 원자재 제조(가공)공정 중 일부가 없거나 부족한 경우 당해 공정에 대한 생산시설이 있는 업체와 임가공계약을 체결하고 가공을 의뢰하여 원자재 상태로 반환 받는 형태의 임가공을 말한다.

완제품임가공은 생산능력이 없거나 부족한 직수출업체가 해외로부터 수취한 수출신용장 등을 근거로 소요원자재 전량을 확보(원자재 내국신용장 및 수입신용장 또는 현금에 의하여)하여 이를 임가공계약을 체결한 수출용 완제품 생산시설이 있는 가공업체에게 무상으로 공급하여 주고 완제품을 반환받는 형태의 임가공을 의미한다.

제 4 절

UCP의 제정과 개정

1. UCP의 제정

현재 지구촌에는 65억의 사람들이 살고 있으며 이 사람들은 매일 같이 경제활동을 하고 있다. 이들의 경제활동은 이들이 살고 있는 국가의 고유한 법과 상관습에 따라 이루어지고 있다. 법과 상관습은 국가마다 매우 다르게 만들어졌다. 무역이 발전함에 따라 국가간에 다른 법과 상관습은 무역의 발전에 큰 걸림돌이 되었고 무역의 발전을 위해서는 모든 국가에서 적용될 수 있는 국제규칙이 필요하다는 인식을 모든 국가에서 하기 시작했다.

이에 따라 국제상공회의소의 산하에 있는 Committee on Banking Technique & Practice는 무역결제에 관련된 국제규칙의 초안 작성에 들어갔고 그들의 상당한 노력으로 "Uniform Regulations for Commercial Documentary Credits"이 만들어졌고 이것은 1929년 암스테르담에서 개최된 I.C.C.회의에 제출되어 1930년 5월 I.C.C. Brochure No. 74로 발간되었다.

I.C.C. Brochure No. 74는 세계 모든 은행이 채택할 수 있는 강제성을 가지고 있는 것도 아니고 신용장에 의한 무역결제의 진행절차와 은행에서 신용장을 취급하는 일반적인 규정을 설명하고 있는 것에 지나지 않아서 일부 은행은 I.C.C. Brochure No. 74를 채택하기도하고 일부 은행은 채택하지 않았다. 1993년 Wien에서 개최된 제 7 차 I.C.C. 본회에서 기존의 내용에 다양한 관습을 보완하여 개정한 내용을 통과시켜 오늘날 우리가 사용하고 있는 "Uniform Customs and Practice for Commercial Documentary Credits," 이 탄생하였다.

진통 끝에 탄생한 UCP는 벨기에, 멕시코, 스위스, 프랑스, 네덜란드, 독일, 이탈리아, 스웨덴 등과 같은 일부 국가에서 사용되었고, 미국은 1938년에 동 규칙을 채택하였으며, 영국은 동 규칙을 채택하지 않았다.

UCP는 강제규정이 아니라 임의규정이다. 기존에 모든 은행들이 사용하고 있는 규정을 정리하여 일반화시킨 것에 불과하기 때문에 신용장거래 당사자가 특별히 합의한 규정이 있으면 UCP는 적용되지 않고 합의한 규정이 적용되며 합의한 규정이 없으면 UCP가 적용된다. 신용장거래 당사자는 동 규칙을 변경하거나 제외시킬 수 있는 규정을 두어 국제상거래를 촉진시킬 수 있도록 했다.

2. 제 1 차 개정(1951년)

제 2 차 세계대전이 끝난 후 세계무역량은 급격히 증가하게 되었고 세계무역환경도 급격히 변화하여 UCP를 개정하여야 된다는 주장이 제기되었다. I.C.C.의 은행기술 실무위원회(International Chamber of Commerce Commission on Banking Technique & Practice)은 3년 동안 개정작업을 통해 개정초안을 만들었고 이 개정초안은 1951년 Lisbon에서 개최된 제 3 차 I.C.C.총회에서 통과되어 1952년 1월 1일부터 발효되었다.

1차개정의 특징은 미국은행의 상관습과 영국은행의 상관습을 조화시키기 위해서 미국측의 제안을 1차 개정에서 많이 반영시켰다는 점과 신용장의 거래는 서류상의 거래이지 상품의 거래가 아니라는 점을 강조하여 무역대금의 지급 여부는 서류만을 기준으로 결정한다는 점을 명문화시켰다.

3. 제2차 개정(1962년)

UCP통일규칙을 놓고 미국과 영국은 팽팽한 대립을 보여 왔다. 미국측이 제시한 개정안과 영국측이 제시한 개정안을 검토하였지만 이들 국가의 입장차이가 너무 커서 개정초안이 만들어지기까지 상당한 시일이 소요되었다. 그러나 미국과 영국의 입장 차이를 좁혀 새로운 개정초안이 완성되어 1963년 4월에 개최된 멕시코 I.C.C.총회에서 I.C.C. Brochure No. 222(1962 Revision)으로 공포되고 7월 1일부터 시행에 들어갔다.

2차 개정안은 일부 공산권국가를 제외한 모든 국가에서 이 규칙이 채택되어 국제규칙으로서의 역할을 하게 되었고 UCP의 적용조항을 모든 신용장에 삽입하도록 하였다.

4. 제3차 개정(1974년)

컨테이너가 국제운송에 등장함에 따라 운송방법이 빠르게 변화하여 선하증권에 기재된 부지문언과 복합운송과 관련된 문제들이 불거지기 시작했고 무역계약조건도 FOB, CIF와 같은 적출지 인도조건에서 DES와 같은 양륙지 인도조건으로 변화함에 따라 UCP 규정을 개정할 필요성이 대두되었다.

I.C.C.의 은행기술 실무위원회는 작업반을 구성하여 개정작업이 들어가서 개정초안을 완성하였다. 이 개정초안은 1974년 12월 3일 I.C.C. 운영위원회에서 채택되어 1974년 4월 국제무역법위원회(United Nations Commission on International Trade Law, UNCITRAL)의 승인을 받아 1975년 6월 Madrid에서 개최된 I.C.C. 총회에서 채택되어 1975년 10월 1일부터 발효되었다.

5. 제 4차 개정(1983년)

운송방법의 변화를 수용하기 위하여 요오크-앤트워프규칙, 1974, 해상운송에 관한 UN협약, 1978, 추심에 관한 통일규칙 1978, 인코텀즈, 1980, 복합운송에 관한 UN협약 1980과 같은 국제규칙들이 대폭 개정되었다.

컨테이너의 등장은 재래식 운송수단의 몰락을 가져왔고 새로운 복합운송을 발전시켰다. 국제무역거래에서 가장 중요한 것이 운송이며 이러한 운송방법의 획기적인 변화로 인하여 과거의 모든 규정이 개정되지 않을 수 없도록 만들었다.

UCP도 운송방법의 변화를 수용하기 위해서 1974년 11월에 개최된 은행기술 실무위원회에서 개정작업반을 두도록 합의하여 개정작업이 시작되었다. 개정작업반은 운송방법의 변화로 운송서류에 관련된 조항을 명확하게 규정할 수 있도록 개정초안을 작성하였다. 이 개정초안은 여러 번의 회의에서 심의와 수정 및 보완을 거쳐 최종안을 만들었고 이 최종안은 1983년 3월 11일 I.C.C. Publication No. 400(Doc. No. 470/405)으로 공표되었다.

I.C.C. Publication No. 400(Doc. No. 470/405)은 다시 1983년 6월 21일에 개최된 I.C.C.이사회에 상정되어 통과된 후 국제무역법위원회를 통해 공표되어 1984년 1월 1일부터 발효되었다.

6. 제 5차 개정(1993년)

정보통신이 발전함에 따라 세계무역환경도 크게 변화하게 되었다. 전자문서교환(EDI)방식이 무역에서 큰 비중을 차지함에 따라 이러한 전자문서교환방식을 수용하기 위해서 기존의 규정을 개정할 필요가 있게 되었다.

UCP는 전자무역을 활성화시키기 위해서 관련 조항을 개정하였고 인코텀즈의 규정과 상호 호환이 될 수 있도록 개정되었다.

7. 제 6차 개정(2007년)

UCP 500이 1994년에 발효된 이후에 10년이 경과되었다. 지난 10년간 세계무역환경이 크게 바뀌었다. 세계무역환경의 변화는 UCP 500을 적용시키는 데 많은 부작용을 발생시켰고 이러한 부작용을 해결하기 위해서 은행 등 실무담당자들은 I.C.C. Banking Commission에 질의를 하고 I.C.C. Banking Commission의 회신내용으로 신용장 업무를 처리하여 왔다.

I.C.C. Banking Commission의 회신내용을 분류하면 UCP 제9조, 제13조, 제14조, 제12조, 제23조, 제37조, 제48조의 7개조항에 대한 의견 개진이 58%를 차지하여 이들 조항과 의견개진이 전무한 17개조항의 수정 및 보완이 필요하게 되었다. 또한 최초로 선적서류를 은행에 제시하면 약 70%가 거절되어 신용장 거래의 활성화에 커다란 걸림돌이 되었다. 따라서 선적서류의 거절비율이 높아짐에 따라 신용장의 무역대금결제수단으로서의 역할이 점점 줄어들어 이에 대한 대책을 강구하지 않으면 안 되게 되었고 신용장과 관련된 URR525, ISBP98, eUCP의 규정과 UCP 500의 규정과 상충되는 부분을 개정할 필요가 있었다.

개정작업반은 Drafting Group과 Consulting Group으로 나누어 운영되었다. Drafting Group는 기본적인 초안을 먼저 작성하고 Consulting Group은 작성된 초안에 관하여 의견을 개진하고 Consulting Group의 의견이 반영된 초안이 완성되면 다시 각국의 National Committee에 보내 의견을 구한 다음 이들의 의견을 반영하여 초안을 수정하고 수정된 초안은 I.C.C. Banking Commission 본 회의에서 토론을 거친 후 다시 Consulting Group의 의견을 반영하는 절차로 진행되어 개정초안이 완성되었다. 이러한 개정작업은 2003년에 시작하여 2006년에 완성되었다.

2006년 10월 25일 프랑스 파리에서 개최된 국제상업회의소 은행위원회(I.C.C. Banking Commission) 정기 회의에서 상정되었고 본 회의에 참가한 모든 회원들이 모두 찬성함으로써 2007년 7월 1일부터 발효되었다.

제 2 장

UCP 600

Article 1 Application of UCP

The Uniform Customs and Practice for Documentary Credits, 2007 Revision, ICC Publication No. 600 ("UCP") are rules that apply to any documentary credit("credit") (including, to the extent to which they may be applicable, any standby letter of credit) when the text of the credit expressly indicates that it is subject to these rules. They are binding on all parties thereto unless expressly modified or excluded by the credit.

제1조 신용장통일규칙의 적용

화환신용장 통일규칙 2007년 개정판 국제상업회의소 간행물 600은 신용장은 본 규칙에 따른다고 신용장에 명백히 구현되어 있으면 모든 화환신용장("신용장")(적용 가능한 범위 내에서 모든 보증 신용장을 포함하여)에 적용되는 규칙이다.

신용장에 통일규칙의 수정과 배제가 정확히 명시된 경우를 제외하고 본 규칙은 신용장거래의 모든 당사자를 기속한다.

[해 설] 본 조항은 신용장통일규칙의 적용범위 및 통일규칙 채택방법과 신용장 거래당사자의 구속력 명기방법에 대해서 규정하고 있다.

1) 신용장통일규칙의 적용범위

신용장은 사용하는 목적에 따라 화환신용장(documentary credit), 무화환 신용장(clean credit), 보증신용장(stand by L/C) 등으로 나누어 볼 수 있는데 화환신용장은 수출상이 개설은행이나 제3의 은행을 지급인으로 발행한 환어음과 선적서류, 상업송장 등을 요구하는 신용장을 의미하고 무화환신용장은 환어음만 요구하는 신용장을 말하며 보증신용장은 금융이나 보증을 위해 은행을 수익자로 발행된 신용장으로 무화환신용장이다. 신용장통일규칙이 모든 상업신용장이나 보증신용장에 다 적용되지 않기 때문에 신용장통일규칙의 적용범위에 대해 논란이 많았다.

무화환신용장은 원칙적으로 신용장통일규칙이 적용되지 않으나 신용장에 신용장통일규칙 적용 문구가 기재되어 있는 경우에는 신용장통일규칙이 적용되는 것으로 보고 있고, 계약이행을 보증하는 보증신용장은 수익자가 발행한 채무자 계약불이행선언서(statement of default)의 제시를 대금지급요건으로 하고 있으면 화환신용장에 속하고 그러한 문구가 없으면 무화환신용장에 속하여 신용장통일규칙이 적용되지 않는 것으로 보았다. 보증신용장에 대한 신용장통일규칙 적용방법에 대해서 명확한 기준이 없기 때문에 혼동이 발생하여 이러한 혼동을 방지하기 위해서 5차 개정에서는 "where they are incorporated"라는 단서를 붙여 적용 가능한 범위에서 이 규정이 보증신용장에도 적용할 수 있도록 하였다. 그러나 UCP 600에서는 "when the text of the credit expressly indicates that it is subject to these rules"로 표기하여 신용장통일규칙이 적용된다고 신용장에 기재된 경우에 한해서 UCP가 적용된다고 명시하여 적용범위를 명확히 하였다. 보증에는 입찰보증서(tender bond 또는 Bid bond), 계약이행보증서(performance bond, performance guarantee), 선수금환급보증서(advance payment bond), 하자보증서(retention bond) 등의 여러 종류가 있다. UCP 600는 any standby letter of credit라고 규정하여 신용장통일규칙이 적용된다고 명시되어 있으면 모든 보증신용장에 적용된다.

2) 신용장통일규칙의 채택과 신용장거래 당사자의 구속력 명기방법

국제상업회의소가 제정한 신용장통일규칙은 법령과 같은 강제성이 없지만 현재 전세계 국가의 은행들이 국제상업회의소 간행물 제600호 신용장통일규칙(ICC Publication No. 600, "Uniform Customs and Practice for Documentary Credits, 2007 Revision")을 대부분 준거규칙으로 채택하고 있으며 우리나라는 전체 은행이 집단으로 이 규칙을 채택하는 단체채택(colletive adherence)방법을 취하고 있다.

수출입매매계약서에서 수출상과 수입상이 수출입대금 결제조건으로 신용장결제방식을 이용하기로 합의하여 신용장거래 당사자들이 신용장통일규칙을 따르도록 결정한 경우 다음과 같은 내용이 "This advice is subject to Uniform Customs and Practice for Documentary credits (2007 Revision) International Chamber of Commerce, publication No. 600." 신용장에 명시되어야 만이 신용장거래 당사자 전원을 기속하게 된다. 상기와 같은 문언을 신용장에 포함시킴으로써 신용장거래 당사자들은 신용장거래에서 발생되는 모든 사항은 신용장통일규칙에 따라 처리될 것임을 사전에 알게 된다. UCP 500 "unless otherwise expressly stipulated in the credit"의 문구는 신용장

통일규칙을 수정하거나 제외하고 또는 동 규칙 이외의 규정을 포함할 수 있는 것으로 해석할 수 있는 여지가 있기 때문에 UCP 600에서는 "unless expressly modified or excluded by the credit"로 표기하여 신용장거래 당사자들이 신용장통일규칙의 특정조항을 수정하거나 제외시키고자 할 경우를 말한다고 명확히 하였다. 신용장통일규칙을 수정하거나 제외할 경우 "Except so far as other wise expressly stated, this documentary letter of credit is subject to the Uniform Customs and Practice for Documentary Credits (2007 Revision)" 또는 "Unless other wise expressly stated herein, this credit is subject to the Uniform Customs and Practice for Documentary Credits (2007 Revision)와 같은 문언은 신용장통일규칙의 수정과 제외만을 의미하고 이러한 내용은 신용장거래 당사자 간의 특약으로 인정되어 신용장통일규칙의 일반규정보다 우선하여 적용된다.

〈사례 1〉 취소가능여부의 표기가 없는 보증신용장의 해석

한국의 K사는 영국지사의 현지금융을 위해 서울의 G은행에게 1000만 달러에 상당하는 Stand by L/C를 개설하였고 본 보증신용장에 신용장통일규칙의 준거 문언이 표기되어 있지만 취소불능표시가 없었다.

〈사례분석 1〉

신용장통일규칙 제1조에 의하면 신용장에 그 내용이 구현되어 있으면 적용 가능한 범위 내에서 본 규칙은 보증신용장에도 적용할 수 있다고 규정되어 있으며 적용 가능한 범위(the extent to which they may be applicable)은 보증신용장이 적용될 수 있는 조항은 모두 포함하는 것으로 보고 있다. 보증신용장은 화환신용장과 다르게 상품의 인수 및 선적을 전제로 한 운송서류, 검사증명서, 원산지증명서, 상업송장, 포장명세서, 선적통지서, 중량증명서, 선적증명서 등의 경우에는 적용되지 않지만 다른 조항은 모두 적용된다. 보증신용장은 물품의 선적을 전제로 한 것이 아니므로 이를 전제로 한 신용장통일규칙상의 운송선적서류에 관한 조항, 대금지급 중 인수, 연지급 방법에 대한 규정은 제외된다고 보아야 하나 이에 대한 명확한 규정이 없기 때문에 혼란이 발생할 가능성이 있다.

따라서 보증신용장을 개설할 때 보증신용장(stand by L/C)이라고 정확히 표기하고 보증신용장상에 신용장통일규칙 준거문언을 반드시 포함시키는 것이 불필요한 분쟁을 예방할 수 있다. 보증신용장이 아닌 일반보증서는 일반보증서에 계약보증에 관한 통일규칙(Uniform Rules for contract Guarantee. Pub 325)을 표기해야 한다. UCP 600에서 발행된 모든 신용장은 취소불능의 표시와 관계없이 취소불능신용장으로 간주한다.

〈사례 2〉 준거문구의 효력

그리스에 있는 은행이 "publication no 505"가 기재되어 있는 신용장을 개설하였고 동신용장을 뉴델리에 있는 American Express Bank가 통지받았다. "publication no 600"과 다른 이와 같은 문구는 하자인가?

〈사례분석 2〉

신용장통일규칙 제1조에서 발행된 모든 신용장은 신용장통일규칙준거문언을 기재하도록 요구하고 있다. "publication no 600"이 이러한 문구에 해당되기 때문에 publication no 505로 기재한 것은 개설은행의 실수로 보이지만 신용장에 신용장통일규칙 준거문언을 "publication no 505"로 기재했다고 해서 통지은행과 수익자를 보호하는 데 아무런 영향을 미치지 못한다.

Article 2 Definitions

For the purpose of these rules:

Advising bank means the bank that advises the credit at the request of the issuing bank.

Applicant means the party on whose request the credit is issued.

Banking day means a day on which a bank is regularly open at the place at which an act subject to these rules is to be performed.

Beneficiary means the party in whose favour a credit is issued.

Complying presentation means a presentation that is in accordance with the terms and conditions of the credit, the applicable provisions of these rules and international standard banking practice.

Confirmation means a definite undertaking of the confirming bank, in addition to that of the issuing bank, to honour or negotiate a complying presentation.

Confirming bank means the bank that adds its confirmation to a credit upon the issuing bank's authorization or request.

Credit means any arrangement, however named or described, that is irrevocable and thereby constitutes a definite undertaking of the issuing bank to honour a complying presentation.

Honour means:

a. to pay at sight if the credit is available by sight payment.
b. to incur a deferred payment undertaking and pay at maturity if the credit is available by deferred payment.
c. to accept a bill of exchange("draft") drawn by the beneficiary and pay at maturity if the credit is available by acceptance.

Issuing bank means the bank that issues a credit at the request of an applicant or on its own behalf.

Negotiation means the purchase by the nominated bank of drafts (drawn on a bank other than the nominated bank) and/or documents under a complying presentation, by either advancing or agreeing to advance funds to the beneficiary.

Nominated bank means the bank authorized in the credit to honour or negotiate or, in the case of a freely available credit, any bank.

Presentation means either the act of delivering documents under a credit to the issuing bank or nominated bank or the documents so delivered.

Presenter means a beneficiary, bank or other party that makes a presentation.

제2조 정 의

통지은행이라 함은 개설은행의 요청에 따라 신용장을 통지하는 은행을 의미한다.

개설의뢰인이라 함은 그의 요청에 따라 신용장이 발행되는 당사자를 의미한다.

은행영업일이라 함은 본 규칙에 따라 업무가 이행되는 장소에서 은행이 정상적으로 영업을 하는 일자를 의미한다.

수익자라 함은 신용장이 발행되어 수혜를 받는 당사자를 의미한다.

신용장의 제 조건과 일치된 선적서류라 함은 신용장의 조건, 적용 가능한 본 규칙의 조항과 국제표준은행관행에 따른 선적서류제시를 의미한다.

확인이라 함은 개설은행의 책임과 별도로 신용장에 동일한 선적서류를 결제 하고, 매입하겠다는 확인은행의 명확한 확약을 의미한다.

확인은행이라 함은 개설은행의 수권과 요청에 따라 신용장에 확인을 추가한 은행을 의미한다.

신용장이라 함은 명칭과 표현에 관계없이 취소불능의 모든 약정을 의미하며 따라서 신용장의 제조건과 일치된 선적서류를 인수하고 대금지급을 하겠다는 개설은행은 절대적인 책임을 져야 한다.

인수와 지급이라 함은 신용장이 일람지급을 약정하고 있을 경우 일람 지급하며, 신용장이 연지급을 약정하고 있을 경우 만기에 지급하며, 신용장이 인수를 약정하고 있을 경우 수익자가 발행한 환어음을 인수하고 만기 일자에 지급하는 것을 의미한다.

개설은행이라 함은 개설의뢰인의 요청과 그 자신을 위하여 신용장을 개설하는 은행을 의미한다.

매입이라 함은 지정은행이 수익자에게 선금을 지급하거나 지급하기로 약정함으로써 어음(지정은행 이외의 은행 앞으로 발행된) 및 또는 신용장의 제조건과 동일한 선적서류를 매입함을 의미한다.

지정은행이라 함은 신용장에서 인수와 지급 또 매입이 수권된 은행 또는 자유신용장의 경우 모든 은행을 의미한다.

제시라 함은 신용장거래에서 개설은행 또는 지정은행에게 선적서류를 인도하거나 인도된 선적서류를 인도하는 행위를 의미한다.

제시자라 함은 제시를 하는 수익자, 개설은행, 기타 당사자를 의미한다.

[해 설] 제시된 선적서류가 은행에 의해서 수리거절 되는 비율이 70%에 도달했기 때문에 UCP 600은 UCP 500의 여러 조항에 있는 용어와 새로운 용어의

정의를 명확히 하고, 은행이 선적서류를 심사할 때 동일하게 적용하게 하여 은행의 선적서류거절 비율을 낮추고 신용장의 사용을 활성화시키고자 하였다.

신용장은 개설은행이 지정한 통지은행(advising bank) 통하여 수익자에게 통지된다. 통상적인 신용장거래에서 신용장은 수출지역에 있는 개설은행의 해외지점 또는 환거래취결은행을 통하여 수익자에게 전달되지만 개설은행이 직접 수익자에게 전달하는 경우도 있다. 수출지역에 있는 은행이 개설은행이 되고 동시에 통지은행 및 매입은행의 역할도 하는 신용장거래도 있다.

개설의뢰인(applicant)은 개설은행에게 신용장의 개설을 요청하는 당사자이며, 수출입매매계약에서 수출상으로부터 상품을 수입하는 수입상을 의미한다. 수출입매매계약의 당사자가 신용장의 개설을 수입상이 아닌 수입상의 대리인이 개설하기로 합의 한 경우에는 개설의뢰인은 수입상의 대리인이 될 수 있다.

은행영업일(banking day)과 영업시간은 국가마다 다르기 때문에 은행영업일과 영업시간에 대한 분쟁이 끊임없이 발생하여 UCP 600에서는 은행영업일은 본 규칙에 따라 은행업무가 이행되는 장소에서 은행이 정규적으로 은행영업을 하는 날을 의미한다고 명시하였다. 우리나라의 은행은 오전 9시 30분에 업무를 시작하여 오후 4시 30분에 마감한다. 선적서류제시는 은행의 영업시간에 이루어져야 하고, 이 시간 이후에 제시된 선적서류는 은행영업일 이내에 제시가 이루어지지 않았기 때문에 은행은 선적서류의 수리를 거절한다.

신용장은 선적서류상의 거래이다. 은행은 제시된 선적서류를 심사하여 수리여부를 결정하여야 한다. 일치된 선적서류의 제시(complying presentation)는 신용장의 조건과 적용 가능한 신용장통일규칙, 국제표준은행관행을 충족시키는 것을 의하기 때문에 은행은 제시된 선적서류가 UCP 600에서 제시한 기준을 충족시키는지를 심사하여 수리여부를 결정하여야 한다.

신용장은 수입상이 수출대금의 지급을 보증하는 것이 아니라 개설은행이 보증하는 것이다. 개설은행의 지급보증 능력이 떨어지는 경우에 수익자는 제 3 의 은행의 지급보증을 요구할 수 있다. 확인(confirmation)은 개설은행의 지급보증에 추가하여 확인은행이 지급보증을 선 것을 의미하고, 확인은행(confirming bank)은 개설은행의 수권과 요청에 따라 신용장을 확인하는 은행을 말한다. 개설은행과 확인은행이 수출대금을 지급하겠다고 수익자에게 약정을 하기 때문에 수익자는 수출대금을 확실하게 지급받을 수 있다. 지급보증의 전제조건은 제시된 선적서류가 UCP 600의 기준을 충족시켜야 되며, 충족시키지 못하면 선적서류제시자는 지급보증을 개설은행과 확인은행으로부터 받을 수 없다.

신용장(credit)은 사용하는 은행에 따라 다양하게 표기되고 있기 때문에 UCP 600에서도 신용장의 명칭을 통일시키지 못했다. 신용장은 제시된 선적서류가 신용장의 제조건과 적용 가능한 신용장통일규칙, 국제표준은행관행을 충족시키면 인수 및 지급을 하겠다는 개설은행의 절대적인 약정을 의미한다고 명시하여 개설은행의 책임을 강조하였다. 따라서 개설은행은 취소불능신용장을 개설할 책임을 져야 한다.

UCP 500에서 매입은 은행이 제시된 선적서류를 단순히 검사하는 것이 아니라 환어음 또는 선적서류와 상환으로 수출대금을 수익자에게 지급하지 않고 단지 수익자가 제시한 선적서류를 심사하는 것은 매입을 의미하지 않는다고 규정하였다. UCP 500의 규정은 신용장이 지급신용장, 연지급신용장, 기한부매입신용장으로 발행되었을 경우 매입은행은 제시된 선적서류를 심사하고 우편일수 또는 외상기간이 만료되기 전에 수출대금을 수익자에게 지급하여야 되는지 아니면 만기에 지급하여야 되는지 명확하지 않아서 분쟁이 많이 발생하였다. UCP 600에서는 수출대금의 지급시기에 따라 인수와 지급을 매입과 분리하여 새로운 규정을 신설하였다. 인수와 지급(honour)은 일람출급신용장과 연지급신용장, 인수신용장에 적용된다. 일람출급신용장은 수출상이 환어음과 선적서류 또는 선적서류만 지정은행에 제시하고 선적서류에 하자가 없으면 곧 바로 수출대금을 수출상에게 지급하는 신용장으로 일람출급매입신용장과 일람출급지급신용장이 있다.

연지급신용장은 기한부환어음 없이 선적서류가 지정은행에 제시되어 일정기간이 도래하면 수출대금이 지급되는 외상신용장을 의미한다. 연지급 책임을 부담하고 외상기간이 도래하면 수출대금을 지급하는 것을 의미한다고 명시하였다. 인수신용장은 기한부환어음과 선적서류를 인수하고 만기일에 수출대금이 지급되는 외상신용장을 말한다.

개설의뢰인의 지시와 요청에 따라 개설은행이 신용장을 개설하며, 개설은행도 자신의 이익을 위하여 신용장을 개설할 수 있다고 규정하였다. 상품의 거래에서는 개설은행이 자신의 이익을 위하여 신용장을 개설할 아무런 이유가 없지만 보증신용장의 경우 개설은행이 자신의 이익을 위하여 지급을 약정할 가능성이 있기 때문에 직접 개설할 수 있도록 하였다.

매입(negotiation)은 지정은행에 제시된 선적서류와 환어음 또는 선적서류가 신용장의 제 조건과 적용 가능한 신용장통일규칙, 국제표준은행관행을 충족시키면 지정은행이 수출대금을 개설은행으로부터 수출대금을 받기 전에 수익자에게 지급하거나 지급하기로 약정한 것을 매입(purchase)이라고 보았다. 지정은행은 제시된 선적서류가 UCP 600의 요건을 충족시키면 수출대금을 사전에 수출상에게 지급하여야 한다.

지정은행(nominated bank)이 인수와 지급 및 매입을 하는 것은 개설은행이 지정은행에게 지급약정을 했기 때문이다. 개설은행의 지급약정에 따라 지정은행은 수익자가 제시한 선적서류를 심사하고 수리여부를 결정할 수 있는 권한을 행사한다.

신용장에 명시된 선적서류는 지정은행 또는 개설은행에 제시(presentation)되어야 하고, 지정은행에 제시된 경우, 지정은행은 인수한 선적서류를 개설은행에게 제시하여야 한다. 선적서류를 제시하는 당사자(presenter)는 수익자, 은행이 되며 양도가능신용장의 경우에는 제 2 의 수익자가 된다.

〈사례 1〉 보증신용장

국내 A사는 뉴욕에 있는 A사의 지사가 현지금융을 목적으로 국내 A사 본사의 지급보증을 요구하므로 본사에서 현지금융으로 40만달러에 상당하는 대금지급을 하겠다는 보증서를 발행하였다. 이러한 보증서를 Stand by L/C로 볼 수 있는가? 또한 보증서의 표제를 “Stand by letter of credit”이라고 사용하였다면 stand by L/C가 될 수 있는가?

〈사례분석 1〉

신용장은 반드시 개설의뢰인의 지시와 요청에 따라 개설은행이 발행해야 한다. 신용장통일규칙 제 2 조에서 은행이 지급을 약정하는 것으로 명시되어 있어 은행이 아닌 제 3 자는 신용장을 발행할 수 없다. 은행이 아닌 제

3자가 발행한 보증서에 신용장이란 용어를 사용하여도 이는 신용장이 아니고 단순한 보증서에 불과하기 때문에 본 보증서는 보증신용장이 아니다. 제시된 선적서류가 신용장에 명시된 조건과 일치할 경우 지급, 인수, 매입, 연지급 하겠다는 지급확약을 규정하고 있는데 이러한 지급확약은 은행만이 할 수 있으며 은행 이외의 제3자가 하는 지급확약은 신용장으로 간주하지 않는다. 신용장은 반드시 은행이 발행해야 한다. 그러나 은행의 의미는 국가마다 다르기 때문에 은행의 범위를 어디까지 간주할 것인지 사전에 조사해야 한다.

Article 3 Interpretations

For the purpose of these rules:

Where applicable, words in the singular include the plural and in the plural include the singular.

A credit is irrevocable even if there is no indication to that effect.

A document may be signed by handwriting, facsimile signature, perforated signature, stamp, symbol or any other mechanical or electronic method of authentication.

A requirement for a document to be legalized, visaed or certified will be satisfied by any signature, mark, stamp or label on the document which appears to satisfy that requirement.

Branches of a bank in different countries are considered to be another bank.

Terms such as "first class," "well known," "qualified," "independent," "official," "competent" or "local" used to describe the issuer of a document allow any issuer except the beneficiary to issue that document.

Unless required to be used in a document, words such as "prompt," "immediately" or "as soon as possible" will be disregarded.

The expression "on or about" or similar will be interpreted as a stipulation that an event is to occur during a period five calendar days before until five calendar days after the specified date, both start and end dates included.

The words "to," "until," "till," "from" and "between" when used to determine a period of shipment include the date or dates mentioned, and the words "before" and "after" exclude the date mentioned.

The words "from" and "after" when used to determine a maturity date exclude the date mentioned.

The terms "first half" and "second half" of a month shall be construed respectively as the 1st to the 15th, and the 16th to the last day of the month, all dates inclusive.

The terms "beginning," "middle" and "end" of a month shall be construed respectively as the 1st to the 10th, the 11th to the 20th and the 21st to the last day of the month, all dates inclusive.

제3조 해석기준

적용 가능한 경우 단수의 용어는 복수를 포함하고 복수의 용어는 단수를 포함한다.

신용장은 비록 취소불능이라는 표시가 없다 하더라도 취소불능이다.

선적서류는 수기, 팩시밀리서명, 천공서명, 스탬프, 상징 또는 그 밖의 기계적 또는 전자적 인증방법에 의하여 서명될 수 있다.

선적서류가 공인, 사증 또는 증명될 것을 요구하는 조건은 선적서류에 이와 같은 요구조건을 충족시키는 것으로 보이는 서명, 표식, 스탬프, 또는 라벨에 의해서 충족되어진다.

다른 국가에 있는 은행의 지점은 독립된 은행으로 간주한다.

선적서류의 발행자를 기술하기 위하여 사용되는 "일류의," "저명한," "자격 있는," "독자적인," "공인된," "유능한," "현지의"와 같은 용어는 수익자를 제외하고 선적서류를 발행하는 모든 발행인에게 허용된다.

선적서류사용을 요구한 경우를 제외하고 "신속하게," "즉시," "가능한 한 빨리"와 같은 용어는 무시한다.

"~에 또는 경에" 또는 이와 유사한 표현은 사건이 지정일 이전 역일 5일부터 지정일 이후 역일 5일까지의 기간 동안 발생되는 것으로 해석하며, 전후 양 말일이 포함되는 것으로 한다.

선적기간을 결정하기 위하여 사용된 "to," "until," "till," "from," "between"이라는 문언은 당해일자를 포함하며, "before와 after"라는 문

> 언은 당해일자를 제외한다.
>
> 어음만기 일자를 결정하기 위하여 사용된 "from," "after"라는 문언은 당해일자를 제외한다.
>
> 어느 달의 전반, 후반이라는 용어는 각각 그 양쪽일을 포함하여 해당 월의 1일부터 15일까지, 그리고 16일부터 말일까지로 해석한다.
>
> 어느 달의 초순, 중순, 또는 하순이란 용어는 각각 그 양쪽일을 포함하여 해당 월의 1일부터 10일까지, 11일부터 20일까지, 그리고 21일부터 말일까지로 해석된다.

[해 설] 이 조항은 UCP 500 제 2 조 I, 제 6 조 c항, 제20조 a항, b항, d항, 제46조 b항, c항 제47조에 있는 내용을 제 3 조로 통합하여 하나의 조항으로 만들었다.

단수와 복수의 해석기준을 새롭게 도입하였다. 단수는 복수로 복수는 단수로 해석한다는 기준은 은행이 선적서류를 포괄적으로 해석하여 선적서류의 수리거절을 줄이려고 한 듯하다. 그러나 본 내용은 선적서류를 심사하는 은행에게 큰 짐이 될 수 있다. 지정은행은 단수로 해석하여 선적서류를 수리하였지만 개설은행은 복수로 해석하여 선적서류인수를 거부하면 누가 바르게 해석했는지를 판단할 기준이 없고 개설의뢰인의 요청에 따라 개설의뢰인에게 유리하게 해석하여 개설은행이 선적서류인수를 거부하면 신용장거래를 크게 위축시킬 수 있고 동일한 용어를 단수와 복수로 서로 다르게 해석함으로써 분쟁이 발생할 가능성이 매우 크며 분쟁이 발생하면 어떻게 해석할 것인지 매우 궁금하다.

UCP 600은 신용장은 취소불능신용장이고 취소불능의 표시가 없다하더라도 취소불능으로 간주한다고 명시하였다. 신용장은 취소불능(irrevocable)을 명확히 기재해야 하며 취소불능이 표기되지 않은 신용장은 취소불능신용장으로 간주한다. 신용장은 수출입매매계약의 당사자인 수출상과 수입상이 합의하여 취소가능 또는 취소불능으로 개설할 수 있으며 취소가능신용장은 개설은행이 수익자의 동의를 받지 않고 신용장을 취소하거나 조건변경이 가능하기 때문에 신용장으로써의 기능이 제한되어 있는 반면에 취소불능신용장은 신용장거래의 당사자들이 전원 합의하지 않으면 일방적으로 취소 또는 조건변경이 불가능하다.

따라서 발행된 신용장은 반드시 취소불능을 표기해야 하며 이러한 표기가 없는 신용장은 취소불능신용장으로 간주한다. 취소불능이란 의미는 취소 그 자체가 불가능하다는 것보다 취소불능이라는 사실이 개설은행을 구속하고 있어 유효기간 내에 개설은행이 계속해서 지급, 연지급, 인수 또는 매입의 이행을 확약하고 있다는 것을 말한다. UCP 600에서는 신용장은 취소불능신용장을 의미한다고 명시하였지만 취소가능신용장의 개설을 금지한다고 명시하지 않아서 취소가능신용장이 사용될 수 있는 여지를 남겨놓았다. 따라서 수출상은 수출입매매계약에서 수입상은 취소불능신용장을 개설하여야 된다는 내용을 반드시 기재하고 취소불능신용장이 개설되었는지 확인하여야 한다.

UCP 600에서는 서명을 자필서명이나 서명에 갈음하는 천공, 스탬프, 팩시밀리, 상징, 또는 기계식이나 전자식으로 할 수 있다고 규정하였다. 서명방법은 수기, 팩시밀리 서명, 천공서명, 스탬프, 기호 또는 기계식이나 전자식이다. 여기서 팩시밀리 서명은 레이저프린터, 인쇄기에 의해 서명이 인쇄된 것을 의미하고 팩스기계에 의해서 전송된 서명은 팩시밀리 서명에 포함되지 않는다. 카본서명은 한통을 자필로 서명하고 뒷장은 베껴져 나오는 것을 서명으로 인정되지 않는다. 선적서류에 공인, 사증 또는 증명을 요구하는 경우에 이러한 요구는 서명, 표식, 스탬프 또는 라벨로 할 수 있다고 포괄적으로 규정하여 공인, 사증, 증명의 표기로 인하여 발생할 수 있는 분쟁을 방지하려고 하였다.

은행의 지점이 다른 나라에 있는 경우에는 독립된 다른 은행으로 간주한다는 내용은 UCP 500과 동일하다. 은행은 해외에 지점을 설치하여 은행업무를 수행하고 있다. 본점과 해외에 있는 지점은 한 식구로 볼 수 있지만 서로 다른 법률이 적용되기 때문에 비록 본점과 해외지점이 동일한 법인으로 되어있다 하더라도 본점과 해외지점은 서로 독립된 법인체로 보아 본점과 해외지점에서 발생되는 신용장거래는 서로 독립적으로 처리하고 그 결과는 본점과 해외지점 간에 하등의 관계가 없다는 점이다.

신용장에서 요구한 선적서류를 발행하는 기관을 표시할 때 "일류의," "저명한," "자격 있는," "독자적인," "공인된," "유능한," "현지의" 또는 이와 같은 추상적인 용어를 사용하면 개설의뢰인은 큰 낭패를 볼 수 있다. UCP 500에서는 이러한 용어를 사용하지 못하도록 규정하였으나 UCP 600에서는 수익자 이외의 선적서류발행자는 이러한 용어를 사용하여 선적서류를 발행할 수 있다고 규정하여 개설의뢰인은 신용장을 개설할 때 각별히 주의하여야 한다.

신용장에서 요구한 선적서류를 발행하는 기관은 개설의뢰인이 결정하게 된다. 개설의뢰인은 신용장개설신청서에 신용장에서 요구한 선적서류와 발행기관을 기재하여 개설은행에게 신용장의 개설을 요청하게 된다. 개설의뢰인은 선적서류의 발행기관을 명시할 때 이와 같은 추상적인 용어를 사용하지 말아야 하고 이와 같은 추상적인 용어를 사용함으로써 발생되는 모든 위험은 개설의뢰인이 져야 한다. 일류의 검사기관이 발행한 검사증명서를 요구한 경우 검사시설도 없는 엉터리 검사기관이 일류의 검사기관이라고 인쇄하여 검사증명서를 발행하면 은행은 검사증명서를 수리하여 수출대금을 지급하기 때문에 이러한 피해는 애매모호한 지시를 한 개설의뢰인이 입게 된다.

저녁때라고 하면 언제를 의미하는지 애매모호하다. 해가 넘어가는 시간을 의미하는지 저녁을 먹은 시간을 의미하는지 명확하지 않다. 신용장거래에서는 정확한 날짜를 의미하는 용어를 사용하고 정확한 날짜를 의미하지 않는 "신속하게," "즉시," "가능한 한 빨리"와 같은 불명확한 용어를 사용하지 않는 것이 제일 좋다. UCP 500에서는 선적에 관련하여 이러한 용어를 사용하지 말도록 규정하였으나 UCP 600에서는 모든 선적서류에 사용하지 말도록 규정하였다. 그럼에도 불구하고 이러한 용어가 사용되면 은행은 이를 무시해 버린다. 그러나 선적서류에 이러한 용어를 사용하도록 신용장에 명시된 경우에는 사용할 수 있도록 하였다. 따라서 개설의뢰인은 신용장에 정확한 용어를 사용하여야 하고 정확한 용어를 사용하지 못한 경우에도 은행은 이러한 용어가 기재된 선적서류를 수리하며 그에 대한 모든 결과는 개설의뢰인이 책임지도록 하였다.

정확한 날짜를 알 수 없는 경우에 "on or about"를 사용하고 있는데 이러한 문구는 명시일자를 포함하여 전 후 5일 내에 선적일을 포함하여 모든 일이 이루어지는 것으로 해석하고 전 후 양단일이 포함되는 것으로 본다. 선저선적서류가 6월 13일까지 제시하도록 된 경우에 6월 13일까지인지 아니면 6월 12일 자정까지인지 정확하지 않을 때가 있다. 또한 6일에서 10일이면 6일과 10일을 포함하여 6일에서 10일까지로 해석하여야 하는지 또는 6일과 10일을 제외한 7일에서 9일까지 해석하여야 되는지 정확하지 않을 때가 있기 때문에 이러한 해석상의 애매함을 피하기 위하여 신용장에 "to," "until," "till," "from," "between"으로 선적일자를 기재하면 당해일자를 포함하는 것으로 해석하고 "before와 after"으로 기재하면 당해일자를 제외하는 것으로 해석하도록 하였고, "first half"와 "second half"은 해당 월의 1일에서 15일까지, 16일에서 말일까지로 해석하며 양쪽일자가 포함되며, "beginning," "middle," "end"은 해당 월의 1일에서 10일 까지, 11일에서 20일까지, 20일에서 말일까지 해석하고 양쪽일자가 포함된 것으로 해석한다.

〈사례 1〉 신용장의 취소불능의 미 기재

한국의 A사는 미국에서 옥수수를 수입하기로 계약을 체결한 후 국내 C은행에서 기한부 신용장을 개설하였다. 신용장의 금액은 50만달러이며, 선적항을 미국의 롱비치항으로 하고 도착항을 부산항으로 하였으나 신용장의 취소불능에 대한 표기가 없었다.

그 후 A사는 국내 옥수수 값이 하락함으로써 국내 판매계약 단가가 맞지 않음으로써 일방적인 신용장 취소통보를 개설은행인 C은행을 통하여 수출상에게 발송하였다. 그러나 미국의 수출상은 이러한 신용장의 취소에 동의해 줄 수 없다고 하며 약정된 수출물량을 선적한 후 대금지급 청구를 하여 왔다. 그러나 국내의 개설은행은 신용장의 취소불능여부가 표시되지 않은 것은 취소가능신용장이므로 일방적인 취소가 가능하다고 하며 대금지급을 거절하여 분쟁이 야기되었다.

〈사례분석 1〉

본건 사례는 신용장의 취소가능, 취소불능의 표시가 없을 경우 취소가능신용장으로 볼 것인가의 문제이다. 신용장통일규칙 제6조에 따르면 취소불능의 표시가 없는 경우에는 취소불능신용장으로 본다고 규정하였다.

따라서 취소불능신용장의 경우에는 신용장거래 당사자인 수익자, 개설의뢰인, 확인은행의 동의 없이는 개설은행이 일방적으로 취소할 수가 없다. 그러므로 본건의 경우 개설은행의 취소통지에 대하여 수출상이 수락하지 않을 경우에는 취소될 수가 없다. 따라서 수입상은 수입대금을 지급하여야 한다.

〈사례 2〉 다른 국가에 있는 개설은행지점이 신용장대금을 지급하지 못할 경우 본점의 책임여부

개설은행을 지급인으로 발행된 기한부환어음이 어음 만기일 전에 개설은행의 파산으로 결제가 불가능하자 수출상이 개설은행의 본점을 대상으로 수출대금 지급 소송을 제기하였다. 여기서 개설은행은 다국적 은행의 해외지점이며 다국적 은행의 해외지점과 본국에 있는 지점이 동일한 수출대금 지급의무를 갖고 있는가가 본 사례의 핵심이다.

〈사례분석 2〉

신용장통일규칙 제 3 조에 의하면 어느 은행의 다른 나라에 있는 지점은 다른 은행으로 간주한다고 명시되어 있기 때문에 본점은 신용장 대금지급의무가 없다고 보아야 한다. 수출상에게 수출대금의 지급을 약정한 은행은 해외지점은행이며 본사관계에 있는 본점은행은 독립된 은행으로써 해외지점이 약정한 의무를 이행할 의무가 없다.

Article 4 Credits v. Contracts

a. A credit by its nature is a separate transaction from the sale or other contract on which it may be based. Banks are in no way concerned with or bound by such contract, even if any reference whatsoever to it is included in the credit.

Consequently, the undertaking of a bank to honour, to negotiate or to fulfil any other obligation under the credit is not subject to claims or defences by the applicant resulting from its relationships with the issuing bank or the beneficiary.

A beneficiary can in no case avail itself of the contractual relationships existing between banks or between the applicant and the issuing bank.

b. An issuing bank should discourage any attempt by the applicant to include, as an integral part of the credit, copies of the underlying contract, proforma invoice and the like.

제4조 신용장과 계약

a. 신용장은 그 성질상 매매계약 또는 다른 계약에 근거를 두고 있다고 할지라도 이와는 별개의 거래이며, 은행은 신용장에 계약에 대한 참조조항이 포함되어 있다고 하더라도 그러한 계약과 하등의 관계가 없으며 또한 기속당하지도 않는다.

따라서 신용장하에서 은행이 인수와 지급 및 매입 또는 다른 모든 의무를 수행해야만 하는 약정은 개설은행 또는 수익자와의 관계에서 초래되는 개설의뢰인에 의한 클레임이나 항변의 대상이 되지 않는다.

수익자는 어떠한 경우에도 신용장 그 자체를 은행 상호간 또는 개설의뢰인과 개설은행간에 존재하는 계약관계를 원용할 수 없다.

b. 개설은행은 개설의뢰인이 계약내용과 견적송장 및 이와 유사한 내용을 신용장에 삽입시키려는 모든 시도를 저지시켜야 한다.

[해 설] 1) 신용장의 독립성

신용장은 수출입매매계약의 당사자인 수출상과 수입상이 합의하여 만들어지기 때문에 수출입매매계약과 밀접한 관계를 가지고 있지만 일단 신용장이 개설되면 수출입매매계약의 당사자와 신용장거래의 당사자는 서로 독립적으로 존재하게 된다. 즉 신용장거래의 계약은 그 자체로서 독립적으로 유효한 것이며 어떤 매매계약에 영향을 받아 신용장내용을 수정하거나 변경할 수 없다.

2) 신용장 개설에 대한 개설은행의 의무

신용장개설의뢰인은 자기의 이익을 보호하기 위해 신용장에 여러 가지 유리한 내용들을 기재하려 하고 있으며 실무에서 실제로 그렇게 하고 있는데 이러한 과도한 명세를 은행은 기재하지 못하도록 해야 한다고 UCP 500에서는 명시하였다. 그러나 현실적으로 개설은행이 개설의뢰인이 요청한 내용을 일일이 확인하여 이것은 과도한 명세서로 삭제하여야 한다고 주장하기가 어렵다. 신용장의 기재내용은 수익자와 개설의뢰인이 합의하여 결정한 것이기 때문에 그 결정내용을 개설은행이 수정하기란 어렵고 그들의 결정내용으로 발생하는 결과는 그들이 부담하여야 된다. 따라서 UCP 600에서는 개설은행의 의무를 최소화시켰다. 개설은행은 신용장의 독립성이란 측면에서 수출입매매계약내용과 견적송장 등과 같은 내용을 신용장에 삽입시키려는 시도를 저지시켜 신용장은 신용장으로써의 가치를 살리도록 하여야 한다.

개설의뢰인은 수입상품의 국내 판매가격이 하락할 것에 대비하여 신용장에 여러 가지 복잡한 내용을 삽입하여 시황이 불리하게 변화하면 온갖 꼬투리를 잡아 가격을 후려치려고 한다. 개설의뢰인의 이러한 의도는 신용장의 본질적인 목적을 크게 훼손시켜 신용장의 가치를 크게 떨어트린다. 신용장의 조건이 까다로우면 까다로울수록 수익자가 발행한 환어음을 매각시키기가 어렵다. 개설은행은 제시된 선적서류에 조금한 하자가 있어도 선적서류인수를 거절하는 구실로 삼게 된다. 신용장은 개설의뢰인의 지시와 요청에 따라 개설은행이 수익자 앞으로 발행하고 개설의뢰인은 개설은행과 수입거래약정서를 체결하고 신용장개설신청서를 작성하여 개설은행에게 신용장개설을 요청하고 개설은행은 신용장개설신청서에 기재된 내용대로 신용장을 개설하게 된다.

개설의뢰인은 신용장개설신청서와 신용장조건변경신청서를 간단하고 정확하게 작성해야 하며 이것이 객관적으로 볼 때 그 자체가 완전하고 정확해야 한다. 개설은행은 상당한 주의를 기울여 신용장개설신청서와 신용장조건변경신청서를 검토하여 수출입매매계약내용이 포함된 경우에 개설의뢰인에게 통지하여 내용을 수정하는 것이 바람직하다. 결과적으로 개설의뢰인이 신용장개설신청서와 신용장조건변경신청서에 수출입매매계약내용 또는 복잡한 내용이 있으면 이로 인하여 발생된 손실에 대해 수익자가 부담해야 한다.

따라서 수익자는 개설된 신용장의 내용을 면밀히 검토하여 복잡한 내용이 있으면 이것이 삭제되도록 개설의뢰인에게 요청하여 정확한 신용장으로 거래하도록 하고, 개설은행은 신용장에 수출매매계약 또는 기타 계약내용을 포함시키지 않아야 한다.

〈사례 1〉 신용장 계약으로부터 독립

한국의 S물산은 일본으로부터 전자부품을 수입하기로 계약을 하고 한국의 H은행에 신용장개설을 의뢰하였다. S물산은 신용장을 개설하고 동경의 후지은행을 신용장 통지은행으로 지정하여 요청하였는데 개설은행인 H은행은 일방적으로 H은행 동경지점을 통지은행으로 하여 통지하였다. 이에 S물산은 개설은행인 H은행 서울 명동지점에 항의하여 통지은행을 후지은행 동경지점으로 변경해 줄 것을 요청하여 이미 개설된 신용장은 취소하고 새로 후지은행 동경지점을 통지은행으로 한 신용장을 발행하였다. 그러나 히타지사가 신용장 조건변경을 무시하고 종전 신용장에 의하여 H은행 동경지점에 매입을 요청하여 선적서류를 국내 개설은행에 제시하였다. 개설은행인 H은행 명동지점은 신용장개설계약에 위반된다고 지급을 거절하였다.

〈사례분석 1〉

신용장개설계약의 위반을 들어 신용장의 대금지급을 거절할 수 없다. 신용장통일규칙 제4조 a항에 개설은행은 개설의뢰인과 개설은행, 수익자와 존재하는 어떠한 계약에 의해서 하등의 영향을 받지 않는다고 규정하고 있다. 따라서 개설은행의 일방적인 조건변경은 수익자의 동의 없이는 불가능하므로 신용장의 변경통지에 대하여 수익자가 응하지 않고 원래의 조건대로 H은행 동경지점에 매입을 요청하는 것은 아무런 문제가 없다고 본다. 다만 개설은행이 수입상인 S물산의 요청을 무시하고 통지은행을 H은행 동경지점으로 한 것은 개설의뢰인에 대한 개설은행의 의무를 해태했기 때문에 수입상에게 상환청구를 할 수 없다.

〈사례 2〉 신용장금액의 감액 약정서

당사는 중국으로부터 농산물 수입을 위해 취소불능신용장을 개설하여 주었으나 현지 조사결과 품질이 상당히 떨어지는 관계로 중국측 공급자와의 합의하에 신용장금액의 감액을 내용으로 하는 약정서를 교환하였다. 그런데 물품이 선적된 후 개설은행으로부터 감액되기 이전의 금액을 납부하라는 요청을 받았다. 수입자와 약정하였음에도 불구하고 청구된 금액 전체를 지급해야 하는지?

〈사례분석 2〉

기본적으로 신용장은 수익자가 신용장 조건과 일치하는 선적서류를 제시할 경우 수익자에게 수출대금을 지급하여 주겠다는 개설은행의 조건부 지급확약이다. 즉 개설은행의 대금지급확약은 제시된 선적서류가 신용장의 조건과 일치해야만 수출대금을 지급하겠다는 조건부지급 보증서인 것이다. 따라서 지급보증서인 신용장내용을 변경하고자 할 경우 개설의뢰인이 신용장 조건변경신청서를 개설은행에 제시하여 신용장 조건변경을 요구해야만 된다. 따라서 지급보증을 한 은행은 아무것도 모르는 상태에서 자신이 행한 지급보증의 내용을 당사자 간에 변경하고 그러한 변경을 책임지라고 하는 것은 불가능한 것이다. 신용장이 수출입매매계약에 의해서 생성되었다 하더라도 일단 신용장이 개설되면 신용장은 수출입매매계약과 하등의 관계가 없으며 수출입매매계약이 변경된다 하더라도 전혀 영향을 받지 않는다.

따라서 귀사가 개설은행에게 신용장의 조건변경을 요구하지 않고 수출상과 합의한 사항은 계약서의 변경으로는 인정받을 수 있으나 신용장의 조건변경은 아니기 때문에 수출상이 수출입매매계약을 위반하여 신용장금액 전체에 대해 매입의뢰를 하였다면 선적서류상의 불일치가 없는 한 수출대금을 지급하여야 한다. 다만 수출입매매계약위반에 대한 손해배상 청구는 신용장과 별도로 검토되어야 할 것이다.

〈사례 3〉 복잡한 내용 삽입

한국의 A상사는 중국으로부터 신용장을 받아 섬유를 수출하고자 하였다. 신용장의 내용을 보면, 검사증명서의 제출을 요구하고 있는데 이 검사증명서는 개설은행에 보내서 개설은행이 확인한 검사증명서를 제출하도록 되어 있었다. 또한 매입은 검사증명서 확인일로부터 3일 내에 매입하여야 한다는 조건이 있었다. 그리고 통지은행이나 지급은행의 지정이 없었고 CIF조건인데 보험선적서류의 제출조건이 없었다. 그 후 A상사는 제품을 생산하여 선적한 후 검사증명서를 종전 검사증명서의 서명과 동일하게 위조한 후 개설은행 확인서명까지 위조하여 국내의 C은행에 매입한 후 선적서류를 개설은행에 송부하였다.

개설은행에서는 검사증명서의 위조에 의한 허위선적서류 제출, 기타 보험선적서류상의 Shipping Mark의 상위로 대금지급을 거절하였다. 이에 대해 국내 매입은행인 C은행은 선적서류의 실질적인 심사의무가 없고 보험선적서류상의 Shipping Mark는 사소한 하자로 볼 수 있다고 주장하면서 대금지급 요청을 함으로써 분쟁이 제기되었다.

〈사례분석 3〉

본 신용장은 수출상이 이행하기 어려운 까다로운 조건이 포함되어 있어 수익자에게 매우 불리하다. 수출상이 검사기관으로부터 검사증명서를 발급받아 동 검사증명서를 확인은행의 확인을 받고 3일 내에 매입은행에게 매입을 의뢰한다는 것이 실무적으로 대단히 어렵다. 따라서 이러한 과도한 조건이 붙어 있을 경우에 수출상은 신용장내용을 정정하여 수출대금 미회수위험을 예방해야 할 것이다. 무역거래조건이 CIF조건일 경우에는 반드시 수출상이 보험에 가입한 후 매입시 보험선적서류를 제출토록 하는 선적서류조항이 있어야 할 것이다.

예를 들어 검사증명서에 "experts inspection certificate are required"란 조건이 있으면 전문가가 누구인지 불분명하고 experts라고 복수로 되어 있어 두 명인지 2인 이상을 요구하는지도 상당히 불분명해진다. 이러한 불분명한 지시는 향후 분쟁이 발생할 가능성이 높기 때문에 신용장개설지시는 간단하고 명료하게 해야 한다.

Article 5 Documents v. Goods, Services or Performance

Banks deal with documents and not with goods, services or performance to which the documents may relate.

제5조 선적서류와 물품, 용역 및 의무이행

은행은 선적서류를 취급하는 것이지 그 선적서류와 관련된 물품, 용역 또는 의무이행을 다루는 것은 아니다.

[해 설] 신용장거래는 상품이나 용역 또는 의무이행의 거래가 아니라 선적서류

상의 거래이다. 즉 거래의 목적이 상품이나 용역 또는 의무이행이 아니라 선적서류인 것이다. 신용장거래의 당사자들은 선적서류만을 근거로 수출대금의 지급여부를 결정할 수 있으며 거래상품이나 용역 또는 의무이행을 근거로 수출대금 지급을 결정할 수 없다. UCP 500에서는 신용장거래에 있어서 모든 관계당사(all parties)가 UCP 600에서는 은행(banks)으로 변경되었다. UCP 600에서는 선적서류를 취급하는 당사자를 은행으로 한정하였다. 신용장거래의 당사자인 수익자와 개설의뢰인은 선적서류를 거래하는 것이 아니라 상품을 거래하는 것인지 UCP 600의 수정은 혼란을 초래할 가능성이 있다. 개설의뢰인은 선적서류를 심사할 권한이 없고 개설은행이 제시된 선적서류가 UCP 600의 제조건을 충족시킨다고 판단하면 그대로 따라야 되는지, 개설은행의 판단과 개설의뢰인의 판단이 다른 경우 개설의뢰인의 판단을 무시하고 은행의 판단으로 선적서류의 수리여부를 결정하는지에 관하여 UCP 500에서는 명확하였지만 UCP 600에서는 명확하지 못하게 수정되었다.

〈사 례〉 품질불량을 근거로 대금지급거절/물품통관 후 대금지급거절

한국의 포철은 호주 시드니에서 코발트 관석을 수입하기 위하여 독일은행 서울지점에서 신용장을 개설하였다. 이 신용장은 전문가의 품질증명서를 요구하고 있으며 호주의 ANZ Bank를 통지은행으로 하여 호주의 관산 수출상에게 통지되었다. 호주의 수출상은 이 품질증명서를 신용장에 맞게 허위로 작성하여 매입한 후 개설은행에 선적서류를 제시하였다.

한국의 포철은 선적서류를 받은 후 전문가의 검사에 의하여 품질이 견본과 다르다는 것을 발견하고 신용장대금의 지급거절을 통지하였다. 즉, 물품의 품질불량을 근거로 하여 대금지급을 거절한 것이다. 이에 대하여 매입은행은 선적서류가 신용장조건과 일치하므로 대금지급을 할 것을 요청하였으나 이행되지 않음으로써 분쟁이 야기되었다.

〈사례분석〉

(1) 품질불량을 근거로 대금지급거절

신용장거래는 선적서류상의 거래이지 상품의 거래가 아니기 때문에 선적서류상의 하자가 없는 이상 개설은행은 수출대금의 지급을 거절할 수 없다. 이러한 원칙을 신용장의 추상성이라고 한다. 개설은행은 제시된 선적서류가 신용장 조건과 일치하면 무조건 수출대금을 지급하여야 하며 어떤 매매계약의 내용이나 도착상품이 품질의 불량 또는 견본과 다르다는 이유를 들어 수출대금의 지급을 거절할 수 없다.

(2) 상품통관 후 대금지급거절

수입상품이 일단 수입통관 된 후에는 개설은행 또는 수입상은 대금의 지급을 거절할 수 없다. 본 사례의 경우에는 신용장을 근거로 수출대금의 지급을 거절할 수 없고 매수인은 매도인을 상대로 수출입매매계약에 근거하여 채무불이행에 의한 손해배상청구소송을 제기할 수밖에 없으며 개설은행에게도 책임을 물을 수는 없다. 개설의뢰인의 제시된 선적서류가 신용장의 제조건과 일치하지 않기 때문에 선적서류인수를 거부하면 동 선적서류는 반드시 수출상에게 반환되어야 하며 동 선적서류를 반환하지 못하는 경우에 개설의뢰인은 전적으로 수출대금지급에 책임을 져야 한다. 수입상이 수입상품을 통관하기 위해서는 선하증권을 운송회사에 제시해야 되기 때문에 수입상품을 통관하면 수출상에게 선적서류를 반환할 수 없기 때문에 수출대금의 지급을 거절할 수 없다.

Article 6 Availability, Expiry Date and Place for Presentation

a. A credit must state the bank with which it is available. A credit available with a nominated bank is also available with the issuing bank. If a credit does not state with which bank it is available, it is only available with the issuing bank. In a freely available credit, any bank is a nominated bank.

b. A credit must state whether it is available by sight payment, deferred payment, acceptance or negotiation.

c. A credit must not be issued available by a draft drawn on the applicant.

d. i. A credit must stipulate an expiry date for presentation. An expiry date stipulated for honour or negotiation will be deemed to be an expiry date for presentation.

ii. The place of the bank with which the credit is available is the place for presentation. A place for presentation other than that of the issuing bank is in addition to the place of the issuing bank. In a freely available credit, any place is a place for presentation.

e. Except as provided in sub-article 29 (a), a presentation by or on behalf of the beneficiary must be made on or before the expiry date.

제 6 조 이용은행지정 및 유효기일 과 선적서류제시 장소

a. 신용장은 신용장을 취급할 수 있는 은행을 명시하고 있어야 한다. 지정은행에서 사용할 수 있는 신용장은 개설은행에서 사용할 수 있다. 만약 신용장이 신용장을 취급할 수 있는 은행을 기재하고 있지 않으면, 신용장은 개설은행에서만 단지 사용할 수 있다. 자유신용장 거래에서 어떤 은행도 지정은행이 될 수 있다.

b. 신용장은 그것이 일람지급, 연지급, 인수 또는 매입 중 어느 것에 의하여 사용 가능한지의 여부에 대해서 명시하고 있어야 한다.

c. 신용장은 개설의뢰인을 지급인으로 발행된 환어음을 이용하도록 발행되어서는 안 된다.

d. i. 신용장은 선적서류제시를 위한 유효기일 명시하고 있어야 한다. 인수와 지급 및 매입을 위하여 명시된 유효기일은 선적서류제시를 위한 유효기일로 간주되어야 한다.

ii. 신용장이 사용되는 은행이 있는 장소는 선적서류제시를 위한 장소로 간주한다. 개설은행이 있는 장소 이외의 선적서류제시를 위한 장소는 개설은행이 있는 장소로 추가한다. 자유신용장의 경우에 있어서 어떤 은행은 선적서류제시를 위한 장소로 간주한다.

e. 제29조 이항에 규정된 경우를 제외하고는 수익자에 의한 선적서류제

시 또는 수익자를 위한 선적서류제시는 유효기일 또는 그 이전에 제시되어야 한다.

[해 설] 1) 신용장의 사용되는 은행의 지정

신용장은 신용장이 사용되는 은행을 명시하여야 한다. 모든 신용장은 어느 은행에서 사용될 것인지를 반드시 명시하도록 규정하고 있다. 신용장은 개설은행이 직접 매입하는 경우와 자유매입신용장을 제외하고는 사용방법에 따라 지급은행, 연지급은행, 인수은행, 매입은행과 같은 지정은행을 반드시 지정해야 한다. 자유매입신용장은 모든 은행에서 매입이 허용되기 때문에 모든 은행이 지정은행이 될 수 있다. 신용장이 선적서류를 지정은행에 제시하도록 요구한 경우에 선적서류는 개설은행에서도 사용될 수 있도록 하였다. 수익자는 지정된 은행이 선적서류의 인수를 거부하면 선적서류를 개설은행에 제시할 수 있기 때문에 수익자는 지정은행 또는 개설은행에 선적서류를 제시할 수 있도록 한 것이다. 신용장에 지정은행이 명시되지 않은 경우에는 UCP 500에서는 하자신용장으로 간주하였으나 UCP 600에서는 개설은행에 선적서류를 제시할 수 있도록 하여 신용장의 이용률을 높일 수 있도록 하였다.

2) 신용장의 종류

신용장은 지급, 연지급, 인수, 매입으로 사용되고 있으며 개설되는 모든 신용장은 어떤 방법으로 사용될 것인지를 반드시 명시하도록 규정하고 있다.

3) 환어음 발행

신용장은 수익자가 신용장개설의뢰인을 지급인으로 환어음을 발행할 수 있도록 개설되어서는 안 된다. 따라서 이러한 신용장은 하자 신용장이다. 수익자는 신용장을 받고 환어음이 개설은행이나 제3의 은행을 지급인으로 발행되도록 기재되었는지를 확인하여야 한다.

4) 신용장의 유효기일과 선적서류제시장소

유효기일이 언제, 어디서 끝나는지 정확하게 규정되어 있지 않아서 많은 분쟁이 발생하였다. 수익자는 선적서류를 수출지역에 있는 은행에게 유효기일까지 제시하여야 되는지 아니면 수입지역에 있는 개설은행에게 제시하여야 되는지 UCP 600은 정확하게 명시하였다. 신용장에 유효기일이 명시되어야 하고, 신용장에 명시된 유효기일은 인수 및 지급과 매입을 위하여 선적서류를 은행에 제시하기 위한 기간을 의미하기 때문에 수익자는 선적서류를 신용장에 명시된 은행에게 유효기일까지 제시하여야 한다. 신용장의 유효기일은 선적서류가 지정은행이나 개설은행이 지정은행인 경우 개설은행에 제시될 수 있는 마지막 날을 의미하는 것이지 인수 및 지급 또는 매입을 위한 최종일을 말하는 것이 아니다. 선적서류제시 장소는 신용장에 명시된 은행이 있는 장소를 말한다. 신용장에 선적서류가 개설은행에 제시되도록 되어 있으면 선적서류제시장소는 수입지역에 있는 개설은행이 되어 유효기일은 이 은행에서 끝나기 때문에 수익자는 우편일수를 고려하여 선적서류가 유효기일 이내에 개설은행에 도착하도록 빨리 제시하여야 한다. 자유매입신용장의 경우 모든 은행이 선적서류제시장소가 된다.

〈사례 1〉 신용장의 유형과 지정은행

일본의 K은행은 취소불능 자유매입신용장을 개설하였다. 그런데 신용장 조건에는 다음과 같은 3가지 조건이 붙어 있었다.

첫째, 이 신용장은 A은행 앞으로 발행된 수출상 환어음에 의해서 지급될 수 있다(It is available by payment of the beneficiary's draft on X Bank New Delhi). 둘째, 매입은행은 매입 당일 전신이나 스위프트(swift)로 매입사실을 개설은행에 통고하여야 한다. 셋째, 이 신용장은 인도의 은행창구에서 2007년 5월 28일 그 유효기일이 만료된다.

이러한 신용장에 의하여 수출상은 선적서류를 작성하여 인도의 D은행에 매입을 시키고(2007. 5. 27). 다시 뉴델리의 X은행에 제시하였다(2007. 5. 28). X은행은 다시 이 선적서류를 개설은행인 미국의 A은행 앞으로 제시하게 된 것이다(2007. 5. 30).

그런데 개설은행은 선적서류의 지연제시를 이유로 지급거절을 통보하여 왔다. 이에 대해서 매입은행인 D은행은 지급은행인 X은행 앞으로 유효기일 내에 제시되었으므로 정당한 제시가 있었다는 이유로 대금지급을 청구하게 됨으로써 분쟁이 발생하였다.

〈사례분석 1〉

(1) 신용장 종류에 따른 사용방법

모든 신용장은 그 사용방법에 따라서 지급·인수·매입·연지급 신용장으로 구별할 수가 있다. 신용장 통일규칙은 이러한 신용장의 종류에 따라서 사용할 수 있는 은행을 지정하도록 규정하고 있으며, 다만 자유매입신용장의 경우에는 모든 은행이 지정은행이 된다고 규정하였다. 따라서 사례의 경우는 자유매입신용장으로서 지급은행을 지정하고, 또 이 은행이 상환은행(reimbursing bank)으로서의 역할도 하게 한 경우이다.

(2) 신용장 유효기간의 종료

신용장의 유효기간은 신용장에 명시된 지정은행에서 끝난다. 선적서류가 제3의 은행을 경유해서 선적서류가 지정은행에 제시되는 경우 신용장의 유효기간은 선적서류가 지정은행에 도착되는 시점에서 끝난다. 즉 신용장의 유효기간이 끝나는 지점이 제3의 은행이 아니라 신용장에 명시된 지정은행이 되며 따라서 본 사례의 경우 자유매입신용장이지만 은행이 별도로 지정되어 있기 때문에 신용장 유효기일은 이 지정된 은행에서 끝난다.

(3) 지정은행 이외의 은행에서 선적서류제시

신용장에 명시된 지정은행을 통하지 않고 다른 은행을 통하여 개설은행에게 직접 선적서류를 제시하는 경우에 개설은행은 신용장 조건의 위반을 들어 대금지급을 거절할 수 있다. 본 사례에서 발행된 신용장은 엄격한 의미에서 자유매입신용장이 아니고 지정은행인 X에 재매입 신청을 하는 것이 일반적이다. 지정은행인 X은행은 지급은행이므로 즉시 대금을 지급하고, 개설은행인 A은행에 보상청구를 해야 마땅하다고 본다. 그러므로 선적서류 제시기간, 유효기간도 모두 X은행을 기준으로 하여야 할 것이다.

〈사례 2〉 매입제한 해제서에 의한 선적서류의 직매입

한국의 동국실업은 미국으로부터 자동차 수출을 하기 위해서 신용장을 통지받았다. 이 신용장의 개설은행은 미국 뉴욕의 CMB이고, 통지은행도 한국의 CMB 서울지점으로 되어 있는 매입제한 신용장이었다. 그러나 수출회사인 동국실업은 이 신용장에 의한 선적을 마치고 선적서류를 작성한 후 한국의 거래은행이 H은행에 무역금융을 상환하기 위하여 통지은행인 CMB Seoul지점에 가서 매입제한 해제서(Release letter)를 받아서 H은행 남산지점에 매입을 하게 한 후 이 매입제한 해제서와 함께 개설은행에 제시하였다. 그런데 개설은행에서는 선적서류제시기간 경과로 대금지급을 거절하였다. 이에 H은행은 매입 당시에는 제시기간이 경과하지 않았다고 주장하면서 대금지급을 강력히 요청하여 분쟁이 야기 되었다.

〈사례분석 2〉

(1) 매입제한 신용장의 의미

매입신용장은 일반적으로 보통 자유매입신용장을 의미하지만 매입이 특정 은행으로 제한되는 경우가 있는데 이러한 신용장을 매입제한 신용장이라고 한다. 신용장에 "The negotiation of this credit is restricted to CMB Seoul"와 같은 문구가 기재되어 있고 이러한 문구는 매입이 제한되어 있음을 의미하며 동 문구는 보통 신용장상의 특별조건에 부여되는 경우가 많다.

(2) 매입제한 신용장의 처리

매입제한 신용장은 지정된 은행에 매입을 의뢰하면 아무런 문제가 없으나 수출상이 자기 주거래은행을 통해서 매입을 하려할 경우 수출상은 자기 주거래은행에 1차 매입을 의뢰하고 1차 매입한 은행은 지정은행에게 2차 매입을 의뢰해야 한다. 이러한 재매입 신청을 할 경우, 2차 매입은행은 10일간의 환가료 중에서 3일분은 1차 매입은행에 지급하고 나머지 7일분은 2차 매입은행의 수익금으로 처리하고, 대금은 보통 2차 매입 후 3일 내에 1차 매입은행에 지급한다. 이러한 재매입 절차는 은행 간 재매입 약정서를 체결하여 그 약정서에 따라서 처리하는 것이 일반적이다.

수출상이 매입신용장을 매입제한 은행에 가서 매입제한 해제서(Release letter)를 받아 자기 주거래은행에 직접 매입 의뢰하여 선적서류가 개설은행으로 직접제시되는 경우가 있다.

국제상공회의소는 이러한 매입제한 신용장이 매입제한 해제서를 첨부하여 직매입한 경우에 대해 다음과 같은 유권해석을 내렸다.

즉 매입제한 신용장의 경우, 지정되지 않은 제3은행의 매입제한 해제서에 의한 매입은 신용장 통일규칙 제7조 C항에 의하여 개설은행의 수권

없이 매입한 것으로서 개설은행으로부터 매입대금을 보상받을 수 없다. 만약에 개설은행으로부터 매입대금을 보상받기 위해서는 매입을 하기 전에 개설은행의 사전 승인을 받아야 한다.

다만, 지정받지 않은 제3은행을 통하여 제시해 온 선적서류가 신용장 조건과 일치하고 또 신용장 유효기일 내에 개설은행에 직접 제시된 경우에는 개설은행은 이를 지급할 의무가 있다.

매입제한은행으로부터 매입제한 해제서를 받아 거래은행을 경유하여 선적서류를 개설은행으로 제시하는 경우 전혀 하자 없이 매입하면 개설은행을 기준으로 유효기일이 결정되기 때문에 매입은행을 기준으로 유효기일, 제시기일을 판단해서는 아니 된다. 따라서 본건의 경우에는 개설은행의 지급거절 사유가 타당하다. 왜냐하면 유효기일은 개설은행을 기준으로 판단해야 하기 때문이다.

Article 7 Issuing Bank Undertaking

a. Provided that the stipulated documents are presented to the nominated bank or to the issuing bank and that they constitute a complying presentation, the issuing bank must honour, if the credit is available by:

i. sight payment, deferred payment or acceptance with the issuing bank;

ii. sight payment with a nominated bank and the nominated bank does not pay

iii. deferred payment with a nominated bank and the nominated bank does not incur its deferred payment undertaking or, having incurred its deferred payment undertaking, does not pay at maturity;

iv. acceptance with a nominated bank and the nominated bank does not accept a draft drawn on it or, having accepted a draft drawn on it, does not pay at maturity;

v. negotiation with a nominated bank and not negotiated by any nominated bank.

b. An issuing bank is irrevocably bound to honour as of the time it issues the credit.

c. An issuing bank undertakes to reimburse a nominated bank that has honoured or negotiated a complying presentation and forwarded the documents to the issuing bank. Reimbursement for the amount of the presentation under a credit available by acceptance or deferred payment is due at maturity, whether or not the nominated bank prepaid or purchased before maturity. An issuing bank's undertaking to reimburse a nominated bank is independent of the issuing bank's undertaking to the beneficiary.

제 7 조 개설은행의 책임

a. 신용장이 다음과 같이 발행된 경우 명시된 선적서류가 지정은행 또는 개설은행에 제시되고 제시된 선적서류가 신용장의 조건, 적용 가능한 본 규칙의 조항과 국제표준은행관행을 충족시키면 개설은행은 제시된 선적서류를 인수하고 대금을 지급하여야 한다.
   i. 신용장이 개설은행에서 일람지급, 연지급, 인수로 발행된 경우
   ii. 신용장이 지정은행에서 일람출급으로 발행되고 지정은행이 지급하지 않는 경우
   iii. 신용장이 지정은행에서 연지급으로 발행되고 지정은행이 연지급 의무를 이행하지 않는 경우 또는 인수는 하였지만 어음 만기일에 대금지급을 하지 않는 경우
   iv. 신용장이 지정은행에서 인수로 발행되고 지정은행이 지정은행을 지급인으로 발행된 환어음을 인수하지 않는 경우 또는 지정은행을 지급인으로 발행된 환어음을 인수하고 환어음 만기일에 지급하지 않는 경우
   v. 신용장이 지정은행에서 매입하도록 발행된 경우 어떠한 은행이 매입하지 않는 경우.

b. 개설은행은 개설은행이 신용장을 발행하는 시점에서 인수와 지급을 해야만 하는 취소불능의 의무를 져야 한다.

c. 개설은행은 지정은행이 신용장과 일치된 선적서류를 인수하고, 매입하여 개설은행에 선적서류를 제시하면 상환하여야 할 의무를 부담한다.

인수와 연지급 신용장거래에서 지정은행은 만기일 이전에 선지급과 매입을 했거나 안 했거나 관계없이 선적서류제시와 대급지급의 상환기간을 만기일로 간주한다.
지정은행에게 상환할 개설은행의 책임은 수익자에게 부담하는 개설은행의 책임과 하등의 관계가 없이 독립적이다.

[해 설] 1) 개설은행의 지급약정

신용장은 개설은행이 직접 매입하는 경우와 자유매입신용장을 제외하고는 사용방법에 따라 지급은행, 연지급은행, 인수은행, 매입은행을 반드시 지정해야 한다. 자유매입신용장은 모든 은행에서 매입이 허용되기 때문에 모든 은행이 지정은행이 될 수 있다. 또한 지정은행에 선적서류를 제시하도록 된 경우 선적서류를 개설은행, 확인은행 또는 지정은행에 제시하여야 하며 신용장은 반드시 지정은행 또는 개설은행, 확인은행(있는 경우)을 통해 사용되어야 한다. 매입신용장이면서 매입은행을 지정하지 않고 또한 자유매입신용장이라는 표기도 없으면 이러한 신용장은 불명료한 신용장으로 간주해야 한다.[1] 신용장에 명시된 선적서류가 지정은행과 개설은행에 제시되고 제시된 선적서류가 신용장의 조건, 적용 가능한 본 규칙의 조항과 국제표준은행관행을 충족시키면 개설은행은 수익자 또는 지정은행에게 수출대금을 지급하여야 한다. 개설은행의 지급확약은 제시된 선적서류가 신용장의 조건, 적용 가능한 본 규칙의 조항과 국제표준은행관행을 충족시켜야만 되는 조건부 지급확약이다.

개설은행은 개설의뢰인의 파산 또는 지급불능의 이유로 개설은행이 지정은행과 수익자에게 한 확약을 거부할 수 없고 개설의뢰인이 도착한 상품의 품질을 이유로 개설은행이 수입대금을 지급하지 말도록 요청하여도 개설은행은 이러한 개설의뢰인의 요청을 들어줄 수 없다.

일람지급의 약정은 신용장이 지급조건부로 되어 있는 경우인데 일종의 요구불(demand draft)의 성격을 갖고 있다. 수익자가 선적서류를 개설은행에게 직접 제시하도록 된 경우에 개설은행은 상당한 주의를 기울여 선적서류를 검토하여 선적서류의 인수여부를 결정해야 한다. 만약 선적서류인수가

1) Harfield, Henry, "*Bank Credit and Acceptance*," The Ronald Press Company, New York, 1974, pp. 23-33.

거절되면 이것은 개설의뢰인이 지불거절을 요구해서가 아니라 제시된 선적서류가 신용장의 조건, 적용 가능한 본 규칙의 조항, 국제표준은행관행과 일치하지 않아 거절되는 것이다. 신용장이 수익자가 선적서류를 지정은행에게 제시할 것을 요구한 경우에 지정은행이 선적서류인수를 거부하면 개설은행은 지정은행을 대신하여 수익자가 제시한 선적서류를 인수하고, 심사하여 수리여부를 결정하여야 한다.

연지급의 약정은 개설은행이 연지급약정서를 발급하고 신용장조건에 일치하는 선적서류가 제시되면 신용장에 규정된 만기일에 수출대금을 지급하겠다는 것을 의미한다. 연지급신용장은 환어음 없이 선적서류와 상환으로 수출대금이 지급되는 것을 말한다. 연지급은행이 만기일에 수출대금의 지급을 거부하면 개설은행이 연지급은행을 대신하여 수출대금을 지급하야야 한다.

개설은행의 연지급약정은 선적서류가 연지급은행에 제시되어야하고, 제시된 선적서류가 연지급신용장의 내용을 모두 충족시키면 연지급은행에게 수출대금을 지급하겠다는 것을 의미하는 것이지 연지급 기간 동안 개설의뢰인이 상품을 인수하여 상품의 품질과 수량이 매매계약에서 합의한 내용과 일치하는지 검사하여 일치하지 않으면 수입대금의 지급을 정지시킬 수 있다는 것을 의미하는 것이 아니다. 연지급은행이 수익자로부터 선적서류를 받고 선적서류가 연지급신용장의 내용과 일치하는지 심사한 후 연지급 기간이 만기되기 전에 대금을 수익자에게 지급하는 것은 연지급신용장거래에서 연지급은행의 의무를 연지급은행이 과실 없이 정상적으로 이행한 것을 말한다. 따라서 연지급기간이 만기되기 전에 수익자에게 선지급함으로써 발생하는 위험을 연지급은행이 부담하지 않는다.[2)]

인수신용장은 수익자가 환어음과 선적서류를 은행에 제시하면 환어음을 인수하고 수출대금지급은 어음만기일에 어음과 상환으로 수출대금을 지급하는 기한부신용장을 말하며 인수의 약정은 개설은행이 인수하는 경우와 지정된 타 은행이 인수하는 경우가 있다. 전자의 경우에는 개설은행을 지급인으로 발행된 환어음과 선적서류가 제시되면 선적서류를 검토한 후 직접인수해야 하며, 인수를 거부할 수 없고 또한 인수하면 어음만기일에 수출대금의

2) 프랑크후르트 고등법원 1981년 3월 13일 판결(Wertpapier Mitteilungen 17-25 April, 1981, p. 445).

지급을 거절할 수 없다. 후자의 경우 개설은행은 타 은행이 인수한 환어음을 어음만기일에 인수은행에게 대금을 지급해야 한다. 지정된 은행이 어음의 인수를 거절하거나 인수 후 어음만기일에 대금지급을 거부한 경우에는 개설은행이 직접 지급해야 된다. 이러한 규정은 인수은행이 어음의 인수와 어음만기일에 대금지급을 거부하면 수익자는 개설은행에게 다시 어음을 발행하여 수출대금지급을 요구할 수 있는 권한을 갖고 있다는 것을 의미한다. 수익자는 신용장개설의뢰인을 지급인으로 하는 환어음을 발행할 수 없다는 내용을 UCP 600에 포함시켰는데 이것은 인수은행이 인수를 거절한 경우, 개설은행이 직접 인수할 책임이 있음을 다시 명문화시킨 것이다.

매입이 지정은행에서 이루어지도록 된 경우에 지정은행이 선적서류의 매입을 거부하면 개설은행이 지정은행을 대신하여 선적서류를 매입하여야 한다.

2) 개설은행의 책임 발생 시점

개설은행의 책임은 개설은행이 신용장을 개설한 시점에서 인수와 지급의 책임이 발생한다. 개설은행이 신용장을 개설하면 개설하는 시점에서 개설은행의 책임은 시작되지만 수익자와 개설은행과의 법률관계는 신용장이 수익자에게 통지되고 수익자가 신용장을 아무런 이의 없이 인수하면 개설은행의 책임은 시작되며, 지정은행과 개설은행과의 법률관계는 지정은행이 수익자로부터 받은 선적서류를 개설은행에게 제시하면 그들 간의 법률관계가 성립된다.

3) 개설은행의 대금지급시기와 수익자와 지정은행의 관계

지정은행이 수익자가 제시한 선적서류가 신용장의 조건, 적용 가능한 본 규칙의 조항과 국제표준은행관행과 일치하여 선적서류를 개설은행에게 제시하면 개설은행은 수출대금을 지정은행에게 지급할 책임이 있다. 인수와 연지급신용장은 외상거래 신용장이다. 지정은행은 수익자가 제시한 선적서류를 심사하고 개설은행에게 선적서류를 제시하면 개설은행은 수출대금을 즉시 지정은행에게 지급하여야 되는지 아니면 외상기간이 도래하면 지급하여야 되는지 이에 대한 분쟁이 많이 발생하였다. 외상거래 신용장에서 개설은행이 지정은행에게 수출대금을 지급하는 시기는 지정은행이 사전에 수출대금을 수익자에게 지급한 것과 관계없이 외상기간의 만기일 된다. 개설은행이 인수은행과 연지급은행에게 한 지급약정은 인수와 연지급 은행이 외상기간이 도래하기 전에 수익자에게 수출대금을 지급한 것에 하등의 영향을 받지 않는다. 인수은행과 연지급은행이 수익자에게 외상기간이 만기되기 전에 대금을 지급할지의 결정은 인수와 연지급은행이 독자적으로 판단하여 결정하는 것이기 때문에 개설은행의 지급약정과 하등의 관계가 없는 독립된 것이다. 외상기간이 만기되기 전에 수익자에게 대금을 지급함으로써 발생되는 위험은 개설은행이 파산하거나 제시된 선적서류가 불일치하다고 개설은행이 판단하여 이미 지급한 대금을 수익자로부터 되돌려 받는데 수익자가 파산하면 발생하는 위험이다.

인수와 연지급은행은 이러한 위험을 평가하여 외상기간이 만기되기 전에 수익자에게 대금을 지급할 것인지를 결정해야 하며 위험을 잘못 평가함으로써 발생되는 책임은 모두 인수와 연지급은행에게 있고 위험을 잘못 평가하여 발생하는 위험은 수입상품이 매매계약에서 합의한 상품과 일치하지 않음으로써 발생하는 것이 아니라 수익자가 제시된 선적서류를 잘못 심사함으로써 발생하는 것이다.

따라서 개설은행은 인수와 연지급은행이 외상기간이 도래하기 전에 수익자에게 수출대금을 지급한 것과 관계없이 인수와 연지급은행이 제시한 선적서류가 신용장의 내용을 충족시키면 만기일에 수출대금을 인수와 연지급은행에게 지급해야만 된다. 즉 개설은행의 지급약정은 만기에 수출대금을 수익자에게 지급하도록 권한을 인수와 연지급은행에게 부여한 것뿐만 아니라 연지급은행이 만기 전에 수출대금을 미리 수익자에게 지급하거나 할인하는 것도 개설은행의 지급약정에 포함되어 있는 것으로 보아야 한다.

지정은행에 대한 개설은행의 책임은 수익자에 대한 개설은행의 책임과 관련이 없고 서로 독립적으로 존재한다. 개설은행은 지정은행과 관련된 책임을 이유로 수익자에게 항변할 수 없고 반대로 수익자와 관련된 책임을 이유로 지정은행에게 항변할 수 없다.

〈사 례〉 개설은행의 대금지급 의무

원단 수출업체인 A사는 버마에 있는 수입상으로부터 120일 Usance L/C를 받고 3차례에 걸처 분할선적 후 각 회 차별로 선적서류와 환어음을 작성하여 선적서류의 매입을 의뢰하였다. 신용장개설은행으로부터 대금지급 만기일이 두 달이 지났는데도 대금지급이 이루어지지 않고있다. 세 번의 매입 중에서 두 건은 만기일이 이미 지났고 나머지 한 건은 조만간 만기일이 도래할 예정이다. 대금지급기일이 지났는데도 불구하고 개설은행은 아무런 이유없이 만기일을 3개월 연장해줄 것을 요구해 왔고 수출상은 이미 네고은행을 통해 연장신청 거부를 텔렉스로 보냈다. 대금지급을 받으려면 어떻게 해야 하는지?

〈사례분석〉

개설은행이 제시된 서류가 신용장 조건과 일치함에도 불구하고 수출대금의 지급을 고의로 지연시키고 기한부신용장을 매입했을 때 개설은행이 A/A(acceptance advice: 인수통지)를 보내온 것은 개설은행이 향후 기한부어음 만기일에 대금을 지급해 주겠다고 약정한 것을 의미한다. 그 기한부어음의 만기일이 도래하였음에도 불구하고 수출대금을 지급하지 않고 연장을 거론 하는 것은 신용장거래에서 있을 수 없는 일이지만 후진국에서는 종종 발생하고 있다.

따라서 수출상은 매입은행을 통하여 개설은행에게 수출대금의 지급을 요구하는 독촉장을 발송하고 그렇게 했음에도 불구하고 개설은행이 계속해서 수출대금을 지급하지 않으면 법적으로 해결할 수 있는 방법을 강구해야 한다. 향후 신용도가 낮은 외국업체나 은행과 거래할 때 수출상은 일류은행이 보증하는 확인신용장이나 수출보험제도를 이용하여 수출대금 미회수위험을 사전에 방지하도록 해야 할 것이다.

Article 8 Confirming Bank Undertaking

a. Provided that the stipulated documents are presented to the confirming bank or to any other nominated bank and that they constitute a complying presentation, the confirming bank must:

i. honour, if the credit is available by

a. sight payment, deferred payment or acceptance with the

confirming bank;

b. sight payment with another nominated bank and that nominated bank does not pay;

c. deferred payment with another nominated bank and that nominated bank does not incur its deferred payment undertaking or, having incurred its deferred payment undertaking, does not pay at maturity;

d. acceptance with another nominated bank and that nominated bank does not accept a draft drawn on it or, having accepted a draft drawn on it, does not pay at maturity;

e. negotiation with another nominated bank and not negotiated by any nominated bank.

ii. negotiate, without recourse, if the credit is available by negotiation with the confirming bank and a complying presentation is made to the confirming bank or is made to another nominated bank and is not negotiated by that nominated bank.

b. A confirming bank is irrevocably bound to honour or negotiate as of the time it adds its confirmation to the credit.

c. A confirming bank undertakes to reimburse another nominated bank that has honoured or negotiated a complying presentation and forwarded the documents to the confirming bank. Reimbursement for the mount of the presentation under a credit available by acceptance or deferred payment is due at maturity, whether or not another nominated bank prepaid or purchased before maturity. A confirming bank's undertaking to reimburse another nominated bank is independent of the confirming bank's undertaking to the beneficiary.

d. If a bank is authorized or requested by the issuing bank to confirm a credit but is not prepared to do so, it must inform the issuing bank without delay and may advise the credit without confirmation.

제8조 확인은행의 책임

a. 명시된 선적서류가 확인은행이나 어떠한 다른 지정은행에 제시되고 제시된 선적서류가 신용장의 조건, 적용 가능한 본 규칙의 조항과 국제표준은행관행과 일치하면 확인은행은

　i. 다음과 같이 발행된 신용장을 인수하고 대금을 지급하여야 한다.

　　a. 신용장이 확인은행에서 일람출급, 연지급, 인수로 발행된 경우

　　b. 신용장이 다른 지정은행에서 일람출급으로 발행되고 지정은행이 대금을 지급하지 않는 경우

　　c. 신용장이 다른 지정은행에서 인수로 발행되고 지정은행이 지정은행을 지급인으로 발행된 환어음을 인수하지 않거나 지정은행을 지급인으로 발행된 환어음을 인수하고 만기일에 대금을 지급하지 않는 경우

　　d. 신용장이 다른 지정은행에서 연지급으로 발행되고 지정은행이 연 지급 책임을 이행하지 않는 경우 또는 인수를 하였지만 만기일에 대금을 지급하지 않는 경우

　　e. 신용장이 다른 지정은행에서 매입으로 발행되고 어떠한 지정은행이 매입하지 않는 경우

　ii. 확인은행은 신용장이 확인은행에서 매입이 이루어지는 경우, 신용장과 일치된 선적서류가 확인은행에게 제시되고 또는 다른 지정은행에 제시되었으나 지정은행이 매입하지 않으면 소구권 없이 매입하여야 한다.

b. 확인은행은 확인은행이 신용장에 확인을 추가하는 시점에서 인수와 지급 또는 매입을 해야만 하는 취소 불능한 의무를 져야 한다.

c. 확인은행은 신용장과 일치된 선적서류를 인수하고 지급하거나 매입하여 선적서류를 확인은행에게 제시하면 상환해야만 하는 책임을 부담해야 한다.

신용장이 인수 또는 연지급으로 발행된 경우 다른 지정은행이 만기일 이전에 선지급과 매입을 했거나 안 했거나 관계없이 선적서류 제시에 따른 대금지급에 관한 상환은 만기일로 간주한다.

다른 지정은행에게 상환해야만 하는 확인은행의 책임은 수익자에 대한 확인은행의 책임과 하등의 관계가 없는 별개의 것으로 간주한다.

d. 은행이 개설은행으로부터 신용장은 확인해달라고 수권이나 요청을 받

> 았으나 그렇게 할 의사가 없을 경우에는 은행은 개설은행에게 그러한 사실을 통지하여야 하며 확인 없이 신용장을 통지할 수 있다.

[해 설] 1) 확인은행의 지급확약의 의미

신용장의 확인은 개설은행의 요청에 따라 제 3 의 은행이 수익자, 지급, 연지급, 인수, 매입은행에게 개설은행과 동일하게 지급확약을 약정하는 것을 의미한다. 따라서 확인은행은 개설은행과 연대해서 수익자, 일람지급, 연지급, 인수, 매입은행에 대한 지급의무가 있다. 선적서류가 확인은행 또는 지정은행에게 제시되고 제시된 선적서류가 신용장의 조건, 적용 가능한 본 규칙의 조항과 국제표준은행관행을 충족시키면 확인은행은 수익자 또는 지정은행에게 수출대금을 지급하여야 한다.

수익자는 선적서류를 확인은행 또는 지정은행에게 제시할 수 있으며, 확인은행에게 제시한 경우 선적서류가 요구조건을 충족시키면 확인은행은 수출대금을 수익자에게 지급하고, 지정은행에게 제시하였지만 지급은행, 연지급 은행, 인수은행, 매입은행이 최종적으로 수익자에게 수출대금을 지급하지 못하면 확인은행이 지정은행을 대신하여 수출대금을 지급할 책임이 있다. 확인신용장을 이용하는 수익자는 지정은행이 의무를 다하지 못하면 개설은행이나 확인은행에 선적서류를 다시 제시하고 수출대금을 지급받을 수 있다.

매입이 확인은행에서 이루어지도록 개설된 신용장거래에서 수익자가 환어음과 선적서류를 확인은행에게 제시하지 않고 직접 개설은행에 제시하고 개설은행이 파산하면 수익자가 가지고 있는 확인은행에 대한 권리는 박탈된다. 수익자가 환어음과 선적서류를 확인은행에게 제시하여야 하는 의무를 위반했기 때문에 확인은행에게 책임을 물을 수 없다. 확인은행의 책임은 수익자가 환어음과 선적서류를 확인은행에게 제시하고 제시된 선적서류가 신용장의 요구조건을 충족시켰을 때 발생하기 때문이다.

확인은행은 상환청구권(without recourse)을 행사할 수 없다. 확인은행은 개설은행의 입장에서 환어음을 매입하므로 Right of Recourse를 행사할 수 없다. 확인은행이 선적서류를 수리하고 사전에 수익자에게 수출대금을 지급하고 개설은행으로부터 수출대금이 지급되지 않으면 확인은행이 수익자에게 지급한 수출대금의 반환을 요구할 수 없다. 확인신용장의 거래에서 수익자는 확인은행으로부터 수출대금을 지급받으면 확인은행에게 수출대금을 반환할 의무가 없기 때문에 안심하고 다른 거래에 전념할 수 있는 장점이 있다.

2) 확인은행의 책임 발생시점

은행이 신용장에 확인을 추가하는 시점에서 인수와 지급 및 매입을 해야만 하는 절대적인 책임이 발생한다.

3) 확인은행의 대금지급 시기와 수익자와 지정은행의 관계

확인은행의 책임은 지정은행이 선적서류를 확인은행에게 제시하고 제시된 선적서류가 신용장의 요구조건을 충족시키면 발생하는 조건부 약정을 말한다. 인수 및 연지급 확인신용장의 거래에서 확인은행이 지정은행에게 대금을 지급하는 시기는 지정은행이 수익자에게 사전에 수출대금을 지급한 것과 관계없이 외상기간의 만기일에 지정은행에게 지급한다. 지정은행이 사전에 수출대금을 수익자에게 지급했다고 해서 확인은행도 외상기간이 도래하기 전에 수출대금을 지정은행에게 지급하는 것이 아니라 외상기간이 도래한 만기일에 지정은행에게 지급한다고 명시하였다.

지정은행에 대한 확인은행의 책임은 수익자에 대한 확인은행의 책임과 관련이 없고 서로 독립적으로 존재한다. 확인은행은 지정은행과 관련된 책임을 이유로 수익자에게 항변할 수 없고 반대로 수익자와 관련된 책임을 이유로 지정은행에게 항변할 수 없다.

4) 신용장의 확인

신용장의 확인을 요청받은 은행이 그러한 요청을 수락하여 신용장에 동 은행이 신용장을 확인하였다는 문언이 기재되면 확인은행은 신용장대금에 대한 독립적인 책임이 발생한다. 신용장의 확인을 거절할 경우 확인요청을 받은 통지은행은 즉시 신용장을 확인할 의사가 없음을 개설은행에게 통지하여야 하고 확인 없이 신용장을 수익자에게 통지할 수 있다.

〈사례 1〉 하자서류의 접수

신용장의 확인은행인 A은행은 매입은행으로부터 하자 있는 서류를 제시 받았다. 그 후 확인은행인 A은행은 개설은행인 B은행에게 불일치된 서류를 지급해도 좋은지 문의를 하였고 개설은행인 B은행이 1986년 1월 2일자로 매입은행에게 대금을 전액 보상하도록 지시하였다. 그래서 1998년 1월 10일에 확인은행은 매입은행에 대하여 전액 지급하고, 지연이자를 청구하였으므로 확인은행은 개설은행에 대하여 지연이자를 보상해 주도록 요청하였는데 개설은행의 거절로 분쟁이 야기된 것이다.

〈사례분석 1〉

(1) 하자 있는 서류에 대한 확인은행의 책임

확인은행은 제시된 서류가 신용장조건에 일치할 때만 확인은행으로서 책임을 부담한다. 제시된 서류가 신용장 조건과 일치하지 않을 때는 개설은행의 동의 없이 확인은행은 독자적인 판단으로 대금지급의 여부를 결정할 수 있다.

(2) 하자 있는 서류에 대한 개설은행의 지급지시

제시된 서류에 하자가 있음에도 불구하고 대하여 개설은행이 지급하도록 지시를 하였을 경우에도 확인은행은 제시된 서류의 하자에 대해서 어떠한 책임을 부담하지 않는다는 명시적인 의사표시를 하지 않으면 지급한 대금에 대해서 확인은행으로서의 책임을 져야 한다(I.C.C. pub 371. p. 27). 만약에 확인은행이 제시된 서류의 하자에 대해 어떠한 책임을 부담하지 않는다는 의사표시를 한 경우 확인은행은 개설은행의 지급을 대행해준 은행에 불과하기 때문에 개설은행으로부터 지급한 대금에 대하여 전액 보상받을 수 있다.

(3) 하자 있는 서류에 대한 확인은행의 처리

제시된 서류에 하자가 있는 경우 확인은행은 지급책임이 없기 때문에 매입요청을 받았을 때 매입을 거절하고 추심방식으로 처리하는 것이 안전하며, 만약에 매입을 했을 경우에는 매입은행은 최종적인 지급인이 되므로 수출자에게 구상권이 없을 뿐만 아니라 개설은행의 지급거절이 있을 경우 개설은행에 대해서도 보상청구를 하기가 어렵다. 따라서 하자 있는 서류에 대하여 확인은행의 처리에 신중을 기하여야 한다.

따라서 본 사례의 경우에는 확인은행이 제시된 서류의 하자에 대해서 어떠한 책임이 없음을 표시하지 않아 지급한 대금에 대해 확인은행으로서의 지급책임이 있으며 이에 대하여는 개설은행에 보상청구를 할 수 있다. 다만 지연이자에 대해서는 개설은행과의 전신교환 등을 하는 데 필요한 3일간의 이자는 차감하고 직접 확인은행에서 부담해야 할 것이다(I.C.C. pub 459.case No. 23).

〈사례 2〉 제시된 서류의 상이한 해석

자유매입 신용장에 의한 선적서류의 제시를 받은 확인은행은 선적서류가 신용장에 일치한다고 판단하여 매입한 후, 개설은행에 서류를 송부하였다. 그러나 개설은행은 선적서류가 신용장조건에 불일치한다는 이유로 수입대금의 지급을 거절하였다.

〈사례분석 2〉

(1) 확인은행의 지급과 개설은행의 지급거절

확인은행은 제시된 서류가 신용장조건과 일치한다고 판단하여 매입대금을 수출상에게 지급하였으나, 개설은행이 제시된 서류가 신용장조건과 일치하지 않아 대금지급을 거절한 경우, 확인은행은 개설은행에 대하여 지급청구를 할 수 없다. 신용장 통일규칙 제8조 c항에 의하면 확인은행은 신용장에 명시된 서류가 확인은행 또는 기타 지정은행에 제시되고, 신용장의 조건과 일치하는 한 개설은행의 지급확약과 별개로 수익자에게 독자적으로 지급·인수·매입·연지급할 것을 확약한 것이기 때문이다.

이 조건을 분석하면, 첫째 신용장에 명시된 모든 서류가 확인은행 또는 기타 은행에 제시될 것, 둘째 제시된 서류가 신용장의 조건과 일치할 것, 이상의 두 조건을 충족할 때만 확인은행은 지급책임이 있다. 그리고 이러한 때만 개설은행에 대하여 지급한 대금에 대해 보상청구를 요구할 수 있다. 만약 이상의 조건이 충족되지 않았을 경우에는 개설은행에 대하여 보상청구권이 없고 스스로 최종적인 책임을 져야 한다.

(2) 개설은행의 지급거절과 수익자에 대한 상환청구권

확인은행은 제시된 서류가 신용장조건과 일치한다고 판단하여 매입하였으나 개설은행이 하자를 발견하여 지급 거절한 경우, 확인은행이 수익자에게 기 지급한 수출대금의 상환을 청구할 수 있느냐 하는 문제가 있다.

결론적으로 말해서 확인은행은 수익자에게 수출대금의 상환청구를 할 수가 없다. 왜냐하면 신용장 통일규칙 제8조 e항에 의하면, 확인은행은 약정된 서류가 신용장조건에 일치하게 제시되는 한 수익자의 서류 및 또는 선의의 소지인에게 소구권 없이(without recourse to drawers and/or bona fide holders) 매입해야 한다고 규정되어 있기 때문이다.

즉 확인은행은 제시된 서류가 문면상 신용장조건에 일치한다고 판단하여 이를 매입하였다면 그 후 어떠한 이유를 들어 수익자에게 기 지급한 수출대금의 상환을 청구할 수 없다. 확인은행이 수익자의 제시한 서류와 환어음을 매입한 순간 확인은행과 수익자 사이의 신용장거래 관계는 모두 끝난다(I.C.C. pub 371 R.7 and 7).

(3) 확인은행과 기타 매입은행의 관계

확인은행이 서류를 직접 매입하지 않고 기타 은행에서 매입한 후 서류를 확인은행에 제시한 경우 확인은행이 지급하였다면 이 또한 마찬가지로 매입은행에게 상환청구권을 행사할 수 없다고 본다.

따라서 확인은행은 스스로 최종적인 책임을 져야 하고, 개설은행이나 매입은행 또는 수익자에게 보상청구나 상환청구를 할 수 없다. 다만 사기거래일 경우에는 예외이나 이를 확인은행이 직접 입증하여야 한다.

〈사례 3〉 확인은행의 확인의무기간

확인은행은 기한부신용장의 만기일까지 확인해야 하는가?, 확인은행은 결제은행이 환어음을 결제한 후에도 어떠한 의무를 갖고 있는가?

〈사례분석 3〉

개설은행의 요청에 따라 신용장의 확인을 수락하면 동 은행은 개설은행과 연대해서 수출상에게 신용장과 일치하는 서류가 제시되면 수출대금을 지급할 것을 약정하게 된다. 여기에서 확인은행의 확인기간은 신용장의 확인을 수락한 시점에서 신용장의 유효기일까지로 보고 있다. 기한부신용장의 기간은 상환조건이기 때문에 확인은행은 신용장과 일치하는 서류를 상환은행에게 제시하여 대금의 상환을 요청하고 이러한 요청을 받은 은행은 상환요청을 받은 은행에게 대금을 상환해 주어야 한다.

〈사례 4〉 지정은행이 신용장조건변경의 당사자인지 여부 및 지정은행을 통하지 않고 서류가 송부된 경우

신용장통일규칙 제38조를 제외하고 취소불능신용장은 신용거래처의 당사자인 개설은행, 확인은행, 수익자, 개설의뢰인의 합의 없이 취소 또는 변경될 수 없다. 여기서 지정은행도 신용장거래의 당사자에 포함되어 동 신용장이 변경되기 위해서는 지정은행의 동의를 받아야 되는가?, 서류매입은행이 지정된 경우 수출상이 지정된 매입은행에서 서류매입은 하지 않고 다른 은행에서 매입을 하여 서류가 개설은행에 제시되면 하자가 되는가?

〈사례분석 4〉

지정은행이 수익자에게 지급, 인수, 연지급약정, 매입을 하기로 확약하지 않았다면 지정은행은 신용장거래의 당사자가 아니어서 신용장조건변경에 대한 동의를 구할 필요가 없다.

개설은행이 지정은행 이외의 은행으로부터 서류를 받았더라도 개설은행은 대금지급을 거절할 수 없다. 그러나 개설은행은 지정은행이 다른 서류제시를 받았는지 여부를 조회할 수 있다.

〈사례 5〉 환어음을 요구하는 신용장, 확인은행의 업무처리

매입이 확인은행으로 제한된 신용장에서 확인은행은 제시된 서류를 검토한 결과 서류상의 불일치가 발견되어 확인은행은 신용장확인을 취소하였다.

〈사례분석 5〉

신용장통일규칙 제8조에서 개설은행의 수권 또는 요청에 의해서 다른 은행(확인은행)이 취소불능신용장을 확인하는 행위는 명시된 서류가 확인은행 또는 어떤 다른 지정은행에 제시되고 신용장의 조건이 충족되는 경우 개설은행에 추가해서 다음과 같은 확인은행의 확약이 성립된다고 명시되어 있다. 여기서 확인은행의 약정은 신용장에 명시된 서류가 신용장의 제조건을 충족시킬 것을 전제로 한 조건부 약정이다.

따라서 확인은행의 확약은 신용장조건과 일치하는 서류가 제시되었느냐에 따라 달라진다. 만약 제시된 서류에 치명적인 하자가 있다면 확인은행은 확인을 취소할 수 있다. 그러나 일반적으로 개설은행에 조회하여 업무를 처리하고 있다.

Article 9 Advising of Credits and Amendments

a. A credit and any amendment may be advised to a beneficiary through an advising bank. An advising bank that is not a confirming bank advises the credit and any amendment without any undertaking to honour or negotiate.

b. By advising the credit or amendment, the advising bank signifies that it has satisfied itself as to the apparent authenticity of the credit or amendment and that the advice accurately reflects the terms and conditions of the credit or amendment received.

c. And advising bank may utilize the services of another bank ("second advising bank") to advise the credit and any amendment to the beneficiary. By advising the credit or amendment, the second advising bank signifies that it has satisfied itself as to the apparent authenticity of the advice it has received and that the advice accurately reflects the terms and conditions of the credit or amendment received.

d. A bank utilizing the services of an advising bank or second advising bank to advise a credit must use the same bank to advise any amendment thereto.

e. If a bank is requested to advise a credit or amendment but elects not to do so, it must so inform, without delay, the bank from which the credit, amendment or advice has been received.

f. If a bank is requested to advise a credit or amendment but cannot satisfy itself as to the apparent authenticity of the credit or amendment or advice, it must so inform, without delay, the bank from which the instructions appear to have been received. If the advising bank or second advising bank elects nonetheless to advise the credit or amendment, it must inform the beneficiary or second advising bank that it has not been able to satisfy itself as to the apparent authenticity of the credit or amendment or advice.

제 9 조 신용장의 통지와 신용장조건변경서 통지

a. 신용장과 어떠한 신용장의 변경은 통지은행을 통하여 수익자에게 통지 될 수 있다. 확인은행이 아닌 통지은행은 인수와 지급 또는 매입에 대한 책임 없이 신용장과 신용장 조건변경서를 통지한다.

b. 신용장과 신용장조건변경서를 통지함으로써 통지은행은 신용장이 신용장과 신용장조건변경서의 외견상 진정성을 충족시키고 있다는 것을 알리는 것이다. 신용장 통지서는 신용장과 받는 신용장조건변경서의 제조건을 정확하게 반영한다고 간주한다.

c. 통지은행은 수익자에게 신용장과 신용장조건변경서를 통지하기 위하여 다른 은행(제2통지은행)의 서비스를 이용할 수 있다.

신용장과 신용장조건변경서를 통지함으로써 제 2 의 통지은행은 받은 통지서가 외견상 진정성을 충족시키고, 신용장과 신용장조건변경서의 제조건을 정확하게 반영한다고 간주한다.

d. 신용장을 통지하기 위하여 통지은행 또는 제 2 의 통지은행은 서비스를 이용하는 은행이 어떤 신용장조건변경서를 통지하려면 동일 은행을 이용해야 한다.

e. 은행이 신용장과 신용장조건변경서를 통지하도록 요청을 받는 경우에 통지하지 않기로 정한 때에는 신용장과 신용장조건변경서 또는 통지서를 받는 은행에게 지체 없이 이 사실을 통지하여야 한다.

f. 은행이 신용장과 신용장조건변경서를 통지하도록 요청을 받았으나 신용장과 조건변경서 및 통지서가 외견상 진정성을 충족시키지 못한 경우에 은행은 그러한 지시를 해온 것으로 보이는 은행에게 지체 없이 이 사실을 통지해야 한다. 통지은행과 제 2 의 통지은행이 이러한 사정이 있음에도 불구하고 신용장과 신용장조건변경서를 통지하기로 한

> 경우에는 수익자와 제 2 의 은행에게 신용장과 신용장조건변경서 및 통지서의 외견상 진정성이 충족되지 않았다는 것을 통보하여야 한다.

[해 설] 1) 통지은행의 신용장 및 신용장조건변경서의 통지의무

개설은행은 신용장 또는 신용장조건변경서를 개설하여 수익자에게 통지해야 할 의무가 있으며 신용장 또는 신용장조건변경서는 개설은행이 직접 수익자에게 통지하는 방법과 제 3 의 은행을 통해서 수익자에게 통지하는 방법이 있는데 일반적으로 후자의 방법이 가장 많이 사용되고 있다. 확인은행이 통지은행인 경우를 제외하고 통지은행은 인수와 지급 및 매입의 책임 없이 단지 신용장 또는 신용장조건변경서를 수익자에게 통지를 한다. 통지은행은 개설은행의 요청에 따라 개설은행을 대신하여 수익자에게 신용장 또는 신용장조건변경서를 통지할 의무만 지는 것이지 통지은행이 신용장 또는 신용장조건변경서를 인수와 지급 및 매입하기로 약정하지 않는 한 그에 대한 책임이 없다.

2) 신용장 또는 신용장조건변경서의 외견상 진정성을 검토할 의무

통지은행이 신용장 또는 신용장조건변경서를 통지하는 것은 신용장 또는 신용장조건변경서가 외견상의 진정성을 충족시키고, 신용장 또는 신용장조건변경서의 통지서는 통지은행이 받는 신용장 또는 신용장조건변경서를 반영한다는 것을 의미한다고 보고 있다. 따라서 통지은행은 상당한 주의를 기울여 신용장 또는 신용장조건변경서의 외견상 진정성을 심사하여야 한다. 외견상의 진정성을 검사한다는 것은 신용장에 문면상 나타나 있는 서명 또는 test key를 통해서 검사하는 것을 말한다. 또한 상당한 주의를 기울여 검사한다는 의미는 서명을 육안으로 비교하거나 test key를 맞추어 보고 외견상 차이가 있는지 여부를 조사하는 것을 말한다.

3) 제 2 의 통지은행의 이용

통지은행이 신용장을 수익자에게 통지할 때 제 2 의 통지은행을 이용하여 신용장을 통지할 수 있도록 하였다. 정보통신이 발달하여 세계에 있는 모든 은행이 정보통신망으로 연결되어 은행업무가 한 은행을 통하여 이루어질 수 있는 듯이 보이지만 은행 간에 환거래취결은행으로 약정하지 않으면 은행 간에 은행업무를 직접 할 수 없다. 국민은행이 미국의 시티은행과 환

거래취결은행으로 약정하면 국민은행과 시티은행 간의 은행전산망이 연결되어 은행업무가 신속하게 이루어진다. 환거래취결은행으로 약정되기 위해서는 양 은행 간의 거래량이 많이 발생하여야 하며 양 은행 간의 거래량이 적으면 환거래취결은행으로 약정이 불가능하다. 환거래취결은행으로 약정하지 못한 은행이 신용장을 통지하려면 제2의 통지은행인 환거래취결은행을 이용하여 통지하면 신용장 통지가 신속하게 이루어질 수 있다. 본 조항은 은행의 현실을 감안하여 UCP 600에서 새롭게 신설된 내용이다.

4) 신용장 조건변경서의 통지

개설은행이 발행한 신용장이 통지은행과 제2의 통지은행을 통하여 수익자에게 통지되면 수익자는 신용장 내용을 검토하여 수익자가 원하는 신용장이 아닌 경우에는 수익자는 개설의뢰인에게 연락하여 개설의뢰인이 수익자가 원하는 신용장을 다시 개설해주도록 요청한다. 다시 개설된 신용장은 기 신용장을 통지한 통지은행과 제2의 통지은행을 통하여 수익자에게 통지되어야 하며, 다른 은행을 통하여 통지되지 못하도록 하였다. 하나의 신용장 거래에서 비록 신용장이 변경되었다 하더라도 신용장 또는 조건변경서는 동일한 통지은행과 제2의 통지은행으로 수익자에게 통지되어 신용장거래의 안정을 도모하고자 하였다. 신용장이 서로 다른 은행으로 통지되면 신용장 거래에서 불필요한 분쟁과 사기가 발생하여 신용장의 가치를 훼손시킬 수 있다.

5) 신용장 또는 조건변경서의 통지거부

통지요청을 받은 은행은 신용장 또는 조건변경서를 반드시 통지할 의무는 없다. 신용장 또는 조건변경서의 통지 여부는 통지은행이 결정하며, 통지하지 않기로 결정한 경우 그러한 내용을 즉시 통지은행에게 통지해야 한다.

6) 신용장의 외견상 진정성을 확인할 수 없는 경우

통지은행은 신용장의 진정성을 검사할 수 있음에도 불구하고 신용장을 통지하지 않기로 결정한 경우에 적용된다. 통지은행은 신용장의 진정성을 확인할 수 없는 경우 그러한 사실을 즉시 개설은행에게 통지하여야 한다. 통지은행이 신용장의 진정성을 검사할 수 없는 경우에 본 조항은 적용되며 신용장내용이 불분명한 경우 통지은행은 그러한 불분명한 내용을 개설은행에 통지함으로써 개설은행이 신용장 내용을 한번 더 검토할 수 있는 기회를 제공함으로써 궁극적으로 정확한 신용장이 발행되어 국제무역거래를 활성화시키기 위한 조치로 볼 수 있다.

통지은행과 제 2 의 통지은행이 신용장의 진정성을 알 수 없음에도 불구하고 수익자에게 신용장을 통지하기로 결정한 경우 신용장의 진정성을 확인할 수 없다는 내용을 신용장 통지서에 표기하여 신용장을 통지해야 한다. 통지은행은 개설은행의 신인도가 낮거나 환거래가 없는 은행이 개설한 신용장을 통지할 때 신용장 통지서에 문책문언을 표기하여 통지하고 있으며 이러한 면책문언은 신용장의 통지서를 부여하였음에도 불구하고 신용장의 진정성을 확인할 수 없으며 신용장내용에 관련되어 통지은행은 어떠한 책임과 약정을 하지 않았음을 의미하는 것이다.

〈사례 1〉 통지은행의 의무

국내 LG전자㈜는 홍콩에 전자부품을 수출하기 위하여 국내 S은행 서울지점으로부터 신용장을 통지받았다. 그런데 통지계 직원은 Test Key에 의하여 신용장의 진정성을 확인할 수 없었는데도 불구하고 이러한 사항의 표시없이 신용장을 회사에 통지하였다.

그 후 수출자인 LG전자는 물품을 선적한 후 신용장에서 요구하는 선적서류를 갖추어 국내 S은행에 매입시킨 후 선적서류를 개설은행으로 송부하였다. 그러나 개설은행에서는 그러한 신용장을 발행한 사실이 없으며 따라서 대금지급을 할 수 없다고 선적서류를 반송시켜 왔다.

한편 수입자는 신용장 조건에 선적서류 원본 1부를 직접 수입자에게 우송할 것과 수하인도 수입자 앞으로 작성하도록 하여 우송받은 원본선적서류 1매로 물품을 통관한 후 도피해 버렸다.

수출자인 LG전자는 통지은행인 S은행 서울지점 앞으로 신용장 통지를 잘못하여 발생한 손해에 대해 손해배상청구소송을 제기하였다.

〈사례분석〉

신용장통일규칙 제 9 조에 의하면, 신용장 통지은행은 신용장을 통지하기 전에 신용장의 외견상 진정성을 확인하기 위하여 상당한 주의를 기울여야 한다. 만약에 통지은행이 신용장의 진정성을 확인할 수 없는 경우 동 사실을 통지해줄 의무가 있다. 그럼에도 불구하고 수익자의 요청에 의하여 신용장을 통지해 줄 때는 개설은행에게 지체 없이 진정성을 확인할 수 없다는 내용과 이러한 통지로 인하여 하등의 책임을 지지 않는다는 것을 신용장통지서에 기재하여 수익자에게 전달해야 한다.

본 사례의 경우 통지은행이 이러한 신용장의 진정성을 확인하는 데 주의를 소홀히 함으로써 1차적인 책임이 있다고 보아야 한다. 또한 수출상도 진정성을 확인할 수 없는 신용장을 받았을 때는 신용장의 진정성을 확인하기 위해 상당한 노력을 기울여야 하며 신용장의 내용이 확인되지 않은 상태에서 물품을 수출, 선적해서는 아니된다. 다시 수입상에게 조회하여 통지은행을 변경함으로써 개설은행과 환거래 계약이 있는 은행을 통지은행으로 선정하든가 하여 신용장의 진정성을 확인한 후 수출을 이행해야 할 것이다.

매입은행은 신용장의 진정성을 확인할 수 없음이라고 되어 있는 경우에는 추심 전 매입을 해서는 아니된다. 다만 수출상의 요청이 있을 경우에는 추심 후 지급처리를 하여야 안전하다.

결론적으로 본건 신용장 통지의 경우에는 통지은행의 신용장 통지의무를 해태함으로써 발생한 것으로 통지은행은 수출상에게 신용장금액의 20%을 배상을 해야 하며 신용장내용을 확인하지 않는 수출상의 책임을 물어 신용장금액의 80%는 수출상이 부담하게 해야 할 것이다.

Article 10 Amendments

a. Except as otherwise provided by article 38, a credit can neither be amended nor cancelled without the agreement of the issuing bank, the confirming bank, if any, and the beneficiary.

b. An issuing bank is irrevocably bound by an amendment as of the time it issues the amendment. A confirming bank may extend its confirmation to an amendment and will be irrevocably bound as of the time it advises the amendment. A confirming bank may, however, choose to advise an amendment without extending its confirmation and, if so, it must inform the issuing bank without delay and inform the beneficiary in its advice.

c. The terms and conditions of the original credit (or a credit incorporating previously accepted amendments) will remain in force for the beneficiary until the beneficiary communicates its acceptance of the amendment to the bank that advised such amendment. The beneficiary should give notification of acceptance or rejection of an amendment. If the beneficiary fails to give such notification, a presentation that complies with the credit and to any not yet accepted amendment will be deemed to be notification of acceptance by the beneficiary of such amendment. As of that moment the credit will be amended.

d. A bank that advises an amendment must inform the bank from which it received the amendment of any notification of acceptance or rejection.

e. Partial acceptance of an amendment is not allowed and will be deemed to be rejection of the amendment, and the bank that advised the amendment must so inform the bank from which it received the amendment.

f. A provision in an amendment containing wording to the effect that the amendment shall become valid unless rejected by the beneficiary within a certain time shall be disregarded.

제10조 변 경

a. 제38조에 의해서 달리 약정하지 않는 한 신용장은 개설은행과 확인은행(있는 경우) 및 수익자의 동의 없이 변경 또는 취소될 수 없다.

b. 개설은행은 조건변경된 신용장을 발생하는 시점부터 신용장조건변경 통지서에 대해서 취소불능의 의무를 진다.

확인은행은 자신의 확인을 신용장조건변경으로까지 확장할 수 있으며, 조건변경 통지시점부터 취소불능한 의무를 진다.

그러나 확인은행은 확인의 연장 없이 조건변경된 신용장의 통지를 선택할 수 있으며 이러한 경우에는 당 은행은 개설은행에게 이를 지체 없이 통지하고 수익자에게는 통지서에 확인 연장이 없다는 내용을 기재하여 통지하여야 한다.

c. 원신용장(또는 이전에 수락된 조건변경을 포함하는 신용장)의 조건은 수익자가 통지은행 신용장조건변경의 수락 여부를 통고할 때까지 수익자에 대해서 계속 유효하다. 수익자는 신용장조건변경의 수락 또는 거절을 통지하여야 한다. 수익자가 이러한 통지를 하지 않은 채, 변경된 조건에 일치하는 선적서류를 지정된 은행 또는 개설은행에 제출하면 이는 수익자에 의한 신용장조건변경의 수락통지로 간주되면 바로 그 시점에서 신용장의 조건이 변경된다.

d. 조건변경된 신용장을 통지하는 은행은 조건변경된 신용장을 보내온 은행에게 수락 또는 거절의 통보를 통지하여야 한다.

e. 조건변경된 신용장의 부분적인 수락은 허용되지 않으며 조건변경된 신용장의 거절로 간주 된다. 따라서 조건변경된 신용장을 통지한 은행은 조건변경된 신용장을 보내온 은행에게 그러한 사실을 통지하여야 한다.

f. 제한된 시간 내에 수익자가 거절하지 않는 한 조건변경된 신용장은 유효하다는 효력을 내포한 문구가 기재되어 있는 조건변경된 신용장의 규정은 효력이 없는 것으로 간주한다.

[해 설] 1) 신용장의 변경 또는 취소

제38조의 규정을 제외하고 신용장이 일단 개설되면 신용장은 신용장거래의 당사자인 개설은행, 확인은행(확인신용장의 경우), 수익자의 동의 없이 변경 또는 취소될 수 없다. 신용장은 신용장거래의 당사자들이 전원 합의하지 않으면 일방적으로 취소 또는 조건변경이 불가능하다. 신용장거래의 당사자는 개설은행, 확인은행(확인신용장의 경우), 수익자이고 개설의뢰인은 당사자가 아닌 것으로 UCP 600은 명시하였다.

신용장은 수출입매매계약의 당사자인 수출상과 수입상이 합의하여 결정하고, 개설의뢰인의 요청과 지시에 따라 개설은행이 신용장을 개설한다는 점에 비추어 보면 개설의뢰인도 신용장거래의 당사자로 보아야 한다. 개설의뢰인은 자기의 요청에 따라 신용장이 개설되면 수익자의 동의 없이 개설은행에게 신용장의 변경이나 취소를 강요하지 못하고, 개설은행은 수익자가 신용장의 변경이나 취소를 요구한다고 해도 개설의뢰인의 동의 없이는 이에 응할 수 없다. 개설은행에 제시된 선적서류를 개설은행이 심사하고 선적서류를 개설의뢰인에게 제시하여 개설의뢰인이 선적서류를 심사한 다음에 아무런 이의가 없으면 개설은행은 수출대금을 지급한다. UCP 600은 신용장거래에 개설의뢰인을 배제하여 개설의뢰인은 선적서류를 심사할 권한이 없고 오로지 개설은행이 선적서류를 심사하여 수출대금지급을 결정할 수 있고 개설의뢰인은 결정할 권한이 없는 것으로 보았다. 개설은행이 선적서류를 심사하여 수출대금을 지급하였는데 개설의뢰인이 선적서류가 신용장의 요구조건을 충족시키지 못한다고 판단하여 수출대금의 지급을 중지하면 이미 지급한 수출대금에 대해서 누가 책임을 져야 하는지 분쟁이 발생할 가능성이 매우 많다. 신용장거래의 당사자에 개설의뢰인도 포함시키면 이러한 분쟁이 발생할 가능성을 방지할 수 있다.

신용장은 신용장거래 당사자의 합의가 없으면 취소 또는 변경될 수 없다. 따라서 취소불능신용장이 취소 또는 변경되기 위해서는 수익자, 신용장 개설의뢰인, 개설은행, 확인은행이 모두 합의해야만 가능하며 수익자는 먼저 개설의뢰인에게 신용장의 변경 또는 취소를 요청하고 개설의뢰인은 신용장 조건변경신청서를 작성하여 개설은행에게 제시하여 신용장의 변경을 요구하고 개설은행은 신용장조건변경신청서에 기재된 내용에 따라 변경된 신용장을 개설하여 수익자에게 전달해야 한다.

2) 조건변경된 신용장에 관한 개설은행과 확인은행의 책임

개설은행이 개설의뢰인의 지시와 요청에 따라 신용장의 조건을 변경하여 신용장을 발행하면 그 시점에서 조건변경된 신용장에 대해서 취소불능의 책임을 져야 한다. 개설은행이 기존에 발행한 신용장의 내용을 변경하여 다시 신용장을 발행하면 그 시점에서 개설은행의 책임은 발생한다고 보고 있지만 조건변경된 신용장이 수익자에게 통지되어 수익자가 조건변경된 신용장을 인수한다고 의사를 표시하는 시점에서 개설은행의 책임은 발생한다고 보아야 한다. 수익자에게 조건변경된 신용장이 통지되어 수익자가 조건변경된 신용장이 수출입매매계약에서 명시한 내용을 충족시키고, 하자사항이 없는지를 확인한 이후에 수리 여부를 수익자가 결정하여 통지은행에게 통지하기 때문에 수익자가 조건변경된 신용장을 인수한다는 것을 개설은행이 조건변경된 신용장을 발행하는 시점에서는 알 수 없다.

확인은행은 기 개설된 신용장을 확인했다고 해서 반드시 조건변경된 신용장을 확인할 의무는 없다. 확인은행이 조건변경된 신용장에 확인을 추가하면 확인은행의 책임은 조건변경된 신용장에 확인을 추가한 시점에서 책임이 발생한다. 확인은행은 조건변경된 신용장을 확인하지 않고 조건변경된 신용장을 수익자에게 통지할 수 있으며, 이런 경우 확인은행은 지체 없이 개설은행과 수익자에게 이러한 내용을 통지하여야 한다.

3) 원신용장과 조건변경된 신용장의 효력

원신용장은 조건변경된 신용장이 수익자에게 통지되고 수익자가 조건변경된 신용장을 인수한다고 통지은행에게 통지할 때까지 법적효력이 있고 조건변경된 신용장을 수익자가 인수하면 그 시점에서 법적효력이 상실됨과 동시에 조건변경된 신용장에 법적효력이 발생한다. 수익자가 조건변경된 신용장을 수락한다는 의사표시를 통지은행에게 전달할 때까지는 원신용장은 그대로 유효하고 수익자가 조건변경된 신용장을 수락한다는 의사표시를 표명한 경우에만 조건변경된 신용장이 유효하다는 점을 새롭게 명확히 하였다.

수익자는 조건변경된 신용장을 인수할 것인지 아니면 거절할 것인지 반드시 통지은행에게 통지를 하여야하며, 수익자가 이와 같은 통지를 하지 않았지만 조건변경된 신용장과 일치하는 선적서류를 제시하면 그 순간 수익자가 조건변경된 신용장을 받아들이는 것으로 간주하고 그 시점에서 신용장이 변경된 것으로 본다.

신용장개설의뢰인으로부터 신용장조건변경신청서를 받고 동 신청서에 따라 신용장 내용을 변경하여 변경된 신용장을 발행한 시점에서 신용장조건변경의 효력이 발생하고 확인은행은 신용장조건변경의 확인을 받고 동 조건변경신청서를 확인한 시점에서 확인은행의 책임이 발생한다. 그러나 조건변경의 확인을 받은 은행은 동 조건변경의 확인을 거절할 권한도 갖고 있다. 확인은행이 조건변경 된 신용장의 확인을 거부하면 동 사실을 지체 없이 수익자에게 통지해야 한다. 신용장의 내용이 변경되어 수익자에게 통지되면 수익자는 그러한 내용을 수락할 것인지 또는 거절할 것인지를 통지은행에게 통보해야 하며 조건변경 내용을 수락한다는 것을 통지은행에게 통보한 시점에서 신용장의 변경에 대한 효력이 발생한다.

4) 조건변경된 신용장의 수락통지

조건변경된 신용장을 통지하는 은행은 조건변경된 신용장을 송부한 은행에게 조건변경된 신용장의 인수 또는 거절의 통보를 하여야 한다.

5) 조건변경된 신용장의 일부 승낙의 효력

수익자는 조건변경된 신용장내용을 일부만 수락할 수 없고 전부 수락을 하여야 한다. 일부 수락은 수락거부로 간주하여 통지은행은 이러한 사실을 개설은행에게 통지하도록 하였다.

6) 조건변경된 신용장의 효력에 관한 전제조건

조건변경된 신용장에 일정기간 동안 수익자가 거절한다는 의사표시를 하지 않으면 자동으로 효력이 발생한다고 명시된 내용에 관하여 법률적 효력이 없다는 것을 명시하였다.

〈사례 1〉 신용장 조건변경의 효력

당사는 의류제품 수출업체로서 뉴질랜드의 바이어와 개당 10달러 5,000pcs의 물품을 총 5만달러에 계약을 하고 신용장을 수취하였다. 그러나 선적에 임박하여 동종의 물품을 개당 8달러에 공급받을 수 있기 때문에 기존 신용장의 금액을 개당 8달러로 인하하여 총 4만달러만 지급하겠다는 통고를 받았다. 그리고 이러한 조건변경이 이루어지지 않으면 계약을 파기하고 대금지급을 거절하겠다고 하는데 당사로서는 도저히 개당 8달러에 공급할 수 없는 입장이다. 이미 제품생산도 완료된 상태라 원자재 대금 등을 지불하여야 하는데 기존 신용장대로 이행할 경우 대금지급을 받을 수 없는지?

〈사례분석 1〉

취소불능신용장의 조건변경은 신용장통일규칙 제 9 조 d항에 의거 개설은행, 확인은행(확인신용장의 경우), 수익자의 동의 없이 변경 또는 취소할 수 없도록 되어 있으므로 귀사가 동의하지 않은 신용장의 조건변경은 아무런 효력을 갖지 못한다.

따라서 신용장이 개설된 후의 조건변경은 통상적으로 개설의뢰인이 신용장조건변경 신청서를 작성하여 개설은행에게 신용장 조건변경을 요청하고 통지은행을 거쳐 수익자에게 통지되기는 하나 개설은행이 개설의뢰인의 요청을 반드시 받아줄 의무가 없으며 수익자는 조건변경 내용을 상세히 검토한 후에 수락 여부를 결정할 수 있는 독자적인 권한을 갖고 있기 때문에 개설의뢰인의 통지에 의해 신용장이 변경되지는 않는다. 따라서 기존 신용장의 조건대로 서류를 제시하고 대금을 영수하면 된다.

〈사례 2〉 신용장 조건변경

당사는 최근 중국으로부터 20만불에 상당하는 취소불능화환신용장을 받았다. 그러나 중국에서 개설되는 신용장은 조건이 일치하더라도 대금지급이 안 되는 경우가 있다고 하여 미국계 은행인 시티은행으로부터 확인을 받았다. 그런데 중국의 수입상으로부터 약 10%의 물량을 추가하는 조건변경요청을 받았는데 이러한 조건변경도 추가로 확인받아야 하는지?

〈사례분석 2〉

통상 신용장의 확인은 개설은행의 신용을 믿지 못하거나 개설된 나라의 외환 사정 등이 어려워 제시된 서류가 신용장 조건과 일치하더라도 개설은행이 수출대금을 지급하지 못할 가능성이 있을 경우 국제적으로 신용이 확실한 제3의 은행이 개설은행의 지급약정과는 별도로 확인은행의 지급약정을 수출상에게 하는 것이다. 개설은행의 신용장확인 요청을 받은 은행은 신용장의 확인 여부를 결정해야 하고 신용장의 확인을 거부하면 지체 없이 동 사실을 개설은행에게 통지해야 한다. 신용장의 확인은 신용장에 명시된 서류가 확인은행 또는 지정은행에게 제시되고 동 서류가 신용장의 조건과 일치해야 확인은행의 지급약정이 효력이 있으며 동 약정에 따라 확인은행은 어음발행인이나 선의의 어음소지인에게 소구권 없이 수출대금을 지급해야 한다. 따라서 수익자에게 상당히 유리한 신용장이라 할 수 있다.

수출상은 수출상품을 선적하고 대금의 회수는 신용장에서 명시된 서류를 개설은행이 아닌 확인은행에게 제시하고 수출대금의 지급을 요구하여야 한다. 수출상은 개설은행이나 확인은행 중 어느 한 은행으로 수출대금을 청구할 수 있다. 만약 확인은행이 아닌 개설은행으로 수출대금을 직접 청구할 경우에는 확인에 따른 아무런 권리도 행사할 수 없으므로 확인 자체가 무의미해진다 할 것이다. 또한 확인신용장의 조건변경은 신용장통일규칙 제10조에서 취소불능신용장은 개설은행, 확인은행(확인신용장의 경우), 수익자의 동의가 없이는 변경이나 취소가 될 수 없도록 되어 있고 동 항 2에 확인은행은 자신의 확인을 추가함이 없이 조건변경을 수익자에게 통지하기로 선택할 수 있도록 되어 있어 조건변경에 대한 확인도 반드시 필요하다.

따라서 확인은행이 자신의 확약을 추가할 경우 별도의 조건을 부여하고 부여된 조건하에서만 확인을 해주는 경우가 있으므로 이에 대해서도 면밀한 검토가 있어야 할 것이다.

Article 11 Teletransmitted and Pre-Advised Credits and Amendments

a. An authenticated teletransmission of a credit or amendment will be deemed to be the operative credit or amendment, and any subsequent mail confirmation shall be disregarded.

If a teletransmission states "full details to follow"(or words of similar effect), or states that the mail confirmation is to be the operative credit or amendment, then the teletransmission will not be deemed to be the operative credit or amendment.

The issuing bank must then issue the operative credit or amendment without delay.

b. A preliminary advice of the issuance of a credit or amendment ("pre-advice") shall only be sent if the issuing bank is prepared to issue the operative credit or amendment. An issuing bank that sends a pre-advice is irrevocably committed to issue the operative credit or amendment, without delay, in terms not inconsistent with the pre-advice.

제11조 전신 및 예비통지 신용장과 조건변경된 신용장

a. 신용장과 조건변경된 신용장이 확인된 전신으로 전송된 경우에 이는 유효한 신용장 또는 유효한 조건변경된 신용장으로 간주되며 추후에 발행된 우편확인서는 효력이 없는 것으로 간주한다.

전신물이 "세부사항 추후 통지함"(또는 이와 유사한 효력을 가지는 문언)이라고 명시하고 있거나 우편확인서가 유효한 신용장 또는 조건변경된 신용장이 된다고 명시하고 있을 경우에는, 동 전신문은 유효한 신용장 또는 조건변경된 신용장으로 간주하지 않는다. 개설은행은 지체 없이 유효한 신용장과 조건변경된 신용장을 발행하여야 한다.

b. 신용장의 개설 또는 조건변경에 관한 예비통지는 개설은행이 유효한 신용장과 조건변경된 신용장을 개설할 용의가 있는 경우에만 단지 발행되어야 한다.

예비통지를 전송한 개설은행은 지체 없이 사전 통지와 모순되지 않는 조건으로 유효한 신용장과 조건변경된 신용장을 발행할 취소불능의 의무를 진다.

[해 설] 신용장은 개설의뢰인이 개설은행에 신용장 개설을 요청하면 개설은행이 신용장을 개설하여 통지은행을 통하여 수익자에게 전달된다. 수익자가 신용장을 빨리 받기를 원하는 경우에 이와 같은 절차를 거쳐 신용장을 개설하면 시간이 많이 소요되기 때문에 전신이나 전기통신수단으로 신속하게 신용장을 개설할 수 있도록 규정한 조항이다. 하나의 신용장이 전신과 우편으로 개설된다면 수익자는 하나의 신용장으로 두 번 매입하여 수출대금을 두 번 받을 수 있고, 전신과정에서의 전신암호의 조작으로 허위의 신용장이 발행될 수 있기 때문에 본 조항이 만들어졌다.

1) 확인된 전신수단으로 개설된 신용장과 조건변경된 신용장의 효력

정보통신기술이 발전하고 인터넷이 등장함에 따라 모든 국제거래가 점점 더 신속하게 이루어지고 있으며, 신용장은 대부분 전신을 이용하여 개설되고 있다. 개설은행은 개설의뢰인이 촉박하게 신용장의 개설을 요청하면 수출지역에 있는 지점이나 환거래취결은행에게 전신으로 신용장의 개설을 지시하게 된다. 지시를 받은 은행은 개설은행이 전송한 암호를 해독하여 개설은행을 대신하여 신용장을 개설하여 수익자에게 통지를 하는데 개설은행이 통지은행에게 전송한 신용장개설 지시서가 유효한 신용장으로 간주하기도 하고, 시간이 촉박하여 개설은행이 통지은행에게 전신으로 신용장의 개설을 전송하고 신용장의 원본은 추후에 우편으로 발행하여 수익자가 은행에 매입을 의뢰할 때는 반드시 우편으로 송부한 신용장으로 하여야만 유효하도록 하는 경우도 있다.

전자의 경우는 확인된 전신수단으로 전송된 신용장과 조건변경의 통지는 유효한 신용장으로 간주하기 때문에 추후에 우편으로 확인된 원신용장을 발행하지 않아야 된다. 그럼에도 불구하고 추후에 우편으로 원신용장이 발행되면 은행은 이러한 신용장을 무시한다. 확인된 통신수단은 Cable, Telegram, Telex, 자동통신수단(automated communication system), Facsimile, 인증기관이 발행한 인증서를 의미하며, 전자무역을 수용하기 위하여 그 범위를 포괄적으로 인정하였다.

후자의 경우는 전신수단으로 전달된 신용장에 "full details to follow"라는 표시가 있거나 또는 우편확인서가 유효한 증서라고 명시된 경우에 전신수단으로 통지되어 온 신용장이나 조건변경내용은 유효한 신용장이나 조건변경으로 간주되지 않는다. 이런 경우 개설은행은 유효한 신용장이나 조건변경내용을 지체 없이 통지은행에 전달해야 한다.

2) 예비통지

개설은행만이 유효한 신용장을 개설할 준비가 되어 있는 경우에 한하여 유효한 신용장이나 조건변경을 전신으로 예비통지할 수 있으며 그러한 통지를 한 개설은행은 예비통지한 내용과 동일한 내용의 신용장을 즉시 개설하여야 한다.

신용장 거래에서 개설은행이 신용장의 개설 또는 조건변경의 예비통지를 한 후에도 유효한 신용장을 개설하지 않으면 예비통지 내용을 확실하게 믿고 수출활동을 수행하는 수익자가 불이익을 당할 수 있기 때문에 이러한 조항을 만든 것이다.

〈사례 1〉 전신재보의 부 도달

한국의 수출상인 K상사는 일본으로부터 2007년 10월 10일에 텔렉스로 신용장을 수령하였는데, 다음과 같은 문언이 있었다. "당행의 취소불능신용장을 수익자에게 통지해 주기 바라며 모든 명세는 추후 통보하겠음(Advice out irrevocable credit … all other details are followed as soon as possible)".

그 후 K상사는 수차례 통지은행을 통하여 전신재보의 송부를 독촉하였으나 개설은행으로부터 전혀 아무런 통지를 받지 못하였다. 결국 K상사는 전신재보의 수령을 포기하고 동년 11월 30일 선적을 완료한 후 거래은행을 통하여 수출대금을 추심방식으로 청구하였다. 이와 같이 됨으로써 선적서류가 물품보다 늦게 도착함으로써 수입항에서 체선료와 수입관세의 추가부담이 생겨 수익자는 개설은행에 대하여 보상해 주도록 청구하였다. 그러나 개설은행은 전신재보를 송부하였다고 주장하면서 이에 대한 책임을 회피하려고 하여 분쟁이 발생하였다.

〈사례분석 1〉

(1) 세부사항 추후 통보함이 없는 신용장

신용장 통일규칙 제11조 a항에 의하면, "신용장상에 세부사항 추후 통보함 또는 우편확인장을 유효한 신용장증서 또는 유효한 조건변경서가 된다고 명시되어 있는 경우에는 그 전신 신용장은 유효한 신용장 증서 또는 유효한 조건변경서로 간주하지 않는다"라고 되어 있다. 따라서 본건 사례의 경우 "세부사항 추후 통보함"이라는 전신문은 약식 신용장으로 유효한 신용장으로 볼 수 없다. 이러한 약식 신용장을 발행한 경우, 개설은행은 지체 없이 유효한 신용장 증서 또는 유효한 조건변경서를 통지은행에게 송부해야 한다.

(2) 세부사항이 통지된 경우

약식 신용장에 이어 개설은행이 세부사항이 기재된 신용장을 발행하여 동 세부사항이 도착된 경우에는 이러한 세부사항이 기재된 신용장이 유효한 신용장이다.

(3) 세부사항의 부 도달 책임

본건사례에 의하면, 개설은행은 2007년 10월 13일에 세부사항 추후 통보함이 기재된 신용장증서를 통지은행에 발송하였으나 통지은행에 도착되지 않은 것으로 밝혀졌다. 그렇다면 신용장통일규칙 제35조에 은행은 모든 통신서신 또는 선적서류의 송달 중 지연 또는 분실로 인하여 발생하는 결과 또는 전기통신수단의 전달에 있어서 지연, 훼손, 또는 오류에 대하여 아무런 의무나 책임을 부담하지 아니한다는 면책조항을 두고 있다.

따라서 개설은행의 경우는 세부사항을 통지하였으나 전신 장애에 의하여 통지은행에 도착되지 않았기 때문에 책임이 없다고 본다. 다만, 이 경우 개설은행이 수출상의 수 차례의 독촉에도 불구하고 아무런 응답도해 주지 아니한 것은 이해할 수 없는 일이다. 그러므로 본건은 신용장통일규칙에 의하여 개설은행에 책임을 물을 수는 없으므로 수출상과 수입상 사이의 수출입매매계약에 근거하여 손해배상의 청구를 해야 할 것으로 본다(참조 I.C.C. pub 489 case No. 197).

〈사례 2〉 신용장 개설 예비통지

한국의 중소기업인 H 무역은 미국에 기계류를 수출하기로 계약을 체결한 후 신용장 개설의 예비적통지서를 받았다. 그 후 수차례 신용장 개설을 해주도록 독촉하였으나 본 신용장 통지가 없어, 선적을 못하고 물품을 창고에 1개월 이상 보관하게 되어 창고료 등의 손해를 보게 되었다. 이로 인한 손해를 수입상과 개설은행에 청구하였으나 응답이 없어 이에 대한 해결방안을 I.C.C.에 질의하였다.

〈사례분석 2〉

(1) 신용장 개설의 예비적 통지

신용장 개설의 예비적 통지란 개설은행이 신용장을 개설하기 전에 신용장을 개설하겠다는 약정을 사전에 수출상에게 통지하는 것으로 개설은행이 신용장 금액, 신용장 번호, 상품명 등 주요사항만 사전에 수출상에게 통지하고 차후에 정식 신용장을 개설하겠다는 통지서이다. 이러한 신용장 개설의 예비적 통지는 단순히 향후에 신용장을 정식으로 개설하겠다는 것을 사전에 통지한 것에 불과하므로 유효한 신용장 증서로 볼 수 없다. 이러한 예비적 통지를 하는 이유는 수출상이 향후 신용장이 개설될 것이라는 확신을 갖고 수출물품의 생산에 필요한 원자재의 확보 및 선박관리 등 수출을 원활히 하기위해서 사전에 수출준비를 하기 위한 것이다.

(2) 예비적 통지, 개설은행의 책임

신용장 통일규칙 제11조 c항에 의하면, 개설은행은 유효한 신용장증서 또는 조건변경서를 개설할 용의가 있는 경우에만 예비적 통지를 해야 하며, 일단 예비적 통지가 발송된 경우에는 지체 없이 예비적 통지와 동일한 유효한 신용장을 발행할 의무가 있다고 규정되어 있다. 따라서 예비적 통지를 발송한 은행은 예비적 통지를 취소하지 않는 한, 예비적 통지와 일치하는 유효한 신용장을 개설해야 할 취소불능의 의무가 있다.

본건 사례의 경우에는 개설은행은 자기가 발행한 예비적 통지와 동일한 신용장을 개설하지 않음으로써 발생된 손해에 대하여 배상해줄 의무가 있다고 본다. 다만, 이러한 예비적 통지를 발송한 은행이 유효한 신용장을 개설하지 않음으로써 면책을 받고자 한다면 면책조항을 예비적 통지에 명시해야 한다(I.C.C. pub 459 case No. 39).

신용장 거래는 국가 간에 일어나는 무역거래의 대금결제방법으로서 개설은행은 신용장을 개설하여 수출상에게 수출대금의 지급을 보증하기 때문에 신용장 개설에 신중을 기하여야 하며, 가능하면 예비적 통지 없이 바로 신용장을 개설하는 것이 좋다. 예비적 통지는 특별한 경우에만, 특히 꼭 신용장을 개설할 수 있는 경우에만 하여야 한다.

일단 신용장 개설의 예비적 통지를 발행한 이상 이에 상응하는 유효한 신용장을 개설해야 하며, 불가피하게 신용장을 개설하지 못할 경우에는 예비적 통지를 발행한 은행으로서 책임을 져야 한다.

Article 12 Nomination

a. Unless a nominated bank is the confirming bank, an authorization to honour or negotiate does not impose any obligation on that nominated bank to honour or negotiate, except when expressly agreed to by that nominated bank and so communicated to the beneficiary.

b. By nominating a bank to accept a draft or incur a deferred payment undertaking, an issuing bank authorizes that nominated bank to prepay or purchase a draft accepted or a deferred payment undertaking incurred by that nominated bank.

c. Receipt or examination and forwarding of documents by a nominated bank that is not a confirming bank does not make that nominated bank liable to honour or negotiate, nor does it constitute honour or negotiation.

> 제12조 지 정
>
> a. 지정은행이 확인은행인 경우를 제외하고, 인수와 지급 및 매입에 대한 모든 권한 부여는 지정은행이 명백히 동의하여 수익자에게 이러한 사실을 통지한 경우를 제외하고 인수와 지급 및 매입에 대한 어떠한 의무도 지정은행에게 부담시키지 않는다.
>
> b. 개설은행이 환어음을 인수하고 연지급 약정을 승낙할 수 있는 은행을 지정함으로써 개설은행은 지정은행이 인수한 환어음과 지정은행의 연지급 약정으로 선 지급 하거나 매입할 수 있는 권한을 지정은행에게 부여한다.
>
> c. 확인은행이 아닌 지정은행이 선적서류를 인수하고 또는 심사하여 제시하는 것으로 지정은행이 인수와 지급 및 매입의 책임을 지는 것도 아니며 지정은행이 인수와 지급 및 매입을 명확히 하는 것도 아니다.

[해 설] 1) 지정은행의 의무

개설의뢰인 지정은행을 결정할 수도 있지만 통상적인 경우에는 개설은행이 지정은행을 결정한다. 개설은행이 인수와 지급, 매입을 해줄 것을 은행에게 요청하면 요청받은 은행이 반드시 그러한 요청을 반드시 들어줄 의무는 없다. 은행이 개설은행의 요청을 수락할 것인지는 독자적으로 판단할 사항이며, 개설은행의 요청을 수락하면 그에 대한 내용을 수익자에게 통지하고 수익자에 대한 책임을 져야 한다.

지정은행이 인수와 지급, 매입을 하겠다는 의사표시를 수익자에게 전달하여야 되는데 개설은행이 지정은행의 동의를 받고 신용장에 지급, 연지급, 인수, 매입란에 은행의 상호와 주소를 기재하여 수익자에게 전달함으로써 이루어진다. 지정은행이 신용장이 지급으로 발행된 경우, 지급, 연지급으로 발행된 경우, 연지급, 인수로 발행된 경우, 인수, 매입으로 발행된 경우에는 매입을 하겠다는 의사표시를 수익자에게 한 것으로 간주한다.

2) 지정은행의 권한

개설은행과 지정은행 간의 관계는 대리 위임관계이고 지정은행이 이러한 위임을 완전하게 수행했을 때 개설은행으로부터 대금을 상환받을 수 있다. 지정은행이 지정은행의 역할을 수행하는 것은 신용장에 기재된 개설은행의 약정을 믿고 개설은행으로부터 대금을 상환받을 것을 전제로 지정은행이 개설은행으로부터 대금을 받기 전에 수출대금을 수익자에게 사전에 지급하여 준다. 지정은행이 자기 자금으로 수출대금을 수익자에게 먼저 지불하고 일정기간이 지난 후에 (일람지급 신용장의 경우에는 우편일수 만큼, 외상신용장의 경우에는 외상기간만큼) 개설은행으로부터 대금을 지급받기 때문에 그 기간 동안의 이자와 수수료를 수익자에게 지급하는 수출대금에서 공제한다.

3) 지정은행의 면책

지정은행이 선적서류를 인수하고 심하여 제시하는 행위는 지정은행이 인수와 지급, 매입을 하겠다는 의사표시로 해석하지 않아서 그에 대한 책임이 없다는 것이다. c항의 내용은 a항과 b항의 내용과 상호모순이 된다. 지정은행은 수익자에 대해서 또는 개설은행에 대해서 아무런 책임이 없다는 것으로 해석되어 전항과의 내용과 완전히 배치된다. 개설은행과 지정은행 간에 선적서류의 심사와 관련하여 분쟁이 발생하면 전적으로 개설은행이 책임을 지며 지정은행은 아무런 책임이 없다고 해석할 수 있다. 신용장거래에서 지정은행은 아무런 책임이 없다고 보며 그에 대한 책임은 개설은행이 져야 된다. 각자의 역할에 따라 책임과 권리가 발생하는데 지정은행은 권리만 행사하고 책임은 부담하지 않아서 불공평하다.

수익자는 상품을 선적한 후 서류를 지정은행에 제시하여 매입을 의뢰하면 지정은행은 수익자와 수출거래약정서를 체결하여 매입을 하게 된다. 따라서 수익자와 지정은행 간에 신용장거래에 의한 법적관계가 성립된다. 신용장에 지정된 은행이 확인은행이 아닌 경우, 또 그런 지정은행이 인수와 지급, 매입에 대한 책임을 부담하겠다는 분명한 의사표시를 수익자에게 전달하지 않는 한 지정은행은 책임 없이 단순히 통지만 해주며 지정의 승낙을 수익자에게 통지하면 동 은행은 인수와 지급, 매입의무를 부담하게 된다.

지정은행이 수익자가 발행한 서류를 매입하면 수익자가 개설은행에 대하여 보유하고 있는 청구권을 서류의 매입 시점에서 양도받은 양수인의 지위를 갖는다. 지정은행은 개설은행의 약정을 믿고 외상기간 동안의 이자를 공제한 수출대금을 수익자에게 지급할 수 있다.[3]

지정은행의 입장에서는 신용장과 일치된 서류와 상환으로 수출대금을 지급하는 것은 개설은행으로부터 대금을 받기 전에 수출상에게 여신을 제공

3) Reinhard Lagerich, "SHOULD WE TRUST A BANKERS COMMITMENT GIVEN UNDER A DOCUMENTARY CREDIT?," *Documentary Credit World*, 2000. 9, pp. 27-30.

하고 대금을 사전에 지급하는 것을 의미한다. 즉 지정은행은 대금회수의 확신을 갖고 선적서류만을 근거로 하여 외상기간 동안의 이자 등 일정 수수료를 공제한 금액을 수익자에게 지급하게 된다. 그런데 개설은행이 파산하거나 수입국의 대외지급정지와 같은 사태가 발생한다면 지정은행은 대금의 미회수에 따른 상당한 손해를 입게될 가능성이 있다. 지정은행은 서류검사에 따른 위험을 평가하여 외상기간의 만료 전에 대금지급 여부를 결정해야 하며, 지정은행의 판단으로 선지급을 하면, 그 결과에 대하여는 지정은행이 이득을 취할 뿐 아니라 위험부담도 해야 할 것이다.[4] 지정은행은 개설은행으로부터 대금이 지급되지 않으면 선지급된 대금을 수익자로부터 회수할 수 있는지에 관한 위험과 서류를 심사하는 위험을 평가하는 것이지 수입상품이 매매계약에서 약정한 상품과 일치하는지, 서류가 위조되었는지를 평가하는 것은 아니다.

지정은행이 개설은행에게 제시한 서류가 신용장의 내용과 일치하지만 개설은행이 파산했거나 제시된 서류를 상이하게 해석함으로써 개설은행으로부터 대금지급을 받지 못할 가능성이 높으면 지정은행은 수익자에게 선지급한 대금을 상환받아야 하는데 수익자의 재정상태가 안전하지 못하면 지정은행은 개설은행으로부터 입금된 후에 수익자에게 대금을 지급하려고 할 것이다. 이를 추심 후 매입이라고 하는데 추심 후 매입의 경우에는 상환의무는 당연히 배제되겠지만 수익자의 입장에서는 수출 후 외상기간이 경과하여야만 대금을 회수할 수 있게 된다. 또한 선적서류를 받고 대금지급을 하는 행위, 즉 매입은 지정은행의 임의 사항이지 강제사항은 아니다. 따라서 지정은행에서 추심 후 매입이 아닌 선지급하는 경우 상환약정은 물론 담보 등을 요구하고 있다.

이와 같이 지정은행의 외상기간이 만료되기 전에 대금을 수익자에게 지급할 권한은 지정은행이 스스로 판단하여 결정할 문제이지 제 3 자가 개입하여 영향을 미칠 수 없다. 인수신용장과 달리 환어음이 발행되지 않은 연지급신용장거래에서 은행의 상환청구권을 인정할 수 있는가이다. 인수신용장과 동일하게 연지급신용장거래에서도 지정은행의 상환청구권을 인정해야 할 것이다. 지정은행이 확인은행이거나 개설은행인 경우를 제외하고 제 3 의 은

4) Silberstein, Allen G., "The Transaction to UCC Revised Articles 9," *Documentary Credit World*, 2002. 1, pp. 35-39.

행인 경우 이 은행이 수익자에게 갖고 있는 상환청구권을 인정하여야 한다.[5)]

〈사례 1〉 매입제한 해제서에 의한 서류의 직매입

한국의 동국실업은 미국으로부터 자동차 수출을 하기 위해서 신용장을 통지받았다. 이 신용장의 개설은행은 미국 뉴욕의 CMB이고, 통지은행도 한국의 CMB 서울지점으로 되어 있는 매입제한 신용장이었다. 그러나 수출회사인 동국실업은 이 신용장에 의한 선적을 마치고 서류를 작성한 후 한국의 거래은행이 H은행에 무역금융을 상환하기 위하여 통지은행인 CMB Seoul지점에 가서 매입제한 해제서(Release letter)를 받아서 H은행 남산지점에 매입을 하게 한 후 이 매입제한 해제서와 함께 개설은행에 제시하였다. 그런데 개설은행에서는 서류제시기간 경과로 대금지급을 거절하였다. 이에 H은행은 매입 당시에는 제시기간이 경과하지 않았다고 주장하면서 대금지급을 강력히 요청하여 분쟁이 야기 되었다.

〈사례분석 1〉

(1) 매입제한 신용장의 의미

매입신용장은 일반적으로 보통 자유매입 신용장을 의미하지만 매입이 특정 은행으로 제한되는 경우가 있는데 이러한 신용장을 매입제한 신용장이라고 한다. 신용장에 "The negotiation of this credit is restricted to CMB Seoul"와 같은 문구가 기재되어 있고 이러한 문구는 매입이 제한되어 있음을 의미하며 동 문구는 보통 신용장상의 특별조건에 부여되는 경우가 많다.

(2) 매입제한 신용장의 처리

매입제한 신용장은 지정된 은행에 매입을 의뢰하면 아무런 문제가 없으나 수출상이 자기 주거래은행을 통해서 매입을 하려할 경우 수출상은 자기 주거래은행에 1차 매입을 의뢰하고 1차 매입한 은행은 지정은행에게 2차 매입을 의뢰해야 한다. 이러한 재매입 신청을 할 경우, 2차 매입은행은 10일간

5) Roger Kreitman, "The new concern about deferred payment LCs," *Documentary Credit World*, 2003. 9, pp. 30-36.

의 환가료 중에서 3일분은 1차 매입은행에 지급하고 나머지 7일분은 2차 매입은행의 수익금으로 처리하고, 대금은 보통 2차 매입 후 3일 내에 1차 매입은행에 지급한다. 이러한 재매입 절차는 은행 간 재매입 약정서를 체결하여 그 약정서에 따라서 처리하는 것이 일반적이다.

수출상이 매입 신용장을 매입제한 은행에 가서 매입제한 해제서(Release letter)를 받아 자기 주거래은행에 직접 매입 의뢰하여 서류가 개설은행으로 직접 제시되는 경우가 있다.

국제상공회의소는 이러한 매입제한 신용장이 매입제한 해제서를 첨부하여 직매입한 경우에 대해 다음과 같은 유권해석을 내렸다.

즉 매입제한 신용장의 경우, 지정되지 않은 제 3 은행의 매입제한 해제서에 의한 매입은 신용장 통일규칙 제 7 조 a항에 의하여 개설은행의 수권 없이 매입한 것으로서 개설은행으로부터 매입대금을 보상받을 수 없다. 만약에 개설은행으로부터 매입대금을 보상받기 위해서는 매입을 하기 전에 개설은행의 사전 승인을 받아야 한다.

다만, 지정받지 않은 제 3 은행을 통하여 제시해 온 서류가 신용장 조건에 일치하고 또 신용장 유효기일과 신용장 통일규칙 제43조의 제시기일 내에 개설은행에 직접 제시된 경우에는 개설은행은 이를 지급할 의무가 있다(I.C.C. pub 489. case No. 196).

매입제한 은행으로부터 매입제한 해제서를 받아 거래은행을 경유하여 서류를 개설은행으로 제시하는 경우 전혀 하자 없이 매입하면 개설은행을 기준으로 유효기일, 제시기일 내 일 경우에는 지급될 수 있다는 것이므로 매입은행을 기준으로 유효기일, 제시기일을 판단해서는 아니된다. 따라서, 본 건의 경우에는 개설은행의 지급거절 사유가 타당하다. 왜냐하면 제시기간을 개설은행기준으로 판단해야 하기 때문이다.

〈사례 2〉 제시은행의 책임

홍콩에 있는 은행이 수출상을 수익자로 된 취소불능신용장을 개설하였으며 본 취소불능신용장은 개설은행에서 지급되도록 발행되었다. 수출상은 환어음과 제반서류를 자기거래은행인 A은행에 제시하고 A은행은 개설은행에게 서류를 송부하였으나 개설은행은 서류상의 하자를 이유로 대금지급을 거절하였다. 본 신용장거래에서 A은행은 단지 수익자를 대신하여 서류를 개설은행에 송부하였을 뿐인데 개설은행에서 발견한 하자로 수출상이 손해를 입으면 그러한 손해를 배상해 주어야 되는가?

〈사례분석 2〉

신용장통일규칙 제7조 a항에서 신용장이 개설은행에서만 사용가능하다고 특별히 규정하고 있지 않는 한 모든 신용장은 지급, 연지급, 환어음의 인수 또는 매입이 수권된 은행(지정은행)을 지정하여야 한다. 그러나 자유매입신용장은 어떤 은행이라도 지정은행이 될 수 있다. 서류는 개설은행, 확인은행(확인은행이 있는 경우) 또는 기타 지정은행에 제시되어야 한다고 명시되어 있다.

본 사례와 같은 특별한 거래에서처럼 개설은행이 지정은행으로 되어 있어 개설은행에서만 서류를 이용할 수 있도록 되어 있으면 수익자를 위해서 행동하는 은행은 제시은행으로서 만의 자격을 갖는다. 신용장조건에서 A은행은 신용장통일규칙에 명시된 일람지급, 연지급, 인수 또는 매입은행이 아니기 때문에 서류를 받아 심사할 자격이 없다. 따라서 A은행은 대금추심과정에서 수출상의 대리인으로 역할을 하여 수출상에게 어떠한 책임을 지지 않는다.

〈사례 3〉 매입은행의 지위

자유매입신용장에서 매입은행은 어떤 지위에 있으며 매입은행은 수익자의 대리인으로서 행동하는가?, 또한 매입이 제한되었을 때 지정은행도 개설은행의 대리인으로서 또는 위임관계에 있는 권리를 매입은행도 갖고 있는가?

〈사례분석 3〉

자유매입신용장에서 모든 은행은 지정은행이 되며 개설은행은 이러한 지정은행에게 매입한 서류가 신용장의 제 조건과 일치하면 대금을 지급할 것을 약정한다.

따라서 개설은행이 매입신용장에서 특정은행을 매입은행으로 지정하지 않았다면 자유매입신용장에서 매입을 하기로 한 은행이 지정은행이 된다. 매입은행은 묵시적으로 그 신용장에 따라 서류를 매입할 수 있는 권한을 개설은행으로부터 부여받은 것으로 보아야 하며 수익자가 신용장조건과 일치하는 서류를 제시하였다면 매입은행은 개설은행으로부터 신용장대금을 상환받을 권리를 갖고 있는 것으로 보아야 한다.

Article 13 Bank-to-Bank Reimbursement Arrangements.

a. If a credit states that reimbursement is to be obtained by a nominated bank ("claiming bank")claiming on another party ("reimbursing bank") the credit must states if the reimbursement is subject to the ICC rules for bank-to-bank reimbursements in effect on the date of issuance of the credit.

b. If a credit does not state that reimbursement is subject to the ICC rules for bank-to-bank reimbursements, the following apply:

i. An issuing bank must provide a reimbursing bank with a reimbursement authorization that conforms with the availability stated in the credit.
The reimbursement authorization should not be subject to an expiry date.

ii. A claiming bank shall not be required to supply a reimbursing bank with a certificate of compliance with the terms and conditions of the credit.

iii. An issuing bank will be responsible for any loss of interest, together with any expenses incurred, if reimbursement is not provided on first demand by a reimbursing bank in accordance with the terms and conditions of the credit.

iv. A reimbursing bank's charges are for the account of the issuing bank. However, if the charges are for the beneficiary, it is the responsibility of an issuing bank to so indicate in the credit and in the reimbursement authorization. If a reimbursing bank's charges are for the account of the beneficiary, they shall be deducted from the amount due to a claiming bank when reimbursement is made. If no reimbursement is made, the reimbursing bank's charges remain the obligation of the issuing bank.

c. An issuing bank is not relieved from any of its obligations to provide reimbursement if reimbursement is not made by a reimbursing bank on first demand.

제13조 은행 간 상환약정

a. 신용장에 상환이 지정은행(청구은행)으로 하여금 다른 당사자(상환은행) 앞으로 청구함으로써 이루어지도록 기재된 경우 신용장은 신용장의 발행 일자에 효력이 있는 규칙에 따라 결정된다는 것을 기재하고 있어야만 한다.

b. 신용장이 상환은 은행 간 상환약정에 관한 국제상업회의소의 규칙에 따라 결정된다는 것을 기재하고 있지 않으면 다음과 같이 적용한다.

i. 개설은행은 상환은행에게 신용장에 기재된 내용과 동일한 상환수권을 주어야 한다. 상환수권은 신용장의 유효기일에 제한받지 않고 행사할 수 있다.

ii. 청구은행이 상환은행에게 신용장의 제 조건과 일치하는 선적서류를 제출하도록 요청을 받아서는 안 된다.

iii. 개설은행은 상환은행이 첫 요구한 날에 상환을 하지 않으면 모든 이자손실과 발생된 비용을 보상할 책임을 진다.

iv. 상환은행의 제 비용은 개설은행이 부담한다. 그러나 상환비용을 수익자의 부담으로 하고자 하는 경우에는 개설은행은 신용장과 상환수권서에 이를 명시할 책임을 진다.

상환은행의 제비용이 수익자가 부담하기로 된 경우에 상환비용은 상환이 이루어지는 순간 청구은행에 지급하는 금액에서 공제될 것이다. 비록 상환이 이루어지지 않더라도 상환은행의 비용은 개설은행의 의무로 남는다.

c. 개설은행은 첫 지급청구를 하였을 때 상환은행이 상환을 하지 못하면 그 자신이 상환해야 할 의무를 부담한다.

[해 설] 1) 상환청구에 적용되는 신용장통일규칙 명시

개설은행이 제시한 서류를 검토하고 대금을 지정은행에게 송금하는 방법은 첫째, 지정은행의 요청에 따라 단순송금(remittance)하는 것과 둘째, 개설은행의 지점이나 제 3 의 은행을 통해서 상환(reimbursement)하는 것, 셋째, 예금구좌를 가진 은행(depositary correspondent bank)이 직접매입(simple negotiation)하는 것으로 나누어 볼 수 있다.

본 조항은 두 번째에 해당하는 것으로 상환은 신용장이 발행된 시점의 신용장통일규칙이 적용된다고 신용장에 명시하도록 하였다. 본 내용을 신용장에 별도로 명시할 필요가 있는지 의문이 든다.

모든 신용장은 신용장에 신용장통일규칙 준거문언을 기재하도록 요구하고 있으며 이러한 신용장통일규칙의 준거문언이 없는 신용장은 하자 신용장으로 간주한다. 신용장거래 당사자들이 신용장통일규칙을 따르기로 합의하고 그러한 내용이 신용장에 기재되어 있으면 신용장통일규칙은 신용장거래 당사자 모두를 기속하게 된다. 신용장거래 당사자 중 어느 하나라도 신용장통일규칙을 인정하지 않는다면 신용장거래는 이루어질 수 없다. 신용장에 "This advice is subject to Uniform Customs and Practice for Documentary credits (2007 Revision) International Chamber of Commerce, publication No. 600."와 같은 문구를 삽입한다. 이러한 문구를 신용장에 삽입함으로써 신용장거래 당사자 전부에게 본 신용장은 2007년에 개정된 신용장통일규칙에 따라 발행된 것이며, 신용장거래 당사자 전부는 본 규칙을 준수하고 본 규칙을 어겼을 경우 그에 대한 응분의 책임을 져야 된다는 점을 분명히 한 것이다.

2) 상환조건에 신용장통일규칙이 명시되지 않은 경우

개설은행은 신용장의 상환조건에 신용장의 통일규칙이 명시되지 않았더라도 신용장에 기재된 상환수권을 상환은행에게 부여하고 상환은 신용장유효기일에 영향을 받지 않는다. 개설은행은 청구은행이 제시된 서류는 신용장에 명시된 내용과 일치하여 당 은행이 매입하였다는 일치증명서(certificate of compliance)를 제공하도록 요구해서는 안 된다. 왜냐하면 상환은행은 제시된 서류가 신용장의 제 조건과 일치하는지 검토하기 위한 인력과 시간, 비용이 불필요하게 발생하기 때문에 이들 상환은행의 요청에 따라 제 5 차 개

정에서 개설은행은 이러한 일치증명서를 요구해서는 안 된다고 규정하였으며, UCP 600에서는 그 내용을 그대로 수용하였다. 본 내용은 상환조건에 신용장통일규칙이 명시되지 않은 경우에만 적용되는 것으로 되어 있는데 본 조항은 상환조건에 신용장통일규칙이 명시되어 있든지 안 되어 있든지를 불문하고 모두 적용되어 청구은행은 일치증명서를 상환은행에게 제공하지 않아야 한다.

서류매입은행이 상환은행에게 상환을 요청하였으나 상환은행이 이러한 요청을 들어주지 않으면 대금상환에 대한 최종적인 책임은 개설은행에게 있으며 개설은행은 지연이자를 포함한 비용을 매입은행에게 지불해야 하며 상환은행을 이용함으로써 발생하는 비용도 개설은행이 부담해야 된다. 그러나 이러한 상환은행의 비용을 개설은행이 아닌 수익자 부담하기로 되어 있다면 그러한 내용은 신용장과 상환수권서에 반드시 명시되어 있어야 하고, 명시책임은 개설은행에게 있다. 상환비용을 수익자가 부담하는 경우 상환비용은 청구은행의 상환요청에 따라 상환은행이 청구은행에게 지급하는 대금에서 공제될 것이다. 상환이 이루어지지 않아서도 발생한 상환비용은 개설은행이 부담하여야 한다.

3) 상환은행의 상환 불이행과 개설은행의 책임

상환은행이 청구은행이 상환을 요청한 첫 날에 상환을 하지 못하면 개설은행이 상환책임을 져야 한다. 상환의 최종적인 책임은 상환은행에게 있는 것이 아니라 개설은행에게 있다.

〈사례 1〉 상환확약서

상환확약서의 성격은 어떠한 것인가?

〈사례분석 1〉

상환확약서는 상환은행이 상환확약서에 일치하는 상환청구에 대하여 취소불능으로 상환하여야 하는 확약을 의미한다. 서류의 불일치 여부에 대한 개설은행과 매입은행 간의 분쟁은 상환은행의 조치와는 관계없이 두 은행이 해결하여야 한다.

〈사례 2〉 개설은행이 상환수권을 초과하여 상환한 경우

개설은행은 상환은행으로부터 상환금액을 초과하여 지불한 초과금액을 지급해 달라는 요청을 받았다. 상환은행의 요구에 개설은행은 응해야 되는가?

〈사례분석 2〉

상환은행은 개설은행으로부터 받은 상환지시서에 따라 행동해야 한다. 개설은행이 지시한 상환지시서를 해태함으로써 상환금액을 초과하여 상환은행이 대금을 지불한 경우, 개설은행은 초과로 지급한 대금에 대해 아무런 책임이 없다.

상환은행은 상환수권서에서 허용한 금액범위 내에서만 상환청구은행에 상환하여야 한다. 상환은행은 신용장조건과 아무런 관계가 없다. 또한 서류가 신용장조건과 일치하는가 여부와도 아무런 관계가 없다.

〈사례 3〉 상환청구권

당사는 현재 중국의 업체와 신용장에 의한 거래를 하고 있다. 신용장은 은행이 지급에 대한 보증을 한 것이기 때문에 수입상이 대금을 지급하지 않더라도 개설은행이 반드시 대금을 지급하는 것으로 알고 있다. 그런데 최근 거래은행으로부터 신용장에 의한 거래라 할지라도 개설은행에서 대금이 입금되지 않으면 당사에서 수취한 금액만큼을 다시 은행에 상환하여야 한다는 통보를 받았다. 이런 경우 반드시 은행에 상환하여야 하는지?, 그리고 상환의무 없이 신용장거래를 할 수는 없는지?

〈사례분석 3〉

신용장은 수출상이 제시한 서류가 신용장의 조건과 일치하면 수출상에게 수출대금을 무조건 지급하기로 약정한 증서이다. 따라서 수출상이 신용장의 조건과 일치된 서류를 개설은행에 제시하면 수출대금의 지급을 보장받는다는 것을 확신할 수 있다. 그러나 매입은행의 입장에서는 신용장과 일치되는 서류와 상환으로 수출대금을 수출상에게 지급하는 것은 개설은행으로부터 수출대금을 받기 전에 수출상에게 여신을 제공하여 수출대금을 사전에 지급하는 것을 의미한다. 즉 대금회수의 확신을 가지고 서류만을 근거로 하여 해당기간 동안의 이자 등 일정한 수수료를 공제한 금액을 수출상에 지급하게 된다. 그런데 개설은행이 파산한다거나 수입국의 대외지급정지와 같은 사태가 발생한다면 매입은행은 대금의 미 회수에 따른 상당한 손해를 입게 될 가능성이 있다.

따라서 매입은행의 입장에서는 특별한 경우가 아닌 한 대금이 입금된 후 수출자에게 대금을 지급하려고 할 것이다. 이를 추심 후 매입이라고 하는데 추심 후 매입의 경우에는 상환의무는 당연히 배제되겠지만 수출상의 입장에서는 수출 후 상당기간이 경과하여야만 대금을 회수할 수 있게 된다. 또한 서류를 받고 대금을 지급하는 행위, 즉 매입은 매입은행의 임의사항이지 강제사항이 아니다. 따라서 매입은행에서 추심 후 매입이 아닌 선지급하는 경우 상환약정은 물론 담보 등을 요구하고 있다.

Article 14 Standard for Examination of Documents

a. A nominated bank acting on its nomination, a confirming bank, if any, and the issuing bank must examine the presentation to determine, on the basis of the documents alone, whether or not the documents appear on their face to constitute a complying presentation.

b. A nominated bank acting on its nomination, a confirming bank, if any, and the issuing bank shall each have a maximum of five banking days following the day of presentation to determine if a presentation is complying. This period does not depend on any upcoming expiry date or last day for presentation.

c. A presentation including one or more original transport documents must be made by or on behalf of the beneficiary not later than 21 calendar days after the date of shipment as described in these rules, but in any event not later than the expiry date of the credit.

d. Data in document, when read in context with the credit, the document itself and international standard banking practice, need not be identical to, but must not conflict with, data in:

i. that document;

ii. any other stipulated document; or

iii. the credit.

e. In documents other than the commercial invoice, the description of the goods, services or performance, if stated, may be in general terms not conflicting with their description in the credit.

f. If a credit requires presentation of a document other than a transport document, insurance document or commercial invoice, without stipulating by whom the document is to be issued or its data content, banks will accept the document as presented if its content appears to fulfil the function of the required document and otherwise complies with sub-article 14 (d).

g. A document presented but not required by the credit will be disregarded and may be returned to the presenter.

h. If a credit contains a condition without stipulating the document to indicate compliance with the condition, banks will deem such condition as not stated and will disregard it.

i. A document may be dated prior to the issuance date of the credit, but must not be dated later than its presentation date.

j. The addresses of the beneficiary and the applicant in any stipulated document need not be the same as those stated in the credit or in any other stipulated document, but must be within the same country as the respective addresses mentioned in the credit. However, when any address of the applicant is to appear as part of the consignee or notify party details on a transport document, it must be as stated in the credit.

Contact details (telefax, telephone, email and the like) stated as part of the beneficiarys and the applicant's address will be disregarded.

k. The shipper or consignor of the goods indicated on any document need not be the beneficiary of the credit.

l. A transport document may be issued by a party other than the owner of a vessel or other means of transport provided that the transport document meets the requirements of articles 19, 20, 21, 23 or 24 of these rules.

제14조 서류의 심사기준

a. 지정에 따라 행동하는 지정은행, 확인은행(있는 경우), 개설은행은 유일하게 선적서류만을 근거로 선적서류가 신용장의 조건, 적용 가능한 본 규칙의 조항과 국제표준은행관행을 충족시키고 있는지를 결정하기 위하여 제시된 선적서류를 검토하여야 한다.
서류심사기간은 남아 있는 유효기일과 최종서류제시기일에 영향을 받지 않는다.

b. 지정에 따라 행동하는 지정은행, 확인은행(있는 경우), 개설은행은 각각 제시된 선적서류가 신용장의 조건과 일치하는지 결정하기 위하여 선적서류 제시익일(翌日)로부터 최장 제5은행영업일까지의 시간을 가질 수 있다.
서류 심사기간은 남아 있는 유효기일과 최종서류 제시기일에 영향을 받지 않는다.

c. 1통 또는 2통 이상의 운송서류원본 제시는 선적 후 21일이 경과하기 전에 수익자의 대행자에 의해서 본 규칙에 따라 이루어져야 하며 어떤 경우라도 신용장 유효기일을 넘길 수 없다.

d. 신용장의 내용을 검토할 때 선적서류에 기재된 내용과 선적서류 그 자체, 국제표준은행관행은 동일할 필요는 없지만, 다음과 같은 선적서류에 기재된 내용과 상충되어서는 안 된다.
i. 선적서류
ii. 기타 명시된 선적서류
iii. 신용장

e. 상업송장 이외의 선적서류에 상품과 서비스, 또는 의무이행의 표기는 신용장에 기재된 표기와 상충되지 않는 일반적인 용어로 할 수 있다.

f. 신용장이 운송서류, 보험서류, 상업송장 이외에 선적서류의 발행자와 기재내용을 명시하지 않는 다른 서류의 제시를 요구하면 은행은 기재내용이 요구한 선적서류의 기능을 이행하는 것으로 나타내고, 제14조 d항과 일치하면 제시된 대로 선적서류를 수리해야 한다.

g. 신용장에서 요구하지 않는 제시된 선적서류는 무시되고 선적서류 제시자에게 되돌려줘야 한다.

h. 신용장이 조건을 이행하여야만 하는 선적서류를 기재하지 않고 조건을 기술하고 있는 경우 은행은 그러한 조건은 기술되지 않은 것으로 간주하고 이를 무시한다.

i. 신용장 발행일자 이전의 일자가 선적서류에 기재될 수 있다. 그러나 제시일자를 경과한 일자가 선적서류에 기재되어서는 안 된다.

j. 모든 명시된 선적서류에 기재된 수익자와 개설의뢰인의 주소는 신용장과 모든 기타 명시된 선적서류에 기재된 주소와 같을 필요는 없지만 신용장에 언급된 각각의 주소와 같은 국가로 기재되어야 한다. 그러나 개설의뢰인의 주소가 운송선적서류에 기재된 수하인과 화물도착 통지처가 같은 국가를 나타내고 있으면 주소는 신용장에 기재된 대로 기재하여야 한다.

k. 모든 선적서류에 기재된 상품의 송하인과 탁송인은 신용장의 수익자일 필요는 없다.
수익자와 개설의뢰인의 주소에 기재된 텔레팩스, 전화번호, e메일, 그리고 이와 같은 연락처의 기재내용은 무시될 것이다.

l. 운송선적서류가 본 규칙 제19, 20, 21, 23, 24조의 조항의 규정을 충족시키면 운송선적서류는 선주 이외의 당사자 또는 기타 운송수단의 소유인에 의해서 발행될 수 있다.

[해 설] 1) 지정은행, 확인은행(있는 경우), 개설은행의 서류심사

신용장거래는 상품의 거래가 아니라 서류상의 거래이다. 따라서 신용장거래의 당사자들은 제시된 선적서류가 신용장의 제 조건과 일치하는지 상당한 주의를 기울여 검사해야 한다. 여기서 제시된 서류가 문면상 신용장의 제 조건과 일치하는지의 심사 기준에는 엄격일치주의(strict compliance)와 실질적일치주의(substantial compliance)가 있으나 구체적으로 어느 범위까지를 의미하는지 그 기준이 명확하게 제시되지 못하였기 때문에 이러한 모호한 점을 해소하기 위해 제 5 차 개정에서는 국제표준은행관행을 서류심사기준으로 따라야 하도록 규정하였나 UCP 600에서는 여기에 신용장의 조건, 적용 가능한 본 규칙을 추가하였다. 지정은행, 확인은행, 개설은행은 제시된 선적

서류가 문면상(on their face) 신용장의 조건과 UCP 600 신용장통일규칙, 국제표준은행관행을 충족시키는지 선적서류만을 기준으로 심사하여 선적서류의 수리여부를 결정하여야 한다. UCP 500보다 UCP 600은 은행의 서류심사기준을 국제표준은행관행에 신용장의 조건, 적용 가능한 본 규칙을 추가하여 은행이 선적서류를 심사하는데 큰 짐을 덜게 하였다. UCP 500에서 국제표준은행관행은 UCP 500에 반영된 국제표준은행관행으로 그 범위를 제한하였으나 UCP 600은 국제표준은행관행이 무엇을 의미하는지 명시하지 않았지만 2002년 10월 1CC 은행위원회에 의하여 제정된 화환신용장의 서류심사를 위한 국제표준은행관습을 의미한다고 본다. 2002년에 제정된 국제표준은행관습은 UCP 600에 맞춰 개정되어야 한다.

2) 서류 심사기간

지정은행, 확인은행, 개설은행이 선적서류를 받고 선적서류가 신용장의 조건, 적용 가능한 본 규칙의 조항과 국제표준은행관행을 충족시킨다고 판단하기 위하여 어느 정도 시간을 가져야 되는지를 정확하게 몇 일이라고 말하기는 어렵다. 은행에 제시될 선적서류는 수익자와 개설의뢰인이 결정하기 때문에 선적서류가 간단할 수 도 있고 복잡할 수 도 있다. 제시된 선적서류가 복잡하면 복잡할 수 록 심사기간은 더 오래 걸릴 것이다.

신용장거래의 당사자들은 상당한 기간(reasonable) 내에 제시된 서류를 인수할 것인지 아니면 거부할 것인지 결정을 해야 한다. 여기서 상당한 기간이 얼마나 되는 가에 대한 논란이 끈임 없이 발생하여 은행실무 기술위원회가 이 문제를 다양한 방법으로 검토하기 시작하였다. 은행실무 기술위원회가 검토한 내용을 보면 상당한 기간은 은행이 선적서류를 수리 거절한 그 날에서부터 3일에서 3년까지 다양한 의견들이 있었다. 제5차 개정에서 상당한 기간은 7은행영업일을 의미하는 것으로 규정하고 UCP 600에서는 5은행영업일로 단축하였다. 이와 같이 선적서류의 심사기간을 정하는 것이 정하지 않는 것보다 신용장거래의 분쟁을 대폭 줄일 수 있을 것이다. 서류심사기간은 지정은행, 확인은행, 개설은행이 제시된 선적서류의 수리를 거절할 경우 수익자, 지정은행이 왜 그렇게 오랫동안 선적서류를 가지고 있다가 이제 와서 수리를 거절하는가 하고 항변할 수 없도록 하였다. 선적서류 심사기간이 단축된 것은 신용장거래를 신속하게 하기 위한 것이다. 정보통신기술이 발전함에 따라 선적서류를 자동으로 심사하는 기계가 등장하고 있기 때문에 심사기간의 단축을 통하여 선적서류가 빨리 수입자에게 전달되어 수익자와 개설의뢰인에 이익을 제공하도록 한 것이지만 은행은 5은행영업일 이내에 신속하게 선적서류를 심사할 부담을 안게 되었다. 지정은행, 개설은행 및 확인은행, 개설의뢰인의 서류 심사기간은 서류를 접수한 다음날을 기산일로 하여 5은행영업일 이내에 서류인수 여부를 결정해야 하며 5은행영업일에 은행공휴일이 포함되지 않는다.

선적서류 심사기간은 신용장 유효기일에 하등의 영향을 받지 않는 규정이 UCP 600에서 새롭게 신설되었다. 신용장 유효기일이 2007년 7월 20일이고 수익자가 지정은행에 선적서류를 제시한 날이 7월 17일이면 지정은행은 신용장 유효기일인 7월 20일까지 선적서류를 심사하는 것이 아니라 7월 21일이 된다.

3) 운송서류 제시기간

신용장은 서류제시를 위한 유효기일 이외의 모든 서류가 발행된 후 며칠 이내에 지정은행에 매입을 위해 제시되어야 하는 서류제시기일을 명시하도록 UCP 500에서는 규정하였으나 UCP 600에서는 1통 또는 2통 이상의 운송서류원본은 화물이 선적된 날로부터 21일 이내에 지정은행에 제시되어야 하고 유효기일 이내이어야 한다고 명시하여 은행은 선적일로부터 21일이 경과한 후에 제시되는 모든 운송서류를 거절해야 한다. 개설의뢰인이 유효기일을 제한할 수 있는지에 대해서 본 조항은 아무런 언급을 하지 않았지만 제 1 조에 의거 개설의뢰인은 유효기일을 제한할 수 있다. 개설의뢰인은 유효기일이 경과한 후에 운송서류를 입수할 수 있기 때문에 시간적인 압박감에 시달리게 된다. 한일항로 또는 한중항로의 경우에는 수익자가 선하증권을 운송회사로부터 즉시 발급받아 지정은행에 제시하여도 은행에서의 제반 절차와 국제택배를 통해 개설은행에 전달되기 때문에 선적서류보다 화물이 목적지에 먼저 도착한다. 이런 경우 개설의뢰인은 도착한 화물을 즉시 부두에서 반출할 수 없기 때문에 부두창고 사용료, 화물 손상의 위험 등 여러 가지 위험과 비용을 부담하여야 된다.

개설의뢰인은 신용장의 유효기간과는 별도로 운송서류가 발행된 날로부터 며칠 이내에 운송서류를 지정은행에 제시하도록 운송서류의 제시기일을 명시할 수 있고, 이러한 운송서류 제시기일이 신용장에 기재되어 있지 않으면 운송서류가 발행된 날로부터 21일 이내에 지정은행에 제시되고 신용장 유효기일 이내이어야 한다고 분명히 못박았다. 신용장 유효기일과 운송서류 제시기일이 상이한 경우 둘 중 어느 것이든 먼저 끝나는 날을 지정은행에 운송서류를 제시하는 마지막 날로 간주한다.

4) 선적서류의 기재내용

은행은 다양한 금융상품을 판매하고 있기 때문에 어떤 특정 상품에 대한 전문용어나 관습을 다 알아야 한다고 주장하는 것은 무리이다. 따라서 수익자는 신용장에 기재된 표현과 똑같이 선적서류에 기재하여 은행에 제출하여야 하고 수익자가 선적서류를 그렇게 작성하지 못하여 제시하면 은행은 선적서류의 수리를 거절하도록 하였다. 이러한 규정은 은행이 신용장에 기재된 내용과 조금이라도 다르게 기재된 선적서류의 수리를 거절하여 불필요한 분쟁이 많이 발생하였고 이로 인해 신용장업무가 지연되어 국제무역에서 신용장이 차지하고 있는 위상이 크게 흔들리게 되었다.

은행실무 기술위원회는 이와 같은 문제를 은행에게 선적서류 심사에 관련하여 재량권을 부여하여 해결하려는 시도를 하게 되었다. 선적서류에 기재된 내용과 선적서류 그 자체, 국제표준은행관행은 동일할 필요는 없지만 선적서류, 기타 명시된 선적서류, 신용장의 내용이 서로 상충되지 않으면 된다고 명시하여 은행이 선적서류를 심사할 때 판단범위를 획기적으로 확대하였지만 이들 선적서류와 신용장의 내용이 서로 상충되지 않는지 판단할 몫은 여전히 은행에게 있어서 은행은 더 큰 짐을 질 수밖에 없다. 인간의 힘으로 완벽한 제도를 만드는 것은 역부족인 듯싶다. 수익자가 작성하여 제시한 선적서류의 내용이 그 업종에서 사용하고 있는 전문용어로 그 업종에서 통용되고 인정하는 관습이 있는지 은행이 순간적으로 판단하여 선적서류의 내용이 상호 상충되지 않는다고 판단하라고 하는 것은 지나친 요구일 것이다. 선적서류, 기타 명시된 선적서류, 신용장의 내용이 서로 상충되는지 안 되는지 지정은행과 개설은행, 개설의뢰인이 판단함에 있어서 이견이 발생할 경우에 누구의 판단이 옳은 것인지 판단하기가 매우 어려울 경우에 판단기준을 어떻게 정할 것인지의 문제가 남아 있다.

5) 상업송장 이외의 선적서류의 일반적인 용어표기

상업송장 이외의 선적서류에 상품과 서비스, 또는 의무이행의 표기는 신용장에 기재된 표기와 상충되지 않는 일반적인 용어로 할 수 있도록 하여 선적서류의 수리거절 비율을 낮추려고 하였다. 상업송장 이외의 선적서류의 상품표기는 신용장에 명시된 내용과 상충되지 않는 범위 내에서 일반적인 용어로 표기할 수 있도록 하여 상업송장 이외의 선적서류에 표기된 상품의 명세서와 신용장에 명시된 상품의 명세서가 서로 상충되지 않으면 유효한 서류로 인정하여 이들 서류간의 표기가 다름으로써 발생하는 분쟁을 줄이려고 하였다.

은행은 무수히 많은 상품의 거래에서 사용되고 있는 서로 상충되지 않은 일반적인 용어를 알아서 판단하여야 하는 부담을 안고 있다.

6) 운송서류, 보험서류, 상업송장 이외에 선적서류의 발행자와 기재내용의 미기재 선적서류

UCP 600은 운송서류, 보험서류, 상업송장 이외의 선적서류에 선적서류의 발행자와 기재내용을 명시하지 않는 경우에 선적서류의 기재내용이 선적서류의 기능과 제14조 d항을 충족시키면 선적서류를 수리하도록 인정하여 선적서류가 수리거절되는 비율을 낮추려고 하였다. 선적서류의 수리거절 비율을 낮추려고 은행에게 서류심사의 재량권을 많이 부여하였고 은행은 은행의 재량권을 행사하기 위해서는 그에 걸맞는 판단능력을 키워야 한다는 부담을 안고 있다.

선적서류의 기재내용이 선적서류의 기능을 수행한다고 은행이 판단한 경우 은행의 판단이 매번 정확할 수는 없다. 은행의 판단이 틀린 경우에 그에 대한 책임을 지정은행, 개설은행 개설의뢰인이 져야 되는지의 분쟁의 불씨는 여전히 남아 있다.

7) 신용장에 요구하지 않은 서류제시

은행은 신용장에서 요구한 선적서류만 심사하는 것이지 신용장에서 요구하지 않은 선적서류는 심사하지 않는다. 신용장에 기재되지 않은 선적서류가 은행에 제시되면 은행은 이들 선적서류를 심사하지 않고 서류제시자에게 되돌려주거나 무시한다.

8) 선적서류의 명칭은 없고 조건만 있는 경우

UCP 600에서는 신용장에 요구한 서류의 명칭은 없고 조건만 있는 경우 은행은 그러한 조건이 기재되지 않은 것으로 간주하여 무시해 버린다고 규정하였다. 조건만 있고 명칭이 없는 선적서류는 신용장의 추상성에 위배되기 때문에 UCP 500에서 신설된 내용으로 UCP 600에서 그대로 수용하였다. 은행이 특정기관이 검사증명서를 실제로 발행했는가?, 수출입매매계약에서 명시된 상품이 실제로 선적되었는가? 등을 확인해야 한다면 신용장의 추상성이 크게 훼손되어 신용장으로서의 가치를 상실한다. 본 조항을 신설하는 과정에서 작업위원회 위원들 간의 이견이 첨예하게 대립되었다. 조건(condition) 없는 명칭(term)이 있을 수 있느냐 명칭 없는 조건이 있을 수 있느냐를 놓고 한 바탕 논쟁을 벌였다.

Condition과 Term은 근본적으로 그 결과가 다르다. Condition는 불확실성을 내포하고 있고 Term은 확실성을 내포하고 있다. 신용장의 유효기일은 Condition이 아니라 Term 이다. 따라서 은행은 서류화 되지 않은 조건은 무시하게 된다.

제시된 서류가 상호 일치하지 않으면 결국 신용장 조건대로 제시되지 않은 것으로 간주한다. 제출된 서류가 개별로는 신용장내용과 일치하나 서류 상호 간에 모순이 있으면 이것은 신용장의 조건에 부합되지 않은 것으로 간주하여 은행이 이런 서류의 인수를 거절할 수 있다. 은행은 신용장에서 요구한 서류들만 심사하면 되고 신용장에서 요구하지 않은 서류가 제시되면 이러한 서류를 심사하지 않고 수익자에게 돌려주거나 책임 없이 타 은행으로 발송하여 신용장에 명시된 서류와 명시되지 않은 서류간의 불일치 문제에 대해서 무시하기로 한 것이다.

9) 선적서류의 발행일자

선적서류는 신용장이 발행되기 이전에 발행될 수 있지만 신용장 유효기일과 서류제시기일이 지난 후에는 발행될 수 없다. 선적서류는 은행에 유효기일이나 서류제시기일까지 제시되어야 되기 때문에 제시된 이후에는 선적서류가 발행될 수 없다.

10) 수익자와 개설의뢰인의 주소표기

수익자와 개설의뢰인의 주소를 동일하게 표기할 필요는 없고 다만 국가만 동일하면 되고 선하증권의 수하인과 화물도착통지처가 같으면 신용장에 명시된 주소와 같아야 된다고 UCP 600에서 새롭게 신설하였다. 수익자와 개설의뢰인의 주소가 다르게 표기됨으로써 불필요한 분쟁이 발생하였다. 주소가 다르게 표기된 것은 신용장거래를 해치는 중대한 사항이 아니고 사소한 사항이며 이러한 사소한 사항으로 신용장거래가 영향을 받아서는 안 되기 때문에 신설되었다. 선하증권의 수하인과 화물도착통지처가 동일한 경우에는 신용장에 명시된 주소와 동일하게 표기하도록 하였다. 그 이유는 선하증권의 수하인과 화물도착통지처의 주소가 같은데 신용장의 주소와 다르면 화물도착을 개설의뢰인에게 신속하게 통지할 수 없어서 개설의뢰인은 화물을 신속하게 수령하지 못함으로써 손해를 볼 수가 있기 때문이다.

수익자와 개설의뢰인의 주소에 기재된 팩스번호, 전화번호, e-메일번호, 이와 같은 내용은 제시된 서류에 서로 다르게 기재되어 있더라도 은행은 이를 이유로 선적서류의 인수를 거절할 수 없다.

11) 모든 선적서류에 기재된 상품의 송하인과 탁송인의 표기

본 조항은 기업의 글로벌제조활동을 지원하기 위하여 새롭게 신설된 조항으로 볼 수 있다. 기업의 글로벌제조활동이 활성화 되고 있기 때문에 제조사와 수익자가 다를 수 있다.

ISBP 제200조의 내용을 보완하여 모든 서류는 수익자가 아닌 다른 당사자를 송하인과 탁송인으로 기재하도록 하여 현재 활발하게 진행되고 있는 기업의 글로벌제조활동을 수용한 것으로 보인다.

선하증권의 송화인 기재란에 수출상의 상호를 기재하지 않고 제 3 자의 상호를 기재한 운송서류가 발행되었다. 이러한 운송서류는 중계무역의 경우에 중개인의 이익을 보호하기 위해서 사용되는 운송서류로서 신용장에서 특별히 금지하지 않는 한 은행은 이러한 제 3 자의 운송서류도 수리해야 한다.

12) 복합운송인의 운송서류의 발행

UCP 500에 있는 제30조가 UCP 600에서는 삭제되어 복합운송인은 운송서류를 발행할 수 없는 것처럼 보이지만 본 조항으로 복합운송인은 운송서류를 발행할 수 있다. 복합운송이이 운송서류를 발행하기 위해서는 UCP 600 운송서류 관련 조항의 내용을 충족시켜야 한다. 복합운송인이 운송인과 선장의 대리인이 되면 운송서류를 발행할 수 있다.

〈사례 1〉 신용장에 규정되지 않은 서류

한국의 A은행은 2007년 8월 13일 발행한 화환신용장을 받았다. 신용장의 운송조건은 CFR 이었다. 그런데 동년 8월 30일 선적서류를 매입하였는데, 이 중에는 선하증권과 보험서류, 기타서류가 전부 2007년 8월 8일자로 작성되어 있었다. 이러한 서류를 매입한 후 개설은행인 일본의 H은행에 제시하였으나, 보험증권상의 담보개시일이 차이가 있다는 이유로 지급거절되었다. 이에 대하여 매입은행은 보험증권은 신용장에서 요구하는 서류가 아니므로 이를 이유로 지급거절하는 것은 부당하다고 주장하면서 대금지급을 강력히 요구하였으나 실현되지 못하여 분쟁이 발생한 것이다.

〈사례분석 1〉

신용장에서 요구하지 않은 서류

신용장 통일규칙 제14조 g항에는 "신용장에 명시되지 않은 서류는 제시인에게 반송하거나 무시한다"라고 규정되어 있다. 본 사례의 경우 무역거래조건이 CFR때문에 보험서류가 필요 없으며 개설의뢰인이 적하보험에 가입하여 개설은행에게 보험증권을 제출하면 된다. 따라서 본건 사례의 경우에 보험서류는 신용장에서 요구하고 있는 서류가 아니므로 심사할 의무가 없다.

요구되지 않은 서류의 조건 불일치

은행은 신용장에 명시되지 않은 서류를 심사할 의무가 없다. 따라서 신용장에 명시되지 않은 수출상이 제시한 서류가 신용장조건과 불일치하거나 기타 신용장에 명시된 서류의 내용과 일치되지 않더라도 은행은 이러한 이유를 들어 서류인수를 거부할 수 없다(I.C.C. pub 489. case No. 204). 본 사례의 경우 보험서류는 신용장에서 요구한 서류가 아니기 때문에 개설은행은 심사할 의무가 없고 또 이러한 서류가 신용장조건에 불일치한다는 이유를 들어 수출대금의 지급을 거절할 수 없다.

〈사례 2〉 서류심사의 기준

한국의 A기업은 한국의 S은행을 통하여 미국으로 신용장을 개설하였는데, 신용장상의 중량표시가 12,000MT으로 되어 있고 5% More or less allowed라는 조건이 붙어 있었다. 그런데 미국에서 온 선적서류를 검토한 결과, 각 서류상의 중량표시가 상이하였다. 즉 선하증권상에는 12,600,000kgs, 중량증명서에는 12,6000,000kg, 상업송장에는 12,600MT, 곡물검사증명서에는 12,6000tons 등으로 되어 있어 선적서류 내용의 상호 불일치 및 신용장조건 불일치를 근거로 대금지급을 거부하였다. 그러나 수출상은 전체 중량이 일치하면 되는 것이지 단위상의 차이로 대금지급 거절을 하는 것은 부당하다고 하여 분쟁이 야기되었다.

〈사례분석 2〉

(1) 서류심사

신용장통일규칙 제14조 a항에 따라 은행은 국제적인 은행 표준관행에 따라 제시된 서류가 신용장내용과 일치하는지 상당한 주의를 기울여 심사해야 하며 제시된 서류가 문면상 상호 모순된 경우 이는 불일치 서류로 본다고 규정되어 있어 국제적인 은행표준관행이 은행의 서류심사기준이 되고 있는데 I.C.C.은행위원회 주석에 의하면 신용장거래의 은행표준관행이란 "가장 정직하고 기술적이며 예견 가능한 관습(the most honest, skillful and predicable practices)"이어야 한다고 하였다. 따라서 국내에서도 서류심사를 할 경우, 국제적으로 인정된 은행표준관행이 무엇인가를 확립하는 것이 필요하다고 본다. 국제적인 은행표준관행의 예를 살펴보면 다음과 같다(한국무역협회, "월간무역," 1999. 3, p. 55).

선하증권상의 주소에 오자가 있고, 화인에 사각형이 빠진 경우 중대한 하자가 아니다.

상업송장 이외의 각종 서류상의 물품명세를 신용장과 모순되지 아니하는 일반용어로 표기할 수 있다(I.C.C. pub 459. case No. 43).

신용장에 화인이나 분류번호에 관한 명시가 없으면 선하증권과 원산지증명서에 화인/분류번호 상호 불일치로 수리거절을 할 수 없다(I.C.C. pub

489. case No. 199).

선하증권에는 40 PKGS(포대)로 되어 있고 상업송장에는 40M/TONS로 기재된 경우, 서류상호 간의 불일치로 본다(I.C.C. pub 489. case No. 200).

상업송장 5통 중 4통은 물품중량이 85, 162MT로 표시되고 1통은 88, 162MT로 표시되었다면, 서류상호간의 불일치로 볼 수 있다(I.C.C. pub 489. case No. 202).

(2) 서류상호 간의 불일치

본건 사례는 신용장통일규칙 제13조 a항에 따라서 신용장상에 수량단위가 MT(metric ton)으로 표기되어 있는데도 불구하고 제시된 선하증권이나 중량증명서상에 kg으로 표기된 것은 서류상호 간의 불일치로 볼 수 있다. 은행은 Metric ton, ton 및 kg 단위로 의미를 정확히 환산할 의무가 없으며 다만, 소수점, 온점(.), 반점(,)의 불일치는 서류상호 간의 불일치로 보지 않는다(I.C.C. pub 459.case No. 40). 따라서 본 사례의 경우 제시된 서류가 상호 불일치하여 대금지급을 거절하는 것이 타당하다.

〈사례 3〉 서류심사기간

국내 A상사는 선적서류가 내도되었으나 선적서류의 표지상에 신용장통일규칙에 의거하여 approval base로 서류를 보낸다고 되어 있으므로 추심으로 송부한 줄 알고 지급거절을 하고 있지 않았다. 그 후, 수출상의 계속된 독촉이 있었으므로 서류를 송부받은 후 2주일 경과 후에 대금지급거절을 통보하였으나 매입은행으로부터 서류심사기간 경과로 부도통보에 응할 수 없다는 통지를 받았다. 따라서 서류심사기간이 Approval base에도 적용되는지 여부를 두고 분쟁이 발생한 것이다.

〈사례분석 3〉

(1) 선적서류 심사기간

선적서류의 심사기간이란 개설은행, 확인은행 또는 이들을 대신하는 지정은행 및 개설의뢰인은 제시된 서류를 심사하여 인수할 것인지 아니면 거절할 것인지를 결정해야 하는 기간을 의미한다. UCP 600에 의하면, 서류를 받은 익일부터 5영업일을 경과하지 않는 범위 내에서 상당한 기간을 향유할 수 있다. 따라서 개설은행이 서류를 심사할 수 있는 기간은 선적서류를 받은 다음 날로부터 5영업일 내에 하여야 한다.

(2) Approval base의 내용

Approval base란 미국 등에서 자주 사용되는 것으로 제시된 서류의 하자에 대해 전적으로 수출상이 부담한다는 조건하에 매입하거나 추심을 의뢰하여 서류를 송부한다는 것을 말하며 이것은 개설은행에게 개설의뢰인으로부터 하자를 용인받아 달라는 의미를 가진다. Approval base란 추심베이스(collection base)와는 달리 하자부 또는 유보조건부 매입을 의미할 수 있다. 따라서 신용장 통일규칙에 규정한 서류심사기간을 지켜야 한다.

(3) Approval base와 추심베이스

Approval base는 광의로 추심베이스를 포함하나, 신용장 통일규칙을 준용하면서 하자부 매입을 하여 approval base로 서류를 제시할 수 있으므로 선적서류의 표지를 봐서 신용장 통일규칙이 준용된다고 되어 있으면 하자부 매입이고 추심에 관한 통일규칙이 준용된다고 되어 있으면 추심베이스로 해석해야 할 것이다. 단순히 매입은행이 대금을 지급했느냐, 하지 않았느냐의 유무로 판단할 사항이 아니다(미국판례: Alaska Textile co.. Inc 대 Lloyed Williams Fashion 사건 777 sup 1139).

본건의 경우는 Approval base로 선적서류가 내도되었지만 "We send you the documents for approval under reference to U.C.P. 600"라고 되어 있으므로 신용장 통일규칙이 준용된다고 봐서 U.C.P. 제14조 b항에 의거하여 서류접수 익일로부터 제 5 영업일 내에 서류심사를 하여야 한다. 따라서 개설은행의 대금지급은 정당하다.

〈사례 4〉 Shipping Mark의 불일치 여부

선하증권상에 shipping mark는 N/M & N/N이었으나 상업송장에는 N/M, N/N으로 표시되어 있다. 이것이 서류상호 간의 불일치로 하자가 되는가?

〈사례분석 4〉

서류상 N/M은 no marks를 의미하고 N/N은 no numbers를 의미한다. N/M & N/N과 N/M/, N/N은 불일치 사항이 아니다. 이 서류는 하자가 없다.

〈사례 5〉 확인신용장에서 개설은행의 서류심사 의무

A) 개설은행은 제시된 서류가 보증신용장의 제 조건과 일치하는지 검토할 의무를 갖고 있는가?

B) 개설은행은 확인은행이 제시된 서류를 검토했다는 사실을 근거로 서류를 검토하지 않아도 되는가?

C) 개설은행은 보증신용장에서 명시한 서류를 인수와 검사를 하지 않고 확인은행에게 상환해야 하는가?

〈사례분석 5〉

A) 개설은행은 자신이 서류를 심사하였든 하지 않았든 제시서류가 신용장조건과 일치하지 않을 위험을 부담한다.

B) 다른 합의가 없는 상태에서 개설은행은 서류가 신용장조건에 불일치하다면 확인은행에 신용장대금을 상환할 의무가 없다. 개설은행이 서류를 심사하기 전에 확인은행이 개설은행 계좌에서 차기하는 것은 개설은행이 적절하게 대금지급을 거절하였다면 개설은행이 확인은행에 소구권을 행사할 수 있다.

C) 개설은행과 개설신청인이 합의하였다면 개설은행은 서류를 심사하지 않고 개설신청인에게 대금지급을 요구할 수 있다. 그러한 약정은 마진콜에 대한 신용장이나 개설신청인이 수익자와 계정을 조정하기로 한 계약이 있을 때 체결된다. 개설은행과 개설신청인은 개설은행이 수익자에 대한 서류심사 기준보다 완화된 기준으로 서류를 심사할 수 있다.

〈사례 6〉 신용장조건과의 일치성 여부

모든 서류는 잉크로 서명하여야 한다고 하였으나 제시된 서류는 볼펜으로 서명하였다. 또한 신용장은 commercial invoice을 요구하였으나 invoice가 제시되었다. 이것이 하자가 되는가? 신용장에서 상품수량으로 한 M/Tons이 표시되어 있었으나 송장에 M/Tons과 계량대 수량으로 Kilograms(KGS)가 표시되었다. 이것이 하자가 되는가?

〈사례분석 6〉

하자가 되지 않는다. 중량을 한 곳에는 M/Tons으로 표시하고 다른 곳에는 Kilograms으로 표시한 것은 하자가 되지 않는다.

〈사례 7〉 원산지증명서 발행인

신용장에서 중국상공회의소가 발행한 원산지증명서를 제시할 것을 요구하였다. 제시된 원산지증명서는 China Council for the Promotion of International Trade가 발행하였고 자신이 중국상공회의소에 해당된다는 배서가 되어 있다.

〈사례분석 7〉

은행은 서류발행자의 권한을 조사하는 것이 아니므로 이 원산지증명서는 수리할 수 있다.

〈사례 8〉 보증신용장에서 제시서류의 하자 여부

보증신용장거래에서 보증신용장개설신청인이 의무를 이행하지 않았다는 수익자의 텔렉스를 요구하였으나 수익자는 단지 모든 조건이 신용장조건과 일치한다는 것을 확인하는 swift메시지를 보내왔다. 수익자는 유효기일 경과 후 개설신청인이 의무를 이행하지 않았다고 정정하였다. 개설은행은 대금지급을 거절하였다.

〈사례분석 8〉

개설신청인의 의무를 이행하지 않았다는 텔렉스를 요구하였음에도 불구하고 수익자가 단지 신용장조건과 일치한다는 스위프트 메시지를 보낸 것은 하자가 된다. 수익자가 유효기일 경과 후 정정한 것은 아무런 효력이 없다.

〈사례 9〉 확인은행의 서류심사 의무

확인은행은 매입은행이 제시한 서류를 심사한 결과, 하자를 발견하고서 매입은행에 하자사항을 팩스로 통보하고 전화로 수출상이 서류를 수정할 것인지 혹은 개설은행에 하자용인 여부를 조회하는 텔렉스를 보내야 할지를 문의하였다. 매입은행은 수출상이 다시 제시한 서류를 송부하였다. 확인은행이 재 제시된 서류를 심사한 결과 하자가 발견되어 하자사항을 매입은행에 통보하였다. 매입은행의 지시에 따라 확인은행은 개설은행에 하자용인여부를 조회하였다. 개설은행은 하자를 용인하지 않았다. 그런데 수입상은 선하증권 없이 선박회사로부터 화물을 인수하였다. 수출상은 확인은행에게 신용장대금을 지급할 것을 요구하고 있다. 이 경우 확인은행의 의무는 무엇인가?

〈사례분석 9〉

다시 제시된 서류의 하자사항이 원래의 제시에서 나타난 것이 아니었다면 확인은행은 대금지급을 거절할 수 있다. 그러나 그 하자사항이 원래의 제시서류에도 있었으나 확인은행이 이를 발견하지 못하였다면 확인은행은 다시 제시된 서류의 하자사항을 이유로 대금지급을 거절할 수 없다. 만약 전체적으로 제시를 취소하고 다시 제시되었다면 마치 이전에 서류가 제시되지 않은 것으로 간주한다.

〈사례 10〉 확인서에 발행일 표시 여부

확인서에 발행일이 표시되어야 하는가?

〈사례분석 10〉

일반적으로 확인서에는 발행일이 표시되어야 한다. 확인서는 신용장에 명시된 대로 발행되어야 한다.

〈사례 11〉 서류의 기재사항

당사는 의료기구를 생산하고 있는 업체로서 시장다변화를 추진하고 있다. 그런데 최극 아시아의 후진국으로부터 "PAYMENT WILL BE MADE ONLY ON REALIZATION OF EXPORT PROCEEDS AGAINST EXPORT L/C NO XXX"라는 조건이 부가적인조건(Additional Condition)란에 기재되어 있는 신용장을 수취하였다. 당사가 알고 있기로는 신용장통일규칙상 신용장에 서류의 명칭을 표시하지 않고 조건만을 기술하고 있을 경우 그러한 조건은 기술되지 않은 것으로 간주하고 이를 무시하도록 하고 있으므로 이러한 문구가 기재되지 않은 것으로 간주하고 동 거래를 진행하려고 하는데 이 조항으로 인해 대금회수에 문제가 발생할 수도 있는지?

〈사례분석 11〉

본 사례의 경우는 최근 후진국과의 거래시 나타날 수도 있는 신용장상의 특수조건부 사례이다. 이러한 특수조건은 견본이 합격되는 조건을 명시한 "THIS L/C BECOMES OPERATIVE ONLY AFTER WE HAVE ADVISED YOU THAT THE RELATIVE SAMPLES HAVE BEEN FOUND IN ORDER BY OUR PRINCIPAL"과 같은 문구와 선적지시를 받은 조건인 "THIS L/C IS AVAILABLE FOR NEGOTIATION ONLY AFTER RECEIPT BY THE BENEFICIARY OF FURTHER INSTRUCTION OF SHIPMENT FROM US" 대금상환 전제조건인 "THIS CREDIT WILL BE OPERATIVE ON RECEIPT OF QUALIFIFD AGREEMENT TO REIMBURSE FROM I.B.R.D" 등이 있다.

신용장통일규칙 제14조 h항에 신용장이 제시되어야 할 서류의 명칭을 표시하지 않고 준수해야 할 조건만을 기술하고 있을 경우 이러한 조건을 무시하도록 규정되어 있다. 따라서 상기와 같은 특수조건을 지키지 않았다 하더라도 개설은행은 대금의 지급의무가 있다. 그러나 아무리 신용장에 의한 거래라 하더라도 개설은행에서 대금을 지급하지 않으면 대금회수를 할 수 없는 것이다. 다시 말해서 신용장통일규칙상 상기와 같은 조건은 무시한다고 되어있다 할지라도 동 조항을 이유로 개설은행에서 대금지급을 거절한다면 소송 등을 통하지 않고는 매우 곤란하게 되는데 이는 신용장통일규칙이 각국에 공히 적용되는 법률로서의 효력은 없기 때문이다. 또한 국내은행도 후진국에서 발행되고 사용에 제한을 두는 이러한 조건이 명시된 신용장은 채권보전을 철저히 하거나 아예 추심 후 지급하는 경우가 많다. 따라서 특수조건이 부가되어 있는 경우 조건변경은 물론 제3국 은행의 확인을 받는 것이 안전하다.

〈사례 12〉 은행의 서류매입

당사는 자동차부품을 수출하는 업체이다. 이번에 신규로 우크라이나 업체와 상담 후 수출대금 결제방법을 검토하던 중에 우크라이나 업체측에서 신용장을 통하되 즉시 결제가 아닌 기한부 1개월 신용장 조건으로 검토해 달라고 우리측에 요구하고 있다. 이럴 때 우리 은행, 즉 통지은행에서 즉시 네고가 가능한지? 그리고 가능하다면 수출대금을 언제 받을 수 있는지?

〈사례분석 12〉

신용장매입은 은행의 고유한 영업행위이고 여신, 곧 돈을 빌려주는 방식의 하나이기 때문에 은행은 신용장개설은행의 신용상태와 수출상의 신용상태, 더 구체적으로 한 달이 지나 결제일이 되었는데도 개설은행에서 돈이 들어오지 않았을 때 수출상에게서 돈을 회수할 수 있는지의 여부를 보고 매입여부를 결정한다. 수출상이 그 은행에 수출대금보다 많은 예금이나 적금을 가지고 있거나 부동산 담보 등을 제공하고 있을 때, 수출보험에 가입했을 때는 수입상이 부도를 내더라도 대금회수나 융자금, 만약 매입을 받아주기로 결정하였을 때는 그 즉시 대금이 지급된다. 이것은 은행 자체가 자금을 빌려주는 것이니까 날짜가 여러 날 걸릴 이유가 없다. 그러나 은행이 매입을 거절할 경우에는 수출대금을 받기까지 한 달 이상 걸리게 된다.

수입상이 약속한 한 달이 되었을 때 개설은행에 돈을 지급하며, 다시 국내에 있는 매입은행에 돈이 입금되는 것은 한 달하고도 3~4일 늦으면 1주일이 걸리기 때문이다.

Article 15 Complying presentation

a. When an issuing bank determines that a presentation is complying, it must honour.

b. When a confirming bank determines that a presentation is complying, it must honour or negotiate and forward the documents to the issuing bank.

c. When a nominated bank determines that a presentation is complying and honours or negotiates, it must forward the documents to the confirming bank or issuing bank.

제15조 신용장의 조건, 적용 가능한 본 규칙의 조항과 국제표준은행관행 따른 선적서류제시

a. 개설은행이 제시된 선적서류가 신용장의 조건, 적용 가능한 본 규칙의 조항, 국제표준은행관행과 일치했다고 결정하는 순간 개설은행은 대금지급을 하여야 한다.

b. 확인은행이 제시된 선적서류가 신용장의 조건, 적용 가능한 본 규칙의 조항과 국제표준은행관행과 일치했다고 결정하여, 확인은행은 선적서류를 인수와 지급 또는 매입하여 개설은행에게 제시하여야 한다.

c. 지정은행이 제시된 선적서류가 신용장의 조건, 적용 가능한 본 규칙의 조항과 국제표준은행관행과 일치했다고 결정하여 인수와 지급 또는 매입하면 지정은행은 선적서류를 확인은행 또는 개설은행에게 제시하여야 한다.

[해 설] 1) 개설은행의 대금지급

본 조항은 UCP 600에서 새롭게 신설한 조항이다. 개설은행이 제시된 선적서류가 신용장의 조건, 적용 가능한 본 규칙의 조항, 국제표준은행관행과 일치했다고 결정하는 순간 개설은행은 대금지급을 하여야 한다. 신용장에 선적서류는 개설은행에서 매입하도록 된 경우에는 수익자는 선적서류를 자기 주거래은행을 경유하여 개설은행에 선적서류를 제시한다. 주거래은행

은 지정은행이 아니고 수익자를 대신하여 선적서류를 개설은행에 송부하는 역할을 하기 때문에 선적서류를 심사할 권한이 없다. 신용장의 종류에 따라 개설은행의 대금지급시기가 결정된다. 신용장이 일람출급으로 발행된 경우에 제시된 선적서류가 신용장의 조건, 적용 가능한 본 규칙의 조항, 국제표준은행관행과 일치하면 개설은행은 수출대금을 수익자의 주거래은행에게 지급하여야 한다. 신용장이 외상기간으로 발행된 경우 제시된 선적서류가 신용장의 조건, 적용 가능한 본 규칙의 조항, 국제표준은행관행과 일치하면 개설은행이 외상기간 동안의 이자를 공제하고 수출대금을 지급할 것인지 외상기간이 도래하면 지급할 것인지를 결정한다. 제2조의 인수와 지급(honour)은 일람지급과 기한부 및 연지급의 의미를 모두 포함하는 것으로 정의하였다. 지정은행이 개설은행에 연지급 또는 인수신용장으로 발행된 선적서류를 제시하면 개설은행은 외상기간이 만료된 날에 대금을 지정은행에게 지급한다.

2) 확인은행의 대금지급과 선적서류 제시의무

확인은행은 제시된 선적서류가 신용장의 조건, 적용 가능한 본 규칙의 조항과 국제표준은행관행과 일치했다고 결정하여 인수와 지급 또는 매입하여 선적서류를 개설은행에게 제시하도록 하였다. 인수와 지급, 매입은 무엇을 의미하는 가이다. 수익자가 선적서류를 확인은행에게 직접 제시하면 확인은행은 인수와 지급 또는 매입 중에서 하나를 선택하여야 한다. 신용장이 일람지급으로 발행된 경우에 확인은행은 수익자에게 선적서류가 개설은행에 송부되어 개설은행으로부터 대금을 지급받는 기간 동안의 이자를 공제하고 수출대금을 수익자에게 지급할 것인지 아니면 개설은행으로부터 대금을 받는 다음에 수출대금을 수익자에게 지급할 것인지를 결정한다. 신용장이 연지급 또는 인수로 발행된 경우에는 확인은행이 인수와 지급을 선택하면 확인은행은 외상기간이 만료된 날에 수출대금을 수익자에게 지급하는 것으로 보며, 확인은행이 매입을 선택하면 외상기간이 만기되기 전에 수출대금을 수익자에게 지급하는 것으로 본다. 지정은행이 확인은행에 연지급 또는 인수신용장으로 발행된 선적서류를 제시하면 확인은행은 외상기간이 만료된 날에 대금을 지정은행에게 지급한다. 확인은행은 제시된 선적서류를 개설은행에게 송부하여야 한다.

3) 지정은행의 대금지급과 선적서류 제시의무

지정은행이 제시된 선적서류가 신용장의 조건, 적용 가능한 본 규칙의 조항과 국제표준은행관행과 일치했다고 결정하여 인수와 지급 또는 매입하면 지정은행은 선적서류를 확인은행 또는 개설은행에게 제시하여야 한다. 지정은행의 입장에서 인수와 지급, 매입은 무엇을 의미하는가이다. 수익자가 선적서류를 지정은행에게 직접 제시하면 지정은행은 인수와 지급 또는 매입 중에서 하나를 선택하여야 한다. 신용장이 일람지급으로 발행된 경우에 지정은행은 수익자에게 선적서류가 개설은행 또는 확인은행에 송부되어 개설은행 또는 확인은행으로부터 대금을 지급받는 기간 동안의 이자를 공제하고 수출대금을 수익자에게 지급할 것인지 아니면 개설은행 또는 확인은행으로부터 대금을 받는 다음에 수출대금을 수익자에게 지급할 것인지를 결정한다. 신용장이 연지급 또는 인수로 발행된 경우에는 지정은행이 인수와 지급을 선택하면 지정은행은 외상기간이 만료된 날에 수출대금을 수익자에게 지급하는 것으로 보며, 지정은행이 매입을 선택하면 외상기간이 만기되기 전에 수출대금을 수익자에게 지급하는 것으로 본다. 지정은행은 제시된 선적서류를 개설은행 또는 확인은행에게 송부하여야 한다.

Article 16 Discrepant Documents, Waiver and Notice

a. When a nominated bank acting on its nomination, a confirming bank, if any, or the issuing bank determine that a presentation does not comply, they may refuse to honour or negotiate.

b. When an issuing bank determines that a presentation does not comply, it may in its sole judgement approach the applicant for a waiver of the discrepancies. This does not, however, extend the period mentioned in sub-article 14 (b).

c. When a nominated bank acting on its nomination, a confirming bank, if any, or the issuing bank decide to refuse to honour or negotiate, they must give a single notice to that effect to the presenter.

The notice must state:

i. that the bank is refusing to honour or negotiate; and

ii. each discrepancy in respect of which the bank refuses to honour or negotiate; and;

iii. a) that the bank is holding the documents pending further instructions f rom the presenter; or

b) that the issuing bank is holding the documents until it receives a waiver from the applicant and agrees to accept it, or receive further instructions from the presenter prior to agreeing to accept a waiver; or

c) that the bank is returning the documents; or

d) that the bank is acting in accordance with instructions previously received from the presenter

d. The notice required in sub-article 16(c) must be given by telecommunication or, if that is not possible, by other expeditious means no later than close of the fifth banking day following the day of presentation

e. A nominated bank acting on its nomination, a confirming bank, if any, or the issuing bank may, after providing notice required by sub-article 16(c)(iii)(a)or (b), return the documents to the presenter at any time

f. If an issuing bank or confirming bank fails to act in accordance with the provisions of this article, it shall be precluded from claiming that the documents do not constitute a complying presentation.

g. when an issuing bank refuses to honour or a confirming bank refuses to honour or negotiate and has given notice to that effect in accordance with this article, it shall then be entitled to claim a refund, with interest, of any reimbursement made.

제16조 불일치 선적서류, 권리포기와 통지

a. 지정에 따라 대행하는 지정은행, 확인은행(있는 경우) 또는 개설은행이 제시된 선적서류가 신용장의 조건, 적용 가능한 본 규칙의 조항과 국제표준은행관행과 일치하지 않은 것으로 결정하면 이들 은행은 선적서류의 인수와 지급 또는 매입을 거절할 수 있다.

b. 개설은행이 제시된 선적서류가 신용장의 제 조건과 일치하지 않는 것으로 결정하면, 개설은행은 독자적인 판단에 따라 개설의뢰인과 그 하자에 관한 권리포기 여부를 교섭할 수 있다. 그러나 이로 인해 제14조 b항에 명시한 기간이 연장되는 것은 아니니다.

c. 지정에 따라 대행하는 지정은행, 확인은행(있는 경우) 또는 개설은행이 인수와 지급 또는 매입을 거절하기로 결정할 경우에는 이들 은행은 선적서류 제시자에게 이러한 취지를 통지하여야 한다.

통지서에는 다음과 같은 내용을 기재하여야만 한다.

i. 은행은 인수와 지급 또는 매입을 거절한다.

ii. 은행이 인수와 지급 또는 매입을 거절하게 된 개개의 하자내용

iii. a) 은행이 선적서류 제시자로부터 다른 지시사항을 기다리는 동안 보관하고 있다.

b) 개설은행은 개설은행 개설의뢰인으로부터 권리포기를 받아 이것을 동의할 때까지 또는 권리포기를 수리하기로 동의하기 이전에 선적서류제시자로부터 다른 지시사항을 받을 때까지 선적서류를 보관하고 있다.

c) 은행은 선적서류를 반송중에 있다.

d) 은행은 선적서류제시자로부터 받을 지시사항에 따라 신용장거래를 처리한다.

d. 제16조 c항에서 요구한 통지는 선적서류접수익일(翌日)로부터 제 5 은행영업일의 마감시간을 경과하지 아니한 범위 내에서 지체 없이 전신 또는 그것이 불가능할 경우에는 기타 신속한 수단으로 이루어져야 한다.

e. 지정에 따라 대행하는 지정은행, 확인은행(있는 경우) 또는 개설은행은 제16조c항 iii (a) 또는 (b)에서 규정된 통지를 하면 선적서류를 제시자에게 아무 때나 반송할 수 있다.

f. 개설은행 또는 확인은행은 본 조항의 규정을 이행하지 못하면 선적서류가 신용장의 제 조건과 일치되지 않음을 주장할 수 있는 권리로부터 배제된다.

g. 개설은행이 인수와 지급을 거절하면 또는 확인은행이 인수와 지급 또는 매입을 거절하면 본 조항에 따라 이러한 사실을 통지해야 한다. 개

설은행과 확인은행이 이미 상환을 하였다면 이자와 더불어 상환금액의 반환을 요구할 권리를 갖는다.

[해 설] 1) 지정은행, 확인은행, 개설은행의 선적서류인수 거절

선적서류가 은행에 제시되면 지정은행, 확인은행, 개설은행은 신용장의 독립, 추상성에 의해 제시된 선적서류를 근거로 선적서류가 신용장의 조건, 적용 가능한 본 규칙의 조항, 국제표준은행관행과 일치하는지를 판단하여야 한다. 제시된 선적서류가 신용장의 조건, 적용 가능한 본 규칙의 조항, 국제표준은행관행과 일치하는지 않다고 판단하면 이들 은행은 서류수리를 거절할 수 있다. 지정은행은 수익자가 제세한 선적서류에 대해서 또 확인은행과 개설은행은 지정은행이 송부한 선적서류에 대해서 그러한 판단을 한다.

2) 불일치 서류에 대한 개설은행의 교섭권

개설은행이 지정은행에서 송부된 선적서류가 신용장의 조건, 적용 가능한 본 규칙의 조항, 국제표준은행관행과 일치하지 않는다고 판단하면 개설은행만이 개설의뢰인에게 연락하여 하자선적서류의 인수여부를 확인할 수 있다. 하자선적서류 인수의 결정은 개설은행에게 있지만 개설의뢰인과 상의하여 결정한다. 개설의뢰인은 수입상품의 가격이 수입국에서 하락하면 선적서류의 인수를 거절할 것이고 반대의 경우에는 하자선적서류의 인수를 수락할 것이다. 최종적인 대금지급의 책임을 부담한 개설의뢰인이 하자선적서류에 대해서 아무런 이의를 제기하지 않으면 개설은행은 이러한 선적서류와 상환으로 지정은행에게 약정한 대로 상환한다. 제시된 선적서류가 신용장의 조건, 적용 가능한 본 규칙의 조항, 국제표준은행관행과 일치해야만 개설은행이 수출대금을 지급한다는 조건에 개설의뢰인이 수익자에게 합의해준 것이다.

제시된 선적서류에 하자가 있더라도 개설의뢰인이 그러한 선적서류를 인수하면 제시된 조건을 개설의뢰인이 변경하여 하자선적서류도 유효한 서류로 인정하는 것으로 본다. 따라서 개설의뢰인은 자기가 원하는 선적서류가 제시된 것으로 간주하여 반드시 수입대금을 지급할 책임을 부담한다.

수입상품이 선적서류보다 수입항에 먼저 도착한 경우에 개설의뢰인은 화물선취보증서(letter of guarantee)를 개설은행으로부터 발급받아 선하증권

대신에 화물선취보증서를 선박회사에 제출하고 수입상품을 인수한다. 이런 경우에 개설의뢰인은 화물을 선박회사로부터 먼저 인수하고 나중에 선적서류를 받게 되므로 나중에 제시된 선적서류가 신용장의 조건, 적용 가능한 본 규칙의 조항, 국제표준은행관행과 일치하지 않더라도 개설은행은 선적서류의 인수를 거절할 수 없다.

개설의뢰인이 하자선적서류를 인수하든지 인수하지 않든 간에 개설은행은 선적서류를 송부한 지정은행에게 선적서류의 수리여부를 5영업은행일까지 통지해 주어야 하며 이 기간이 절대로 연장되지 않는다는 것이다.

3), 4) 지정은행, 확인은행, 개설은행의 선적서류 수리거절과 수리거절 통지

지정은행, 확인은행, 개설은행이 제시된 선적서류가 신용장의 조건, 적용 가능한 본 규칙의 조항, 국제표준은행관행과 일치하지 않는다는 이유로 지급을 거절하기로 결정하면 이러한 사실을 서류접수일로부터 5일 이내에 전신이나 전기통신수단(telecommunication) 또는 이와 유사한 다른 신속한 수단으로 서류제시자에게 전달하여야 한다. 만일 제시된 선적서류에 하자가 있음에도 불구하고 지정은행, 확인은행, 개설은행이 선적서류를 받고 5일 이내에 수리거절 통보를 하지 않거나 하자선적서류를 임의로 처분하면 지정은행, 확인은행, 개설은행은 수익자에 대해서 책임을 져야하고 확인은행, 개설은행은 지정은행에 대해서 책임을 져야 한다.

지정은행, 확인은행, 개설은행이 송부한 수리거절 통지서에 은행이 인수와 지급 또는 매입을 거절한다는 문구와 인수와 지급 또는 매입을 거절하게 된 개개의 하자내용을 기재하도록 하였다. 따라서 지정은행, 확인은행, 개설은행은 왜 선적수리를 거절하는지 그 이유를 분명히 밝히도록 했다. 지정은행, 확인은행, 개설은행은 제시받은 선적서류를 서류송부은행 또는 수익자의 지시사항을 기다리면서 선적서류를 보관하고 있다거나 아니면 선적서류를 그들에게 반송했다는 것을 수리거절 통지에 기재하여 통지하여야 한다.

지정은행, 확인은행, 개설은행은 서류를 인수하지 않는 이상 상품의 소유권은 이들 은행으로 이전되지 않는다. 이들 은행이 선적서류를 수리하지 않고 임의로 상품을 상품의 도착장소에서 다른 장소로 옮기거나 개설의뢰인에게 인도해주기 위해서 선적서류를 사용하면 선적서류를 송부한 은행이나 수익자에게 수출대금을 지급하여야 한다. 선적서류가 물리적으로 지정은행,

확인은행, 개설은행에 있다하더라도 이들 은행이 선적서류를 수리하고 선적서류제시자에게 수출대금을 지급하지 않으면 선적서류는 선적서류 제시자의 소유로 남아 있다. 따라서 이들 은행은 선적서류를 임의로 처분하지 말고 선적서류제시자의 지시를 따르든지 아니면 그냥 선적서류를 제시자에게 반환함으로써 그들의 의무를 이행하여야 한다.

개설은행은 개설의뢰인이 하자선적서류를 인수한다고 의표시를 할 때까지 또는 개설의뢰인의 의사표시를 기다리는 동안 수익자로부터의 다른 지시사항이 도착할 때까지 선적서류를 보관하고 있어야 하고 수익자의 지시사항이 도착하면 그에 따라 선적서류를 처리하면 된다.

Article 17 Original Documents and Copies

a. At least one original of each document stipulated in the credit must be presented.

b. A bank shall treat as original any document bearing an apparently original signature, mark, stamp, or label of the issuer of the document, unless the document itself indicates that it is not original.

c. Unless a document indicates otherwise, a bank will also accept a document as original if it:
   i. appears to be written, typed, perforated or stamped by the document issuer's hand; or
   ii. appears to be on the document issuer's original stationery; or
   iii. states that it is original, unless the statement appears not to apply to the document presented.

d. If a credit requires presentation of copies of documents, presentation of either originals or copies is permitted.

e. If a credit requires presentation of multiple documents by using terms such as "in duplicate," "in two fold" or "in two copies," this will be satisfied by the presentation of at least one original and the remaining number in copies, except when the document itself indicates otherwise.

제17조 원본선적서류와 사본

a. 신용장에 명시된 각 선적서류의 원본 1통이 제시되어야 한다.

b. 은행은 선적서류자체에 그것이 원본이 아니라고 명시되지 않는 한 명백하게 원본서명, 표식, 스탬프 또는 선적서류발행자의 표시가 기재된 모든 선적서류를 원본 선적서류로 취급한다.

c. 선적서류에 별도로 기재되어 있지 않는 한 은행은 다음과 같은 경우에 선적서류를 원본으로 수리한다.

i. 선적서류발행자에 의한 수기, 타이핑, 천공 또는 스탬프로 나타내는 경우; 또는

ii. 선적서류에 선적서류발행자의 명칭이 인쇄된 원본

iii. 문언이 제시된 선적서류에 적용할 수 없게 나타나지 않는 한, 그것이 원본이라고 표시된 것.

d. 신용장이 선적서류사본의 제시를 요구한 경우, 원본과 사본의 제시는 허용된다.

e. 신용장이 "정부본," "2통," "2부"와 같은 용어를 사용함으로써 복본의 선적서류제시를 요구하면, 이것은 선적서류 자체에 별도의 명시가 없는 한 원본 1부와 나머지는 사본으로 제시함으로써 충족되어진다.

[해 설] 1) 원본서류의 제시

본 규정은 UCP 600에서 새로 신설되었다. 신용장에서 요구한 서류는 원본서류의 제시가 신용장에 명시되었든 안 되었는지를 불문하고 반드시 모든 서류는 원본 1통이 제시되어야 한다는 것이다. 신용장에 원본서류를 제시하도록 요구를 하지 않아도 수익자는 원본서류 1통을 반드시 제시하여야만 서류제시의무를 다한 것으로 본다.

2) 원본서류의 표기

UCP 500에서는 서류발행자가 original이라는 표시를 해야만 원본서류로 인정된다고 하여 원본의 개념을 구체화시켰지만 UCP 600에서는 원본서류를 포괄적으로 인정하였다. 선적서류에 원본서명, 표식, 스탬프 또는 선적서류

발행자의 표시가 있으면 원본서류로 간주한다. 국제상업회의소 은행기술실무위원회는 1999년 7월 12일 "원본표시"라는 조건은 해당 서류에 그 작성자가 그 문서를 사본이 아닌 원본으로 취급하려는 의사를 나타내는 어떠한 표시를 하거나 텍스트에 그에 관한 기술이 있으면 충족되고, 따라서 어떤 문서가 전자적으로 저장된 것으로부터 출력되어 백지에 인쇄된 경우 원본이라고 표시되어 있거나 letterhead(회사명, 주소 등 서류용지 윗부분의 인쇄문구)를 포함하고 있거나 자필로 표시되어 있다면 "원본이라고 표시된 것"에 해당된다고 보았다.

3) 원본서류의 인정범위

제시된 서류가 원본인지의 판정은 수기(handwriting) 또는 타이핑 된 것만으로 제한되었으나 제4차 개정에서는 여러 형태의 자동 또는 컴퓨터 장치(automated or computerized system), 복사장치(reprographic system), 복사본(carbon copy)에 의해 복사된 사본도 원본이라는 표시가 있고 진정한 서류라는 확인이 된 경우에는 자필서명이 없어도 서명에 갈음하는 행위가 있으면 원본으로 간주한다고 규정하여 원본의 인정범위가 확대되었다. 제5차 개정에서는 자필서명이나 서명에 갈음하는 천공, 스탬프, 팩시밀리, symbol 또는 기계식이나 전자식에 의한 서명을 요구하고 있으나 반드시 서류발행자가 original이라는 표시를 해야만 원본서류로 인정된다고 하여 원본의 개념을 구체화 시켰으며 따라서 서류가 원본서류로 인정되기 위해서는 신용장에서 서명을 요구했을 때 그러한 서류에 반드시 서명이 있어야 원본서류로 간주한다고 보았다.

UCP 600에서는 선적서류발행자가 수기, 타이핑, 천공 또는 스탬프로 원본이라고 표기한 경우, 선적서류에 선적서류발행자의 명칭이 인쇄된 원본, 문언이 제시된 선적서류에 적용할 수 없게 나타나지 않는 한, 그것이 원본이라고 표시된 경우에는 원본으로 본다고 하여 원본이라는 표시만 있으면 되고 서명이 필요한 경우에는 제3조의 규정에 따라 서명을 해야 하고 서명방법에는 수기, 팩시밀리 서명, 천공서명, 스탬프, 기호 또는 기계식이나 전자식이 있으며 팩시밀리 서명은 레이저프린터 인쇄기에 의해 서명이 인쇄된 것을 의미하고 팩스기계에 의해서 전송된 서명은 팩시밀리 서명에 포함되지 않는 것으로 간주하며 카본서명은 한 통을 자필로 서명하고 뒷장은 베껴져 나오는 서명을 말하며 서류에 이러한 서명이 기재된 경우 이러한 서류를 원본서류로 인정하지 않는다.

4) 사본이 아닌 원본제시

신용장에서 사본을 요구했는데 사본 대신 원본을 제시하면 하자인가 이와 관련하여 UCP 600에서는 하자가 아니라고 보았다. 사본보다는 원본이 선적서류의 진정성을 더 보증하기 때문에 사본 대신 원본의 선적서류제시를 정당하게 인정하였다.

5) 복수의 선적서류제시

신용장이 여러 통의 선적서류를 제시하도록 요구하고 있는 경우에는 원본 1통과 나머지는 사본으로 제시하도록 규정하였다. 개설의뢰인은 신용장에 원본 몇 통과 사본 몇 통을 정확히 기재하여야 한다. 예를 들어 원산지증명서 5통을 요구하면 원본 5통을 제시하는 것이 아니라 원본 1통과 사본 4통을 제시하는 것으로 해석한다는 것이다. 따라서 개설의뢰인이 원본 5통이 필요하면 신용장에 원산지증명서 원본 5통이라고 표기해야 원본 5통을 받을 수 있다.

Article 18 commercial invoice

a. A commercial invoice;

i. must appear to have been issued by the beneficiary (except as provided in article 38);

ii. must be made out in the name of the applicant(except as provided in article 38(g));

iii. must be made out in the same currency as the credit; and need not be signed.

b. A nominated bank acting on its nomination, a confirming bank, if any, or the issuing bank may accept a commercial invoice issued for an amount in excess of the amount permitted by the credit, and their decision will be binding upon all parties, provided the bank in question has not honoured or negotiated for an amount in excess of that permitted by the credit.

c. The description of the goods, services or performance in a commercial invoice must correspond with that appearing in the credit.

제18조 상업송장

a. 상업송장

i. 제38조에 규정된 경우를 제외하고는 수익자에 의해서 발행된 것으로 나타내어야 한다.

ii. 제38조 g항에 규정된 경우를 제외하고, 개설의뢰인 앞으로 작성되어야 한다.

iii. 신용장에 표시된 통화와 동일한 통화로 표시하여야 한다.

b. 지정에 따라 대행하는 지정은행 확인은행(있는 경우) 또는 개설은행은 신용장에서 허용된 금액을 초과한 금액으로 발행한 상업송장을 수리할 수 있다. 그들의 결정은 신용장 거래당사자를 기속한다.
단 은행이 신용장에서 허용된 금액을 초과한 금액으로 인수와 지급 또는 매입을 하지 아니하였을 경우에 한한다.

c. 상업송장에 기재되는 상품, 서비스 또는 의무이행의 명세서는 신용장에 기재된 명세서와 일치하여야 한다.

[해 설]

1) 상업송장

상업송장(commercial invoice)은 수출상이 수입상 앞으로 작성해 보내는 수출상품의 계산서이며 내용명세서이다. UCP 600에서 상업송장은 신용장통일규칙 제38조에 규정된 양도가능신용장인 경우를 제외하고는 반드시 수익자가 개설의뢰인 앞으로 발행하도록 하였다. 신용장에 기재된 통화와 상업송장에 기재된 통화가 다른 경우에는 어느 통화가 지급통화인지 분쟁이 많이 발생하여 신용장에 표시된 통화를 상업송장에 표시하도록 하였다. 신용장과 상업송장의 통화가 다르게 표시된 경우에는 신용장에 표시된 통화가 지급통화가 된다.

2) 신용장의 금액을 초과한 상업송장의 금액

상업송장 금액이 신용장에 명시된 금액을 초과하여 발행된 경우 지정은행, 확인은행(있는 경우) 또는 개설은행이 동 상업송장을 수리하든가 거절하든가 하는 재량권을 갖고 있으며 이러한 재량권을 행사하여 신용장 금액을 초과하는 상업송장을 수리하면 그 결과에 대해서 신용장거래의 모든 당사자들은 책임을 져야 한다.

상업송장금액이 신용장금액보다 초과하는 이유는 상품대금의 일부가 선불 또는 후불될 수 있으며 신용장거래의 부대비용을 수출상이 먼저 지불하고 수입상에게 동 비용을 청구할 수 있기 때문이다.

신용장 금액을 초과한 상업송장을 매입할 것인지 거절할 것인지의 선택권을 행사할 수 있는 은행은 지정은행과 확인은행이며 동 은행들은 신용장금액을 초과하여 기재된 상업송장을 수리할 수는 있어도 신용장금액을 초과하여 절대로 지급, 연지급 확약, 어음의 인수 또는 매입을 할 수 없다. 신용장금액과 환어음금액, 상업송장 금액을 동일하게 작성하는 것이 실무상 안전하며 초과된 금액은 사후에 추심방식으로 회수하는 것이 바람직스럽다.

3) 상업송장의 상품명세서

상업송장에는 상품의 수량, 중량, 순톤수, 총톤수, 단가, 가격조건 금액, 상품명세서 등이 기재되며 특히 상품명세서는 신용장에 명시된 상품명세서와 반드시 일치해야 한다. 실질적으로 선적된 상품이 수출입매매계약에 명시된 상품과 동일하지만 상업송장에 기재된 상품의 명칭이 신용장에 명시된 상품의 명칭과 조금이라도 다르면 매입은행과 개설은행, 개설의뢰인이 이러한 상업송장의 수리를 거절할 수 있다.

상업송장 이외의 기타서류, 즉 선하증권, 보험서류, 영사송장, 원산지증명서, 포장명세서 등은 신용장에 명시된 상품의 명세와 모순되지 않은 일반적인 용어로 기재할 수 있어 일반적인 용어로 기재된 서류는 상호간에 표현상의 모순이 있으면 신용장에 요구된 상품의 표현과 일치하지 않는 것으로 간주하여 은행이 수리를 거절할 수 있다.

〈사 례〉 상업송장의 기재금액

당사는 미국에 의류를 수출하고 있는 중소기업이다. 최근 수취한 신용장이 당초의 계약금액 이하로 개설되어 왔는데 총 금액의 5% 범위 내에서는 추가할 수 있다는 단서가 있다. 이런 경우 신용장금액을 초과하여 상업송장을 발행할 수 있는지?

〈사례분석〉

신용장의 금액은 상업송장을 발행할 수 있는 최대의 금액으로서 원칙적으로 당해 신용장의 액면금액을 초과하여 발행해서는 안 된다. 그러나 경우에 따라서는 신용장금액을 초과하여 발행되는 경우도 있는데 예를 들어 신용장조건의 가격조건이 FOB인데 수출상이 운임을 지급하거나 보험을 부보해서 동 금액을 상업송장에 표시하고 발행하는 경우 그리고 매매계약으로서는 단가를 변경하였거나 신용장조건을 변경하지 못하는 경우 등이 있다. 이렇게 상업송장의 금액이 신용장상의 금액을 초과하여 발행된 경우에는 신용장상에 이를 금지한다는 명시적인 조항이 없는 경우 지급, 인수, 매입은행이 수리와 거절의 선택권을 행사할 수 있다.

그러나 수리한다 하더라도 지급이나 인수, 매입은행이 지급하거나 매입한 금액은 신용장상의 금액을 초과할 수 없다. 따라서 초과된 금액은 사후송금 등의 방법으로 처리되며 만일 매입은행 등이 이러한 상업송장을 수리한 경우에는 신용장상의 모든 관계당사자를 구속하게 된다.

따라서 신용장상의 금액을 초과하는 상업송장을 발행할 수는 없으며 만일 발행한다면 수리 여부는 매입은행의 권한이기 때문에 추심 전 매입이 아닌 추심 후 매입이 될 가능성이 많다.

Article 19 Transport Document Covering at Least Two Different Modes of Transport.

a. A transport document covering at least two different modes of transport (multimodal or combined transport document), however named, must appear to:

i. indicate the name of the carrier and be signed by:
the carrier or a named agent for or on behalf of the carrier, or
the master or a named agent for or on behalf of the master.

Any signature of the carrier, master or agent must be identified as that of the carrier, master or agent.

Any signature by an agent must indicate whether the agent has signed for or on behalf of the carrier, or for or on behalf of the master.

ii. indicate that the goods have been dispatched, taken in charge or shipped on board by:

- pre-printed wording, or
- a stamp or notation indicating the date on which the goods have been dispatched, taken in charge or shipped on board.

The date of issuance of the transport document will be deemed to be the date of dispatch, taking in charge or shipped on board and the date of shipment, unless the transport document indicates, by stamp or notation, a date of dispatch, taking in charge or shipped on board, in which case this date will be deemed to be the date of shipment.

iii. indicate the place of dispatch, taking in charge or shipment and the place of final destinations stipulated in the credit, even if:

a. the transport document states, in addition to that place, another place or dispatch, taking in charge or shipment or another place of final destination, or

b. the transport document contains the indications "intended" or similar qualification in relation the vessel or port of loading or port of discharge.

iv. be the sole original transport document or, if issued in more than one original, be the full set as indicated on the transport document.

v. contain terms and conditions of carriage or make reference to another source containing the terms and conditions of carriage (short form or blank back transport document). Contents of terms and conditions of carriage will not b examined.

vi. contain no indication that it is subject to a charter party.

b. For the purpose of this article, transhipment means unloading from one means of conveyance and reloading to another means of conveyance(whether or not in different modes of transport) during the carriage from the place of dispatch, taking in charge or shipment to the place of final destination stipulated in the credit.

c. Even if the credit prohibits transhipment, a bank will accept a transport document indicating that transhipment will or may take place, provided the entire carriage is covered by one and same transport document.

3

제19조 적어도 두 가지 다른 운송 방식을 포함하는 운송선적서류

a. 두 가지 운송방식을 포함하는 운송선적서류는 명칭에 관계없이 다음과 같은 내용을 명시하고 있어야 한다.

i. 운송인의 명의를 표시하고 운송인 또는 운송인을 대행하거나 그를 대표하는 지명된 대리인, 선장 또는 선장을 대행하거나 그를 대표하는 지명된 대리인, 운송인, 선장, 대리인의 모든 서명은 운송인, 선장, 대리인의 서명이라는 확인이 있어야 한다.
대리인에 의한 모든 서명은 대리인이 운송인과 선장을 대신하여 서명했다는 것을 나타내고 있어야 한다.

ii. 화물이 적송, 인수 또는 본선에 적재된 것을 다음과 같이 표시한 선적서류

- 사전에 인쇄된 문언
- 화물이 적송, 인수 또는 본선에 적재된 일자를 나타내는 스탬프 또는 표기
  운송선적서류의 발행일은 적송, 인수 또는 본선적재 그리고 선적일로 간주하며, 운송선적서류에 스태프나 표기로 적송, 인수, 본선적재일이 표시되어 있으면 이 일자는 선적일자로 간주된다.

iii. 다음과 같은 사항에도 불구하고 신용장에 명시된 적송, 인수, 또는 선적의 장소와 최종목적지의 장소를 표시하는 선적서류.

a. 운송선적서류에 이 장소와는 별도로 적송, 인수, 또는 선적의 장소, 다른 최종목적지가 운송선적서류에 기술되어 있다.

b. 운송선적서류가 선박, 선적항, 양륙항과 관련하여 "예정된" 또는 유사한 제한조건을 포함하고 있다.

iv. 운송선적서류의 원본은 한 통이며, 두 통 이상으로 발행된 경우에는 운송선적서류에 표기된 대로 전통이 된다.

v. 운송조건을 포함하고 있거나(약식)양식/백지(위임된 운송선적서류) 운송조건을 포함하고 있는 다른 자료를 참조하도록 된 선적서류 운송조건의 내용은 검토하지 않는다.

vi. 용선계약에 따른다는 표시를 포함하고 있지 않는 선적서류.

b. 본 조항의 목적상 환적이라 함은 신용장에 명시된 적송, 인수 또는 선적 장소에서 최종목적지까지 운송하는 도중(다른 운송방법이 개입되든지 않든지에 관계없이) 한 운송수단에서 다른 운송수단으로 화물을 양하 및 재적재하는 것을 의미한다.

c. 신용장이 비록 환적을 금지하고 있을지라도 은행은 전 운송이 하나의 동일한 운송선적서류에 의해 커버되어 있으면 환적될 것을 나타내는 운송선적서류를 수리한다.

1. UCP 운송서류조항의 주요 개정내용의 연혁

1) 운송서류의 발행자

4차 개정에서는 운송서류를 발행할 수 있는 당사자를 운송인과 운송인의 대리인으로 제한하였으나 5차 개정에서는 운송서류의 발행인으로 선장과 선장의 대리인을 추가시켰다. 운송서류의 발행인을 운송인과 운송인의 대리인으로 규정한 4차 개정의 조항은 선장이 서명하여 운송서류를 발행하고 있는 운송관행과 배치되고 헤이그규칙과 함브르그규칙 등 다른 운송과 관련된 국제규칙에서 선장이 발행하고 서명한 운송서류를 유효하게 인정하고 있는 조항과 상충되기 때문에 5차 개정에서는 운송서류의 발행인으로 선장과 선장의 대리인을 추가시켰다.

운송인과 선장의 대리인이 인증이나 서명하는 경우에는 운송인이나 선장의 명의와 대리인의 자격을 명시하도록 하여 4차 개정에서 대리인이 운송서류를 발행하는 경우 운송인의 명의를 명시하여야 하는지의 불명확한 부분을 정확하게 하여 이를 둘러싼 분쟁을 방지하려고 했다.

2) 선적일과 본선적재일의 표시

선하증권은 화물이 본선에 실제로 선적되었음을 나타내고 있어야 한다.

신용장은 서류상의 거래이기 때문에 선하증권은 화물이 본선에 실제로 선적되었음을 선하증권으로 확인할 수 있도록 발행되어야 한다. 선하증권의 발행일과 본선에 실제로 선적된 본선적재 부기일자와의 관계를 명확히 함으로써 화물이 본선에 실제로 선적되었는지에 관한 분쟁을 방지하려고 노력하였다.

제정규칙의 규정을 살펴보면 신용장이 선적선하증권을 요구하지 않으면 수취식선하증권을 수리할 수 있고, 선적선하증권을 요구한 경우, 수취식선하증권이 수리되기 위해서는 수취식선하증권에 본선적재부기가 표기되어 있어야하고 이 부기일자는 선하증권이 발행되기 이전에 실제로 선적이 이루어졌다는 증거를 제시하고 있어야 하며, 선적선하증권과 수취식선하증권의 발행일을 선적일로 간주한다고 명시되어 있었다. 제정규칙에 명시된 부기일자와 본선적재일자간의 관계가 불분명하여 신용장거래 당사자 간의 분쟁이 발생할 가능성이 제기되어 1차 개정에서는 신용장에 명시된 선적일 이후에 제시되는 선하증권에는 반드시 본선적재일자가 부기 상으로 표시되어야 된다는 강제규정을 둠으로써 부기일자와 부기상의 본선적재일자간의 관계를 명확히 하였다.

2차 개정에서는 신용장에 별도의 명시가 없는 한 선하증권은 화물이 본선에 선적되었음을 나타내고 있어야 된다고 규정하였고 화물이 본선에 선적되었음을 선하증권 그 자체와 본선적재부기일자로 나타내도록 하였다. 따라서 본선적재선하증권의 발행일자를 선적일로 간주하고 본선적재 부기일자가 있는 경우에는 본선적재부기일자를 선적일자로 간주한다. 본선적재부기는 운송인과 대리인이 서명이나 약식서명으로 하도록 하였다. 2차 개정의 문제점은 본선적재의 용어가 명확하지 않다는 점이다. 본선이 어느 선박을 의미하는지 명확하지 않아서 3차 개정에서는 지정된 선박(named vessel)과 선적(shipped) 문구를 삽입하여 조항을 수정하였다. 3차 개정에서는 본선적재부기일자를 선적선하증권과 수취식선하증권 모두에게 기재할 수 있는지 명확하지 않았기 때문에 4차 개정에서는 본선적재부기일자는 수취식선하증권에만 기재할 수 있다는 점을 명확히 하기 위해서 "received for shipment"라는 문구를 삽입하여 조항을 수정하였다.[6] 4차 개정된 조항은 운송인의 서명

6) 백대림, "신용장통일규칙에서의 운송서류 관련규정; 축조해설과 적용사례 Ⅲ,"「중재」제182호, 1987.3, p.9.

란에 있는 서명과 본선적재부기에 기재된 운송인이나 대리인의 서명이나 약식서명이 동일해야 되는지, 아니면 다른 경우에 은행은 선하증권의 수리를 거절해야 되는지, 거절한다면 어떠한 이유로 거절해야 되는지에 대한 판단 기준이 없어서 선하증권의 수리에 관한 분쟁이 발생할 수 있기[7] 때문에 5차 개정에서는 본선적재부기에 운송인이나 대리인의 서명이나 약식서명의 내용을 삭제하였다.

5차 개정에서는 화물이 지정된 선박에 본선적재 또는 선적되었음을 선하증권이 발행되는 두 가지 방법으로 표기할 수 있도록 하였다. 지명된 선박에 본선적재 또는 선적은 화물이 지명된 선박에 본선적재되었거나 지명된 선박에 선적되었다는 것이 선하증권에 사전에 인쇄되어 발행될 수 있고, 이러한 경우에 선하증권의 발행일이 본선적재일 및 선적일로 간주된다는 것이고, 선하증권이 수취사실이 인쇄된 서식으로 발행된 경우에 지명된 선박에 본선적재 또는 선적은 화물이 본선에 적재된 날짜를 표시하는 선하증권의 표기에 의해서 증명되어야 하고, 선하증권에 표기된 본선적재부기일이 선적일로 간주된다.

선하증권에 선박에 관련하여 "예정된 선박(intended vessel)"이나 이와 유사한 표현이 기재되어 있는 경우에 본선적재부기는 화물이 적재된 일자와 적재된 선박명을 포함하고 있어야 하고 선하증권이 적재항과 다른 수령 또는 인수지를 표시하고 있는 경우에는 본선적재부기는 적재일자, 선박명과 신용장에 기재된 적재항도 포함하도록 하였다.

복합운송의 발전으로 복합운송증권에 선박명과 선적항에 관하여 "예정된 선박," "예정된 선적항(intended port of loading)" 및 "예정된 하역항(intended port of discharge)"이라는 표기가 기재되었다. 해상선하증권에 이러한 문구가 표기될 경우 은행은 이러한 서류를 어떻게 처리하여야 되는지 문제가 발생하여 4차 개정에서는 이러한 문구가 복합운송증권에 표기된 경우에 수리할 수 있고 해상선하증권에 표기된 경우에는 수리할 수 없도록 하였다.

수취식선하증권이 선적항과 다른 인수지 및 또는 하역항을 표시하고 있다면 선적항을 "예정된" 선적항으로 표시한 결과가 되어 선적항에 대한 정확한 확인이 선하증권에 이루어지지 않은 것으로 해석될 수 있어서 5차 개

7) ICC Publication No. 511, UCP 500 & 400 Compared, p. 66.

정에서는 해상선하증권이 선적항과 다른 인수지를 나타내는 경우에 신용장에 명시된 선적항과 화물이 적재된 선박명도 포함한 본선적재부기가 있어야 한다고 규정하였다.

3) 환 적

화물이 한 운송수단을 이용하여 수출지에서 수입지로 직접 운송될 수도 있지만 직항로가 없는 경우 다른 운송수단에 옮겨 실어 운송되어야 하기 때문에 환적에 관한 조항은 제정초기부터 만들어졌다. 환적에 관련된 제정규칙을 살펴보면 전 항해가 하나의 동일한 선하증권으로 이루어지는 경우에 인쇄된 조항과 별도로 운송과정에서 환적을 허용하는 환적선하증권은 수리되며, 기술적인 인유로 전 항해가 동일한 서류로 커버할 수 없다하더라도 환적선하증권은 은행의 책임 없이 수리한다고 규정하여 수입상에게 매우 불리하게 되어 있었다. 또한 신용장이 환적을 금지하고 있을 경우 환적을 나타내는 선하증권을 수리할 수 있는지에 관련하여 아무런 규정이 없어서 은행이 환적을 나타내는 선하증권을 수리하는 데 많은 어려움에 직면하였다. 1차 개정에서 전 항해가 하나의 동일한 선하증권에 의해서 커버되어야 하고 신용장에 환적을 금지하는 경우 특별히 환적을 나타내는 문구가 선하증권에 기재된 경우를 제외하고는 선하증권의 이면약관에 환적할 수 있다는 표시가 있다하더라도 은행이 선하증권을 수리하도록 했다. 2차 개정에서는 운송인이 환적할 권리를 가진다는 인쇄된 조항을 포함하고 있는 선하증권은 선하증권에 별도로 환적을 나타내는 것이 아니라고 보아 은행은 이러한 선하증권을 수리할 수 있다고 명시하였다.

컨테이너가 해상운송에 등장함에 따라 환적을 정확하게 정의할 필요성이 대두되었다. 항만의 시설차이로 인하여 컨테이너 전용선이 부두에 접안할 수 없어서 부두 밖에 정박하고 있는 경우에 운송인은 바지선을 이용하여 화물을 컨테이너 전용선까지 운송하여 컨테이너선에 선적하여 왔다. 화물을 바지선에서 컨테이너 전용선으로 옮겨 실으면 환적으로 보아야 하는지 의문이 제기되었다.[8] 컨테이너선의 등장에 따른 운송관행을 정의하고 운송서류에 기재된 환적의 표시에 대해서 새로운 해석이 필요하게 되었다.

8) ICC Publication No. 371, Decisions(1975～1979) of the ICC Banking Commission, R. 29, 30, pp. 47-50.

4차 개정에서 환적은 선적항, 적송지 또는 인수지에서 하역항 또는 목적지까지의 운송기간 동안 동일한 운송형태로 한 운송수단 또는 선박에서 다른 운송수단 또는 선박으로 또는 한 운송형태로부터 다른 운송형태로 선적 및 재선적하는 것을 의미한다고 새롭게 정의하여 환적을 둘러싼 분쟁을 제거하려고 하였으나 환적의 정의가 너무 포괄적이고 운송수단에 따라 환적이 다르게 나타나기 때문에 5차 개정에서는 운송서류별로 환적을 정의하였다.

복합운송은 환적을 전제조건으로 하기 때문에 환적을 금지하면 복합운송은 이루어질 수 없다. 따라서 해상선하증권의 환적과 복합운송의 환적을 정확히 구분하여 신용장통일규칙에 명시하여야 한다는 주장도 제기되었다.[9)]

4) 복합운송서류

컨테이너가 등장함에 따라 복합운송이 더욱더 발전하여 새로운 운송관행을 만들었고 이러한 운송관행은 통과선하증권(through B/L)의 조항에 의해서 충족되지 못하였다. 통과선하증권을 발행한 운송인은 해상운송구간만 책임을 지고 육로운송구간의 운송에 대해서는 책임을 지지 않기 때문에 육로구간이 포함된 복합운송의 경우에 육로구간의 운송에 대해서 누가 책임을 부담해야 되는지 새로운 문제가 발생하게 되었다. 따라서 3차 개정에서 복합운송서류의 수리조건을 규정하였다.[10)]

제 3 차 규정은 조문자체가 명확하지 않으므로 서류를 심사하는 은행에게 큰 부담을 주었다. 신용장이 복합운송을 나타내는 경우에 이러한 서류를 수리하도록 한 조항은 동 규칙 제14조에 명시된 매입의 대상이 되는 서류와

---

9) Boris Kozolchk, "Evolution and present state of the ocean bill of lading from a banking law perspective," Journal of Maritime Law and Commerce, Vol. 23, No. 2, April, 1992, pp. 198-199.

10) 제23조 (a) If the credit calls for a combined transport document, i.e. one which provides for a combined transport by at least two different modes of transport, from a place at which the goods are taken in charge to a place designated for delivery, or if the credit provides for a combined transport, but in either case does not specify the form of document required and/or the issuer of such document, banks will accept such documents as tendered. (b) If the combined transport includes transport by sea the documents will be accepted although it does not indicate that the goods are on board a named vessel, and although it contains a provision that the goods, if packed in a Container, may be carried on deck, provided it does not specifically state that they are loaded on deck.

정확하게 명시되어야 한다는 조항과 상충되게 되어 있었다. 또한 복합운송의 발행자를 명시하지 않아서 은행은 제시된 복합운송을 제시된 대로 매입하여야 되기 때문에 수입상은 매우 위험한 상황에 놓이게 되었다. 제4차 개정에서 복합운송서류의 발행인을 운송인과 그 대리인으로 제한하고 운송주선인이 발행한 복합운송서류는 원칙적으로 수리할 수 없지만 운송중개인국제연맹(FIATA: international federation of forwarding agent association)이 발행한 복합운송서류와 운송주선인이 운송인의 대리인으로써 발행한 복합운송서류를 수리하도록 하였다.

5차 개정에서는 복합운송서류의 발행자의 명의 표시와 서명요건을 명확히 하였다. 화물의적송(dispatch), 인수(taking in charge) 또는 본선적재(loading on board)에 관한 그러한 취지의 문언으로 사전에 복합운송서류에 인쇄된 경우에 복합운송서류의 발행일이 선적일이 되고 스탬프나 기타의 방법으로 적송, 인수 또는 본선적재일을 표시하고 있는 경우에는 이러한 일자를 선적일로 간주한다.

2. UCP 600 운송서류 관련 조항의 해석

1) 운송인 명의 표기와 서명에 관한 해석

(1) 운송서류의 명칭

운송서류에 관련된 제 조항을 충족시키는 운송서류는 "명칭에 관계없이(however named)" 수리한다고 개별 운송서류 관련 조항에 명시되어 있다. 현재 운송업계에서 사용하고 있는 운송서류의 명칭은 하나로 통일되어 있는 것이 아니라 운송회사별로 다르게 사용하고 있어서 운송서류의 명칭을 하나로 통일시킬 수 없다는 현실을 반영한 것으로 보인다. 따라서 은행은 신용장에 명시된 운송서류의 명칭과 제시된 운송서류의 명칭이 다르더라도 제시된 운송서류가 운송서류의 관련 조항에 명시된 조건을 충족하고 있으면 명칭에 관계없이 운송서류를 수리하도록 하여 신용장거래가 신속히 이루어질 수 있도록 하였다.

운송서류의 명칭이 운송서류의 수리 여부를 결정하는 데 중요한 고려사항이 아니라고 보아야 한다.[11] 따라서 은행은 운송서류의 명칭을 심사할 의

---

11) ICC Publication No. 459, Case Studies on Documentary Credit(Vol. I), Case No. 85.

무가 없으며 제시된 운송서류의 내용이 각 운송서류 조항에 규정된 제반조건을 충족시키는지를 판단하여 운송서류의 수리 여부를 결정하는 것으로 해석하여야 한다. 운송서류의 명칭이 운송주선업자가 발행한 선하증권으로 기재되어 있으면 은행은 UCP 600 제19조, 제20조, 제21조, 제22조의 조항에 명시된 대로 운송주선업자가 운송인의 대리인인지를 반드시 확인하여 운송서류의 수리여부를 결정하여야 한다.

〈표 1〉 UCP 500과 UCP600의 운송서류 관련 조항의 비교

구 분		UCP 500	UCP 600
복합운송서류	발행일	운송인, 선장, 복합운송인 또는 그들의 대리인 선장의 대리인이 발행할 경우 선장의 명의 표기	복합운송인 삭제 선장의 대리인이 발행할 경우 선장의 명의 불표시
	선적일	발송, 인수 또는 본선적재일	별도의 본선적재 표기일자가 있으면 본선적재 표기일자
	돛에 의한 운항	운송선박이 돛에 의해서만 운항된다는 표시를 포함하고 있지 않는 서류 수리	삭제
	환적의 정의	없음	운송수단의 변경에 관계없이 한 운송수단에서 다른 운송수단으로 양륙 및 재적재
선하증권	발행인	선장의 대리인이 발행할 경우 선장의 명의 표기	불표기
	선적선하증권의 발행일	선하증권의 발행일	발행일이지만 발행일과 본선적재 표기일자가 있으면 본선적재 표기일자
	돛에 의한 운항	운송선박이 돛에 의해서만 운항된다는 표시를 포함하고 있지 않는 서류 수리	삭제

<table>
<tr><td rowspan="3">용선계약
선하증권</td><td>발행인</td><td>선장, 선주 또는 그들의 대리인
선장의 대리인이 발행할 경우 선장의 명의 표기</td><td>용선자 및 그의 대리인 추가
선장의 대리인이 발행할 경우 선장의 명의 불표시</td></tr>
<tr><td>선적일자</td><td>선하증권 발행일</td><td>발행일이지만 발행일과 본선적재 표기일자가 있으면 본선적재 표기일자</td></tr>
<tr><td>돛에 의한 운항</td><td>운송선박이 돛에 의해서만 운항된다는 표시를 포함하고 있지 않는 서류 수리</td><td>삭제</td></tr>
</table>

(2) 운송인 명의 표기와 해석

수출상이 수입상에게 수출화물을 직접 인도할 수 없기 때문에 수출상이 해상운송인과 해상운송계약을 체결하고 해상운송인이 발행한 선하증권을 수출상이 수입상에게 인도하면 수출화물의 소유권이 송하인에서 수입상으로 이전된 것으로 간주한다. 수입상이 해상운송인이 발행한 선하증권을 안심하고 인수하는 것은 수입상을 대신하여 해상운송인이 수출상이 제시한 수출화물의 내용과 수량 등을 수출상이 제공한 선적요청서의 기재내용과 일치하는지 확인하였기 때문이다. 따라서 수입상은 해상운송인이 수출상으로부터 받는 수출화물을 검사하여, 수출화물이 선적요청서의 기재내용과 일치한다고 확인한 다음에 선하증권을 발행하였기 때문에 수입항에 도착한 수출화물에 하자가 발생하였다면 해상운송인은 수입상에게 손해를 배상할 책임을 부담해야 한다.[12)]

따라서 운송인은 수입상에게 있어서 매우 중요하다. 선박회사가 선하증권을 발행하지만 제3자가 발행할 수도 있어서 선하증권에 운송인을 정확히 표기하도록 하여 수입상의 이익을 보호하려고 하였다. 운송인이 누구인가 관련하여 제정규칙에서부터 UCP 600에 이르기까지 명확하게 명시하지 않았다. UCP가 개정될 때마다 운송인이 누구를 의미하는지 명확히 하여야 된다는 주장이 제기되었지만[13)] UCP 600의 개정내용은 이러한 주장을 반영하지

12) 이제현, "선하증권의 부지문언이 송하인, 수하인, 운송인에게 미치는 영향에 관한 연구," 「해운물류연구」 제46호, 한국해운물류학회, 2005. 9, p. 85.

13) 운송인이라 함은 육상, 철도, 항공, 해상 또는 복합방식의 운송계약을 체결하는 자 또는 명의인을

못하여 운송인이 누가 될 수 있는지에 대한 명쾌한 해답을 제시하지 못하였다.

선주가 운송인에 포함될 수 없다고 주장하면 우리니라 상법 제813조 및 제814조에 반하게 된다. 인코텀즈 2000[14]과 헤이그규칙,[15] 선하증권의 규칙에 따르면[16] 해상운송의 경우에는 선주(owner)와 용선자(charterer)가 운송인에 포함되는 것으로 해석된다. 함부르그규칙은[17] 운송인을 운송인과 실질운송인으로 구분하여 정의 하였다.

복합운송인도 운송서류를 발행할 수 있는가에 관련하여 UCP 500 제30조에서 복합운송인이 운송인의 대리인으로 지정되면 복합운송인도 운송서류를 발행할 수 있다고 규정하였으나 UCP 600에서는 본 조항을 삭제하고 UCP 600 제14조 I항에 복합운송인도 운송서류를 발행할 수 있는 근거를 두었다.[18]

운송인이 누구인지는 I.C.C.의 견해를 토대로 도출하고자 한다. 제 5 차 개정과정에서 I.C.C.는 운송인은 자신의 명의로 운송계약을 체결하고, 실제 운송을 하는 당사자와 수하인의 대리인이 아닌 자, 운송계약에 따라 책임을 부담하고 운송과정에서 화물의 손상이나 파손에 대하여 책임을 부담하는 자라고 보았다. 따라서 UCP 600의 운송인은 송화인과 운송계약을 체결한 당사자로서 운송과정에서 발생한 화물의 손상이나 멸실에 대해서 최종적으로 책임을 부담하는 자로 해석할 수 있다.

뜻한다고 4차 개정과정에서 주장하였다. I.C.C. Publication No. 411., Documentary Credits 1974 Rules and 1983 Rules (compared and explained), p. 46.; 5차 개정과정에서 본조의 목적상 운송인은 수하인이나 실제 운송에 참여하거나 약정하는 어느 당사자의 대리인이 아닌 본인으로써 운송계약을 직접 또는 대리인을 통하여 체결하고 운송이행에 관한 책임을 지는 자로 표기할 것을 주장하였다. Document No. 470-37/5(1991. 6. 26).

14) "Carrier means any person who, in a contract of carriage, undertakes to perform or to procure the performance of carriage by rail, road, sea, inland waterway or by a combination of such modes."

15) 헤이그규칙 제 1 조 (a)항.

16) International Convention for the Unification of Certain Rules Relating to Bills of Lading 제 1 조 (a)항.

17) 함부르그규칙 제 1 조 1항.

18) I. A transport document may be issued by a party other than the owner of a vessel or other means of transport provided that the transport document meets the requirements of articles 19, 20, 21, 23 or 24 of these rules.

지정은행과 확인은행 및 개설은행은 운송서류에 기재된 운송인이 누구인지 실제 발행자격이 있는지 확인할 의무는 없다. UCP 600 제14조에서 지정은행, 확인은행, 개설은행은 서류를 기준으로 제시된 서류가 문면상(on their face) 신용장의 제조건과 일치되는지를 심사하여야 한다고 규정하였다. 문면상은 운송서류에 운송인의 명의가 기재되었는지를 확인하면 되는 것이지 운송서류발행자의 자격을 확인하는 것은 아니라고 해석하여야 한다.

신용장이 선박회사가 발행한 선하증권을 요구하면 은행은 선박회사가 선하증권을 실제로 발행했는지 확인하여야 되는지의 질의에서 I.C.C.는 선하증권이 허위로 발행되었다는 증거가 있는 경우를 제외하고는 은행은 선하증권에 운송인의 명의로 선박회사가 기재되었는지를 심사하는 것이지 실제 선박회사가 선하증권을 발행했는지 심사할 권한이 없다고 해석하였다.[19] 따라서 은행은 서류가 허위로 발행되었다는 증거가 없는 한 운송서류에 운송인의 명의가 표기되었는지를 심사하고 운송인의 자격을 확인할 의무는 없다고 해석하여야 한다.

(3) 서명에 관한 해석

운송인은 운송서류를 발행할 때 자기가 운송서류를 정당하게 발행했다는 것을 증명하기 위하여 운송서류에 서명을 한다. 우리나라 사업 814조에 보면 선하증권을 발행하는 운송인은 선하증권에 기명날인 또는 서명을 하여야 한다고 규정하였다. 서명은 세계 각 지역의 상관습에 따라 다양한 방식으로 이루어지고 있다. UCP 600 제 3 조에서 서류는 수기, 팩시밀리서명, 천공서명, 스탬프, 상징 또는 그 밖의 기계적 또는 전자적 인증방법에 의하여 서명될 수 있다고 규정하여 서명방법을 포괄적으로 인정하려고 하였다. 은행은 운송서류에 나타난 서명에 관하여 당사자가 정확하게 서명했는지를 확인하는 것이 아니라 요구한 서명이 운송서류에 있는지를 확인을 하는 것으로 동 규정을 해석하면 된다. 서명의 형식에는 제한이 없으며 각 국가나 지역의 관습에 따라 이루어진다고 해석할 수 있으며, 서명의 타당성과 적법성에 대해서 은행은 심사할 필요가 없으며, 문면상 서명이 운송서류에 있는지만 심사하면 된다.[20] UCP 600의 서명규정은 헤이그규칙, 함부르그규칙과 상

19) I.C.C. Publication No. 469, Opinions of The ICC Banking Commission(1987-1988), R. 161, p. 56.
20) 서백현, “신용장통일규칙 운송서류조항의 변화에 관한 비판적 고찰 —제5차 개정 신용장통일규칙을 중심으로—,” 서강대학교 대학원 박사학위 논문, 1996, p. 130.

충되는 내용을 시정하지 못하였다는 문제점을 안고 있다.[21)]

2) 선적일자와 본선적재부기 표시의 해석

(1) 본선적재부기에 관한 UCP 600의 해석

화물이 지정된 선박의 본선에 선적되었다는 것이 선하증권에 표기되어 있어야 한다. 운송서류를 심사하는 은행은 화물이 지정된 선박의 본선에 선적되었는지를 제시된 운송서류를 근거로 판단한다. 은행은 화물이 지정된 선박의 본선에 선적되었는지를 운송서류에 나타난 선적일자와 본선적재부기 표시를 근거로 판단하여 운송서류의 수리 여부를 결정할 수밖에 없다. 운송인이 화물을 지정된 선박의 본선에 적재한 후에 그 자리에서 선하증권을 발행하면 본선적재부기는 필요 없다. 그러나 화물이 선적되는 장소와 운송서류가 발행되는 장소가 다르고, 화물의 인수지와 선적지가 다르기 때문에 운송서류에 본선적재부기를 하여 운송서류를 발행하여 왔다.

본선적재부기의 표시에 관한 UCP 600의 규정은 4가지로 해석할 수 있다. 첫째, 선하증권에 선박명과 관련하여 “예정된 선박(intended vessel)”이나 이와 유사한 표현의 문구가 없는 경우에 본선적재부기는 본선적재일자만 포함하고, 둘째, 선하증권에 선박명과 관련하여 “예정된 선박(intended vessel)”이나 이와 유사한 표현의 문구가 있는 경우에 본선적재부기는 화물이 선적된 일자와 적재된 선박명을 포함하여야 한다. 셋째, 선하증권에 신용장에 명시된 선적항이 표기되어 있지 않고, 선하증권이 선적항과 관련하여 예정된 또는 이와 유사한 문구가 있는 경우에 본선적재부기는 신용장에 명시된 선적항, 선적일자, 선박명을 포함하고 있어야 한다. 넷째, 화물이 지정된 선박의 본선에 적재되었음이 사전 인쇄된 문언에 의해 표시되어 있을 경우에도 본선적재부기가 있어야 한다고 해석하여야 한다.

(2) 선적선하증권과 수취식선하증권의 선적일자와 본선적재표시의 해석

운송서류는 선적사실을 나타내는 문구가 미리 인쇄된 양식과 수취사실을 나타내는 문구가 인쇄된 양식으로 발행되며 전자의 경우는 선하증권 발행일자를 선적일자로 간주하고 후자의 경우에는 실제로 본선에 적재되었음

---

21) 발행인의 서명규정에 관하여 헤이그규칙은 규정이 없고, 함부르그규칙은 운송인 또는 운송인을 대신하여 행동하는 자의 서명으로 규정하였고, 서명형식에 관하여 헤이그규칙은 규정이 없고, 함부르그규칙은 육필, 팩시밀리로 프린트된 것, 천공, 스탬프, 기호 또는 기타 기계적, 전자적 수단으로 명시되어 있다.

을 나타내는 본선적재 부기일자가 선하증권에 명시되어야 하고 이런 경우 본선적재 부기일자를 선적일자로 간주한다.

운송인이 수출상으로부터 운송화물을 인수하고 화물이 지정된 선박의 본선에 적재된 후에 선하증권을 발행하여야하는 것이 원칙이지만 운송관례상 운송인은 인수한 화물이 지정된 선박의 본선에 선적되기 전에 화물이 지정된 선박의 본선에 선적되었다는 문구가 미리 인쇄된 양식을 이용하여 선하증권을 발행하여 왔다.[22] 사전에 선적사실을 나타내는 문구가 인쇄된 선적선하증권의 양식으로 서명하여 발행하면 그 발행일이 곧 선적일자로 간주된다.

따라서 선적선하증권에는 선하권의 발행일 이외에 본선에 선적되었음을 나타내는 본선적재 부기일자를 표기할 필요가 없다. 그럼에도 불구하고 선적선하증권에 선하증권의 발행일과 다른 본선적재 부기일자가 동시에 기재되어 있다면 은행은 어떤 일자를 기준으로 선적일자를 결정하여야 되는지를 판단하여야하는 어려움에 직면하게 된다.

이 문제에 관하여 I.C.C.는 신용장이 선하증권에 본선적재 부기를 표기하도록 요구한 경우에 본선적재 부기일이 선적일이 되고 그 이외의 경우에는 선하증권 발행일이 선적일이 되며, 본선적재 부기일보다 늦은 경우에는 본선적재 부기일이 선적일이 된다고 보았다.[23]

우리나라 법원은 국제상업회의소의 의견을 반영하여 선적일자는 본선적재 부기일자가 된다고 판결하였다.[24] 은행은 선적선하증권의 경우에 선적선

22) 서백현, "제6차 신용장통일규칙 항구간 운송선하증권조항의 해석,"「관세학회지」제7권 제4호, 한국관세학회, 2006, p. 136.

23) In the light of this clarification, we would confirm that a bill of lading which in its pre-printed form uses the words "or substitute vessel" is not to be considered as a qualification similar to "intended vessel," in the context so sub-Article 23(a)(ii). This Opinion replaces that given in Document 470. TA.18 and Opinion No. R. 283 appearing ICC Publication No. 596.

24) 서울고법, 2001. 1. 30, 선고 99나6845: 위 신용장통일규칙 제23조 a. ii. 전단에 정하여진 선적선하증권(물품이 지정선박에의 본선적재 또는 선적되어 있다는 취지의 미리 인쇄된 문언이 있는 경우)의 경우 발행일을 본선적재일 및 선적일로 간주한다는 것은 선하증권상에 따로 본선적재일 및 선적일을 기재하지 않는 것을 전제로 선하증권의 발행일을 해당 물품의 선적일로 간주한다는 취지이고, 나아가 선하증권상에 따로 선적일을 부기하는 것을 금하는 취지라고 볼 것은 아니다. 따라서 선적선하증권의 경우 선적선하증권상에 해당 증권의 발행일 외에 따로 본선적재일 또는 선적일이 기재되어 있을 경우 이와 같이 부기된 일자를 물품의 선적일로 보아야 할 것이고, 발행일과 본선적재일이 각기 다른 날짜로 기재되어 있다고 하여도 본선적재일이 두 개인 모순이 발

하증권의 발행일을 선적일로 간주하고 선적선하증권에 선적선하증권의 발행일과 본적적재 부기일이 동시에 기재되어 있으면 본석적재 부기일을 선적일로 해석하고 수취선하증권의 경우에는 본선적재 부기일을 선적일로 해석한다.

(3) 예정된 선박의 해석

선적선하증권에 선박과 관련하여 "예정된 선박(intended vessel)"이라는 문구가 표시되어서는 안 된다. 선적선하증권이 수리되기 위해서는 선하증권에 화물이 기재된 선박의 본선에 실제로 선적되었다는 것이 어떤 형식으로든지 선적선하증권에 표기되어 입증되어야 한다.

선박과 관련하여 선적선하증권에 표기된 예정된 선박이라는 문구는 화물이 선하증권에 기재된 선박에 실제로 선적되었다는 증거로 불충분하다고 해석하기 때문에 선적선하증권에 선박과 관련하여 예정된 선박이라는 문구를 표기하여서는 안 된다. 그러나 수취식선하증권과 복합운송서류에 선박과 관련하여 예정된 선박이라는 문구가 표시되어 발행될 수 있다. 운송인이 수출상으로부터 화물을 인수할 때 화물이 선적될 선박이 결정되지 않았기 때문에 운송인은 선박과 관련하여 예정된 선박이라는 문구가 기재된 선하증권을 발행하여 왔다. 수취식선하증권과 복합운송서류가 수리되기 위해서는 실제로 선적된 선박명과 선적일이 기재된 부기가 운송서류에 표기되어야 한다.

(4) 신용장에 명시된 선적항과 다른 선적항이 선하증권에 표시된 경우의 해석

운송업계에서는 선적선하증권과 수취식선하증권을 명확히 구분하여 사용하기보다는 혼합하여 사용하기 때문에 은행은 제시된 운송서류가 선적선하증권인지 아니면 수취식선하증권인지를 판단할 수 없다. 선적선하증권은 화물이 신용장에 명시된 선적항에서 지정된 선박의 본선에 선적이 이미 이루어졌다는 것을 의미하기 때문에 은행은 신용장에 명시된 선적항이 선하증권에 표기되어 있어야만 수리할 수 있다. 따라서 제시된 선하증권에 신용장에 명시된 선적항과 다른 선적항이 표기되어 있으면 이 운송서류는 하자이고 이 운송서류가 수리되기 위해서는 신용장에 명시된 선적항과 선적일자, 선박명이 별도의 표기로 선하증권에 기재되어 있어야 한다.

생하는 것은 아니라 할 것이다.

선적선하증권의 선적항은 신용장에 명시된 선적항이 되어야 하며, 선적항의 표기는 미리 인쇄된 문언으로 할 수 있고, 선적항이 미리 인쇄된 선하증권을 발행하였지만 나중에 선적항이 다른 경우에는 별도의 표기로 선적항을 기재할 수 있다고 해석하여 운송업계의 관행을 수용하였다. 이러한 경우에 본선적재부기 표시는 신용장에 명시된 선적항뿐만 아니라 선적일자와 선박명이 함께 포함하고 있어야 수리 가능한 서류로 간주한다. 은행은 선적선하증권에 표시된 선적항이 신용장에 명시된 선적항과 다르게 인쇄되어 있더라도 선하증권에 신용장에 명시된 선적항과 선적일자 및 선박명이 표기되어 있으면 수익자의 선적의무가 이행된 것으로 해석하여 수리한다는 것이다.

(5) 선적항과 관련하여 예정된 및 이와 유사한 문구의 해석

수취식선하증권은 운송인이 화물을 인수하는 시점에서 발행되기 때문에 수취식선하증권에 기재된 인수지와 신용장에 명시된 선적항과 다르다. 화물의 선적이 인수지에서 이루어질 수도 있고 신용장에 명시된 선적항에서 이루어질 수 있기 때문에 선하증권에 선적항과 관련하여 예정된 또는 이와 유사한 문구를 기재하여 선하증권을 발행하여 왔다. 따라서 이러한 문구가 기재된 수취식선하증권이 수리되기 위해서는 본선적재부기표시가 선하증권에 별도로 있어야 하고 본선적재부기표시에 신용장에 명시된 선적항과 선적일자 및 선박명이 포함되어 있어야 한다.

3) 환적의 해석

선하증권에서 환적은 신용장에 명시된 선적항에서 하역항까지 해상운송 도중에서 화물이 선적된 선박에서 다른 선박으로 다시 선적하는 것을 의미하고, 이와 같이 화물이 환적되면 화물의 분실과 파손의 위험이 증가하고 추가비용이 발생하기 때문에 수입상은 환적을 못하도록 신용장에 환적을 금지하는 문언을 기재하게 된다. 수입상이 환적을 금지한다는 문언을 신용장에 기재하지 않으면 환적을 허용하는 것으로 해석하며, 신용장에 환적을 금지한다는 내용이 기재되어 있더라도 화물이 컨테이너, 트레일러, LASH선 등에 적재되고, 전 해상운송구간이 하나의 동일한 선하증권으로 커버되는 경우에는 수리하는 것으로 해석한다.

은행은 선박건조기술과 항만시설이 낙후된 시점에서 환적의 의미와 첨단기술로 만들어진 선박과 항만시설 및 선적과 하역장비가 현대화된 시점에

서 환적의 의미를 다르게 해석하고 있다.

UCP 600에서 도입한 복합운송서류의 환적은 신용장에 명시된 발송, 인수 또는 선적장소에서 최종목적지까지 다른 운송수단으로 화물을 양하 및 재적재하는 것을 의미한다고 규정하여 해상운송의 환적과 다르게 정의하였다. 복합운송에서 환적을 몇 번할 수 있는가에 관련하여 아무런 언급이 없지만 여러 번 할 수 있다고 해석하여야 한다. 복합운송은 화물이 한 운송수단에서 다른 운송수단으로 여러 번 양하 및 재적재되어 운송되는 것을 의미하기 때문이다.[25)]

4) 전통(full set)의 해석

운송서류의 원본은 1통이 될 수도 있고 몇 통이 될 수도 있다. 운송서류에 운송서류가 발행된 통수를 반드시 기재하여야 하고, 운송서류에 기재된 원본이 모두 은행에 제시되어야 하며, 운송서류에 기재된 원본이 모두 은행에 제시되지 않으면 은행은 운송서류의 수리를 거절하여야 한다. 은행은 운송서류에 기재된 원본이 제시되었는지 반드시 확인하여 운송서류에 기재된 원본이 모두 제시되지 않으면 운송서류의 수리를 거절하여야 한다고 해석한다.

[해 설] 1) 복합운송서류의 내용

(1) 복합운송서류의 발행자 및 서명

운송인의 명의를 표시하고 운송인 또는 운송인을 대행하거나 그를 대표하는 지명된 대리인, 선장 또는 선장을 대행하거나 그를 대표하는 지명된 대리인만이 복합운송서류를 발행할 수 있다고 규정하였다. UCP 500에서 복합운송인을 복합운송서류의 발행자로 포함시켰지만 UCP 600에서는 제외시켰다. UCP 600에서 복합운송인을 복합운송서류의 발행인에서 제외시킨 것은 UCP 500 제30조항이 UCP 600에서 삭제되었기 때문에 복합운송인에 관련하여 통일된 기준이 필요했고, 복합운송인도 운송인과 선장의 대리인으로 되어 있으면 복합운송서류를 발행할 수 있었기 때문에 복합운송서류의 발행인에 관련된 해석을 명확히 하고자한 것이다. 운송인, 선장, 대리인의 모든 서명은 운송인, 선장, 대리인의 서명이라는 확인이 있어야 하고 대리인에 의

25) 임석민, 『국제운송론』, 삼영사, 2003, p. 503.

한 모든 서명은 대리인이 운송인과 선장을 대신하여 서명했다는 것을 나타내고 있어야 한다고 규정하였다.

UCP 600은 UCP 500에 있는 기타 인증(otherwise authentication)이라는 문구를 삭제하였다. 복합운송서류가 발행인에 의해서 정당하게 발행되었는지는 복합운송서류에 나타난 서명으로 족하고 기타의 인증방법은 불필요하기 때문에 6차 개정에서 삭제한 것이다. UCP 500에 있는 문면상(on its face)이라는 문구가 UCP 600에서 삭제되었다. UCP 500에 있는 지체없이(without delay), 문면상, 합리적인 주의(reasonable care), 합리적인 시간(reasonable time)과 같은 추상적인 문구를 삭제하거나 명확하게 수정되어야 된다는 주장이 끊임없이 제기되었다.[26] 이와 같은 주장을 6차 개정에서 반영하여 문면상이라는 문구를 삭제하였다.

(2) 선적일자

복합운송서류는 화물이 적송, 인수 또는 본선에 적재되었음을 나타내어야 한다. 복합운송서류에 화물이 적송, 인수 또는 본선에 적재된 것을 사전에 인쇄된 문언으로 표시하여 발행할 수 있으며 이런 경우에 화물이 적송, 인수 또는 본선에 적재된 일자를 선적일로 간주한다.

복합운송서류에 화물이 적송, 인수 또는 본선적재되었음을 나타내는 일자를 스탬프나 부기로 나타내어 발행할 수 있고 이런 경우 복합운송서류에 적송, 인수 또는 본선적재를 스탬프나 표기로 나타낸 일자를 선적일로 간주한다. 화물이 적송, 인수 또는 본선에 적재된 것을 사전에 인쇄된 문언으로 표시하여 발행된 복합운송서류에 화물이 적송, 인수 또는 본선적재된 일자가 스탬프나 부기로 표기되어 있을 경우 선적일자는 복합운송서류의 발행일이 아니라 화물이 적송, 인수 또는 본선적재되었음을 스탬프나 부기로 나타낸 일자가 선적일자로 간주한다는 것을 명시하여 두 일자가 복합운송서류에 표기됨으로써 발생될 수 있는 분쟁을 제거하려고 하였다.

(3) 적송, 인수 또는 선적 장소와 목적지 장소 표기

복합운송서류에는 일반적으로 화물의 인수지(place of receipt), 선적지(place of loading), 하역지(port of discharge), 인도장소(place of delivery)를 기재하는 난이 있다. 인수지와 선적지가 다르고 하역지와 최종목적지가 다른

---

26) Pradeep Taneja, "UCP 600: A document restoring the credibility of L/Cs," pradeep-taneja@yahoo.co.in.

복합운송서류가 사용됨에 따라 이에 관한 수리기준이 필요하게 되었다.

UCP 600는 운송서류에 신용장에 명시된 장소와는 별도로 적송, 인수, 또는 선적장소, 다른 최종목적지가 표시되어 있거나 선박, 선적항, 양륙항과 관련하여 "예정된" 또는 유사한 제한조건이 표시되어 있다 하더라도 신용장에 명시된 적송, 인수, 또는 선적장소와 최종목적지 장소를 표시하고 있으면 수리한다고 규정하였다.

(4) 원본과 운송조건

은행은 운송서류의 발행 통수를 엄격히 심사하여야 한다. 운송서류의 원본은 몇 통이고 은행은 제시된 운송서류가 원본인지를 어떻게 판단하여야 되는지 판단기준이 필요하게 되었다. 제 4 차에서 "consists of the full set original issued to the consignor if issued in more than one original"로 조항을 변경하였으나 이 조항은 원본이 두 통 이상으로 발행될 경우에만 적용되고 원본이 한 통으로 발행된 경우에는 적용되지 않는다고 해석할 수 있어서 제 5 차 규칙에서는 "consists of a sole original bill of lading or, if issued in more than one original"로 변경하여 원본이 한 통으로 발행되어도 본 조항을 적용할 수 있다는 것을 명확히 하였다.

운송서류의 원본은 한 통이며, 두 통 이상으로 발행된 경우에는 운송서류에 표기된 대로 전통이 되고, 운송조건을 포함하고 있거나(약식)양식/백지(위임된 운송서류) 운송조건을 포함하고 있는 다른 자료를 참조하도록 된 서류의 경우 운송조건의 내용은 검토하지 않고, 용선계약에 따른다는 표시를 포함하고 있지 않는 서류는 수리한다.

2) 환 적

복합운송에서 환적이 빈번하게 이루어지고 있지만 환적을 명확하게 정의하지 않아서 은행은 복합운송에 기재된 환적금지와 환적의 이면약관을 어떻게 해석하여야 되는지 큰 부담을 안고 있었다. 해상운송과 복합운송이 근본적으로 다르기 때문에 복합운송에서의 환적을 명확하게 정의할 필요성이 대두되었다.

UCP 600에서는 이러한 상황을 반영하여 복합운송조항에 환적은 신용에 명시된 적송, 인수 또는 선적장소에서 최종목적지까지 운송하는 도중(다른 운송 방법이 개입 되든지 않든지에 관계없이) 한 운송수단에서 다른 운송수단으로 화물을 양하 및 재적재하는 것을 의미한다고 규정하여 복합운송에서 환적의 정의를 명확히 하였다.[27] 신용장이 비록 환적을 금지하고 있을지라도 은행은 전 운송이 하나의 동일한 운송서류에 의해 커버되어 있으면 환적될 것을 나타내는 운송서류를 수리한다.

Article 20 Bill of Lading

a. A bill of lading, however named, must appear to:

i . Indicate the name of the carrier and be signed by:

the carrier or a named agent for or on behalf of the carrier, or the master or a named agent for or on behalf of the master.

Any signature by the carrier, master or agent must be identified as that of the carrier, master or agent.

Any signature by an agent must indicate whether the agent has signed for or on behalf of the carrier or for or on behalf of the master.

ii . Indicate that the goods have been shipped on board a named vessel by:

- pre-printed wording, or
- an on board natation indicating the date on which the goods have been shipped on board.

The date of issuance of the bill of lading will be deemed to be the date of shipment unless the bill of lading contains an on board notation indicating the date of shipment, . in which cast the date stated in the on board notation will be deemed to be the date of shipment.

If the bill of lading contains the indication "intended vessel" or similar qualification on relation to the name of the vessel, an on board notation indicating the date of shipment and the name of

27) Frank Reynolds, "A trader's view," Documentary Credit Insight 12-4, 2006, pp. 11-13.

the actual vessel is required.

iii. indicate shipment from the port of loading to the port of discharge stipulated in the credit.

If the bill of lading does not indicate the port of loading stipulated in the credit as the port of loading, or if it contains the indication "intended" or similar qualification in relation to the port of loading, an on board notation indicating the port of loading as stipulated in the credit, the date of shipment and the name of the vessel is required. This provision also applies even if loading on board or shipment on a named vessel is indicated by pre-printed wording on the bill of lading.

iv. be the sole original bill of lading or, if issued in more than one original, be the full set as indicated on the bill of lading.

v. contain terms and conditions of carriage or make reference to another source containing the terms and conditions of carriage (short form or blank back bill of lading). Contents of terms and conditions of carriage will not be examined.

vi. Contain no indication that it is subject to a charter party.

b. For the purpose of this article, transhipment means unloading from one vessel and reloading to another vessel during the carriage from the port of loading to the port of discharge stipulated in the credit.

c. A bank will accept a bill of lading which states that the goods will be transhipped provided:

i. the entire carriage from the port of loading to the port of discharge stipulated in the credit is covered by on e and the same bill of lading; and

ii. the credit does not prohibit transhipment(unless the goods are shipped in a container, trailer or LASH barge as evidenced by the bill of lading)

d. Clauses in a bill of lading stating that the carrier reserves the right to tranship will be disregarded.

제20조 선하증권

a. 선하증권은 명칭에 상관없이 다음과 같은 내용을 표시하여야 한다.

i. 운송인의 명의를 표시하고, 다음과 같은 자에 의해서 서명된 것으로 표시된 선적서류

- 운송인 또는 운송인을 대행 하거나 그를 대표하는 지명된 대리인 또는 선장 또는 선장을 대행하거나 그를 대표하는 지명된 대리인.
- 운송인, 선장 또는 대리인에 의한 모든 서명은 운송인, 선장 또는 대리인의 서명이라는 확인이 있어야 한다.
- 대리인에 의한 모든 서명은 대리인이 운송인과 선장을 대신하여 서명 했다는 것을 나타내고 있어야 한다.

ii. 화물은 지정된 선박 본선에 적재 되어 있음을 나타내는 선적서류.

- 사전 인쇄된 문언.
- 화물이 본선에 적재 되었다는 일자를 나타내는 본선적재 표기.
- 선하증권의 발행일자는 선하증권이 선적일자를 나타내는 본선적재 표기를 기재하고 있지 않으면 선적일자로 간주되며 본선적재 표기일자가 있는 경우에 본선적재 표기일자를 선적일자로 간주한다.
- 선하증권이 선박명과 관련하여 "예정된 선박" 또는 이와 유사한 제한 조건을 포함하고 있을 경우에는 선적일자를 나타내는 본선적재 표기와 실제 화물을 선적한 선박명이 표시되어 있어야 한다.

iii. 선적이 신용장에서 명시된 선적항에서 양륙항까지 이루어지도록 표기된 선적서류.

- 선하증권이 신용장에 명시된 선적항을 선적항으로 표시하고 있지 않을 경우 또는 선하증권이 선적항과 관련하여 "예정된," 또는 이와 유사한 제한 조건을 포함하고 있는 경우 신용장에 명시된 대로 선적항과 선적일자, 선박명을 나타내고 있는 본선적재 표기가 있어야 한다. 이 규정은 본선적재와 지명된 선박의 적재가 선하증권에 사전 인쇄된 문언에 의해 표시되어 있을 경우에도 적용 된다.

iv. 선하증권의 원본은 한 통이며, 두 통 이상의 원본이 발행된 경우 선하증권에 표기된 대로 전통(傳統)이 된다.

v. 운송조건을 포함하고 있는(약식(略式), 양식, 백지(白紙), 위임된 선하증권) 운송조건을 포함하고 있는 다른 자료를 참조하도록 된 선적서류의 운송조건의 내용을 검토하지 않는다.

vi. 용선계약에 따른다는 표시를 포함하고 있지 않는 선적서류.

b. 본 조항의 목적상 환적이라 함은 신용장에 명시된 선적항에서 양륙항까지 운송하는 도중에 한 선박에서 다른 선박으로 화물을 양하 및 재적재를 하는 것을 의미한다.

c. 은행은 다음의 경우에 화물이 환적 될 것이라고 기술한 선하증권을 수리한다.

i. 신용장에 명시된 선적항에서 양륙항까지의 전 해양운송은 하나의 동일한 선하증권에 의해서 커버되어 있는 경우.

ii. 신용장은(선하증권에 당해 화물이 컨테이너, 트레일러, 바지선에 선적된다고 되어 있지 않는 한) 환적을 금지하지 않는다.

d. 선하증권에 운송인은 환적할 권리를 유보한다고 기술되어 있는 조항은 무시한다.

[해 설] 1) 선하증권의 내용

(1) 선하증권의 발행자 및 서명

UCP 500 제23조 해양선하증권에 있는 “covering a port-to-port shipment”가 UCP 600에서는 “indicate shipment from the port of loading to the port of discharge stipulated in the credit”으로 변경되었다. 선하증권은 운송인의 명의를 표시하고, 운송인 또는 운송인을 대행하거나 그를 대표하는 지명된 대리인 또는 선장 또는 선장을 대행하거나 그를 대표하는 지명된 대리인이 서명하여야 한다고 규정하였다. UCP 500에서 선장의 대리인이 운송서류에 서명할 때는 선장의 명칭과 자격을 운송서류에 표시할 것을 요구하였으나 UCP 600에서는 본 문구를 삭제하고 운송인의 대리인인지 또는 선장의 대리인인지를 표시하는 것으로 변경하였다.

이것은 해운회사의 요구를 수용한 것이다. 해운회사는 필요할 때마다 인력을 아웃소싱하기 때문에 선박이 출항하기 전에는 선장의 이름을 알지 못하는 경우가 일반적이다. 해운회사는 인건비 절감을 통하여 치열한 경쟁에서 살아남으려고 선장을 아웃소싱하여 선박을 운영하고 있다. 초안을 작성하는 과정에서 선장의 명칭을 꼭 운송서류에 기재하여야 한다는 주장도

있었으나[28] 해운회사의 요구를 수용하는 것으로 결론지었다.[29]

UCP 600은 운송인, 선장 또는 대리인에 의한 모든 서명은 운송인, 선장 또는 대리인의 서명이라는 확인이 있어야 하고, 대리인에 의한 모든 서명은 대리인이 운송인과 선장을 대신하여 서명했다는 것을 나타내고 있어야 한다고 규정하였다. UCP 500이 적용되기 이전에 은행은 일반적으로 UCP의 규정에 관계없이 상법의 규정에 따라 서명·날인된 운송서류만 수리하여 왔으나 변조나 위조된 운송서류를 이용한 사기사건이 빈번하게 발생하자 UCP 500에서는 서명에 관한 규정을 신설하여 위조 및 변조 운송서류의 사용을 방지하려고 하였다.[30] UCP 600에서는 제3조에 서류는 수기, 팩시밀리서명, 천공서명, 스탬프, 상징 또는 그 밖의 기계적 또는 전자적 인증방법에 의하여 서명될 수 있다는 규정과 중복되기 때문에 UCP 500의 진본확인(otherwise authenticated)이라는 문구와 문면상(on its face)이라는 추상적인 문구를 삭제하였다.

(2) 본선적재 표기일자와 선적일자

운송서류는 선적사실을 나타내는 문구가 미리 인쇄된 양식과 수취사실을 나타내는 문구가 인쇄된 양식으로 발행되며 전자의 경우는 선하증권발행일자를 선적일자로 간주하고 후자의 경우는 실제로 본선에 적재되었음을 나타내는 본선적재 표기일자가 선하증권에 명시되어야 하고 이런 경우 본선적재 표기일자를 선적일자로 간주한다.

운송인이 수출상으로부터 운송화물을 인수하고 화물이 지정된 선박의 본선에 적재된 후에 선하증권을 발행하여야 하는 것이 원칙이지만 운송 관례상 운송인은 인수한 화물이 지정된 선박의 본선에 선적되기 전에 화물이 지정된 선박의 본선에 선적되었다는 문구가 미리 인쇄된 양식을 이용하여 선하증권을 발행하여 왔다.

선적선하증권의 경우 선하증권의 발행일자를 선적일자로 간주한다는 조항은 UCP 500과 같으나 UCP 600에서는 선적선하증권에 선하증권의 발행일

28) Heinz Herl, "Addresses, Agent and Transport Docoment," Documentary Credit Insight 12-1, 2006, p. 8.

29) T.O., Lee, "A call for consistency with transport convention," Documentary Credit Insight 12-3, 2006, pp. 15-16.

30) 박대위, 『신용장』, 법문사, 1996, p. 283.

자와 다르게 표기된 본선적재 표기일자가 있으면 선적일자는 발행일자가 아니라 본선적재 표기일자가 된다는 조항을 신설하였다. 사전에 선적사실을 나타내는 문구가 인쇄된 선적선하증권의 양식을 사용하여 서명, 발급하면 그 발급일이 곧 선적일로 간주된다. 따라서 선적선하증권은 본선에 적재되었음을 나타내는 본선적재 표기일자를 표시할 필요가 없다. 그럼에도 불구하고 선적선하증권의 발행일자와 다른 본선적재 표기일자를 기재하여 선적일에 관련된 분쟁이 빈번하게 발생하여 왔다.[31] UCP 600에서 선하증권의 발행일자는 선하증권이 선적일자를 나타내는 본선적재 표기를 기재하고 있지 않으면 선적일자로 간주되며, 본선적재 표기일자가 있는 경우에는 본선적재 표기일자를 선적일자로 간주한다고 규정하여 선적일과 본선적재 표기일자가 함께 기재된 경우에 선적일은 선하증권발행일이 아니라 본선적재 표기일자가 된다는 것을 명확히 하였다.

(3) 선박명과 선적항 표기

복합운송서류와 선하증권이 혼용되어 사용됨에 따라 선하증권에 선박에 관련하여 "예정된"이란 문구가 기재된 선하증권이 사용되었다. 은행은 제시된 선하증권에 기재된 "예정된 선박"이라는 문구를 어떻게 해석하여 선하증권을 수리하여야 되는지 해석기준이 필요하였다. 선적선하증권의 발행은 화물이 지정된 선박의 본선에 이미 선적되었다는 것을 의미하기 때문에 수익자의 선적의무는 이행된 것으로 본다. 화물의 인수지와 선적항을 다르게 표기하고 있든지 화물의 인수지와 선적항이 동일하게 표기하고 있든지와 상관없이 선적항이 신용장에 명시된 선적항과 동일하면 된다. 선적선하증권에 화물의 인수지와 선적항이 다르게 표기된 경우 I.C.C.는 화물의 인수지에서 선적항으로 사전에 운송된 것으로 해석하고 이것은 은행의 검토대상이 되지 않으며 따라서 은행은 화물의 인수지가 선적항과 다르게 표기되어 있더라도 그 선적선하증권은 수리할 수 있다고 보았다.[32] 따라서 UCP 500 제23조에 있는 "If the bill of lading indicate a place of receipt or taking in charge different from the port of loading stipulated in the credit가 UCP 600에서는 "If the bill of lading does not indicate the port of loading stipulated

31) Chang-Soon Thomas Song, "calls for a practical reading of UCP where a shipped bill of lading has two dates," Documentary Credit Insight 6-4, 2006, p. 15.

32) I.C.C. Pulication No. 459, Case Studies on Documentary Credits(Vol. I), Case No. 950.

in the credit as the port of loading, or if it contains the indication "intended" or similar qualification in relation to the port of loading,"으로 변경되었다.

UCP 600는 선하증권이 선박명과 관련하여 "예정된 선박" 또는 이와 유사한 제한 조건을 포함하고 있을 경우에는 선적일자를 나타내는 본선적재 표기와 실제 화물을 선적한 선박명이 표시되어 있어야 하며, 선적은 신용장에서 명시된 선적항에서 양륙항까지 이루어지도록 표기되어 있어야 한다고 규정하였다. 또한 선하증권이 신용장에 명시된 선적항을 선적항으로 표시하고 있지 않을 경우 또는 선하증권이 선적항과 관련하여 "예정된," 또는 이와 유사한 제한 조건을 포함하고 있는 경우 신용장에 명시된 대로 선적항과 선적일자, 선박명을 나타내고 있는 본선적재 표기가 있어야 한다고 규정하였고, 이 규정은 본선적재와 지명된 선박의 적재가 선하증권에 사전 인쇄된 문언에 의해 표시되어 있을 경우에도 적용된다고 보았다. 국제표준은행관습(International Standard Banking Practice: ISBP)의 80조항을 수용하여 신용장에 명시된 선적항이 선하증권의 선적항 기재란에 표시되어 있지 않은 경우 신용장에 명시된 대로 선적항과 선적일자, 선박명을 나타내고 있는 본선적재 표기가 있는 운송서류는 수리한다는 내용을 신설하였다. UCP 500에 있는 하역항과 관련된 내용은 UCP 600에서 삭제되었다.

(4) 원본과 운송조건

선하증권의 원본과 관련하여 UCP 600은 선하증권의 원본은 한 통이며, 두 통 이상의 원본이 발행된 경우 선하증권에 표기된 대로 전통(傳統)이 되고, 운송조건을 포함하고 있거나 또는 (약식(略式)양식, 백지(白紙)위임된 선하증권) 운송조건을 포함하고 있는 다른 자료를 참조하도록 된 서류의 경우 운송조건의 내용을 검토하지 않으며, 용선계약에 따른다는 표시를 포함하고 있지 않는 서류는 수리한다고 규정하였다.

2) 환 적

UCP 600에서 환적은 신용장에 명시된 선적항에서 양륙항까지 운송하는 도중에 한 선박에서 다른 선박으로 화물을 양하 및 재적재를 하는 것을 의미한다고 규정하였다.

신용장에 명시된 선적항에서 양륙항까지의 전 해양운송은 하나의 동일한 선하증권에 의해서 커버되어 있고, 신용장이(선하증권에 당해 화물이 컨테이너, 트레일러, 바지선에 선적된다고 되어 있지 않는 한) 환적을 금지하지 않는다고 표시되어 있으면 은행은 화물이 환적될 것이라고 기술되어 있는 선하증권을 수리한다. 은행은 선하증권에 운송인은 환적할 권리를 유보한다고 기술되어 있는 조항을 무시한다.

〈사례 1〉 선하증권상 운송인의 표시

선하증권에 운송인명이 인쇄되어 있었으나 명시적으로 운송인명에 'carrier'라는 표시가 누락되었다. 이것이 하자인가? 추후 운송대리인이 선하증권상에 'Evergreen Marine Corporation'이라는 것을 확인하는 별도의 서류를 송부하였다.

〈사례분석 1〉

이 선하증권은 Evergreen Marine Corporation이 운송인이라는 명시적인 표시가 없으므로 하자가 된다. 운송대리인이 Evergreen Marine Corporation이 운송인이라는 별도 서류를 제시한 것은 수리할 수 없다. 이것은 신용장에서 요구한 서류가 아니므로 추가적인 서류로 간주된다. 만약에 운송대리인이 서명하면서 다음과 같이 표시하였다면 수리할 수 있다. "Gulf Agency Company as agents for the Carrier Evergreen Marine Corporation"

〈사례 2〉 선하증권의 배서

상품을 제3자로부터 매입하여 선적하였으며 선하증권상에 shipper는 다음과 같이 명시되어 있다.

- Third Party Trading Company
- For and on half of Trans World (Aluminium)Ltd.

선하증권에 Trans World (Aluminium) Ltd가 배서하였다. 어떤 은행은 이러한 서류를 수리하고 있으나 다른 은행은 하자로 간주한다.

〈사례분석 2〉

선하증권에 배서는 Trans World (Aluminium) Ltd 의 대리인으로 Third Party Trading Company가 할 수도 있고 Trans World (Aluminium) Ltd가 할 수도 있다.

〈사례 3〉 해상선하증권을 요구한 신용장에서 명칭이 이중목적 선하증권으로 기재된 경우

해상선하증권을 요구한 신용장에서 명칭이 이중목적 선하증권으로 기재되었다. 이 서류는 UCP 500 제23조의 모든 요건을 충족시키고 있다. 명칭이 다른 운송서류가 제시되었다는 것이 하자가 되는가?

〈사례분석 3〉

하자가 되지 않는다.

〈사례 4〉 선하증권 일자와 다른 서류상 발송일이 다른 경우

상업송장과 포장명세서가 공장에서 발행된 일자와 선하증권 일자가 다르다. 이것은 하자인가?

〈사례분석 4〉

상업송장과 포장명세서가 공장에서 발행된 발송일이 선하증권 일자를 반영하는 것으로 인정할 어떠한 이유도 없다. 따라서 이것은 하자가 되지 않는다.

〈사례 5〉 해상운송 서류

은행은 해상선하증권을 요구하는 신용장에서 서류심사 중 항구가 sea port가 아니고 river port라는 사실을 발견하였다면 대금지급을 거절하여야 한다는 ICC 의견이 있다. 이것은 서류심사와 관련된 은행의 면책사항을 완화시키는 것이 아닌가?, 또한 해상선하증권을 요구하는 신용장에서 반드시 해상항구가 되어야 하는가?

〈사례분석 5〉

은행원이 서류심사 중 정확하지 않거나 불가능한 사실을 발견하였을 때 이 사실을 외면할 수 없고 이것을 하자로 처리하여야 한다. 그러나 개설은행은 매입은행이 문면상 신용장조건과 일치하는 서류를 제시하였다면 신용장대금을 상환하여야 한다.

해상선하증권을 요구하는 신용장에서 선적항과 도착항으로 명시된 항구명이 해상선하증권이 기재되어 있다면 그 항구가 해상항구든, 강변항구든 상관없다.

〈사례 6〉 선하증권 원본 및 사본을 요구한 경우

신용장에서 선하증권 원본 또는 사본을 요구하였다. 개설은행은 다음과 같은 하자를 이유로 대금지급을 거절하였다.

1. 선하증권 사본에 운송인이 표시되지 않았다.
2. 선하증권에 발행일만 표시되어 있고 본선적재일이 표시되어 있지 않다.
3. 전통의 선하증권 대신에 선하증권 사본 1통만 제시되었다.
4. 수하인의 이름과 주소가 신용장과 일치하지 않는다.
5. 상품명세서가 신용장과 일치하지 않는다.
6. 상업송장에 상품수량을 정정하면서 발행자가 서명하지 않는다.

개설은행이 주장한 하자에 대하여 확인은행은 다음과 같은 이유로 반박하였다.

1. 선하증권 사본은 서명되거나 전통이 제시될 필요가 없다.
2. 선하증권에 미리 인쇄된 "화물이 본선적재 되었다"는 표시가 있으므로 발행일이 본선적재일로 간주된다.
3. 신용장에서 선하증권 전통을 요구하지 않았다.
4. 선하증권의 수하인 이름에 "Spol s.r.o"가 누락되었다. 다른 명세는 정확하고 완전하다.

5. 상업송장과 선하증권의 상품명세가 다르나 선하증권 상품명세는 신용장 상품명세와 모순되지 않는 일반적인 용어로 표시하면 되므로 이것은 하자가 아니다.
6. 상업송장을 정정할 때 발행자가 서명할 필요가 없다.

개설은행이 위의 하자로 대금지급을 거절할 권리를 갖는가?, 확인은행은 개설은행이 서류를 거절하더라도 개설은행 계정에서 신용장대금을 차지할 권리를 갖는가?

〈사례분석 6〉

상업신용장에서 선하증권 사본을 제시할 것을 요구하는 것은 일반적인 경우가 아니다. UCP 500 제23조는 선하증권 원본이 제시될 때 적용된다. 사본이 제시될 때에는 운송인의 서명을 반드시 입증하거나 그가 서명하는 조직의 스탬프를 표시할 필요가 없다.

위에서 설명한 대로 사본에는 서명이 필요 없다. Limited 대신에 Ltd를 사용하는 것은 하자가 아니다. 하수인 명칭에 Ltd라는 의미의 말을 사용하는 것을 누락한 것이 하자가 되지는 않는다. 수익자가 발행한 서류를 정정할 때에는 수익자가 서명할 필요가 없다. 선하증권사본을 허용한 신용장은 조건부여서 많은 분쟁을 야기하였다. 개설은행이 대금지급을 거절할 근거가 없고, 확인은행은 상환을 받을 자격이 있다.

〈사례 7〉 배서방법

신용장방식으로 수출을 하는 경우 네고할 때 선하증권과 보험증권에 수출상이 배서를 꼭 해야 하는지?, 하지 않아도 되는지?, 그리고 백지배서는 무엇인지?

〈사례분석 7〉

선하증권의 배서방법은 선하증권상의 화물수취인(Consignee)이 어떻게 표시되어 있느냐에 따라 달라진다. Consignee표시가 "Order" 또는 "Order of Shipper"로 되어 있으면 단순지시식 선하증권이라 하는데 이때는 수출상이 배서를 하지 않고 매입한다. 기명지시식 선하증권에서 "Oreder of A"의 A는 주로 신용장 개설은행이 된다. 참고로 말하면 Consignee의 표시는 신용장에서 요구하는 대로 해야 한다. 신용장이 선하증권을 요구할 때는 일반적으로 Consignee 표시방법을 명기한다. 즉 "BILLS OF LADING MADE OUT TO THE ORDER" 또는 "TO THE ORDER OF A"와 같이 지시하는데 "TO" 다음에 나온 표시가 Consignee를 의미한다.

네고서류로 수출상이 보험증권을 준비해야 한다면 그 거래조건은 CIF, CIP 등 수출상이 보험료를 부담해야 하는 조건일 것이다. 이 조건에서 수출상은 보험회사에 보험료를 내고 보험증권을 발급받는데, 이때 보험증권상의 피보험자가 수출상으로 기재되는게 보통이다. 그런데 보험사고가 발생하면 보험금 청구를 일반적으로 수입상이 하게 된다. 그러므로 피보험자가 수출상으로 된 보험증권에는 수출상이 백지배서(Blank Endorsement)방식으로 배서를 하여 네고를 한다. 만약 피보험자를 수입상으로 하여 보험증권을 발급받았다면 배서를 하지 말아야 할 것이다.

배서에는 기명식배서(Full Endorsement)와 백지식배서가 있다. 기명식배서인(Endorsee)의 이름을 구체적으로 명기하여 서명하는 것이다. 백지식배서는 피배서인을 명기하지 않고 배서인이 서명하는 것이다. 선하증권의 기명식배서는 "Deliver to order of A"라고 쓰고 배서인이 서명을 한다. 백지식배서는 "Deliver to order"와 같이 쓰고 배서인이 서명을 한다. 한편 보험증권의 백지식배서는 "pay to order"라고 쓰고 보험증권상의 피보험자가 서명을 한다.

〈사례 8〉 선하증권의 명칭

당사는 최근 일본 바이어와 단순송금방식으로 수출계약을 체결하고 물품을 선적하게 되었는데 일본 바이어가 Surrender B/L을 송부해 줄 것을 요청했다. 당사도 수차 수출을 한 경험이 있으나 이와 같은 용어는 처음 접하는지라 과연 Surrender B/L이 어떤 것인지?

〈사례분석 8〉

우선 Surrender B/L이란 B/L의 종류를 말하는 것이 아니며 "B/L을 Surrender 한다" 라고 하는 것이 맞는 표현이다. Surrender는 사전적으로 "인도하다," "건네주다," "포기하다" 등의 의미를 가지고 있다. 그 내용을 절차상으로 살펴보면 송하인(수출자)이 B/L 수령시 선사측에 Surrender"라는 도장을 찍고 수하인(수입자) 국가에 소재하는 선사의 파트너에게 전산상으로 Sunnender 사실을 전송하게 된다. 포워드가 발행하는 House B/L의 경우에는 포워드에게 Surrender를 요청한다. 이때 수하인(수입자)이 Original B/L 또는 L/G 없이도 B/L 상의Consignee로 확인이 되면 물품을 찾을 수 있게 된다. 요컨대 "B/L을 Surrender 한다"는 것은 송하인(수출자)이 B/L을 수하인(수입자)에게 보내는 절차를 생략하기 위해 선사나 포워더에게 B/L을 건네주는 것을 말한다. 보통 B/L의 Surrender는 대금결제조건이 L/G 방식이 아닌 단순송금방식인 경우 수출대금 회수에 전혀 문제가 없다고 판단될 경우 송하인(수출자)과 수하인(수입자)의 상호 편의를 위해서 사용한다. 특히 가까운 거리의 일본과 동남아 국가의 경우 B/L보다 배가 먼저 도착할 경우 가있는데 만일 B/L을 Surrender하지 않으면 수하인(수입자)은 Originer B/L을 받을 때까지 물품을 찾을 수 없기 때문이다. 그러나 이 또한 당사자 간의 신뢰가 전제되어야 가능하다.

참고로 대금결제조건이 L/C방식일 경우에는 B/L을 Surrender할 수 없는데 L/C 방식에서는 은행 네고시 B/L이 반드시 필요하기 때문이다.

〈사례 9〉 배서방법

보통배서행위는 소유권을 이전하는 행위라고 알고 있다. 그런 의미에서 배서는 매우 중요하다고 생각되지만 배서방법을 정확히 알지 못하기 때문에 네고서류를 준비할 때마다 상당한 어려움을 겪고 있다. 즉 B/L상의 Consignee란에 (1) "Order," "To the order"로 기재한 경우, (2) "To the order of shipper"로 기재한 경우, (3) "To the order of 개설은행"으로 기재한 경우, (4) "Buyer"로 기재한 경우 등이 있어 배서하는 방법이 어떻게 다른지?, 그리고 "Blank Endorsement"로 되어 있는 경우는 어떻게 배서를 해야 하는지?

〈사례분석 9〉

유가증권인 선하증권(B/L)의 유동성을 확실하게 보장하기 위해서는 양도가 가능한 지시식 B/L이 가장 무난한 양도방법이므로 대부분의 신용장은 이러한 조건을 요구하고 있다. 따라서 대부분의 신용장은 "consigned to ~" 다음에 위의 4가지 방법 중 한 가지를 기재하고 있으며, 네고서류 준비시 B/L의 "Consignee"란에는 신용장에서 지시하고 있는그대로 기재해야만 된다. B/L의 Consignee란에 어떻게 기재하였느냐에 따라 배서하는 방법도 각기 다르므로 주의해야 한다. 즉 (1) "To (the) order of shipper"로 기재한 경우에는 수출상이 처음으로 배서하고 선적서류 매입은행이 두 번째로 배서를 하게 된다. (2) "Order," "To(the) order"로 기재한 경우에는 (1)의 경우와 마찬가지로 배서를 한다. 즉 "To(the) order"는 "To(the) order"다음에 "of shipper"가 생략된 것으로 해석한다. (3) "To the order of 개설은행"으로 기재한 경우에는 수하인이 개설은행으로 개설은행이 처음으로 배서를 하게 되므로 수출상이나 매입은행은 배서를 하지 않는다. (4) "Buyer"로 기재한 경우에는 Buyer가 처음이자 마지막으로 배서를 하게 된다. 선하증권은 수출상, 매입은행, 개설은행, 수입상의 순으로 넘겨지고 있으므로 배서도 이와 같은 흐름으로 진행된다. 따라서 (1)과 (2)의 경우는 4가지 단계를 모두 거쳐 배서가 이루어지게 되며 (3)의 경우는 개설은행과 바이어가 배서를 하게 되며 (4)의 경우는 바이어가 최종적으로 배서하여 물품을 찾게 된다. 그리고 백지배서(blank endorsement or endorsement in blank)란 배서의 의무자가 최초의 양도인과 최종적인 양수인만 표시하고 중간에 거치는 관련자의 배서는 생략하는 형태의 배서방법을 말한다. 따라서 (1)과 (2)의 경우에는 수출상과 수입상만 배서를 하게 되며 (3)의 경우에는 개설은행과 수입상이 배서를 하게 된다.

〈사례 10〉 선적일이 선하증권 발행일 및 본선적재일과 다른 경우

신용장에서 요구한 선하증권에 다음과 같은 내용이 기재되어 있다. "Issuance date of shipped on board B/L is March 31 and on board notation states March 30." 선적일자는 선하증권 발행일로 간주해야 되는지 또는 본선부기 일자로 보아야 되는지?, 그리고 날짜가 다른 것은 하자인가?

〈사례분석 10〉

사전에 인쇄된 선적선하증권양식을 사용하여 서명, 발급하면 그 발급일이 곧 선적일로 간주된다. 따라서 선적선하증권은 본선에 적재되었음을 나타내는 부기조항이 필요 없다. 그럼에도 불구하고 부기일자를 기재하려면 반드시 선하증권과 동일한 일자로 기재해야 되며 동일하지 않게 발행된 선적선하증권은 부기일자를 선적일자로 간주한다.

수취식선하증권은 추후에 실제로 본선적재되었음을 나타내는 부기조항이 명시되어야 하며 이러한 부기일자가 곧 선적일자로 간주한다. 수취식선하증권에 반드시 부기일자를 기재해야 하고 부기일자가 선하증권발행일 보다 늦게 혹은 같은 날로 기재되어 있어도 하등의 문제가 없다. 왜냐하면 신용장에 특별히 명시하고 있지않는 한 부기일자가 선하증권 발행일자와 동일해야 됨을 의미하지 않는다.

〈사례 11〉 항 대 항 선하증권(port to port B/L)에서 적재항과 양륙항

제시된 선하증권에는 다른 인수장소가 기재되어 있고 양륙항과 다른 최종목적지가 기재되어 있다. 상품인수 장소는 Copenhagen이고 선적항은 Hamburg로 기재되어 있고 신용장에 명시된 선적항은 Hamburg로 되어 있다. 이것은 하자인가?

〈사례분석 11〉

신용장에 항구간 선적을 요구하는 경우, 그 운송서류는 수취식선하증권이어야 한다. 수취식선하증권은 본선적재부기일자를 선적일자로 간주하며 선적항, 이전의 어떠한 장소에서 상품을 인수한 장소의 표시가 있다면 하자가 아니다. 또한 양륙항에서도 마찬가지로 적용된다. 양륙항과 다른 어떠한 장소가 상품의 최종목적지로 표시되어 있어도 신용장에 명시된 양륙항의 표시가 있다면 하자가 아니다.

〈사례 12〉 선하증권의 적재항과 양륙항

선하증권에 상품의 수취장소가 "Hong Kong CY"로 선적항은 "HongKong Port"로 기재되어 있다. 이것은 하자인가?.

〈사례분석 12〉

선하증권에 상품을 인수하는 곳과 선적항이 다르게 표시되어 있을 경우에는 본선적재표시는 신용장에 명시되어 있는 선적항과 실제로 상품이 선적된 선박명을 밝혀야 한다. 따라서 상품수취장소가 "Hong Kong CY"로 선적항이 "Hong Kong Port"로 기재된 선하증권은 하자가 아니다.

Article 21 Non-Negotiable Sea Waybill

a. A non-negotiable sea waybill, however named. must appear to:

i . indicate the name of the carrier and be signed by:

- the carrier or a named agent for or on behalf of the carrier, or
- the master or a named agent for or on behalf of the master

Any signature by the carrier, master or agent must be identified as that of the carrier, master or agent.

Any signature by an agent must indicate whether the agent has signed for or on behalf of the carrier or for or on behalf of the master.

ii . indicate that the goods have been shipped on board a named vessel by:

- pre-printed wording, or
- an on board notation indicating the date on which the goods have been shipped on board.

The date of issuance of the non-negotiable sea waybill will be deemed to be the date of shipment unless the non-negotiable sea waybill contains an on board notation indicating the date of shipment, in which case the date stated in the on board notation will be deemed to b e the date of shipment.

If the non-negotiable sea waybill contains the indication: intended vessel" or similar qualification in relation to the name of the vessel, an on board notation indicating the date of shipment and the name of the actual vessel is required.

iii. indicate shipment from the port of loading to the port of discharge stipulated in the credit.

If the non-negotiable sea waybill does not indicate the port of loading stipulated in the credit as the port of loading, or if contains the indication "intended" or similar qualification in relation to the port of loading, an on board notation indicating the port of loading as stipulated in the credit, the date of shipment and the name of the vessel is required. This provision also applies even if loading on board or shipment on a named vessel is indicated by pre-printed wording on the non-negotiable sea waybill.

iv. be the sole original non-negotiable sea waybill or, if issued in more than one original, be the full set as indicated on the non-negotiable sea waybill

v. contain terms and conditions of carriage or make reference to another source containing the terms and conditions of carriage (short form or blank back non-negotiable sea waybill). Contents of terms and conditions of carriage will not be examined.

vi. contain no indication that it is subject to a charter party.

b. For the purpose of this article, transhipment means unloading form on vessel and reloading to another vessel during the carriage from the port of loading to the port of discharge stipulated in the credit.

c. A bank will accept a non-negotiable sea waybill which stated that the goods will be transhipped provided:

i. the entire carriage from the port of loading to the port of discharge stipulated in the credit is covered by one and the same non-negotiable sea way bill; and

ii. the credit does not prohibit transhipment(unless the goods are shipped in a container, trailer of LASH barge as evidenced by the non-negotiable sea waybill).

d. Clauses in a non-negotiable sea waybill stating that the carrier reserves the right to tranship will be disregarded.

제21조 비유통성 해상운송장

a. 비유통성 해상운송장은 그 명칭에 상관없이 다음과 같이 나타내어야 한다.

i. 운송인의 명의를 명시하고 다음과 같은 자에 의해서 서명된 것으로 표시된 선적서류.

- 운송인 또는 운송인을 대행하거나 그를 대표하는 지명된 대리인 또는
- 선장 또는 선장을 대행하거나 그를 대표하는 지명된 대리인.
- 운송인, 선장, 대리인의 모든 서명은 운송인, 선장, 대리인의 서명이라는 확인이 있어야 한다.
- 대리인에 의한 모든 서명은 대리인이 운송인과 선장을 대신하여 서명했다는 것을 나타내고 있어야 한다.

ii. 화물은 지정된 선박 본선에 적재되었음을 나타내는 선적서류.

- 사전 인쇄된 문언.
- 화물이 본선에 적재되었다는 일자를 나타내고 있는 본선적재 표기.
- 비유통성 해상운송장의 발행일자는 비유통성 해상운송장이 선적일자를 나타내는 본선적재 표기를 나타내고 있지 않으면 선적일자로 간주되며 본선적재 표기 일자가 있는 경우에는 본선 적재 표기일자가 선적일자로 간주된다.
- 비유통성 해상화물운송장은 선박명과 관련하여 "예정된 선박"

또는 이와 유사한 제한 조건을 포함하고 있을 경우에는 선적 일자를 나타내는 본선적재 표기와 화물이 적재된 선박명이 표시되어 있어야 한다.

iii. 선적이 신용장에서 명시된 선적항에서 양륙항까지 이루어지도록 표기된 선적서류.

- 비유통성 해상운송장이 신용장에 명시된 선적항을 선적항으로 표기하지 않는 경우 또는 비유통성 해상운송장이 선적항과 관련하여 "예정된," 또는 이와 유사한 제한 조건을 포함하고 있는 경우 신용장에 명시된 대로 선적항과 선적일자, 선박명을 나타내고 있는 본선적재 표기가 있어야 한다.

iv. 비유통성 해상운송장 원본은 한 통이며, 두 통 이상의 원본이 발행된 경우 비유통성 해상운송장에 표기된 대로 전통(傳統)이 된다.

v. 운송조건을 포함하고 있거나 또는 (약식(略式), 양식, 백지(白紙), 위임된 비유통성 해상운송장) 운송조건을 포함하고 있는 다른 자료를 참조하도록 된 선적서류 운송조건의 내용은 검토하지 않는다.

vi. 용선계약에 따른다는 표시를 포함하고 있지 않는 선적서류.

b. 본 조항의 목적상 환적이라 함은 신용장에 명시된 선적항에서 양륙항까지 운송하는 도중 한 선박에서 다른 선박으로 화물을 양하 및 재적재를 하는 것을 의미한다.

c. 은행은 다음의 경우에 화물이 환적될 것이라고 기술한 선하증권을 수리한다.

i. 신용장에 명시된 선적항에서 양륙항까지의 전 해양운송은 하나의 동일한 비유통성 해상운송장에 의해서 커버되어 있는 경우.

ii. 신용장은(비유통성 해상운송장에 당해 화물이 컨테이너, 트레일러, 바지선에 선적된다고 되어 있지 않는 한) 환적을 금지하지 않는다.

d. 비유통성 해상운송장에 운송인은 환적할 권리를 유보한다고 기술되어 있는 조항은 무시한다.

[해 설] 선하증권은 배서에 의해 소유권이 자유롭게 양도가 되는 유통증권이지만 비유통성 해상운송장(non negotiable sea waybill)은 수하인을 기명식으로만 개재할 수 있기 때문에 배서나 교부에 의해서 수하인에게 권리가 양도될 수 없고 운송인과 송하인 사이에 운송계약이 체결되었음을 나타내는 서류이다. 따라서 수하인이 양륙항에 있는 선박회사 대리점에서 자기의 신분만 입증(proof of identity)하면 상품을 인수할 수 있다. 인코텀즈 2000에서는 해상운송을 전제로 CFR과 CIF 계약에서는 수출상이 화물을 인도했다는 증거로 비

유통성 해상화물운송장을 제시하도록 하였다. 본 조항은 운송산업의 발전과 운송량의 증가로 새로운 운송서류가 등장함에 따라 이러한 운송서류를 수용하기 위해서 만들어졌다. 수출상과 수입상은 거래환경에 따라 특별히 유통선하증권보다는 비유통성 해상화물운송장이 필요한 경우에 이용할 수 있도록 하였으며, 내용은 20조 Bill of Lading 대신에 Sea Waybill을 대신한다.

〈사 례〉 발행일과 본선적재일이 다른 경우

비유통성 해상운송장과 복합운송 선하증권이 제시되었는데 발행일자와 선적일자가 다르게 기재되어 있다. 이것은 하자인가?

〈사례분석〉

선적선하증권 양식을 이용하여 발행되면 발행일자가 선적일자로 간주하며 수취식선하증권으로 발행되면 본선적재부기일자가 선적일자로 간주한다. 본선적재부기일자는 수취식선하증권 발행일과 다를 수 있으며 이것은 하자가 아니다. 반면에 선적선하증권에 본선적재부기일자를 기재할 필요가 없으나 기재된 경우에는 발행일자와 동일하게 기재되어야 하며 다르게 기재되면 하자로 간주된다.

Article 22 Charter Party Bill of Lading

a. A charter party bill of lading, however named, which contains an indication that it is subject to a charter party, must appear to:

i . be signed by:

- the master or a named agent for or on behalf of the master, or
- the owner or a named agent for or on behalf of the owner, or
- a charterer or a named agent for or on behalf of a charterer.

Any signature by the master, owner, charterer or agent must be identified as that of the master, owner, charterer of agent.

Any signature by an agent must indicate whether the agent has signed for or on behalf of the master, owner or charterer.

An agent signing for or an behalf of the owner or a charterer must indicate the name of the owner or a charterer.

ii. indicate that the goods have been shipped on board a named vessel by:

- pre-printed wording, or
- an on board notation indicating the date on which the goods have been shipped on board.

The date of issuance of the charter party bill of lading will be deemed to be the date of shipment unless the charter party bill of lading contains an on board notation, in which case the date stated in the on board notation will be deemed to be the date of shipment.

iii. indicate shipment form the port of loading to the port of discharge stipulated in the credit, The port of discharge may also be shown as a range of ports or a geographical area, as stipulated in the credit.

iv. be the sole original charter party bill of lading or, if issued in more than one original. be the full set as indicated on the charter party bill of lading.

b. A bank will not examine cater party contracts even if they are required to be presented by the terms of the credit.

제22조 용선계약 선하증권

a. 용선계약 선하증권은 그 명칭에 상관없이 용선계약에 따른 다는 표시를 포함하고 있는 경우 다음과 같이 표시하여야 한다.

i. 다음과 같은 당사자에 의해서 서명이 되어야 한다.

- 선장 또는 선장을 대행하거나 그를 대표하는 지명된 대리인 또는

· 선주 또는 선주을 대행하거나 그를 대표하는 지명된 대리인 또는
· 용선자 또는 용선자를 대행하거나 그를 대표하는 지명된 대리인.
선장, 선주 또는 대리인의 모든 서명은 선장, 선주, 용선자, 또는 대리인의 서명이라는 확인이 있어야 한다.
대리인에 의한 모든 서명은 대리인이 선장, 선주 또는 용선자를 대표하거나 또는 대행하기 위하여 서명했음을 표시하고 있어야 한다.
선주와 용선자를 대표하거나 또는 대행하기 위하여 서명한 대리인은 선주와 용선자의 명칭을 명시하여야 한다.

ii. 화물은 지정된 선박 본선에 적재되었음을 나타내는 선적서류.
· 사전 인쇄된 문언.
· 화물이 본선에 적재되었다는 일자를 나타내는 본선적재 표기.
용선선하증권의 발행일자는 용선선자증권에 본선적재 표기가 되어 있지 않는 한 선적일자로 간주한다. 본선적재 표기가 되어 있는 경우에는 본선적재 표기에 기술된 일자는 선적일자로 간주한다.

iii. 선적이 신용장에 명시된 선적항에서 양륙항까지 이루어지도록 표기되어야 한다. 양륙항은 신용장에 명시된 대로 항구의 범위 또는 지리적 지역으로 표시될 수 있다.

iv. 용선선하증권 원본은 한 통이며, 두 통 이상의 원본이 발행된 경우 용선선하증권에 표시된 대로 전통(傳統)이 된다.

b. 은행은 용선계약서가 신용장의 조건으로 제시하도록 요구하고 있다하더라도 용선계약서를 검토하지 않는다.

[해 설] 1) 용선계약 선하증권

(1) 서 명

UCP 500에서는 용선계약 선하증권을 발행할 수 있는 자를 선장과 선주 및 그들의 대리인으로 하였으나 UCP 600에서는 용선자와 그 대리인도 용선계약 선하증권을 발행할 수 있도록 추가하였다.

용선자가 용선계약에 따라 용선할 선박에 자기 화물을 다 싣고 선박에 여유가 있어서 다른 화주의 화물을 선적하게 되는 경우에 용선자가 선하증권을 발행하는 관습이 해운업계에관행으로 정착되어 있어 해상운송의 효율성을 극대화 시키고자 본 내용을 신설하게 되었고, 운송인의 명칭이 용선계약 선하증권에 거의 표기되지 않기 때문에 UCP 500 제25조 a항 iii이 삭제되었다.

선장, 선주, 용선자 및 그들을 대행하거나 그들을 대표하는 지명된 대리인이 서명한 것으로 표기되어야 한다. 선장, 선주, 용선자 또는 대리인의 모든 서명은 선장, 선주, 용선자, 또는 대리인의 서명이라는 확인이 있어야 하고, 대리인에 의한 모든 서명은 대리인이 선장, 선주 또는 용선자를 대표하거나 또는 대행하기 위하여 서명했음을 표시하고 있어야 한다. 선주와 용선자를 대표하거나 또는 대행하기 위하여 서명한 대리인은 선주와 용선자의 명칭을 명시하여야 한다.

(2) 본선적재일자와 선적일자

화물은 지정된 선박 본선에 적재되었음을 사전 인쇄된 문언과 화물이 본선에 적재되었다는 일자를 나타내는 본선적재표기로 나타내어야 한다. 용선선하증권의 발행일자는 용선선하증권에 본선적재표기가 되어 있지 않는 한 선적일자로 간주한다. 본선적재표기가 되어 있는 경우에는 본선적재 표기에 기술된 일자는 선적일자로 간주된다.

(3) 선적항과 양륙항의 표기

양륙항과 관련하여 UCP 600에서는 ISBP 106항과 국제상업회의소의 의견을 수용하여 선적이 신용장에 명시된 선적항에서 양륙항까지 이루어지도록 표기된 경우 양륙항은 신용장에 명시된 대로 항구의 범위 또는 지리적 지역을 표시하여야 된다는 규정을 새롭게 도입하여 양륙항과 관련된 분쟁을 제거하려고 하였다. 선적이 신용장에 명시된 선적항에서 양륙항까지 이루어지도록 표기되어야 한다. 양륙항은 신용장에 명시된 대로 항구의 범위 또는 지리적 지역으로 표시될 수 있다.

2) 원본과 용선계약서의 제시

용선선하증권 원본은 한 통이며, 두 통 이상의 원본이 발행된 경우 용선선하증권에 표시된 대로 전통(傳統)이 된다. 은행은 용선계약서가 신용장의 조건으로 제시하도록 요구하고 있다하더라도 용선계약서를 검토하지 않는다.

〈사례 1〉 용선계약 선하증권(charter party B/L)

신용장에 다음과 같이 명시되어 있다.

- Charter Party bills of lading acceptable
- Shipping instruction in SWIFT field 44b "for transportation to: South China port"

제시된 용선계약 선하증권에 양륙항이 "one south china port"로 기재되어 있다. 이것은 신용장의 내용과 일치하는가?

〈사례분석 1〉

신용장에 별도의 명시가 없는 한 양륙항을 "one south china port"로 기재된 용선계약 선하증권은 수리할 수 있다.

〈사례 2〉 용선계약 선하증권의 서류

신용장에 다음과 같이 명시되어 있다.

The Charter Party Bill of Lading has been endorsed with an agent stamp only without the additional as agent for(or on behalf of) the Master.

〈사례분석 2〉

선장, 선장의 대리인, 선주 또는 선주의 대리인이 서명하거나 확인하여야 한다. 선장 또는 선주의 서명이나 진정성 증명은 그것이 선장 또는 선주임을 밝힐 수 있어야 한다. 대리인이 서명하거나 확인할 때에는 그가 대행하고 있는 선장이나 선주의 성명과 자격을 표시하여야 한다. 대리인이 행동하는 당사자의 확인이 없거나 모호하게 기재되면 이것은 하자로 간주한다.

Article 23 Air Transport Document

a. An air transport document, however named, must appear to:
   i. indicate the name of the carrier and be signed by:
      - the carrier, or
      - a named agent for or on behalf of the carrier.

Any signature by the carrier or agent must be identified as that of the carrier or agent.
Any signature by an agent must indicate whether the agent has signed for or on behalf of the carrier.

ii. indicate that the goods have been accepted for carriage.

iii. indicate the date of issuance. This date will be deemed to be the date of shipment unless the air transport document contains a specific notation of the actual date of shipment, in which case this date will be deemed to be the date of shipment.
Any other information appearing on the air transport document relative to the flight number and date will not be considered in determining the date of shipment.

iv. indicate the airport of departure and the airport of destination stipulated in the credit.

v. be the original for consignor or shipper, even if the credit stipulates a full set of originals.

vi. contain terms and conditions of carriage or make reference to another source containing the term and conditions of carriage. Contents of terms and conditions of carriage will not be examined.

b. For the purpose of this article, transhipment means unloading from one aircraft and reloading to another aircraft during the carriage from the airport of departure to the airport of destination stipulated in the credit.

c. Even if the credit prohibits transhipment, a bank will accept an air transport document indicating that transhipment will or may take place, provided the entire carriage is covered by one and the same air transport document.

제23조 항공운송선적서류

a. 항공운송선적서류는 그 명칭에 상관없이 다음과 같이 나타내어야 한다.

i. 운송인의 명칭을 표기하고 다음과 같은 당사자에 의하여 서명해야 한다.

- 운송인 또는
- 운송인을 대행하거나 그를 대표하는 지명된 대리인.
- 운송인 또는 대리인에 의한 모든 서명은 운송인과 대리인의 서명이라는 확인이 있어야 한다.
- 대리인에 의한 모든 서명은 대리인은 운송인을 대표하거나 대행하기 위해서 서명했음을 표시하고 있어야만 한다.

ii. 화물이 운송을 위해서 인수되었음을 표시하고 있는 선적서류.

iii. 발행일자를 표시한 선적서류. 발행일자는 항공운송선적서류가 실제 선적일의 특별한 표기를 포함하고 있지 않는 한 선적일로 간주한다. 실제 선적일의 특별한 표기가 있는 경우에는 그 일자를 선적일로 간주한다.

- 항공운항번호 및 날짜와 관련해서 항공운송장에 기재된 모든 정보는 선적일자를 결정하는 데 영향을 미치지 않는다.

iv. 신용장에 명시된 출발공항 및 목적지공항을 표시하고 있는 선적서류.

v. 비록 신용장이 원본의 전통을 명시하고 있더라도 송하인과 하주용 원본인으로 표시된 선적서류.

vi. 운송조건을 포함하고 있거나 운송조건을 포함하고 있는 다른 자료를 참조하도록 된 선적서류 운송조건의 내용은 심사하지 않는다.

b. 본 조항의 목적상 환적이라 함은 신용장에 명시된 출발공항에서 도착지공항까지 운송 중에 한 항공기에서 다른 항공기로 화물을 양하하여 재적재를 의미한다.

c. 신용장이 환적을 금지하였다 하더라도 은행은 전 운송이 하나의 동일한 항공운송선적서류에 의해서 커버되어 있으면 항공운송장에 환적이 될 것이라거나 또는 될 수 있다고 표시한 선적서류를 수리한다.

[해 설] 1) 항공운송서류의 수리요건

항공운송장(air transport document)은 상품의 수탁을 증명하는 것에 불과하며 상품이 특정 항공기에 탑재되었음을 증명하는 서류가 아니며 유가증권도 아니다. 따라서 항공운송장은 단순한 상품수취증이고 수하인을 기명식으로만 기재할 수 있기 때문에 배서나 교부에 의해서 수하인의 권리가 양도될 수 없다.

항공운송인명이 서류상에 표시되어 있어야 하고, 항공운송장을 발행하고 서명할 수 있는 자는 운송인 또는 운송인을 대행하거나 그를 대표하는 지명된 대리인이며 그들이 서명하는 경우에는 운송인과 대리인의 서명이라는 확인이 있어야 한다. 대리인에 의한 모든 서명은 대리인은 운송인을 대표하거나 대행하기 위해서 서명했음을 표시하고 있어야만 한다.

항공운송서류가 수리되기 위해서는 항공운송서류에 화물이 운송을 위해 인수되었음을 표시하고 있어야 하고, 발행일자가 기재되어 있어야 한다. 발행일자는 선적일로 간주하며 특별부기일자가 있으면 이 일자가 선적일자가 된다. 항공운항번호 및 날짜와 관련해서 항공운송장에 기재된 모든 정보는 선적일자를 결정하는 데 영향을 미치지 않는다. 또한 항공운송서류에 신용장에 명시된 출발공항 및 목적지공항을 표시하고 비록 신용장이 원본의 전통을 명시하고 있더라도 송하인과 하주용 원본으로 표시되어 있으면 되고, 은행은 운송의 제 조건이 명시된 서류 또는 항공운송장외의 기타 참조조항이 기재되어 있는 경우에 그러한 조건을 심사하지 않는다.

2) 환　　적

본 조항의 목적상 환적이라 함은 신용장에 명시된 출발공항에서 도착지공항까지 항공운송 중에 한 항공기에서 다른 항공기로 화물을 양하하여 재적재하는 것을 뜻한다.

3) 신용장의 환적금지

신용장이 환적을 금지하였다 하더라도 은행은 전운송과정이 하나의 동일한 항공운송장에 의해서 커버되는 경우에는 항공운송장에 환적될 것이라고 기재되어 있더라도 항공운송서류는 수리된다. 왜냐하면 항공운송은 대부분 환적되어 운송되기 때문에 항공운송에서 환적을 금지하는 것은 비현실적이다. 그러나 신용장에 환적을 특별히 금지하면 그 조건을 따라야 한다.

〈사례 1〉 항공운송에서의 환적

신용장은 환적을 금지하고 있는데 수출상이 제시한 항공운송장에 뉴델리에서 환적될 것임을 표시하고 있고 항공운송장 약관에는 환적이 될 수도 있음을 명시하고 있다.

〈사례분석 1〉

항공운송장 약관에 명시된 것은 환적이 될 것이라는 표시는 아니다. UCP 제23조 b에 따라 비록 신용장에서 환적이 금지된다 하더라도 은행은 하나의 운송서류가 전운송과정을 커버하면 환적이 될 것이라는 표시가 있는 항공운송장을 수리할 수 있다고 규정하고 있다.

〈사례 2〉 항공운송장의 비유통성

신용장에 "negotiable"이라고 표기된 경우 이러한 표기는 어떤 특별한 효력을 갖고 있는가? 또한 상당수 은행이 항공운송장을 요구하면서 수하인란에 은행을 지시식으로 기재할 것을 요구하고 있는데 이러한 요구가 타당한가?

〈사례분석 2〉

신용장에 표기된 "negotiable"는 어떠한 효력도 갖고 있지 않다. 따라서 이러한 표기는 가능한 한 사용하지 말아야 한다. 항공운송장은 유가증권이 아니기 때문에 항공운송장에 "Not Negotiable"이란 용어가 인쇄되어 있다. 이는 항공운송장이 선하증권과 다르게 양도가 불가능한 비유통 서류라는 것을 의미한다. 따라서 항공운송장은 비유통 서류에 속하기 때문에 수하인을 기명식으로만 기재할 수 있고 지시식으로는 기재할 수 없다. 또한 항공운송장을 요구하는 신용장에서 수하인이 개설의뢰인이 되어서는 안 되고 개설은행이 수하인이 되도록 해야 한다. "Air Waybills Consigned to ABC Bank(개설은행)"

Article 24 Road, Rail or Inland Waterway Transport Documents

a. A road, rail or inland waterway transport document, however named, must appear to:

i. indicate the name of the carrier and:

- be signed by the carrier or named agent for or on behalf of the carrier, or
- indicate receipt of the goods by signature, stamp or notation by t he carrier or a named agent for or on behalf of the carrier.

Any signature, stamp or notation of receipt of the goods by the carrier or agent must be identified as that of the carrier or agent.

Any signature, stamp or notation of receipt of the goods by the agent must indicate that the agent has signed or acted for or on behalf of the carrier.

If a rail transport document does not identify the carrier, any signature or stamp of the railway company will be accepted as evidence of the document being signed by the carrier.

ii. indicate the date of shipment or the date the goods have been received for shipment, dispatch, carriage or wording this effect. Unless the transport document contains a dated reception stamp, an indication of the date of receipt or a date of shipment, the date of issuance of the transport document will be deemed to be the date of shipment.

iii. indicate the place of shipment and the place of destination stipulated in the credit.

b. A road, rail or inland waterway transport document will be accepted as original whether marked as original or not. In the absence of an indication on the transport document as to the number of originals issued, the number presented will be deemed to constitute a full set.

c. A road transport document must appear to be the original for consignor or shipper or bear no marking indicating for whom the document has been prepared.

d. For the purpose of this article, transhipment means unloading from one means of conveyance and reloading to another means of conveyance, in different modes of transport, during the carriage from the place of shipment to the place of destination stipulated in the credit.

e. Even if the credit prohibits transhipment, a bank will accept a road, rail or inland waterway transport document indicating transhipment will or may take place, provided the entire carriage is covered by one and the same transport document and within the same mode of transport.

제24조 도로 철도 또는 내수로 운송서류

a. 도로 철도 또는 내수로 운송선적서류는 그 명칭에 상관없이 다음과 같이 나타내고 있어야 한다.

i. 운송인의 명칭을 표기한 선적서류 그리고

- 운송인 또는 운송인을 대행하거나 그를 대표하는 지명된 대리인이 서명.
- 운송인 또는 운송인을 대행하거나 그를 대표하는 지명된 대리인이 화물을 인수했다는 서명, 스탬프 또는 표기가 기재되어 있어야 한다.
- 대리인이 화물을 인수했다는 모든 서명, 스탬프 또는 표기에 운송인을 대행하거나 그를 대표하는 지명된 대리인이 서명하고 대행했음을 기재하여야 한다.
- 철도운송서류로 운송인을 확인할 수 없는 경우 철도회사의 서명과 스탬프는 운송인이 서명한 선적서류의 증거로 인정한다.

ii. 선적일자 또는 화물이 선적, 적송, 운송을 위해서 인수된 날짜, 또는 이러한 취지의 문언을 표시하고 있는 선적서류. 운송서류에 기간이 지난 인수 스탬프, 인수 날짜, 선적일자를 포함하고 있지 않으면 운송서류 발행일자를 나타내는 표시는 선적일자로 간주한다.

iii. 신용장에 명시된 선적지와 목적지를 표기한 선적서류.

b. 도로, 철도, 내수로 운송서류는 원본 표기가 있든지 없든지에 관계없이 원본으로 인정한다. 원본 발급 통수에 관해 운송선적서류에 아무런 표기가 없는 경우에 제시된 통수는 전통을 구성하는 것으로 간주한다.

c. 도로운송서류가 송하인과 하주용 원본 선적서류임을 나타내어야 하고 선적서류를 준비한 당사자를 나타내는 표식이 선적서류에 있어서는 안 된다.

d. 본 조항의 목적상 환적이라 함은 신용장에 명시된 선적지에서 목적지까지 운송하는 도중 운송방식이 다른 한 운송수단으로부터 다른 운송수단으로 양하 및 재적재하는 것을 의미한다.

e. 신용장이 비록 환적을 금지하고 있을지라도 은행은 전 운송이 하나의 동일한 운송선적서류로 커버되고 동일한 운송방식에 의해서 이루어지면 환적이 될 수 있다고 표시한 도로, 철도, 내수로 운송 선적서류를 수리한다.

[해 설] 중국, 유럽은 큰 강을 이용한 내수로 운송이 발전하여 왔다. 내수로 운송은 육로운송과 해상운송, 항공운송과 연결되어 효율적인 국제물류시스템을 구축하는데 중요한 역할을 하고 있고 중국이나 유럽에서는 내수로 운송이 빈번하게 이루어지고 있다. 이러한 내수로 운송을 수용하기 위하여 이전에 없었던 내용을 UCP 500에서 신설하였고 UCP 600은 그 내용을 간단하게 명료하게 수정하였다.

1) 도로, 철도 또는 내수로 운송서류 표기

운송인명이 서류상에 표시되어 있어야 하고, 도로, 철도 또는 내수로 운송서류를 서명하거나 발행할 수 있는 자는 운송인 또는 운송인을 대행하거나 그를 대표하는 지명된 대리인이며, 운송인 또는 운송인을 대행하거나 그를 대표하는 지명된 대리인이 화물을 인수했다는 서명, 스탬프 또는 표기가 기재되어 있어야 한다고 명시하여 UCP 500의 진본임을 확인한 운송서류라는 의미를 정확히 기술하여 은행이 서류를 심사할 때 혼란을 방지하도록 하였다. UCP 500에 있는 운송인의 서명, 진본확인, 인수 스탬프, 또는 기타 표시는 운송인의 것임을 증명해야 한다는 내용을 UCP 600에서는 삭제하였다.

UCP 500의 내용은 은행이 누가 진짜로 운송서류를 발행했는지를 확인할 수 있도록 한 것이지만 UCP 600에서는 운송인의 명칭과 운송인이 화물을 인수했다는 표기가 있으면 운송인이 정말로 운송서류를 발행한 것으로 본다는 것이다. 따라서 굳이 따로 증명할 필요가 없다고 보았다.

UCP 600은 UCP 500에 있는 “운송인의 대리인이 서명 또는 진본임을 확인하는 경우에는 운송인의 명칭과 그 자격을 표시해야 한다”는 내용을 “대리인이 화물을 인수했다는 모든 서명, 스탬프 또는 표기에 운송인을 대행하거나 그를 대표하는 지명된 대리인이 서명하고 대행했음을 기재하여야 한다”로 수정하였다.

철도운송서류에 운송인의 명칭이 표기되어 있지 않아서 운송인을 확인할 수 없는 경우에는 운송서류에 있는 철도회사의 서명과 스탬프를 운송인이 서명한 선적서류의 증거로 인정한다고 보아 철도운송서류의 수리기준을 대폭 완화시켜 신용장거래가 신속하기 이루어지도록 하였다. 운송서류에 선적일자 또는 화물이 선적, 적송, 운송을 위해서 인수된 날짜, 또는 이러한 취지의 문언이 표시되어 있어야 한다. 운송서류에 기간이 지난 인수 스탬프, 인수 날짜, 선적일자가 포함되어 있지 않으면 운송서류 발행일을 선적일로 간주한다. 운송서류에 인수 날짜가 선적일은 인수일로 간주하며, 신용장에 명시된 선적지와 목적지가 운송서류에 표기되어 있어야 한다.

2) 원 본

운송서류에 발행통수가 기재되어 있지 않으면 은행은 제시된 것을 발행된 전통으로 간주하고 원본표시와 관계없이 제시된 운송서류를 원본으로 간주한다.

3) 환 적

환적은 선적지에서 목적지까지 운송하는 과정에서 서로 다른 매체로 옮겨 선적되는 것을 의미하고 신용장에 환적을 금지하고 있어도 전 운송과정이 하나의 그리고 동일한 운송서류 및 운송수단에 의해 발급되는 경우에는 환적이 될 것이라는 표기가 있는 도로, 철도 또는 내수로 운송서류를 수리할 수 있다.

〈사례 1〉 육로운송의 환적 의미

신용장통일규칙에 명시된 환적의 의미는 철도와 육로, 내수로 운송의 경우와 다르게 해석해야 되는지? 즉 상품이 어떤 트럭에서 다른 트럭으로 재 적재되었다면 환적으로 간주 되는가?

〈사례분석 1〉

트럭으로 상품을 운송할 때 어떤 수입국은 수출국 트럭이 상품을 싣고서 수입국 국경을 지나가는 것을 금지하고 있다. 당국은 트럭 트레일러를 원래의 트럭에서 분리하여 수입국의 면허를 받은 운송인이 운송할 것을 요구한다. 철도운송의 경우에도 국경을 통과할 때 기관차가 바뀌는 경우가 있다. 이것은 두 국가의 철도시스템이 다르기 때문이다. 이로 인해 같은 운송방법 내에서의 환적은 항공운송에 대하여 규정하고 있는 제23조와 동일하게 취급하기로 결정하였다.

Article 25 Courier Receipt, Post Receipt or Certificate of Posting

a. A courier receipt, however named, evidencing receipt of goods for transport, must appear to:

i. indicate the name of the courier service and be stamped, signed or otherwise authenticated by the named courier service at the place from which the credit stipulates the goods are to be shipped; and

ii. indicate a date of pick-up or of receipt or wording to this effect. This date will be deemed to be the date of shipment.

b. If a credit requires courier charges to be paid or prepaid, a bank will accept a transport document issued by a courier service evidencing that courier charges are for the account of a party other than the consignee.

c. A post receipt or certificate of posting, however named, evidencing receipt of goods for transport, must appear to be stamped, signed or otherwise authenticated and dated in the place from which the credit stipulates the goods are to be shipped. This date will be deemed to be the date of shipment.

제25조 특급배달 수령증, 우편수취증, 우편증명서

a. 운송을 위한 화물수령을 입증하는 특급배달 수령증은 다음과 같이 나타내어야 한다.

i. 특급배달 서비스 업체의 명의를 표시하고 화물이 선적될 것이라고 신용장에 명시된 장소에서 지정된 특급배달 서비스 업체가 스탬프, 서명, 또는 다른 방식으로 진본임을 확인한 선적서류.

ii. 수령일 또는 이러한 취지의 문언을 표시하고 있는 선적서류 이러한 날짜는 선적일로 간주된다.

b. 신용장이 특급배달 비용이 지급될 것이거나 선불되었음을 요구한 경우 은행은 특급배달 서비스 업체가 특급배달비를 수하인 이외의 다른 당사자의 부담한다고 명시하여 발행한 운송서류를 수리한다.

c. 운송을 위한 화물수령을 입증하는 우편수취증 또는 운송증명서는 그 명칭에 상관없이 화물이 선적될 것이라고 신용장이 명시한 장소에서 스탬프, 서명 또는 다른 방식으로 진본임을 나타내고 있어야 한다. 이러한 날짜는 선적일로 간주된다.

[해 설] 업무처리 속도가 기업경영에서 매우 중요해짐에 따라 국제급송배달 또는 특급배달(courier)이 매우 빠르게 발전하였다. 서류가 한국에서 미국으로 가는 3일 정도 걸린다. 예전에는 상상도 못할 정도로 운송기간이 대폭 단축되어서 무역업체들은 대부분 중요한 무역서류를 국제특급배달로 보내고 있기 때문에 UCP 600에서도 기존의 조항을 수정하여 그대로 두었다.

1) 특급배달 수령증

특급배달 수령증에 특급배달 서비스업체의 명의가 있어야 하고 신용장에 명시된 화물의 선적지에서 지정된 특급배달 서비스 업체가 스탬프, 서명, 또는 다른 방식으로 진본임을 확인한 선적서류를 은행은 수리한다. 수령일 또는 이러한 취지의 문언을 표시하고 있는 선적서류는 그러한 일자가 선적일자로 간주된다.

2) 특급배달 비용의 표기와 수리

신용장이 특급배달 비용이 지급될 것이거나 선불되었음을 요구한 경우에 특급배달 서비스업체가 특급배달 비용은 수하인 이외의 다른 당사자의 부담한다고 명시하여 발행한 특급배달 수령증을 은행은 수리한다.

3) 우편수취증과 우편증명서

우편수취증과 우편증명서는 개설은행 또는 수입업자에게 송부하기 위한 상품을 우체국이나 특급배달운송회사가 인수하고 발행한 영수증이다. 우편수취증과 우편증명서에 우체국이나 특급배달운송회사가 운송을 위해 상품을 인수했음을 스탬프, 서명, 또는 다른 확인된 방식으로 기재하여야 발행한 우편수취증과 우편증명서를 은행은 수리한다. 신용장에 명시된 장소에서 발행한 날짜가 기재되어 있어야 하고 이런 경우 이 일자가 선적일자가 된다.

〈사 례〉 신용장번호가 기재되지 않은 특급배달송장

신용장에 다음과 같이 기재되어 있다.

"1/3 original B/L and copy invoice, packing list are to be sent directly by beneficiary to applicant by courier service A certificate to that effect should be presented and including original relative courier receipt for negotiation" 신용장번호가 기재되어 있지 않은 특급배달송장을 인수한 매입은행이 동 서류를 개설은행에 송부하였으나 개설은행은 특급배달송장의 하자를 이유로 서류인수를 거부하였다.

〈사례분석〉

신용장은 요구서류, 추가조건, 매입은행의 지시사항으로 구분할 수 있다. 모든 서류에 신용장번호를 기재해야 된다는 조건은 요구서류와 추가조건에 관련이 있고 매입은행에 지시사항은 매입은행이 서류를 개설은행에 송부하는 것과 관련이 있지 신용장에 명시된 기타 조건과는 관련이 없다. 따라서 매입은행에 신용장번호가 생략된 특급배달송장을 제시한 것은 하자로 볼 수 없다.

Article 26 "On Deck," "shipper's Load and Count" "Said by Shipper to Contain" and Charges Additional to Freight

a. A transport document must not indicate that the goods are or will be loaded on deck. A clause on a transport document stating that the goods may be loaded on deck is acceptable.

b. A transport document bearing a clause such as "shipper's load and count" and "said by shipper to contain" is acceptable.

c. A transport document may bear a reference, by stamp or otherwise, to charges additional to the freight.

第26조 갑판적재, 내용부지, 송하인이 적임하였고, 운임에 부가해서 생기는 비용

a. 운송선적서류는 화물이 갑판에 적재되었거나 적재될 것이라고 표시하고 있지 않아야 한다. 화물이 갑판에 적재될 수도 있다는 것이 기술된 운송서류의 조항은 수리할 수 있다.

b. 송하인의 적재 및 계산, 송하인이 적입하였음과 같은 조항이 기재된 운송선적서류는 수리할 수 있다.

c. 운송선적서류는 운임에 부가하여 생기는 비용에 대하여 스탬프, 또는 기타 방법으로 표시할 수도 있다.

[해 설] 해상운송과 복합운송에서 상품이 갑판에 적재되었거나 적재될 것이라는 내용이 기재된 운송서류는 신용장에서 허용하지 않는 한 수리할 수 없다. 그러나 갑판적재유보약관이 있는 서류는 수리할 수 있고 갑판적재유보의 의미는 상품이 갑판에 적재된 것이 아니라 갑판에 적재되어 운송될 수도 있다는 것을 말한다.

복합운송의 경우 컨테이너에 적부된 상품의 품질에 대해 운송인이 확인하지 않았다는 (shipper's load and count 또는 said by shipper to contain) 것을 운송서류에 기재하여 운송서류를 발행하였다. 이러한 운송서류도 신용장에서 특별히 금지하지 않는 한 은행은 수리한다.

운송선적서류는 운임에 부가하여 생기는 비용에 대하여 스탬프, 또는

기타 방법으로 표시할 수도 있다.

해상운송계약은 송하인이 화물의 종류, 중량 및 용적, 포장의 형태, 개수와 기호, 선적항, 양륙항 등이 기재된 선적요청서를 해상운송인에게 송부하고 해상운송인은 송하인이 송부한 선적요청서의 기재내용과 실제로 해상운송인이 송하인으로부터 인수한 화물을 면밀히 조사한 다음에 선적요청서의 기재내용과 인수한 화물의 내용 간에 차이가 없으면 선하증권을 송하인에게 발행하여 목적항에서 선하증권에 기재된 내용과 동일한 화물을 수하인에게 인도해야 할 책임을 진다.

그러나 산화물을 운송하는 경우에는 실제로 화물의 중량을 운송인이 확인하기가 용이하지 않으므로 송하인이 신고한 대로 선하증권에 기재하여 선하증권을 발행하여 왔는데 운송인은 선하증권에 기재된 중량에 대해서 사후에 책임을 회피할 목적으로 선하증권의 이면에 부지약관을 삽입하였다.

해상운송에 컨테이너가 도입됨에 따라 Shipper's Pack의 경우에는 송하인이 컨테이너에 화물을 적입하고 봉인한 후에 해상운송인에게 컨테이너를 인도하면 운송인은 컨테이너에 적입된 화물의 상태를 확인할 수 없기 때문에 화물이 송하인이 제시한 선적요청서와 일치하는지 확인하여 선적요청서에 기재된 내용과 일치된 선하증권을 발행하기가 실무상으로 매우 어렵게 되어 운송인은 선하증권에 부지약관을 기재하여 왔다.

그러나 선하증권의 전면에 수기 또는 스탬프로 수량이나 용량이 기재된 경우에는 수기 또는 스탬프가 우선한다는 선하증권의 해석원칙에 따라 선하증권 이면에 삽입된 부지약관만으로는 운송인을 완전히 보호할 수 없기 때문에 추가로 선하증권 전면에 "Shipper's Load and Count" 또는 "Said to Contain"이라는 부지문언을 기재하여 왔다.

선하증권 전면에 부지문언과 함께 선적수량이나 용량이 기재된 경우에 수하인은 어느 것을 믿어야 되는지 애매한 문제가 발생하였다. 화물이 목적지에 도착하여 운송인이 수하인에게 인도한 후 화물의 중량이나 수량 등이 선하증권에 기재된 중량이나 수량과 다를 경우 운송인과 수하인 중에서 누가 책임을 져야 되는지 명확히 밝힐 필요가 있다.

부지문언에 관련된 법규

1. 헤이그 규칙 및 헤이그-비스비 규칙

운송인이 화물을 송화인으로부터 인수받은 순간부터 수하인에게 인도해 주는 순간까지 모든 주의를 다하여 화물을 안전하게 관리, 보관 및 운송하여야 한다고 규정하여[33] 운송인의 운송책임을 부과하였다. 헤이그 규칙과 헤이그-비스비 규칙 제 3 조 제 3 항 (a), (b)호에서는 운송인, 선장 또는 운송인의 대리인은 화물을 자신의 책임하에 인수한 후 송하인의 요구에 따라 송하인이 서면으로 통지한 대로 포장 또는 낱개의 번호 또는 경우에 따라서 수량 또는 중량을 기재한 선하증권을 송하인에게 발행하여야 한다고 규정하여 선하증권에 화물의 상태를 기재할 의무는 어디까지나 운송인, 선장 또는 운송인의 대리인에게 있고 송하인이 신고한 수량이나 중량을 선하증권에 그대로 기재하는 것을 허용하고 있다.

헤이그 규칙 제 3 조 (c)항[34]에서 운송인, 선장, 또는 운송인의 대리인은 화물의 하인, 수량, 용적 또는 중량이 실제로 인수한 화물을 정확하게 나타내지 못한다고 하는 의심할 만한 합리적인 근거가 있거나 또는 검사할 적합한 방법이 없는 경우에 선하증권에 이를 기재할 의무가 없다고 규정하여 운송인의 책임을 완화시키려고 하였다. 운송인이 선하증권을 발행할 때 그 내용이 정확하지 않은 것을 알면서도 선하증권을 발행하면 이는 사기 행위로 운송인이 전적으로 책임을 져야 하며 선하증권의 내용을 기재하는데 운송인의 의무를 다하지 못하면 운송인은 그에 대한 책임을 져야 한다.

선하증권의 기재내용에 대한 운송인의 책임을 제 3 조 제 3 항에서 명확히 규정하였다. 동 규정에 따라 발행된 선하증권은 그러한 선하증권에 언급된 화물을 운송인이 정당하게 인수하였다는 추정적 증거(prima facie evidence)가 된다. 따라서 운송인은 선하증권을 발행한 후에 화물에 하자가 발생했다고 모순된 주장을 할 수 없다는 것이다.[35]

1968년에 제정된 헤이그-비스비 규칙은 헤이그 규칙에서 없는 새로운

---

33) 헤이그 규칙 제 3 조 제2항.

34) Provided that no carrier, master or agent of the carrier shall be bound to state or show in the bill of lading any marks, number, quantity, or weight which he has resonable ground for suspecting not accurately to represent the goods actually received, or which he has no reasonable means of checking.

35) 박성철(1998), p. 38.

조항을 추가시켰다. 선하증권이 선의의 제3자에게 이전되었을 경우에는 반대의 증명도 허용되지 않는다는 것이다. 운송인이 발행한 선하증권이 제3자에게 양도되었을 때는 입증책임이 없이 운송인이 선하증권에 기재된 수량이나 중량 등의 기재내용에 대해 책임을 져야 한다.[36] 송하인으로부터 선하증권을 양도받은 선의의 제3자와 운송인 사이에 선하증권은 결정적인 증거가 되어 반대의 증명도 허용되지 않는다.[37] 선하증권이 선의의 제3자의 손에 넘어가기 전까지는 선하증권의 기재내용은 추정적 증거가 되어 그 반대의 증거가 사실을 뒤엎을 때까지 그대로 사실로 남는다는 것이다. 즉 송하인과 운송인 사이에 선하증권의 기재내용에 대한 추정적 증거의 효력이 인정되지만 선하증권이 제3자에게 양도되면 운송인과 제3자 사이에는 선하증권의 기재내용에 대한 결정적 증거의 효력이 존재하여 일단 선하증권이 선의의 제3자에게 이전되면 이러한 반대 증거도 소용이 없어 선하증권의 기재내용 자체는 번복될 수 없는 증거서류가 된다는 것이다. 그러나 한편 송하인의 보증책임을 강화시킴으로써 운송인의 책임을 완화시키고자 하였다.

헤이그-비스비 규칙 제5항에서[38] 송하인은 자기가 신고한 화인, 번호, 수량 및 중량이 선적할 때 정확하였다는 것을 운송인에게 보증한 것으로 간주하며, 이러한 내용이 정확하지 못함으로써 발생하는 모든 멸실, 손상 및 비용에 대해서는 운송인에게 배상하여야 한다고 규정하여 송하인의 보증책임을 강화시킴으로써 운송인의 책임을 완화시켰다.[39]

선적시 운송인은 송하인에게 운송화물의 내역을 명확히 밝힐 것을 요구하고 있으며, 만일 송하인이 정확하지 않은 내용을 신고하여 운송인에게 피해를 입히게 되면 이에 대해서 송하인은 전적으로 책임을 져야 한다. 송하인이 화물의 성질에 대해서 가장 잘 알고 있기 때문에 운송인에게 화물의 특성에 대해서 통지를 하고 통지한 내용에 대해서 송하인은 책임을 지도록

---

36) 헤이그 비스비 규칙 제3조 제4항: However. proof to the contrary shall not be admissible when the bill of lading has been transferred to a third party acting in good faith.

37) 박대위(1991), p. 287.

38) The shipper shall be deemed to have guaranteed to the carrier the accuracy at the time of shipment of the marks, number, quantity and weight, as furnished by him, and the shipper shall indemnity the carrier against all loss, damages, and expenses arising or resulting from inaccuracies in such particulars.

39) David Yate(1993), p. 329.

하였다.

헤이그 규칙 및 헤이그-비스비 규칙에서는 부지약관에 해당하는 규정은 있지만, 부지문언에 대한 직접적인 언급은 하지 않고 있다. 다만 송하인에게 신고내용에 대한 보증책임을 부과하고 있다.[40]

2. 함부르크 규칙

함부르그규칙 제14조 1항에서 운송인 또는 실제 운송인이 화물을 자신의 관리하에서 인수한 경우에 운송인은 송하인의 요구에 따라 선하증권을 발행하여야 한다고 규정하고, 그러한 선하증권의 기재내용에 관하여 화물의 일반적인 성질이나 화물의 식별에 필요한 화인, 해당되는 경우에 화물의 위험성에 관한 명시적 문언, 포장 또는 개품의 번호, 화물의 중량이나 달리 명시된 수량을 포함하고 있어야 하고, 이는 송하인이 제시한대로 기재한다[41]고 규정하였는데 동 규칙의 내용은 헤이그 규칙 또는 헤이그-비스비 규칙의 내용과 동일하다.

그러나 함부르크 규칙 제16조에서는 선하증권에 기재된 중량이나 수량에 관한 사항이 실제로 인수 또는 선적한 화물과 정확하게 일치하지 않는다는 것을 운송인이 알고 있거나 의심할 만한 합리적인 이유가 있는 경우 또는 수량이나 중량을 확인할 수 있는 정확한 방법이 없는 경우에 운송인은 부정확성, 의심할 만한 이유, 정확한 확인방법의 부재에 대해서 유보조항을 선하증권에 삽입하도록 하여, 송하인이 제시한 선적요청서의 기재내용과 운송화물의 내용을 정확히 확인하지 못할 경우에 선하증권에 유보조항(reservation)을 인정하였다

헤이그-비스비 규칙에서 이와 같은 경우에 수량이나 중량을 선하증권에 기재하지 않을 수 있다고 규정함으로써 소극적인 의무를 부과한 것과는 다르게 함부르크 규칙에서는 수량이나 중량을 확인하기 어려운 경우에 그러한 내용을 나타내는 유보조항을 선하증권에 구체적으로 기재하도록 하여 적극적인 의무를 부과하고 있다.

함부르크 규칙에서도 운송인이 선하증권을 발행하면 선하증권은 운송인이 선하증권에 기재된 내용과 일치하는 화물을 수령했다는 추정적 증거서류

40) 조영철(2003), p. 39.

41) 함부르그 규칙 제15조 1항.

로 간주된다고[42] 규정하였다. 결국 운송인은 선하증권에 수량이나 중량을 기재하면 기재된 수량이나 중량에 대한 입증책임을 지게 된다는 것이다.

그러나 동 규칙 제17조에서 송하인은 운송인에게 제출한 화물의 명세서 즉 수량이나 중량이 정확하다는 것을 보증한 것으로 본다고 규정하였다. 동조의 내용은 헤이그 규칙 또는 헤이그- 비스비 규칙의 내용과 동일하다. 그러나 함부르크 규칙 제17조에서 송하인이 선하증권을 양도하면 송하인은 선하증권 내용의 부정확성으로 인하여 발생한 손해에 대해서 책임을 져야 한다고 규정하여[43] 송하인의 자료보증책임을 강화시켰다.

송하인의 자료보증 책임은 어디까지나 운송인과 송하인 사이의 관계이며, 선의의 소지인인 제 3 자의 관계는 아니다. 따라서 운송인은 선하증권에 기재된 내용에 대해서 제 3 자에게 절대적으로 책임을 져야 한다.

함부르크 규칙에서도 선하증권 이면에 삽입된 부지약관의 내용은 제17조에서 명시하고 있으나 부지문언에 대한 어떠한 규정도 없기 때문에 선하증권의 전면에 부지문언을 기재하는 것은 동 규칙에서 정당화될 수 없다.[44]

3. 미국의 선하증권법(United States Code, Uniform Commercial Code)

미국통일 상법 제7-301조 (a)항에서 선하증권의 수하인과 유통가능선하증권의 소지인은 선하증권에 기재된 일자와 선하증권에 기재된 화물명세서에 따라 선하증권에 날짜가 다르고, 화물을 인수하지 않거나 화물명세서를 잘못 작성함으로서 발생된 손실은 발행인으로부터 보상받을 수 있다고 규정하여 발행자는 그가 기재한 내용에 대해서 책임을 져야 한다고 보았다. 그러나 선하증권의 발행자는 화물이 화물명세서와 동일하게 인수되었는지 알지 못한다고 기재되어 있으면 발행자는 책임이 없다는 예외규정을 두어 선하증권의 부지문언의 효력을 인정하였다.[45]

---

42) 함부르크 규칙 제16조 3항 (a).

43) S. Mankabady(1978), pp. 238-243.

44) 조영철, 전게논문, p. 41.

45) 미국통일상법 제7-301조 (a): A consignee of a nonnegotiable bill of lading which has given value in good faith, or a holder to which a negotiable bill has been duly negotiated, reflying upon the description of the goods in the bill or upon the date shown in the bill, may recover from the issuer damages caused by misdating of the bill or the nonreceipt or misdescription of the goods, except to the extent that the document of title indicates that the issuer does not know whether any part or all of the goods in fact were received or conform to the description, such as in a case in which the description is in terms of marks or labels or kind,

같은 조 (d)항에서 부지문언이 선하증권에 기재된 경우 부지문언은 화물이 송하인에 의해서 적재되었음을 의미하고 이것이 사실이라면 발행자는 부적절한 적입으로 야기된 손실에 대해서 책임이 없으며, 부지문언을 기재하지 않았다고 해서 발행인이 부적절한 적입으로 발생된 손실에 대해서 책임을 져야 된다는 것은 아니다 라고 규정하여 송하인이 컨테이너에 화물을 적입하고 발행자가 선하증권에 부지문언을 기재하여 발행하면 발행자는 책임이 없으며, 발행자가 선하증권에 부지문언을 기재하지 않았더라도 송하인이 컨테이너에 화물을 적입한 것이 사실이라면 발행자는 손실에 대해서 책임이 없다고 명확하게 규정하였다.

부지문언은 포장된 상품의 내용과 상태는 모름(contents or condition of contents of packages unknown), 적입되었다고 함(said to contain), 송하인이 측정하고, 선적하고, 셈함(shipper's weight, load and count), 이와 유사한 의미를 갖고 있는 문구(words of similar import)로 표기할 수 있고, 선하증권에 이러한 부지문언이 기재되어 있으면 송하인이 화물을 적입한 것을 의미한다고 규정하여[46] 송하인이 화물을 적입했다는 것을 명확히 하였다. 그리고 같은 조 (b)항에서 화물이 선하증권발행인에 의해서 적입되는 경우에는 선하증권에 부지문언을 기재하여도 부지문언의 효력은 인정하지 않는다고 규정하였고, (c)항에서 산화물이 송하인에 의해서 선적되는 경우에는 선하증권발행인이 화물의 중량을 측정할 수 있도록 적합한 시설을 이용할 수 있도록 하여야 하며, 발행자는 화물의 중량을 측정해달라는 송하인의 요청을 받는 후에 상당한 시간을 갖고 화물의 종류와 중량을 확인해야 한다. 이런 경우 선하증권에 기재된 부지문언의 효력을 인정하지 않는다고 규정하여 부지문언의 효력은 송하인이 적입했을 경우에만 인정된다는 점을 명확히 하였다.

4. 영국의 선하증권(The Carriage of Goods by Sea Act 1992)

영국은 1855년에 제정된 선하증권법(Bill of Lading Act, 1855)을 폐지하고 1992년에 해상화물운송법(COGSA, 1992)을 제정하여 발효되었다. 1992년에 발효된 영국의 해상화물운송법은 모든 선하증권에 명시된다고 규정하

quantity, or condition or the receipt or description is qualified by "contents or condition of contents of packages unknown," "said to contain," "shipper's weight, load and count," or words of similar import, if that indication is true.

46) United States Code 제80113조 (c)항.

여[47] 부지문언의 효력을 인정하였다. 산화물의 경우 운송인은 송하인이 신고한 수량을 확인하기 위하여 모든 가능한 방법을 이용하여 검증하여야 하며, 검증결과 수량의 차이가 있는 경우 운송인은 송하인에게 이의를 제기하고, 선하증권에 부지문언을 기재하여 발행하는 것을 인정하였다.

FCL화물의 경우 송하인이 통지한 수량을 운송인이 검증할 수 없기 때문에 선하증권에 수량을 기재하지 않거나 부지문언을 기재할 수 있도록 하였다. 선하증권에 부지문언이 삽입된 경우에 금반원의 원칙을 적용시킬 수 없다. 따라서 선하증권에 기재된 수량이 실제 선적된 수량과 큰 차이가 없는 한 선하증권에 기재된 화물을 운송인이 인수했다는 추정적 증거로 인정할 수 없다는 것이다. 따라서 수하인과 송하인은 수량부족으로 운송인에게 손해배상을 청구하려면 그 손해에 대해서 입증을 하여야 된다.

5. 우리나라 상법

상법 제814조의 2에서 제814조 2항의 규정에 따라 선하증권이 발행된 경우에는 운송인이 그 증권에 기재된 대로 운송물을 수령 또는 선적한 것으로 추정한다. 그러나 운송인은 선하증권을 선의로 취득한 제3자에게 대항하지 못한다고 규정하여 선하증권을 추정적 증거서류로 인정하였다. 따라서 운송인이 선하증권에 기재된 내용과 도착된 화물의 수량과 중량의 차이에 대해서 책임을 지지 않으려면 반증하여 기재된 것과 달리 선적되었음을 입증해야 한다. 그러나 선하증권이 유통되어 선의로 제3자가 취득한 경우에는 운송인은 선하증권에 기재된 대로 책임을 져야 한다.

상법 제813조에서는 운송인이 운송물을 수령한 후 용선자 또는 송하인의 청구에 의하여 한 통 또는 수 통의 선하증권을 교부하여야 한다고 규정하였고, 동법 제814조 제2항에서 선하증권의 기재내용에 관하여 운송물의 중량, 용적, 개수 또는 기호가 운송인이 실제로 수령한 운송물을 정확하게 표시하고 있지 아니하다고 의심할 만한 상당한 이유가 있는 때 또는 이를 확인할 정당한 방법이 없는 때에는 그 기재를 생략할 수 있다고 규정하고 있어 우회적인 방법으로 운송인에게 선하증권에 기재된 내용에 대해서 책임을 부담시키고 있으며, 선하증권에 그러한 기재내용이 없으면 선하증권의 기재내용에 대한 추정적 증거가 될 수 없다고 본다.

---

47) 제1조 제1항 (a)호: This Act applies to the following documents, this is to say -(a) any bill of ladings.

운송인은 화물의 기호, 종류 및 용적 또는 중량 혹은 포장, 개수에 대해서 오직 송하인이 제공하는 선적요청서의 기재내용에 따라 알 수밖에 없는 경우에는 그 송하인이 제공한 선적요청서의 기재내용을 신뢰할 수 없거나 달리 선적요청서의 기재내용을 확인할 수 없는 경우에는 선하증권의 기재 그 자체를 생략하는 것도 가능하다. 그러나 현실적으로 선하증권에 화물의 수량이나 중량을 작성하지 않고 발행할 수 없으며, 운송인과 송하인이 합의하에 송하인이 제시한 중량과 수량을 선하증권에 기재한 것으로 보아야 한다. 우리나라 상법에서 선하증권의 부지문언이 명확하게 규정되어 있지 않지만 동 조항에 따라 운송인은 운송물의 내용에 관한 부지문구를 기재하여 선하증권을 발행할 수 있다.[48)]

6. 신용장통일규칙

UCP 600에서 신용장에 특별히 금지한다는 내용이 기재되어 있지 않은 한 부지문언이 기재되어 있는 선적서류도 수리한다고 규정하여 부지문언이 기재된 선하증권도 무사고선하증권으로 간주한다 것을 명확히 하였다. 신용장은 서류상의 거래이기 때문에 서류에 기재된 내용에 대해서 기재된 대로 심사하고, 기재내용의 진위 여부는 심사하지 않기 때문에 선하증권에 기재된 부지문언의 유효성을 인정하였다고 보아야 한다.

신용장통일규칙에서 부지문언의 효력을 인정함에 따라 2000년에 인코텀즈의 CFR조건과 CIF조건에서 선하증권에 화물의 내용, 중량, 품질, 기술적 명세에 대하여 운송인은 알지 못한다는 문언이 기재되어 있는 무사고 선하증권을 사고부 선하증권으로 변경하지 못한다고 규정하였다.[49)]

부지문언의 유효성에 관한 판례

1. 미국판례[50)]

D사의 미국현지법인은 홍콩에 있는 A사로부터 FOB홍콩조건으로 테이프홀더를 수입하기로 계약을 체결하였다. A사는 14개의 컨테이너에 화물을 적입하여 운송인인 R사에 운송을 의뢰하였고 R사는 부지문언(Shipper's Load and Count, Said to Contain)이 기재된 선하증권을 발행하면서 컨테이너의 중

48) 김인현(1998), p. 188.

49) 윤일현(200), p. 49.

50) http: //laws.lp.findlaw.com/3rd/992223p.htm, 2005. 6. 1.

량을 측정하지 않았고 컨테이너 내부에 있는 내용을 확인하지 않았다.

화물이 목적지에 도착하여 D사가 운송인으로부터 화물을 수령한 다음에 컨테이너를 개봉하여 화물을 확인하여 보니 테이프홀더 대신에 시멘트조각이 들어 있었다. D사는 운송인인 A사에게 손해배상을 청구하는 소송을 제기하였다.

이에 대하여 법원은 선하증권은 운송인이 화물을 양호한 상태로 인수했다는 추정적 증거서류로 인정되지만 FCL화물의 경우에는 컨테이너 내부에 있는 화물의 상태를 외부에서 확인할 수 없기 때문에 부지문언이 기재된 선하증권은 추정적 증거서류로 볼 수 없다고 판시하였다. D사는 운송인이 화물의 중량을 측정하지 않아 화물을 양호한 상태로 인수할 의무를 해태했다고 주장을 하고 있는 데 운송인이 화물을 인수할 때 화물의 중량을 측정하는 것과 컨테이너의 내부에 있는 화물의 상태를 나타내는 것은 아무런 관계가 없다고 보았다.

운송인은 컨테이너의 봉인을 제거하고 컨테이너 내부에 있는 화물을 검사할 권한이 없으며 꼭 그렇게 하려면 송하인과 수하인이 운송인에게 지시를 하여야 한다. 또한 수하인은 송하인이 컨테이너에 화물을 적입할 때 그의 대리인이 입회하에 확인을 하도록 지시할 수 있다.

2. 영국판례[51)]

일본에 있는 H회사는 외국에 있는 K사로부터 염화칼륨을 수입하기로 계약을 체결하고, 1996년 12월에 운송인인 J사에게 25,000톤의 염화칼륨을 베트스필스항에서 일본항까지 선적을 의뢰하여 항해용선계약을 체결하였다. 운송인은 선하증권에 총 중량 11,000톤, 중량, 용적, 품질, 수량, 상태, 내용, 가격은 부지라는 문구를 기재하여 발행하였다. 화물이 일본에 도착하여 확인해본 결과 2,705톤이 부족하여 K사는 H회사에게 손해배상을 해주고 H사의 선하증권상의 권리를 양수받아 운송인인 J사에게 수량부족에 대한 손해배상청구소송을 제기하였다.

이에 대하여 법원은 1992년 해상물품운송법 제 4 조는 화물이 선적된 것을 표시하고 또 선장 등 권한을 가지고 있는 자가 서명한 선하증권은 적법한 선하증권 소지인에 대해 당해 화물이 선적된 것에 대한 확정적 증거가 된다고 규정하였는데 본 규정은 선하증권에 부지문언이 기재된 경우에는

51) 최종현(2003), pp. 182-183.

11,000톤의 화물이 선적된 것을 표시하는 선하증권이 아니므로 적용될 수 없고, 부지문언이 기재된 선하증권은 헤이그 규칙 제 3 조 제 3 항에서 규정하고 있는 화물의 수량 또는 중량 등을 나타낸 선하증권이 아니므로 동 규칙 제 3 조 제 4 항에 다른 추정적 효력이 발생하지 않는다고 보았다.

3. 우리나라 대법원판례

K회사는 중국에 있는 L사로부터 1995년에 신문용지 1,504롤(ROLL)을 CIF가격조건으로 1메트릭 톤당 미화 810달러 합계 미화 382,644.81달러에 수입하기로 하는 계약을 체결하였다. L사는 운송인인 피고 H사가 제공한 20″컨테이너 1개와 40″컨테이너 23개에 신용용지를 적입하였다. 그 후 피고는 L사로부터 화물을 컨테이너에 적입된 상태로 인수하여 컨테이너를 피고의 선박에 적재하고 "송하인이 적입하고 수량을 셈(Shipper's Load & Count)" 혹은 "……이 들어 있다고 함(Said to Contain……)."이라는 부지(不知)문구가 기재된 무사고 선하증권을 발행하였다. K사는 정당한 선하증권의 소지인으로서 컨테이너를 개봉하였는데 컨테이너 안에 있는 화물의 일부가 찌그러지고 젖었거나 잘린 상태로 손상되어 있는 것을 발견하였다. K사는 보험회사인 U사로부터 보험료를 받고, U보험회사는 K사로부터 대위권을 받아 H사에게 손해배상을 청구하는 소송을 제기하였다.

선하증권의 부지문언의 유효성에 대하여 대법원은 다음과 같이 판결하였다. 송하인측에서 직접 화물을 컨테이너에 적입(積込)하여 봉인한 다음 운송인에게 이를 인도하여 선적하는 형태의 컨테이너 운송의 경우에 있어서는, 상법 제814조 제 1 항 소정의 선하증권의 법정기재 사항을 충족하기 위하여 혹은 그 선하증권의 유통편의를 위하여 부동문자로 "외관상 양호한 상태로 수령하였다"는 문구가 선하증권상에 기재되어 있다고 할지라도, 이와 동시에 "송하인이 적입하고 수량을 셈(Shipper's Load & Count)" 혹은 "……이 들어 있다고 함(Said to Contain……)" 등의 이른바 부지(不知)문구가 선하증권상에 기재되어 있고, 선하증권을 발행할 당시 운송인으로서 그 컨테이너 안의 내용물 상태에 대하여 검사, 확인할 수 있는 합리적이고도 적당한 방법이 없는 경우 등 상법 제814조 제 2 항에서 말하는 특별한 사정이 있는 경우에는 이러한 부지문구는 유효하고, 위 부지문구의 효력은 운송인이 확인할 수 없는 운송물의 내부 상태 등에 대하여도 미친다고 할 것이다.

따라서 선하증권상에 위와 같은 부지문구가 기재되어 있다면, 이와 별도로 외관상 양호한 상태로 선적되었다는 취지의 기재가 있다 하여 이에 의하여 컨테이너 안의 내용물의 상태에 관하여까지 양호한 상태로 수령 또는 선적된 것으로 추정할 수는 없다고 할 것이므로, 이러한 경우 선하증권 소지인은 송하인이 운송인에게 운송물을 양호한 상태로 인도하였다는 점을 입증하여야 할 것이다.

같은 취지에서 U회사가 운송인이 운송물을 보관, 운송하는 도중에 화물이 손상된 사실, 즉 송하인이 운송인에게 하자 없는 운송물을 인도하였으나 운송인으로부터 하자가 있는 운송물을 인도받은 사실을 주장·입증하여야 한다고 본 원심판결은 정당하고, 거기에 상고이유로 주장하는 바와 같은 선하증권의 추정력, 무고장선하증권에 기재된 부지약관의 효력과 그 내용, 입증책임에 관한 법리 등을 오해한 위법이 있다고 할 수 없다.

4. 판례분석

FCL화물의 경우, 선하증권에 기재된 화물의 수량, 중량과 부지문언 중에서 어느 것이 유효한지가 본 판례의 쟁점사안이었다. 미국[52]과 영국, 우리나라 법원은 모두 부지문언의 유효성을 인정하였다. 미국법원은 운송인이 적입되고 봉인된 컨테이너를 인수할 때 선하증권에 부지문언을 기재할 수 있으며, 부지문언은 운송인이 송하인으로부터 화물을 받았음을 나타내는 정보에 불과하며, 선하증권에 기재된 화물의 명세서는 더 이상 운송인이 화물의 상태를 검증하기 위하여 컨테이너를 개봉할 수 있는 기회를 가지고 있다는 것을 의미하지 않는다고 보았다.

부지문언은 어디까지나 송하인이 컨테이너에 화물을 적입하여 운송인은 컨테이너 내부에 있는 화물의 상태를 알 수 없다는 것을 의미하는 것으로 목적지에 도착한 화물의 수량부족에 관하여 운송인은 책임이 없다는 점을 명확히 하였다.

이에 관하여 영국법원은 선하증권에 부지문언이 기재된 경우 운송인에게 금반언을 적용할 수 없으며, 부지문언이 기재된 선하증권은 동 선하증권에 기재된 화물의 중량이나 수량 등을 나타내고 있는 것이 아니라고 보아 선하증권에 부지문언이 기재되어 있으면 선하증권에 기재된 중량과 수량에 대하여 증거가 될 수 없음을 명백히 하였다.

52) 선하증권의 부지문언의 효력을 인정하지 않는 판례도 있었다.

우리나라 대법원은 FCL화물과 같은 컨테이너 운송의 경우에 운송인은 화물의 내용을 확인할 수 없고 중량도 측정할 수 없기 때문에 부지문언을 기재하여 선하증권을 발행하면 부지문언의 효력은 유효한 것으로 간주하였다. 따라서 수하인이 부족분에 대한 입증책임을 부담하여야 한다고 판시하였다. FCL화물은 특별한 사정이 있는 경우에 해당되어 운송인은 선하증권에 부지문언을 기재할 수 있고 이런 경우 부지문언의 효력은 인정되어 화물부족에 대한 입증책임은 수하인에게 있다고 보았다. 또한 특별한 사정이 없는 경우에는 부지문언은 무효이므로 운송인이 화물이 부족하지 않았다는 것을 입증하여야 한다.[53)]

선하증권의 부지문언이 송하인, 수하인, 운송인에게 미치는 영향

FCL화물의 경우 선하증권의 부지문언의 유효성에 관하여 일부 국가에서는 인정하지 않고 있지만[54)] 대부분 국가에서는 부지문언의 유효성을 인정하여 FCL화물의 운송관습을 법적으로 허용하고 있다.

선하증권을 추정적 증거서류로 인정함으로써 송하인, 수하인, 운송인 간에 형성된 법률관계와 FCL화물의 경우 선하증권에 기재된 부지문언의 효력을 인정함으로써 발생된 송하인, 수하인, 운송인 간의 법률관계는 근본적으로 다르다. 이와 같이 근본적으로 다른 법률관계는 무역거래에 지대한 영향을 미치고 있다. 본 장에서는 송하인, 수하인, 운송인 간에 발생된 새로운 의무와 책임을 규명하고자 한다.

1. 송 하 인[55)]

(1) 컨테이너의 확인 의무

송하인이 수출화물을 컨테이너에 적입하는 경우에 운송인은 빈 컨테이

---

53) Clive M. Schmitthoff(1990), p. 587.

54) 선하증권의 부지문언에 대해서 효력을 인정하지 않는 국가로서 프랑스를 들 수 있다. 프랑스는 1976년 프랑스법(the Decree of Ececmber 31, 1976 of France) 제36조에서 "운송인은 물품의 수량이나 상태에 대해서 선하증권상에 신고된 것이 의심스럽다면 선하증권상에 기재할 수 있다"라고 정의 하고 있다. 그럼에도 불구하고 "Shipper's load and count"와 같은 부지문언의 효력은 인정하지 않는 입장을 취하고 있다. 이와 관련된 판례로 1998년 American Legarcy호 사건에서 프랑스 대법원은 미국이 계약체결지임에도 불구하고 Pomerene Act를 채택하지 않고, 그와 같은 부지문언은 근거가 불충분한 유보조항이라고 하여 무효화를 선언하였다. 한낙현(2004), p. 104.

55) 송하인은 운송인에게 운송계약을 체결하는 당사자로서 운송중개인도 송하인에 해당되지만 본 논문에서는 화주로 한정하여 설명하기로 한다.

너를 송하인에게 인도한다. 송하인은 운송인이 인도한 빈 컨테이너가 수출화물을 운송하기에 적합한지 반드시 확인하고 컨테이너가 수출화물을 운송하는데 적합하지 않으면 운송인에게 수출화물의 운송에 적합한 컨테이너를 인도해줄 것을 요청하여야 한다.[56]

송하인이 운송인이 인도한 컨테이너에 화물을 적입하고 컨테이너의 하자로 인하여 컨테이너에 적입된 화물에 손상이 발생하면 운송인은 책임이 없고 전적으로 송하인이 책임을 져야하기 때문에 운송인이 인도한 빈 컨테이너의 상태를 반드시 확인해야 한다.

(2) 컨테이너에 수출화물의 적입 의무

선하증권의 부지문언은 송하인이 수출화물을 컨테이너에 적입하여 봉인했음을 의미하기 때문에 컨테이너에 화물의 적입의무는 운송인에게 있는 것이 아니라 송하인에게 있다. 따라서 송하인은 수출상품의 특성을 확인하여 수출화물이 최종목적지에 도착할 때까지 안전하게 운송될 수 있도록 수출화물을 컨테이너에 적입해야 한다.[57] 송하인은 수출화물의 특성에 따라 컨테이너에 수출화물을 어떻게 적입하여야 되는지 운송인에게 확인한 다음에 확인된 방법으로 수출화물을 컨테이너에 적입하는 것이 바람직하다. 컨테이너에 적입된 수출화물이 해상운송조건에 맞게 적입되지 않아서 발생한 수출화물의 손해에 대해서 운송인은 책임이 없으며 컨테이너에 수출화물을 적입한 송하인에게 모든 책임이 있다는 것이다.

운송인은 송하인이 적입 봉인한 컨테이너의 운송을 인수한 경우에는 송하인은 운송인에게 컨테이너의 내용물의 적입과 봉인이 안전, 적절하며 컨테이너와 내용물이 선하증권상의 기재에 따른 취급 및 운송에 적합하다는 것을 담보하는 것으로 보고 있다. 따라서 송하인은 수출화물의 특성을 정확히 파악하여 수출화물의 특성에 맞게 수출화물을 포장하여 컨테이너에 적입해야 한다.

(3) 운송인에게 컨테이너의 인도 의무

송하인이 운송인으로부터 인도받는 빈 컨테이너에 수출화물을 적입하는 경우에 수출화물을 운송인에게 인도하는 것이 아니라 수출화물이 적입된 컨테이너를 인도하는 것이다. 운송인은 컨테이너가 봉인된 상태로 컨테이너의

56) 방희석(2004), p. 340.
57) 송상현(1982), pp. 11-74.

외관을 확인하여 운송에 적합한지를 확인하는 것으로 충분하며, 컨테이너에 적입된 수출화물의 내용과 상태 및 그 명세에 관하여 송하인이 운송인에게 통지함으로써 알 수 있기 때문에 그 통지로부터 추정되는 특별한 사정이 없는 한 컨테이너에 적입된 화물의 상태 및 명세를 확인할 의무가 없다.

(4) 컨테이너에 적입된 화물의 운송조건 통지 의무

일반적으로 운송인은 화물의 성질에 대해서 잘 알고 있다. 그러나 FCL 화물의 경우, 운송인이 컨테이너에 있는 화물을 확인하지 않았기 때문에 컨테이너에 적입된 화물의 고유한 성질에 대해서 전혀 알지 못한다. 송하인은 선적시 그러한 화물의 특성을 운송인에게 주지시켜야 하며, 그렇게 하지 못할 때는 운송인은 화물의 손상에 대해서 면책된다.

송하인은 수출화물의 특성상 해상운송과정에서 특별한 주의를 기울여 운송을 하여야 할 경우 반드시 해상운송인에게 통지를 하여야 한다. 송하인이 해상운송인에게 수출화물의 특성상 선적과 하역 및 해상운송과정에서 해상운송인이 특별한 주의를 기울여 수출화물을 취급하지 않을 경우 컨테이너 안에 있는 화물에 손상이 발생할 가능성이 있다는 사실을 반드시 통지해야만 해상운송인으로부터 손해를 배상받을 수 있다.

최종목적지에 도착한 수출화물이 해상운송과정에서 해상운송인이 송하인이 통지한 운송방법으로 운송하지 않음으로써 손해가 발생하였다면 해상운송인은 송하인에게 발생한 손해에 대하여 배상을 하여야 하고 반면에 송하인이 해상운송인에게 수출화물의 특성상 해상운송과정에서 특별한 운송방법으로 운송을 하여야 된다는 것을 통지하지 않으면 해상운송과정에서 발생한 수출화물의 손해에 대하여 해상운송인에게 책임을 물을 수 없다.[58]

---

58) 대법원 2001.7.10. 선고, 99다58327 판결.

화학물질이 부산항에서 도쿄 세나트르호에 선적될 당시 그 배의 선장, 선원들은 화학물질이 든 컨테이너의 내용물의 상태 및 명세에 관하여 아무런 통지를 받지 못하였으며 그 컨테이너가 외관상 아무런 이상이 없으므로, 그 컨테이너를 개봉하여 내용물의 상태 및 명세를 확인할 의무가 있었다고 할 수 없고, 나아가 주식회사 장금유한공사는 화학물질에 대한 선하증권을 발행할 당시 송하인측으로부터 운송물이 화학물질이라는 사실을 통지받았으나, 이때까지 아직 화학물질이 취급 및 운송에 있어서 특별한 주의를 필요로 하는 위험물로 분류되지 않으므로, 도쿄 세나르호의 선장, 선원들에게 컨테이너의 내용물이 화학물질이니 특별한 주의를 필요로 한다고 통지할 의무가 있었다고 할 수 없다.

2. 수하인

(1) CIF, CFR무역가격조건에서 수하인과 운송인간의 법적관계

송하인과 수하인의 법률관계는 수출입매매계약을 통하여 생성된다. 송하인은 수출입매매계약에서 합의한 수출화물을 수하인에게 인도하고, 수하인은 송하인이 제공한 수출화물을 인수하고, 상품대금을 송하인에게 지급하여야 한다. 송하인이 수하인에게 수출화물을 직접 인도할 수 없기 때문에 송하인이 해상운송인과 해상운송계약을 체결하고 해상운송인이 발행한 선하증권을 송하인이 수하인에게 인도하면 수출화물의 소유권이 송하인에서 수하인으로 이전된 것으로 간주한다.[59)]

수하인은 자기가 직접 수출화물을 확인할 수 없기 때문에 해상운송인이 송하인이 제시한 상품을 확인하고, 선하증권을 송하인에게 발행하여, 송하인이 수하인에게 인도하면, 송하인이 수출입매매계약에서 합의한 수출화물을 수하인에게 제공한 것으로 본다. 즉 수하인이 상품대신에 해상운송인이 발행한 선하증권을 인수함으로써 송하인의 상품인도의무가 종료된 것으로 본다.

수하인이 해상운송인이 발행한 선하증권을 안심하고 인수하는 것은 수하인을 대신하여 해상운송인이 송하인이 제시한 수출화물의 내용과 수량 등을 송하인이 제공한 선적요청서의 기재내용과 일치하는지 확인하였기 때문이다.[60)] 따라서 수하인은 해상운송인이 송하인으로부터 받는 수출화물을 검사하여, 수출화물이 선적요청서의 기재내용과 일치한다고 확인한 다음에 선하증권을 발행하였기 때문에 수입항에 도착한 수출화물에 하자가 발생하였다면 해상운송인은 수하인에게 손해를 배상할 책임을 부담해야 한다.[61)]

송하인이 선하증권을 선하증권에 명시된 수하인에게 정당하게 배서하여 양도하고 수하인이 선하증권을 운송인에게 제시하면 被背書人이 이 선하증권에 대하여 아무런 권리도 가지고 있지 않음을 알고 있는 경우를 제외하고는 그에게 화물을 인도할 의무가 있다. 만일 수하인이 화물의 소유자임이 명백히 밝혀졌더라도 선하증권을 운송인에게 제시하지 않는 한 운송인은 역시 소유자에 대하여 물품의 인도를 거부할 권리가 있다. 해상운송인의 손해

59) 인코텀즈 2000에서 분류한 13가지 무역거래조건 중에서 CIF, CFR, CPT, CIP무역거래조건이 이에 해당된다.

60) 임동철(2003), p. 22.

61) 고면규(1999), p. 105.

배상책임은 해상운송인이 송하인이 제시한 수출화물을 확인할 수 있어야 가능하며, 확인이 불가능한 경우에는 해상운송인에게 손해배상책임을 물을 수 없다는 것이다.

(2) 입증책임

송하인이 운송인으로부터 받는 빈 컨테이너에 수출화물을 적입하여 운송하는 경우에 운송인은 부지문언을 선하증권에 기재하여 발행한다. 이런 경우 운송인에게 금반언을 적용할 수 없다. 따라서 선하증권에 기재된 수량과 실제 선적된 수량과 상당한 차이가 있다하더라도 부지문언이 기재된 선하증권은 운송인이 화물을 수령했다는 추정적 증거로 받아들여지지 않으며[62] 수량부족으로 운송인에게 손해배상을 청구하는 선의의 선하증권의 소지인은 선적된 정확한 수량을 입증해야 하는 거증책임을 져야 한다.

즉 선의의 선하증권의 수하인은 수입항에 도착된 화물이 부지문언이 기재된 선하증권의 내용과 다르기 때문에 운송인에게 손해배상을 청구할 경우 수하인에게 화물을 운송인에게 인도할 당시의 수량에 대한 거증책임을 부담시킴으로써 운송인의 책임을 면하게 하였다.[63] 따라서 부지문언이 기재된 선하증권을 선의로 소지한 수하인은 도착된 화물이 부지문언이 기재된 선하증권의 기재내용과 상이한 경우 송하인이 컨테이너에 수출화물을 선하증권의 기재내용과 일치되게 적입했다는 것을 입증하지 못하면 운송인에게 손해배상을 청구할 수 없다.[64] 해상운송인이 송하인에게 제공한 컨테이너에 송하인이 수출화물을 적입하기 때문에 수출화물의 내용과 상태가 송하인이 제시한 선적요청서에 기재된 내용과 일치하는지 확인할 방법이 없어서 비록 해상운송인이 송하인에게 선하증권을 발행했더라도 도착한 상품의 하자에 관하여 수하인은 해상운송인에게 손해배상을 청구할 수 없다는 것이다.

(3) 송하인의 보증책임에 대한 수하인의 책임

선하증권은 유통성의 특성을 가지고 있는 유가증권이므로 선하증권에 내용을 기재하는 모든 관계 당사자는 선하증권의 기재내용에 대해서 절대적으로 신뢰한다. 그러나 이러한 선하증권의 특성을 이용하여 선의의 제 3 자에게 손실을 발생시키면 이는 중대한 사기행위가 되며 그에 상응하는 벌을

62) S.C. Boyd(1996), p. 119.
63) 박희수(1988), p. 101.
64) Yoram Shachar(1974), p. 209.

받아야 마땅할 것이다.

선하증권의 특성을 악용하는 것을 방지하기 위하여 선적시 운송인은 송하인에게 운송화물의 상세한 내용을 밝힐 것을 요구하고 있으며, 만일 송하인이 정확하지 않는 내용을 신고하여 운송인이 피해를 입게 되면 이에 대해서 송하인은 전적으로 책임을 져야 한다는 조항을 두고 있다.[65]

본 조항에서 명시된 송하인의 범위를 어떻게 해석할 것인가이다.[66] 송하인을 운송계약의 당사자로 한정해 볼 것인가 아니면 선하증권의 발행과 양도에 관련해 모든 당사자로 볼 것인가에 관련하여 "Shipper"는 단순히 또 협의로 화물을 선적해 보내는 사람만을 의미하는 것이 아니라 "송하인, 선하증권상에 표시된 수하인, 그리고 배서에 의해서 권리를 갖고 있는 모든 사람"과 같이 광의로 해석하여 이들 중 어느 누가 고의나 과실로 재산이나 인명에 손상을 끼치면 송하인은 면책될 수 없으며, 또 헤이그 규칙 제3조 5항에서 명시된 송하인의 보증책임을 충실히 이행하여야 하는데 그 중 하나라도 이행하지 않으면 역시 면책되지 못한다고 보았다.[67]

선하증권의 양도를 받는 수하인도 양도받는 그 행위가 권리뿐만 아니라 송하인의 모든 책임과 의무도 동시에 이양받는다고 송하인의 범위를 광의로 해석하고 있는 것으로 볼 때 수하인과 선의의 선하증권의 소지인도 송하인과 마찬가지로 운송인에게 선하증권에 기재된 모든 내용을 보증하는 것이 되므로 운송인으로부터 아무런 보상을 받을 수 없다는 결과가 되어버리는 문제점이 발생하지만[68] 송하인의 범위에 수하인도 포함시켜 해석하고 있다는 점을 수하인은 알아야 한다.

(4) 화물의 하자담보책임

무역거래에서 수출입매매계약이 중심이 되고 동시에 운송계약, 보험계약 등 기타 많은 계약에 의하여 뒷받침되고 있다. 무역은 서로 다른 국가에 거주하는 상인간에 이루어지는 거래로서 송하인은 수출대금회수에 수하인은 자기가 원하는 상품을 입수하는데 관심이 집중되어 있다. 특히 수하인은 외

65) 임석민(2003), p. 389. 헤이그-비스비 규칙, 함브르그 규칙 제17조.
66) Raoul Colinvaux, Carver(1971), p. 350.
67) Mocatta, Mustill & Boyd(1974), p. 438 "the shipper mean the shipper or any consignee of goods named in the bill of lading or any endorsee there of to whom the property in the goods shall pass."
68) 박대위, 전게서, p. 289.

국에 있는 수입상품의 품질과 선적을 매번 확인하기가 어렵기 때문에 송하인과 운송인 간에 체결된 운송계약의 약정을 믿고 무역거래를 수행하여 왔다.

송하인과 운송인이 약정한 운송계약의 내용에 따라 수하인의 이익이 심각하게 훼손될 가능성이 있다. 수하인이 목적항에서 운송인으로부터 인수한 화물의 종류와 수량이 운송인이 발행한 부지문언이 기재된 선하증권의 기재내용과 차이가 발생할 경우 선의의 선하증권을 취득한 수하인은 운송인으로부터 운송물을 수령할 당시의 손괴사실을 입증하여야 한다고 판결함으로써 수하인은 매우 위험한 처지에 놓일 수 있다.

선하증권의 부지문언은 선의의 수하인이 이미 수출입매매계약을 체결할 당시에 목적지에 도착한 화물의 수량이 선하증권에 기재된 것과 다를 수 있다는 것을 알고 있었다는 것을 의미한다는 것이다. 송하인과 수하인이 수출입매매계약에서 화물을 FCL로 선적하기로 합의한 것은 이미 수하인은 선하증권에 부지문언이 기재되고 이러한 선하증권의 부지문언은 송하인이 화물을 컨테이너에 적입하기 때문에 목적지에 도착한 화물의 수량과 중량이 부지문언이 기재된 선하증권의 기재내용과 상이할 수 있다는 것을 알고 있다고 본다.

따라서 수하인은 부지문언이 기재된 선하증권이 갖고 있는 거래위험을 정확히 인식하여야 한다. 부지문언이 기재된 선하증권은 송하인이 컨테이너에 수출화물을 적입하여 컨테이너에 적입된 화물의 수량과 명세에 대해서 송하인 이외의 어느 누구도 알 수 없기 때문에 오직 송하인만이 컨테이너에 적입된 수출화물의 수량과 명세에 대해서 책임을 부담한다는 것이다.

송하인이 컨테이너에 수출입매매계약에서 합의한 화물과 다른 저질화물을 적입하거나 또는 합의한 수량보다 적은 수량을 적입하여도 이것을 저지시킬 수 있는 당사자가 없으며 그렇게 하여도 서류상에 아무런 하자가 없기 때문에 수하인은 감당하기 어려운 거래위험에 노출될 수 있다는 점이다. 신용장거래에서 신용장거래 당사자가 특별히 부지문언이 기재된 선하증권을 금지하지 않는 한 무지문언이 기재된 선하증권도 정당한 서류로 인정하고 있다.[69] 따라서 수하인은 수입상품의 하자담보책임에 대해서 수출입매매계약에 의거 송하인에게 제기할 수 있는데 송하인이 악의로 사기를 칠 경우

69) 신용장통일규칙 제31조.

송하인에게 손해배상책임을 물을 수 없고 또한 선하증권을 발행한 운송인에게도 손해배상책임을 물을 수 없는 위험에 처할 수 있다는 것을 꼭 알아야 한다.

(5) 해상적하보험의 효력

CIF, CIP무역거래조건에서 해상보험계약체결의 의무는 송하인에게 있다. 송하인이 해상보험계약을 체결함에 있어서 보험계약자 또는 피보험자는 중요한 사항을 고지해야 하고, 그에 관하여 부실한 고지를 해서는 아니된다. 상법 제651조에서 보험계약당시에 보험계약자 또는 피보험자가 고의 또는 중대한 과실로 인하여 중요한 사항을 고지하지 아니하거나 부실한 고지를 할 때에는 보험자는 그 사실을 안날로부터 1개월 이내, 계약을 체결한 날로부터 3년 내에 한하여 보험계약을 해지할 수 있다고 규정하였다.

보험자는 보험계약을 체결할 때 보험목적물의 손실발생 가능성을 측정하여 이것을 토대로 보험계약 체결 여부를 결정하고 적정한 보험료를 산정한다. 보험자가 보험계약의 체결 여부를 결정하고 합리적인 보험료를 산정하기 위해서는 보험계약자 또는 피보험자가 보험목적물에 대해서 구체적인 사항을 보험자에게 알려주어야 한다.[70] 구체적인 사항은 보험자가 보험계약을 체결할 당시에 보험료를 확정하거나 보험계약의 인수 여부를 결정하는데 영향을 미칠 수 있는 사항을 의미하는 것으로 보험계약자가 적하보험청약서를 작성하여 보험자에게 통지하고 보험자는 적하보험청약서에 기재된 사항을 근거로 적하보험 인수 여부를 결정한다.[71]

적하보험 청약서에는 화물의 종류, 수량, 선적항, 하역항, 선박명, 국적, 선령 등을 기재하도록 되어 있다. 송하인이 수하인을 위해서 적하보험 계약을 체결하는 데 송하인이 고지의무를 신의성실의 원칙에 따라 이행하지 못하면 송하인이 체결한 해상적하보험계약은 무효가 되어 수하인은 보험자로부터 보험금을 받지 못할 수 있다. 송하인이 고지한 수출화물과 수량이 송하인이 컨테이너에 적입한 화물과 수량 간에 큰 차이가 발생하면 송하인이 고지의무를 위반하게 되어 송하인이 체결한 해상적하보험계약은 무효가 되어 수하인은 해상위험으로부터 보호받지 못한다.

70) 박용섭(1983), pp. 121-124.
71) 구종순(2004), p. 89.

3. 운 송 인

운송인은 송하인이 인도한 컨테이너를 확인하여 인수하여야 한다. 운송인의 컨테이너 확인 의무는 어디까지로 볼 것인가이다. 송하인이 화물을 컨테이너에 적입하고 봉인한 컨테이너의 운송을 운송인이 인수한 경우에는 송하인은 운송인에게 컨테이너에 화물을 안전하고 적합하게 적입하고, 봉인했음을 그리고 컨테이너와 내용물이 선하증권상에 기재된 취급방법과 운송에 적합하다는 것을 담보한 것이다.

따라서 운송인은 컨테이너가 봉인된 상태로 외관을 확인하여 운송에 적합한지를 확인하는 것으로 충분하다. 운송인은 컨테이너 내부의 화물상태와 그 명세에 관하여는 송하인이 통보한 내용에 따라 알 수 있기 때문에 송하인이 통지한 내용으로부터 추정되는 특별한 사정이 없는 한 컨테이너를 개봉하여 화물의 상태 및 명세를 확인할 의무가 없다.

운송인이 선하증권에 부지문언을 기재하여 선하증권을 발행할 수 있는 경우는 운송인이 선하증권에 기재된 내용을 정확하게 확인할 수 있는 합리적인 방법을 가지고 있지 않을 때에 한해서 인정된다. 즉 송하인이 제시한 화물에 대한 수량이나 중량을 확인할 적당한 방법이 있었느냐 없었느냐에 따라 운송인의 책임을 결정한다.

Article 27 Clean Transport Document

A bank will only accept a clean transport document. A clean transport document is one bearing no clause or notation expressly declaring a defective condition of the goods or their packaging. The word “clean” need not appear on a transport document even if a credit has a requirement for that transport document to be “clean on board”.

제27조 무사고 운송선적서류

은행은 무사고 운송선적서류만 수리한다. 무사고 운송선적서류라 함은 화물 또는 그 포장에 하자가 있는 상태임을 명시하는 부가 조항이나 단서가 기재되어 있지 않는 선적서류를 말한다. “무사고”란 문언은 신용장이 무사고 본선적재를 나타내는 운송선적서류를 요구하고 있다 하더라도 운송선적서류에 기재할 필요가 없다.

[해 설] 운송인이 운송될 상품을 검사하고 동 상품에 이상이 없으며 무사고 선하증권(clean transport document)을 발행하며 상품과 포장에 문제가 있을 때 사고부선하증권(foul transport document)을 발행한다.

이러한 사고부선하증권은 은행이 수리하지 않으며 중고 포장재료 사용, 낡은 포장재료 사용, 수리된 포장재료 사용 등의 문언이 표기된 선하증권은 사고부선하증권이 아니다. 또한 운송서류에 "clean on board"의 표기를 요구하였지만 제시된 운송서류에 이러한 표기가 없는 경우 동 운송서류는 "clean on board"가 있는 것으로 간주하여 수리해야 한다.

〈사 례〉 선하증권의 기재사항

당사는 최근 미국으로부터 "Full Set of Marine Bills of Lading issued the order of abc Bank bearing the following statements Clean on Board, freight prepaid notify applicant"로 되어 있는 신용장을 수취하였다. 그런데 선적 후 발급받은 선하증권에는 "Clean On Board"라는 문구가 빠져 있는데 정상적이 매입의뢰가 가능한지?

〈사례분석〉

신용장통일규칙 제27조에 하자 없는 운송서류란 물품 또는 포장의 하자 상태를 명시적으로 표시하는 조항이나 표기가 기재되어 있지 않은 운송서류라고 정의하고 있으며 운송업계의 관례상 화물을 수취 또는 선적시에 뚜렷한 결함이 발견될 경우에만 그 결함을 표시함으로써 후일의 분쟁에 대처하고 있다. 따라서 화주로서는 Clean B/L을 요구받은 경우 별도의 결함표시가 없으면 그것으로 충분하다 하겠다. 그러나 개설은행과의 분쟁 예방차원에서 가능한 한 선하증권에 표시하는 것이 바람직하다.

Article 28 Insurance Document and Coverage

a. An insurance document, such as an insurance policy, an insurance certificate or a declaration under an open cover, must appear to be issued and signed by an insurance company, an underwriter or their agents or proxy.

b. Where the insurance document indicates it has been issued in more than one original, all originals must be presented.

c. Cover notes will not be accepted.

d. An insurance policy is acceptable in lieu of an insurance certificate or a declaration under an open cover.

e. The date of the insurance document must be no later than the date of shipment, unless it appears from the insurance document that the cover is effective no later than the date of shipment.

f. i. The insurance document must indicate the amount of insurance coverage and be in the same currency as the credit.

ii. A requirement in the credit for insurance coverage to be for a percentage of the value of the goods, of the invoice value or similar is deemed to be the minimum amount of coverage required.

If there is no indication in the credit of the insurance coverage required, the minimum amount of insurance coverage must be 110% of the CIF or CIP value of the goods. However, when the CIF or CIP value cannot be determined from the documents, the minimum amount of insurance coverage must be 110% of the amount for which honour or negotiation is requested, or 110% of the gross value of the goods as shown on the invoice, whichever is greater.

iii. The insurance document must indicate that risks are covered at least between the place of taking in charge or shipment as stated in the credit and the place of discharge or final destination a stated in the credit.

g. A credit should stipulate the insurance required and, if any, the additional risks to be covered. An insurance document will be accepted without regard to any risks that are not covered, if the credit uses imprecise terms such as "usual risks" or "customary risks".

h. Where a credit requires insurance against "all risks" and an insurance document is presented containing any "all risks" notation or clause, whether or not bearing the heading "all risks," the insurance document will be accepted without regard to any risks stated to be excluded.

i. An insurance document may contain reference to any exclusion clause.

j. An insurance document may indicate that the cover is subject to a franchise or excess(deductible).

제28조 보험선적서류와 담보

a. 포괄예정보험에 의거 발행된 보험증권, 보험증명서, 확정통지서와 같은 보험서류는 보험회사 보험업자 또는 그 대리인 또는 대리권 자에 의해서 발행되고 서명된 것이어야 한다.
b. 보험선적서류가 2통 이상의 원본으로 발급되었음을 표시하고 있는 경우에 모든 원본 선적서류가 제시되어야 한다.
c. 보험인수증은 수리하지 않는다.
d. 보험증권은 포괄예정보험에 의한 보험증명서 또는 확정통지서를 대신하여 수리할 수 있다.
e. 보험선적서류에 담보는 선적일 이전에 효력이 있다고 명시되어 있지 않는 한 보험서류의 날짜는 선적일 이전이 되어야 한다.
f. i . 보험서류는 담보금액을 표시하여야 하고 신용장에 표시된 통화와

동일한 통화로 표시하여야 한다.

ii. 신용장에 보험담보는 상품가액, 송장가액의 %(퍼센티지)로 또는 이와 유사하게 표시된 경우에는 요구된 담보범위의 최소금액으로 간주한다. 신용장에 요구된 보험담보범위의 표기가 없는 경우 최소 보험담보 금액은 CIF 또는 CIP 상품가격의 110%로 한다. 그러나 CIF 또는 CIP 가격이 서류로 결정될 수 없는 경우에 최소 보험담보금액은 신용장에서 인수와 지급 또는 매입이 요구되는 금액의 110% 또는 총 송장금액의 110% 중에서 더 큰 금액이 된다.

iii. 보험서류는 상품인수자 또는 신용장에 명시된 선적장소와 양륙지 또는 신용장에 명시된 최종목적지 사이에서 위험이 담보되는 지역을 표시하고 있어야 한다.

g. 신용장에 요구되는 보험 및 부보되어야 할 그 밖의 추가 위험이 있다면 그러한 위험도 명기되어야 한다. 보험서류는 신용장에 "통상의 위험" 또는 "관례적 위험"과 같은 불명확한 용어가 기재되어 있으면 부보되지 않은 어떠한 위험에 관계없이 수리된다.

h. 신용장이 "전 위험"에 대한 보험이라고 규정하고 있는 경우에 "전 위험"이라는 표제의 유무에 관계없이 "전 위험"이라는 표시 또는 약관이 포함되어 있는 보험서류가 제시되면, 보험서류는 어떤 위험이 부보되지 않은 것과 관계없이 수리된다.

i. 보험서류에 어떤 예외 조항이 표시될 수 있다.

j. 보험서류에 부보가 면책비율 또는 초과공제 면책비율의 적용을 받는다고 표시할 수 있다.

[해 설] 1) 보험서류의 발행과 서명

우리나라의 무역규모가 4,800억불을 넘게 된 오늘 아직도 수출입화물은 대부분 해상운송에 의해서 이루어지고 있으며 이러한 해상운송은 해상보험에 의해서 뒷받침되었다. 해상보험이 없이 해상운송은 발전할 수가 없다. 보험증권과 선하증권은 신용장거래에서 매우 중요한 서류이므로 발행인과 형식을 상세히 규정하여 신용장거래 당사자 간에 발생할 수 있는 분쟁을 피하도록 하였다.

보험서류가 보험증권(insurance policy), 보험증명서(insurance certificate), 확정통지서(declaration) 중에서 어디에 속하는지 반드시 명시되어 있어야 하고 보험회사 보험업자 또는 그 대리인 또는 대리권자가 발행하여 서명하여야 한다.

보험증권, 보험증명서, 확정통지서를 서명하거나 발행할 수 있는 자는 보험회사, 보험인수업자 또는 그 대리인 및 대리권자로 명시하였으며 대리권자는 UCP 600에서 새롭게 추가되었다. UCP 500에서는 보험회사, 보험인수업자, 그들의 대리인에 의해서 서명 발급된 보험서류만 유효한 것으로 하였었으나 UCP 600에서는 보험회사 보험인수업자, 그들의 대리인과 대리권자로 고쳐서 대리권자도 정당한 발급인에 포함시켰다. 보험회사와 보험인수업자의 대리권자가 보험회사와 보험인수업자를 표시하고 서명하여 발행한 보험서류가 발행되어 이용되었으나 은행은 그 동안 그들의 대리권자가 발행한 보험서류를 수리하지 않아서 보험회사와 마찰이 발행하였다. UCP 600에서는 보험업계의 건의를 받아 들여 보험서류 발행인에 그들의 대리권자를 포함시켰다.

2), 3) 보험서류의 원본과 부보각서

보험서류는 원본으로 2통 이상 발행될 수 있으며 보험중개인이 발행한 부보각서(cover note)는 신용장에서 허용하지 않는 한 수리할 수 없다. 보험회사와 그의 대리인과 아무런 법적관계가 없는 중개인은 보험계약자를 보험회사에 소개시켜 주는 역할을 하며 그런 과정에서 중개인이 발급한 부보각서는 보험서류로 인정하지 않는다. 중개인이 발급한 부보각서는 보험회사와 법률적관계가 없어서 보험사고가 발생하면 보험계약자는 충분한 배상을 받지 못할 수도 있다. 중개인이 부보각서를 발행하여 보험회사에 제출하면 보험회사가 보험증권을 발행한다. 부보각서가 발급되는 시간과 보험증권이 발급되는 시간 사이에 시차가 발행할 수 있으며 보험사고가 이러한 시차 사이에 발생하면 누가 책임을 져야 하는지 분명하지 않아서 책임소재가 불분명한 부보각서는 처음부터 수리하지 않는다고 못박았다.

4) 보험증명서 대신에 보험증권의 제시

신용장에 보험증명서 또는 보험확인서(declaration)를 요구하였는데 보험증권을 제시하면 은행은 제시된 보험증권을 수리해야 한다. 그 이유는 보험증권이 보험증명서 또는 보험확인서보다 더 완벽한 보험서류이기 때문이다.

보험확인서는 선박회사가 특정상품이 선적되었다는 문언이 기재된 서류를 발행하고 동 서류에 보험회사가 포괄보험증권 하에서 개개보험이 확정되었음을 배서한 서류를 의미한다.

5) 보험서류의 발행일

적하보험은 해상사고에 대비하기 위하여 보험에 든다. 보험은 화물이 선박에 적재된 시점에서 효력이 시작되어야 해상운송에서 발생할 수 있는 해상운송위험을 담보한다. 보험효력 발생시기와 해상운송의 시작시점이 동일하여야 된다. 해상운송시점보다 보험효력 발생시점이 늦게 시작되면 해상운송의 일부 구간은 무보험 상태로 운송될 수 있고 이러한 무보험 운송구간에서 해상사고가 발행하면 보험회사는 책임을 지지 않는다.

CIF와 CIP 무역거래 조건에서 수출상이 수출상품에 대한 적하보험을 부보해야 할 의무가 있으며 수출상이 부보한 적하보험의 담보시기는 CIF의 경우 수출상품이 선적항에서 선박의 난간을 통과한 때에 시작되고 CIP의 경우에는 선적지에서 수출상품이 운송인에게 인도된 때에 시작된다. 따라서 수출상이 제시한 보험증권 또는 보험증명서의 발행일자는 수출상품이 본선의 난간을 통과한 날짜와 운송인에게 인도된 날짜가 동일해야 수출상품은 수출상이 부보한 적하보험에서 보호를 받을 수 있다.

따라서 수출상이 제시한 보험증권 또는 보험증명서 발행일자가 수출상품의 선적일보다 늦게 기재되어 있으면 은행은 이러한 보험증권 또는 보험증명서를 수리하지 않는다. 그러나 보험증권에 보험자의 담보책임이 늦어도 상품의 선적 또는 발송일로부터 시작된다고 표시된 경우에는 보험서류의 발급일이 선적일보다 늦더라도 실질적으로 보험의 보호를 받고 있지만 은행이 보험서류를 거절할 수 있다는 모순이 발생하여 이렇게 보험증권에 기재되어 있으면 보험서류의 발급일이 선적서류 발행일보다 늦더라도 유효한 보험서류로 간주한다.

6) 보험서류의 통화와 담보금액, 담보범위

신용장에 명시된 통화와 보험서류에 기재된 통화가 다른 경우 환위험(exchange risk)이 발생하기 때문에 피보험자인의 이익을 보호하기 위하여 보험서류에 기재된 통화와 신용장에 명시된 통화는 일치하도록 규정하였다.

해상보험은 해상위험의 발생으로 생긴 손해를 배상해주는 계약이기 때문에 보험계약을 체결할 때 보험자와 보험계약자는 손해보상의 범위와 방법을 합의하여 결정한다. 보험가액(insurable value)은 보험목적물의 실제 가치로 보험사고가 발생하면 피보험자가 입을 수 있는 최대손해액을 말하고, 보험금액(insured amount)은 피보험자가 실제로 보험에 든 금액을 말하는데 보험사고가 발생하면 보험회사가 피보험자에게 지급하는 최대의 보상금이다. 보험자와 보험계약자는 담보금액을 상품가격 또는 송장가격의 페센티지로 나타낼 수 있다. ISBP 191에서 UCP는 어떠한 최대백분율에 관하여 규정하지 아니한다고 명시하여 담보가액을 상품가격 또는 송장가격의 130%로 기재할 수 있다고 보았다. 보험자와 보험계약자는 담보금액을 상품가격 또는 송장가격의 130%로 기재할 수 있지만 보험자는 요구된 담보범위의 최저금액으로 지급한다고 명시하여 담보금액을 높게 기재하여도 피보험자가 보험자로부터 배상받을 수 있는 금액은 최저담보금액이 된다. 따라서 보험계약자는 불필요하게 보험료를 높게 지불하는 결과가 된다. 초과보험은 선의의 경우를 제외하고는 인정하지 않고 있다. 보험금액이 보험가액을 초과하는 경우가 초과보험이며 보험사고가 발생하면 피보험자는 손해액 이상으로 보상을 받기 때문에 부당이득을 취하게 된다. 신용장에 요구한 보험담보의 표기가 없는 경우 최소 보험담보 금액은 CIF 또는 CIP 상품가격의 110%로 한다. 그러나 CIF 또는 CIP 가격이 서류로 결정될 수 없는 경우에 최소 보험담보 금액은 신용장에서 인수와 지급 또는 매입이 요구되는 금액의 110% 또는 총 송장금액의 110% 중에서 더 큰 금액이 된다.

적하보험은 상품의 특성과 운송용구, 특정거래 등에 따라 매우 다양하기 때문에 신용장에 반드시 적하보험에 부보할 적하보험의 종류를 반드시 명시해야 한다. 적하보험은 협회 적하보험 A약관, B약관, C약관, 협회 적하보험, 전쟁약관, 협회 적하보험 동맹파업 약관, 상품특성에 따라 별도로 부보해야 하는 특별약관이 있다.

7) "usual risks" or "customary risks"

보험에 들어야 할 추가 위험이 있는 경우에는 그러한 추가 위험을 기재하고 있어야 하고 신용장에 "통상의 위험" 또는 "관례적 위험"과 같은 불명확한 용어가 기재되어 있으면 부보되지 않은 어떠한 위험에 관계없이 은행은 보험서류를 수리한다. 통상적인 위험과 관례상의 위험은 어떠한 위험을 나타내고 있는지 정확하지 않다. 수익자가 개설의뢰인을 위하여 보험에 들 경우에는 보험료가 가장 적게 들어가는 보험조건으로 보험에 들려고 한다. 애매모호한 보험조건은 결국에 개설의뢰인이 피해를 보기 때문에 금지시켜야 되나 보험조건을 명확하게 정의하지 못하는 경우에는 이러한 용어가 사용되고 있는 것이 현실이기 때문에 이러한 보험서류가 제시되어도 은행은 이의 없이 수락하도록 하였다. 적하보험의 종류는 정확하게 기재해야 되며, 불확실하거나 애매모호하게 작성된 보험서류에 대해 은행은 책임 없이 수리한다. 따라서 개설의뢰인은 적하보험의 종류에 대해 완전하고 정확한 지시를 해야 하며 불확실하거나 애매모호한 지시를 함으로써 야기되는 모든 위험에 대해 개설의뢰인은 모든 책임을 져야 한다.

8) 전위험 담보의 범위

보험에서 전위험 담보는 가장 광범위한 영역을 포함한다. 모든 위험을 담보한다는 의미로 볼 수 있다. 그러나 전 위험담보는 모든 위험을 담보하는 것이 아니다.

적하보험에서 전위험담보조건(clause A)을 보면 제 1 조 본 조건은 제 4, 5, 6, 7 조의 면책조항을 제외한 모든 위험에 대해서 담보한다고 명시하고 있다. 협회 적하보험약관 A 조건에서 제 4 항 일반면책약관(general exclusion clause), 제 5 항 불내항성 및 부적합성 면책약관(anseaworthiness and unfitness exclusion clause), 제 6 항 전쟁면책약관(war exclusion clause), 제 7 항 동맹파업 면책약관(strikes exclusion clause) 등은 담보되지 않으며 곡물 유채류의 경우 A조건에서도 부족한 습손, 열손(shortage, sweat &heating)위험은 제외되며 유리 정밀기계의 경우 파손(breakage)위험은 담보되지 않아 이들 위험은 추가보험료를 지불해야만 담보된다.

신용장에 적하보험부보조건을 “insurance against all risks”로 기재된 경우, 은행은 이러한 보험서류에 “all risks”로 기재되어 있으며 “all risks”의 문구로 표제하거나 표제하지 않거나 관계없이 또 일부위험이 제외되었다고 표시하고 있어도 동 보험서류를 아무런 책임 없이 수리한다.

9), 10) 보험서류의 예외조항, 면책비율과 초과공제면책비율

보험서류에 어떤 예외 조항이 표시될 수 있다는 것은 UCP 500에 없는 내용이다. 보험서류에 어떤 예외조항이 표시되어 있더라도 이 예외조항이 보험서류의 법적효력을 무효화시키는 것이 아니면 인정한다는 것이다. 신용장에 특별히 금지하지 않는 한 공제면책비율(deductible franchise) 또는 비공제면책비율(non-deductible franchise)이 기재되어 있는 보험서류도 은행은 수리해야 한다.

공제면책비율은 보험회사가 일정한 손실에 대해 보상하지 않는 조건을 의미하는 것으로 보통 3% 또는 5%의 비율이 결정되며 3%나 5% 미만의 손실에 대해서 보험회사가 손해배상을 하지 않고 3%와 5%이상이 된 손해에 대해서 3%와 5%의 손해를 포함해서 발생된 모든 손해를 보상하며 deductible의 조건은 보상액에서 3%와 5%를 차감한 금액을 보상한다. 은행은 신용장에 적하보험부보조건이 면책비율부적용조건(irrespective of percentage)으로 기재되어 있으면 공제면책비율과 비공제면책비율이 기재된 보험서류를 수리하지 않는다. 면책비율부적용조건은 보험회사가 발생한 손실에 대해 전액 보상하는 것을 의미한다.

〈사례 1〉 보험증명서의 배서

보험증명서에 매입은행이 아닌 수익자가 배서하였다. 이것은 하자가 아닌가?

〈사례분석 1〉

보험증명서가 누구 앞으로 발행되었는지 언급이 없다. 만약에 수익자가 보험증명서에 배서하였다면 수익자 지시식으로 보험증명서가 발행되었다고 유추할 수 있다.

〈사례 2〉 보험서류 피보험자 기재문제

신용장에 "Insurance policy had been presented with following details.

a. Assured, Daeseh corporation
b. Fully Mentioned insurance conditions in covering all risks favour Bank popular
c. In addition, endorsed by Daeseh corporation properly."로 명시되어 있다.

개설은행은 보험서류가 개설신청인 앞으로 발행되지 않았다는 것을 이유로 대금지급을 거절하였다. 제시된 보험증권은 피보험자를 수출상으로 하고 있고 수출상이 배서하였다. 그라고 개설신청인을 위하여 보험이 부보된다는 표시가 있다. 이것이 하자인가?

〈사례분석 2〉

보험서류에 수출상이 백지배서하거나 개설신청인 앞으로 배서하였다면 이 서류에는 하자가 없다. 확인은행이 아닌 매입은행은 그가 동의하지 않았다면 신용장에서 어떠한 의무도 없다.

〈사례 3〉 불일치한 보험서류

신용장에서 요구한 보험서류는 다음과 같다.

"Insurance Policy or Certificate in duplicate made out to order, issued for 110% of the CIP invoice value, Covering all risks, institute cargo clause including WPA, institute strive, riots and civil commotions clauses from warehouse to ware house" 개설은행은 제시된 보험증명서가 보험중개인에 의해서 발행되고 보험회사가 확인하지 않았다는 이유로 서류인수를 거부하였다.

〈사례분석 3〉

보험중개인이 발행한 보험증명서는 지정된 보험회사의 지정 대리인으로 서명이 되어 있으면 수리할 수 있다. 보험서류는 문명상 보험회사, 보험중개인, 또는 그들의 대리인이 발행하고 서명해야 한다. 본 사례에서 제시된 보험서류는 보험중개인이 지정된 보험회사 ABC의 대리인으로 기재되어 있고 또한 서명이 되어 있기 때문에 제시된 보험증명서는 하자사항이 아니다.

〈사례 4〉 보험서류의 유효기간

신용장에 CIF가격의 110%로 매입 가능한 형태로 부보된 보험증권이나 보험증명서를 요구하였다. 보험은 Institute Cargo Clause(A), Institute War

Clause (Cargo), Institute Strikes Clauses (Cargo), Institute Radioactive Contamination Exclusion Clause, Rejection Risks as per MMZ Wording로 부보되어야 된다고 명시되어 있다. 제시된 보험서류에 선적은 신용장에 명시된 1997년 3월 4일로 기재되어 있고 보험부보일자는 1997년 3월 23일로 기재되어 선적기일과 보험부보일자가 다르게 되어 있다. 이것은 하자인가?.

〈사례분석 4〉

신용장에 특별히 명시된 경우와 보험의 효력은 상품의 본선적재일, 적송일 또는 인수일로부터 발효한다는 것이 나타나 있는 보험서류를 제외하고 은행은 운송서류에 기재된 본선적재일, 적송일, 인수일보다 늦게 발행한 날짜를 기재하고 있는 보험서류를 수리하지 않는다.

출항일자는 보험이 선적일로부터 효력이 발생한다는 것을 입증하는 증거가 되지 못하며 따라서 이러한 서류는 수리거절된다.

〈사례 5〉 보험증권

신용장에서 요구한 보험증권에 "A franchise of 30% is acceptable" 이라고 기재되어 있다. 이것은 하자인가?

〈사례분석 5〉

신용장통일규칙 제28조 j항은 신용장에 특별히 명시된 경우를 제외하고 은행은 적하보험부보가 비공제면책 또는 공제면책으로 되어 있는 보험증권을 수리해야 한다고 규정하고 있다. 따라서 보험의 부보는 신용장에 명시된 내용에 따라 결정되며 신용장에 특별한 언급이 없으며 비공제면책 또는 공제면책으로 부보된 보험증권을 은행은 수리해야 한다.

Article 29 Extension of Expiry Date or Last Day for Presentation

a. If the expiry date of a credit or the last day for presentation falls on a day when the bank to which presentation is to be made is closed for reasons other than those referred to in article 36, the expiry date or the last day for presentation, as the case may be, will be extended to the first following banking day.

b. If presentation is made on the first following banking day, a nominated bank must provide the issuing bank or confirming bank with a statement on its covering schedule that the presentation was made within the time limits extended in accordance with sub-article 29 (a).

c. The latest date for shipment will not be extended as a result of sub-article 29 (a).

제29조 유효기일의 연장과 선적서류제시를 위한 최종일

a. 신용장의 유효기일과 선적서류제시를 위한 최종일이 제36조에 언급된 사항 이외의 사유로 인해 선적서류를 제시하여야 할 은행의 휴업일이 될 경우에는 유효기일 또는 경우에 따라서 선적서류제시를 위한 최종일은 다음 첫 은행영업일까지 연장된다.

b. 선적서류제시가 다음 첫 은행영업일에 이루어지면 지정은행은 적송장에 선적서류제시가 제29조 a항에 따라 연장된 시한 내에 제시되었다는 내용을 개설은행과 확인은행에게 제공해야 한다.

c. 최종선적일은 제29조 a항의 결과로 연장되지 않는다.

[해 설] 1) 유효기일과 선적서류제시의 최종일이 은행휴업일인 경우

국경일을 공휴일로 정하는 것은 국가마다 다르다. 서로 다른 국가에 있는 지정은행과 개설은행사이에 공휴일이 서로 다를 수 있다. 수익자가 유효기일 마지막 날에 선적서류를 지정은행에게 제시하였지만 그 날이 공휴일이어서 은행이 문을 닫았다. 수익자는 하는 수 없이 다음날 선적서류를 지정은행에게 제시하였는데 지정은행이 선적서류의 인수를 거절하거나 지정은행이 선적서류를 인수하여 개설은행에게 송부하였는데 개설은행이 유효기일 내에 제시하지 못했다는 이유로 선적서류의 수리를 거절하면 수익자는 너무 억울할 것이다.

수익자가 공휴일을 정하는 것이 아니라 국가가 정하는 것이기 때문에

수익자의 입장에서는 불가항력적인 것이다. 따라서 신용장의 유효기일과 서류제시기일의 마지막 날이 공휴일이면 유효기일과 서류제시기일은 자동으로 다음날 첫 은행영업일까지 연장된다.

2) 유효기일과 서류제시기일의 연장에 대한 지정은행의 통지의무

지정은행은 수익자가 제시한 선적서류를 개설은행에게 송부할 때 매입장을 함께 보내는데 그 매입장에다가 유효기일과 서류제시기일의 마지막 날이 공휴일이어서 다음 첫 은행영업일까지 연장되었다는 내용을 기재하여 개설은행에게 통지해주도록 하여 지정은행과 개설은행간의 유효기일과 서류제시기일을 놓고 다투지 않도록 하였다.

3) 최종선적일

선적일의 마지막 날이 공휴일인 경우 최종선적일은 연장되지 않는다. 따라서 수익자는 최종선적기일이 공휴일이지만 선적작업을 하는지 확인하여 선적작업을 하지 않을 경우 공휴일을 피하여 선적을 하여야 한다. 최종 선적기일을 신용장에서 엄하게 다루는 것은 여러 가지 이유가 있겠지만 선주들의 이익을 보호하는 것으로 볼 수 있다. 수천억의 자금이 투입되어야 선박을 살 수 있고 선박을 운영하는 데 엄청난 자금이 소요된다. 선주는 이러한 비용을 상쇄하고 돈을 벌기 위해서 선박을 365일 가동하고 있다. 국경일마다 선박을 멈추면 막대한 손실이 발생하여 선박은 공휴일에 관계없이 정해진 항구를 따난다. 따라서 최종선적일은 공휴일로 연장되지 않기 때문에 화주들은 최종선적일을 꼭 지켜야 한다.

Article 30 Tolerance in Credit Amount, Quantity and Unit Prices

a. The words “about” or “approximately” used in connection with the amount of the credit or the quantity or the unit price stated in the credit are to be construed as allowing a tolerance not to exceed 10 % more or 10% less than the amount, the quantity or the unit price to which they refer.

b. A tolerance not to exceed 5% more or 5% less than the quantity of the goods is allowed, provided the credit does not stipulate the quantity in terms of a stipulated number of packing units or individual items and the total amount of the drawings does not exceed the amount of the credit.

c. Even where partial shipments are not allowed, a tolerance not to exceed 5% less than the amount of the credit is allowed, provided that the quantity of the goods, if stated in the credit, is shipped in full and a unit price, if stated in the credit, is not reduced or that sub-article 30 (b) is applicable. This tolerance does not apply when the credit stipulates a specific tolerance or uses the expressions referred to in sub-article 30 (a).

제30조 신용장의 금액/수량/단가의 과부족

a. 신용장에 명시된 신용장 금액, 수량 또는 단가와 관련하여 사용된 "about," "approximately"의 문언은 언급된 금액, 수량 또는 단가보다 상하 10%를 초과하지 아니하는 과부족을 허용하는 것으로 해석된다.

b. 상품수량보다 상하 5%를 초과하지 않는 과부족은 신용장이 수량을 포장단위 또는 개개품목의 개수로 명시하지 않고 총환어음금액이 신용장금액을 초과하지 않을 경우에 허용된다.

c. 분할선적이 허용되지 않은 경우에 신용장 금액보다 5%를 초과하지 않는 과부족은 신용장이 화물의 수량을 명시하고 있을 경우에는 그러한 화물의 수량은 전량 선적되어야하고 신용장이 단가를 명시하고 있는 경우에는 그러한 가격은 감액되지 않고 제30조 b항이 적용될 수 있으면 허용된다. 본 과부족은 신용장에 특별히 과부족이 표시되었거나 제30조 a항에서 언급된 표현이 사용되었을 때는 적용되지 않는다.

[해 설] 1) "about," "approximately"

수량을 정확하게 파악할 수 있는 상품이 있는가 하면 수량을 정확하게 파악할 수 없는 상품도 있다. 붓을 만드는 데 쓰이는 가는 털 50만개를 거래하는 경우 본 제품 50만개를 제공하기란 여간 어려운 일이 아니다. 상품의 거래단위수량이 워낙 커서 정확하게 거래수량을 계산하는 것은 불필요한 비용이 발생하여 거래당사자 간에 실익이 없다.

이와 같은 상품의 거래에 신용장의 금액, 상품수량 또는 단가 앞에 "about" 나 "approximately"를 사입하여 금액, 단가, 수량의 10%가 과부족되는 것을 허용한다. 이와 같은 10%의 상·하 편차는 반드시 "about" 나" approximately" 란 용어가 사용된 부분에 한해서 효력을 가지므로 상품수량 앞에 "about"가 표시 되었으나 신용장 금액에는 이러한 표시가 없으면 상품 수량의 10% 상·하 편차는 허용되나 신용장금액의 10% 상·하 편차는 허용되지 않는다. 이러한 원칙은 신용장의 금액과 단가, 수량에 한해서 적용되며 신용장의 유효기일과 선적기일에는 적용되지 않는다.

2) 5%의 과부족 허용

신용장에 명시된 곡물이나 광산물은 수량을 정확하게 선적하기 어렵다. 옥수수 50만톤을 거래하는 경우 선적시점에서 50만톤을 선적하였지만 운송과정에서 온도변화로 또는 일부손실로 중량이 감소하거나 증가할 수 있다. 이런 경우 왜 정확하게 중량을 지키지 못했느냐고 수익자에게 책임을 물으면 수익자는 너무 억울할 것이고 개설의뢰인이 수량의 과부족을 이유로 상품인수를 거절하면 이러한 상품의 거래는 크게 침체될 것이며 조금한 수량의 편차는 거래당사자의 이익을 크게 훼손하지 않는다. 따라서 신용장에 특별히 과부족을 금지하는 내용이 없는 한 선적상품의 +, - 5%의 과부족은 허용된다. 선적상품이 신용장에서 명시된 수량보다 초과된 경우 환어음금액과 신용장금액, 상업송장금액을 동일하게 기재하고 초과분에 한해서는 추심방식으로 대금을 회수하는 것이 실무상 안전하다.

이러한 과부족의 허용조항은 포장단위나 개개 품목으로 셀 수 있는 경우에는 적용되지 않는다. 즉 과부족 허용조항은 포장단위나 개개 품목으로 셀 수 없는 곡물, 원유, 광산물과 같은 Bulk Cargo의 경우에 적용된다.

3) 분할선적이 금지된 신용장 거래의 5%과부족

분할선적을 금지하는 신용장에서 수익자가 신용장에 기재된 포장단위나 개별품목의 수량 또는 단가와 동일하게 선적한 경우 UCP 500는 수익자가 어음금액을 5% 감액하여 발행할 수 있도록 하였으나 UCP 600는 30조(b)가 적용되는 경우에는 어음금액을 5% 감액하여 발행할 수 있도록 변경하였다.

CFR 또는 CIF의 무역거래조건에서 수출입매매계약은 체결하기 전에 적하보험료와 운송비용을 알 수 없는 경우가 있을 수 있고 이런 경우 수출입매매계약에 적하보험료와 운송비용을 추정하여 기재하고 동 조건에 따라 신용장을 개설하기 때문에 신용장에 기재된 수량이 전량 선적되고 단가가 신용장에 명시된 것과 일치하더라도 적하보험료와 운송비용의 차이로 상업송장에 기재된 금액과 신용장에 명시된 금액간의 차이가 불가피하게 발생할 수 있고 이 경우 5% 이내의 감액발행이 인정된다.

본 과부족은 신용장에 특별히 과부족이 표시되었거나 제30조 a항에서 언급된 표현이 사용되었을 때는 적용되지 않는다.

〈사　례〉 신용장금액보다 적게 작성한 경우

당사는 분할선적이 금지되어 있는 신용장을 받았다. 그런데 당초 계약시 한 번에 선적할 수 있는 물량을 잘못 계산하여 신용장에서 정한 물량의 전량을 동시에 선적할 수 없어서 5% 적게 선적할 수밖에 없었고, 따라서 모든 물량과 금액을 신용장보다 5% 적게 작성하였다. 이런 경우 하자로 보아야 하는지?

〈사례분석〉

신용장통일규칙 제30조 b항은 신용장에서 명시된 상품의 수량이 초과 또는 부족하지 않아야 한다고 명시하고 있지 않는한, 환어음의발행금액이 항상 신용장의 금액을 초과하지 아니하는 전제조건으로 5%의 초과 또는 부족의 편차를 허용한다고 규정하고 있다. 그러나 이러한 허용은 신용장이 일정한 개소의 포장단위 또는 개별품목의 용어로 수량을 명시하고 있는 경우에는 적용되지 아니한다고 규정하고 있다.

따라서 귀사의 경우 신용장에서 요구하는 상품의 수량이 개별포장 단위 또는 독립된 개수단위가 아닌 경우라면 5%까지 초과 또는 부족하게 선적할 수 있기 때문에 하자가 아니다. 사실 신용장에서 분할선적을 허용하고 있는 경우에는 상품의 수량이나 환어음 발행금액이 부족하여도 상관이 없다. 왜냐하면 다음선적시에 잔량을 선적하고 남은 금액에 대해 환어음이 추가로 발행될 수 있다고 예상할 수 있기 때문이다. 그러나 신용장이 분할선적을 금지하고 있으면 신용장에 명시된 상품의 수량보다 적게 선적하거나 신용장

금액보다 적은 금액으로 환어음을 발행하면 다음과 같은 예외를 제외하고는 하자가 된다. 상품의 수량과 관련하여 '약(about)', '대략(approximately)' 또는 이와 유사한 의미를 가지는 용어가 사용된 경우에는 10%까지 초과선적 또는 부족선적을 허용한다. 이때는 수량을 적게 선적하고 환어음을 신용장금액보다 적게 발행해도 하자가 되지 않는다. 다만 수량을 10%까지 초과하여 선적했을 때 환어음의 발행금액은 신용장금액을 초과할 수 없다.

즉 신용장금액을 초과하여 환어음을 발행하면 하자가 되므로 초과선적한 부분에 해당하는 금액은 별도로 환어음을 발행하여 추심하는 방식을 택해야 한다. 또한 신용장에서 요구하는 상품의 수량이 개별포장단위 또는 독립된 개수단위가 아닌 경우에도 초과선적분에 대해서는 별도로 환어음을 발행하여 추심해야 한다. 즉 신용장금액을 초과하여 환어음을 발행하면 이는 하자가 된다.

Article 31 Partial Drawings or Shipments

a. Partial drawings or shipments are allowed.

b. A presentation consisting of more than one set of transport documents evidencing shipment commencing on the same means of conveyance and for the same journey, provided they indicate the same destination, will not be regarded as covering a partial shipment, even if they indicate different dates of shipment or different ports of loading, places of taking in charge or dispatch. If the presentation consists of more than one set of transport documents, the latest date of shipment as evidenced on any of the sets of transport documents will be regarded a the date of shipment.

A presentation consisting of one or more sets of transport documents evidencing shipment on more than one means of conveyance within the same mode of transport will be regarded as covering a partial shipment, even if the means of conveyance leave on the same day for the same destination.

c. A shipment made by courier or by post will not be regarded as a partial shipment if the courier receipts, post receipts or certificates of posting appear to have been stamped or signed by the same courier or postal service at the same place and date and for the same destination.

제31조 분할어음발행과 분할선적

a. 분할어음발행과 분할선적은 허용된다.

b. 선적이 동일한 항로를 따라 동일한 운송수단으로 이루어졌음을 입증하는 2통 이상의 운송서류의 제시는 운송서류가 동일한 목적지를 표시하고 있으면, 비록 운송서류가 다른 선적일자 또는 다른 선적항, 인수지 또는 적송지를 표시하고 있을지라도 분할선적으로 간주하지 않는다. 2통 이상의 운송서류가 제시된 경우 여러 운송서류 중에서 입증된 최종선적일이 선적일로 간주된다.
선적이 동일한 운송수단으로 두 가지 이상의 운송방식으로 이루어졌음을 입증하는 1통 또는 2통 이상 운송서류의 제시는 비록 운송수단이 동일한 목적지를 향해 동일한 날짜에 출발했다 하더라도 분할선적으로 간주된다.

c. 특급배달 또는 우편에 의한 선적은 특급배달 수취증, 우편수취증, 우편증명서가 동일한 장소와 날짜, 동일한 목적지를 나타내며, 동일한 특급배달 또는 우편 서비스업체가 날인 또는 서명했음을 나타내고 있더라도 분할선적으로 간주하지 않는다.

[해 설] 1) 분할어음과 분할선적

신용장에 분할선적에 관해서 아무런 언급이 없으면 분할선적이 가능한 것으로 간주되지 때문에 개설의뢰인은 분할선적 금지 여부를 신용장에 정확히 기재해야 한다.

2) 동일항로, 동일운송수단에 수차례의 선적

신용장이 분할선적을 금지하더라도 동일항로, 동일운송수단에 수차례의 선적은 분할선적으로 간주하지 않는다.

정기선운송은 정해진 항로를 주기적으로 항해하기 때문에 수출상이 부산항을 떠나는 지정선박에 선적을 다 못한 경우 미선적 수출상품을 비행기로 운송하여 홍콩에 있는 지정선박에 선적하여 계약상품전량이 지정된 항구에 도착하면 이것은 분할선적으로 간주하지 않는다. 왜냐하면 수입상은 계약상품을 전량 인수하였기 때문이다. 수입상이 분할선적을 금지하는 것은 선적할 때 별도로 상품이 선적되는 것을 방지하기 위해서가 아니라 상품의 도착이 다른 경우를 방지하기 위해서 이런 분할선적 금지조항을 요구하게 된 것이다. 수익자는 선적이 동일한 항로를 따라 동일한 운송수단으로 이루어졌음을 입증하는 2통 이상의 운송서류를 제시하고 운송서류가 동일한 목적지를 표시하고 있으면, 비록 운송서류가 다른 선적일자 또는 다른 선적항, 인수지 또는 적송지를 표시하고 있을지라도 분할선적으로 간주하지 않고, 2통 이상의 운송서류가 제시된 경우 여러 운송서류 중에서 입증된 최종선적일이 선적일로 간주한다. 그러나 UCP 600는 선적이 동일한 운송수단으로 두 가지 이상의 운송방식으로 이루어졌음을 입증하는 1통 또는 2통 이상 운송서류의 제시는 비록 운송수단이 동일한 목적지를 향해 동일한 날짜에 출발했다 하더라도 분할선적으로 간주한다고 하여 동일한 항로를 따라 운송되는 동일한 운송수단의 경우에 한 해서 분할선적이 아니라는 점을 명확히 분할선적을 둘러싼 분쟁을 방지하려고 하였다.

3) 특급배달 또는 우편에 의한 선적

특급배달 또는 우편으로 발송하는 소포의 경우 포장단위가 각기 다를 수도 있고 포장단위별로 명세서가 작성되므로 여러 장의 수취증이 발급될 수 있다. 우편 또는 특급배달에 의한 여러 번의 선적에 관하여 신용장에 발송지로 기재되어 있는 장소에서 같은 일자로 소인 등이 표시되어 있으면 분할선적으로 간주하지 않는다.

〈사례 1〉 분할선적의 해석

신용장통일규칙 제31조 b항에서 규정하고 있는 "for the same Journey"가 의미하고 있는 것은?

〈사례분석 1〉

제31조 b항 : the same journey는 한 선박에 상품이 실려서 동일항로로 여러 항구에 입항하여 선적되는 것을 말하며 선적항의 숫자를 제한하지 않는 것은 아니다.

〈사례 2〉 분할선적 된 경우 해상운임

신용장에서 분할선적을 허용하면서 해상운임 금액을 표시하고 해상운임을 선하증권에 표시할 것을 요구하였다. 수익자가 상품전량을 선적하지 않았으나 행상운임은 신용장에 표시된 금액 전액을 선하증권에 표시하고 있다. 신용장에서 해상운임을 선적수량에 비례하여 지급하라는 특별조건이 없었다.

〈사례분석 2〉

신용장조건에서 수익자가 지급한 실제운임을 표시하라는 것이 명백하다. 그리고 해상운임을 선적수량에 비례하여 지급하라는 언급이 없었다. 상품전량이 선적되지 않았더라도 신용장에서 허용된 해상운임 최대한도금액을 표시하는 것이 허용된다. 추후 선적할 때에는 해상운임에 해당되는 신용장 금액이 증액이 되든지 아니면 신용장거래와는 별개로 결제하여야 된다.

Article 32 Instalment Drawings or Shipments

If a drawing or shipment by instalments within given periods is stipulated in the credit and any instalment is not drawn or shipped within the period allowed for that instalment, the credit ceases to be available for that and any subsequent instalment.

제32조 할부어음발행과 할부선적

신용장에 일정기간 내의 할부에 의한 어음발행 또는 선적이 명시된 경우에 어느 할부부분이 당해 할부를 위하여 허용된 기간 내에 어음발행 또는 선적되지 아니하면, 당해 할부부분은 물론 그 이후의 모든 할부부분에 대해서 신용장은 무효가 된다.

[해 설] 개설의뢰인이 상품을 일시에 인수하면 상품이 판매되기까지 보관하는데 드는 비용이 발생하여 판매될 수 있는 물량을 주기적으로 수익자로부터 공급받으려고 한다. 개설의뢰인이 매월 의류 5천벌을 판매한다면 수익자로부터 매월 5천벌의 의류를 받아 보관비용을 최소화시켜 판매를 하는 경우를 할부선적이라고 한다. 수입할 경우에 할부선적은 정해진 기간에 수량을 선적하는 것을 의미하기 때문에 분할선적과는 다르다.

이러한 할부선적과 할부어음발행조건은 수입상의 이익을 보호하기 위해 만들어졌기 때문에 수출상은 정확히 할부선적기간을 엄수해야 하며, 이 중 어느 한 기간의 선적기일을 이행하지 못하면 해당 선적뿐만 아니라 그 이후의 모든 할부선적에 대해서도 신용장은 무효가 되어 대금결재를 받지 못한다.

〈사 례〉 할부선적 요구 여부

신용장에 다음과 같이 기재되어 있다.

500MT RBD Palm Oil bulk
Shipment from Indonesia to Adabiya' Egypt 1-2-00 to 20-2-00
Credit available by negotiation at sight
400MT Soap Detergent in bulk
Shipment from Indonesia to Adabiya, Egypt 1-3-00 to 10-3-00
Credit available by negotiation at sight
100MT Palm Stearin in bulk
Shipment from Indonesia to Adabiya, Egypt 15-3-00 to 25-3-00
Credit available by negotiation of draft at 90 days from B/L date

신용장의 수익자가 동일인이며 지급을 위한 서류제시가 일람불과 기부로 이루어졌다. 상환조건은 별도로 이루어졌고 상품도 다르고 제조업자와 거래업자도 다르다. 신용장에 할부선적과 선적스케줄에 대해서 언급이 없다. 할부선적으로 보아 신용장통일규칙 제41조를 적용할 수 있는가?

〈사례분석〉

만약 신용장에서 다른 제조업자를 명시하거나 서류가 각기 그의 이름으로 발행된다면 각각의 상품선적은 서로 독립적인 것으로 할부선적으로 볼 수 없다.

Article 33 Hours of Presentation

A bank has no obligation to accept a presentation outside of its banking hours.

제33조 선적서류제시기간

은행은 영업시간 이외에 제시된 선적서류를 수리할 의무를 지지 않는다.

[해 설] 수익자는 선적서류를 은행영업시간에 제시하여야 하며 은행은 은행영업시간 이외의 시간에 제시된 선적서류를 인수하지 않는다. 은행의 영업시간은 국가마다 다르다. 우리나라의 경우 은행은 오전 9시 30분에 문을 열고 오후 4시 30분에 문을 닫는다. 따라서 수익자는 선적서류를 오전 9시 30분에서 오후 4시 30분까지 은행에 제시하여야 하며 유효기일과 서류제시기일의 마지막 날도 오전 9시 30분에서 오후 4시 30분까지를 말하며 자정 12시를 의미하지 않는다. 은행은 은행영업시간 이외에 제시되는 서류를 수리할 의무가 없으며 신용장유효기일과 서류제시기일의 만료시간은 은행영업마감시간을 말하며 은행영업시간이 지난 만료일 자정까지를 의미하는 것은 아니다.

〈사 례〉 서류제시 기일

L/C상 서류제시기간이 선적 후 15일로 되어 있다. 자사의 사정으로 서류제시기일 마지막 날에 네고를 하려는데, 해당일이 휴일인 경우 익일에 제시하여도 하자가 아닌지?

〈사례분석〉

서류제시 마감일이 매입은행의 공휴일인 경우 신용장통일규칙 제29조에 의거 은행의 첫 번째 영업일 까지 자동연장 된다. 매입은행은 동 내용을 COVERING LETTER에 명기하여 개설은행에 송부한다. 그러나 선적 최종일이 공휴일인 경우에는 자동연장 되지 않는다. 이는 선박회사 등 운송기관은 휴일에도 적하업무를 하기 때문이다.

Article 34 Disclaimer on Effectiveness of Documents

A bank assumes no liability or responsibility for the form, sufficiency, accuracy, genuineness, falsification or legal effect of any document, or for the general or particular conditions stipulated in a document or superimposed thereon; nor does it assume any liability or responsibility for the description, quantity, weight, quality, condition, packing, delivery, value or existence of the goods, services or other performance represented by any document, or for the good faith or acts or omissions, solvency, performance or standing of the consignor, the carrier, the forwarder, the consignee or the insurer of the goods or any other person.

제34조 선적서류의 유효성에 대한 면책

은행은 모든 선적서류의 형식, 충분성, 정확성, 진정성, 위조 또는 법적효력에 대하여, 또는 선적서류에 명시 또는 부기된 일반조건 또는 특수조건에 관하여 하등의 책임이나 의무를 부담하지 않으며, 또한 선적서류에 표시되어 있는 상품, 서비스 또는 기타 의무이행의 표지, 수량, 중량, 품질, 상태, 포장, 인도, 가격 실존 여부에 대해서나 또는 상품의 송하인, 운송인, 운송주선인, 수하인 또는 보험자 기타 모든 관계자의 성실성 행위 또는 부작위, 지급능력, 이행 또는 신용상태에 관하여도 하등의 책임이나 의무를 부담하지 않는다.

[해 설] 본 조항은 서류심사에 관련된 은행의 면책사항을 서류자체에 대한 사항, 서류의 기재사항, 서류작성자에 대한 행위 등으로 구분하여 규정한 것이다.

지구촌에 약 30억의 인구가 살고 있다. 인구수 만큼 다양한 상품들이 거래되고 있으며 은행은 이러한 상품들을 다 알고 있어야 한다고 주장하는 것은 무리가 있다. 개설은행은 개설의뢰인을 대신하여 선적서류를 충분히 심사할 의무가 있으나 그 많은 상품에 대해서 전문적으로 다 알 수 없다. 은행이 5일 이내에 제시된 선적서류를 상세히 심사하여 신용장의 조건, 적용 가능한 본 규칙의 조항, 국제표준은행관행과 일치하지 서류만을 수리하기란 거의 불가능할 뿐만 아니라 그에 대한 책임을 부담하는 대가로 은행이 받는 비용이 너무 적다. 따라서 은행은 제시된 선적서류의 형식과 문면상 신용장의 조건, 적용 가능한 본 규칙의 조항, 국제표준은행관행과 일치하는지 심사하여 선적서류를 인수하면 그외 제34조에서 규정된 모든 것으로부터 면책된다.

은행은 이러한 면책을 보장받기 위하여 수입거래 신청을 받을 때 수입거래에 따른 모든 사항을 규제하는 수입거래 약정서를 개설의뢰인으로부터 받는다. 수업거래약정서에 기재된 은행의 면책조항을 살펴보면 다음과 같다." 은행 또는 환거래은행 등은 신용장 조건에 따른 수입환어음 또는 선적서류의 매입, 지급, 인수 등을 함에 있어서 서류가 문면상 신용장 조건과 일치하는지를 확인하기 위하여 상당한 주의를 가지고 모든 서류를 점검하여야 한다. 다만 은행 또는 환거래은행 등은 서류에 관한 다음 각 호에 대하여는 아무런 의무나 책임을 지지 아니한다.

1. 선적서류의 형식, 충분성, 정확성, 진정성, 위조, 변조 또는 법적 효력
2. 선적서류상에 표시되어 있는 상품의 명세, 수량, 중량, 품질, 상태, 포장, 인도, 가격 또는 실재 여부
3. 상품의 매도인, 송하인, 운송인, 보험자, 기타 관련자의 성실성, 작위 또는 부작위, 지급능력, 이행능력 및 신용상태 등

은행이 개설의뢰인으로부터 이와 같은 면책조항이 포함된 수입거래약정서를 받았다고 해서 모든 경우에 다 면책되는 것은 아니다. 제시된 선적서류가 신용장에서 요구한 일반적인 형식을 충족시켰는지, 개설의뢰인이 요구한 선적서류가 모두 제시되었는지, 상업송장에 기재된 상품명세서와 수량 단가 금액 등이 신용장에서 기재된 것과 동일한지 제시된 선적서류만 보고 판단하여 잘못된 경우에는 인수거절을 한다.

1) 서류 자체에 대한 면책

(1) 형　　식

은행은 선적서류에 개재된 내용이 법적으로 효력이 있는지를 심사하는 것이 아니라 선적서류의 정상적 상태만을 심사하는 것으로 족하다.

(2) 충 분 성

제시된 선적서류에 개설의뢰인이 요구한 내용이 기재되어 있지 않았더라도 신용장에서 이러한 내용을 요구하지 않는 이상 제시된 선적서류를 은행은 아무런 책임 없이 수리한다.

(3) 정 확 성

제시된 선적서류에 금액·단가·수량 등이 기재되어 있는데 이러한 기재내용이 정확하게 계산되어 기재되었는지 심사할 의무는 없고 다만 기재내용이 신용장에 명시된 내용과 일치되는지 심사만 한다.

(4) 진정서, 위조 및 법적효력

은행은 제시된 선적서류의 진정성과 위조 또는 법적 효력에 대해서 알지 못하고 선적서류의 유효성을 의심할 만한 사유가 없다고 판단하여 선적서류를 수리하면 개설의뢰인은 개설은행에게 대금을 지급하여야 한다. 은행이 제시된 선적서류를 수리한 후에 선적서류가 위조된 경우에 은행이 선적서류의 위조에 가담한 경우와 사전에 선적서류가 위조되었다는 것을 인지한 경우를 제외하고 은행은 책임을 지지 않는다.

(5) 서류에 부기된 일반조건 또는 특수조건

선하증권과 보험증권은 뒷면에 일반면책약관과 전면에 특수면책약관을 찍어서 발행되기도 하는데 은행은 이들 서류에 기재된 일반조건 및 특수조건에 대해서 책임을 지지 않는다. 이와 같은 일반조건과 특수조건은 그 업계에서 관행으로 정착되어 개설의뢰인의 이익을 침해하지 않아야 되며, 그 업계에서 누구나 인정할 수 없는 일반조건과 특수조건이 개설의뢰인의 이익을 침해하는 경우에는 은행은 선적서류의 수리를 거절할 수 있다. 선하증권에는 환적약관 갑판적재약관이 기재되어 발행하고 있는데 이것은 해상운송업계의 일반적인 관행이다. 또한 보험증권는 보험자가 면책되는 특수조건을 명시하여 발행되고 있으며 이것 또한 보험업계의 관행으로 인정되고 있다.

2) 서류에 기재되어 있는 상품의 품질상태에 대한 면책

은행은 선적서류에 기재된 수량, 중량, 품질, 상태, 포장, 인도, 가격이 사실대로 존재하는지에 관하여 하등의 책임을 지지 않는다. 선적서류의 작성은 은행이 하는 것이 아니라 제 3 자가 하기 때문에 제 3 자가 선적서류를 작성할 때 은행이 일일이 관여하여 제대로 작성하는 자를 지켜볼 수 없다. 선적서류에 기재된 상품이 실제로 선적되어 존재하는지도 심사할 의무도 없고 단지 선적서류에 기재된 내용이 신용장에서 요구한 것과 일치하는지를 심사할 뿐이다. 선적서류의 상품명세서에 신발이라고 명시되었지만 쓰레기가 실제로 선적되어도 선적서류에 명시된 내용을 가지고 판단하는 은행은 신발 대신에 쓰레기가 선적되었는지 알 수 없기 때문에 책임을 질 수 없다.

3) 서류의 작성 발행자에 대한 면책

은행은 선적서류의 발행자가 성실한지, 신용도가 양호한지, 재무적인 능력이 있는지를 심사하는 것이 아니기 때문에 이에 대해서 면책된다. 선적서류의 발행자는 신용장 거래의 당사자가 아니기 때문에 서류발행자가 제시한 선적서류가 신용장에서 요구한 조건을 충족시키고 있는지를 심사하면 되지 서류발행자의 배경을 일일이 다 조사하여 할 책임을 부담하지 않는다. 선적서류와 보험증권을 발행한 운송회사와 보험회사가 파산하면 그들이 발행한 운송서류와 보험증권을 매입한 은행은 그들의 파산에 대해서 하등의 책임을 지지 않는다.

〈사 례〉 위조서류에 대한 은행의 심사의무

국내 중소기업인 A상사는 중국과의 거래에서 수출신용장을 수령받은 후 물품을 선적하고 관계서류를 작성하여 국내 S은행에 매입을 의뢰하였다. 신용장에는 선하증권과 기타 검사증명서를 요구하였는데 검사증명서는 중국 수출상의 국내 지사인 B상사의 서명을 요구하였다.

그런데 동사는 검사증명서를 발급할 때 B상사의 서명을 위조하여 작성한 검사증명서를 첨부하여 매입을 의뢰한 것이었다. 이러한 서류가 개설은행인 중국의 Bank of china 청도지점에 제시되었으나 검사증명서의 서명 불일치를 이유로 대금지급거절 통지가 도래한 것이었다.

따라서 개설은행인 S은행은 서류의 서명의 진정성은 은행의 심사의무가 아니라는 이유로 대금지급청구소송을 제기한 것이었다.

〈사례분석 1〉

(1) 은행의 서류심사 의무

신용장 통일규칙 제34조에 의하면, "은행은 모든 서류의 형식, 충분성, 정확성, 진정성, 위조 또는 그 법적 효력에 대하여 하등의 책임을 지지 않는다"라고 하였다. 즉, 은행은 서류의 외관상 신용장조건의 일치 여부를 조사할 형식적 심사의무는 있으나 서류의 서명의 위·변조나 진정성 여부에 대한 실질적인 심사의무는 없다.

(2) 위조서류에 대한 I.C.C 견해

서류의 위조 또는 변조 여부는 외관상으로 나타나지 않는다. 수많은 위조사건의 경우에도 서류를 점검하여 외관상 의심스럽다고 나타난 것은 한두 가지에 불과하다. 은행은 결코 서류에 관련된 물품을 확인할 수 없으며, 오로지 서류의 문면상으로 확인할 수밖에 없다. 따라서 위·변조서류에 대한 은행의 책임은 없다.

그러나 만약에 은행에 서류심사상 과실이 있으면 법원의 판결에 따라서 책임을 부담시킬 수 있다(I.C.C. pub 459. case No. 59).

(3) 위조서류에 의한 사전인지

서류가 위조 또는 변조되었다는 것을 은행이 서류를 심사하기 전에 알고 있었거나 과실로 알지 못한 경우에는 상대방의 입증에 의해 책임을 부과할 수 있다. 은행의 서류심사에 대한 면책조항은 은행측에 과실이 없을 경우에 한한다.

Article 35 Disclaimer on Transmission and Translation

A bank assumes no liability or responsibility for the consequences arising out of delay, loss in transit, mutilation or other errors arising in the transmission of any messages or delivery of letters or documents, when such messages, letters or documents are transmitted or sent according to the requirements stipulated in the credit, or when the bank may have taken the initiative in the choice of the delivery service in the absence of such instructions in the credit.

If a nominated bank determines that a presentation is complying and forwards the documents to the issuing bank or confirming bank, whether or not the nominated bank has honoured or negotiated bank, an issuing bank or confirming bank must honour or negotiate, or reimburse that nominated bank, even when the documents have been lost in transit between the nominated bank and the issuing bank or confirming bank, or between the confirming bank and issuing bank.

A bank assumes no liability or responsibility for errors in translation or interpretation of technical terms and may transmit credit terms without translating them.

제35조 선적서류전달에 대한 면책

은행은 송달중의 지연, 분실, 훼손으로 발생하는 결과 또는 이와 같은 통보, 서장 또는 선적서류가 신용장에 명기된 조건에 따라 송달될 때 또는 은행이 신용장에 이와 같은 지시사항이 없어서 자의에 의해서 전달 서비스를 선택할 수도 있을 때 모든 통보, 서장 또는 선적서류의 송달에서 발생하는 기타의 오류에 대해서 하등의 책임과 의무를 부담하지 않는다.

지정은행이 제시된 선적서류가 신용장의 조건과 일치한다고 결정하여 선적서류를 개설은행 또는 확인은행에게 제시하면, 지정은행이 인수와 지급 및 매입하든지 안하든지 관계없이 개설은행과 확인은행은 선적서류가 지정은행과 개설은행 또는 확인은행 또는 확인은행과 개설은행간의 송달과정에서 분실되었다 하더라도 본 지정은행에게 인수와 지급 및 매입 또는 상환을 해야만 한다.

은행은 전문용어의 번역 또는 해석상의 오류에 대하여 하등의 책임과 의무를 부담하지 않으며, 신용장의 조건을 번역하지 않고 신용장을 전달할 수 있다.

[해 설] 개설은행이 개설의뢰인의 요청과 지시에 따라 신용장을 개설하여 수익자에게 통지하고 수익자는 환어음과 제반서류를 작성하여 은행을 통해 개설

은행에게 송부하게 되는데 이러한 서류의 송부과정에서 발생하는 서류의 내용 훼손, 분실 또는 지연, 전신 통신과정에서의 지연, 훼손에 대해서 책임을 지지 않은 것으로 UCP 500에서는 규정하였으나 UCP 600에서는 지정은행이 개설은행이나 확인은행에게 선적서류를 송부하는 과정에서 선적서류가 분실된 경우 또는 선적서류가 확인은행에서 개설은행으로 송부되는 과정에서 분실된 경우 지정은행이 인수와 지급, 매입한 것에 관계없이 개설은행은 책임을 지도록 하였다.

UCP 600의 내용을 납득하기 어렵다. 지정은행에 대한 개설은행의 의무는 선적서류를 개설은행에게 제시하여 제시된 선적서류가 신용장의 요구조건과 일치하면 발생하는 것이지 지정은행이 선적서류를 심사하고 인수와 지급, 매입을 할 때 발생하는 것이 아니다. 즉 개설은행의 지급확약은 지정은행이 서류를 인수하고 수출대금을 수익자에게 지급할 시점에서 발생하는 것이 아니라 개설은행이 지정은행으로부터 환어음과 서류를 접수한 시점에서 발생하기 때문이다.

개설은행은 선적서류를 받아 보지 않고는 선적서류가 신용장의 요구조건과 일치하는지 알 길이 없고 판단할 수도 없다. 개설은행의 귀책사유가 아닌 사유로 개설은행에게 책임을 지우는 것은 잘못된 것으로 보인다. 지정은행은 수익자가 제시한 선적서류를 매입하여 개설은행에게 송부하는 과정에서 발생할 수 있는 분실에 대비하여 수입거래약정서에 모든 책임은 수익자가 진다고 명시하여 개설은행의 지급확약은 매입은행이 서류를 인수하고 수출대금을 수익자에게 지급할 시점에서 발생하는 것이 아니라 개설은행이 매입은행으로부터 환어음과 서류를 접수한 시점에서 발생하기 때문이다. 지정은행이 수리한 선적서류가 지정은행에서 확인은행과 개설은행으로 또 확인은행에서 개설은행으로 송부되는 과정에 분실되었다는 이유로 선적서류가 신용장의 요구조건과 일치하는지 확인하지 않고 개설은행은 무조건 책임을 져야 한다고 하면 개설은행은 너무 억울할 것이다. 개설은행은 개설의뢰인이 요구한 신용장을 개설의뢰인이나 수익자에게 발송함으로써 개설은행의 의무를 이행하는 것이다. 서류를 송부하는 당사자가 개설은행의 영향권에 있는 경우 서류의 송부과정에서 서류가 분실되거나 지연 또는 훼손 되었다면 개설은행은 이에 대한 책임을 부담해야 한다.

은행은 전문용어나 기술적인 용어의 번역상 오류에 대해서 면책된다.

지급, 연지급, 인수, 매입은행이 제시된 신용장을 잘못 해석하여 수출대금을 지급하는 경우에 지급, 연지급, 인수, 매입은행이 해석을 잘못하였어도 이들은 개설은행으로부터 보상받을 권리가 유보되고 개설은행은 또한 개설의뢰인에 대하여 책임은 지지 않는다. 반대로 개설은행과 지급, 연지급, 인수, 매입은행이 신용장내용의 해석을 다르게 하여 개설은행이 지급, 연지급, 인수, 매입은행에게 대금지급을 거절하며 이들 은행은 수익자에게 수출대금의 반환을 요구할 수 있다.

확인은행에서 매입이 제한된 신용장거래에서 확인은행이 제시된 선적서류 심사하여 개설은행에 제시하였으나 개설은행과 확인은행과의 용어를 서로 다르게 해석하여 발생한 분쟁에서 누구의 손을 들어줘야 되는지에 관하여 살펴보면 개설은행이 최종적인 책임을 져야 한다. 개설은행은 정확한 신용장을 개설할 의무가 있으며 전문용어를 다르게 해석함으로써 발생되는 위험은 개설의뢰인 부담하여야 하며, 개설은행이 1차적으로 이에 대한 책임을 지고 2차적으로 개설의뢰인에게 그에 대한 책임을 물어야 한다. 확인은행이 선적서류를 다르게 해석하여 선적서류를 수리하고 수출대금을 수익자나 지정은행에게 지급하면 확인은행은 그들에게 상환권을 행사할 수 없다.

〈사례 1〉 서류송달 중 분실 또는 운송에 대한 책임

국내 A무역㈜는 중국으로 물품을 수출하기 위하여 신용장을 중국으로부터 받았다. 신용장에는 선적서류의 원본 1부를 개설의뢰인 앞으로 직송하도록 되어 있었고 나머지 서류를 개설은행 앞으로 보내도록 되어 있었다.

따라서 신용장에서 요구하는 물품을 선적한 후 서류를 D은행 서울지점에 매입 요청하였고, D은행은 서류를 매입한 후 국내 운송업체인 B사에 배달의뢰를 한 것이다. 그런데 B사는 동 서류를 중구의 지사 앞으로 보냈고 동 지사는 그 서류를 받은 후 신용장 개설의뢰인인 수입자에게 전달하지 않고 실수요자의 요청에 따라 실수요자에게 전달한 것이었다. 그런데 이 실수요자인 중국의 쿠우롱상사는 이 서류로 물품을 찾아서 사용한 후 파산되어 버린 것이다.

그리고 신용장 발행인 공상은행은 서류의 불일치를 이유로 대금지급을 거절했고 이로 인하여 물품도 회수하지 못하고 대금도 받지 못하여 특송업체인 B사를 상대로 소송을 제기한 것이었다.

〈사례분석 1〉

(1) 선적서류의 송달 중 분실, 지연훼손

신용장 통일규칙 제35조에 따르면, 선적서류의 송달중 분실, 지연, 훼손, 오류에 의한 결과와 전문용어의 번역 및 해석상 오류에 대하여 은행은 아무런 의무나 책임을 지지 않는다고 규정하고 있다. 따라서 본 사례의 경우 매입은행인 D은행에게 책임을 물을 수 없으며 특송업체인 B사에 대하여 손해배상을 청구할 수밖에 없다.

(2) 특송업체를 상대로 한 손해배상

국내특송업체는 대부분 외국회사의 대리인이거나 또는 독립된 법인으로 되어 있다. 독립된 법인으로 되어 있을 경우에는 국내 특송업체를 상대로 소송을 제기할 수 있으나 외국회사의 대리인으로 되어 있을 경우에는 대리인의 행위는 본사에 귀속되므로 본사를 상대로 국제소송을 제기할 수밖에 없으므로 국제 소송이 되는 경우가 많아 특히 주의를 요한다.

(3) 특송배달 지시위반

신용장에는 서류를 특송배달로 하도록 지시되어 있는 데도 일반 항공우편으로 발송한 경우에 신용장조건 불일치가 되느냐에 대하여 I.C.C.는 다음과 같이 해석하였다.

신용장상 서류발송에 관한 지시는 개설은행이 지급, 인수, 매입은행 앞으로 한 것이다. 따라서 송부은행이 신용장에 명시된 방법으로 발송하지 아니하였다고 하더라도 수익자의 입장에서 보면 이것은 수익자와 아무런 관련이 없으므로 서류의 불일치로 볼 수 없다고 해석하였다(I.C.C. pub 489. case No. 219).

〈사례 2〉 은행의 범위

신용장통일규칙 제35조에 명시된 Banks의 범위는 어디까지 보아야 하는가?

〈사례분석 2〉

신용장통일규칙 제35조에 기재된 Bank의 범위는 개설은행에 한정된 것이 아니라 개설은행, 통지은행, 양도은행, 지정은행을 포함하는 것으로 해석하고 있다.

Article 36 Force Majeure

A bank assumes no liability or responsibility for the consequences arising out of the interruption of its business by Acts of God, riots, civil commotions, insurrections, wars, acts of terrorism, or by any strikes or lockouts or any other causes beyond its control.

A bank will not, upon resumption of its business, honour or negotiate under a credit which expired during such interruption of its business.

제36조 불가항력

은행은 천재, 폭동, 소요, 전쟁, 테러행위 또는 동맹파업 및 직장폐쇄, 기타 불가항력으로 인한 은행업무의 중단으로 발생한 결과에 대하여 하등의 책임이나 의무를 지지 않는다.

은행은 영업이 제재되어도 은행업무가 중단된 기간 중에 유효기간이 경과된 신용장에 대해서 인수와 지급 또는 매입을 하지 않는다.

[해 설] UCP 600은 불가항력에 테러행위를 포함하여 은행은 천재지변 등 불가항력 또는 동맹파업, 직장폐쇄, 테러행위로 인해 은행이 영업을 하지 못함으로써 발생되는 결과에 대해 하등의 책임을 부담하지 않는다고 규정하였고 또한 불가항력 기간에 신용장의 유효기일이 종료되면 신용장은 그것으로 그 유효성이 끝나게 되기 때문에 은행은 불가항력 기간에 유효기일이 종료된 서류를 매입할 수 없다고 규정하였다.

본 조항은 수익자에게 매우 불리한 조항이다. 불가항력은 누구의 잘못으로 발생하는 것이 아니라 어느 누구의 잘못 없이 발생하는 것으로 은행은 이러한 불가항력의 결과에 대해서 하등의 책임을 지지 않는다. 수익자가 잘못하여 불가항력이 발생한 것이 아님에도 불구하고 불가항력 기간에 신용장의 유효기일이 종료되면 불가항력이 해결된 이후에 자동으로 연장되지 않고 신용장거래는 신용장 유효기일의 종료와 함께 종결되는 것으로 규정하였다. 본 조항은 불가항력의 결과에 대해서 수익자가 책임을 지도록 하였다.

본 조항은 불가항력을 "any other causes beyond its control"로 표현하여 발생할 수 있는 불가항력을 모두 포함하는 것으로 규정하였다. 지정은행이 선적서류를 매입하기 전에 개설은행에서 불가항력의 사태가 발생하면 지정은행은 불가항력을 이유로 선적서류의 인수를거부할 수 있지만 확인은행은 선적서류의 인수를 거절할 수 없다. 신용장에 지급, 연지급, 매입이 지정된 지정은행에서 불가항력의 사태가 발생하면 수익자는 선적서류를 확인은행이나 개설은행에 제시하여 매입을 의뢰할 수 있다. 신용장의 개설지 또는 결제지에서 불가항력의 사태가 발생하였을 경우에 지급, 연지급, 인수 또는 매입은행은 서류의 지급, 연지급, 인수 또는 매입을 거절할 수 있으나 확인은행은 그렇게 할 수 없다.

〈사 례〉 불가항력적 사유발생과 은행책임

한국의 A사는 이라크 지역으로 자동차 수출계약을 체결한 후 이라크의 국영 A은행으로부터 신용장을 수령하였다. 그러나 이라크 지역이 위험지역이므로 확인신용장을 요청하여 한국의 K은행으로부터 확인신용장을 받아 물품을 선적하고 서류를 만들어 국내 H은행에게 매입의뢰를 하였다. 그런데 중동지역에 전쟁이 발발하여 개설은행으로부터 대금지급을 받을 수 없게 되자 국내 H은행은 수출자인 A사에게 매입대금의 환매를 요청해왔다. 그러나 A사는 H은행은 매입은행인 동시에 확인은행이므로 수출대금의 환매권이 없다고 주장하여 분쟁이 있었다.

〈사례분석〉

불가항력과 은행의 책임

불가항력(Force Majeure)이란 은행이 통제할 수 없는 힘(Act of God)에 의하여 은행이 업무를 수행할 수 없는 경우를 말한다.

예를 들면 천재지변, 폭동, 소요, 반란, 전쟁 등을 말한다. 그리고 동맹파업 또는 직장폐쇄에 따른 업무중단도 동일하게 보고 있다. 이러한 불가항력과 동맹파업, 직장폐쇄로 인한 업무중단에 의하여 신용장의 유효기일이 경과되어 버린 경우에는 신용장은 무효가 되며, 개설은행은 아무런 책임을 지지 않는다

따라서 이러한 사유로 인해 은행의 업무가 중단되었다가 개설은행이 다시 업무를 재개한 경우에 이미 신용장 유효기간이 경과되어 버린 신용장에 대해서는 지급·인수·연지급·매입 책임이 없다. 특히 파업이나 직장폐쇄 등으로 인하여 은행업무가 중단된 경우에도 개설은행은 책임을 부담하지 않는다.

불가항력적인 사유로 개설은행의 업무가 중단되어 확인은행에게 서류를 제시하면 확인은행은 개설은행과는 별개로 독립된 지급확약을 한 것이므로 제시된 서류를 심사하여 신용장조건과 일치하면 대금지급을 해야 한다.

신용장 통일규칙의 제35의 은행의 범위에 확인은행도 포함된 것으로 보아야 하고 만약에 확인은행이 불가항력적인 사유로 업무가 중단이 된 경우에는 확인은행은 책임을 면하지만 개설은행이 있으면 개설은행이 책임을 져야 한다.

따라서 이때는 확인은행을 경유하지 않고 직접 개설은행에 서류를 제시하면 대금지급청구권이 발생한다고 보아야 한다.

본 사례의 경우에는 개설은행인 이라크의 A은행은 전쟁으로 인해 업무가 중단되었으므로 지급책임이 없다. 비록 전쟁이 끝난 후에 업무를 다시 재개한다고 하더라도 이미 신용장의 유효기간이 경과되어 버린 경우에는 더 이상 지급책임이 없다. 만약에 전쟁이 종료된 후에도 신용장의 유효기간이 종료되지 않았다면 지급책임이 있다고 보아야 한다. 그러나 국내 확인은행인 H은행은 정당한 절차에 의하여 매입하였으므로 이미 지급한 대금의 환매를 요청할 권리가 없다. 따라서 확인은행인 동시에 매입은행인 H은행은 ㈜대우에 대하여 환매청구를 할 수 없다.

Article 37 Disclaimer for Acts of an Instructed Party

a. A bank utilizing the services of another bank for the purpose of giving effect to the instructions of the applicant does so for the account and at the risk of the applicant.

b. An issuing bank or advising bank assumes no liability or responsibility should the instructions it transmits to another bank not be carried out, even if it has taken the initiative in the choice of that other bank.

c. A bank instructing another bank to perform services is liable for any commissions, fees, costs or expenses ("charges") incurred by that bank in connection with its instructions.
If a credit stipulates that charges are for the account of the beneficiary and charges cannot be collected or deducted from proceeds, the issuing bank remains liable for payment of charges.
A credit or amendment should not stipulate that the advising to a beneficiary is conditional upon the receipt by the advising bank or second advising bank or second advising bank of its charges.

d. The applicant shall be bound by and liable to indemnify a bank against all obligations and responsibilities imposed by foreign laws and usages.

제37조 피지시 은행의 행위에 대한 면책

a. 은행이 신용장 개설의뢰인의 지시를 이행할 목적으로 다른 은행의 서비스를 이용하는 경우에는 개설의뢰인 비용과 위험부담으로 한다.
b. 개설은행 또는 통지은행은 이러한 타 은행을 비록 자의에 의해서 선택하였고 또 개설은행과 통지은행이 다른 은행에게 전달한 지시가 이행되지 아니하더라도 그에 대해서 하등의 책임이나 의무를 지지 아니한다.
c. 다른 은행에게 서비스를 이행할 것을 지시하는 당사자는 그 지시와 관련해서 지시받은 당사자가 부담한 수수료, 요금, 비용 및 지출금(비용)에 대해서도 책임을 진다
신용장에 비용이 수익자의 부담으로 명시되어 있더라도, 비용이 그로부터 징수 또는 공제될 수 없는 경우에는 개설은행은 비용지불에 대한 책임을 진다.

신용장과 조건변경된 신용장에 수익자에 대한 통지는 통지은행과 제 2 의 통지은행이 통지서를 받자마자 비용이 발생하는 조건임을 기재하지 말아야 한다.

d. 신용장 개설의뢰인은 외국의 법률 및 관습에 의하여 부과되는 모든 책임과 의무에 대해서 은행에 기속되며 또한 이로 인해 발생하는 결과에 대해서 이를 보상할 책임을 진다.

[해 설] 1) 개설은행 이외의 은행비용의 부담

개설은행은 개설의뢰인의 지시와 요청에 따라 신용장을 개설하여 수익자에게 전달하고 수익자가 제시한 서류를 근거로 수출대금을 지급하게 된다. 이와 같이 개설은행이 신용장을 개설하고 최종적으로 수출대금을 지급하는 과정에 개설은행 이외의 제 3 의 은행들이 신용장거래에 참여하게 되며 이들 은행들이 신용장거래에서 그들의 의무를 이해함으로써 발생되는 모든 비용과 위험 부담은 개설은행이 부담하는 것이 아니라 개설의뢰인이 부담해야 한다.

2) 지정은행의 지시불이행에 따른 책임면제

개설은행의 면책은 의무를 해태한 중간은행들을 개설은행이 직접선택하였거나 개설의뢰인이 선택하였거나를 불문하고 개설의뢰인이 부담해야 한다. 왜냐하면 개설의뢰인의 요구와 지시가 없었다면 그러한 지시가 없었을 것이고 또 그런 문제가 발생하지 않았을 것이기 때문이다. 그러나 개설은행이 자기의 의무를 태만히 함으로써 발생하는 손실에 대해서 개설은행은 면책될 수 없다.

3) 지정은행의 이용비용의 부담

신용장거래를 성사시키기 위하여 다른 은행에게 지시를 한 당사자는 그러한 지시를 받는 당사자가 그러한 지시를 이행하는 과정에서 발생한 비용에 대해서 책임을 지며 그러한 비용을 수익자가 부담하는 경우에 수익자가 그러한 비용을 지급하지 못하면 개설은행이 최종적으로 책임을 진다.

4) 외국의 법률 및 관습에 따른 책임

개설의뢰인은 상관습과 법률, 제도가 다른 외국과의 거래에서 발생하는 위험을 부담해야 한다. 개설의뢰인과 개설은행 간에 체결된 수입거래약정서에 이러한 모든 비용과 위험은 전적으로 개설의뢰인이 부담해야 된다고 명시되어 있다.

Article 38 Transferable Credits

a. A bank is under no obligation to transfer a credit except to the extent and in the manner expressly consented to by that bank.

b. For the purpose of this article:

Transferable credit means a credit that specifically states it is "transferable" and that may be made available in whole or in part to another beneficiary ("second beneficiary") at the request of the beneficiary ("first beneficiary").

Transferring bank means a nominated bank that transfers the credit or, in a freely available credit, a bank that is specifically authorized by the issuing bank to transfer and that transfers the credit. An issuing bank may be a transferring bank.

Transferred credit means a credit that has been made available by the transferring bank to a second beneficiary.

c. Unless otherwise agreed at the time of transfer, all charges (such as commissions, fees, costs or expenses) incurred in respect of a transfer must be paid by the first beneficiary.

d. A credit may be transferred in part to more than one second beneficiary provided partial drawings or shipments are allowed.

A transferred credit cannot be transferred at the request of a second beneficiary to any subsequent beneficiary.

e. Any request for transfer must indicate if and under what conditions amendments may be advised to the second beneficiary. The transferred credit must clearly indicate those conditions.

f. If a credit is transferred to more than one second beneficiary, rejection of an amendment by one or more second beneficiary does not invalidate the acceptance by any other second beneficiary, with respect to which the transferred credit will be amended accordingly. For any second beneficiary that rejected the amendment, the transferred credit will remain unamended.

g. The transferred credit must accurately reflect the terms and conditions of the credit, including confirmation, if any, with the exception of:
   - the amount of the credit,
   - any unit price stated therein,
   - the expiry date,
   - the period for presentation, or
   - the latest shipment date or given period for shipment, any or all of which may be reduced or curtailed.

   The percentage for which insurance cover must be effected may be increased to provide the amount of cover stipulated in the credit or these articles.

   The name of the first beneficiary may be substituted for that of the applicant in the credit, but if the name of the applicant is specifically required by the credit to appear in any document other than the invoice, such requirement must be fulfilled.

h. The first beneficiary has the right to substitute its own invoice and draft, if any, for those of a second beneficiary for an amount not in excess of that stipulated in the credit, and upon such substitution the first beneficiary can draw under the credit for the difference, if any, between its invoice and the invoice of a second beneficiary.

i. If the first beneficiary is to present its own invoice and draft, if any, but fails to do so on first demand, or if the invoices presented by the first beneficiary create discrepancies that did not exist in the second beneficiary's documents and the first beneficiary fails to correct them on first demand, the transferring bank has the right to present the documents, as received from the second beneficiary to the issuing bank, without further responsibility to the first beneficiary.

j. The first beneficiary may, in its request for transfer, indicate that honour or negotiation is to be effected to a second beneficiary at the place to which the credit has been transferred, up to and including the expiry date of the credit. This is without prejudice to the right of the first beneficiary in accordance with sub-article 38 (h).

k. Presentation of documents by or on behalf of a second beneficiary must be made to the transferring bank.

제38조 양도가능신용장

a. 은행은 그 은행이 명백히 동의한 범위와 방법을 제외하고 신용장을 양도할 의무를 지지 않는다.
b. 본 조항의 목적상 양도가능신용장은 특별히 신용장은 "양도가능"하다고 기재되어 수익자에게 신용장의 전부 또는 일부를 이용할 수 있는 신용장을 말한다. 양도은행은 신용장을 양도하는 지정은행을 말하고 자유신용장의 경우에는 개설은행이 특별하게 양도수권을 부여한 은행이 신용장을 양도한다. 개설은행은 양도은행이 될 수 있다. 양도가능신용장은 제2수익자가 양도은행을 이용할 수 있도록 되어 있는 신용장을 말한다.
c. 양도시점에서 동의한 경우를 제외하고 신용장 양도로 인하여 발생된 모든 비용(수수료, 요금, 비용, 지출금)은 제1수익자가 지불한다.
d. 신용장은 분할어음발행과 분할선적이 허용된 경우에 2명 이상의 제2수익자에게 일부 양도될 수 있다. 양도된 신용장은 제2수익자의 요청에 따라 다른 수익자에게 양도될 수 없다.
e. 모든 양도요청에 제2수익자에게 통지될 수 있는 조건변경의 내용이 기재되어 있어야 한다. 양도된 신용장은 정확하게 이와 같은 조건을

명시하고 있어야 한다.

f. 신용장이 2명 이상의 제수익자에게 양도된 경우에 1인 또는 그 이상의 제 2 수익자가 신용장 조건변경을 거절하더라도 양도된 신용장이 변경되어지는 다른 제 2 수익자에 의한 수락을 무효화시키지 않는다. 조건변경을 거절한 제 2 수익자에 대해서 양도된 신용장은 조건변경 없이 존속한다.

g. 양도신용장은 다음의 조건을 제외하고 확인(있는 경우)을 포함해서 신용장의 제 조건을 정확하게 표시하여야 한다.

– 신용장의 금액
– 신용장에 명시된 단가
– 유효기일
– 선적서류제시기일 또는
– 최종선적일 또는 허용된 선적기간

이 중의 일부 또는 전부는 감소 또는 단축될 수 있다.

보험에 부보되어야 할 백분율은 신용장 또는 본 규칙에 명시된 보험금액을 제공할 수 있을 만큼 증액될 수 있다. 제 1 수익자의 명의는 신용장에 표기된 신용장 개설의뢰인의 명의 대신에 사용될 수 있다. 그러나 신용장이 특별히 개설의뢰인의 명의가 송장 이외의 모든 서류에 표시되길 요구하고 있을 경우에는 그러한 요구조건은 충족되어야 한다.

h. 제 1 수익자는 신용장에 명시된 원 금액을 초과하지 않는 금액에 대해서 자신의 송장과(있을 경우) 환어음을 제 2 수익자의 것과 대체하여 사용할 수 있는 권리를 가진다. 그리고 이와 같이 송장과 환어음을 대체할 경우에는 제 1 수익자는 자신의 송장과 제 2 수익자의 송장과 사이에 차액이 있을 경우 이에 대해서 신용장에 의거 환어음을 발행할 수 있다.

i. 제 1 수익자가 자신의 상업송장과(있는 경우) 환어음을 제시하도록 되어 있으나 최초 요구시 이를 이행하지 않을 경우 또는 제 1 수익자가 제시한 상업송장에 제 2 수익자의 선적서류에 없는 하자가 있어서 제 1 수익자가 최초 요구시 이를 수정하지 못하는 경우, 양도은행은 제 1 수익자에 더 이상의 책임 없이 제 2 수익자로부터 받은 선적서류를 개설은행에게 인도할 권리를 갖는다.

j. 양도 요청시, 제 1 수익자는 인수와 지급 또는 매입은 신용장이 양도되어진 그 곳에서 신용장의 유효기일을 포함하는 날짜까지 제 2 수익자에게 이행되도록 명시할 수 있다. 이러한 경우 제38조 h항에 따라 제 1 수익자의 권리는 침해받지 아니한다.

k. 제 2 수익자의 선적서류의 제시는 양도은행에서 이루어져야 한다.

[해 설] 1) 은행의 신용장 양도의무

UCP 500에서 양도은행은 그 은행이 명백히 동의한 범위와 방법을 제외하고 신용장을 양도할 의무를 지지 않으며 양도은행은 지급, 연지급, 인수 및 매입은행과 자유매입신용장의 경우 양도지정은행이 된다고 규정하였다. 개설은행과 확인은행이 양도은행에 포함되는지에 관하여 분쟁이[72] 발생하였고 이 문제에 대해서 UCP 500의 규정은 명확하지 않았다.

이 문제를 해결하기 위해서 UCP 600에서는 양도은행을 은행으로 수정하였다. 따라서 개설은행뿐만 아니라 모든 은행은 그 은행이 명백히 동의한 범위와 방법을 제외하고 신용장을 양도할 의무를 지지 않는다고 규정하여 제1수익자의 양도요청을 은행이 거부하면 제1수익자는 신용장을 양도할 수 없는 입장에 놓이게 되었다. 신용장이 양도가 안 되는 책임은 은행에게 있는 것이 아니라 수익자에게 있다는 것이다.

은행이 수익자의 양도요청을 거부할 수 있는 사항을 크게 두 부문으로 살펴볼 수 있다.

첫째 양도가능신용장을 개설한 은행의 대외신인도가 낮은 경우를 들 수 있다. 양도은행이 지급, 인수 또는 매입은행인 경우 양도은행과 양도가능신용장 개설은행과의 법적관계는 위임 또는 대리인 관계가 성립되어 개설은행의 대금지급확약을 믿고 수출상에게 서류와 상환으로 수출대금을 지급하게 된다. 이러한 은행들이 완전히 위임 또는 대리인 역할을 수행하면 개설은행에게 대금의 상환을 요구할 수 있다. 이와 같이 대금지급확약을 한 개설은행의 대외 신인도가 떨어지면 양도은행은 수출상에게 서류와 상환으로 수출대금의 지급을 거부하고 수익자의 신용장 양도요청도 거부할 것이다.

둘째, 개설된 양도가능신용장 내용에 하자가 있는 경우이다. 신용장 내용이 수출입매매계약에서 명시한 내용과 상이하게 발행되거나 또는 수출상이 이행하기 불가능한 조항이 포함된 조건부 신용장이 발행된 경우이다. 신용장 내용은 수출입거래 당사자인 수출상과 수입상이 합의하여 결정된다. 수입상은 자기 이익을 위해 수출상이 이행하기 어렵거나 그 이행에 있어서 실수하거나 무시하기 쉬운 함정을 파놓고 시황이 불리해 지면 함정에 빠진 수출상에게 서류인수를 거부하거나 상품가격의 하락만큼 수출대금을 할인해

72) 이제현, 노동환 "신용장통일규칙 제48조의 해석과 적용에 관한 연구," 한국수출보험학회지, 제3권 제1호, 한국수출보험학회, 2002. 11, pp. 107-128.

줄 것을 요구하는 일이 비일비재하게 국제무역거래에서 일어나고 있다.

조건부신용장은 선적유보나 매입유보 문언이 있는 신용장, 국제 양도된 신용장으로 양도은행이 개설은행으로부터 대금수령 후 지급하는 조건 등 특정조건이 충족되어야 신용장으로써 효력이 인정되는 것을 말하며 이러한 조건부신용장은 신용장으로써의 독특한 가치가 없다. 이와 같이 신용장에 독소조항을 포함시키는 것은 수입상이 수입국의 시황이 변화됨에 따라 손해가 발생되면 그 손해를 수출상에게 전가시키키기 위한 술책이다.

수익자는 개설은행의 신용도를 철저히 파악하고 통지받은 신용장에 신용장의 양도에 걸림돌이 될 수 있는 독소조항이 있는지 확인하여 신용장이 양도될 수 있는 신용장을 받도록 해야 하며 그러한 책임은 은행에게 있는 것이 아니라 수익자에게 있다는 점을 UCP 600에서 재차 강조하였다.

2) 양도가능신용장의 정의와 양도은행

양도가능신용장의 용어는 "transferable"이며 이외의 어떠한 표현도 양도가능신용장의 용어로 간주하지 않는다. 따라서 양도가능신용장은 신용장에 반드시 "transferable"이라는 용어가 반드시 기재되어 있어야 양도가능신용장으로 간주하며 양도신용장은 제 2 수익자가 양도은행을 이용할 수 있도록 되어있는 신용장을 말한다고 새롭게 내용을 추가하였다.

수출입매매계약에서 수출상과 수입상이 합의하여 대금결제방식으로 양도가능신용장을 이용할 것을 결정하게 된다. 양도가능신용장은 수출입매매계약의 당사자인 수출상이 아닌 제 3 자가 수출입매매계약의 상품을 생산하고 제반서류를 제시하여 수출대금을 회수하기 때문에 개설의뢰인과 개설은행과 확인은행은 더 많은 위험을 부담하게 되어 UCP 600에서 신용장의 양도를 요청할 수 있는 자를 제 1 수익자로 한정하였고 양도은행의 자격은 지정은행과 개설은행으로 규정하여 양도은행에 개설은행을 포함시켰고 자유매입신용장의 경우 양도지정은행이 된다.

3) 수익자의 양도비용 부담

신용장양도에 따른 제반 비용은 원칙적으로 제 1 수익자가 부담해야 되며 양도시점에서 다른 당사자가 동 비용을 부담하기로 약정한 경우 그러한 내용이 양도가능신용장에 명시되고, 양도은행이 동의하고, 지정된 당사자가 동 비용을 지불해야 만이 양도은행이 신용장을 양도할 수 있다.

4) 양도횟수의 제한

신용장의 양도는 1회에 한해서 가능하면 분할선적이 허용된 경우 복수의 제2수익자에게 양도가 가능하고 규정하였고 UCP 500에 있는 "제1수익자에게 재양도(retransfer)되는 경우 이러한 양도는 본 규정에서 정한 재양도 금지규정에 적용되지 않는다"는 규정이 UCP 600에서는 "양도된 신용장은 제2수익자의 요청에 따라 다른 수익자에게 양도될 수 없다"로 변경되었지만 UCP 600에서도 제2수익자가 제1수익자에게 신용장을 재양도할 수 있는 것으로 본다.

신용장에 분할선적이 허용된 경우 제1수익자는 제2수익자들에게 동시에 분할양도는 할 수 있으며, 복수의 제2수익자에게 이루어진 여러 번의 분할양도는 한 번 양도된 것으로 간주하며 총 분할된 금액은 신용장에 명시된 금액과 동일하여야 한다.

신용장의 양도 횟수를 1회로 제한한 것은 개설의뢰인의 이익을 보호하기 위한 것이다. 개설의뢰인은 수익자가 생산한 상품을 수입하길 원하지만 개설의뢰인은 수익자의 상황과 신용을 고려하여 수익자가 아닌 제3자가 생산한 상품을 수입하겠다고 결정한 것이다. 그러나 알지도 못하는 제2의 수익자가 신용장을 제3자에 양도하면 개설의뢰인은 매우 불안한 위치에 있게 된다. 신용장이 일반채권과 같이 연속적으로 양도되지 못하게 개설의뢰인의 입게 될 피해를 방지하고자 양도를 1회로 제한하였다.

5) 신용장조건변경서의 통지

신용장의 양도요청서에 신용장이 양도된 후에 신용장의 조건변경이 있으면 조건변경된 내용을 제2수익자에게 어디까지 통지해야 되는지 그 범위와 내용을 명확히 명시하도록 하였다. 제1수익자가 신용장을 제2수익자에게 양도할 때 추후에 신용장의 내용이 변경될 경우 그 변경내용을 제2수익자에게 통지할 것인지 명시하고 통지한다면 통지내용을 명확히 명시하도록 했다. 제1수익자는 추후에 변경된 신용장 내용을 제2수익자가 아는 것을 원치 않을 수 있다. 제1수익자가 자기가 원하지 않는 내용 즉, 자기에게 불리한 내용의 조건변경은 양도은행이 제1수익자의 동의 없이 직접 제2수익자에게 통지하는 것을 방지하기 위해서 양도은행이 그렇게 하지 못하도록 할 것인가에 대해서 신용장의 양도를 요청할 때 이 점을 분명히 밝히도록 한 것이다.

만일 신용장의 조건변경을 제 2 수익자에게 통지하고 싶지 않으면 그러한 내용을 신용장이 양도될 때 양도요청서에 기재하여 양도은행이 이러한 내용을 알고 사전에 제 2 수익자에게 주지시켜 그러한 양해하에 신용장이 양도된다는 것을 알려주어야 한다.

6) 양도신용장의 조건변경

복수의 제 2 수익자에게 신용장이 양도되고 신용장의 조건이 변경된 경우 복수의 제 2 수익자는 독립적으로 신용장조건변경의 수락 여부를 결정할 수 있으며 한 당사자가 신용장조건 변경을 거부한다고 해서 다른 당사자가 신용장조건변경을 수락하는 데 어떠한 영향을 주지 않는다.

신용장이 다수의 제 2 수익자에게 양도되고 신용장 조건이 변경되면 변경된 신용장 조건을 다수의 제 2 수익자가 동 내용을 수락해야 되는지 아니면 일부는 수락하고 일부는 거부할 수 있는지에 대한 사항을 정확히 명시하였다. 즉 제 2 수익자는 자유의사에 따라 신용장 조건변경을 수락할 수 있으며 수락하지 않는 경우에 원신용장이 유효하고 신용장의 수락행위는 신용장의 조건변경을 인정하지 않는 제 2 수익자에 대해 하등의 영향을 받지 않는다. 따라서 신용장의 조건변경효력은 제 2 수익자가 변경된 신용장을 인수하겠다는 의사가 통지은행에 접수된 시점에서 발생한다.[73)]

양도가능신용장에서 다수의 제 2 수익자는 그들이 양도받은 부분에 대해서 서류를 매입할 수 있는 권리가 주어지며 이러한 개별적인 제 2 수익자에게 부여된 권리는 타인의 행위에 의해서 하등의 영향을 받지 않음을 명확히 했다.

7) 양도신용장요구내용의 변경과 수정

신용장의 양도는 원신용장에 명시된 내용과 일치하게 양도되어야 하지만 제 1 수익자를 보호하기 위해 다음과 같은 예외규정을 두어 제 1 수익자의 입장을 반영하였다. 첫째, 양도신용장의 금액이나 단가가 원신용장 금액이나 단가보다 적을 수 있다. 제 1 수익자가 중개상인으로써 시세차익을 원하는 경우 원신용장의 단가와 금액을 줄여서 양도하고 그 차액을 제 1 수익자가

---

73) 대한상공회의소. ICC한국위원회, ICC국제무역정보, 2000. 11, pp. 152-154.

가져갈 수 있도록 한 것이다. 둘째, 신용장의 유효기일, 서류제시기간의 최종일 및 선적일은 원신용장에 기재된 이들 기일보다 단축될 수 있다. 셋째, 보험을 원신용장에 명시된 금액으로 부보할 수 있도록 증액할 수 있다.

수출입상이 무역을 하는 것은 돈을 벌기 위해서 한다. 수출상과 수입상이 직접거래를 하는 경우도 있고 수출상과 수입상을 중개하여 시세차익을 이익으로 가져가는 중개상도 있다. 수출거래가 성사되기까지는 많은 노력과 비용이 발생한다. 중개상이 수출상과 수입상을 중개하여 수출거래를 성사시키기까지 중개상은 많은 노력과 비용을 지출하였고 이러한 비용은 수출거래가 계속 이어짐에 따라 발생하는 이익으로 충당할 것이다. 수출상과 수입상은 가능한한 중개상을 배제하고 직접 거래하여 비용을 줄이려고 할 것이고 중개상은 계속해서 자기를 통하여 거래가 이루어지도록 원할 것이다. 중개상의 원하는 대로 되기 위해서는 수출상과 수입상이 수출거래에서 제시된 문서를 통하여 누가 누구인지를 모르면 가능하다. 따라서 중개상인 제 1 수익자가 신용장을 수출상품의 제조자인 제 2 수익자에게 양도할 때 신용장에 기재된 수입상인 개설의뢰인의 상호와 주소 및 연락처를 제 1 수익자로 변경하여 신용장을 양도할 수 있고 제 2 수익자가 작성한 선적서류를 제 1 수익자가 받아서 선적서류에 기재된 제 2 수익자를 제 1 수익자로 변경하여 선적서류를 작성하여 개설은행에 제시할 수 있도록 하였다.

8) 상업송장과 환어음 대체

제 1 수익자는 제 2 수익자가 제시한 상업송장과 환어음을 자기 것으로 대체할 수 있다. 제 1 수익자는 신용장을 양도할 때 원신용장에 기재된 금액보다 적게 명시하여 발행하기 때문에 제 2 수익자가 발행한 상업송장과 환어음을 받아서 원신용장에 명시된 금액으로 다시 상업송장과 환어음을 발행하여 개설은행에 제시할 수 있도록 하였다.

9) 제 1 수익자가 선적서류를 제때에 대체하지 못하는 경우

제 1 수익자가 양도은행에서 제 2 수익자가 제시한 상업송장과 환어음을 대체하기로 된 경우에 양도은행의 상업송장과 환어음의 대체요청에 제 1 수익자가 응하지 못하는 경우 또는 제 1 수익자가 양도은행에 제시한 선적서류와 제 2 수익자가 제시한 선적서류가 상이하여 양도은행이 이를 시정할 것을 제 1 수익자에게 요청하였으나 제 1 수익자가 제때에 이를 이행하지 못하는 경우에는 양도은행은 제 1 수익자로부터 받은 서류를 그대로 개설은행에 송부한다. 수익자는 양도은행이 요구한 내용을 지정된 기간에 이행하여야 하고 이를 이행하지 못함으로써 발생한 모든 책임은 제 1 수익자에게 있다는 점을 분명히 하였다.

10), 11) 양도신용장거래의 선적서류 매입장소와 제 2 수익자의 선적서류제시장소

오늘날 많은 기업들은 국경을 초월하여 경쟁우위가 있는 지역에서 상품을 생산하고 있다. 따라서 수출계약이 체결된 국가와 수출상품을 생산하는 국가가 다를 수 있고, 이런 경우 양도가능신용장이 사용된다. 제 1 수익자와 제 2 수익자가 다른 국가에 거주하고 있는 경우 양도가능신용장의 거래에서 선적서류의 매입장소와 제시장소가 어디인가를 결정하는 것이 중요하게 되었다. 선적서류의 매입장소와 제시장소가 제 1 수익자가 있는 곳에서 이루어져야 한다고 보면 제 2 수익자는 빨리 선적서류를 준비하여 신용장 유효기일 이내에 선적서류가 제 1 수익자가 있는 국가로 보내야 되기 때문에 시간에 쫓기게 되어 상당한 어려움을 겪게 된다.

제 1 수익자는 제 2 수익자의 편의를 위해 신용장이 양도될 때 양도은행에게 신용장이 양도된 장소에서 인수와 지급 및 매입이 이루어지도록 지시할 권리를 갖도록 하였다. 제 2 수익자는 선적서류를 원신용장에 명시된 유효기일까지 양도은행에 제시하도록 규정하여 시간적 압박에서 벗어날 수 있도록 하였다.

제 2 수익자가 원신용장 유효기일의 마지막 날에 서류를 제시하면 제 1 수익자는 제시된 서류를 자기가 작성한 서류로 대체시킬 시간이 없기 때문에 본 조항에서는 원신용장의 유효기일이 경과한 후에도 제 1 수익자는 송장대체나 추가어음의 발행을 할 수 있도록 하여 원신용장의 발행어음이나 개설의뢰인도 접수한 서류 중에 제 1 수익자의 송장 또는 어음작성일자가 원신용장의 유효기일 후의 것이라도 신용장의 양도가 이루어졌다는 것이 명백한 경우에는 이들 서류를 거절할 수 없도록 하였다.

〈사례 1〉 양도가능신용장에서 양도은행의 책임

양도가능신용장에서 양도를 신청받은 은행이 제 1 수익자가 발행한 서류를 요구하는 신용장 조건을 이유로 신용장 양도를 거절하였다.

〈사례분석 1〉

양도은행은 그가 동의한 범위와 방법에 따라 신용장을 양도하면 된다. 양도요청을 받은 은행은 반드시 양도요청에 응할 의무는 없다.

〈사례 2〉 양도신용장의 조건변경

1. 제 1 수익자는 제 2 수익자에게 조건변경이 전달된 것이냐를 결정할 절대적 권리를 갖고 있는가?
2. 신용장 취소 또는 감액과 같이 제 2 수익자에게 매우 불리한 조건변경이 있을 때 양도은행은 제 1 수익자에게 양도변경을 하도록 강제할 수 있는가?
3. 양도은행은 조건변경수락을 거절하도록 강제할 권리를 가지고 있는가?
4. 제 2 수익자가 조건변경이 있다는 사실을 알고서 양도은행에 양도조건변경을 얻는데 양도은행의 도움을 요청할 수 있는가?

〈사례분석 2〉

(1) 제 1 수익자는 제 1 수익자에게 조건변경이 통지되었을 때 조건변경이 자동적으로 제 2 수익자에게 통지되도록 할 것이냐를 결정할 권리를 가지고 있다. 예를 들어 조건변경 사항 전부를 제 2 수익자에게 통지하지 않고 유효기일 연장만 제 2 수익자에 통지하도록 할 수 있다.

(2) 없다. 추후의 조건변경을 포함하여 원신용장조건은 조건변경을 수락할 때까지 수익자에게 유효하다. 원신용장 취소 혹은 감액에 대한 조건변경을 통지받았을 때 제 2 수익자가 동의하지 않으면 제 1 수익자의 동의는 효력이 없다.

(3) 양도은행은 권고는 할 수 있으나 강제할 권리는 없다.

(4) 제 2 수익자가 양도은행에 도움을 청할 수 있으나 양도은행이 양도된 신용장을 조건변경 하도록 주장할 수는 없다.

〈사례 3〉 확인신용장의 양도

확인신용장에서 확인은행이 신용장을 제 2 수익자에게 양도하면서 무확인신용장으로 변경하여 양도하였다. 이것은 타당한 것인가?

〈사례분석 3〉

신용장통일규칙 제38조 a항에서는 양도은행은 자기가 용인할 수 있는 범위 내에서 신용장을 양도할 수 있다고 규정하고 있다. 그러나 양도은행이 원신용장을 확인하였다면 양도된 신용장도 확인하여야 한다. 신용장양도가 신용장 종료지점을 변경시키고 자신의 책임기간을 연장하지만 채무금액을 증가시키지는 않는다.

〈사례 4〉 양도가능신용장에서 제시서류가 제 1 수익자가 발행한 상업송장금액과 다른 금액을 표시하고 있는 경우

양도가능신용장에서 제 1 수익자가 제 2 수익자가 제시한 상업송장과 환어음을 교체하였다. 수출승인서 등 다른 서류상 금액이 제 1 수익자가 제시한 상업송장금액과 달라 서류상호간 불일치가 발생하였다. 이것이 서류 상호간 불일치로 하자가 되는가?

〈사례분석 4〉

개설은행이 양도가능신용장을 발행하였다면 상업송장의 교체로 상업송장에 표시된 정보와 일치되지 않는 정보가 표시될 수 있다는 점을 감수하여야 한다. 예를 들어 원산지증명서상 상업송장번호가 제 2 수익자가 상업송장번호가 기재되어 제 1 수익자가 다른 금액의 표시된 서류가 제시될 수 있다. 그러나 개설은행은 이 서류가 다른 조건에서 신용장조건과 일치한다면 대금을 지급하여야 한다.

〈사례 5〉 양도은행의 의무

양도은행은 개설은행으로부터 신용장대금을 받았을 때 제2수익자에게 대금을 지급하겠다는 조건을 첨가하여 제2수익자에게 신용장을 양도하였다. 양도은행이 제1수익자로부터 제2수익자가 발행한 상업송장과 환어음을 대체하는 서류를 받았는데 원신용장과 다른 불일치 사항이 있었다. 양도은행은 서류를 개설은행에 송부하였는데 개설은행은 대금지급을 거절하였다. 이 경우 개설은행의 의무는 무엇인가?

〈사례분석 5〉

은행이 신용장을 양도하면서 개설은행으로부터 대금을 받았을 때 상환을 하겠다는 조건을 붙였다면 양도은행은 신용장을 확인하지 않고 양도한 것이다. 제2수익자가 서류를 제시하였을 때 양도은행은 서류가 신용장조건과 일치하는 서류를 제시하였다. 그러나 제1수익자가 불일치하는 상업송장과 환어음을 제시하였다. 양도은행은 서류를 개설은행으로 송부하기 전에 제2수익자의 동의를 받아야 한다. 서류에 하자가 있어 대금지급을 받지 못할 위험성이 있다. 이러한 상황에서 양도은행은 제2수익자의 명백한 동의를 받지 않고 서류를 처리하면 안 된다.

〈사례 6〉 물품하자 담보책임

양도가능한 신용장에서 제1수익자가 제2수익자에게 신용장을 양도해 줄 때 수입자가 전혀 모르는 제3자에게 양도되는데 만일 제2수익자가 선적을 이행하지 않거나 저급품을 선적하였을 경우 수입자에 대한 제1수익자의 책임의 한계는 어떻게 되는지?

〈사례분석 6〉

신용장의 양도는 신용장거래에서의 매도인의 지위가 제1수익자에게서 제 2 수익자로 이전되는 것을 의미하고 매매계약서에서의 매도인의 지위는 제 1 수익자에서 제 2 수익자로 양도되지 않는 것으로 본다.

따라서 제 2 수익자가 선적을 이행하지 않거나 저급품을 선적한 경우에 수입상은 매매계약의 위반을 들어 제 1 수익자에게 손해배상을 청구할 수 있다.

〈사례 7〉 양도은행의 책임

1. 제 2 수익자가 양도은행에 신용장조건에 일치하는 서류를 제시하였다. 개설은행이 내부적 문제 때문에 대금을 지급하지 않았다. 이 경우 양도은행은 제 2 수익자에게 신용장 대금을 지급할 의무가 있는가?
2. 양도은행이 제 2 수익자로부터 서류를 접수하고 신용장 조건과 일치함을 확인하고 만기에 대금지급을 약속하였다. 그러나 개설은행이 서류에 하자를 발견하고 대금지급을 거절하였다. 이러한 상황에서 양도은행이 취할 수 있는 조치는?
3. 양도은행이 신용장을 양도하면서 "양도은행은 개설은행으로부터 신용장대금을 지급받았을 때에 제 2 수익자에게 대금을 지급한다"라는 문언을 삽입하는 것이 매우 일반적이다. 이러한 것이 국제표준은행관행으로 타당한 것인가?

〈사례분석 7〉

(1) 양도은행이 신용장을 확인하지 않았다면 개설은행이 대금을 지급하지 않았을 때 아무런 의무가 없다.

(2) 양도은행이 수익자에게 만기에 대금지급을 약속하였다면 아마도 신용장에 확인을 한 것으로 보인다. 신용장에 확인을 하였을 경우 확인은행은 서류심사를 제대로 하지 못하였을 경우 위험을 부담한다. 서류의 수리성 여부에 대하여 개설은행과 양도은행 사이에 분쟁이 발생하였을 경우 이것은 제 1 수익자나 제 2 수익자와 관계없이 개설은행과 양도은행이 해결하여야 한다.

(3) 이러한 문언은 양도은행이 확인을 하지 않은 경우 전형적으로 추가

하는 문구이다.

〈사례 8〉 신용장양도시 조건변경

양도가능신용장의 가격조건은 CIF로 되어 있는데 제2수익자(양수인)의 사정으로 인해 양도시 이를 FOB조건으로 변경하여 양도하고자 한다. 이렇게 가격조건을 변경하여 양도하는 것이 가능한지?

〈사례분석 8〉

대부분의 경우 신용장의 양도는 양도차액의 취득을 목적으로 이루어지므로 환어음과 상업송장(Invoic)을 제외하고는 제2수익자가 제시한 서류를 원 신용장의 매입 등에 이용하게 된다. 특히 선하증권과 같은 운송서류는 제3자(선사)가 발행하는 서류이기 때문에 제2수익자(양도인)가 임의로 변경할 수 없는데 CIF조건의 양도신용장을 제2수익자에게 FOB조건으로 양도하게 되면 제2수익자는 "freight collect"로 되는 선적서류를 제시하게 될 것이다.

원신용장이 CIF조건이면 "freight prepaid"로 되어 있는 선적서류를 제시해야 되는데 이를 제시할 수 없으므로 신용장 조건의 불일치가 발생하여 자동적으로 원신용장에 의한 대금회수가 곤란하게 된다. 또한 신용장의 양도는 신용장통일규칙(UCP 600) 제38조 제g항에 따라 신용장의 금액, 신용장에 명시된 단가, 유효기일, 서류제시를 위한 최종기일, 선적기간을 제외하고는 원신용장에 명시되어 있는 조건을 충족해야 하며 상술한 5가지의 변경가능한 조건의 변경 역시 원신용장 개설의뢰인(수입상)의 이익을 침해하지 않는 범위 내에서만 변경하여 양도하는 것이 가능하다.

즉 단가의 감액이나 신용장금액의 감액 등은 가능하나 보험의 부보범위는 원신용장에서 정한 부보금액을 제공해야 한다. 가격조건의 변경은 신용장조건의 불일치가 발생하고 신용장통일규칙에서 정하고 있는 변경가능조건에서 제외되어 있으며 원신용장 개설의뢰인의 이익을 침해할 수 있기 때문에 불가능하다.

Article 39 Assignment of Proceeds.

The fact that a credit is not stated to be transferable shall not affect the right of the beneficiary to assign any proceeds to which it may be or may become entitled under the credit, in accordance with the provisions of applicable law. This article relates only to the assignment of proceeds and not to the assignment of the right to perform under the credit.

제39조 대금의양도

신용장이 양도가능한 것으로 명시되어 있지 않다는 사실로 인하여 수익자가 해당법률의 규정에 따라 신용장하에서 수권되거나 수권될 수 있는 신용장 대금을 양도할 수 있는 권리에는 아무런 영향을 받지 않는다. 본 조항은 대금의 양도에만 관한 것이며 신용장 자체의 실행권리(實行權利)의 양도에 관한 것은 아니다.

[해 설] 매입신용장의 거래에서 수익자는 개설은행이나 제 3 의 은행을 지급인으로 어음을 발행하여 선적서류와 함께 지정은행에 제시하여 지정은행이 인수하면 지정은행은 선의의 어음소지인이 된다. 수익자가 자기가 발행한 어음을 배서하여 양도할 수 있고, 이렇게 배서된 어음은 신용장거래 당사자가 아닌 다른 채권자에게 양도될 수 있다.

수익자가 발행한 어음을 배서에 의해서 양도받은 제 3 자가 선적서류와 함께 지정은행에게 제시하면 지정은행은 제시된 선적서류가 신용장의 요구조건과 일치하면 수출대금을 지급한다. 어음의 양도는 신용장의 양도와 다른 법률적 성격을 가지고 있다. 어음의 양수인은 신용장거래에서 발생한 수출대금에 대한 채권을 양도받는 것이고 선적서류를 작성할 의무는 없다. 신용장거래의 당사자인 수익자만이 선적서류를 작성할 의무가 있다. 수익자가 어음과 선적서류를 양수인에게 양도하고 양수인이 이들 선적서류를 지정은행에 제시하면 제시된 선적서류가 신용장의 요구조건과 일치하여야 양수인은 어음대금을 받을 수 있다.

신용장의 양도는 신용장거래에서 발생한 양도인인 제 1 수익자의 의무와 권리가 양수인인 제2수익자에게 양도되어 양수인은 선적서류를 작성하고 환어음을 발행하여 은행으로부터 수출대금을 받을 권리를 가지고 있다. 반면에 어음의 양도는 선적서류를 작성할 당사자와 은행으로부터 대금을 받을 당사자가 서로 다르다.

제 3 장

eUCP

제 1 절
eUCP의 주요내용

UCP 600이 등장함에 따라 eUCP(Version 1.0)가 eUCP(Version1.1)로 변경되어 내용이 일부 수정되었다. eUCP는 UCP를 보충하는 규정으로써 신용장거래에 있어 서류제시 등에 관해 전자서류를 사용하는 경우 이에 대한 내용을 규정하고 있다. Version 1.1은 UCP 600에서 변경된 용어와 서류제시방법을 반영하기 위해서 그에 관련된 내용을 수정하였다. 전반적으로 보면 eUCP는 신용장에서 전자서류를 이용하여 서류를 제시할 수 있도록 하는 경우(eUCP 신용장을 사용하는 경우)에 적용되며, 그 내용은 주로 전자서류의 제시와 검토, 서류인수의 거절 사유 등에 관련된 내용을 규정하고 있다. 한 가지 미흡한 것은 eUCP 신용장과 관련된 서류만을 그 내용으로 하고 있지, 신용장 자체가 전자서류의 형식을 이용하여 발행될 수 있도록 하는 내용에 관한 규정이 전혀 없다는 것이다. 이에 대한 보완이 이루어져야 할 것으로 생각된다. 그럼 UCP와 비교하여 eUCP가 어떻게 전자서류에 대해 규정하고 있는지 살펴보도록 한다.

1. eUCP의 적용범위와 UCP와의 관계

1) eUCP의 적용범위

eUCP는 전자서류 또는 종이서류와 전자서류를 동시에 제시할 경우 이를 이용하기 위하여 기존의 UCP를 보완하는 내용으로서 전자신용장 자체의 형식에 관한 내용보다는 기존의 신용장거래에서 전자방식으로 서류를 제시할 수 있도록 허용하는 경우에[1] 적용되는 것으로 eUCP는 신용장에 eUCP가 적용된다고 기재되어 있는 경우에 UCP를 보완하여 적용된다.[2]

전자신용장거래의 당사자인 수출상과 수입상이 전자신용장에 eUCP가 적용된다고 합의하여 동 내용을 기재한 경우에 적용된다. 또한 전자신용장거래의 당사자들은 신용장에 eUCP규칙과 더불어 적용가능한 eUCP의 판

1) 제e1조 a.
2) 제e1조 b.

(Version)을 기재해야 되고 eUCP의 판은 신용장이 발행된 시기에 효력이 있는 것이어야 하며 eUCP가 변경된 경우에는 변경된 시점에 효력이 있는 eUCP판이 적용된다.[3] 따라서 전자신용장거래 당사자들은 전자신용장을 이용하기 위해서는 발행된 신용장에 eUCP의 준거문언과 eUCP의 적용가능한 판을 기재해야만 된다.

Article e1 : Scope of the eUCP

a. The Supplement to the Uniform Customs and Practice for Documentary Credits for Electronic presentation ("eUCP") supplements the Uniform Customs and Practice for Documentary Credits(2007 Revision ICC Publication No. 600,) ("UCP") in order to accommodate presentation of electronic records alone or in combination with paper documents.

b. The eUCP shall apply as a supplement to the UCP where the Credit indicates that it is subject to eUCP.

c. This version is Version 1.1. A Credit must indicate the applicable version of the eUCP. If it does not do so, it is subject to the version in effect on the date the Credit is issued or, if made subject to eUCP by an amendment accepted by the Beneficiary, on the date of that amendment.

2) eUCP와 UCP와의 관계

eUCP가 적용되는 신용장은 신용장에 UCP가 적용된다고 기재를 하지 않아도 UCP가 적용되며[4] eUCP와 UCP가 적용된 결과가 다른 경우에 eUCP가 우선적으로 적용된다고 규정하였다.[5] 이는 기존의 UCP가 전자서류 제시에 대한 내용을 수용하고 있지만 불충분하기 때문에 eUCP를 통해 불충분한

3) 제e1조 c.
4) 제e2조 a.
5) 제e2조 b.

서류를 보완하고 그 적용결과가 상충되는 경우에 이에 대한 명확한 우선순위를 부여하고 있다.

eUCP신용장이 수익자가 종이서류와 전자서류를 선택하여 제시하도록 허용하고 수익자가 종이서류만을 제시하기로 결정한 경우 UCP만이 서류제시에 적용되며 eUCP신용장에서 단지 종이서류의 제시만 허용되는 경우 UCP만 단지 적용된다.6)

Article e2: Relationship of the eUCP to the UCP

a. A Credit subject to the eUCP ("eUCP Credit") is also subject to the UCP without express incorporation of the UCP.

b. Where the eUCP applies, its provisions shall prevail to the extent that they would produce a result different from the application of the UCP.

c. If an eUCP Credit allows the Beneficiary to choose between presentation of paper documents or electronic records and it chooses to present only paper documents, the UCP alone shall apply to that presentation. If only paper documents are permitted under an eUCP Credit, the UCP alone shall apply.

3) 용어정의

전자신용장거래의 혼돈과 혼란을 방지하기 위하여 UCP에서 적용된 용어와 eUCP에서 적용한 용어를 명확히 구분하였다. eUCP신용장 거래에서 제시된 전자서류에 UCP를 적용하기 위하여 UCP에서 사용한 용어를 다음과 같이 정의하였다.7)

"문면상으로 보이는(apperars on its face)" 용어는 전자서류에 기재된 내용을 심사할 때 적용된다고 규정하였다. 따라서 동 용어는 전자서류에 기재되어 있는 문언을 읽어보고 전자신용장의 조건과 일치하는지 여부를 판단하

6) 제e2조 c.
7) 제e3조 a.

는 것으로 해석한다는 것이다. 발행된 전자서류에 "The vessel is below 15 years of age."라고 기재되어 있으면 이 기재된 내용이 전자신용장에서 요구한 조건과 일치하는지 여부를 심사하는 것이지 그 선박의 선령이 실제로 15년 이하인지를 확인하는 것은 아니다.

"서류(documents)"라는 용어는 전자서류를 포함하는 것으로 정의하고 있고 전자서류를 제시하기 위한 장소(place for presentation)는 전자주소(electronic address)를 의미한다고 정의하였다. 또한 서명(sigin)의 용어는 전자서명을 포함한다고 규정하였다.

서류상의 "부기된(super imposed)," "표기(notation)" 또는 소인이 찍힌(Stamped)의 용어는 보완적인 특성이 전자서류에서 명백한 자료내용을 의미한다고 규정하고 있다.

eUCP에서 사용된 용어는 다음과 같이 정의하고 있다.[8] 전자서류(electronic record)은 전자수단에 의해서 생성되고, 만들어지고, 발송되고, 전송되고, 수취되거나 저장된 자료를 의미하며 발송자의 정확한 신원확인과 전자서류에 포함된 자료의 분명한 출처, 그리고 전자서류가 완전하고 변경되지 않은 상태로 있는지 등의 여부에 관하여 확인될 수 있어야 하고 eUCP신용장의 제조건과 일치하는지 심사할 수 있어야 만이 유효한 전자서류로 간주한다고 규정하였다.

"전자서명(electronic signature)"은 전자서류에 첨부되거나 이와 논리적으로 관련되고 어떠한 사람을 확인하기 위하여 그리고 전자서류에 어떤 사람의 확인을 나타내기 위하여 어떠한 사람에 의하여 실행되거나 채택된 자료처리를 의미한다고 정의하였다.

"서식(format)"은 전자서류가 표시되거나 전자서류가 언급된 자료의 구성을 의미하는 것으로 정하였고, "종이서류(paper document)"는 기존의 종이서식으로 된 서류를 의미하며 "수취된(received)"은 전자서류가 정보시스템에 의해서 받을 수 있는 서식으로 적용가능한 수취인의 정보시스템에 입력되는 시점을 의미하며 어떤 수신확인도 eUCP신용장에 의거하여 전자서류의 수리나 거절을 의미하지 않는다고 정의하였다.

8) 제e3조 b.

Article e3: Definition

a. Where the following terms are used in the UCP, for the purposes of applying the UCP to an electronic record presented under an eUCP Credit, the term:

i. "appears on its face" and the like shall apply to examination of the date content of an electronic record.

ii. "document"shall include an electronic record.

iii. "place for presentation" of electronic records means an electronic address.

iv. "sign" and the like shall include an electronic signature.

v. "superimposed," "notation" or "stamped"means data content whose supplementary character is apparent in an electronic record.

b. The following terms used in the eUCP shall have the following meanings:

i. "electronic record" means

- data created, generated, sent, communicated, received, or stored by electronic means
- that is capable of being authenticated as to the apparent identity of a sender and the apparent source the data contained in it, and as to whether it has remained complete and unaltered, and
- is capable of being examined for compliance with the terms and conditions of the eUCP Credit.

ii. "electronic signature" means a data process attached to or logically associated with an electronic record and executed or adopted by a person in order to identify that person and to indicate that person's authentication of the electronic record.

iii. "format" means the data organization in which the electronic record is expressed or to which it refers.

iv. "paper document" means a document in a traditional paper form.

v. "received" means the time when an electronic record enters the information system of the applicable recipient in a form capable of being accepted by that system. Any acknowledgement of receipt does not imply acceptance or refusal of the electronic record under an eUCP Credit.

2. 전자서류의 제시와 심사

1) 서 식

eUCP 신용장은 전자서류가 제시되는 전자서식을 명시해야 하며 전자서류에 전자서식이 그렇게 명시되지 않는 경우 전자서류는 어떤 전자서식으로 제시될 수 있다고 규정하고 있다.[9] 이것은 각 은행이 사용하고 있는 전자서식이 서로 다르기 때문에 한 은행에서는 사용 가능한 전자서류의 서식이라 할지라도 다른 은행에서는 호환이 되지 않는 경우가 있기 때문에 이에 대한 분쟁의 소지를 미연에 방지하기 위한 것으로 보인다.

Article e4: Format

An eUCP Credit must specify the formats in which electronic records are to be presented. If the format of the electronic record is not so specified, it may be presented in any format.

2) 서류의 제시

(1) 서류제시의 장소

eUCP에서는 종이서류(paper document)로 제출하는 경우와 전자서류(electronic records)로 제시하는 경우를 모두 인정하고 있으며 두 경우 모두 제시장소를 명시하도록 규정하고 있다. 종이서류의 경우에는 UCP에서 명시

9) 제e4조.

된 것처럼 물리적인 장소를 명시하면 되고 전자서류의 경우에는 eUCP 제3조 a. iii에서 규정하고 있는 것처럼 전자주소를 표기하면 된다.[10)]

(2) 서류제시의 완료통지

전자서류는 한꺼번에 제시될 필요는 없고 여러 번에 걸쳐 나누어 제시될 수 있도록 규정하고 있다.[11)] 또한 이와 관련하여 한꺼번에 제시하도록 하지 않고 수회에 걸쳐 제시할 수 있도록 함으로써 은행의 입장에서는 언제 전자서류의 제시가 완료되었는지에 대한 정의가 있어야 하는데 이러한 전자서류의 제시완료를 서류를 제시하는 당사자, 즉 수익자가 은행에 서류제시의 완료통지(the notice of completeness)를 하도록 하여 이에 대한 분쟁의 소지를 미연에 방지하도록 했다.[12)] 이러한 서류제시의 완료통지는 서면 혹은 전자서류를 이용하여 할 수 있다.

이와 같은 내용은 UCP와는 정반대되는 내용이다. UCP하에서는 수익자가 신용장에서 요구하고 있는 서류를 은행에 제시하는 즉시 서류제시가 완료되고 은행은 이렇게 제시된 서류를 검토하여 서류인수 혹은 거절의 의사를 통보하여야 한다. 즉, UCP하에서는 수익자가 신용장에서 요구하는 서류를 한꺼번에 제시해야지 그렇지 않은 경우에는 무조건 하자 사항이 되는 것이다. 이런 측면에 있어서 수익자의 입장에서는 paper document를 이용하는 것보다 더 융통성을 보일 수 있다. 즉, 서류제시의 완료통지를 하지 않으면 서류제시 만료일 전에는 언제라도 은행으로부터 서류인수거절통보를 받지 않고 서류를 보완 혹은 추가할 수 있는 여유를 가질 수 있기 때문이다. 만일 수익자가 서류제시의 완료통지를 하지 않으면 서류제시가 이루어지지 않은 것으로 간주하여 부도사유가 된다.

전자신용장거래에서 전자서류와 종이서류가 각각 제시될 경우 전자신용장이 확인되어야 하고 전자신용장이 확인되지 않으면 서류제시가 이루어지지 않은 것으로 간주한다.[13)]

---

10) 제e5조 a.

11) 제e5조 b.

12) 제e5조 c.

13) 제e5조 d.

(3) 전자서류의 확인(identification)

eUCP에서는 전자서류가 제시되었다하더라도 제시된 전자서류를 확인(identification)할 수 없으면 비록 제시되었다고 하더라도 수령하지 않은 것으로 간주한다. 이것은 종이서류와는 달리 전자신용장의 경우에는 기술적인 조작만을 통해서 전자서류를 위조할 수 있는 가능성이 높기 때문에 전자서류의 진위성을 확인할 수 없는 전자서류는 아예 수령되지 않은 서류로 간주하여 사실상 은행으로 하여금 검사의 의무를 면제시켜 주고 있는 것이다. 이와 유사하게 UCP 제34조에서는 은행에 대해 제시된 서류의 유효성에 대한 면책을 규정하고 있다. 즉, 은행은 제시된 서류의 형식, 충분성, 정확성, 진정성, 위조 또는 법적 효력 등에 관해서 아무런 책임이 없다. 그러나 이 조항은 서류 자체에 대한 효력의 문제이지 은행이 이러한 서류를 검사하지 않아도 된다는 것은 아니다. 다시말하면 은행은 서류의 진정성 등에 대한 충분한 의심이 가지 않는 이상 제시된 서류를 검사할 의무를 진다. 즉, 종이서류의 경우에는 제시된 서류의 진위성을 의심할 만한 여지가 없고 신용장에서 요구하고 있는 조건과 일치하면 이의 인수를 거절할 수 없는 것이다. 반면에 전자신용장의 경우에는 전자서류에 대한 identification을 할 수 없는 경우에는 아예 서류가 수령되지 않은 것으로 간주하여 설령 은행이 이러한 서류에 대해 검사를 하지 않고 서류인수를 거절한다고 해도 수익자의 입장에서는 이에 대해 은행에 항변할 수 없도록 하고 있다.

(4) 서류제시기일 또는 유효기일의 자동 연장

만일 전자서류가 제시될 때에 은행이 영업을 하고 있지만, 은행의 시스템이 작동하지 않아 전자서류를 수령할 수 없는 경우에는 은행이 영업을 하지 않는 것으로 간주하고 은행이 전자서류를 수령할 수 있는 날의 첫 영업일까지 유효기일이나 서류제시기일이 자동적으로 연장된다.[14] 이 조항은 UCP 제36조에서 규정하고 있는 불가항력 조항과 모순되는 것처럼 보인다. 즉, 제36조에서는 불가항력의 조항에 은행 내의 파업이나 직장폐쇄 등을 포함하여 이에 대한 은행의 면책을 허용하고 이 기간 동안에 신용장의 유효기일이 만료된 경우에는 신용장의 조건변경을 하지 않는 이상 유효기일이 자동 연장되지 않고 그대로 신용장이 만료되는 것이다. 이와 같은 내용을 기

---

14) 제e5조.

초로 하여 본다면, 은행의 전산시스템의 장애는 은행 내의 문제로 은행의 불가항력조항으로 포함하여 신용장의 유효기일의 자동연장을 허용하는 eUCP 제 5 조 e항은 UCP 제36조와 모순되는 것처럼 생각될 수 있는 것이다. 그러나 UCP 제36조는 은행의 파업이 비록 은행 내의 문제이긴 하지만, 은행의 파업은 갑작스럽게 이루어지는 것이 아니라 충분한 시간을 두고 이루어지며, 은행이 아닌 제 3 자도 인지할 수 있는 경우가 많으므로 이런 상황에서 은행의 파업 등이 예상되는 상황에서도 동 은행을 이용하겠다는 신용장 당사자의 결정에 대해서 은행에 그 책임을 부담시키는 것은 무리가 있고 이는 당연히 동 은행을 이용하겠다는 신용장 당사자에게 그 책임을 지우려는 취지인 것이다. 그러나 은행의 파업이 아니라 은행은 영업을 하고 있지만 내부의 전산시스템의 오류는 누구도 예상할 수 없는 갑작스러운 사건이기 때문에 이러한 전산시스템의 오류는 은행의 입장에서도 불가항력이 되는 것이다.

따라서 이러한 경우까지 은행을 면책시켜 주는 것, 즉 신용장의 유효기일의 연장을 인정해주지 않는 것은 수익자에게 일방적으로 불리한 것이기 때문에 이에 대한 배려가 이루어진 것으로 보인다.

UCP 조항을 잘 살펴보면 eUCP 제 5 조 e항의 내용은 UCP의 내용과도 논리적으로 모순되지는 않는다. UCP 제36조에서 규정하고 있는 이외의 사유로 인해 은행의 휴업일이 된 경우에는 신용장의 유효기일이 은행의 첫 영업개시일까지 자동연장된다고 규정하고 있다. 이 조항을 고려해보면 eUCP 제 5 조 e항은 UCP 제29조와 모순되지 않는다. 즉, eUCP 제 5 조 e항에서는 은행이 비록 영업을 하고 있지만, 은행의 전산시스템이 오류를 보인 경우에는 은행이 영업을 하지 않는, 즉 휴업을 하는 것으로 간주한다(Bank will be deemed to be closed)고 하였다. 이것은 UCP 제29조와 제17조에서 규정하고 있는 이외의 사유로 인한 은행의 휴업으로 간주될 수 있어서, 은행의 전산시스템의 오류로 인해 신용장의 서류제시기일이나 유효기일이 자동연장되는 것은 UCP 제29조와 논리적으로 일치하는 것이라고 할 수 있다. 그리고 전자서류의 제시가 모두 이루어지고 서류제시의 완료통지만 이루어지지 않고 있는 상황에서 은행의 전산시스템이 오류를 보인 경우에는 서류제시의 완료통지를 서면으로 대체할 수 있도록 하고 있다. 이것은 eUCP상에서 전자서류의 제시에 대한 완료의 통지에 관한 규정을 신설함으로써 새로이 만들은 규정으로 볼 수 있다.

(5) 전자서류의 진위증명

eUCP 제 5 조 f항에서 보면 제시된 전자문서의 진위확인이 않된 경우 전자서류가 제시되지 않은 것으로 간주한다. 전자서류의 진위를 판명할 수 없는 경우에(cannot be authenticated)는 서류의 제시가 완료되지 않은 것으로 간주하여 UCP 제34조에서 규정하고 있는 은행의 면책과 상반되는 규정으로 볼 수 있다.

Article e5: Presentation

a. An eUCP Credit allowing presentation of:

i. electronic records must state a place for presentation of the electronic records.

ii. both electronic records and paper documents must also state a place for presentation of the paper documents.

b. Electronic records may be presented separately and need not be presented at the same time.

c. If an eUCP Credit allows for presentation of one or more electronic records, the Beneficiary is responsible for providing a notice to the Bank to which presentation is made signifying when the presentation is complete. The notice of completeness may be given as an electronic record or paper document and must identify the eUCP Credit to which it relates. Presentation is deemed not to have been made if the Beneficiary's notice is not received.

d. i. Each presentation of an electronic record and the presentation of paper documents under an eUCP Credit must identify the eUCP Credit under which it is presented.

ii. A presentation not so identified may be treated as not received.

e. If the Bank to which presentation is to be made is open but its system is unable to receive a transmitted electronic record on the stipulated expiry date and/or the last day of the period of time after the date of shipment for presentation, as the case may be, the Bank will be deemed to be closed and the date for presentation and/or the expiry date shall be extended to the first following banking day on which such Bank is able to receive an electronic record. If the only electronic record remaining to be presented is the notice of completeness, it may be given by telecommunications or by paper document and will be deemed timely, provided that it is sent before the bank is able to receive an electronic record.

f. An electronic record that cannot be authenticated is deemed not to have been presented.

3. 서류의 검토

1) hyperlink의 검토

eUCP에서의 서류검사 의무는 전자서류와 연관된 외부의 hyperlink의 내용까지 검사하는 것으로 확대되었다. 전자서류가 외부시스템에 대한 hyperlink를 포함하거나 전자서류가 외부시스템에 대한 참조에 의해서 검사될 수 있다는 것을 표기한 경우 hyperlink나 참조된 시스템에서의 전자서류는 검사되어야 하는 전자서류로 간주되어야 하고 그 표기된 시스템이 검사시에 요구된 전자서류에 대한 접속을 제공하지 못하는 것은 전자서류의 불일치로 간주한다.

지정은행의 전자서류제시는 전자서류의 명백한 진정성을 검사한 것으로 인정한다. 은행은 전자서류를 검사하는 데 있어서 전자서류에 포함되어 있는 hyperlink까지도 검사해야 한다. UCP에서는 은행은 수익자가 제시해야 하는 서류만을 가지고 신용장의 제조건과 일치하는가를 검사하는 것과는 달리, 전자서류의 경우 전자서류 자체뿐만 아니라 전자서류에 포함되어 있는 외부의 hyperlink의 내용까지도 신용장의 제조건과 일치하는지를 검사해야 하는 의무가 추가되었다. 즉, 이것은 전자서류뿐만 아니라 전자서류에 포함되어 있는 hyperlink의 내용까지도 신용장의 제 서류에 포함되게 되어 이와 같은 hyperlink의 내용이 신용장의 제 조건과 일치하지 않거나 hyperlink에 접속할 수 없는 경우에는 모든 서류상의 하자로 인정하여 서류인수를 거부할 수 있다고 규정하고 있다.

2) 전자서류의 서식

은행은 제시되어야 하는 전자서류의 서식을 명시해야 한다. 개설은행 또는 확인은행은 전자신용장에서 명시된 전자서식에 따라 발행된 전자서류를 검사해야 할 의무가 있으며 만약 이 전자서식이 명시되지 않은 경우에 제시된 전자서류의 서식대로 서류를 검사해야 하며 제시된 서식으로는 검사할 수 없는 경우라고 하더라도 서류인수를 거절할 사유가 되지 못한다.[15)]

Article e6: Examination

a. If an electronic record contains a hyperlink to an external system or presentation indicates that the electronic record may be examined by reference to an external system, the electronic record at the hyperlink or the referenced system shall be deemed to be the electronic record to be examined. The failure of the indicated system to provide access to the required electronic record at the time of examination shall constitute a discrepancy.

b. The forwarding of electronic records by a nominated bank pursuant to its nomination signifies that it has satisfied itself as to the apparent authenticity of electronic records.

c. The inability of the issuing bank, or confirming bank, if any, to examine an electronic record in a format required by the eUCP Credit or, if no format is required, to examine it in the format presented is not a basis for refusal.

---

15) 제6e조 c.

3) 서류인수의 거절

서류검토를 위한 기간은 수익자로부터 서류제시 완료통지를 받은 날로부터 다음 은행영업일에 시작되고 서류제시 또는 완료통지를 위한 기간이 연장되는 경우 서류검토기간은 제시가 이루어져야 하는 은행이 서류제시 완료통지를 받을 수 있는 첫 번째 은행영업일에 시작된다.[16)]

서류인수를 거절한 은행은 서류인수의 거절을 통보받은 당사자로부터 서류인수의 거절을 통보한지 30일(30 calenda days)이 지난 후에도 당해 서류의 처분에 대한 통지가 없는 경우에 은행은 아무런 책임 없이 당해 전자서류를 임의대로 처분할 수 있다.[17)] 이 조항은 UCP와 매우 다른 것으로 UCP 제14조 d항 ii에서는 은행이 서류의 인수를 거절하는 경우에 이를 서류제시자에게 통보하고 해당 당사자로부터 당해 서류의 처분에 대한 지시를 기다려야 한다는 내용을 규정하고 있지만 일정한 기간을 정한 후에 이러한 기간이 지난 후에 은행이 아무런 책임 없이 서류를 임의대로 처분할 수 있다는 내용은 규정하고 있지 않다. 이것은 수익자가 제시한 서류가 은행의 전자시스템에서 일정량의 용량을 차지하게 되기 때문에 많은 전자신용장과 전자서류를 취급하는 은행의 입장에서 과다한 전자서류를 자신의 전산시스템에 보관하고 있는 것은 은행의 전산시스템에 과부하를 줄 수 있다는 우려에서 동 조항이 만들어진 것으로 볼 수 있다.

Article e7: Notice of Refusal

a. i. The time period for the examination of documents commences on the banking day following the banking day on which the beneficiary's notice of completeness is received.

ii. If the time for presentation of documents or the notice of completeness is extended, the time for the examination of documents commences on the first following banking day on which such the bank is able to receive the notice of completeness.

16) 제e7조 a.
17) 제e7조 b.

b. If an issuing bank, the confirming bank, if any, or a nominated bank acting on its nomination, provides a notice of refusal of a presentation which includes electronic records and does not receive instructions from the party to which notice of refusal is given within 30 calendar days from the date the notice of refusal is given for the disposition of the electronic records, the bank shall return any paper documents not preciously returned to the presenter but may dispose of the electronic records in any manner deemed appropriate without any responsibility.

4) 원본과 사본

eUCP에서는 전자신용장에 원본과 사본을 모두 복본으로 제시하도록 명시되어 있더라도 하나의 전자서류원본만을 제시하면 된다고 규정하고 있다.[18] 종이서류로 신용장 거래가 이루어지는 경우에는 원본서류와 사본서류를 명확하게 구분하고 원본 또는 사본을 복본으로 요구하는 경우에는 신용장의 조건에 일치하게 원본 또는 사본의 통수를 제시해야 한다. UCP 제17조 e항에서 복본의 서류를 요구하고 있는 신용장의 경우에는 원본 1부와 나머지를 사본으로 제시함으로써 충족된다고 규정하고 있다. 즉, 규정된 수 만큼의 복본을 제시해야 신용장의 조건을 충족하게 되지만 eUCP하에서는 비록 복본의 서류를 요구하고 있다고 하더라도 한통의 전자서류 원본만을 제시하면 신용장의 제 조건을 충족시킨다고 규정하고 있다.

이는 eUCP상에서 전자서류로 서류거래가 이루어지는 경우라면 원본과 사본의 구별을 하지 않고 동일하게 취급한다는 것을 추정할 수 있다. UCP 제17조 b항과 c항에서는 원본서류와 사본서류를 규정하고 있지 않고, 또한 원본과 사본의 구별이 없음을 볼 때 원본 전자서류가 사본 전자서류의 역할까지도 겸하고 있다고 볼 것이다. 이는 전자서류의 특성상 전자서류의 복사가 용이하다는 점을 감안하여 원본이 사본까지 대체할 수 있다고 규정한 것처럼 보인다.

18) 제e8조.

Article e8: Originals and Copies

Any requirement of the UCP or an eUCP Credit for presentation of one or more originals or copies of an electronic record is satisfied by the presentation of one electronic record.

5) 서류발행일과 선적일

전자서류에 있어서 전자서류에 당해 서류의 발행일이 명시되어 있지 않은 경우에는 전자서류의 발송일을 전자서류의 발행일로 간주하며 수취일자는 다른 일자가 명시되지 않은 경우 서류의 발송일로 한다고 규정하고 있다.[19]

Article e9: Date of Issuance

Unless an electronic record contains a specific date of issuance, the date on which it appears to have been sent by the issuer is deemed to be the date of issuance. The date of receipt will be deemed to be the date it was sent if no other date is apparent.

운송을 입증하는 전자운송서류에 선적 또는 적송일자가 명시되지 않은 경우 전자서류의 발행일을 선적 또는 적송일로 간주한다고 규정하고 있다.[20] 또한 전자서류에 별도의 선적 또는 적송일자를 증명하는 부기일자가 있는 경우 이러한 부기일자가 선적 또는 적송일로 간주하며 부기일자에 추가 기재된 내용은 별도로 서명이나 확인이 필요 없다고 규정하였다. 여기서 부기된 일자는 수취식 선하증권의 경우에는 반드시 화물이 실제로 본선에 적재된 날짜를 부기하고 이렇게 부기된 일자를 선적일로 간주하도록 규정하고 있는데 이와 같은 규정을 전자운송서류에도 동일하게 적용하고 있는 것으로 보인다.

19) 제e9조.

20) 제e10조.

Article e10: Transport

If an electronic record evidencing transport does not indicate a date of shipment or dispatch, the date of issuance of the electronic record will be deemed to be the date of shipment or dispatch. However, if the electronic record bears a notation that evidences the date of shipment or dispatch, the date of the notation will be deemed to be the date of shipment or dispatch. A notation showing additional data content need not be separately signed or otherwise authenticated.

6) eUCP에 따라 전자서류제시를 위한 책임의 추가적인 면책

전자서류의 외견상 진정성을 검사함으로써 은행은 전자서류의 수취, 진정성 그리고 확인을 위해 상업적으로 수용할 수 있는 자료처리를 사용함으로써 수취한 전자서류에 명확히 명시된 경우를 제외하고 발송자의 신원, 정보의 출처, 그 완전성과 무변조성에 대한 책임을 부담하지 않는다고 규정하고 있다.[21]

4. 전자서류의 훼손

이 조항은 UCP에서는 없는 조항으로 제시된 전자서류가 훼손된 경우에 은행이 취할 조치에 대해서 규정한 내용이다.

1) 전자서류 재제시의 요구

개설은행이나 확인은행 또는 다른 지정된 은행이 제시된 전자서류가 훼손된 경우에는 해당은행은 서류제시자에게 당해 전자서류의 재제시를 요구할 수 있다(may request)고 규정하고 있다.[22]

21) 제e12조.

22) 제e12조 a.

2) 서류 재제시시 서류검사기일의 연장

eUCP 제12조 a항에 의해 은행이 재제시를 요구한 경우에는 서류검사기일의 시작일이 서류가 다시 제시된 일자가 된다. 이러한 경우 확인은행이 아닌 지정은행(Nominated Bank)인 경우에는 반드시 이러한 사실을 개설은행과 확인은행(확인은행이 있는 경우)에 통지해야한다. 또한 서류의 재제시를 요구하였으나 당해 서류가 30일(30 calenda days)이 지나도 재제시되지 않는 경우에는 서류제시가 이루어지지 않은 것으로 간주된다. 어떠한 경우에는 제 마감일 등은 연장되지 않는다.

UCP 제14조 a항에서는 은행의 서류검사기일을 5영업일로 제한하고 있으며, 동기일 내에 은행은 서류검사를 완료해야 하며 5영업일 이내에 서류인수 혹은 서류인수 거절의 통지를 완료해야 한다. 그런데 UCP상에서는 수익자가 제시된 서류가 은행에 접수된 다음날로부터 서류검사일자가 시작되며 서류의 훼손의 사유로 은행의 서류검사를 중지하고 다시 제시를 요구할 수 없으며, 이런 경우에는 당연히 서류상의 하자로 인정하여 은행은 당해 서류제시자에게 서류인수를 거절할 수 있을 것이다.

그러나 eUCP 제11조에 의하면 만일 제시된 전자서류가 훼손된 경우에는 은행은 당해 전자서류를 다시 제시하도록 요청할 수 있으며, 만일 재제시를 요청한 경우에는 은행의 서류검사는 중지되고 서류제시가 다시 완료된 시점에서부터 서류검사는 다시 시작된다. 그러나 어떠한 경우에도 신용장의 조건을 변경하지 않는 이상 신용장과 관련된 서류의 제시기일이 연장되는 것은 아니다.

Article e11: Corruption of an Electronic Record after Presentation

a. If an electronic record that has been received by the issuing bank, confirming bank or another nominated bank appears to have been corrupted, the bank may inform the presenter and may request that the electronic record be re-presented.

b. If the bank requests that an electronic record be represented:

i. the time for examination is suspended and resumes when the presenter re-presents the electronic record; and

ii. if the nominated bank is not the confirming Bank, it must provide the issuing bank and any confirming bank with notice of the request for re-presentation and inform it of the suspension; but

iii. if the same electronic record is not re-presented within thirty (30) calendar days, the bank may treat the electronic record as not presented, and

iv. any deadlines are not extended.

Article e12: Additional Disclaimer of Liability for Presentation of Electronic Records under eUCP

By satisfying itself as to the apparent authenticity of an electronic record, Banks assume no liability for the identity of the sender, source of the information, or its complete and unaltered character other than that which is apparent in the electronic record received by the use of a commercially acceptable data process for the receipt, authentication, and identification of electronic records.

제 2 절 eUCP의 문제점과 보완사항

1. 종이서류의 전자화에 따른 문제점

신용장거래는 상품이나 용역 또는 의무이행의 거래가 아니라 서류상의 거래이다. 즉 거래의 목적이 상품이나 용역 또는 의무이행이 아니라 서류인 것이다. 신용장거래의 당사자인 수출상, 수입상, 개설은행, 확인은행(있을 경우) 등은 서류만을 근거로 수출대금의 지급 여부를 결정할 수 있으며 거래 상품이나 용역 또는 의무이행을 근거로 수출대금지급을 결정할 수 없다. 이와 같이 신용장거래에서 중요한 역할을 하고 있는 서류는 국제적으로 정형화되거나 신용장거래에 참여한 은행이 임의로 만드는 것이 아니라 수출상과 수입상이 수출입매매계약에서 합의함으로써 만들어지기 때문에 이러한 다양한 서류를 전자화시키는 데 많은 어려움이 예상된다. 신용장거래에서 필수서류에 속하는 환어음, 선하증권, 상업송장, 포장명세서, 원산지증명서 등은 전자화가 가능하지만 수출입상의 합의와 제품별, 지역별 상관습이 상이함으로써 발생하는 선박회사의 증명서, 선적증명서, 선장이 발행한 증명서, 수출상의 증명서 등은 전자화가 불가능하다. 전자신용장이 활성화되기 위해서는 업종별, 지역별 상관습에 맞게 전자서류를 정형화시키는 방안을 강구해야 된다. 신용장거래에서 사용되고 있는 서류를 전자식으로 구성하여 수출입상이 이러한 전자식서류를 선택하여 사용할 수 있도록 해야 된다.

2. 선하증권의 전자화에 따른 문제점

1) 유통성의 문제

신용장이란 무역거래의 대금지불과 상품수입을 원활히 하기 위하여 수입상의 요청과 지시에 따라 수입상의 거래은행이 수출상 또는 그의 지시인으로 하여금 일정기간 및 일정조건 아래 선적서류를 담보로 하여 개설은행 또는 개설은행이 지정하는 제3의 은행을 지급인으로 하는 화환어음을 발행하도록 하여 이 어음이 제시될 때에는 지급, 인수 또는 매입할 것을 어음발행인(수출상) 또는 어음수취인(어음 매입은행)에 대해서 약정하는 증서이다. 여기서 중요한 선적서류는 선하증권이다. 선하증권은 선주와 화주간의 운송계약에 의해 선주가 발행하는 일종의 유가증권으로서 선주가 화주로부터 화물운송을 위탁받은 사실과 화물을 목적지까지 운송하여 이를 선하증권의 소지자에게 인도할 것을 약속하는 증권이다. 이와 같이 선하증권은 화물에 대한 권리를 주장할 수 있는 권리증권의 특성을 갖고 있기 때문에 신용장거래에서 필수운송서류로 사용되고 있다. 화물을 대표하는 유가증권으로서 배서 또는 인도에 의해 소유권이 이전되는 유통증권의 특성을 갖고 있기 때문에 수출상은 신용장에서 명시된 제반 서류를 매입은행에게 매입을 의뢰하고 매입은행은 제시된 서류를 검토한 후 수출상에게 매입대금을 지급하면 화물에 대한 소유권은 수출상이 선하증권을 배서함으로써 매입은행에게 이전되고 매입은행이 동 서류를 개설은행에 송부하고 개설은행이 송부된 서류를 검토한 후 수출대금을 매입은행에게 송금하면 화물에 대한 소유권은 개설은행에게 이전된다. 또한 개설은행이 동 서류를 수입상에게 송부하고 수입상이 수입대금을 개설은행에게 지급하고 동 서류를 인수하면 화물에 소유권은 수입상에게 양도된다.

선하증권은 통상 3통의 원본이 발행되어 3통 전부 개설은행에게 송부되도록 되어 있다. 따라서 신용장거래의 당사자인 매입은행, 개설은행, 확인은행, 개설의뢰인은 제시된 서류가 신용장의 제 조건과 일치하지 않기 때문에 서류를 인수할 수 없을 경우 반드시 동 서류를 송부인에게 반환해야 한다. 즉 서류인수를 하지 않을 경우 화물의 소유권은 송부인에게 있다. 개설의뢰인이 제시된 서류가 신용장의 제 조건과 일치하지 않기 때문에 서류인수를 거부하면 동 선적서류는 반드시 수출상에게 반환되어야 하며 동 선적서류를 반환하지 못하는 경우에 개설의뢰인은 수출대금지급에 전적으로 책임을 부담해야 한다.

따라서 이와 같이 상징적인 기능을 갖고 있는 서류거래방식을 전자식으로 전환하여 전자서류로 대체시키는 데는 유통성의 문제가 발생하여 선하증권이 갖고 있는 유통증권의 특성이 전자신용장거래에서는 발휘되지 못하게 될 것이다.

2) 전자선하증권의 유통성의 한계

선하증권이 전자식으로 발행됨에 따른 유통성 문제를 해결하기 위한 많은 연구들이 있었다.[23] 국제해사위원회는 선하증권을 전자화시킴에 따른 유통성의 문제를 해결하기 위해서 개인키(private key)개념을 도입하였다. 즉 송하인 또는 개인키의 유효한 소지인이 운송인에게 지시하여 상품에 대한 인도청구권과 운송상태에 있는 상품에 대한 판매권을 행사할 수 있게 함으로써 유통가능한 선하증권의 기능을 부여하고자 한 것이다. 이러한 개인키에 의한 전자선하증권의 이전은 반드시 운송인을 통하여 이행된다는 측면에

23) 국제해사위원회(Committee Maritime International; CMI)는 1990년 6월 전자식 선하증권에 관한 CMI규칙(CMI Rules for Electronics Bill of Lading)을 채택하였다.

서 발행된 후에는 운송인의 개입 없이 유통되는 서류선하증권과는 상이하게 다르다. 수출입매매계약의 당사자는 수출상과 수입상이며 이러한 매매계약을 이행하기 위해서 존재하는 것이 운송계약이다. 개인키에 의한 전자선하증권의 이전은 수출입매매계약에서 매매계약의 당사자인 수출상과 수입상보다 제3자인 운송인이 수출입매매계약에서 핵심적인 역할을 한다는 점이다.

수출입매매계약의 당사자는 수출상과 수입상인데 개인키로 전자선하증권의 이전을 이행하면 운송인이 매매계약의 핵심적인 역할을 수행하는 당사자로 되어 수출입매매계약의 이행에 따른 책임과 의무를 부담하게 되는 문제점을 안고 있다. 또한 전자신용장거래에서의 관련 은행이 개인키 방식을 수용하면 개인키의 취득으로 상품에 대한 담보의 문제를 해결할 수 있으므로 관련 은행이 전자선하증권을 수용하는 데 어려움이 없는 것처럼 보이지만 실제 운영에 있어서는 개인키의 보안문제, 안정성 확보문제가 해결되지 않으면 관련 은행은 이러한 개인키를 수용하지 않을 것이다.

3. eUCP의 보완사항

1) 서류심사에 관한 보완사항

(1) 서류심사기간

신용장거래의 당사자들은 상당한 기간(reasonable) 내에 제시된 서류를 인수할 것인지 아니면 거부할 것인지 결정을 해야 한다. 여기서 상당한 기간이 얼마나 되는지 논란이 끈임 없이 발생하여 제6차 개정에서 상당한 기간은 5은행영업일을 의미하는 것으로 규정하였다. 따라서 매입은행, 개설은행 및 확인은행, 개설의뢰인의 서류심사기간은 서류를 접수한 다음날을 기산일로 하여 5은행엽업일 이내에 서류인수 여부를 결정해야 하며 5은행영업일에 은행공휴일은 포함되지 않는 것으로 보고 있다.

A nominated bank acting on its nomination, a confirming bank, if any, and the issuing bank shall each have a maximum of five banking days following the day of presentation to determine if a presentation is complying. This period does not depend on any upcoming expiry date or last day for presentation.

eUCP규칙 제11조에서 제시된 전자서류가 훼손된 경우에는 은행은 당해 전자서류를 다시 제시하도록 요청할 수 있으며 만일 재제시를 요청한 경우에는 은행의 서류검사는 중지되고 서류제시가 다시 완료된 시점에서부터 서류검사는 다시 시작된다고 규정하였다. 전자서류가 다시 제시되면 이전의 서류검사기간은 다시 제시된 서류를 검토하는 기간에 포함되어 재제시된 서류의 검토기일은 이전의 서류검토기간이 제외된 기간이 서류검토기일인지 아니면 처음부터 서류검토기일이 시작되는지 분명하지 않다.

이와 같이 본 전자신용장통일규칙에서는 서류검사기간에 대해서 명확하게 정의를 내리지 않았기 때문에 UCP 600의 제14조 b항이 전자신용장 거래에서의 서류검사기간에 적용되는 것으로 볼 때 서류검토기간이 너무 길다는 점을 지적하지 않을 수 없다. 수출입매매계약의 당사자들이 전자신용장을 이용하는 주된 목적은 신용장거래에서 발생되는 비용과 업무를 단축시켜 수출입거래를 신속하게 처리하고자 함에 있다. 따라서 전자신용장거래에서 전자신용장거래의 당사자인 매입은행, 개설은행, 확인은행, 개설의뢰인이 수익자가 전자방식으로 제시한 전자서류를 신속하게 검사하여 동 전자서류를 인수할 것인지 아니면 거부할 것인지 빨리 결정해야 전자무역거래가 신속하게 진행될 수 있다.

또한 전자신용장에서 명시한 제반서류가 전자식으로 제시되기 때문에 서류심사작업의 자동화가 가능하다. 즉 제반서류가 전자식으로 제시됨으로서 제시된 서류가 신용장에 명시된 요건을 충족시키는지, 제시된 서류가 서로 상호간에 일치되는지에 대한 검사를 자동 점검할 수 있는 프로그램으로 검사하기 때문에 서류심사기간을 단축시킬 수 있다. 전자신용장 거래에서의 전자문서 심사기간을 종이서류 검사기간인 5은행영업일보다 단축된 기간을 명시할 필요가 있다.

(2) 전자서류의 검사범위와 심사기준

eUCP에서의 서류검사 의무는 전자서류와 연관된 외부의 hyperlink의 내용까지 검사하는 것으로 확대되었다. 전자서류가 외부시스템에 대한 hyperlink를 포함하거나 전자서류가 외부시스템에 대한 참조에 의해서 검사될 수 있다는 것을 표기한 경우 hyperlink나 참조된 시스템에서의 전자서류는 건사되어야 하는 전자서류로 간주되어야 하고 그 표기된 시스템이 검사기에 요구된 전자서류에 대한 접속을 제공하지 못하는 것은 전자서류의 불일치로 간주한다.

은행은 전자서류를 검토하는 데 있어서 전자서류 내에 포함되어 있는 하이퍼링크(hyperlink)까지도 검토해야 한다. UCP에서는 은행은 수익자가 제출한 서류만을 갖고 신용장의 제 조건과 일치하는가를 검토하는 것과는 달리 전자서류의 경우 전자서류 자체뿐만 아니라 전자서류에 포함되어 있는 외부의 하이퍼링크의 내용까지도 신용장의 제조건과 일치하는지를 검토해야 하는 의무가 추가되었다. 즉 이것은 전자서류뿐만 아니라 전자서류에 포함되어 있는 하이퍼링크의 내용까지도 신용장에서 요구한 서류에 포함되어 이와 같은 하이퍼링크의 내용이 신용장의 제 조건과 일치하지 않거나 하이퍼링크에 접속할 수 없는 경우에는 모두 서류상의 하자로 인정하여 서류인수를 거부할 수 있다고 규정하였고 동 규정은 UCP에는 없는 조항으로 전자서류의 제출과 관련된 내용을 규정하면서 새로이 생겨난 조항이다.

신용장거래는 상품의 거래가 아니라 서류상의 거래이다. 따라서 신용장거래의 당사자들은 제시된 서류가 신용장의 제조건과 일치하는지 상당한 주의를 기울여 검사해야 한다. 제시된 서류가 문면상 신용장의 제조건과 일치하는지 심사기준에는 엄격일치주의(strict compliance)와 실질적 일치주의(substantial compliance)가 있으나 구체적으로 어느 범위까지를 의미하는지 그 기준이 명확하게 제시되지 못하였기 때문에 이러한 모호한 점을 해소하기 위하여 제 6 차 개정에서는 신용장의 조건, 적용가능한 본 규칙의 조항과 국제표준은행관행(international standard banking practice)을 서류심사기준으로 따라야 하도록 규정하였다. 제시된 서류가 상호 일치하지 않으면 결국 신용장조건대로 제시되지 않은 것으로 간주하도록 되어 있다. 엄격일치주의는 제시된 서류가 신용장에서 명시된 내용과 자구 하나까지도 정확히 일치해야 된다는 것이고 반면에 실질적 일치주의는 제시된 서류가 신용장에서 요구한 내용과 표기는 다르지만 제시된 서류 상호간에 모순이 없고 기재된 내용들이 전체적으로 신용장의 제 조건을 충족시키고 있으면 일단 정당한 서류로 보고 신용장거래의 당사자들은 서류를 인수해야 한다는 것을 의미하는 것으로 심사은행의 재량권을 인정하고 있다.

신용장통일규칙은 엄격일치주의를 반영하여[24] 제출된 서류가 개별로는

24) UCP 제37조 C항.

신용장 내용과 일치하나 서류 상호간에 모순이 있으면 이것은 신용장의 조건에 부합되지 않은 것으로 간주하여 은행이 이러한 서류의 인수를 거절할 수 있다. 은행은 신용장에서 요구한 서류들만 심사하면 되고 신용장에서 요구하지 않은 서류가 제시되면 이러한 서류를 심사하지 않고 수익자에게 돌려주거나 책임 없이 타 은행으로 발송하여 신용장에서 명시된 서류와 명시되지 않은 서류간의 불일치에 대한 문제에 대해서 무시하기로 하였다.

eUCP규칙에서는 전자서류 심사기준에 대해서 정확하게 명시되어 있지 않지만 UCP조항에 구현되어 있는 엄격일치주의를 적용하여 서류를 심사해야 한다. 전자신용장거래에서 가장 중요한 비중을 차지하고 있는 것은 전자서류이며 이 모든 전자서류가 전자방식으로 작성되고 정보통신망을 통해서 송부되기 때문에 정확한 서류작성이 가능하고 제시된 서류를 표준화된 전자메시지를 통해 서류상의 차이와 사기서류를 쉽게 발견할 수 있기 때문에 전자신용장거래 당사자들의 서류검사 의무와 책임을 상당히 강화시켜야 한다. 따라서 전자신용장거래의 당사자들은 엄격일치주의에 따라 제시된 서류를 심사해야 되며 심사은행에게 서류심의 재량권을 인정해서는 안 된다.

2) 규정상의 보완사항

(1) 전자신용장의 형식

eUCP는 UCP를 보충하는 규정으로써 신용장거래에 있어 서류제시 등에 관해 전자서류를 사용하는 경우 이에 대한 내용을 규정하고 있는 것으로 신용장거래에서 전자서류를 이용하여 전자서류를 이용하여 전자서류를 제시하는 경우에 적용되며 동 규칙은 주로 전자서류의 제시와 검토, 전자서류인수의 거절사유에 관련된 내용을 규정하고 있다.

신용장의 형식은 국제적으로 통일된 양식이 없기 때문에 서로 다른 양식으로 만들어진 신용장이 사용되어 왔다. 이러한 신용장은 신용장의 개설은행의 거래관습에 따라 다양하게 발행되었으나 전자신용장거래에서는 전자신용장을 국제적으로 규격화시켜 동일한 신용장을 사용할 수 있도록 전자신용장통일규칙에서 전자신용장의 형식을 제시해야 한다. 전자신용장의 형식이 국제적으로 규격화됨에 따라 전자신용장의 내용을 자동으로 검사할 수 있는 검사프로그램의 도입이 가능하다. 따라서 전자신용장통일규칙에서는 신용장 자체가 국제적으로 규격화된 전자서류의 형식을 이용하여 발행될 수 있도록 하는 내용에 관한 규정이 전혀 없기 때문에 이에 대한 보완이 이루어져야 한다.

(2) eUCP 제 4 조

eUCP 제 4 조에서 전자신용장은 전자서류가 제시된 전자서식을 명시해야 한다고 규정하였다.[25] 여기서 "must specify"는 강제규정으로서 반드시 이행해야 된다고 보아야 한다. 그러나 전자서류의 전자서식이 명시되지 않으면 어떠한 전자서식으로도 제시될 수 있다고 규정되어[26] eUCP 제 4 조에서는 상호 모순되는 규정이 포함되어 있는 것처럼 보인다. "may be presented는 강제규정이 아니라 선택사항으로 해석되어야 한다. 따라서 "must specify"와 may be presented는 상호 모순된 내용으로 볼 수 있다.

(3) eUCP 제11조 a항

개설은행, 확인은행 또는 다른 지정은행이 접수한 전자서류가 훼손된 것으로 나타났을 경우 해당은행은 서류제시 자에게 전자서의 훼손을 알릴 수 있고 전자문서의 재제시를 요구할 수 있다고 규정하였다.[27] "may inform, may request"는 은행의 강제규정이 아니라 은행의 선택사항으로 볼 수 있다. 따라서 제시된 서류가 훼손되었다면 은행은 반드시 재제시를 반드시 요구해야 된다고 "must inform, must request"로 규정하고 있지 않아서 제시된 서류가 훼손되었을 경우 은행이 재제시를 요구하지 않았다면 이것은 누가 책임을 부담해야 되는지 명확하지 않다. 따라서 관련은행들이 조금만 주의를 기울이면 이러한 전자서류상의 하자를 쉽게 찾을 수 있기 때문에 전자서류의 훼손을 수출상에게 통지하게 함으로써 전자수출거래를 활성화시킬 수 있도록 규정을 보다 명확하게 정의할 필요가 있다. 또한 전자서류훼손의 범위를 정확하게 명시하여야 한다.

(4) eUCP 제11조 b항

전자서류가 훼손된 경우 동 서류가 30일 이내에 동일한 전자서류가 재

25) An eUCP Credit must specify the formats in which electronic records are to be presented.
26) If the format of the electronic record is not so specified, it may be presented in any format.
27) If an electronic record that has been received by the Issuing Bank, Confirming Bank, or another Nominated Bank appears to have been corrupted, the Bank may inform the presenter and may request that the electronic record be re-presented.

제시되지 않을 경우 은행은 전자서류가 제시되지 않은 것으로 처리하고 어떠한 최종기일도 연장되지 않는다고 규정하였다.[28] 본 조항에 의하면 은행의 서류검사기간은 서류제시가 다시 완료된 기일에 시작되지만 어떠한 최종기한은 연장되지 않는다고 명시하여 은행의 서류검사기간을 산정하는 기산일을 명시하였다. 신용장의 유효기일과 서류제시기일은 연장되지 않기 때문에 훼손된 서류는 반드시 신용장의 유효기일과 서류제시기일 내에 재 제시되어야 되며 동 기일 내에 제시된 서류를 은행이 검사할 경우 은행의 서류검사기간은 재제시된 서류를 접수한 날부터 서류검사기간은 시작된다는 것이다. 즉 신용장의 유효기일과 서류제시기일 내에 훼손된 서류가 전자신용장에 명시된 제시장소에 재제시되어야만 은행의 서류검토기일이 연장된다. 이러한 동 규정에 비추어 볼 때 서류의 재제시기간을 30일로 규정한 것은 불합리한 규정으로 볼 수 있다. 신용장의 유효기일과 서류제시기일이 경과한 후에 제시된 서류는 은행은 검토할 의무가 없으며 동 기일을 경과하여 제시된 서류는 신용장거래에서 무효로 간주한다. 즉 은행은 신용장유효기일과 서류제시기일 내에 제시된 서류에 대해서 검토할 의무가 있다. 따라서 30일로 규정된 서류의 재제시기간을 신용장유효기일과 서류제시기일로 변경해야 한다.

28) If the same electronic record is not re presented within thirty(30) calender days, the Bank may treat the electronic record as not presented, and. iv. any deadlines are not extended.

제 3 부

신용장실무론

제 1 장

신용장의 형식

수입상이 자기 거래은행에 신용장 개설신청서와 수입거래약정서를 체결하면 개설은행은 수출상을 수익자로 된 취소불능신용장을 개설하게 된다. 수출상은 신용장이 매매계약서에서 명시된 내용과 일치하는지 신용장내용이 조건부신용장인지 검토하여 신용장을 인수하게 된다. 본 장에서는 신용장 개설신청서와 신용장 수취시 유의사항, 신용장 구조분석을 토대로 구성하였다.

제 1 절 신용장의 개설

수입상은 수출입매매계약에서 대금지급방법을 신용장으로 하기로 약정한 경우 약정된 기간 내에 약정된 신용장을 수출상 앞으로 개설해야 한다. 수입상은 통상 자기 주거래 은행에 신용장의 개설을 신청하게 된다. 신용장 개설신청서를 받은 은행은 신용장 개설신청서에 기재된 것과 일치하게 신용장을 발행해야 한다. 개설은행은 신용장을 임의로 발행하는 것이 아니고 반드시 수입상의 지시와 요청에 따라 신용장을 발행한다. 발행된 신용장이 수입상의 지시와 요청에 반한 경우 모든 책임은 개설은행에게 있다. 따라서 신용장 개설신청서는 개설은행이 수입상의 지시와 요청을 잘 준수하였는지의 근거자료가 된다. 또한 신용장 개설신청서의 기재사항은 매매계약서에서 약정한 내용과 동일해야 한다. 왜냐하면 수출입매매계약서에서 수출입상이 약정한 내용과 다른 신용장이 개설될 수 있기 때문이다.

신용장 개설신청서에 기재할 사항은 다음과 같다.

첫째, 신용장 자체에 대한 기재사항으로 신용장 통지방법, 신용장의 양도가능여부, 신용장번호 및 신용장 발행일자, 신용장 유효기일 및 장소, 신용장금액, 과부족 허용여부, 통지은행, 수입승인서 번호, 결제은행, 신용장 개설의뢰인, 수익자 등이 있다.

둘째, 화환어음에 대한 기재사항은 대금결재방법, 화환어음 지급인, 기한부 신용장의 경우 여신부담자, 신용장번호와 개설일자, 개설은행 등이 있다.

셋째, 운송에 대한 기재사항은 분할 및 환적의 허용여부, 선적항과 양하항, 선적기일, 선박의 지정 등이 있다.

넷째, 서류에 대한 기재사항은 상업송장 제출통수, 선하증권 발행통수와 선하증권의 종류, 운임선불 또는 후불표기, 목적항에서 수입상품 도착통지서 표기, 포장명세서 발행통수, 보험증권과 보험부보조건, 보험가액 표기 등이 있다.

다섯째, 상품명세서, H/S표기, 수량, 단위당 가격, 금액, 가격조건, 원산지 등이 있다.

여섯째, 특별지시사항으로 신용장 확인여부, 확인수수료를 누가 부담할 것인지, 수입지역 외에서 발생하는 모든 비용의 부담여부, 서류제시기일, 상환조건, 신용장 통일규칙 준거문언 등이 있다.

신용장 개설신청서는 신청인용 원본, 본부용, 고객용, 지급보증용, 본점용으로 작성해야 한다.

1. 수입거래약정서

은행은 수입거래신청을 받을 때 수입거래에 따른 모든 사항을 규제하는 약정서를 요구하게 되는데 이를 수입거래약정서라고 하며 신용장방식은 물론 무신용장방식의 수입거래 등 모든 수입거래에 적용되는 은행과 수입상 사이의 수입거래에 따른 계약서를 말한다. 이는 수입거래에 수반하는 여러 가지 비용과 위험부담을 포괄적으로 커버하기 위하여 은행이 수입상으로부터 징구하는 계약서로 수입거래에 따르는 모든 채무와 제비용은 수입상의 부담임을 명시하고 있으며, 그 신용장에 의하여 발행되는 환어음이 결제될 때까지 관계 수입상품은 개설은행의 담보로써 소유권이 개설은행에 있음을 규정하고 있다.

수입거래약정서를 제출하는 방법에는 매 거래시마다 개별적으로 제출하는 방법과 최초 거래시 한번만 포괄적으로 제출하는 방법이 있는데, 우리나라에서는 1987년 8월부터 최초거래시에 포괄적으로 제출하는 방법으로 운영되고 있다.

수 입
인 지

수입거래약정서

담 당	대 리	차 장	부점장

20 년 월 일

주식회사 한국외환은행 ㊞

수 입 자 ㊞

주 소

은행여신거래 기본약관을 수령하였으며 중요한 내용에 대하여 설명을 들었음.	㊞

인감대조

위 수입자(이하 "수입자"라 함)와 위 은행(이하 "은행"이라 함)은 제1조 각 호에 정한 거래를 함에 있어서 은행여신거래 기본약관이 적용됨을 확인하고 다음 각 조항에 따르기로 한다.

제1조 적용범위

이 약정서는 다음 각 호의 현재 및 장래의 모든 거래에 적용하기로 한다.

① 화환신용장에 의한 수입거래

② 무신용장 방식에 의한 수입거래

③ 무화환신용장에 의한 거래

④ 전 각 호에 따른 무어음 거래

⑤ 기타 전 각 호에 준하는 거래

제2조 신용장의 발행, 통지 및 환거래은행 등의 선정

① 은행은 수입자가 제출하는 신용장 발행신청서(조건변경신청서 포함) 등의 기재사항에 따라 신용장을 발행(재발행 의뢰 포함), 통지한다. 다만 은행이 부득이 하다고 인정하는 경우에는 수입자의 동의를 얻어 신청서 등의 기재사항을 변경할 수 있다.

② 수입자가 환거래은행 등(통지은행, 매입은행, 지급은행, 인수은행, 확인은행, 상환은행, 기타 관련은행을 말한다. 이하 같음)을 지정하지 않은 경우는 은행이 선정하기로 하며 수입자가 환거래은행 등을 지정하였음에도 불구하고 은행이 부득이하다고 인정하는 경우에는 수입자에게 통지후 은행은 환거래은행 등을 달리 정할 수 있다.

③ 제1항의 통지를 함에 있어서 은행은 통지방법을 선택할 수 있고 통상어, 부호, 암호 등을 사용할 수 있으며 발신, 통신과정 또는 착신후 발생하는 멸실, 분실, 훼손, 지연, 오류, 누락 등으로 말미암은 손해는 은행의 고의 또는 중대한 과실이 없는 한 수입자가 부담한다.

제3조 담 보

① 수입자는 선적서류(운송서류, 보험서류, 상업송장 및 기타 서류를 포함한다. 이하 같음) 및 수입상품(선적서류에 표시된 상품을 말한다. 이하 같음)을 수입환어음(수입상품대금, 기타 대금 지급에 관한 환어음, 청구서 또는 이들과 동종의 서류를 말한다. 이하 같음) 또는 선적서류의 원금 또는 이의 결제를 위한 대출금 및 이들에 부수하는 이자, 수입과 관련한 비용, 지

연배상금, 기타 은행에 대한 지급채무의 이행을 위한 담보로서 은행에 양도한다. 수입상품대도의 경우에도 또한 같다.

② 수입상품이 멸실, 훼손, 변질, 분실, 감가되거나 그러한 위험이 있다고 인정될 경우 또는 은행의 채권보전상 필요하다고 인정되는 상당한 사유가 있는 때는 수입자는 은행의 청구에 따라 곧 은행이 인정하는 담보나 추가담보를 제공하고 또는 보증인을 세우거나 이를 추가하기로 한다.

③ 은행은 제 1 항 내지 제 2 항의 담보권을 실행하는 경우 그 대금을 수입자의 은행에 대한 현재 또는 장래의 모든 채무의 상환에 충당할 수 있다.

제 4 조 수입상품의 대도

① 수입자는 은행으로부터 수입상품을 대도받는 경우 이 대도상품을 입고, 운반, 출고, 가공, 매도 이외의 목적으로 사용하거나 제 3 자에 대한 담보제공을 할 수 없으며 또한 기타 은행의 권리를 해하는 행위도 할 수 없다.

② 수입자는 대도상품을 매도할 경우 금액, 상품의 인도, 대금의 영수방법 등에 관하여 미리 은행의 동의를 받는다.

③ 대도상품의 매도대금은 영수후 곧 지급한다. 매도대금을 어음, 기타 유가증권 등으로 받는 경우에는 이를 곧 은행에 양도한다.

제 5 조 수입환어음 또는 선적서류의 매입, 지급, 인수 등

은행 또는 환거래은행 등은 신용장조건에 따라 수입환어음 또는 선적서류의 매입, 지급, 인수 등의 업무를 처리한다. 다만 환거래은행 등의 소재지의 법령, 협약, 상관습이 다르거나 상당한 사유가 있는 경우에는 신용장조건에도 불구하고 적절한 조치를 취할 수 있다. 이 경우 그 조치한 사실을 곧 수입자에게 통지한다.

제 6 조 은행의 면책

① 은행 또는 환거래은행 등은 신용장조건에 따른 수입환어음 또는 선적서류의 매입, 지급, 인수 등을 함에 있어서 서류가 문면상 신용장조건과 일치하는지를 확인하기 위하여 상당한 주의를 가지고 모든 서류를 점검하여야 한다. 다만 은행 또는 환거래은행 등은 서류에 관한 다음 각 호에 대하여는 아무런 의무나 책임을 지지 아니한다.

1. 선적서류의 형식, 충분성, 정확성, 진정성, 위조, 변조 또는 법적 효력
2. 선적서류상에 표시되어 있는 상품의 명세, 수량, 중량, 품질, 상태, 포장, 인도, 가격 또는 실재 여부
3. 상품의 매도인, 송하인, 운송인, 보험자, 기타 관련자의 성실성, 작위 또는 부작위, 지급능력, 이행능력 및 신용상태 등

② 은행의 수입신용장 조건불일치에 관한 조회에 대하여 수입자의 회보가 은행의 관련규정이 정한 기간 내에 도착하지 않는 경우에는 수입환어음 또는 선적서류가 신용장조건과 불일치함에도 불구하고 은행은 수입환어음 또는 선적서류의 매입, 지급, 인수에 대한 동의 또는 거절여부를 결정할 수 있으며 이로 인한 모든 비용과 책임은 수입자가 부담한다.

제7조 수입환어음 등의 결제

수입자는 수입자, 은행 및 환거래은행 등 앞으로 발행되는 수입환어음 또는 선적서류에 대하여는 그 대금을 해당 외화 또는 은행이 고시한 결제일의 해당환율로 환산한 원화로 제8조에 정한 결제일에 결제한다.

제8조 결 제 일

수입자는 대금의 결제조건이 일람출급인 경우에는 수입환어음 또는 선적서류(차기통지서가 먼저 도착하는 경우에는 그 차기통지서) 도착후 은행의 관련규정이 정한 기일 이내에 기한부 출급인 경우에는 만기일에 결제한다.

제9조 선취보증신청에 따른 보증금 적립

수입자는 선적서류에 도착 전에 수입상품 선취보증서의 발급(항공상품 운송장 등의 배서인도 포함)을 신청할 때에는 은행이 고시한 실제입금일의 해당환율로 환산한 대금을 보증금으로 적립하여야 하며 수입환어음 또는 선적서류의 결제시 환율변동 등으로 동 보증금이 결제자금에 부족할 경우 그 부족금을 곧 추가입금한다. 다만 은행은 결제후 잔액이 있는 경우 수입자가 은행에 지급해야 할 특별한 사유가 없으면 수입자에게 반환한다.

제10조 신용장의 취소 및 조건변경

① 수익자는 신용장의 취소 또는 조건변경을 신청할 수 있다. 다만 그 효력은 신용장의 취소 또는 조건변경의 당사자(개설은행, 수익자, 확인신용장의 경우는 확인은행) 전원의 동의가 있어야 비로소 발생한다.

② 은행이 신용장 전액 또는 미사용 잔액을 취소할 경우 수입자의 동의를 얻어야 한다. 다만 상당한 사유가 있는 경우에는 사후통지로 갈음할 수 있다.

제11조 위험부담 등

수입자는 상품운송인 또는 그 이외의 자에 의하여 행하여지거나 천재지변, 기타 불가항력에 의한 상품운송의 정지, 지연 또는 상품의 미도착, 연착, 멸실, 훼손, 변질, 품목의 상이 등으로 발생하는 손해와 당해 상품에 관한 양륙, 통관, 입고, 보관, 보험 기타비용을 부담한다.

제12조 비용 등의 부담

① 수입자는 제11조 각 호의 거래에 따른 이자, 할인료, 지연배상금, 수수료, 우편료, 전신료, 기타 비용 및 은행 또는 환거래은행 등의 권리행사, 권리보전, 담보의 취득 및 처분에 소요되는 비용과 손해를 은행의 고의 또는 중대한 과실로 인한 것이 아닌 은행이 계산근거를 명시하여 청구하는 바에 따라 은행의 권리규정이 정한 기간 내에 지급한다. 다만 수입자가 은행의 계산방법 등에 관하여 이의를 제기하는 경우에는 은행은 이를 심사하여 그 결과를 통지한다.

② 수입자 이외의 자가 제1항의 이자, 할인료, 수수료, 비용 등을 부담하기로 되어 있는 경우에도 수입자의 비용으로 은행이 수입자 이외의 부담자에게 청구하였으나 입금되지 아니하여 수입자에게 청구한 때는 수입자가 이를 은행의 관리규정이 정한 기간 내에 지급한다. 다만 은행이 추후 수입자 이외의 부담자로부터 이를 지급받은 경우에는 반환한다.

③ 은행은 제1항, 제2항의 이자, 할인료, 지연배상금, 수수료, 비용 등의 요율, 계산방법 및 환율의 적용방법 등을 정하며 성질상 고시하기 어려운 것을 제외하고 이를 고시하기로 한다.

제13조 서류제출

수입자는 은행이 법령 등에 의한 상당한 사유로 본 약정에 따른 거래와 관련된 허가서, 추천서, 증명서, 신고서, 기타서류를 요청하는 경우 곧 제출한다.

제14조 적용기간

이 약정의 적용기간은 정하지 않기로 한다. 다만 부득이한 사유가 있는 경우 은행이나 수입자는 이 약정을 해지할 수 있으며 이 경우 해지 전에 이루어진 거래에는 이 약정이 계속 적용된다.

제15조 준용규정

수입자와 은행은 이 약정에 없는 사항에 대하여 따로 정함이 없는 한 국제상업회의소의 "신용장 통일규칙," "추심에 관한 통일규칙" 및 은행의 관련규정에 따르기로 한다. 다만 위 통일규칙과 은행의 관련규정이 서로 다른 경우에는 위 통일규칙에 따르기로 한다.

2. 신용장 개설신청서

1) 수출입승인서 해설

(1) 수출입의 의의

무역업 및 무역대리업의 신고제도가 폐지됨에 따라 무역업 고유번호를 부여받고자 하는 자는 우편, 팩시밀리, 전자메일, 전자문서교환방식(EDI) 등의 방법으로 한국무역협회 회장에게 신청하여야 하며 한국무역협회 회장은 접수 즉시 신청자에게 고유번호를 부여하여야 한다. 상품의 수출입은 한국무역협회에 무역업 고유번호를 신청하고 동 협회로부터 무역업 고유번호를 받은 경우 자유롭게 할 수 있다. 그러나 대외무역법에서 정하고 있는 특정한 상품의 경우에는 상품의 수출입에 대한 사전허가를 받은 후에 수출입을 할 수 있는데 이것을 수출입승인이라 한다. 즉 대외무역법상 수출입공고, 별도공고에 의해 수출입이 제한되는 상품을 수출입하고자 하는 경우에는 당해 상품을 관장하는 기관에서 수출입승인을 받아 수출입을 이행하여야 한다. 다만 대외무역법 이외의 법령에 의해 수출입이 금지되거나 제한되는 상품을 수출입하고자 하는 경우에는 수출입승인과는 관계없는 당해 법령에서 정하고 있는 요건을 충족시켜야 한다.

(2) 수출입승인기관

수출입승인 대상상품을 수출입하고자 하는 자는 원칙적으로 산업자원부장관으로부터 수출입승인을 받아야 한다. 그러나 실제로는 무역업무의 효율화 등을 위해 당해 상품을 관장하는 기관이나 단체에 위임되어 있다.

〈수출입승인기관〉

기 관 명	대상품목	기 관 명	대상품목
농림부	오렌지쥬스, 견사	한국광학기기협회	사진기(다) 광학기기(중)
문화관광부	관광용품	한국전기공업진흥회	발전세트(다) 전기기기(중)
건설교통부	모래, 자갈 등 준설선(중고)	한국봉제기계공업협회	재봉기(다)
보건복지부	고추장수입	한국반도체산업협회	반도체제조용 성형기계(다)
해양수산부	활어 등 수산물선박(중고)	한국자동차공업협동조합	자동차용 내연기관 부분품(다)
산림청	낙엽송 종자		
한국관광협회	강관류	한국조선기자재공업협동조합	선박용 내연기관(다) 조선기자재(중)
한국금속양식기공협회	양식기류		
한국농림수산식품수출업조합	사과, 배, 깐밤	한국전자공업협동조합	단말기기(다)
		한국합성수지가공기계공업협동조합	합성수지가공기계(다)
한국생사수출조합	생사, 견사		
한국생활용품수출조합	생활용품류	대한방모공업협동조합	중고의류(중)
한국섬유직물수출조합	직물류	대한건설기계협회	건설기계(중)
한국수산물수출조합	수산물	한국금형공업협동조합	금형(중)
한국신발산업협회	신발류	한국무역대리점협회	다변화품목
대한어망공업협회	어망류	축산업협동조합중앙회	육우, 돼지고기 등
한국의류산업협회	의류	축산물유통사업단	쇠고기
한국자동차공업협회	자동차(중고)	한국의약품수출입협회	오렌지쥬스(의약품, 화장품원료)
한국전자산업진흥회	VTR, 전자레인지 등		
한국철강협회	와이어 로프	제주감귤농업협동조합	오렌지, 감귤
대한타이어공업협동조합	중고 공기타이어	농업협동조합중앙회	오렌지쥬스
대한타이어공업협회	공기타이어	대한염업조합	염
통조림제조 수산업협동조합	굴통조림	대한석탄공사	무연탄
		마산수출자유지역관리사무소	입주업체에 대한 수출입추천
한국피혁제품수출조합	신발류		
한국수출입은행	산업설비수출(연불금융대상)	익산수출자유지역관리사무소	입주업체에 대한 수출입추천
한국기계공업진흥회	산업설비수출		
한국건설기계공업협회	트럭용 내연기관(다) 건설기계(중)	해외건설협회	해외근로자용 수출추천
		한국항공우주산업진흥협회	항공기 및 동부분품 수입추천
한국냉동공조공업협회	압축기(다) 냉동기계(중)		
한국공작기계공업협회	금속공장기계(다) 공작기계(중)		

※ (다): 수입선다변화공고, (중): 중고상품

⑶ 수출승인서 기재요령

① **수출상**(상호, 주소, 성명), **무역업 고유번호** 수출상의 상호, 주소, 성명 및 무역업 고유번호를 기재한다. 수출상은 대외무역법상 무역고유번호를 부여받은 자이어야 하며 수출입승인기관은 수출승인신청자가 무역업 고유번호를 획득한 자인지의 여부를 확인한다.

② **위탁**(상호, 주소, 성명), **사업자 등록번호** 일반적인 수출의 경우에는 수출상과 동일하나, 수출을 대행하는 경우에 위탁자(화주)의 상호, 주소, 대표자 성명 및 사업자 등록번호를 별도로 기재해야 한다.

③ **원 산 지** 수출상품이 생산된 국가를 원산지로 기재해야 한다. 수출상품의 원산지가 우리나라인 경우에는 R.O.K.로 기재하면 된다. 수출상품의 원산지를 인정한 기준은 다음과 같다.

a) 자국영토에서 생산한 광산물, 농산물 및 식물성 생산물
b) 자국영토에서 번식, 사육한 산동물과 이들로부터 채취한 상품
c) 자국영토에서 수렵, 어로로 채취한 상품
d) 자국선박에 의하여 채취한 어획물, 기타 상품
e) 자국에서 제조, 가공공정중에 발생한 상품
f) 자국 또는 자국선박에서 위 a) ~ e) 상품을 원재료로 하여 제조, 가공한 상품
g) 외국산 원자재를 사용하여 가공, 생산된 상품으로서 가공공정에서 새로운 상품적 특성이 부여된 상품

상기언급한 조건 중에 어느 한가지 조건에 포함되는 경우 원산지로 인정하는 것이 국제적인 추세이며 우리나라도 이러한 국제적 관례에 따르고 있으며 위 원산지기준 중 a) ~ f)는 완전생산기준에 따라 원산지가 결정되고, g)는 실질적 변경(substantial transformation) 기준인데, 우리나라는 가공도 기준(HS 6단위 변경기준)을 채택하고 있다(대외무역관리규정 제6-3-1조 참조).

④ **구매자 또는 계약당사자** 수출승인신청의 근거서류인 수출신용장상의 개설신청인(Name of the Applicant for the Credit) 또는 기타거래인 경우 계약당사자(수입자)를 기재하되 수출승인서 발급근거서류인 수출신용장 또는 계약서와 동일해야 한다.

⑤ **신용장 또는 계약서번호** 신용장 결제방식의 거래조건일 때는 신

용장번호(Number of the Credit)를 기재하고, 기타 무신용장방식의 거래일 경우에는 계약서번호를 기재하며 동 번호는 수출승인신청시 첨부되는 신용장 또는 계약서번호와 동일해야 한다. 개설은행의 신용장번호는 통상 신용장상 환어음 표시문언인 Drawn under documentary credit No.～의 부분에서도 확인되고 있으며 모든 선적서류에 기재되어야 한다.

⑥ 금 액 수출승인신청의 근거서류인 신용장에 명시된 금액과 통화를 함께 기재한다.

⑦ 결제기간 결제기간란에는 다음과 같이 기재한다(2가지 이상의 결제방식이 혼합되어 있을 때에는 결제방식별로 병기).

첫째, 화환수출신용장에 의한 거래는 일람출급 수출신용장(At sight L/C)에 의한 수출과 기한부 수출신용장(Usance L/C)에 의한 수출이 있는데, At sight L/C 거래의 경우에는 At sight, Usance L/C거래인 경우에는 At～days after sight(or date of B/L)로 결제기간란에 기재하고 금액란에 금액을 기재한다. Usance어음의 만기일은 선적서류 또는 상품의 인수일을 기산시점으로 보고 있는데 그 기준으로는 일람후 정기출급(Days after sight date), 발행일자후 정기출급(～Days after draft date), 선적일자후 정기출급(Days after B/L date) 등이 필요하다.

둘째, 추심결제방식은 선적서류인도가 어음의 지급을 조건으로 하는가 아니면 인수를 조건으로 하는가에 따라 지급도 인도조건(D/P; Documents Against Payment)과 인수도 조건으로(D/A; Documents Against Acceptance)로 나눌 수 있다(자세한 내용은 제 2 부 제 2 장 추심결제방식과 국제무역위험 참고).

셋째, 지급인도조건인 경우에는 결제기간란에 At sight를 기재하고 인수도 조건인 경우에는 결제기간란에 매매계약서에 명시된 조건을 기재하면 된다(예: 일람후 정기출급조건일 경우 At ～days after sight로, 선적후 정기출급조건일 경우 At～days after date of B/L로 기재하면 된다).

넷째, 송장방식은 단순인도방식, 현물인도방식, 서류인도방식으로 구분할 수 있으며 단순인도방식은 결제기간란에 Payment in Advance로 기재하고 현물인도방식은 결제기간란에 COD로 기재, 서류인도방식은 결제기간란에 CAD로 기재하면 된다.

⑧ 무역거래조건(가격조건) 수출입매매계약서에 명시된 가격조건을 기재하면 된다.

⑨ 도 착 항 신용장과 매매계약서에 명시된 양륙항을 기재하면 된다.

수출입승인(신청)서
Export/Import License(Application)

(업체용) C-9801 0134 JJJ-1001

① 수출자 (Exporter)　무역업 고유번호 (Notification No.) 6 7 2 1 15 서울특별시 중구 충무로1가 25-5 고려대연각센터 서 강 무 역 주 식 회 사 (서명) 대표이사 김 영 기 (Signature)	④ 구매자 또는 계약당사자(Buyer of Principle of Contract) WHITE ROSE FASHION LLC., (U.A.E.) ⑤ 신용장 또는 계약서번호(L/C or Contract No.) PD/28363/2000
② 위탁자 (Request)　사업자 등록번호 (Business No.) 201-81-00223 서울특별시 중구 충무로1가 25-5 고려대연각센터 서 강 무 역 주 식 회 사 (서명) 대표이사 김 영 기 (Signature)	⑥ 금액(Total Amount) US$189,600.- ⑦ 결제기간(Period of Payment) AT SIGHT ⑧ 가격조건(Terms of Payment) CIF
③ 원산지(Origin) R.O.K.	⑨ 도착항(Port of Dispatch) DUBAI

⑩ HS부호 (HS Code)	⑪ 품명 및 규격(Description/Size)	⑫ 단위 및 수량 (Unit/Quantity)	
5407.69.2000	PLAIN DYED POLYESTER JACQUARD WOVEN FABRIC (PEACH SKIN PALACE LESS WEIGHT) 44/5 CONSTRUCTION LESS WEIGHT AFTER FINISHED WP:POLYESTER M.S.YARN 1350(S D) X204 141G/YD WT:POLYESTER DRAW TESTURED YARN 75D(S D) X108 38G/YD(1700T/M) FINISHING RESIN TG/YD DYED TOTAL WEIGHT J80G/YD BEFORE WEIGHT 225G/YD 1% ON 125% INS. PREMIUM TO BE DEDUCTED AT THE TIME OF NEGOTIATION (FINAL PRICE OF DUBAI) A6501 804 09106	10,000YDS FOB $2,456/YD * D-JJJ-1011/A : 5,000YDS * D-JJJ-1011/B : 5,000YDS	⑬

⑭ 승인조건기재란(Remarks to be filled out by an approval agency)

⑮ 유효기간(Period of Approval)

⑯ 승인번호(Approval No.) 1 2 5 0 0

⑰ 승인기관 관리번호(No. for Approval Agency)

⑱ 위의 신청사항을 대외무역법 제14조 제2항 및 동법 시행령 제26조 제1항의 규정에 의하여 승인합니다.
(The undersigned hereby approves the above-mentioned goods in accordance with Article 14 (2) of the Foreign, Trade Act and Article 26(1) of the Enforcement Decree of the said Act)

2000년 4월 27일

승인권자

승인기관이 2 이상인 경우 ⑮~⑱의 기재사항은 이면에 기재하도록 합니다.
이 서식에 의한 승인과는 별도로 대금결제에 관한 사항에 대하여는 외국환 관리법령이 정하는 바에 따라야 합니다.

⑩ HS부호　수출입공고 품목분류번호에 기재되어 있고 해당수출품의 품목분류번호를 기재한다.

⑪ 품명 및 규격　신용장과 수출입매매계약서에 명시된 상품명세서와 규격을 기재한다.

⑫ 단위 및 수량　신용장과 수출입매매계약서에 명시된 단위와 수량을 기재한다.

⑬ 단가 및 금액　신용장과 수출입매매계약서에 명시된 단위와 금액을 기재한다.

⑭ 승인조건기재란　기재란 해당 수출승인기관에서 기재한다.

⑮ 유효기간　수출승인기간은 원칙적으로 1년이지만 특정한 경우에는 1년을 초과할 수 있다.

⑯ 승인번호　수출승인기관에서 기재한다.

⑰ 승인기관 관리번호　수출입승인기관이 관리번호를 기재한다.

⑱ 승인기관　관련 수출입승인기관명이 기재된다.

2) 신용장 개설신청서 해설

신용장 개설신청서는 신청인용, 원본, 본부용, 고객용, 지급보증용, 본점용으로 작성해야 한다. 신용장 개설신청서의 기재사항은 다음과 같다.

(1) 신용장 자체에 관한 사항

① 수익자(수출상, Beneficiary)의 성명 및 주소　수출입매매계약에서 명시된 수출상의 상호와 주소를 정확히 기재해야 한다.

② 의뢰인(수입상, Applicant)의 성명 및 주소　수출입매매계약서에서 명시된 수입상의 상호와 주소를 정확히 기재해야 한다.

③ 신용장금액 신용장　한도금액(Available amount of credit)을 표시하며 이 금액 이상으로 환어음을 발행할 수 없게 되어 있다. 금액은 숫자와 문자를 병기해서 기재한다.

신용장금액 앞에 About 또는 Circa 또는 이와 유사한 표현은 과부족이 각각 10%를 초과하지 않는 범위 내의 차이를 인정한다.

보기 US $123,456.24(U.S. Dollars One Hundred Twenty Three Thousand Four Hundred Fifty Six (and) Cents Twenty Four)
US $39,600(Thirty Nine Thousand Six Hundred U.S. Dollars Only)

취소불능화환 신용장 발행신청서
(APPLICATION FOR IRREVOCABLE DOCUMENTARY CREDIT)

원 본

Please advise by □ Air mail □ Short telex, and air mail □ Telex or SWIFT | Advising bank

Transfer □ allowed □ not allowed

Credit number | I/L number

Date of Issue | Setting bank

④ Date and place of expiry

③ Amount
(Tolerance: +, − %)

② Applicant | ① Beneficiary

Tenor of draft/payment
At ⑤
(Usance L/C only)
□ Banker's usance □ Domestic usance □ Shipper's usance

⑫ Partial shipments □ allowed □ not allowed

⑫ Transshipment □ allowed □ not allowed

⑫ Loading on board/dispatch/taking in charge at/from | For transportation to
Not later than

DOCUMENTS
⑧ □ Signed commercial invoice in fold
⑥ □ Full set of clean on board ocean bills of lading made out to the order of KOREA EXCHANGE BANK marked Freight □ Prepaid □ Collect
□ and Notify □ Applicant □ Other
⑦ □ Insurance policy or certificate, endorsed in blank for 110% of the invoice value, expressly stipulating that claims are payable in Korea and it must include □ All Risk □ Other
⑨ □ Packing list in fold

⑪ Covering

Description of Goods and Services	Quantity	Unit Price	Amount
H.S. No.			
DETAILS AS PER OFFER NO. DATED ISSUED BY			

Price Terms Origin of Goods
⑮ Special conditions and other ⑩ required documents(if any)
⑭ 선박의 지정

⑬ Confirmation □ With □ Without Confirmation Charge □ Applicant □ Beneficiary
⑫ Unless otherwise expressly stated, all banking commissions and charges outside Korea are for account of eporter. Documents to be presented within days after the date of shipment but within the validity of the credit.

Reimbursements under this Credit are subject to the Uniform Rules for Bank-to-Bank Reimbursements under Documentary Credits.
ICC Publication No. 525. This Documentary Credit is subject to the Uniform Customs and Practice for Documentary Credits(1993 Revision, International Chamber of Commerce, Paris, France, Publication No. 500)

위와 같이 신용장 발행을 신청함에 있어서 따로 제출한 외국환거래약정서의 해당 조항에 따를 것을 확약하며, 아울러 위 수입상품에 관한 모든 권리를 은행에 양도하겠습니다.

20 년 월 일

신청인 ㊞
한국외환은행 앞 주소

지급보증			확 인		인감대조	담 당	책임자
	금 액						
	번 호						
	일 자						

④ **신용장 유효기간**(Expiry Date) 수출입매매계약에 명시된 신용장 유효기일을 기재해야 하며 신용장 유효기일은 개설은행이 보증하는 기간을 의미하므로 유효기간을 완전하게 기재해야 한다. 신용장 유효기일의 표시가 국가마다 다르기 때문에 숫자와 문자를 같이 표기하는 것이 안전하다. 날짜 표시 앞에 to, until 등의 표현은 그날 자체도 포함하는 것으로 해석된다.

보기 25th September 2001 in Seoul Korea

⑵ 환어음에 관한 사항

⑤ **환어음의 종류**(At Sight 또는 Usance) **및 환어음의 지급기일**(Tenor of Draft) 환어음의 지급기일(Tenor)을 표시하는데 일람출급어음(At Sight Draft)인 경우에는 At 다음에 Sight를 기재하면 되고 기한부 어음(Usance Draft)인 경우에는 약정된 기간, 예를 들면 90 days after sight, 90 days after B/L date 등으로 기재하면 된다. 환어음의 금액은 통상 상업송장금액과 동일하게 발행되지만 간혹 수출상품의 특성으로 상업송장보다 적게 발행되는 경우도 있는데 그 표현은 for 95%+invoice value와 같다. 이와 같은 경우 그 차액은 수입상이 상품을 인수하고 품질, 중량 등을 검사한 후 추가적으로 어음을 발행하여 회수한다.

⑶ 선적서류에 관한 사항

수입상이 필요한 선적서류의 종류와 통수, 선적서류에 명시할 사항을 기재하면 된다.

기본서류로는 상업송장, 선하증권, 보험증권이 있으며 그 외 부속서류에는 원산지증명서(Certificate of Origin), 포장명세서(Packing List), 영사송장(Consular Invoice), 검사증명서(Inspection Certificate), 선적통지서(Shipment Advice) 등이 있다.

⑥ **선하증권**(Bill of Lading) 선하증권의 수하인(Consignee)은 수출입매매계약에서 명시된 당사자를 기재하면 된다. 통상적으로 개설은행을 기재한다. 운임지급여부 표시는 상품의 가격조건이 CFR, CIF인 경우는 Freight Prepaid, FAS, FOB 등의 경우에는 Freight Collect로 기재한다.

⑦ **보험증권**(Insurance Policy) 가격조건이 CIP, CIF가 아닌 경우에는 이 보험증권을 삭제하고 여백에 Buyer Insurance, 또는 Insurance to be covered by buyer 등과 같은 문언을 기재하면 되고, 가격조건이 CIP, 또는

CIF인 경우에는 보험증권의 제시가 필수적이므로 수출입매매계약서에서 약정한 적하보험 부보조건을 정확히 기재한다.

⑧ **상업송장**(Commercial Invoice) 상업송장은 당해 상품의 명세서인 동시에 대금청구의 구실도 겸하고 있다. 이 난에는 수입상이 필요한 통수를 표시하면 된다.

보기 In triplicate
In quintuplicate
In six copies

⑨ **포장명세서**(Packing List) 포장명세서란에는 필요한 포장명세서 통수를 표시하고 특별한 포장방법을 요구할 때는 이 난에 표시하거나 별도 지시사항을 표시하기도 한다.

⑩ **기타서류** 영사송장, 검사증명서, 원산지증명서, 수출상의 증명서, 선박회사의 증명서 등 기타 수출거래에 있어서 특별히 요구하는 서류를 기재한다.

(4) 상품선적에 관한 사항

⑪ **상품의 명세**(Commodity Description) 이 난에는 상품명 및 명세, 수량, 단가, 가격조건, 금액 등을 기재한다. 운송서류에 명시될 상품명세서는 정확하고 간결하게 기재해야 한다. 왜냐하면, 신용장 통일규칙에는 과도한 명세를 신용장에 삽입하려는 시도를 규제하고 있기 때문이다. 따라서 상품의 명세는 거래상 불가피한 것만 간단하게 기재하는 것이 바람직하다. 상품명이나 명세가 복잡한 경우에는 대표적인 상품명세만 적고 "Details are per offer No. 4000 dated July 10. 2001" 등으로 표시할 수도 있다. 그러나 반드시 가격조건과 금액만은 신용장금액과 동일하게 기재해야 한다.

⑫ **선적지시사항** 선적항, 도착항 및 선적기일(Shipping Expiry)은 Shipment from 다음에는 선적항을, to 다음에는 상품의 양륙항을 표시하며 Latest 다음에는 선적기한, 즉 상품의 최종선적일을 기재한다.

분할선적(Partial Shipment)은 분할선적여부를 표시하는 규정으로 분할선적을 허용할 경우에는 Allowed 또는 Permitted 등으로 표시하고 금지할 경우에는 Prohibited 또는 Not Permitted 등으로 표시한다. 분할선적에 대해 신용장에 표시가 없으면 분할선적을 허용하는 것으로 간주하게 되므로 분할선적이 곤란한 거래에서는 반드시 금지한다는 내용을 신용장에 포함시켜야 한다.

환적규정(Transshipment)은 분할선적규정의 표시와 동일하게 표기하면 된다. 환적을 허용하는 경우 Permitted 또는 Allowed 등으로 표시하고 환적을 금지하는 경우 Prohibited 또는 Not Permitted, Not Allowed 등으로 표시하면 된다.

서류제시기간이 선적서류가 발행된 후 일정기간 내에 제시된 서류를 매입할 수 있도록 매입 또는 지급, 인수은행에 제시하도록 신용장 통일규칙에 규정되어 있다. 신용장에 특별히 명시되어 있지 않으면 선적서류가 발행되고 21일이 지난 서류에 대해서는 선적서류의 수리를 거절할 수 있다.

⑸ 기타사항

⑬ **수수료부담** 수입지역 외에서 발생한 모든 은행비용과 수수료 기타 비용을 누가 부담할 것인지를 명시하지 않으면 후에 비용부담의 문제로 신용장 거래 당사자간에 분쟁이 발생할 수 있다. 따라서 이러한 비용을 누가 부담할 것인지 명확히 해야 한다. 수출상이 부담할 경우 for Account of Beneficiary로 표기하고 수입상이 부담할 경우 for Account of Applicant로 기재한다.

⑭ **선박의 지정** 수입상이 특별한 선박을 지정할 필요가 있을 때는 선박회사명, 또는 선박명을 지정하여 기재할 수도 있다.

보기 Shipment by Sea-Land Line

⑮ **기타 기재사항(Special Instructions)** 신용장거래에서 특별히 필요한 사항과 요구조건을 기재하면 된다. 즉 운송서류의 발송 지시사항, 선하증권의 특별기재사항, 신용장의 양도조건과 내용 등을 기재한다.

3) 신용장 개설신청서 작성실습

Offer와 아래 조건을 참고로 작성한다.

① 신용장 개설일자: 2005년 2월 13일
② 개설방법: Cable
③ 통지은행: BANK OF CHINA SHANGHAI
④ L/C NO.: 00274
⑤ Invoice: 3통
⑥ P/L: 3통

⑦ P/S: Allowed
⑧ T/S: Prohibited
⑨ BANKING CHARGE: Beneficiary
⑩ 개설은행: UNION NATIONAL BANK
⑪ 신용장 유효기일 및 장소: 2005년 4월 2일, 중국

(1) Offer

KMA CORPORATION

KMA KORYO BLDG
544, DOHWA-DONG, MAPO-KU SEOUL,
KOREA

O F F E R
(CKH93132)

CABLE ADD: STARS SEOUL
TELEX NO.: STARS K23657
K23349
K23303
K23169
TELEPHONE: 752-2114

MCI REG'D NO. 7104103

Messers. KMA CORPORATION

DATE JAN. 12. 2005
OUR REF. NO.
YOUR REF. NO.

Gentlemen

We have the pleasure to offer you the undermentioned goods on the terms and conditions Hereinafter set forth.
Subject to;

H.S. CODE	Commodity & Description	Quantity	Unit Price	Amount
283510000	SODIUM TRIPOLYPHATE (TECH)	68M/T	CFR BUSAN USD515.-	USD35.020.-

Terms and Conditions

Origin: CHINA

Packing: EXPORT STANDARD PACKING

Shipment: PROMPT

Payment: BY AN IRREVOCABLE L/C AT SIGHT IN FAVOR OF ANHUI CHEMICLAS I/E CORP., 155 CHANG JIANG ROAD, HEFFEI, ANHUI, CHINA

Shipping Port: CHINESE PORT

Discharging Port: BUSAN PORT

Validity: JAN. 25. 2005

Others: 1. NEGOTIABLE WITH ANY BANK.
2. B/L SHOULD BE SPLIT INTO 4

Accepted By:

Yours very truly.

KMA CORPORATION

(2) 신용장 개설신청서

취소불능화환 신용장 발행신청서
(APPLICATION FOR IRREVOCABLE DOCUMENTARY CREDIT)

원 본

Please advise by ☐ Air mail ☐ Short telex, and air mail ☐ Telex or SWIFT	Advising bank
Transfer ☐ allowed ☐ not allowed	
Credit number	I/L number
Date of Issue	Setting bank
Date and place of expiry	
Amount (Tolerance: +, − %)	
Applicant	Beneficiary
Tenor of draft/payment At ________ (Usance L/C only) ☐ Banker's usance ☐ Domestic usance ☐ Shipper's usance	Partial shipments ☐ allowed ☐ not allowed Transshipment ☐ allowed ☐ not allowed
Loading on board/dispatch/taking in charge at/from Not later than	For transportation to

DOCUMENTS
☐ Signed commercial invoice in fold
☐ Full set of clean on board ocean bills of lading made out to the order of KOREA EXCHANGE BANK marked Freight ☐ Prepaid ☐ Collect
☐ and Notify ☐ Applicant ☐ Other
☐ Insurance policy or certificate, endorsed in blank for 110% of the invoice value, expressly stipulating that claims are payable in Korea and it must include ☐ All Risk ☐ Other
☐ Packing list in fold

Covering

Description of Goods and Services	Quantity	Unit Price	Amount
H.S. No.			
DETAILS AS PER OFFER NO. DATED ISSUED BY			

Price Terms　　Origin of Goods
Special conditions and other required documents(if any)
선박의 지정

Confirmation ☐ With ☐ Without Confirmation Charge ☐ Applicant ☐ Beneficiary
Unless otherwise expressly stated, all banking commissions and charges outside Korea are for account of
Documents to be presented within days after the date of shipment but within the validity of the credit.

Reimbursements under this Credit are subject to the Uniform Rules for Bank-to-Bank Reimbursements under Documentary Credits.
ICC Publication No. 525. This Documentary Credit is subject to the Uniform Customs and Practice for Documentary Credits(1993 Revision, International Chamber of Commerce, Paris, France, Publication No. 500)

위와 같이 신용장 발행을 신청함에 있어서 따로 제출한 외국환거래약정서의 해당 조항에 따를 것을 확약하며, 아울러 위 수입상품에 관한 모든 권리를 은행에 양도하겠습니다.

20 년 월 일

신청인 ㊞
주소

한국외환은행 앞

지급보증	금 액		확 인		인감대조	담 당	책임자
	번 호						
	일 자						

제 2 절

신용장 수취시 검토사항

수출상은 수입상의 주거래은행이 개설한 신용장을 받고서 신용장내용과 매매계약에서 명시한 내용이 일치하는지 또 신용장내용에 독소조항이 포함되어 있는지 상당한 주의를 기울여 신용장내용을 검토해야 한다. 수출상이 자기에게 유리한 매매계약을 체결하고 그러한 내용이 신용장에 구현되어 있지 않으면 수출상의 이익을 보호하는 데 한계가 있다. 수출입상이 수출대금지급방법으로 신용장방식을 선택하면 수출대금지급에 있어서 모든 결정사항은 매매계약에 명시된 내용에 따라 결정되는 것이 아니라 신용장에 명시된 내용으로 결정되기 때문에 신용장내용의 면밀한 분석이 수출상에 있어서 매우 중요하다.

1. 신용장 수취시 유의사항

1) 신용장 진위여부

수출상은 수입상의 요청과 지시에 따라 개설은행이 개설한 신용장에 대해 다음과 같은 사항을 중심으로 검토해야 한다.

첫째, 신용장이 Cable로 개설되지 않고 우편으로 발송된 경우 개설은행의 신용에 대해서 철저한 조사가 선행되어야 한다.

둘째, 개설은행이 통지은행과 환거래계약이 체결되지 않은 은행이고 통지은행이 그러한 은행을 잘 모르는 경우 통상적으로 개설은행과 통지은행은 환거래 취결관계에 있어서 서로 잘 알기 때문에 통지은행이 개설은행을 알지 못하면 개설은행의 신용이 낮을 수 있다.

셋째, 통지은행을 거치지 않고 우편에 의해 신용장이 직접 우송된 경우에는 신용장의 개설경위에 대해 면밀한 조사가 요망된다.

넷째, 운송서류의 수령자가 개설은행이 아니고 수입자로 되어 있을 경우에는 그러한 조항을 삭제하고 수정된 신용장을 받아야 한다.

2) 형식요건 및 계약내용과 일치여부

첫째, 신용장 통일규칙 준수문언이 신용장에 포함되어 있는지 확인한다. 모든 신용장에는 신용장 통일규칙 준수문언을 기재하도록 신용장 통일규칙 제1조에서 규정하고 있다. 신용장 통일규칙 준수문언이 기재되어 있지 않은 신용장은 무신용장방식으로 간주한다.

둘째, 신용장이 취소불능신용장인가를 확인해야 한다. 모든 신용장은 취소가능 또는 취소불능 중 어느 것인지를 분명히 표시해야 하고, 이러한 표시가 없는 신용장은 취소불능으로 간주한다.

셋째, 개설은행의 지급확약 문언이 기재되어 있는지 확인한다.

넷째, 품목, 규격, 선적기일 등이 계약서 내용과 일치하는가?

다섯째, 매입제한신용장 또는 지정신용장인지 확인한다.

여섯째, 개설은행의 자산과 신용상태가 양호한지 확인한다.

일곱째, 신용장내용이 불분명하거나 애매모호한 성격의 서류를 요구하면 그 내용에 대해서 개설의뢰인에게 정확히 확인하고 그러한 서류들이 발행될 수 있는지 알아본 다음에 거래를 추진함으로써 앞으로 발생할지 모르는 국제무역위험을 어느 정도 예방할 수 있다. 또한 제3국 은행의 환거래비밀번호(Test Key)를 제시할 경우 그 진위성 여부를 철저히 확인해야 한다.

3) 이행에 지장을 초래할 수 있는 내용검토

첫째, FOB조건의 거래인데도 해상보험의 부보를 요구하고 있거나, 선하증권상에 "Full set of clean on board ocean bills of lading consigned to buyer. One original B/L & Shipping Documents to be sent to applicant right after shipment"로 표기되어 있는 경우 이 표현은 수입상이 선하증권 원본을 개설은행을 통해서 받지 않고 직접 서류를 받아서 운송회사로부터 수입상품을 받고 잠적할 가능성이 매우 높다는 것을 의미한다.

둘째, 선적서류 제시기일의 별도명시 여부를 확인한다.

셋째, 과부족 허용조항이 있는지 확인한다.

4) 매매계약과의 일치 여부

신용장의 진정성이나 형식요건은 신용장을 자주 접해 보면 어렵지 않게 판단할 수 있다. 실무적으로 중요한 부분은 매매거래계약에 대한 사항이다. 품목, 단가, 수량, 가격조건 등은 차이가 나는 경우가 거의 없으나, 선적기일은 생산스케줄이나 선박스케줄을 다시 한번 확인하여야 한다.

분할선적의 허용여부는 수량을 정확히 일치시키기 어려운 품목은 반드시 Tolerance 조항을 삽입하거나 Partial Shipment Allowed를 명기하여 서류불일치를 방지하여야 한다. 연지급 신용장의 경우, After sight와 from B/L date는 환가료 산정시 10일 이상의 차이가 나므로 반드시 확인하여야 한다.

계약서에 명시하지 않는 사항에 대하여 수입상은 최대한 자기자신에게 유리하도록 신용장을 개설하므로 Banking Charge 등 비용부담조항이 있는 Additional Condition 조항은 특히 확인이 필요하다.

5) 신용장 유효기간 및 장소

유효기일은 신용장의 구성요소 중 매우 중요한 부분이다. 유효기간이 경과한 신용장은 신용장의 기능이 상실되므로, 수익자는 무조건 신용장 조건과 일치하는 서류를 유효기일까지 지정된 장소에 제시하여야 한다. 신용장에 유효기간(Expiry date)의 표시는

- 09/15/2005 In Korea
- Beneficiary's country
- Nego Bank
- New York U.S.A.
- in country of applicant

등으로 기간과 장소를 명기하고 있다.

매입지정신용장이나, 서류제시장소가 외국일 경우에는 우편일수를 감안하여 유효기일 내에 서류제시 가능여부를 점검하여야 한다.

재매입(Renego)은 지정된 은행에 화환어음과 선적서류를 제시하는 날을 기준으로 신용장 유효기일의 경과여부를 판단한다. 은행의 휴업일이 공휴일 및 통상적인 휴일인 경우에는 최초의 익영업일까지 자동연장되며. 이때 매입은행은 선적서류송부장(Covering Letter)의 Special Instruction란에 동 사실을 표시해야 한다.

선적기간이 정해져 있지 않은 신용장의 유효기일이 은행의 통상적인 휴

업일에 해당하는 경우에 신용장 유효기일은 익영업일까지 자동으로 연장되나 선적기일은 자동으로 연장되지 않으며. 신용장에 서류제시기간에 대한 명시가 없으면 선적후 21일을 서류제시기간으로 본다.

보기 선적기일이 1999년 4월 5일인 경우, 서류제시기간은 1999년 4월 26일로 간주하고 신용장 유효장소는 한국 서울로 본다.

6) 조건부 신용장인지에 대한 검토

조건부 신용장은 선적유보나 매입유보문언이 있는 신용장과 외국으로 양도된 신용장으로, 양도은행이 개설은행으로부터 대금수령후 지급하는 조건 등 특정조건이 충족되어야 신용장으로서 효력이 인정되는 것을 말하며, 조건부 내용은 다음과 같다.

① 선적지시받는 조건 신용장에 "This L/C is available for negotiation only after receipt by the beneficiary of further instruction of shipment from us"와 같은 문구가 포함된 경우이다.

② Nego 전에 사전지시받은 조건 "Negotiation is subject to our further instruction indicating"과 같은 내용이 신용장에 명시된 경우이다.

③ Sample 승인조건을 요구한 경우 신용장에 "Sample must be approved by the buyer prior to shipment"와 같은 내용이 포함된 경우이다.

④ 도착지에서 검사조건을 요구한 경우 신용장에 "80% of invoice value available at sight and remainder to be negotiated upon receipt of notice from drawee that they are satisfied with the merchandise"와 같이 표기되어 있으며 이러한 표현은 수출대금잔액을 온갖 구실로 지급하지 않겠다는 의도가 숨어 있고 위 사례에서 살펴본 바와 같이 실제로 중국과의 거래에서 이런 조건으로 국내의 수출상이 잔액을 받지 못하는 사례가 빈번하게 발생하였다.

⑤ 수출국에 주재하지 않은 수입국 공관장의 확인서를 요구한 경우 신용장에 "Certification of original must be legalized by XXX Embassy in Korea. Canadian customs file number"와 같이 명시되어 있고 신용장에서 명시된 서류가 발급되지 않으면 매입 자체가 불가능하기 때문에 이러한 증명서가 수출국에서 발급되는지 반드시 확인해야 한다.

⑥ 대금상환 수권서의 발급조건으로 신용장에 “This letter of credit will be operative on receipt of qualified agreement to reimburse from A.D.B.”와 같이 표기되어 있다.

7) 서류에 대한 사항

신용장은 지역별 특수성 또는 수입상의 필요에 의해 다양한 서류를 요구하고 있다. 이 서류들 중 VISA, 영사송장 등 외부기관의 확인이 필요한 서류들은 서류발급절차, 발급기관, 발급비용 등을 철저히 확인하여야 한다.

대부분의 영사송장은 대한상공회의소의 확인을 미리 거쳐야 영사확인이 가능하며, 또한 접수 당일 발급 처리를 하지 않으므로 최소한 2일이 필요하다. 일부 대사관의 경우 발급처리에 3~4일을 요하며, 현지국의 국경일에는 업무를 하지 않는 경우도 있으므로 자칫 Expiry date를 넘기는 경우가 있을 수 있다.

중동 일부국가의 경우 영사송장 발급비용이 송장금액의 1% 정도인바 이러한 비용계산도 미리 알고 있어야 한다.

수출상이 자체 작성하는 서류들인 세관송장, 각종 Certification 등도 작성방법이 매우 어려운 경우가 있으므로 신용장 접수시 서류작성가능여부, 작성소요기간 등을 살펴 서류의 제시기일 또는 유효기일에 문제가 없도록 하여야 한다.

8) 경제제재 대상국 또는 금지국에 대한 사항

수입국의 국가정책에 따른 경제제재 대상국 또는 금지국에 대한 조항(상품을 원산지로 하거나 원자재 또는 환적 등에 대한 금지)은 신용장에 나타난 바와 같이 매우 중요한 사항이며, 금지조항 위반시는 매매당사자에 불이익을 줄 뿐만 아니라 차후 비즈니스에도 악영향을 줄 소지가 있는 바, 제품 또는 원자재에 대한 원산지 확인과 운항스케줄에 대한 사전확인이 필요하다.

보기 미국신용장

Our issuance/advice/confirmation of this credit is subject to the condition that document indicating goods origination from, or shipment to or from or transhipment through any U.S.

sanctioned country, I. E., Cuba, Iran, Iraq, Libya, Sudan or Tailban-controlled Afganistan (the Islamic Emirate of Afganistan will not be accepted.) Please note that documents indication U.S. Sanctioned countries or specially designed Nationals will be seized and retailed by us Unless or until a license is issued by the U.S. department of treasury
(관련 선적서류가 다음의 미국경제제재 대상국 즉, 쿠바, 이라크, 이란, 리비아, 수단을 상품의 원산지로 하거나 선적, 환적 또는 도착지임을 나타내는 경우에는 처리되지 않았습니다. 해당서류는 미국 재무성의 승인이 있을 때까지 당행에 보관됨을 주시하시기 바람.)

9) 기타문제가 된 표현

① 검사증명서를 요구한 조건 "Certification of inspection must be forwarded and verified to us"와 같은 내용이 신용장에 표기된 경우이다. 이러한 경우 검사증명서를 누가 발행하느냐에 따라 문제가 심각해진다. 검사증명서의 발행기관이 공공기관인 경우에는 크게 문제가 되지 않으나 수입상이 지정한 기관인 경우에는 문제가 발생할 가능성이 크다. 수입상은 시황이 떨어지면 검사증명서 발급기관에 동 증명서의 발급을 거부하도록 요청할 수 있으며 실제로 그렇게 하고 있다.

② 서류제시기간을 촉박하게 요구한 경우 신용장에 "Draft be negotiated within 3 days after confirmation of certificate of inspection by us"와 같은 내용이 포함된 경우이고 이러한 표현은 매입기간이 매우 촉박하다는 것을 의미한다.

③ 검사전문가를 불분명하게 표기한 조건 신용장에 "Experts inspection certificate are required"와 같은 내용이 포함되어 있으며 이러한 내용은 전문가가 누구인지 명확하지 않다.

④ 선적항이 육지로 표기된 경우 해상선하증권을 요구하면서 신용장에 선적항을 "Shipment to be made from Seoul Korea"로 기재된 경우를 말하며 부산항으로 정정해야 한다.

⑤ 개설의뢰인이 지정하는 자의 확인을 받은 상품검사증명서를 요구한 것 신용장에 "Inspection Certification approved and signed by Buyer's Agent in triplicate"와 같이 명시된 경우이다.

⑥ **목적항에서 품질검사조건을 요구한 것** 신용장에 "Draft are payable upon receipt of advice from buyer that the merchandise has been inspected and released by the US Food & Drug Administration"과 같은 내용이 표기되어 있는 경우이다. 신용장에 목적항의 품질검사조건이 포함된 경우, 조건부 신용장과 같아 품질의 하자를 들어 품질증명서를 발급하지 않을 경우 매입 자체가 불가능하다.

⑦ **선적항에서 항만당국이 발행한 증명을 요구한 조건** 신용장에 "Certificate issued by Korea Port Authorities at the port of loading"과 같은 내용이 포함된 경우로 실무상 선적항에서 항만당국이 발행하는 증명서를 발급받기가 어렵고 시간이 많이 걸린다.

⑧ **선박이 선적항을 출항한 후에 선주, 선장, 그들의 대리인이 발행한 증명서를 요구한 것** 신용장에 "Certificate from the carrier, master, or their agents issued after the date of sailing of the carrying vessel from the port of loading"과 같은 문구가 기재되어 있는 경우이다. 선박이 선적항을 출항한 후에 선박회사가 증명서를 발행하기가 어렵기 때문에 이러한 서류를 수출상이 준비하는 데 시간과 비용이 많이 든다는 것을 의미한다.

⑨ **선하증권이 선적항에서 발행될 것을 요구한 조건** 신용장에 "Bill of Lading issued by at the port of loading"과 같이 기재된 경우를 말하며 통상적으로 선하증권은 선적항에서 발행되는 것이 아니라 상품을 인수한 곳에서 발행되고 있기 때문에 실무상의 관례와 다르다.

⑩ **컨테이너에 적재된 상품에 대한 운송인의 책임면책을 요구한 조건** 신용장에 "Bill of Lading showing shippers load and count (said to contain) not acceptable"과 같은 내용이 포함된 경우를 말하며 이러한 내용은 Door to Door로 운송될 경우 컨테이너 안에 적재될 때 컨테이너에 적재된 상품을 운송인이 확인하지 않았기 때문에 상품의 품질에 대해 운송인이 책임지지 않는다는 것을 의미하는 것이다.

⑪ **기타 요구조건으로** 신용장에 "Fax transmission report is accompanied the original documents. Relevant postal receipt is accompanied the original documents. Document must include a certificate from the shipping company of their agents dated after of the vessel sating the actual date of departure from the port of loading and expected date of arrival at port of destination, The name of vessel will be indicated by us" 와 같은 내용이 포함된 경우로 이러한 내용은 수출상의 서류준비를 까다롭고, 복잡하게 하는 내용들이어서 수입상이 언제든지 서류상의 트집을 잡아 마켓 클레임을 제기할 수 있는 가능성을 내포하고 있다.

악덕수입상은 더 지능적인 무역사기수법을 쓰고 있는데 그 수법을 살펴보면 다음과 같다.

① 계약서에 Certificate를 요구하고 Certificate의 형식, 내용을 트집잡음
② Inspection Report를 요구하고 Report의 형식과 내용을 걸고 넘어짐
③ 선적기간을 일부러 촉박하게 해 놓고 수출상이 Amend를 요구하면, 수수료가 비싸다는 이유를 들어 그대로 선적을 해도 나중에 하자를 문제 삼지 않겠다고 하면서 나중에 이를 트집잡아 지급를 거절하는 수법
④ 콘테이너를 여러 개 발주해 놓고 처음 2~3개를 정상결제하여 신용을 얻은 뒤에 나머지 잔량의 지급을 거부하고 수출가격의 할인을 요구하는 수법
⑤ Backship하기가 극히 곤란한 국가나 무역통관절차가 까다로운 지역에 물건을 선적하게 해 놓고 수출대금의 지급을 거절하는 조치를 취한 후, Backship해 가라고 협박을 하면서 수출가격을 후려치는 수법
⑥ 부실은행을 통해서 신용장을 개설한 뒤 수출상이 선적을 하면 개설은행을 고의로 파산시키는 수법.[1)]

위에서 언급한 사항들은 수입상이 자기이익을 보호하기 위해 자주 사용하는 무역사기수법이다. 수출상이 무역에 관련된 서류를 꼼꼼히 분석하면 수입상의 사기수법을 어느 정도 감지할 수 있다.

2. 매매계약과 신용장 내용검토

다음 제시된 매매계약서와 발행된 신용장내용을 분석하여 매매계약내용과 신용장내용이 불일치한 사항과 독소조항을 찾아 신용장내용을 정정하기 바란다.

1) 대한무역진흥공사, 「국제무역사기 이렇게 대비하라」, 1999, pp. 88~89.

1) Sales contract

SAMSUNG CORPORATION	HEAD OFFICE SAMSUNG MAIN BLDG. 250, 2-KA. TAEPYUNG-RO, CHUNG-KU SEOUL, KOREA TEL: 751-2114	C.P.O. BOX: 1144, SEOUL, KOREA CABLE: STARS SEOUL TLX: STARS K23169, K23349, K23302 FAX: 751-2776

EXPORT SALES CONTRACT SAMSUNG CORPORATION		
MESSRS: KING POWER CO., LTD PANAMA CITY PANAMA	CONTRACT DATE: JUL. 2 2005	CONTRACT NO.: K-1001
	BUYER'S REFERENCE NO.: K-2001	

COMMODITY DESCRIPTION	QUANTITY	UNIT PRICE	AMOUNT
SAMSUNG WINNER 1004-A	10,000 SET	CFR PANAMA 273.1	CITY PANAMA 2,731,000
TOTAL			

SHIPMENT	NOV. 30 2005	PORT OF DISCHARGE	PANAMA CITY PANAMA
TIME OF SHIPMENT	OCT. 31 2005	TRANSSHIPMENT	NOT ALLOWED
PORT OF LOADING	BUSAN, KOREA	PARTIAL SHIPMENT	ALLOWED

PACKING 100 Sets in a case EA 5 case in a city to be packed in to an ex portable carton box	PAYMENT By an irrevocable L/C at sight in favour of SAMSUNG CO., LTD. 3RD party's inspection CO., LTD. Allowed at supplier's factory.
INSURANCE: To Be Effected by buyer	INSPECTION: Loading port Inspection Prior to shipment to be Final
OTHER TERMS AND CONDITION: COUNTRY OF ORIGIN: REPUBLIC OF KOREA	
Refer to General Terms and Condition on the reverse side hereof which are incorporated herein and make a part of this contract	
Accept by (Buyer) (Signature) (name & title) Date (name & title)	Accept by (Seller) (Signature) (name & title) Date (name & title)

2) 신 용 장

```
JUL 22 '2000 14:31 TO:                    FROM:                  T-430 P.02
RECEIPT-NUMBER: T-0428-00            DATE: 2000. 07. 09          EDITOR: AUTO
======================================================================CH#:02
   0875        2000.07.09        17:23:52
ZCZC JULY/09 17:25
+++ RCVD R1838 00/00:00 +++

KOEXBK K23142

ATTN: INTL/ L/C DEPT
DATE: JULY 8 2000
FROM: MONTANA FIRST BANK, PANAMA CITY, PANAMA
TO: KOREA EXCHANGE BANK, SEOUL, KOREA
ATTN: EXPORT L/C DEPT

          T-KEY:
          T-CUR/AMOUNT: USD 2,170,000.00
          T-DATE: JULY 8 2000

GENTLEMEN

PLEASE ADVISE THE FOLLOWING IRREVOCABLE DOCUMENTARY LETTER OF
CREDIT WITHOUT YOUR CONFIRMATION:

          CREDIT NO: MFCP 413052
          ISSUE DATE: JULY 8 2000
          EXPIRY DATE: DEC. 10 2000
          PLACE OF EXPIRY: AT OUR COUNTRY
          BENEFICIARY: SAMSUNG CO., LTD. C.P.O. BOX 1144, SEOUL, KOREA
                       SAMSUNG MAIN BLDG.,
                       250, 2-KA, TAEPYUG-RO, CHUNG-KU, SEOUL, KOREA
          ACCOUNTEE: KING POWER CO., LTD
                           PANAMA CITY, PANAMA
          AMOUNT: USD 2,170,000.00
                  (NOT TO EXCEED USD TWO MILLION ONE HUNDRED AND
                  SEVENTY THOUSAND ONLY)
          PURCHASE TERM: CNF PANAMA CITY, PANAMA
          PORT OF LOADING: SEOUL, KOREA
          PORT OF DESTINATION: PANAMA CITY, PANAMA
          LATEST SHIPMENT: 5,000 SET ——— 31/OCT/2000
                           5,000 SET ——— 30/NOV/2000

THIS CREDIT IS AVAILABLE BY NEGOTIATION OF BENEFICIARY'S DRAFTS IN DU-
PLICATE AT SIGHT DRAWN ON US BEARING THE CLAUSE DRAWN UNDER THE
```

DOCUMENTARY CREDIT NO. MFCP413052 OF MONTANA FIRST BANK DATED JULY 8, 2000 ACCOMPANIED BY THE FOLLOWING DOCUMENTS:

1. 2/3 CLEAN ON BOARD OCEAN BILL OF LOADING CONSIGNED TO KING POWER CO., LTD.
   PANAMA CITY, PANAMA MARKED FREIGHT PREPAID AND NOTIFY THE ACCOUNTEE
2. COMMERCIAL INVOICE IN 3 COPY.
3. PACKING LIST IN 3 COPY.
4. CERTIFICATE OF ORIGIN MUST BE MARKED MADE IN KOREA IN 3 COPY.
5. SHIPMENT ADVICE

DESCRIPTION OF GOODS: COLOR T.V. SAMSUNG'S WINNER 1004-A 10,000 SETS USD 217/SET

PARTLAL SHIPMENTS ARE NOT ALLOWED, TRANSSHIPMENT ARE NOT ALLOWED

SPECIAL INSTRUCTION :

1. ALL DOCUMENTS MUST INDICATE CREDIT NUMBER ALL BANKING COMMISSIONS AND CHARGES OUTSIDE OF PANAMA ARE FOR ACCOUNT OF BENEFICLARY.
2. ONE SET OF ORIGINAL SHIPPING DOCUMENTS MUST BE SENT TO ACCOUNTEE BY COURIER SERVICE.
3. DOCUMENTS MUST BE NEGOTIATED WITH 10 DAYS AFTER SHIPMENT

SPECIAL CONDITIONS TO THE NEGOTIATING BANK:

ALL DOCUMENTS MUST BE FORWARD DIRECTLY TO MONTANA FIRST BANK, PANAMA CITY, PANAMA IN TWO LOT BY COURIER SERVICE TOGHTHER WITH INSTRUCTION ON REIMBURSEMENT. DARAFTS MUST BE DRAWN AND NEGOTIATED NOT LATER THIN EXPIRY DATE. THE AMOUNTS THEROF DRAWERS, ENDORSED ON THIS LETTER OF CREDIT. WE HEREBY AGREE WITH THE DRAWERS, ENDORSED AND BONA FIDE HOLDERS OF ALL DRAFTS DRAWN UNDER AND IN COMPLLANCE WITH THE TERMS OF THIS CREDIT, THAT SUCH DRAFTS WILL BE DULY HONOURED UPON PRESENTATION TO THE DRAWEE. THIS DOCUMENTARY CREDIT IS SUBJECT TO THE U.C.P. FOR DOCUMENTARY CREDIT(1993 REVISION) I.C.C., PARIS, FRANCE (PUBLICATION NO. 500)

RE: L/C NO.: MFCP413052
REGARDS, MTFBK LETTER OF CREDIT
TLS NO.: 49617350 MTFBK

REPLY TO 49617350 (49617350 MTFBK)

3) 수정사항

제 3 절

신용장의 구조분석

1. 신용장의 내용구성

신용장의 형식은 국제상업회의소(I.C.C.)가 1986년 우편신용장의 표준양식을 제정하여 각국에 이 표준양식을 채택 사용을 권고하고 있으나 아직도 다수의 국가에서는 이를 채택하지 않고 비표준 양식을 사용하고 있기도 하다.

현재 대부분의 국가에서는 UCP500의 적용과 함께 SWIFT SYSTEM을 이용함에 따라 신용장의 전문내용 형태는 정형화되어 있다. 스위프트란 세계은행간 금융데이터통신협회로 국제간의 대금결제 등에 관한 데이터통신의 연결망을 기획하고 운영할 것을 목적으로 설립된 비영리조직이다. 현재 스위프트는 은행가에 통신의 효율성 제고와 종래의 우편이나 전신에 의한 방법보다 편리하고 저렴하여 그 이용이 증대되고 있다.

특히 스위프트 통신망을 이용하면 신용장의 발행 및 통지들을 신속하게 처리할 수 있으며, 현재 대부분의 은행들은 신용장의 발행 및 통지에 사용되는 양식으로서 스위프트가 개발하여 표준화시킨 양식을 이용하고 있다. SWIFT SYSTEM을 통하여 접수된 수출 신용장의 예시를 통하여 신용장의

②22/03/2005-15:42:19 Print-1212-000001

--------------------- Instance Type and Transmission ---------------------

Original received from SWIFT
Priority : Normal
Message Output Reference : 1542 20000322SCBLKRSEAXXX1402934359
Correspondent Input Reference : 0842 20000322TGBATRISA3106501817594

--------------------- Message Header ---------------------

Swift Output : FIN 700 Issue of a Documentary Credit
Sender : TGBATRIS310
TURKIYE GARANTI BANKASI A.S.
(MERSIN FREE ZONE BRANCH)
MERSIN TR
⑧Receiver : SCBLKRSEXXX
STANDARD CHARTERED BANK
SEOUL KR

--------------------- Message Text ---------------------

27 : Sequence of Total
1/1
③40A : Form of Documentary Credit
IRREVOCABLE
④20 : Documentary Credit Number
940.310.38.00095
⑤31D : Date and Place of Expiry
20050512KOREA
①51D : Applicant Bank Name Address
T. GARANTI BANKASI
MERSIN FREE ZONE BRANCHI
MERSIN/TURKIYE
⑥50 : Applicant
GENERAL ENDUSTRI URUNLERI DIS
TICARET LTD. STI.
EGE SERBEST BOLGESI GAZIEMIRIZMIR

⑦59 : Beneficiary
SOGANG CO., LTD
520-2, WON-DONG, OSAN-CITY.
KYONGKI-DO
KOREA
⑨32B : Currency Code Amount
Currency : USD(US DOLLAR)
Amount : #16,425.40#
39B : Maximum Credit Amount
MAXIMUM
41D : Available With... By... Name/addr.
ANY BANK IN KOREA
BY DEF PAYMENT
⑩42P : Draft at
⑪ 180-DAYS FROM B/L DATE/YOURSELVES
⑫42A : Drawee-Bic : TGBATRIS310
⑬43P : Partial Shipments
ALLOWED
⑭43T : Transshipment
ALLOWED
⑮44A : On Board/Disp/Taking Charge
KOREA
⑰44B : For Transportation to

22/03/2005-15:42:19 Print－1212－000001
EGE SERBEST BOLGE IZMIR/TURKIYE

⑪44C : Latest Date of Shipment
20050121
㉓45A : Descp of Goods and/or Services
INDSTRIAL DIAMOND TOOL
CIF USD. 16,425.40
AS PER PROFORMA INVOICE DD. 18.03.2005 NR.ED99133
⑱46A : Documents Required
＋COMMERCIAL INVOICE WITH HAND WRITTEN SIGNATURE
ISSUED IN 3 ORG AND 3 COPIES
＋FULL SET OF CLEAN SHIPPED ON BOARD
OCEAN BILL(S) OF LADING MADE OUT OR ENDORSED
TO ORDER OF UNION NATIONAL BANK, DUBAI,
SHOWING FREIGHT PREPAID
AND MARKED NOTIFY THE APPLICAT
AND UNION NATIONAL BANK, DUBAI.
＋AIR WAYBILL/ FULL SET CLEAN ON BOARD B/L(MARINE)
⑳ CONSIGNED TO THE ORDER OF T.GARANTI BANKASI A.S.
MERSIN FREE ZONE BRANCH NOTIFY APPLICANT FULL NAME AND ADDRESS
MARKED FREIGHT COLLECT
㉒ ＋DETAILED PACKING LIST 2 ORG 2 COPY
＋BENEFICIARY'S SHIPMENT TELEFAX SENT TO OUR FAX NR 90 324 233 26 08 OR 90 324 239 39 07 INFORMING THE FULL DETAILS OF SHIPMENT WITHIN 3 DAYS AFTER SHIPMENT FOR INSURANCE PURPOSES.
＋CERTIFICATE OF ORIGIN IN 1 ORG. AND 1 COPY LEGALIZED BY THE LOCAL CHAMBER OF COMMERCE
＋ONE ORIGINAL OF THE DOCUMENTS WILL BE SENT TO APPLICANT ACCOMPANY WITH THE GOODS.
㉑ ＋INSURANCE WILL BE COVERED BY BUYERS
㉔47A : Additional Conditions
＋ALL DOCUMENTS AND CORRESPONDANCE WILL BEAR OUR AND YOUR L/C NUMBER.
＋ALL DOCS. WILL BE SENT TO OUR ADDRESS AT 51D VIA DHL COURIER.
＋IN THE EVENT THAT IT IS NECESSARY TO CONTACT THE APPLICANT IN RESPECT OF ANY DISCREPANT DOCUMENTS PRESENTED UNDER THIS L/C A FEE OF USD 50.00 OR EQUIVALENT AMOUNT IN L/C CURRENCY PLUS SWIFT CHARGES WILL BE DEDUCTED FOR EACH SET OF DOCUMENTS.
㉕71B : Charges
ALL BANKING CHATGES AND COMMISSIONS
OUTSIDE OF TURKEY
FOR BENEFICIARY'S ACCOUNT
㉖48 : Period for Presentation
3 DAYS
49 : Confirmation Instructions
WITHOUT
㉗78 : Instrcus to Pay/Accpt/Negot Bank
㉙ AGAINST RECEIPT OF CREDIT CONFORM DOC. S. AT MATURITY WE SHALL AUT HORIZE YOU TO DEBIT OUR H/O A/C FOR THE PROCESS. PLEASE ADVICE US THE REMITTANCE OF THE DOC. S BY AUTHENTICATED MSG.
㉘72 : Sender to Receiver Information
PLEASE ACK, RECEIPT

-------------------- Message Trailler --------------------
{MAC:758E4614}
{CHK:D254D752A475}

내용구성을 살펴보기로 한다.

1) 신용장 자체에 대한 기재사항

(1) 신용장 개설은행(Issuing Bank)

신용장란에 ①이 신용장을 개설한 은행이며 모든 신용장에 개설은행을 기재해야 한다.

(2) 발행지와 개설일자(Place & Date of Issue)

②란에 표시된 일자가 신용장이 개설된 날짜이며 개설은행은 동 날짜부터 신용장의 유효기일까지 수익자에게 수출대금지급을 확약한다.

(3) 신용장의 종류

③란에 표시되어 있는 "Irrevocable"은 신용장의 종류를 표시한 것이며 신용장 통일규칙 제6조에 모든 신용장은 취소불능(Irrevocable) 또는 취소가능(Revocable)을 분명히 명시하여야 한다고 규정하고 있으며, 명시가 없는 것은 취소불능신용장으로 간주한다.

(4) 신용장번호(Credit Number)

④란에는 개설은행이 부여한 신용장번호를 기재하게 되어 있으며, 수출상은 신용장의 조건에 따라 선적서류에 신용장번호를 기재해야 한다.

(5) 신용장의 유효기일과 장소(Date and Place of Expiry)

⑤란에는 신용장의 유효기일을 표시하는데, 개설은행은 신용장개설일로부터 명시된 날짜까지를 포함하는 기일까지 수익자에 대하여 지급확약을 하고 있는 것이다.

보기 신용장상에 Expiry Date/ Place 05 June 2000 South Korea로 표기되어 있다.

(6) 신용장 개설의뢰인(Applicant)

⑥란에는 신용장 개설신청인을 기재해야 하며 통상 수입상을 기재해야 한다. 수출입매매계약에 명시된 수입상의 상호와 주소를 정확히 기재해야 하고 신용장에 Applicant로 기재하면 된다.

⑺ 수익자명(Beneficiary)

⑦란에는 수출상을 기재하면 된다. 신용장에 Beneficiary로 표기되고 in your favor는 in favor of you로 기재되며 이는 수출상을 의미한다. 수출상의 상호와 주소를 정확하게 기재해야 한다.

⑻ 통지은행(Advising Bank)

⑧란에는 신용장을 통지하는 은행을 기재하면 된다. 통지은행은 통상 수출지역에 있는 개설은행 본·지점 또는 환거래취결은행이 된다.

⑼ 신용장금액(Amount)

⑨란에는 신용장한도액(available amount of credit)이 표시되는데, 이 금액 이상으로 환어음을 발행할 수 없다. 비표준 신용장양식에는 "up to an aggregate amount of" 뒤에 표기되기도 하는데 다음과 같은 문언으로 표시하고 있다.

"for a sum or sums not exceeding a total of ～"
"to the extent of not exceeding a total of ～"
"for a maximum amount of ～"

금액은 숫자와 문자로 표기해야 하고 숫자와 문자금액이 상이할 경우 문자금액이 우선한다.

2) 환어음에 대한 기재사항

⑴ 신용장의 이용방식

⑩란에는 신용장이 일람지급(Sight Payment), 연지급(Deferred Payment), 인수(Acceptance) 또는 매입(Negotiation) 중에서 어떠한 방식에 의하여 이용가능 한지를 명확히 표시하여야 한다.

⑵ 환어음 발행인(Drawer)과 통수

"Beneficiary's draft(s) in duplicate"에서 수출상이 곧 환어음의 발행인이 되고 환어음은 보통 매거래시마다 2통(in duplicate)을 1조로 하여 발행되고 있다.

(3) 환어음의 지급기일(Tenor)과 어음금액(Amount of Draft)

"In duplicate at" 다음의 ⑪란에 환어음의 지급기일이 표시되는데, 일람지급어음(Sight Draft)인 경우에는 "At" 바로 다음에 Sight를 표시하면 되고, 기한부 어음(Usance Draft)인 경우에는 약정된 기간, 예를 들면 90 days after sight와 같이 표시하면 된다. 일람지급어음의 경우는 환어음이 제시되면 개설은행은 지급을 확약한 대로 즉시 결제하여야 하며, 기한부 어음의 경우에는 어음이 제시되면 신용장에서 지정한 Drawee가 먼저 어음을 인수하고 그 인수에 따라 확정된 지급기일에 결제가 이루어지게 된다. 환어음금액은 보통 송장금액과 일치하게 발행되어야 하고 신용장상에 "for 100% of Invoice Value"로 기재하면 된다.

그러나 거래가 특수한 경우, 즉 광석이나 화학약품 등의 거래에 있어서는 송장금액의 80%는 선적과 동시에 환어음을 발행하고 나머지 20%는 수입상품이 수입항에 도착하여 수입상이 수입상품의 금액을 검사한 후에 발행하도록 되어 있는 경우도 있다. 이런 경우 수출상은 나머지 20%의 환어음에 대해 안전하게 지급받을 수 있는 방법을 강구해야 한다.

(4) 환어음 지급인(Drawee)

"Drawn on" 다음의 ⑫란에는 환어음지급인이 표시되는데 일반적으로 개설은행이 되며 경우에 따라서는 개설은행의 예치환거래은행이 된다. Usance Draft에서는 이 Drawee가 먼저 어음의 인수를 하고 지급기일에 가서 지급하게 된다. 이외에도 표준양식이 아닌 경우에는,

"We hereby authorize you to draw on ～"
"You are hereby authorized to draw (or value) on ～"
"have opened an irrevocable credit in your favor for an amount of … available by your draft(s) on ～"
"We open an irrevocable documentary credit in favor of yourselves for up to … available by your drafts on ～"

등으로 표시되는 수가 있어 "on" 다음에 환어음지급인을 표시하면 된다.

3) 운송에 관한 기재사항

(1) 분할선적(Partial Shipment)

⑬은 분할선적의 여부를 표시하는 규정으로, 허용할 경우에는 "Allowed" 또는 Permitted에 "X" 표시를 하면 되고, 금지할 경우에는 "Not allowed"에 "X" 표시를 하면 된다. 분할선적에 대해 신용장상에 표시가 없으면 분할선적이 허용되는 것으로 간주하게 되므로, 분할선적이 곤란한 거래에서는 반드시 금지(Not allowed)란에 이를 명시하여야 한다.

(2) 환적(Transshipment)

⑭는 환적의 가부를 표시하는 것으로 분할선적의 표시방법과 동일하다.

(3) 선적항, 선적기일, 도착항

⑮에는 상품이 선박이나 항공기 또는 그 밖의 운송기구에 선적되는 장소를 의미한다.

⑯에는 선적기일(Shipping Date) 상품이 최종적으로 선적되는 날짜로 최종선적일(Latest date for shipment)을 기재해야 한다. 선적기일의 기준은 선하증권(운송서류)의 발행일자 또는 선적이나 발송을 증명하는 수령인(Reception Stamp)이 찍힌 일자로 하며, 선적해야 하는 최종일이 공휴일이라도 선적기일은 연장되지 않는다.

⑰의 to 다음에는 상품의 최종목적지(Final Destination)인 도착항이 표시된다.

4) 운송서류에 관한 기재사항

(1) 운송서류(transport document)의 명세

위의 항에 적힌 "against presentation of the documents listed below," marked "X"와 연결되어 신용장에서 요구하는 운송서류의 조건이 명시된다.

⑱에는 대금결재의 필수서류로서 선적상품의 계산서 및 내용명세서, 수입계산서의 역할을 하는 송장에 관한 요구조건을 기재하도록 되어 있다.

⑲는 선하증권에 관한 요구조건으로 선하증권은 보통 3통을 1조로 하여 발행되며, Order Party(선하증권에서의 수하인)는 일반적으로 개설은행(여기서는 외환은행)이 된다.

"Freight"는 운임지급 여부를 표시하는 것으로 가격조건이 CFR 또는

CIF일 때는 "Prepaid"가, FAS 또는 FOB의 경우에는 "Collect," 또는 이와 유사한 문언이 기재된다.

"Notify"는 수입항에서 상품의 도착통지를 하는 당사자를 의미한다. 서류상의 수하인(Consignee)이 실수입상(Accountee)인 경우에는 수입상 혹은 수입상이 지정하는 그의 대리인인 항구의 수입상의 통관사가 된다. 수입상이 은행의 융자로 신용장을 개설하였으면 은행이 Consignee가 되고 수입상은 Notify Party가 된다.

⑳은 항공운송의 경우 요구되는 Air Waybill에 관한 조건이다.

㉑은 보험증권(Insurance Policy)또는 보험증명서(Insurance Certificate)에 관한 사항으로 가격조건이 C&I 또는 CIF가 아닌 경우에는 이 보험증권에 관한 난을 삭제하고 특별조건(Special Conditions)에 "Insurance to be covered by buyer" 또는 "Buyer insures" 등과 같은 문언을 기재한다. 한편 "claims are payable in" 다음에는 보험금청구시 지급지가 표시되며, "it must include:" 다음에는 Institute Cargo Clause (A), (B) 또는 (C) 등과 같이 매매계약에서 약정된 부보조건을 표시한다.

㉒는 포장명세서(Packing List)가 필요한 경우 그 통수를 표시하도록 되어 있다.

(2) 상품의 명세

㉓의 Covering 이하의 여백에는 상품명, 수량, 명세(description), 단가, 무역거래조건 등이 기재된다.

상업송장에 기재되는 상품명세는 신용장의 상품명세와 일치하여야 한다. 기타 모든 서류에는 신용장의 상품명세와 모순되지 않는 일반적인 용어로 기재할 수 있다.

5) 기타 기재사항

(1) Special Conditions

㉔에는 신용장서식의 다른 난에는 기입되지 않는 추가적인 명세 또는 기타 필요한 서류를 지시하는 데 사용된다. 즉 서류발송에 관한 일체의 지시사항, 선하증권에 관한 허용조항, 용선계약선하증권(Charter Party B/L) 또는 운송중개업자(Forwarding Agent)가 발급한 운송서류가 허용되는 경우 이

의 수리가능 여부, 부보에 관한 특별한 지시사항 및 신용장이 양도가능한 경우에 그 내용을 표시한다.

그 밖에 영사송장, 원산지증명서 또는 용적/중량 등과 같이 기타 거래상에 있어서 특히 요구되는 서류가 있을 때 이 난에 표시하면 된다.

(2) 은행수수료의 부담여부

㉕에는 수입국 외에서 발생하는 수수료를 포함한 모든 은행비용은 수출입상 중에서 누가 부담할 것인지 명시해야 한다.

(3) 서류제시기일

㉖에서는 운송서류의 최종제시일이 표기된다. 신용장 통일규칙 제43조에는 운송서류 발송일 이후의 일정기간을 정하여 지급, 인수 또는 매입을 위해 서류를 제시하도록 규정하고 있다. 제시기간이 명시되지 않은 경우 은행은 운송서류 발행일 후 21일이 경과한 서류에 대해서는 수리를 거절한다.

(4) 서류직송 문언

㉗은 모든 관계서류를 운송할 때에는 등기 항공우편이나 택배로 개설은행에 직접 보내라는 문언으로 서류가 은행을 통하지 않고 직접 개설의뢰인에게 전달되지 못하도록 하고 있다.

(5) 신용장 통일규칙 준거문언

㉘에는 신용장 통일규칙 준거문언이 기재된다. 국제상업회의소(1993 Revision, Publication No. 500)에 의한다는 준거문언으로 개설은행은 신용장 통일규칙의 조항, 특히 제9조에 의거하여 신용장조건과 일치하게 제시된 서류에 대해서는 일람지급, 연지급, 인수 또는 매입에 대한 책임을 진다는 확약(engagement)을 하고 있다.

(6) 상환(Reimbursement)

㉙의 난에는 신용장대금의 상환에 따른 사항이 기재된다.

(7) Advising Bank's Notification

㉚의 난에는 통지은행의 신용장 통지번호, 통지일자와 아울러 통지은행이 수익자에게 통지할 때 자국어를 사용하는 경우와 신용장에 아무런 약정이 없이 통지하는 경우 및 신용장에 통지은행의 확인을 추가하여 통지하는 경우에 그 지시를 기재하게 된다.

제 2 장

신용장 Letter분석

신용장내용을 정확히 분석하여 신용장에 명시된 대로 Nego서류를 작성한다는 것은 결코 쉬운 일은 아니다. 본장에서는 신용장내용을 정확히 분석할 수 있도록 현업에서 사용한 신용장을 수록하였다. 신용장을 많이 보면 볼수록 신용장내용을 정확히 꿰뚫어 볼 수 있는 안목이 생기리라 확신한다.

제 1 절
신용장 내용분석

1. 취소불능신용장[1)]

MODEL FORM -1

Documentary Credits Department

U B A F
SEOUL BRANCH

Seoul, 15/04/2005

Tel. No. : 778-8081 Ext. : 114

ADVICE OF NOTIFICATION

SOGANG CORP.

C.P.O. BOX 1726
SEOUL
REPUBLIC OF KOREA

Our Reference	:	200515EX9112/SM
Applicant	:	
Issuing Bank	:	UNION NAT'L BANK P.O. BOX 6681 DUBAI U.A.E
Issuing Bank's ref.	:	030022-080
Currency/Amount	:	USD 51,700.00 MAX
Validity	:	05/11/2005
Place of expiry	:	KOREA
B.O.K. Number	:	A-8601-810-03295

Dear Sirs.
*We are pleased to enclose **full details of** the documentary credit issued **in your favour**.*
*This credit is irrevocable, available by payment **at sight**, for presentation of documents at our counters exclusively.*
*This credit does not bear our **confirmation**.*
*In accordance with the credit **reimbursement conditions**, upon presentation of the documents for our **Renegotiation**, we — U.B.A.F. Seoul branch — will pay the value of the documents to your first negotiating bank after receipt of the funds from the issuing bank.*

If after careful examination of credit terms, you do not agree with any of them, please contact your buyers to obtain the appropriate amendment.

Our above reference, 200515EX9112/SM, should be quoted in all correspondence.

Yours faithfully.
Union de Banques Arabes et Francaises
U.B.A.F.-SEOUL BRANCH
No signature required

UNION DE BANQUES RABES ET FRANCAISES U.B.A.F.

1) 본장에서 살펴본 신용장은 두 가지 이상의 역할을 하고 있어서 취소불능신용장에 포함되어 있지만 취소불능 매입자유신용장이 될 수도 있고 취소불능 일람출급신용장도 될 수 있다. 또한 본문에 수록되지 않는 여러 장의 신용장이 CD에 수록되어 있고 이것을 내용에 따라 과제물로 부과해도 된다.

3RD Floor, Sam Do Building 1-170, Soon Hwa-Dong, Chung-ku, Seoul, Korea. C.P.O. Box 1224

UNION NATIONAL BANK
This Credit is sent to the advising bank by courier.

ORIGINAL

L/C/Centre
P.O.Box 6811
Dubai, UAE
Date: 29SEP2005

IRREVOCABLE DOCUMENTARY CREDIT	CREDIT NUMBER 03002-080	EXPIRY DATE 05NOV2005	PLACE OF EXPIRY KOREA
UMESH ENTERPRISES P.O. BOX 12853 DUBAI U.A.E.	M/S SOGANG CORPORATION C.P.O. BOX: 1726 SEOUL KOREA		
ADVISING BANK U.B.A.F. SAMDO BUILDING, 3RD, FLOOR, 1-170, SOONHWA-DONG, CHUNG-KU, C.P.O. BOX 1224, SEOUL, KOREA.	USD 51,700.00 CFR USD Fifty One Thousand Seven Hundred Only		
PART SHIPMENTS Allowed / TRANSHIPMENT Not Allowed Transportation From : KOREA To : PORT RASHID DUBAI By : SEA Not Later Than : 27 OCT 2005	CREDIT AVAILABLE WITH U.B.A.F. KOREA **By NEGOTIATION against presentation of documents detailed Herein** and your draft(s) at sight **Drawn on UNION NATIONAL BANK** and marked "Drawn under UNION NATIONAL BANK Credit Number 030022-080 Dated 29SEP2005"		

Dear Sir,
We hereby issue in your favour this Irrevocable Documentary Credit as per details stated.

DESCRIPTION OF MERCHANDISE: NOT EXCEEDING 22000 YARDS PLAIN DYED FANCY SPANDAX JACQUARD 44 INCHES X ABOUT 25 YARDS AT THE RATE OF USD 2.35 PER YARD CFR DUBAI.

DOCUMENTS:
01. **Manually signed commercial invoice in** 4 copies certifying goods as per merchandise description and to be of KOREAN origin.
02. Full set of clean **shipped on board** marine ocean Bill(s) of Lading made out or endorsed **to order of Union National Bank,** Dubai, showing **Freight Prepaid** and marked **notify** the applicant and Union National Bank, Dubai.
03. **Shipment must be effected** through UASC/APL/NYK/PIL/UNIGLORY/WILLINE Line vessels only B/L must be issued by them or its Agents.
04. **Documents must be negotiated** only after sailing of the carrying vessel from the port of loading. Shipping Company or their Agents Certificate required stating the **actual date of arrival of the carrying vessel at the port of loading** and date of departure from the port of loading.
05. Certificate from shipping named on the Bill of Lading or its Agents confirming that (a) the goods have been shipped on vessel covered under **Institute Classification Clause (b)** the carrying vessel is not banned from entering the Arab Ports for any reason according to their laws and regulations (c)vessel is below 15 years of age. This certificate must indicate name of carrying vessel.
06. **Certificate of Origin** issued by the Local Chamber of Commerce duly attested by the Joint Arab Chamber of Commerce, if available, and then duly legalized by UAE Embassy or its Diplomatic Mission. If the said Embassy or Diplomatic Mission not available then this must be legalized by any Arab Diplomatic Mission. This must indicate (a) the name of Country from where the goods are exported (b) name of exporting Co. (c) country of origin (d) name and address of the manufacturer.
07. **Insurance covered by the applicant.** Details of shipment(s) under this Credit must be advised by the beneficiary by FAX within 24 hours after the shipment referring to Policy MRN/OC/KI9400055 direct to the applicant on fax No. 009714-531903 and to KESTREL INS./ARAB ORIENT INSURANCE CO. P.O. BOX 922 DUBAI, UAE on fax No. 009714-512689. Copies of such

CONTINUED ON PAGE ... 2 WHICH IS AN INTEGRAL PART OF THIS CREDIT

Documents to be presented within to 10days after issuance of the transport document but within the validity of the credit. All charges of ADV/NEG and of reimbursement are **to be borne** by the beneficiary

This credit is subject to the uniform customs and practice for Documentary Credits 1993 (Revision) ICC Publication 500. All negotiations under this credit must be endorsed on the reverse hereof.

Yours faithfully,
For UNION NATIONAL BANK

Authorised Signature　　Authorised Signature

UNION NATIONAL BANK
This Credit is sent to the advising bank by courier.

ORIGINAL

L/C/Centre
P.O.Box 6811
Dubai, UAE
Date: 29SEP 2005

Credit Number 030022-080
PAGE NUMBER 2 ATTACHED TO AND FORMAING AN INTEGRAL PART OF THE ABOVEMENTIONED CREDIT

Advices must accompany the original shipping documents.
08 **Packing List** in 4 copies showing carton no., color no., length of each piece, number of pieces and yards packed in each carton.

SPECIAL INSTRUCTIONS:
01. Shipping Marks; M5940/UMESH/HETRO/DUBAI INTRANSIT. B/L TO EVIDENCE THIS OR SHIPPING MARKS AS PER B/L.
02. Original legalized certificate of origin and Original **Legalized Invoice** must be sent to L/C Opener by Reg: airmail. Beneficiary's certificate stating that the same has been sent to L/C opener must **accompany** the documents. In such case, copy of invoice and Certificate of origin without legalization acceptable for negotiation.
03. **Documents issued prior to the date of issuance of this LC not acceptable.**
04. **Third party transport documents** not acceptable.
05. **Negotiation under reserve/guarantee** strictly prohibited. In case of discrepant document either prior approval must be obtained or documents may be sent to us mentioning the discrepancies on acceptance basis. In the event of presentation of documents under this Letter of Credit containing discrepancy(ies)a charge of USD50/- or its equivalent will be **recovered** from the Beneficiary.
This fee will be charged for each set of discrepant documents presented for negotiation. This fee will be **deducted** from the remittance made under this Letter of Credit, even if the Letter of Credit states the charges are to be borne by the Opener/applicant.
06. All documents must be **made out** in English language only.
07. Invoices to **certify** that goods shipped are neither of Israeli origin nor they contain any Israeli material.
08. At the time of negotiation USD610/-being legalization charters of M5691/M5735/M5763/M5777 must be deducted from the amount payable to the beneficiary for ultimate remittance to M/S METRO TEXTILE EST P.O.BOX 7146 DUBAI. This deduction must be made from the first negotiation.
09. Insurance Premium at the rate of 1% on 125% of the Invoice value must be deducted from the amount payable to beneficiary for ultimate remittanc to M/S Metro Textile Est p.o.box 7146 Dubai UAE TEL 532024 FAX 532923. This must be clearly mentioned on the **covering schedule** of the negotiating bank.
10. Invoices to show deduction of USD45/- being courier charges of this L/C to LC Opener. However, Total invoice value before the deduction should not exceed the value of the Credit. This deduction must be made from the first negotiation under this Credit.
11. Invoice must bear Harmonized Systems Commodity Code Number(H.S.Code No.) applicable to the products under shipment
12. **Shipment advice** indicating shipper' name, LC no. indent no., invoice value, merchandise quantity, total number of packages, name of carrying vessel, voyage no., B/L no., and date, container no., E.T.A of the carrying vessel at the port of discharge must be sent to applicant by fax on their fax no. 04-531903 within 4 days from B/L date & copy of such fax along with relevant transmission report to accompany the original documents.
13. **Short Form, Blank Back Bill of lading**, Forwarder's Bill of Lading, not acceptable.
14. Goods must be shipped in 20 feet container **on FCL basis.** B/L to evidence this & also to indicate that all FCL container handling charges/delivery charges and local delivery order charges at the port of destination are prepaid. A separate certificate to this effect issued by the shipping co. or it's agent manually signed must also accompany the original shipping documents.
15. B/L must show the name, address and telephone number and fax no. of the carrying vessel's agent at port of destination and also to indicate container no., seal no., total no., of cartons.
16. A copy of B/L must be faxed to opener on their fax number 009714-531903 within five days from the date of B/L.
Beneficiary's certificate to this effect alongwith fax transmission report to accompany the original shipping documents
17. Any Alteration, deletion and/or amendment on the Bill of Lading not acceptable even if it is authenticated by its issuing authority.
18. Each carton on its outer side must show the carton No., total no., of pieces and total yards packed inside and invoice must certify the same.
19. Rubber stamp signatures are not acceptable.
20. Invoice to **show** deduction of USD290/- being legalization fee payable to L/C opener. However the total invoice value before deduction should not exceed the value of the credit. This deduction must be made from each invoice.

UNION NATIONAL BANK

CONTINUED ON PAGE

AUTHORISED SIGNATORY

AUTHORISED SIGNATORY

[해 설] full details of ~, 상세한

in your favour, 귀사를 수익자로

at sight, 일람출급으로 환어음을 발행한다. 일람출급은 서류와 상환으로 수출대금이 지급되는 것을 의미한다.

Confirmation, 확인은 통지은행이 개설은행과 연대해서 수출상에게 수출대금의 지급을 보증하는 것을 말한다.

reimbursement conditions ~, 상환조건, 통상적인 경우 매입은행은 개설은행으로부터 수출대금을 지급받는다. 그러나 상환조건으로 상환은행이 지정된 경우 매입은행은 개설은행으로부터 수출대금을 지급받은 것이 아니라 개설은행이 지정한 제 3 의 은행으로부터 수출대금을 지급받는 것을 의미한다.

Renegotiation ~, 매입은 수출상이 제시한 화환어음과 서류와 상환으로 수출대금을 은행이 지급하는 것을 의미한다. 여기서 재매입은 매입은행이 매입한 서류를 매입이 제한된 은행으로 다시 제시하여 매입을 의뢰하는 것을 말한다.

EXPIRY DATE, 신용장 유효기일은 수출상이 화환어음과 선적서류를 매입은행에 제시해야 하는 기간을 의미하며 신용장 유효기일 이내에 제반서류를 매입은행에 제시하지 못하면 매입은행은 선적서류의 매입을 거절할 수 있다.

PLACE OF EXPIRY, 신용장 유효장소, 통상적인 경우 신용장 유효장소는 수출지역이 된다. 그러나 간혹 신용장 유효장소가 수입지역으로 기재되어 있는 신용장도 있다. 이런 경우 화환어음과 제반 서류들이 수입지역에 약정된 기일 내에 도착하기 위해서는 우편일수만큼 먼저 서류를 송부하여야 한다.

USD 51,700.00 CFR, 비용 및 운임을 수출상이 부담하는 무역거래조건으로 된 미화 51,700,000달러를 의미하며 숫자와 문자금액이 상이할 경우 문자금액이 우선한다.

against presentation of documents detailed Herein ~, 본 신용장에 상세히 명시된 서류와 상환으로

Draw on UNION NATIONAL BANK ~, 유니온 내셔널 뱅크를 지급인으로 화환어음이 발행되어야 한다는 것을 의미한다. Draw on 다음에 기재

되어 있는 당사자가 지급은행이 되며 통상적인 경우 개설은행이 기재되어 있으나 제 3 의 은행이 기재된 경우도 있다.

Manually signed commercial invoice ~, 수기로 서명된 상업송장을 말하며 상업송장은 수출상이 특정수출거래의 구체적인 내용을 기재하여 수입상 앞으로 보내는 매매거래의 명세서이다. 수출상은 이 명세서를 근거로 수출대금을 청구하기 때문에 수출상의 입장에서 보면 상업송장은 대금청구의 역할을 하게 된다.

shipped on board ~, 선적선하증권은 운송물품이 본선에 적재된 후 발급되는 선하증권이다. 선하증권의 발행일자가 선적일자로 간주된다.

to order of Union National Bank ~, 지시식 선하증권은 수하인에 대한 표시가 to order, To order of, to order of shipper, To order of issuing bank 등과 같이 표시되어 있는 선하증권을 말한다. 수출상이 선하증권 뒷면에 백지배서만 하면 이 선하증권은 자유롭게 유통되어 소유권이 수출상에서 수입상으로 이전된다.

Freight Prepaid는 운임이 선불되었음을 의미하며, Freight collect는 운임이 후불됨을 의미한다.

notify ~, 수입항에 화물이 도착되면 누구에게 화물이 도착되었음을 통지해야 되는지를 나타내는 것으로 통상적인 경우 수입상이 되지만 수입상이 아니고 제 3 자가 기재될 수도 있는데 이때 제 3 자는 수입상의 수입통관 대리인으로 보면 된다.

Shipment must be effected ~, CFR무역거래조건은 수출상이 비용과 운송비용을 부담한다. 수출상이 운송인과 운송계약을 체결할 수 있는 권한을 갖고 있다. 즉 운송인의 선택권이 수출상에게 있다. 그러나 본 신용장은 운송인이 수입상에 의해서 지정되어서 수출상은 수입상이 지정한 운송인과 운송계약을 체결해야 한다. CFR무역거래조건이지만 이와 같이 운송인이 수입상에 의해서 지정되는 이유는 수출상이 선택한 운송인에 대해 수입상이 믿지 못하기 때문에 수입상이 믿을 수 있는 운송인을 사전에 지정하여 선하증권이 위조될 위험을 사전에 방지하고자 수입상이 운송인을 지정한 것으로 보면 된다.

Document must be negotiated ~, 선적항에서 선박이 출항한 후에만 매입할 수 있어서 매입시기가 제한되어 있다.

actual date of arrival of the carrying vessel at the port of loading ~, 선적항에 선박이 실제로 입항한 날짜를 의미한다.

port of loading, 선적항

Institute Classification Clause ~, 협회선급약관에 등록된 적격선박이어야 한다는 것을 말한다. 협회선급약관에 규정된 적격선박이라는 것은 다음의 요건을 충족시키는 선박을 말한다. 기계력에 의한 자항능력을 지니는 철선일 것. 10대 선급 가운데 하나를 취득할 것. 선령이 15년 이하일 것. 정기선(Liner)인 경우는 선령이 15년을 넘어도 좋지만 25년 이하일 것. 다만 용선된 선박(Chartered Vessel)과 총톤수 1,000톤 미만의 선박에 대해서는 정기선이라도 선령 15년 이하가 아니면 적격선박으로 인정되지 않는다. 정기선은 특정항로를 주기적으로 운항하는 선박을 의미하고 용선된 선박은 특정기간 또는 특정항구에서 항구간에 선박을 임대하는 것을 말한다.

Certificate of Origin ~, 원산지증명서

Insurance covered by the applicant, 보험은 수입상이 부보해야 된다.

Document to be presented ~, 서류제시기일

to be borne ~, 부담하다.

Packing List ~, 포장명세서이며 상업송장의 부속서류로서 화물을 외관상 식별하기 위하여 사용되는 서류마다 수출상이 선적화물의 자세한 명세를 표시하여 수입상이 수입화물을 식별할 수 있게 한다. 포장명세서의 기능은 수입통관절차에서 심사자료로 활용되고 양륙지에서 화물의 분류와 판매단계에서 이용된다. 또한 검수 또는 검량업자가 실제 화물과 대조하는 참고자료로서 이용되며, 개별화물의 사고발생분에 대한 확인자료로서 사용되고, 선박회사와 운송계약을 체결할 때 운임산정 등의 기준이 된다.

Legalized Invoice ~, 신용장에서 Visaed, Legalized 또는 Notarized Document를 요구하면 다음과 같이 준비해야 한다. Visaed은 일반송장에 영사가 서명한 것을 의미하고, Legalized는 송장과 선하증권에 영사가 서명, Notarized는 수출상이 서명한 서류에 상공회의소의 서명이 있어야 하고, 이를 정당한 것으로 인정하는 영사의 서명이 있어야 함을 의미한다.

accompany ~, 제시하다.

Documents issued prior to the date of issuance of this L/C not acceptable, 모든 서류는 신용장이 발행되고 난 후에 발행되어야 하며 신용

장 발행일자 이전에 발행된 서류는 수리하지 않는다.

Third party transport documents ~, 제3자 운송서류를 말하며 서류상에 수출상의 이름을 기재하지 않고 제3자의 이름을 기재한 서류를 의미한다. 수출상의 이름을 숨기는 것은 만약 수입상이 선하증권에 기재된 수출상의 이름을 알게 되면 향후 거래는 중계인을 통하지 않고 직접 수출상과 거래할 수 있기 때문에 중계인의 이익을 보존해 주기 위해서 사용된다.

Negotiation under reserve/guarantee ~, 유보조건부 매입은 수출상이 매입은행에 제시한 서류가 신용장의 제조건과 일치하지 않은 경우 이에 대한 책임을 수출상이 부담하기로 하고 매입하는 것을 의미한다.

recovered ~, 부과하다, 징수하다.

deducted ~, 공제하다.

made out ~, 작성하다.

certify ~, 증명하다.

상업송장에 수출상이 본 상품의 제조과정에서 이스라엘 제품이 사용되지 않았음을 나타내는 문구를 기재하면 된다. 서류송부장(Covering Schedule)은 매입은행이 수출상이 제시한 화환어음과 선적서류를 심사하여 신용장의 제조건과 일치한 것이 확인되며 본 서류를 개설은행에게 송부하게 되며 이때 화환어음과 선적서류와 함께 Covering Schedule이 첨부된다.

Covering Schedule에는 개설은행의 신용장을 자기은행에서 매입하였다는 내용과 발송서류의 명세서, 상환지시사항과 특별지시사항을 기재하게 된다. 여기서 보험료는 수출대금지급에서 공제된다는 것을 특별지시사항으로 명확하게 기재해야 된다는 것을 의미한다.

Shipment Advice ~, 선적통지서는 수입상이 수입통관을 사전에 하기 위해서 수출상에게 요구하는 서류이다.

Short Form, Blank Back Bill of Lading ~, 통상 선하증권은 선하증권의 앞면에 필수기재사항이 인쇄되어 있고 선하증권 뒷면에는 운송인의 운송약관이 인쇄되어 있지만 약식선하증권은 모든 운송약관을 인쇄하려면 선하증권의 양식이 길어지기 때문에 운송약관을 인쇄하지 않고 "All the terms of the Carrier's regular long form of Bill of Lading are incorporated herein with like force and effect as if they were written at length herein. A copy of such Bill of lading may be obtained from the Carrier, its agent, or the master"문구를 선하증권에 삽입시켜 마치 운송약관이 인쇄되어 있는 것과 동일한 효력을 갖도록 한 선하증권을 말한다.

FCL Basis(Full Container Load). 컨테이너 하나에 한 수출상의 화물을 적재하는 것을 의미한다. 즉 컨테이너에 다른 수출상의 화물이 혼재되어 적재되는 것이 아니라 특정수출상의 화물만 단독으로 적재되는 것을 말한다. 반면에 LCL Basis(Less Container Load)는 한 컨테이너에 여러 수출상의 화물이 적재되는 것을 말한다.

Show ~, 기재하다.

[해 석]

신용장통지서
당 은행 참조번호: 200515EX9112/SM
개설의뢰인:
개설은행: UNION NATIONAL BANK P.O. BOX 6681 DUBAI U.A.E
개설은행 참조번호: 030022-080
화폐와 금액: 미화 51,700.00달러
신용장 유효기일: 2005년 11월 5일
신용장 유효장소: 한국
B.O.K.번호: A-8601-810-03295

당 은행은 귀사를 수익자로 발행된 화환신용장에 대한 상세한 내용을 동봉합니다.

본 신용장은 취소불능신용장이고 제반 서류들을 당 은행의 거래은행에 제시하여 일람출급으로 수출대금을 회수할 수 있습니다. 당 은행은 본 신용장에 대해서 확인을 하지 않았습니다.

신용장의 상환조건에 따라 재매입을 위해 제반 서류를 제시하면 당 은행의 서울지점은 개설은행으로부터 수출대금을 수령한 후에 귀사의 첫 매입은행에게 장부금액(서류에 기재된 수출금액)을 지급할 것입니다.

신용장의 조건을 주의 깊게 검토한 후 귀사가 신용장의 내용에 대해 이견이 있는 경우 귀사는 수입상에게 통지하여 신용장내용을 정정하기 바랍니다.

당 은행(통지은행)의 참조번호 200515EX9112/SM은 모든 통신서류에 기재되어 있어야 합니다.

본 신용장은 택배로 통지은행에게 송부되었습니다.
본 신용장은 취소불능 화환신용장입니다.

신용장번호와 발행일자: 030022-080, 2005년 9월 25일
신용장 유효기일: 2005년 11월 5일
신용장 유효장소: 한국
신용장 개설의뢰인: UMESH ENTERPRISES. P.O. BOX 12853 DUBAI U.A.E.
수 익 자: 서강무역(한국 서울 1726번지)
통지은행: U.B.A.F 서울지점(서울 중구 순화동 1-170번지 삼도빌딩 3층)
신용장금액: CFR가격조건으로 계산된 미화 **51,700.00**달러
분할선적: 허용
환 적: 금지
선 적 지: 한국
최종목적지: RASHID DUBAI 항구
운송수단: 해상운송
최종선적기일: 2005년 10월 27일
신용장 활용방법

본 신용장에서 명시된 제반 서류들과 UNION NATIONAL BANK를 지급인으로 발행된 일람출급화환어음과 그 어음에는 Drawn under UNION NATIONAL BANK와 신용장번호 30022-080, 발행일자 2000년 9월 29일이 기재되어 있어야 합니다. 이러한 서류들과 상환으로 U.B.A.F 서울지점은 매입할 수 있습니다.

당 은행은 상세하게 명시된 대로 귀사를 수익자로 된 취소불능 화환신용장을 개설합니다.

상품명세서: NOT EXCEEDING 22000 YARDS PLAIN DYED FANCY SPANDAX JACQUARD 44 INCHES X ABOUT 25 YARDS AT THE RATE OF USD 2.35 PER YARD CIF DUBAI

요구서류

01. 자필로 서명한 상업송장 부본 4통이 상품명세서와 동일한 제품이고 원산지가 표기되어 있다는 것을 입증하는 것이어야 합니다.

02. 무사고 선적선하증권 3통이 UNION NATIONAL BANK Dubai를 지시인으로 발행되고 배서되어야 합니다. 운임은 선불되고 수입항의 화물도착통지처가 수입상이나 개설은행으로 작성되어 있어야 합니다.

03. 선적은 UASE/APL/NYK/PIL/UNIGLORY/WILLINE 선사에서만 가능하며 선하증권은 이들 선사와 대리인이 발행한 것이어야 합니다.

04. 서류들은 선적항에서 선박이 출항한 후에만 매입할 수 있습니다. 선사와 그의 대리인이 선적항에 선박이 입항한 실제날짜와 선적항에서 출항한 날짜를 기재하여 발급한 증명서를 제출해야 합니다.

05. 선하증권과 명시된 선사와 그의 대리인이 상품은 협회선급약관

에 등록된 선박에 선적되고, 본 선박은 법이나 제도에 따라 아랍항구의 입항이 허용되고 선령은 15년 이하임을 증명하는 서류를 제시해야 합니다. 이 증명서에는 선사명이 기재되어 있어야 합니다.

06. 현지 상공회의소가 발행한 원산지증명서가 아랍연합 상공회의소에 의해 정당하게 확인된 것이어야 합니다. 만약 아랍연합 상공회의소가 없는 경우 U.A.E의 대사관이나 영사관이 정당하게 사증을 발급한 것이어야 합니다. 만약 대사관이나 영사관이 없는 경우 이것은 모든 아랍영사관에서 사증을 발급받아도 무방합니다.

원산지증명서에 상품이 수출된 국가명, 수출회사명, 원산지, 제조회사명과 주소가 기재되어 있어야 합니다.

07. 해상보험은 수입상이 부보하며 수출상은 본 신용장하에서의 선적사항을 보험증권번호 MRN/OC/KI9400055에 따라 선적후 24시간 이내로 FAX(FAX번호 007914-531903)를 이용하여 수입상과 KESTREL INS. 보험회사/ARAB ORIENT(FAX번호 009714-512689)로 통지해야 합니다.

서류들은 운송서류가 발행된 날로부터 10일 이내에 제시되어야 하며 신용장 유효기일 이내이어야 합니다. 모든 통지, 매입, 상환비용은 수출상이 부담해야 합니다.

본 신용장은 국제상공회의소가 제정하고 1993년 개정된 신용장 통일규칙 및 관례에 따라 처리되며 본 신용장에서의 모든 매입은 신용장 뒷면에 배서되어 있어야 합니다.

신용장번호 030022-080

2페이지 상기 언급한 신용장의 일부를 구성합니다.

신용장통지서 부본은 운송서류 원본과 함께 제출되어야 합니다.

08. 포장명세서 부본 4통, 본 포장명세서에는 카튼번호, 색상번호, 각각 날개의 길이, 개수, 카튼박스에 포장된 야드가 기재되어 있어야 합니다.

특별지시사항

01. 선적표기를 M5940/UMESH/HETRO/DUBAI INTRANSIT로 기재해야 합니다.

02. 사증이 표기된 원산지증명서 원본과 상업송장 원본이 등록항공우편으로 수입상에게 송부되어야 합니다. 사증이 표기된 원본과 같이 동일한 효력이 있는 서류를 수입상에게 발송했다는 수출상의 증명서가 함께 제시되어야 하고 그런 경우 사증이 표기되지 않는 상업송장과 원산지증명서 부본에 사증이 표기되지 않았더라도 매입할 수 있습니다.

03. 신용장 발행일자 이전에 발행된 서류들은 인수할 수 없습니다.

04. 제3자 운송서류는 수리할 수 없습니다.

05. 유보조건부와 보증부 매입은 엄격히 금지되어 있습니다. 불일치서류가 제시되는 경우 사전승인을 받아야 하며 서류들은 인수조건으로 불일치사유를 명시하여 당 은행에게 송부해야 합니다.

본 신용장거래에서 불일치서류가 제시되면 불일치서류 검토비용으로 미화 50달러와 동등한 금액을 수출상에게 청구하게 될 것입니다. 이러한 비용은 매입을 위해 제시된 서류가 불일치할 때마다 부과될 것입니다.

본 비용은 비록 신용장에 이와 같은 비용이 수입상이 부담한다고 명시되어 있더라도 본 신용장거래에서 지급한 송금액에서 공제될 것입니다.

06. 모든 서류들은 반드시 영어로 작성되어야 합니다.

07. 상업송장은 선적된 상품이 원산지가 이스라엘이 아니고 이스라엘에서 생산된 원료를 사용하지 않았음을 증명해야 합니다.

08. 매입할 때 M5691/M5735/M5777의 사증발급비용으로 미화 610달러가 M/S METRO TEXTILE로 최종송금하기 위해 수출상에게 지급하는 금액에서 공제될 것입니다. 이러한 사항은 매입은행의 매입의뢰서에 정확히 기재되어 있어야 합니다. 이 공제금액은 최초매입금액에서 차감될 것입니다.

09. 상업송장가액의 125%당 1% 비율로 된 적하보험료가 M/S METRO TEXTILE에게 최종송금하기 위해 수출상에게 지급되는 수출금액에서 공제되어야 합니다. 이러한 사항이 매입은행의 매입의뢰서에 분명하게 명시되어 있어야 합니다.

10. 상업송장에는 미화 145달러가 공제되어 있어야 하고 이 비용은 수입상에게 송부하는 서류송부비용입니다. 그러나 공제전 전체상업송장금액은 신용장금액을 초과할 수 없습니다. 이 공제금액은 신용장거래의 첫 매입금액에서 차감될 것입니다.

11. 상업송장에는 선적된 제품의 국제상품 품목번호가 기재되어 있어야 합니다.

12. 선적통지서에는 수출상의 상호, 신용장번호, 계약서번호, 송장금액, 상품수량, 선박항행번호와 선박명이 기재된 전체포장개수, 선하증권번호와 발행일자, 컨테이너 번호, 양륙항에 선박이 입항할 날짜 등이 기재되어야 하며 이러한 선적통지서는 선하증권이 발행된 날로부터 4일 이내로 팩스발송서류를 원본서류와 함께 팩스(팩스번호 04-531903)로 수입상에게 통지해야 합니다.

13. 약식선하증권, 선하증권 뒷면이 비어 있는 선하증권, 운송주선업자가 발행한 선하증권은 수리할 수 없습니다.

14. 상품은 20피트 컨테이너에 완전히 채울 수 있게 적재되어야 합

니다. 선하증권은 모든 FCL 컨테이너 적재비용, 인도비용, 목적항에서의 현지인도지시비용이 지불되었음을 증명해야 합니다. 선사나 선사대리인이 자필서명하여 발급한 별도의 운송증명서도 운송서류 원본과 함께 제시해야 합니다.

15. 선하증권은 목적항에 있는 선사대리인의 상호, 주소, 전화번호, 팩스번호가 기재되어 있고, 컨테이너 번호, 봉인번호, 전체카튼박스 수량도 기재되어야 합니다.

16. 선하증권 부본은 선하증권 발행일로부터, 5일 이내에 그들의 팩스 009714-531903번으로 수입상에게 보내야 합니다. 팩스 송부서와 함께 선하증권 부본을 송부했음을 수출상이 증명하는 서류가 운송서류 원본과 함께 제시되어야 합니다.

17. 선하증권을 발행할 수 있는 권한을 갖고 있는 당사자가 확인을 해도 선하증권의 변경, 삭제, 정정은 인정할 수 없습니다.

18. 카튼박스 표면에 카튼박스 번호, 전체수량, 개수, 안에 포장된 전체 야드가 표기되어 있어야 하며 상업송장에 표기된 것과 동일해야 합니다.

19. 고무도장의 서명은 인정하지 않습니다.

20. 상업송장은 수입상에게 지급할 사증비용으로 미화 290달러가 공제된 것으로 기재해야 하며, 공제전 전체송장가액은 신용장금액을 초과할 수 없으며 이 공제금액은 별도 송장으로 작성되어야 합니다.

매입통지은행에게 상기은행의 지시사항

당 은행을 신용장의 제조건과 일치된 원본서류들을 접수한 후 10일 이내에 수출대금을 송금할 것입니다.

2. 연지급신용장

MODEL FORM-1

THE
BANK OF
NEW YORK

The Bank of New York
Seoul Branch
Young-Poong Building, 23rd Floor
33 Seolin-dong, Chongro-ku
Seoul, 110－752, Korea
Tel: 399－0301/5
Fax: 399－0055

Our Ref No.	Tm.	L/C No.	Tenor	Date
A770180511285	DLS-980520-06043-00	126898D35	30 A/S	2005-05-20

Beneficiary	Issuing Bank	
SOGANG CORP. TEL:3166-449, 771-1500 11-13TH FLR., CORYO DAEYUNGGAK CENTER 25-5, CHUNGMURO 1-GA, CHUNG -GU, SEOUL, KOREA(C.P.O. BOX 1726)	DORNBIRNER SPARKASSE LUSTENAU SCHILLERSTRASSE 6, A-6890 LUSTENAU, AUSTRIA	
Advised through(if any)	Intermediary Bank(if any)	
Amount USD 229,490.00 ＋/－0%		
Date of Pre-Advice	Issurance Date 2005-05-19	Expiry Date 2005-06-20

Ladies/Gentlemen:

AT THE REQUEST OF OUR CORRESPONDENT, WE ATTACH THE CAPTIONED DOCUMENTARY CREDIT ISSUED IN YOUR FAVOUR.
THIS ADVICE CONVEYS NO ENGAGEMENT OR OBLIGATION ON OUR PART.
PLEASE EXAMINE THIS ADVICE CAREFULLY. IF YOU ARE UNABLE TO COMPLY WITH THE CREDIT TERMS, PLEASE COMMUNICATE WITH YOUR BUYER IMMEDIATELY TO ARRANGE FOR AN AMENDMENT.
WE ARE AT YOUR DISPOSAL TO GIVE YOU ANY INFORMANTION OR ADVICE YOU MIGHT NEED.
WE ARE HOLDING SPECIAL INSTRUCTIONS REGARDING DISPOSAL OF DOCUMENTS AND REIMBURSEMENT UNDER THIS CREDIT.
UNLESS OTHERWISE EXPRESSLY STATED HEREIN L/C IS SUBJECT TO “THE UNIFORM CUSTOMS AND PRACTICE FOR DOCUMENTARY CREDITS. 1993 REVISION, ICC PUBLICATION 500”.

DORNBIRNER SPARKASSE
LUSTENAU
SCHILLERSTRASSE 6, A-6890
LUSTENAU, AUSTRIA

2005 MAY 19 19:44:59

Logical Terminal 00AZ

MT S700 Issue of a Documentary Credit Page 00001

Func SEPRI

HSGACK DVS7651 Auth OK, key b1971221E300D9F91, IRVT**** DOSPAT2D record

Basic Header	F 01 IRVTKRSXAXXX 1787 318454		
Application Header	0 700 1641 20000519 DOSPAT2DASSS 4891 422876 20000519 2341 0 *DORNBIRNER SPARKASSE *DORNBIRN		
User Header	Service Code	103:	
	Bank. Priority	113:	
	Hsg User Ref.	108:	
	Info. From CI	115:	
Sequence of Total	*27	:	1/1
Form of Doc. Credit	*40A	:	IRREVOCABLE
Doc. Credit Number	*20	:	126898D35
Ref. To Pre-advice	23	:	
Date of Issue	31C	:	20050519
Expiry	*31D	:	Date 20050620 Place Korea
Applicant Bank	51	:	
Applicant	*50	:	SOCIETE NHASET S.A.R.L.
		:	Avenue Delorme, Carre 188 E
		:	DY Cotonou
Beneficiary	*59	:	SOGANG Corporation
		:	C.P.O. Box 1726
		:	Seoul/Korea
Amount	*32B	:	Currency USD Amount 229.490
Pos. / Neg. Tol.(%)	39	:	/
Max. Credit Amount	39	:	
Add. Amount Covered	39	:	
Available with/by	*41D	:	Bank of New York, Seoul Branch
		:	BY DEF PAYMENT
Drafts at …	42	:	
Drawee	42		
Mixed Paym. Details	42	:	
Deferred Paym. DET	42P	:	At 30 days sight
Partial Shipments	43P	:	Kindly see additional conditions
Transshipment	43.P	:	Allowed-except via African port
		:	
		:	
Loading in Charge	44A	:	Any Korean port
For Transport to …	44B	:	Cotonou/Benin in transit
Latest Date of Ship.	44C	:	20050530
Shipment Period	44	:	
Descript of Goods	45A	:	Textile Piece Goods: 1. 50,000 yds Lacquer Foil T/C Jacquard Uragirl, width: 58 unit price per yard: USD1.80 CIF Contonou making USD 90,000.00 2. 50,000 yds Laquer Foil Damask jacquard width: 58 unit price per yard: USD 1.50 CIF Contonou making USD 75,000.00

			3. 50,000 yds Two Tone Jacquard Uragirl, width: 58, unit price per yard: USD 2.10 CIF Contonou making USD 105,000.00
Documents required	46A	:	All other details are as per **proforma Invoice no.JC-20000416.** **+Commercial Invoice in quintuplicate, duly signed and stamped.** +Packing-lists with packing details in quintuplicate showing following details for each carton separately: gross-and net-weight, item, design-number(s) and yardage of the design(s) packed in the carton and colours also. +Three copies of the packing-list from factory-side must also be attached to the required documents. Photocopies not allowed. +full set of at least 3/3 + 3 n/n copies clean on board bill of lading made out to order, blank endorsed, marked 'freight prepaid' and 'goods in transit for Lagos/Nigeria' showing as notify: Toyin Omolulu, 32 Ofada Street, Nushin-Lagos (Nigeria)
2005MAY19 MT S700	19:45:05		Logical Terminal OOAZ Issue of a Documentary Credit Page 00002 Func SEPRI
			Contonou in transit +Insurance Covered by exporter against all risks from warehouse to warehouse for 110 percent of the invoice value. Insurance certificate in duplicate to order of shipper, blank endorsed claims payable in Benin and/or Austria, is required. +Certificate in duplicate required, attesting that the quantity mentioned in the commercial invoice is the actual shipped quantity and that the packing-lists shows exactly the quantities as per packing-list from factory side and that there is no discrepancy between the quantity negotiated and the quantity shipped actually. This certificate must be duly signed and stamped and the name of the person who sign this certificate must be written in block letters together with his title.
Additional Cond	47A	:	+Shipment samples to be sent on or before shipment effected to Nhaset-Shegun line, Avenue Delorme, Carre 188e, Missebo, Cotonou Benin, Phone, 31,02,56, Fax 31,14,33, waybill copy to be attached to the required documents. This clauses must not be confirmed on the invoices or packing lists. The waybill is required only for confirmation. +No marks and labels should show the name of applicant inside and outside of the packages, beneficiary's certificate is required. +Shipment must be effected by Naersk Line only. +Container-number must be mentioned on the B/L. +Invoices and packing lists must state the name and address of the notify mentioned in the B/L only. +The description of goods in the Bill of Lading must show only.

+Textile Piece Goods without mentioning the quantity of goods.
+Please present the relative documents to the Bank of New York Seoul Branch for final negotiation, who holds special reimbursement instructions and will send them to Dornbirner Sparkasse, Schillerstrasse 6, A-6890 Lustenau/Austria by courier.
+Invoices must certify that shipment has been effected as full-container-load and must mention the container number(s).
+Partial shipments allowed, but only as full container loads.
+The name and address of applicant must not be mentioned on the invoices, packing-lists, insurance certificate and also not on any marks, shipping marks, inside or outside of the packages.
+The estimated time of arrival of the goods in Cotonou must be mentioned on the commercial invoice.
+Shipping marks must include 'N.S.L.' beside of the usual shipping marks.
+The issue-and shipped on board date must be printed and not stamped.
+Special deduction of USD40,510.00 will be made from first payment being difference of USD27,500.00 for JJJ-5004, USD 1,394.00 for shortage of JJJ-5128 and USD 11,616.00 for shortage of JJJ-5042.

Details of Charges 71B : All commissions and charges outside Austria are for beneficiary's account.
Our discrepancy fee for USD 50.00, if any, is for beneficiary's a/c.

Presentation Period 48 : Documents to be presented within 15 days after the date of issuance of the shipping document(s) but within the validity of the credit.

Confirmation *49 : WITHOUT

2000MAY19   19:45:10   Logical Terminal 00AZ
T S700   Issue of a Documentary Credit   Page 0003
Func SEPRI

Reimbursement 53 :
Instructions 78 : All documents must be forwarded to Dornbirner Sparkasse. Schillerstrasse 6, A-6890 Lustenau/Austria in one lot by the Bank of New York Seoul Branch. Upon receipt of documents in strict compliance with the L/C terms we will reimburse the latter according to their instructions at maturity.

"Advise Through" 57 :
Send. To Rec. Info. 72 : Please advise the beneficiary by phone and acknowledge receipt quoting your Ref. No.

Trailer   Order is 〈MAC:〉 〈PAC:〉 〈ENC:〉 〈CHK:〉 〈TNG:〉
〈PDE: 〉

MAC: 8BCCED6A
CHK: DE529F4248D4

[해 설] At THE REQUEST OF OUR CORRESPONDENT ~의 문구는 신용장 통지은행이 발행한 신용장통지서이다. 신용장의 통지란 개설은행의 요청에 따라 제3의 은행이 신용장의 개설사실을 수출상에게 통지하는 것을 말한다.

신용장이 수출상에게 통지되는 방법은 다음과 같다.

① 개설은행이 수출상에게 직접 통지한다.
② 개설은행의 요청에 따라 제 3 의 은행이 통지한다.
③ 개설은행이 신용장을 개설하여 수입상에게 먼저 인도하고 수입상이 수출상에게 통지한다.

이상과 같은 방법이 있으나 개설은행의 요청에 따라 제3의 은행이 수출상에게 통지하는 방법이 가장 많이 이용되고 있다.

신용장은 타은행(통지은행)을 통하여 통지은행의 약정 없이 수익자에게 통지될 수 있으며 그 은행이 신용장을 통지하기로 한 경우에는 신용장의 외견상의 진정성을 확인하기 위하여 상당한 주의를 기울여야 한다. 은행은 신용장을 통지하지 않기로 결정하면 그 은행은 그러한 사실을 지체 없이 개설은행에 통지하여야 한다(신용장 통일규칙 제7조 참조).

proforma Invoice no. JC20000416~, 견적송장은 수입상이 수입국의 수입허가를 얻기 위해 수출상에게 요구하는 서류로서 당해 상품의 가격을 견적해 주는 것을 말한다. 견적송장에 명시된 가격은 어디까지나 수입상이 신용장을 개설할 수 있게 편의상 형식을 갖추는 것에 불과하며 어떤 법적 구속력을 갖고 있지 않다.

Commercial Invoice in quintuplicate, duly signed and stamped, 원본서류는 수기(Handwriting) 또는 타이핑친 것에서 자동화 또는 컴퓨터장치(automated or computerized system), 복사장치(reprographic system), 복사본(carbon copy)까지 인정범위가 확대되고 있으며 서류발행자가 반드시 "Original"이라고 표시해야 원본으로 인정되고 있다. 제시될 서류가 원본으로 인정되기 위해서는 신용장에서 서명을 요구했을 경우 수기 또는 전자식, 복사장치 등으로 작성된 서류에 반드시 서명이 있어야 원본서류로 간주한다. 서명방법으로는 자필수기, 팩시밀리 서명, 천공서명, 스탬프, 기호 또는 그 밖의 다른 기계식 또는 전자식 확인방법으로 인정범위를 확대하였다.

팩시밀리 서명은 레이저 프린트기, 인쇄기 등에 의해 사전에 인쇄된 서명을 말하며 팩스기계에 의해서 전송된 서명을 의미하지 않는다. 기호(Symbol)는 아시아국가에서 사용하고 있는 관인표시(Chopmark)를 말한다. 카본으로 서명할 경우 한번 서명하고 뒤에 베어져 나오는 서명은 원본으로 인정하지 않는다.

[해 석]

당 은행 참조번호: A770180511285

TRN: DLS-980520-06043-00

신용장번호: 126898D35

어음기간: 일람출급 30일

신용장통지서 발행일자: 2005년 5월 20일

수 익 자: SOGANG CORP. TEL: 3166-449, 771-1500, 11-13TH FLR., CORYO DAEYUNGGAK CENTER 25-5, CHUNGMURO 1-GA, CHUNGGU, SEOUL, KOREA(C.P.O. BOX 1726)

개설은행: DORNBIRNER SPARKASSE LUSTENAU SCHILLERS-TRASSE 6, A-6890 LUSTENAU, AUSTRIA.

신용장금액: 미화 229,490.00달러+/- 0%

신용장발행일: 2005년 5월 19일

신용장 유효기일: 2005년 6월 14일

당 거래은행의 요청에 따라 당 은행은 귀사를 수익자로 발행된 화환신용장을 통지합니다.

본 신용장통지서는 당 은행의 약정과 의무가 포함되어 있지 않습니다.

본 신용장을 주의 깊게 검토하고 만약 귀사가 신용장내용을 수락할 수 없는 경우 즉시 수입상에게 연락하여 신용장내용을 정정하시기 바랍니다. 당 은행은 귀사가 원하면 귀사에게 귀사가 원하는 모든 정보나 상담을 할 수 있습니다.

당 은행은 서류의 송부와 본 신용장거래에서 상환에 대한 특별한 지시사항을 갖고 있습니다.

다른 명백한 합의사항이 있는 경우를 제외하고 본 신용장은 국제상업회의소가 제정하고 1993년 개정된 신용장 통일규칙 및 관례에 따라 처리 될 것입니다.

전체신용장 일련번호: 1페이지

신용장종류: 취소불능신용장

신용장번호: 126898D35

신용장발행일: 2005년 5월 19일

신용장 유효기일: 2005년 6월 20일, 한국

신용장 개설의뢰인: SOCIETE NHASET S.A.R.L. Avenue Delorme, Carre 188 EDY Cotonou

수 익 자: SOGANG Corporation C.P.O. Box 1726 Seoul/Korea

신용장금액: 미화 229,490.00달러

신용장 사용방법: 뉴욕은행 서울지점이 연지급으로 지급합니다.

연지급기간: 일람출급 30일

분할선적: 추가조건사항

환 적: 아프리카 항구를 경유하는 것을 제외하고는 허용

선 적 항: 한국의 모든 항구에서 가능

최종목적항: COTONOU/ BENIN

최종선적기일: 2005년 5월 30일

상품명세서: Textile Piece Goods

1. 50,000 yds Lacquer Foil T/C Jacquard Uragirl, width: 58 unit price per yard: USD1.80 CIF Contonou making USD 90,000.00
2. 50,000 yds Laquer Foil Damask Jacquard width: 58 unit price per yard: USD 1.50 CIF Contonou making USD 75,000.00.
3. 50,000 yds Two Tone Jacquard Uragirl, width: 58 unit price per yard: USD 2.10 CIF Contonou making USD 105,000.00

요구서류

상업송장 5통이 정당하게 서명되고 직인이 찍혀 있어야 합니다.

포장에 대한 상세한 명세서가 있는 포장명세서가 5통, 본 포장명세서에는 각각의 카튼박스에 대한 내용, 총중량과 순중량, 품목, 디자인 번호, 카튼박스에 포장된 디자인당 야드와 색상이 표기되어 있어야 합니다. 공장에서 발급한 포장명세서 부본 3통이 제시서류와 함께 제시되어야 합니다. 복사본은 인정하지 않습니다.

무사고 본선적재선하증권 3통과 비유통운송서류 부본 3통이 지시식으로 발행되고, 백지배서되어야 하며, 운임이 선불되고, 상품이 나이지리아 라고스로 운송중에 있으며, 수입항에서의 화물도착통지처로 Toyin Omolulu, 32 Ofada Street, Nushin-Lagos(Nigeria)가 기재되어 있어야 합니다.

보험은 수출상이 상업송장가격의 110%로 창고간 약관과 모든 위험을 담보하는 보험에 부보해야 합니다.

보험증명서 2통이 수출상을 지시인으로 발행되고, 백지배서되어야 하며 보험금은 Benin이나 Austria에서 지불되도록 작성되어 제출되어야 합니다.

증명서 2통이 제시되어야 하며 본 증명서는 상업송장에 명시된 수량

과 실제 선적된 수량이 동일하고, 포장명세서는 공장에서 발행한 포장명세서를 정확하게 기재하고 있고, 매입한 수량과 실제 선적된 수량과의 차이가 없음을 입증해야 합니다. 이 증명서는 정당하게 서명되고 직인이 표기되어 있어야 합니다. 이 증명서를 서명한 당사자의 성명이 직위와 함께 블록박스 속에 서면으로 기재되어 있어야 합니다.

추가조건

견본선적이 Nhaset-Shegun line, Avenue Delorme, Carre 188e, Missebo, Cotonou Benin, Phone, 31,02,56, Fax 31,14,33로 선적하기 전에 선적하는 시점에서 송부되어야 합니다. 화물운송장(Waybill)이 요구서류와 함께 제시되어야 합니다.

본 조항은 상업송장과 포장명세서에 기재하지 마십시오. 화물운송장은 단지 확인을 위해서 필요합니다.

신용장 개설의뢰인의 성명이 나타나 있는 표기나 라벨이 포장할 때 포장지 밖이나 안에 표기해서는 아니 됩니다. 수출상의 증명서가 필요합니다.

선적은 Naersk Line선사에다 꼭 해야 합니다.

컨테이너 번호가 선하증권에 기재되어 있어야 합니다.

선하증권에 기재된 화물도착통지처의 성명과 주소가 상업송장과 포장명세서에 반드시 기재되어 있어야 합니다.

선하증권에 기재된 상품명세서는 상품의 수량을 기재하지 않고 상품의 개수를 단지 기재해야 합니다.

관련서류는 최종매입을 위해 뉴욕은행 서울지점에 제시해야 하며 동은행은 특별하게 상환지시사항을 가지고 있고, 동 서류를 특급우편으로 Dornbirner Sparkasse, Schillerstrasse 6, A-6890 Lustenau/Austria에게 송부할 것입니다.

상업송장은 선적이 FCL로 이루어졌음을 증명해야 하고 컨테이너 번호를 기재하고 있어야 합니다.

분할선적은 허용되며 전제조건은 FCL로 이루어져야 합니다.

신용장 개설의뢰인의 성명과 주소가 상업송장, 포장명세서, 보험증명서에 기재되어 있어서는 아니 됩니다. 포장박스 밖이나 안에 어떤 표기나 선적화인이 있어서는 아니 됩니다.

상품이 Cotonou에 도착할 날짜가 상업송장에 명시되어 있어야 합니다.

선적화인은 관례적인 화인표기에 "N.S.L."를 포함시켜야 합니다.

본선적재일자와 발행일자는 스탬프로 표기하지 말고 인쇄되어야 합니다.

특별공제금액 미화 40,510달러가 최초대금지급액에서 공제될 것입니다.

이 금액은 전거래 JJJ-5004 미화 27,500달러에서 발생한 부족분이며 구체적으로 JJJ-5128 부족금 미화 1,394달러와 JJJ-5042부족금 미화 11,616달러입니다.

비용사항

오스트리아 외에서 발생하는 모든 수수료와 비용은 수출상이 부담해야 합니다. 불일치서류 심사비용으로 미화 50달러를 수출상이 부담해야 합니다.

서류제시기간

서류는 선하증권이 발행된 날로부터 15일 이내에 제시되어야 하며 신용장 유효기일 이내이어야 합니다.

신용장확인 지시사항: 없음

상환지시사항

모든 서류는 뉴욕은행 서울지점을 통해서 1부가 Dornbirner Sparkasse Schillerstrasse 6, A-6890 Lustenau/Austria로 제시되어야 합니다. 신용장의 제조건과 엄격히 일치한 서류를 받자마자 상환은행은 어음만기일에 개설은행의 지시에 따라 서류송부은행에게 상환할 것입니다.

3. 미확인신용장

MODEL FORM-1

Documentary Credits Department

U B A F

SEOUL BRANCH

Seoul, 15/04/2005

Tel. No. : 778-8081 Ext. : 114

ADVICE OF NOTIFICATION

SOGANG CORP.
C.P.O. BOX 1726
SEOUL
REPUBLIC OF KOREA

Our Reference	:	20050603EX8752/SM
Applicant	:	
Issuing Bank	:	BK OF KUWAIT & MIDDLE EAST H.O.
		P.O. BOX 71 SAFAT KUWAIT
Issuing Bank's ref.	:	2119812292
Currency/Amount	:	USD 9,000.00
Tolerance	:	+/−10.00%
Validity	:	15/08/2005
Place of expiry	:	KOREA
B.O.K. Number	:	A-8601-806-22250

Dear Sirs.

We are pleased to enclose full details of the documentary credit issued in your favour.

This credit is irrevocable, available by payment at sight, for presentation of documents at our counters exclusively.
This credit does not bear our confirmation.
The proceeds will be paid by us upon presentation of complying documents.

If after careful examination of credit terms, you do not agree with any of them, please contact your buyers to obtain the appropriate amendment.

Our above reference, 20050603EX8752/SM, should be quoted in all correspondence.

Yours faithfully.
Union de Banques Arabes et Francaises
U.B.A.F.-SEOUL BRANCH
No signature required

UNION DE BANQUES RABES ET FRANCAISES U.B.A.F.
3RD Floor, Sam Do Building 1-170, Soon Hwa-Dong, Chung-ku, Seoul, Korea. C.P.O. Box 1224
Tel:778-8081/5 ▪ Swift:UBAFKRSX ▪ Fax:22)754-6848, 774-6794 ▪ Telex:K26400 UBAFSK, K23700 UBAFKO

BKME
THE BANK OF KUWAIT & THE MIDDLE EAST K.S.C.

ORIGINAL

24 JUN. 2005

TO:
SOGANG CORPORATION
CENTRAL C.P.O. BOX 1726
SEOUL
KOREA

RE.: OUR IRREVOCABLE LETTER OF CREDIT REFERENCE NO. 2119812292

ADVISED THROUGH: NEGOTIATION RESTRICTED TO ADVISING BANK

UNION DE BANQUE ARABES
ET FRANCAISES
SEOUL BRANCH
3RD FLOOR, SAMDO BUILDING
1-170, SOONHWA-DONG, CHUNG-KU
SOUTH KOREA

IN REIMBURSEMENT OF NEGOTIATION MADE BY YOU IN CONFORMITY WITH THE TERMS OF THIS CREDIT, PRESENT ALL DRAFTS AND DOCUMENTS TO THE ABOVE MENTIONED ADVISING BANK FOR RE-NEGOTIATION, AS THEY HOLD SPECIAL INSTRUCTIONS.

WE HEREBY ESTABLISH OUR IRREVOCABLE LETTER OF CREDIT IN YOUR FAVOUR AT THE REQUEST AND ON BEHALF OF:
AMIN MOHD SHAREF ALAWADI
P.O. BOX 2628
SAFAT
13001 KUWAIT

FOR AN AMOUNT OF:
ABOUT USD 9,000.00 (10% MORE OR LESS) CFR

IN WORDS: ABOUT US DOLLARS NINE THOUSAND ONLY (10% MORE OR LESS) CFR

SHIPMENT FROM KOREA TO KUWAIT
BY STEAMER NOT LATER THAN 31 JUL. 2005
PARTIAL SHIPMENTS PERMITTED AND TRANSSHIPMENT PROHIBITED
DOCUMENTS MUST BE PRESENTED IN KOREA-SOUTH
FOR NEGOTIATION ON OR BEFORE 15 AUG. 2005

(CONTINUED OF PAGE 2)

수신 RECEIVED UBAF SEOUL

Head Office Darwazat Al-Abdul Razzak. P.O.Box 71. Safat 13001 Kuwait. Tel:802000. Telex:2204[illegible] Cable:Bankuwait. Fax:2461430 C.R. 429

BKME

THE BANK OF KUWAIT & THE MIDDLE EAST K.S.C.

ORIGINAL

L/C NO. 2119812292

PARTICULARS OF GOODS:

ABOUT 10,000 YARDS PLAIN DYED 100% POLYESTER KING CHIRIMEN JACQUARD QUALITY NO. FJC4166-02. 44 X ABOUT 25 YARDS PIECES @USD 90 PER YARD. CERTIFIED ON INVOICES OTHER DETAILS TO BE AS PER INDENT NO. ATC/TKK-1070/05 S/CONT. BJ-801-0209

SHIPPING MARKS : ADEEB AHMED-KUWAIT
LC NO. 2119812292
TKK-1070/05
MADE IN KOREA
C/NO. YDS …

MANUFACTURES/PROCESSORS : SOGANG CORPORATION
CENTRAL P.O. BOX 1726
SEOUL, KOREA

COUNTRY OF ORIGIN : KOREA

DOCUMENTS REQUIRED:

1. DRAFTS IN DUPLICATE AT SIGHT FOR FULL INVOICE VALUE, ON US
2. SIGNED INVOICES IN QUADRUPLICATE (1 ORIGINAL + 3 COPIES) AS PER ATTACHED SHEET
3. CERTIFICATE OF ORIGIN AS PER ATTACHED SHEET
4. PACKING LIST AS PER ATTACHED SHEET
5. **COMPLETE** SET OF CLEAN "SHIPPED ON BOARD" OCEAN BILLS OF LADING MARKED FREIGHT PREPAID MADE OUT TO ORDER OF THE BANK OF KUWAIT AND THE MIDDLE EAST K.S.C., KUWAIT AND MARKED NOTIFY: APPLICANTS AND CONSIGNEE.
6. **SHIPPING COMPANY'S CERTIFICATE** CERTIFYING THAT SHIPMENT IS EFFECTED BY A VESSEL, NOT MORE THAN 15 YEARS BELONGING TO EITHER UNITED ARAB SHIPPING COMPANY OR CONFERENCE LINE.

SPECIAL INSTRUCTIONS: (THESE SHALL PREVAIL, OVER ALL PRINTED TERMS IN CASE OF ANY APPARENT CONFLICT.)

1. ALL BANK CHARGES OUTSIDE KUWAIT INCLUDING POSTAGE, TELEX/CABLE CHARGES, COURIER CHARGES AND REIMBURSING BANK'S CHARGES ARE FOR YOUR ACCOUNT.

AUTHORISED SIGNATURES
(CONTINUED ON PAGE 3)

Head Office Darwazat Al-Abdul Razzak. P.O.Box 71. Safat 13001 Kuwait. Tel:802000. Telex:22045. Cable Bankuwait. Fax:2461430 C.R. 429

BKME
THE BANK OF KUWAIT & THE MIDDLE EAST K.S.C.

ORIGINAL

L/C NO. 2119812292

SPECIAL INSTRUCTIONS (CONTD.)

2. AT THE TIME OF NEGOTIATION, THE NEGOTIATING BANK IS HEREBY AUTHORISED TO PAY YOU THE DRAFT AMOUNT LESS 3% COMMISSION, OF WHICH 1.5% DUE TO AL-AMIRITEX AND 1.5% DUE TO APPLICANTS, WHICH WILL BE DISBURSED BY US (BKME).
3. EACH PIECE OF THE GOODS SHIPPED MUST BE STAMPED WITH THE WORDS "MADE IN KOREA" AND YOU MUST CERTIFY ON YOUR INVOICES TO THIS EFFECT.

OTHER TERMS: AS PER ATTACHED SHEET WHICH FORMS AN INTEGRAL PART OF THIS CREDIT.

THIS DOCUMENTARY CREDIT IS SUBJECT TO UNIFORM CUSTOMS AND PRACTICE FOR DOCUMENTARY CREDITS (1993 REVISION) INTERNATIONAL CHAMBER OF COMMERCE PUBLICATION NO. 500.

THE BANK OF KUWAIT AND THE MIDDLE EAST K.S.C. UNDERTAKES THAT ALL DRAFTS DRAWN UNDER AND IN ACCORDANCE WITH THE TERMS OF THIS CREDIT WILL BE DULY HONOURED.

DIRECTIONS TO NEGOTIATING BANK:

1. ALL NEGOTIATION UNDER THIS CREDIT MUST BE ENDORSED HEREON.
2. PLEASE DESPATCH THE COMPLETE SET OF DOCUMENTS IN **ONE LOT** DIRECT TO US BY COURIER MAIL.
3. UNLESS OUR PRIOR APPROVAL IS OBTAINED FOR NEGOTIATION, ALL IRREGULAR DOCUMENTS MUST BE FORWARDED TO US ON APPROVAL BASIS.

FOR THE BANK OF KUWAIT & THE MIDDLE EAST K.S.C.

수 신
RECEIVED
UBAF SEOUL

AUTHORISED SIGNATURES
(CONTINUED ON PAGE 3)

Head Office Darwazat Al-Abdul Razzak. P.O.Box 71. Safat 13001 Kuwait. Tel:802000. Telex:22045. Cable Bankuwait. Fax:2461430 C.R. 429

BKME

THE BANK OF KUWAIT & THE MIDDLE EAST K.S.C.

ATTACHMENT TO OUR CREDIT WHICH FORMS AN INTEGRAL PART OF THE CREDIT

OTHER TERMS:

1. INVOICES MUST SHOW / CERTIFY:
(a) name of carrying vessel for steamer shipments
(b) Number of packages shipped
(c) Name and address of the manufacturers or processors of each item of manufactured or processed goods.(The words "Manufacturers/Processors" must be clearly indicated against the name of the Manufacturers/Processors.)
(d) Separately the price and net weight in kilos of each type of goods
(e) Each piece/package/case bears a non-detachable/non-alterable mark/label indicating the name of the Country of origin

2. **PACKING LIST in quadruplicate**(1 original+3 copies) must indicate details of goods in Harmonic System Tabular form as shown below.
(H.S. stand for Harmonic System)

DESCRIPTION OF GOODS	ITEM NO. AS PER H.S.	NO. OF PACK	KIND OF PACKAGE	CONTENS /PACKAGE	GROSS WEIGHT	NET WEIGHT	TOTAL COST EACH ITEM

3. CERTIFICATE OF ORIGIN in duplicate (1 original+1 copy) issued in the exporting country (Country from where the goods will actually be shipped or laded) and signed by Chamber of Commerce and/or Official Trade and/or Industries Association bearing their official seal and stating:
(a) Name of Country of the merchandise origin
(b) Name, Address of the Manufacturers/Processors for manufactured or processed goods.(The words "Manufacturers/Processors" must be clearly shown against the name of the Manufacturers/Processors.)
(c) Name of the Exporting Company.
(d) Name of the Country from which the merchandise are exported

4. If a Certificate of Origin showing the name of the manufacturer and/or Processor signed by a Chamber of Commerce is unobtainable, a separate statement issued by Shippers, on their own responsibility, showing the name of Manufacturer and/or Processor of the Goods, the respective Invoice number and legalized by a Notary Public is acceptable provided it is accompanied by a certificate of Origin signed by a Chamber of Commerce showing the origin of goods. Both Certificate of Origin and statement must be authenticated as required for countries indicated below.

5. ADDITIONAL DOCUMENTS REQUIRED:

A. APPLICABLE ONLY FOR SHIPMENT BY STEAMER:
(i) Certificate from the Owners of Master of Agents of the ship stating that the carrying vessel is allowed to enter Kuwait Ports(or port of final destination as stipulated in the credit) according to maritime laws and port regulations. Declaration on the bill of lading to this effect is also acceptable. In case of shipment by United Arab Shipping Company's vessel, this certificate is not required.

(ii) When shipment is effected in container, Bill of Lading must show container identification number.

B. APPLICABLE ONLY FOR SHIPMENT BY AIR:
   (i) Certificate from the Airlines or their Agents stating that the carrying aircraft is allowed to land at Kuwait Airport (or airport of final destination as stipulated in the credit) according to its Regulations. Declaration in the valid Air Waybill to this effect is also acceptable, in case of shipment by Kuwait Airways Corporation Carrier, this certificate is not required.
   (ii) Valid Air Waybill must show the flight number and actual date of flight.

C. APPLICABLE ONLY FOR SHIPMENT BY OVERLAND:
   Certificate from the transport company stating that the carrying vehicle is allowed to enter Kuwait according to its laws. Declaration to this effect on Waybill is also acceptable.

6. DOCUMENTS NOT ACCEPTABLE : Unless our prior approvals is obtained, the following documents are NOT acceptable.
   (a) Documents evidencing Manufacturers/Processors name(s) other than those mentioned in this Letter of Credit
   (b) Transport documents evidencing shipper other than the beneficiary
   (c) Unauthenticated corrections/alternations on documents
   (d) Invoices for amounts in excess of the credit amount unless allowed by credit terms
   (e) Documents dated prior to date of issue of this credit
   (f) Documents evidencing shipment of goods of origin other than the country stipulated in the credit

7. Bills of Lading/Truck Consignment Notes/Waybills/Air Waybills must also show the name, address, Telephone and/or Telefax number of Carrier agents at destination.

8. APPLICABLE TO TRANSFERABLE LETTERS OF CREDIT ONLY
   (a) Unless otherwise authorized herein, request for transfer must first be referred to us giving full name and address of Transferees and the Manufacturers/Processors of the goods concerned. Transfers may be effected only upon receipt of our specific authorization.
   (b) Transfer may be effected to transferees specifically stated in the Letter of Credit or to transferees subsequently notified only through the Advising Bank in a form acceptable to them and to transferees.

9. PARTIAL SHIPMENTS : Complete separate set of documents must be presented for each shipment and separately negotiated.

10. APPLICABLE ONLY IF TRANSSHIPMENT IS PERMITTED
    Unless otherwise stated herein, Bill of Lading/Air waybill must evidence the name of the intended onward vessel/carrier that will transport the goods to the final port/airport of destination.

11. The words "Persian Gulf" must not appear anywhere in the documents.

12. All documents called for under this Letter of Credit must be submitted in English language and must also show the Letter of Credit Number. Documents in Arabic language for credits advised in Arab countries are acceptable.

13. Drafts drawn on the Confirming Bank are acceptable.
14. Simple Receipts in lieu of Sight Drafts are acceptable.
15. Documents produced by reprographic or automated or computerized systems of as carbon copies, if marked as original, are acceptable provided they bear original manuscript signatures and wherever applicable carry original (fresh) stamp/seals.

[해 설] COMPLETE ~, 선하증권 3통이 발행되어야 한다는 것을 의미한다.

SHIPPING COMPANY'S CERTIFICATE ~, 선박회사가 선박의 선명과 아랍항구의 입항이 허용되었음을 증명하는 증명서를 발급해야 한다는것을 말한다.

SPECIAL INSTRUCTION, 특별지시사항. 이 지시사항은 수출입상의 해석이 상이한 경우 어떠한 조항에 우선하여 적용된다.

ONE LOT, 모든 운송서류와 기타서류가 포함된 1부를 의미한다.

PACKING LIST in quadruplicated(1 Original+3 Copies), 특별히 언급된 경우를 제외하고는 신용장에서 요구하는 서류는 원본을 제시해야 한다. 사본을 제시하면 수리가 거절된다. 신용장에 Packing List in duplicate라고 명시된 경우 1통의 원본과 1 통의 부본을 제시해야 한다.

신용장에 명시된 Copy라는 용어를 어떻게 해석해야 되는지 주의해야 한다. Copy라는 용어는 두 가지로 해석이 가능하다. 하나는 몇 부, 몇 권, 몇 통을 의미하고 다른 하나는 원본을 카톤복사지를 이용하여 복사한 사본을 의미한다. 신용장에서 명시된 Copy는 부본을 의미하며 부본은 Non-negotiable Copy를 말한다. 즉 원본발행자가 원본의 요건을 기재하지 않고 참고용으로 추가제작한 서류를 의미한다.

따라서 본 신용장에서 명시된 포장명세서는 원본 1통과 부본 3통을 제시해야 된다고 보아야 한다.

[해 석]

신용장통지서
당 은행의 참조번호: 980603EX8752/SM
개설의뢰인:
개설은행: BK OF KUWAIT & MIDDLE EAST. H.O.
P.O. BOX 71 SAFAT KUWAIT
개설은행 참조번호: 2119812292
화폐/금액: 미화 9,000.00달러
과부족허용: +/-10%
신용장 유효기일: 2005년 8월 15일
신용장 유효장소: 한국
B.O.K.번호: A-8601-806-22250

당 은행은 귀사를 수익자로 발행된 화환신용장에 대한 상세한 사항을 동봉합니다.

본 신용장은 취소가 불가능하며 당 거래은행에 서류를 제시하여 매입할 수 있습니다.

본 신용장은 당 은행에 의해 확인되지 않았습니다.

신용장의 제조건을 충족시키는 서류가 제시되면 당 은행은 수출대금을 지급할 것입니다.

신용장의 제조건을 면밀하게 검토한 후 귀사가 신용장내용을 받아들일 수 없다면 수입상에게 통지하여 신용장내용을 수정하기 바랍니다.

상기참조번호: 200515EX8752/SM은 모든 통신서류에 표기되어 있어야 합니다.

수신처: 서강무역

참조번호: 당 은행이 발행한 취소불능신용장 참조번호는 2119812292입니다.

통지은행: UNION DE BANQUE ARABES ET FRANCAISES은행은 한국 서울시 중구 순화동 1-170번지 삼도빌딩 3층에 있습니다.

매입은 통지은행에 제한되어 있습니다.

귀 은행이 신용장의 제조건과 일치된 서류를 매입한 것을 상환하는데 있어서 모든 환어음과 서류들은 재매입하기 위해 상기 언급된 통지은행에게 제시되어야 합니다. 통지은행은 특별한 지시사항을 갖고 있습니다.

당 은행은 AMIN MOHD SHAREF ALAWADI P.O. BOX 2628 SAFAT 13001 KUWAIT의 지시와 요청에 따라 귀사를 수익자로 된 취소불능신용장을 개설합니다.

신용장금액: 미화 9,000.00달러, C & F가격에 10%의 과부족이 허용될 것입니다.

문자금액: ABOUT US DOLLARS NINE THOUSAND ONLY(10% MORE OR LESS) C&F.

선적은 한국에서 쿠웨이트까지 하면 될 것입니다.

증기선박에 선적해야 하고, 최종선적기일은 2005년 7월 31일이며, 분할선적은 허용되고, 환적은 금지될 것입니다.

서류들은 2005년 8월 15일 또는 그 전까지 매입하기 위해 한국에서 제시되어야 합니다.

신용장번호: 2119812292

상품명세서:

ABOUT 10,000 YARDS PLAIN DYED 100% POLYESTER KING

CHIRIMEN JACQUARD QUALITY NO. FJC4166-02. 44 X ABOUT 25 YARDS PIECES @USD.90 PER YARD. CERTIFIED ON INVOICES OTHER DETAILS TO BE AS PER INDENT NO. ATC/TKK-1070/05 S/CONT. BJ-801-0209.

선적화인: ADEEB AHMED-KUWAIT
LC NO. 2119812292
TKK-1070/05
MADE IN KOREA
C/NO. YDS …

제조회사: 서강무역
원 산 지: 한국
요구서류

1. 개설은행을 지급인으로 송장가격과 동일하게 발행된 일람출급 화환어음 2통
2. 첨부된 서류에 명시된 것과 같은 서명된 상업송장 4통(원본 1통에 부본 3통)
3. 첨부된 서류에 명시된 것과 같은 원산지증명서
4. 첨부된 서류에 명시된 것과 같은 포장명세서
5. 무사고 본선적재 해양선하증권 4통이 쿠웨이트 은행과 중동 K.S.L. 은행을 지시식으로 발행되고, 해상운임이 선불되고 수입항에서 화물도착통지는 수입상으로 기재되어 있어야 합니다.
6. 선적은 아랍연합국 선사와 해운동맹선사의 소유로 선령이 11년 이하인 선박에 선적한 것을 선사가 증명하는 증명서

특별지시사항

(어떤 분명한 내용상의 불일치가 있는 경우 이것들은 모두 인쇄된 조건들에 우선하여 적용될 것입니다.)

1. 우편비용, 텔렉스, 전신비용, 급송비용, 상환은행비용을 포함하여 쿠웨이트 외에서 발생한 모든 은행비용은 수출상이 부담해야 합니다.

신용장 번호: 2119812292
특별지시사항

2. 매입할 때 매입은행은 화환어음금액에서 3%의 수수료를 공제한 금액을 귀사에게 지급할 것입니다. 수수료 3% 중 1.5%가 AL-AM-

IRITEX에게 1.5%는 수입상에게 지불되며 이것은 당 은행이 지불할 것입니다.

3. 선적된 상품의 낱개에 문자로 Made in Korea가 표기되어 있어야 하고 귀사는 상업송장에 동일한 효과가 있음을 증명해야 합니다.

기타조건: 첨부된 서류는 신용장의 내용에 포함됩니다.

본 화환신용장은 국제상공회의소가 제정하고 1993년 개정된 신용장 통일규칙 및 관례에 따라 처리될 것입니다.

쿠웨이트 은행과 중동 K.S.C.은행은 본 신용장의 제조건과 일치하게 발행된 모든 화환어음을 정당하게 결제할 것을 확약합니다.

매입은행의 지시사항

1. 본 신용장에서의 모든 매입은 신용장 뒷면에 배서되어야 합니다.
2. 정확한 운송서류 한 부가 특급우편으로 당 은행에게 직접 송부되어야 합니다.
3. 당 은행이 사전에 매입을 승인하지 않으면 모든 불일치서류들은 승인조건으로 개설은행에게 제시되어야 합니다.

   첨부된 서류는 신용장내용에 포함됩니다.

기타 조건들

1. 상업송장에,
   (a) 선적에 적합한 선박명
   (b) 선적된 포장 개수
   (c) 제조와 가공된 각 상품별 제조회사와 가공회사의 상호와 주소(제조회사와 가공회사의 문구는 제조회사와 가공회사의 상호와 반대로 분명히 명시되어 있어야 한다)
   (d) 각각 상품의 가격과 순중량이 별도로 Kilos로 명시
   (e) 각각의 낱개와 포장상자는 개봉과 변경할 수 없는 표기와 라벨이 부착되고 원산지명이 기재되어야 합니다.
2. 포장명세서는 원본 1통과 부본 3통을 포함하여 4통이 다음과 같이 HS형태로 된 상세한 상품명세서가 기재되어 있어야 합니다.
3. 원산지증명서는 원본 1통과 사본 1통을 포함하여 2통이 수출국에서 발행되어야 합니다(상품이 실제로 선적되고 적재된 국가). 본 원산지증명서는 상공회의소와 정부의 무역기구, 산업연맹이 서명하고 그들의 공식적인 표기와 다음과 같은 문구가 기재되어 있어야 합니다.
   (a) 상품의 원산지국가명
   (b) 제조된 또는 가공된 상품을 제조하거나 가공한 회사의 상호 또는 주소(제조회사, 가공회사의 문구는 제조회사와 가공회사에 반대로 정확하게 명시되어 있어야 한다)

(c) 수출회사 상호

(d) 상품이 수출된 국가명

4. 상공회의소의 서명한 제조회사와 가공회사의 상호가 기재된 원산지증명서를 발급받을 수 없으면 수출상의 책임하에 수출입기업이 발행한 별도서류에 상품의 제조회사와 가공회사, 상호, 개별송장번호 Notary Public의 사증이 있어야 하며 이것이 상공회의소가 서명하고 상품의 원산지가 나타나 있는 원산지증명서와 함께 제시되면 수리할 수 있습니다. 원산지증명서와 수출상이 발행한 서류는 아래 제시한 국가의 요구에 따라 확인되어야 합니다.

5. 추가요구서류

A. 증기선 선적의 이용

(i) 선박이 해상법과 항구규정에 따라 쿠웨이트 항구의 입항이 승인되었음을 선박의 소유인, 선장, 대리인이 발행한 증명서, 선하증권에 이 같은 내용이 기재된 경우 수리할 수 있습니다. 아랍연방국가 선사에 선적된 경우 이러한 증명서가 필요하지 않습니다.

(ii) 선적이 컨테이너로 된 경우 선하증권에 컨테이너로 확인, 숫자가 표기되어 있어야 한다.

B. 항공선적의 경우

(i) 항공기가 항공법에 따라 쿠웨이트 공항에 착륙을 허용한다는 것은 항공사와 항공대리점이 발행한 증명서, 효력 있는 항공화물운송장에 동일한 내용이 표기되어 있으면 수리할 수 있습니다. 쿠웨이트 항공사에 선적한 경우 이러한 증명서가 필요 없습니다.

(ii) 항공화물운송장에 항공기번호와 실제 항공기 이륙날짜가 명시되어 있어야 합니다.

C. 육상운송의 경우

선박이 선박법에 따라 쿠웨이트의 입항이 승인되었음을 운송회사가 발행한 증명서, 화물운송장에 동등한 내용이 표기되어 있으면 수리할 수 있습니다.

6. 다음의 서류들은 수리할 수 없습니다. 사전승인을 받지 않으면 다음과 같은 서류들을 수리할 수 없습니다.

(a) 신용장에 명시된 회사와 다르게 제조회사와 가공회사 상호가 표기되어 있는 서류

(b) 수출상과 다른 기업의 상호가 기재되어 있는 운송서류

(c) 서류에 확인되지 않은 정정이나 수정

(d) 신용장조건이 허용하지 않는 한 신용장금액을 초과한 상업송장금액

(e) 신용장발행일자 이전에 발행된 서류

(f) 신용장에 명시된 국가와 다른 원산지로 표기된 상품을 선적하였음을 나타내는 서류

7. 선하증권/화물수탁증서/화물운송장/항공화물운송장에 목적지에 있는 운송회사 대리인의 상호, 주소, 전화번호, 텔렉스 번호가 기재되어야 합니다.

8. 양도가능신용장의 지시사항

   (a) 달리 본 신용장에 수권되지 않는 한 양도요청서는 당 은행에게 양수인의 정확한 상호와 주소, 관련상품 제조회사와 가공회사를 통지해야 합니다. 양도는 당 은행의 특별한 수권서를 받아야만 이루어질 수 있습니다.

   (b) 양도는 특별하게 신용장에 명시된 양수인에게 또는 통지은행과 양수인이 수락할 수 있는 형태로 통지은행을 통해 전달된 양수인에게 행해질 수 있습니다.

9. 분할선적: 완전한 별도서류가 매 선적시마다 제시되어야 하며, 별도로 매입되어야 합니다.

10. 환적이 허용되는 경우
    신용장에 명백히 합의한 경우를 제외하고 선하증권과 항공화물운송장에 최종목적지 항구나 공항까지 상품을 운송할 선박과 운송인의 이름이 기재되어 있어야 합니다.

11. Persian Gulf라는 문구를 서류상에 기재해서는 아니 됩니다.

12. 본 신용장에서 필요로 하는 모든 서류는 영문으로 작성해서 제출되어야 하며 이 서류에 신용장번호를 기재해야 합니다. 아랍국가에 통지된 신용장에 대해 아랍어로 작성된 서류는 수리할 수 있습니다.

13. 확인은행을 지급인으로 발행된 화환어음은 수리할 수 있습니다.

14. 일람출급화환어음 대신에 영수증도 수리할 수 있습니다.

15. 카본 복사로 사무자동화 시스템으로 만든 서류들은 원본이라는 표기기 있고 자필서명과 원본표기가 있으면 수리할 수 있습니다.

4. 매입제한신용장

MODEL FORM-1

Citibank. N.A.
P.O. Box 749
Seoul.
Tel No.: 731-1313/1318
Fax No.: 734-0339
Lx No.: K23293

CITIBANK

Our Advice Ref.: AKR6214019/05
A520160800192

August 01, 2005

DAEYANG INT'L CORP.
DAEYANG BLDG., 45, MUKYO-DONG,
CHUNG-KU, SEOUL, KOREA
TEL: 311-8213, 311-8679

"이 표지는 L/C의 일부이므로 떼지 마세요."

Gentlemen:

Re.:

L/C No.	:	LC-1-001172/2005
Amount	:	USD987,500.00
Issuing Bank	:	CREDIT SUISSE TOKYO

《Original》

1st ADVICE by Mail

- We enclose the above letter of credit, which has been opened in your favour. If you are unable to fulfill one or more of the terms and conditions, please contact your customer immediately, requesting an amendment to the credit.
- This is solely an advice of a credit opened by the above correspondent and conveys no engagement by us. This letter is to attached to and becomes an integral part of the original credit instrument.
- This advice is subject to the uniform customs and practice for documentary credits (1993 Revision) I.C.C. Pub. No. 500.
- Please **quote** our reference in all future communication.

CREDIT SUISSE

ECHWEIZERISXHE KREDITANSTALT
CREDITO SVIZZERO

TOKYO

Tel. 03-3589-3636 Telex: 26767
C.P.O. Box 535 Tokyo 100-91
CS-Tower
11-30 Akasaka 1-home
Minato-Ku. Tokyo 107. Japan

Date: JUL/26/2005 **Our Ref.**: E-65341 A-0

Re. : letter of credit

Issuing Bank
EXCEL BANCO SA
SAO PAULO
DEPTO. DE CAMBIO/IMPORTACAO
RUA AUGUSTA, 1638
01304-903 SAO PAULO SP

BRAZIL

Credit Number : LC-1-001172/2005
Issuing Date : JUL/24/2005
Amount (USD) : 987,500.00
Expiry Date : SEP/23/2005

Beneficiary
Messrs.
DAEYANG INDUSTRIES INC.

DAEYANG BLDG. 45 MUGYO-DONG
JUNG-GU SEOUL, KOREA

ADVISE THROUGH:
CITIBANK N.A., SEOUL BRANCH
CITICORP CINTER BLDG. 89-29- 2-KA
SHINMOON-RO CHONGRO-KU SEOUL 110

We advise you that we have received a teletransmitted message reading as mentioned below from the above issuing bank.

Please Further note that in the case of teletransmitted message, we assume no responsibility for any errors and/or omissions in the transmission and/or translation of the teletransmitted message, and we reserve the right to make such corrections as may be found necessary.

This letter must be presented for each drawing hereunder and the amount of any such drawing must be endorsed on the reverse hereof by the paying/accepting/negotiating bank

Message
As per **attached** sheet
As follows:

—Negotiation under this letter of credit is restricted to Credit Suisse Tokyo Branch.

—The advising bank holds special instructions regarding reimbursement.

—At the request of our correspondent, we CONFIRM their irrevocable credit and engage with you that all drafts drawn under and in compliance with the terms of this credit will be duly honored. Drafts must be drawn on Credit Suisse Tokyo Branch unless otherwise expressly stated.

Your very truly,
CREDIT SUISSE

This advice is subject to uniform customs and practice for documentary credits (1993 revision). International chamber of commerce. Publicatiion No. 500

Authorized Signatures

T. Yanngi
Associate

Y.Hachimoto
Signing Authorit

25 july 2005 06.38　　Page: 9354　　LP00

***　SECOND COPY　***

***　AUTH. CORRECT WITH CURRENT KEY　***

FIN UAK	{1:F21CRESJPJTAXXX1760094992}
{4:{177: Date and Time (YYMMDDHHMM) :	2005 0725 0638}
{451: acceptance/rejection :	0}}

{1: FIN MESSAGE/Session/OSN	F01 CRESJPJTAXXX 1760 094992
{2: Output Message Type	700 issue of a documentary credit
Input Time/MIR	1837 960724BEXCBRSPAXXX0626010606
Received from	BEXCBRSPAXXX Excel banco s/a Sao Paulo
Output Date/time	20050725 0637
Priority/Delivery/Obsol.	Normal}

{4:

:27 **sequence of total:**
1/1

:40A **form of documentary credit:**
IRREVOCABLE

:20 **documentary credit no.:**
LC-1-001172/2005

:31C **date of issue:**
20050724

:31D **date and place of expiry:**
20050923IN TOKYO

:50 **applicant:**
FIBRA DUPONT SUDAMERICA S/A
AV SAO JERONIMO S/NR
AMERICANA SP 13470-900 BRAZIL

:59 **beneficiary:**
DAEYANG INDUSTRIES INC.
DAEYANG BLDG, 45 MUGYO-DONG, JUNG-GU
SEOUL KOREA

:32B **currency code amount**
currency code : USD US DOLLAR
amount : #987,500#

:41A **available with/by-swift addr:**
CRESJPJT
Credit Suisse Tokyo branch
Tokyo
BY ACCEPTANCE

:42C **drafts at:**
180_DAYS FROM B/L DATE/YOURSELVES

:42A **drawee-BIC:**
CRESJPJT

25 July 2005 06. 38 Page:9355 LP00

Credit Swisse Tokyo branch
Tokyo

:43 partial shipments:
ALLOWED

:43T transshipment:
NOT ALLOWED

:44A on board/disp/taking charge:
SHIPMENT FROM ANY PORT OF SOUTH KOREA

:44B for transportation to:
SANTOS PORT SP/BRAZIL

:44C latest date of shipment:
20050908

:45A descry goods and/or services:
250_000 KGS NYLON 70 DENIER 24 FILAMENTOS, NAO TEXTURIZADOS, ACONDICIONADOS EM TUBOS NAO RETORNAVEIS, AS PER BRAZILIAN IMPORT LICENSE NR. 319-2000/1614-7.

:46A documents required:

1) SIGNED COMMERCIAL INVOICE IN THREE ORIGINALS PLUS TWO COPIES WITH FULL DESCRIPTION OF GOODS SHOWING FOR AND FREIGHT AMOUNT IN SEPARETELY AND CERTIFYING THAT GOODS ARE IN ACCORDANCE WITH BRAZILIAN IMPORT LICENSE NR. 319-2000/1614-7.
2) SIGNED FULL SET OCEAN BILL OF LADING IN ORIGINAL PLUS N.N. COPIES MARKED "CLEAN ON BOARD" PROVING RECEIPT OF GOODS ON BOARD STATING FREIGHT PREPAID MENTIONING FOB AND FREIGHT AMT IN FIGURES AND WORDS, ISSUED TO THE ORDER OF BANCO EXCEL ECONOMICO S/A AND NOTIFYING THE APPLICANT.
3) PACKING LIST IN ONE ORIGINAL PLUS TWO COPIES
4) IF PARTIAL SHIPMENT EFFECTED BENEFICIARY'S MUST PRESENTED A STATEMENT INFORMING IF BALANCE WILL BE UTILIZED OR NOT.

:47A additional conditions:

1. ALL DOCS MUST SHOW BRAZILIAN IMPORT LICENSE NR.319-2000/1614-7 AND OUR REF. LC-1-001172/2000.
2. DOCS ISSUED WITH A DATE PRIOR TO THIS L/C ARE ACCEPTABLE.
3. ALL DRAWINGS NEGOTIATED MUST BE ENDORSED ON THE REVERSE OF THE ORIGINAL L/C.
4. INSURANCE WILL BE COVERED BY BUYERS.
5. PROCESSING OF DOCUMENTS WHICH DO NOT COMPLY WITH TO TERMS AND CONDITIONS OF THE LETTER OF CREDIT ARE SUBJECT TO SPECIAL DISCREPANCY HANDING FEE OF USD 50.00 WHICH WILL BE DEDUCTED FROM ANY PROCEED.
6. ONLY THE FOLLOWING CHARGES ARE PERMITTED IN TOTAL FREIGHT AMOUNT AS PER RESOLUTION NR. 1150 OF OUR CENTRAL BANK: IF BY SEA: MINOR PORT ADDITIONAL. RENTAL CHARGE, HEAVY LIFT CHARGE, EXTRA LENGTH CHARGE, BUNKER SURCHARGE, CURRENCY ADJUSTMENT, FACTOR-CAF, WAR RISK, PORT CONGESTION SURCHARGE AS DULY STATED IN THE B/L.
7. THIS FULL TEXT OF OUR DOC CREDIT AND YOU ARE AUTHORIZED TO EFFECT NEGOTIATION BASED ON THIS MSG.
8. NEGOTIATION MUST BE ADVISED TO US BY SWIFT, CERTIFYING THAT ALL CONDITIONS OF L/C HAVE BEEN COMPLIED WITH.
9. BNF MUST SEND ONE FULL SET OF ORIGINAL DOCTS DIRECTLY TO FIBRA DUPONT SUDAMERICA S/A-AVSAO JERONIMO, S/NR

25 July 2005 06.39 Page: 9356 LP00

CEP 013470-900 AMERICANA SP UNTIL TEN DAYS AFTER SHIPMENT.

10. BNF MUST ADVISE APPLICANT **DETAILS OF SHIPMENT BY** FAX 55.194.712433 UNTIL FIVE DAYS AFTER B/L DATE.

11. COMMERCIAL INVOICE ARE NOT PERMITTED CARBONATE OR COPIES AND THEY MUST BE SIGNEDED WITH THE NAME AND IDENTIFICATION OF PERSON AS PER INSTRUCTIONS OF OUR CENTRAL BANK.

:71B **charges:**
ALL BANKING CHARGES ARE FOR BANCO
EXCEL ECONOMICO S/A ACCOUNT

:48 **period for presentation:**
DOCUMENTS MUST BE PRESENTED WITHIN
14 DAYS AFTER B/L DATE BUT WITHIN
CREDITY VALIDITY

:49 **confirmation instructions:**
CONFIRM

:78 **instructions to pay/acc/nego bk.:**
-PLS ADVISE BENEF. URGENTLY BY TLX. ADDING YOUR CONFIRMATION
-PLS ACK RCPT BY TELEX. INFORMING US YR REF. NBR.
-SHIPPING DOCS MUST BE REMITTED TO BANCO EXCEL ECONOMICO SA.
RUA CINCINATO BRAGA. 340-7 ANDAR CEP. 01333-010
SAO PAULO/SP/BRAZIL ATTN DEPTO. DE CAMBIO/IMPORTACAO.
BY SPECIAL COURIER IMMEDIATELY AFTER NEGOTIATION.
-NEGOTIATION MUST BE ADVISED TO US BY SWIFT CERTIFYING THAT ALL CONDITION OF L/C HAVE BEEN COMPLIED WITH, AND INFORMING THE DETAILS: INV. NBR FOB AMT. NBR AND DATE OF B/L AND TRANSPORT COMPANY.

:57A **advise thru bank-BIC:**
CITIKRSX
Citibank n.a., Seoul branch
Seoul

:72 **sender to receiver information:**
THIS DOCUMENTARY CREDIT IS SUBJECT
TO THE UNIFORM CUSTOMS AND PRACTICE
FOR COMMERCIAL DOCUMENTARY CREDITS
(1193 REVISION) I.C.C. PUBLICATION 500.

-}
{5:{MAC:22847AAO} Authentication Result
{CHK:386FOD27B63F} Checksum Trailer}

This is a constituent and
integral part of the original credit to which
this must be attached.
Credit Suisse, Tokyo Branch

[해 설] quote ~, 기재하다.

attached ~, 첨부하다.

Drawee-BIC: CRESJPJT credit Swisse Tokyo branch ~, 지급은행이 개설은행이 아니라 제3의 은행의 스위스은행 도쿄지점이다. 본 신용장에서 발행되는 화환어음은 스위스은행 도쿄지점을 지급인으로 발행되어야 한다.

본 신용장의 매입은 스위스 도쿄지점으로 제한되고 신용장의 확인은 통지은행인 시티은행 서울지점이 하였다.

DETAILS OF SHIPMENT ~, 상세한 선적사항

drafts at: 180 DAYS FROM B/L DATE ~, 개설의뢰인이 개설은행으로부터 선적서류를 수령할 기한부 신용장(USANCE L/C)은 개설의뢰인이 개설은행으로부터 선적서류를 수령할 때, 현금을 지급하는 것이 아니고, 신용장에서 정해 놓은 일정기간이 내도하여야 신용장대금을 결제하는 외상방식의 신용장을 말한다.

이 신용장하에서 기한을 향유할 수 있는 권리를 보유하는 자는 개설의뢰인에 국한되므로, 개설의뢰인에게 신용을 제공하는 주체는 누가 되더라도 상관없다. 즉, 신용제공의 주체는 수익자, 매입은행, 개설은행 중 누구든지 될 수 있음을 의미하며, 신용제공자는 기한부 어음에 인수은행의 인수를 받은 후 보관하고 있다가, 기간만료시 원리금을 한꺼번에 받거나 기한 진행 도중에 어음을 금융시장에 할인하여 자금화할 수도 있다.

기한부 신용장은 만기일 기산기준에 따라 다음과 같이 분류할 수 있다.

① AT OR AFTER SIGHT XXX DAYS

② FROM OR AFTER B/L DATE XXX DAYS

③ AT NEGOTIATION XXX DAYS

예) USANCE 기간이 60 DAYS이고, 선적일: 10/15, Nego일: 10/17인 경우 환가일수와 만기일은 어떻게 다른가?

구 분	환가일수	만기일
AT/AFTER SIGHT 60 DAYS	70일	12/26
FROM THE DATE OF B/L 60 DAYS	57일	12/13
AFTER THE DATE OF B/L 60 DAYS	58일	12/14
AT NEGOTIATION 60 DAYS	50일	12/16

기한부 신용장은 신용공여 주체에 따라 다음과 같이 분류된다.

① Seller's Account: 본 신용장은 수출상이 수입상에게 신용공여를 하는 것으로, 외상기간에 대한 이자는 이미 상품대금에 포함되어 있기 때문에, 수출상은 서류매입시 외상기간에 대한 이자를 환가료로서 부담하고, 만기일에 수출대금을 받는다.

② Buyer's Account: 본 신용장이 Seller's Account와 다른 점은 이자를 Buyer가 부담한다는 것으로, 신용장금액에 이자부분이 포함되어 있지 않고 별도로 이자에 대한 언급이 되어 있으며, 환어음 및 상업송장을 원금 및 이자를 분리해서 작성하여 제출하도록 되어 있다.

또한 매입은행에서는 원금에 대해서만 대금을 지급하고, 이자부분은 상환청구만하고 만기일에 원금과 함께 입금되면 그때 이자를 수익자에게 지급한다.

〈기재문언의 예〉

1. 이자부분: INTEREST RATE FOR USANCE PERIOD DOES NOT EXCEED PRIME RATE OF COUNTRY IN CURRENCY OF WHICH GOODS ARE INVOICED AT THE TIME OF NEGOTIATION.
2. 서류부분: SEPARATE DRAFTS AND INVOICE TO BE SUBMITTED FOR C&F VALUE AND INTEREST AM0UNT.

③ Banker's Usance: 수입상에게 외상기간 동안의 신용을 공여해 주는 주체가 매입은행 또는 개설은행인 경우를 말하며, 어음인수의 주체가 해외에 있는 매입은행인 때에는 이를 해외은행 인수신용장(Overseas Banker's Usance L/C)이라 하고, 국내에 있는 개설은행인 때에는 이를 국내은행 인수신용장(Domestic Import Usance L/C) 또는 내국수입 유전스 신용장이라 한다.

해외은행 인수신용장에서 수입상에게 신용을 공여하는 은행을 인수은행(Accepting Bank)이라 하며, 인수은행은 개설은행과 예치환거래계약을 체결할 때 인수편의(Acceptance Facility)를 제공하기로 약정하고 있는 경우가 대부분이다.

이 경우 수출상으로부터 일람방식으로 Nego한 매입은행(또는 수출상 자신)이 인수은행에 매입서류를 제시하면, 인수은행은 제시된 어음을 인수하고 그 즉시 매입대금을 지급하게 된다.

국내은행 인수신용장에서는 개설은행이 수입상에게 신용을 공여하는 것이므로, 수출상 및 매입은행에게는 일람지급하겠다는 확약문언이 신용장에 기재되며, 개설은행이 환어음의 인수은행이 된다.

수출상은 비록 자신이 At Sight Nego하도록 기재되어 있는 신용장이라 하더라도, 외상신용장에서 어음발행시 반드시 어음상에 외상기간을 표시하여야 한다.

[해 석]

당 은행의 통지참조번호: AKR6214019100
A520160800192

신용장번호: LC-1-001172196

신용장금액: USD987,500.00

개설은행: 도쿄 CREDIT SUISSE

당 은행은 위에서 언급한 신용장을 동봉하며 이 신용장은 귀사를 수익자로 개설되었습니다.

만약 귀사가 신용장의 제조건들을 이행할 수 없는 경우 즉시 수입상에게 통지하여 신용장의 정정을 요구해야 합니다.

이것은 상기 거래은행이 개설한 유일한 신용장통지서이며 당 은행은 신용장에 대한 어떠한 확약도 할 수 없습니다.

본 서류가 첨부되고 이것은 신용장의 내용을 구성합니다.

이 통지서는 국제상업회의소가 제정하고 1993년에 개정된 신용장 통일규칙 및 관례에 따라 처리될 것입니다.

당 은행의 참조번호를 모든 통신서류에 기재해야 합니다.

당 은행의 참조번호: E-65341 A-O

참조번호 발행일자: 2005년 7월 26일

개설은행: EXCEL BANCO SA SAO PAULO DEPTO. DE CAMBIO/ IMPORTALAO RUA AUGUSTA, 163801304-903 SAO PAULO SP BRAZIL

신용장번호: LC-1-001172/2005

신용장 발행일자: 2005년 7월 24일

신용장금액: USD987,500.00

신용장 유효기일: 2005년 9월 23일

수 익 자: 대양산업

통지은행: 시티은행 서울지점

당 은행은 상기 개설은행으로부터 아래에 명시된 대로 전송신을 받았음을 귀사에게 통지합니다. 전송신의 경우에 당 은행은 전송신과정에서 발생하는 실수나 오기와 전송신의 오독에 대해 어떠한 책임도 부담하지 않습니다.

당 은행은 필요한 경우 수정할 수 있는 권한을 유보합니다.

본 신용장은 각각의 서류에 따라 제시되어야 하고 지급, 인수, 매입은행은 각각의 서류매입금액을 신용장 뒷면에 기재해야 합니다.

본 신용장에서의 매입은 스위스은행 도쿄지점으로 제한되었습니다.

통지은행은 상환에 대한 특별지시사항을 갖고 있습니다.

당 거래은행의 요청에 따라 당 은행은 취소불능신용장을 확인하며 신용장의 조건과 일치하게 발행된 모든 화환어음을 정당하게 결제할 것을 귀사에게 확약합니다.

화환어음은 달리 분명하게 명시되어 있지 않는 한 스위스 도쿄지점을 지급인으로 발행되어야 합니다.

신용장 일련번호: 1Page

신용장종류: 취소불능신용장

화환신용장번호: LC-1-00117212000

신용장 발행일자: 2005년 7월 24일

신용장 유효기일 및 장소: 2005년 9월 23일 도쿄

신용장 개설의뢰인: FIBRA DUPONT SUDAMERICA S/A AV SAO JERONIMO S/NR AMERICANA SP 13470-900 BRAZIL

수 익 자: 한국 서울 중구 무교동 45번지 대양빌딩 대양산업

화폐코드번호와 금액

화폐코드번호: 미화 달러

금 액: 987,500달러

신용장 사용방법

CREDIT SWISS 도쿄지점이 인수함으로써 수출대금 지급

환 어 음: 선하증권 발행일로부터 180일짜리 어음

환어음 지급인: Credit Suisse 도쿄지점

분할선적: 허용

환 적: 금지

선 적 항: 한국의 모든 항구

최종목적지: 브라질 산토스 항구

최종선적기일: 2005년 9월 8일

상품명세서: 250_000 KGS NYLON 70 DENIER 24 FILAMENTOS, NAO TEXTURIZADOS, ACONDICIONADOS EM TUBOS NAO RETORNAVEIS, AS PER BRAZILIAN IMPORT LICENSE NR. 319-96/1614-7.

요구서류

1. 서명된 상업송장 원본 3통과 부본 2통, 이 서류는 FOB가격과 해상운임이 별도로 기입된 상세한 상품명세서이어야 하며 본 상품이 브라질의 수입허가서 NR. 319-2000/1614-7에 규정된 것과 똑같다는 것을 증명하는 것이어야 합니다.
2. 서명된 해양선하증권 원본 3통과 사본에 무사고 본선적재와 본선수령일자가 기재되어 있어야 하며, 해상운임이 선불되고, FOB 상품가격과 해상운임이 따로 숫자와 문자로 명시되어 있어야 합니다. 선하증권은 반코 엑셀 Economic S/A를 지시식으로 발행되어야 하고 수입항에서의 화물도착통처로 수입상이 명시되어 있어야 합니다.
3. 포장명세서 원본 1통과 부본 2통
4. 수출상이 분할선적을 할 경우 건당 운임이 지불되든 지불되지 않든지간에 그러한 내용이 기재되어 있어야 합니다.

추가조건

1. 제출하는 모든 서류에 브라질 수입허가번호(NR. 319-2000/1614-7)와 신용장번호(LC-1-001172/2000)를 기재해야 합니다.
2. 신용장 발행일자 이전에 발행된 서류도 인수할 수 있습니다.
3. 매입한 모든 금액은 신용장 원본 뒷면에 배서되어야 합니다.
4. 해상보험은 수입상이 부보해야 합니다.
5. 신용장의 제조건과 일치하지 않는 서류의 검토비용은 50달러이며 이 금액은 수출대금에서 공제될 것입니다.
6. 다음과 같은 비용은 당 중앙은행의 지침에 따라 총 해상운임에 포함되어 있는 것으로 간주합니다. 해상운송을 할 경우 항구에서 발생하는 소액의 추가비용, 임대비용, 초중량 화물기중기 사용료, 장척화물비용, 유료할증료, 통화할증료, 전쟁위험비용, 체선할증료 등은 선하증권에 정당하게 명시된 대로 전체해상운임에 포함된 것으로 합니다.
7. 당 은행의 상세한 신용장내용에 따라 귀사는 본 내용을 근거로 매입할 권한을 갖고 있습니다.
8. 매입은 전신암호코드로 당 은행에게 통지되어야 하며 L/C상에 명시된 모든 조건이 일치함을 증명하는 것이어야 합니다.
9. 수출상은 선적후 10일까지 신용장에 명시된 전 서류원본 1부를 직접 FIBRA DUPONT SUDAMERICA S/A-AVSAO JERONIMO, S/

NRCEP 013470-900 AMERICANA SP에게 송부해야 합니다.

10. 수출상은 선하증권 발행일로부터 5일까지 55.194.712433번 팩스로 선적에 관한 상세한 사항을 수입상에게 통지해야 합니다.
11. 상업송장의 카본복사나 복사본은 허용되지 않으며 당 중앙은행의 지침에 따라 작성자의 이름과 신원이 함께 기재되고 서명되어야 합니다.

비 용

모든 은행비용은 BANCO EXCEL ECONOMICO S/A가 부담합니다.

서류제시기간: 서류는 선하증권발행일로부터 14일 이내에 제시되어야 하고 신용장 유효기일 이내이어야 합니다.

신용장 확인지시사항: 통지은행은 신용장의 확인을 추가합니다.

지급, 인수, 매입 지시사항

1. 통지은행이 신용장의 확인을 추가했음을 수출상에게 텔렉스로 신속히 알려주어야 합니다.
2. 이러한 사항을 통지받았음을 그리고 귀사의 참조번호를 당 은행에게 통지하여야 합니다.
3. 운송서류는 매입후 즉시 특급우편으로 TO BANCO EXCEL ECONOMICO SA. RUA CINCINATO BRAGA. 340-7 ANDAR CEP. 01333-010 SAO PAULO/SP/BRAZIL ATTN DEPTO. DE CAMBIO/IMPORTACAO에게 송부해야 합니다.
4. 매입은 전신암호로 당 은행에게 통지되어야 하며, 신용장의 제조건이 충족되었음을 증명해야 되며, 계약서번호, FOB가격금액, 선하증권 발행매수와 발행일자, 운송회사와 같은 상세한 내용을 통지해야 합니다.

통지은행: 시티은행 서울지점

수신자와 발신자 정보사항

본 화환신용장은 국제상업회의소가 제정하고 1993년 개정된 신용장 통일규칙 및 관례에 따라 처리될 것입니다.

5. 일람출급신용장

MODEL FORM-1

Deutsche Bank
Aktliengesellschaft
Seoul Branch

Notification of Documentary Credit

Our Reference	:	794el19802820
Applicant	:	SAMER ABU ZEID CYPRUS.
L/C NO.	:	5512532
Date of Open	:	22 SEP. 2005
Currency/Amount	:	USD 17,000.00
Tolerance:		
Validity	:	15/ NOV./ 2005
Place of expiry:		
IN FAVOUR OF	:	SOGANG CORPORATION C.P.O. BOX 1726

We wish to inform you that the bank indicated has opened / issued a documentary credit in your favour. Please see the enclosure for details.

We would like to draw your special attention to the specific terms of your agreement, or if you think that you are unable to fulfill them in **one item** or another we would recommend that you arrange immediately for the applicant to make the necessary alteration or amendments.

In case we have received the details to the documentary credit by cable, we neither take into consideration any further mail confirmation of the cable nor forward it to you.

We kindly ask you to pay attention to the fact that the bank indicated has opened/issued this documentary credit in your favour. Unless the credit has been confirmed by us (as indicated below) this advice is given to you without any engagement on our part and does not constitute any obligation on our part to honour documents.

Should the credit be designated as transferable and should we be authorized to effect such transfer please note that we are under no obligation to do so.

BANK OF KOREA'S REF. NO.
A-8001-809-02179

Issuing Bank
BANQUE EUROPEENNE POUR LE MOYEN
ORIENT-CYPRUS O.B.U-LIMASSOL P.O. BOX

Deutsche Bank
Aktiengesellschaft

6232 LIMASSOL CYPRUS, REPUBLIC

Seoul Branch

DBASU K26353
5575B BEMO CY
AUTO TLX, DO NOT INTERRUPT 222EP98 2207

Test ☐ Correct ☐ Incorrect	
Checked by	Date:
SAL	

TO: DEUTSCHE BANK AG-SEOUL-KOREA
FM: BANQUE EUROPEENNE POUR LE MOYEN ORIENT SAL
CY. O. B. U. LIMASSOL/CYPRUS

LIMASSOL 22ND SEPTEMBER, 2005

DEUTBANK 2005. 9. 23 INCONING

TEST: FOR USD 17,000.00

ORDER ACCOUNT: SAMER ABU ZEID

WE OPEN AN IRREVOCABLE DOCUMENTARY CREDIT NO. 5512532

ORIGINAL

IN FAVOUR OF: SOGANG CORPORATION, ATTN: F.J. DEPT.
C.P.O. BOX: 1726, SEOUL, KOREA

TO THE EXTENT OF ABT USD. 17,000.00(ABOUT US DOLLARS SEVENTEEN THOUSAND)

AVAILABLE AT SIGHT

AGAINST PRESENTATION OF THE FOLLOWING DOCUMENTS TO BE REMITTED TO OURSELVES BY DHL COURRIER UNDER TWO SEPARATE COVERS:

COMMERCIAL INVOICE MADE OUT IN THE NAME OF ABDEL-LATIF ABU ZEID ALEPPO FREE ZONE, SYRIA IN 6 COPIES SIGNED BY THE SELLER INCLUDING AN ORIGINAL COPY CERTIFIED BY THE CHAMBER OF COMMERCE

THE INVOICE MUST BEAR THE FOLLOWING ATTESTATION:

−WE CERTIFY THAT THIS INVOICE IS AUTHENTIC, THAT IS THE ONLY ONE ISSUED BY US FOR THE GOODS DESCRIBED THEREIN, THAT IT SHOWS THEIR EXACT VALUE WITHOUT ANY DEDUCTION. WE DECLARE ALSO THAT THE ORIGIN OF THE GOODS IS EXCLUSIVELY FROM KOREA

−WE ARE NOT REPRESENTED IN SYRIA AND SYRIA IS NOT INCLUDE IN THE TERRITORY OF ANY OTHER AGENT WHO WOULD BENEFIT WHATSOEVER FROM ANY COMMISSION ON OUR MERCHANDISE EXPORTED TO SYRIA

−WE CERTIFY THAT THE GOODS IMPORTED ARE MANUFACTURED BY EXPORTER'S COUNTRY AND THAT THERE IS NO MATERIAL PRODUCED BY ISRAEL IN THE MANUFACTURE OR PREPARATION OF THESE GOODS.

−WE CERTIFY THAT THE ABOVE GOODS ARE MANUFACTURED BY (FIRM OR MANUFACTORY TO INDICATE. FULL NAME OF MANUFACTURER TO BE INDICATED CLEARLY) AND THAT THEY ARE ENTIRELY MADE IN KOREA

−WE ARE FULLY AWARE OF THE SYRIAN LEGISLATION CONCERNING THE BOYCOTT OF ISRAEL AND UNDERTAKE TO COMPLY WITH IT.

Deutsche Bank
Aktiengesellschalt
Seoul Branch

—TO BE CONTINUE

FULL SET OF CLEAN ON BOARD MARINE BILLS OF LADING ISSUED TO THE ORDER AND BLANK ENDORSED AND BEARING THE FOLLOWING ATTESTATIONS:
FREIGHT: PREPAID
NOTIFY: ABDEL-LATIF ABY ZEID, ALEPPO FREE ZONE, SYRIA
DESTINATION: LATTAKIA, SYRIA

CERTIFICATE ISSUED BY THE SHIPPING COMPANY STATING THAT THE SHIP LOADING THE GOODS IS NOT OF ISRAEL NATIONALITY, THAT SHE IS NOT BLACKLISTED BY THE ARAB BOYCOTT BUREAU AGAINST ISRAEL AND SHALL NOT CALL DURING HER PRESENT VOYAGE AT ANY ISRAEL PORT
(SEPRATED OR INCORPORATED IN THE B/L)

ORIGINAL

INSURANCE POLICY OR CERTIFICATE IN 2 COPIES ISSUED TO THE ORDER OF THE SELLERS AND BLANK ENDORSED COVERING THE VALUE OF THE INVOICE PLUS 10 PER CENT AND COVERING THE FOLLOWING RISKS:
—INSTITUTE CARGO CLAUSES (A)
—INSTITUTE STRIKES CLAUSES (CARGO)
—INSTITUTE WAR CLAUSES (CARGO)
—FIRE, THEFT IN THE CUSTOMS HOUSE
THIS INSURANCE MUST BE VALID FOR A PERIOD OF 60 DAYS AFTER THE DISCHARGE OF THE GOODS.

CERTIFICATE OF ORIGIN ISSUED BY THE CHAMBER OF COMMERCE IN 3 COPIES

CERTIFICATE OF WEIGHT IN 4 COPIES

PACKING LIST IN 4 COPIES SHOWING ALL DERAILS OF PACKING NAMELY CONTENTS OF CARTON BY CARTON EQUAL TO THE INVOICED QUANTITY.

N.B.

ALL CHARGES AND COMMISSIONS, OUTSIDE CYPRUS, INCLUDING REIMBURSEMENT BANK CHARGES AND OTHERS ARE ON BENEFICIARIES ACCOUNT.

VERY IMPORTANT:

—ALL DOCUMENTS REQUIRED SHOULD NOT BEAR ANY MENTION SHOWING THAT THEY HAVE BEEN ISSUED UNDER A DOCUMENTARY CREDIT AND SHOULD NOT BEAR THE CREDIT NUMBER NOR THE NAME OF OUR BANK.

—ALL DOCUMENTS REQUIRED EXCEPT INSURANCE POLICY AND BILL OF LADING (SINCE ISSUED TO THE ORDER AND BLANK ENDORSED) MUST BE ISSUED IN THE NAME OF ABDEL-LATIF ABU ZEID, ALEPPO FREE ZONE, SYRIA.

—ALL DOCUMENTS REQUIRED EXCEPT INVOICE AND INSURANCE POLICY MUST NOT SHOW ANY VALUE OR PRICES.

EVIDENCING THE SHIPMENT OF THE FOLLOWING GOODS

ABT 20,000 YDS FJC-4166-02 SOGANG CHARMAX BRAND
PLAIN DYED KING CHIRIMEN JAQUARD 44" AT USD 0.85/YD
CIF LATTAKIA, SYRIAAS PER HF-10087

Deutsche Bank
Akliengesellschalt
Seoul Branch

N.B.

—TO BE CONTINUE

SHIPMENT TO BE EFFECTED THROUGH P + O NEDLLOYD LINES BILL OF LADING AND THEIR VESSELS ONLY.

—BILL OF LADING MUST SHOW 'TEXTILE PIECE GOODS' only WITHOUT MENTIONING NUMBER OF YARDS NOR NET WEIGHT: TO MENTION GROSS WEIGHT AND MEASUREMENT IN CUBIC METERS.

VERY IMPORTANT

ORIGINAL

ANY FORWARDER'S BILL OF LADING IS CATEGORICALLY NOT ACCEPTABLE

—UPON NEGOTIATION PLEASE DEDUCT FROM YOUR PAYMENT TO BENEFICIARIES 5% AGENT COMMISSION TO BE PAID TO MR H. FARSOUN THROUGH OURSELVES. THIS DEDUCTION MUST NOT BE SHOWN ON THE INVOICE BUT ON A SEPARATE CERTIFICATE ATTESTING SAME TO BE NEGOTIATED WITH DOCUMENTS.

PARTIAL SHIPMENT: NOT PERMITTED
TRANSSHIPMENT: NOT PERMITTED
PORT OF SHIPMENT: ANY KOREAN PORT
PORT OF DESTINATION: CIF LATTAKIA, SYRIA
LATEST DATE FOR SHIPMENT: 31ST OCTOBER, 2005
EXPIRY DATE: 15TH NOVEMBER, 2005 IN KOREA

NEGOTIATION UNDER RESERVES OR AGAINST BANK GUARANTEE PROHIBITED

NEGOTIATION OF DOCUMENTS THROUGH ANY BANK IN KOREA ACCEPTABLE

PLEASE NOTIFY THIS LETTER OF CREDIT TO THE BENEFICIARY URGENTLY WITHOUT ADDING YOUR CONFIRMATION.

IN REIMBURSEMENT: PLEASE REIMBURSE YOURSELVES WITH DEUTSCHE BANK AG FRANKFURT INSTRUCTING THEM TO DEBIT THE ACCOUNT OF OUR BEMO BEIRUT WITH THEM VALUE 3 WORKING DAYS FROM DATE OF YOUR REIMBURSEMENT CLAIM CERTIFYING THAT ALL TERMS AND HAVE BEEN COMPLIED WITH AND UNDER YOUR TELEX ADVICE TO US GIVING AMOUNT TO BE DEBITED AND VALUE DATE

ALL MAIL CORRESPONDENCE REGARDING THIS CTEDIT MUST BE REMITTED TO BANQUE EUROPEENNE POUR LE MOYEN ORIENT SAL-CYPRUS OFF SHORE BANKING UNIT-P.O. BOX 6232 LIMASSOL/CYPRUS.

THIS CREDIT IS SUBJECT TO THE UNIFORM CUSTOMS AND PRACTICE FOR DOCUMENTARY CREDIT (REVISED VERSION OF 1993) BROCHURE 500 OF THE I.C.C.

THIS TELEX IS AN OPERATIVE INSRTRUMENT NO MAIL CONFIRMATION WILL FOLLOW.

THKS AND RGDS
BEMO SAL OBU

DBASL K26353
5575B BEMO CY

Deutsche Bank
Akliengesellschalt
Seoul Branch

[해 설] one item ~, 신용장 내용을 말한다.

COMMERCIAL Invoice made out in the name of ABDEL-LATIF ~, 신용장 통일규칙 제3조에 의하면 상업송장은 달리 명시되지 않는 한 수익자가 신용장 개설의뢰인 앞으로 작성해야 한다고 명시되어 있다.

또한 상업송장에는 서명이 필요하지 않다. 신용장에 달리 명시되지 않는 한 은행은 신용장에서 허용한 금액을 초과한 금액으로 발행된 상업송장을 수리하지 않을 수 있다. 그럼에도 불구하고 지급, 연지급 확약, 화환어음의 인수 또는 매입수권된 은행이 그러한 송장을 수리한 경우 이 결정은 그 은행이 신용장에서 허용한 금액을 초과하는 금액에 대해서 지급, 연지급확약, 화환어음을 인수 또는 매입하지 않는 한 모든 당사자를 기속한다.

상업송장명세서는 신용장에 명시된 상품명세서와 같아야 한다. 다른 모든 서류에 상품은 신용장에 명시된 상품명세서와 모순되지 않는 한 일반적인 용어로 표기할 수 있다. 수출상은 상업송장에 명시된 금액과 화환어음에 명시될 금액을 동일하게 작성하여야 하며 금액상의 차이는 중대한 하자사항이 되어 매입은행이 매입을 거절할 수 있고 신용장에 명시된 금액과 상업송장에 명시된 금액이 다른 경우 수입상이 수입통관하는 데 어려움을 야기시킬 수 있다.

본 신용장에서 상업송장은 수입상 앞으로 발행되지 않고 제3자인 ABDEL-LATIF로 작성되도록 되어 있다. 따라서 수입상은 중개무역을 하는 상인으로 볼 수 있다.

[해 석]

화환신용장 통지서
당 은행 참조번호: 794el19802820
개설의뢰인: SAMER ABU ZEID CYPRUS
신용장번호: 5512532
신용장 발행일자: 2005년 9월 22일
신용장금액: 17,000.00달러
신용장 유효기일: 2005년 11월 15일
수 익 자: 서강무역

당 은행은 귀사에게 상기 은행이 귀사를 수익자로 화환신용장을 개설하였음을 통지합니다. 동봉된 상세한 내용을 검토하시기 바랍니다.

당 은행은 귀사가 신용장의 특별조건에 대해 특별한 관심을 갖고 검토하시길 바랍니다. 이러한 특별조건은 본 신용장거래에서 분쟁을 예방하기 위해 서류를 작성할 때 귀사가 엄격히 준수해야만 되는 항목들입니다.

신용장의 제조건들이 귀사가 합의한 내용과 일치하지 않으면 또는 귀사가 신용장의 내용의 일부를 받아들일 수 없는 경우에 귀사는 즉시 신용장 개설의뢰인에게 이와 같은 사실을 통지하여 필요한 신용장의 변경이나 정정을 하시기 바랍니다.

당 은행은 전신수단으로 화환신용장에 대한 상세한 내용을 받았습니다. 당 은행은 전신우편확인이 필요하지 않고 이것을 귀사에게 전달할 필요도 없습니다. 귀사는 상기 은행이 귀사를 수익자로 화환신용장을 발행했다는 사항에 많은 관심을 갖기 바랍니다.

당 은행은 신용장내용에 대해 당 은행의 책임 없이 본 신용장통지서를 귀사에게 통지합니다. 따라서 당 은행은 서류인수와 대금지급에 대한 의무가 없습니다. 본 신용장은 양도가능신용장으로 당 은행이 서명하지 않았고 또한 당 은행은 신용장을 양도할 권한을 갖고 있지 않습니다. 따라서 당 은행은 신용장을 양도할 의무가 없다는 점에 주목하십시오.

통지은행 참조번호: A-8001-809-02179

개설은행: BANQUE EUROPEENNE POUR LE MOYEN ORIENT-CYPRUS O.B.U.-LIMASSOL P.O. BOX

수 신 처: DEUTSCHE BANK AG-SEOUL-KOREA

발 신 처: BANQUE EUROPEENNE POUR LE MOYEN ORIENT-CYPRUS O.B.U.-LIMASSOL P.O. BOX

전신으로 확인된 금액: 미화 17,000.00달러

신용장금액: 미화 17,000.00달러

신용장 개설의뢰인: SAMER ABU ZEID

당 은행은 취소불능 화환신용장번호 5512532를 개설합니다.

수 익 자: 서강무역

신용장금액: 미화 17,000.00달러

선적서류: DHL이나 택배로 당 은행에 송부된 다음과 같은 운송서류 2부가 각각 개별로 제시되어야 합니다.

상업송장 부본 6통이 ABDEL-LATIF ABU ZEID LEPPO FREE ZONE, SYRIA의 이름으로 발행되고 수출상의 서명이 있어야 합니다.

이 상업송장에는 상공회의소가 증명한 원본의 부본이 포함되어 있어야 합니다.

상업송장에는 다음과 같은 사항을 증명하는 문구가 기재되어 있어야 합니다. 당사는 본 상업송장이 확인되고, 본 신용장에 명시된 상품에 대해 당사가 발행한 하나밖에 없는 상업송장임을 증명합니다.

상업송장에는 어떠한 공제금액이 없이 정확한 가격이 기재되어야 하고. 당사는 또한 제품의 원산지가 한국임을 증명하는 것이어야 합니다.

당사는 시리아에서 사업을 수행하지 않으며 시리아는 대리권을 갖고 있는 어떠한 대리인의 영역에 포함되어 있지 않아 당사가 시리아로 제품을 수출함으로써 수수료를 받을 수 있습니다.

당사는 수입된 제품이 수출국에서 제조되었음을 증명합니다. 또한 본 제품의 제조과정과 생산과정에 이스라엘이 생산한 원재료가 포함되지 않았음을 확약합니다.

당사는 상기 제품이 명시된 회사에 의해서 제조되었음을 증명하며 제조회사 상호가 분명하게 기재되어 있어야 합니다. 또한 제품이 완전히 한국에서 생산되어야 합니다. 당사는 이스라엘 금지에 대한 시리아 법을 잘 알고 있어서 시리아 법을 준수해야 할 책임이 있습니다.

무사고 본선적재 해양선하증권 3통이 지시식으로 발행되고 백지배서되어야 하며 다음과 같은 입증사항이 기재되어 있어야 합니다.

운임은 선불되고 수입항에서의 화물도착통지처는 ABDEL-LATIF ABUZEID, AEEPOO FREE ZONE, SYRIA로 기재되어 있어야 합니다.

최종목적지: 시리아 라타키아(LATTARIA)

선박회사가 발행한 증명서를 제출해야 하며 이 증명서에는 제품을 선적한 선박이 이스라엘 국적선이 아니며 이스라엘에 대한 아랍연합의 금지선에 포함되어 있지 않고 항해기간 동안 이스라엘의 항구에 입항하지 않았음이 기재되어 있어야 합니다.

보험증권과 보험증명서 2통이 수출상을 지시인으로 발행되고 백지배서되어야 합니다. 보험가액은 CIF가격에 10%가 증가된 것으로 하고 보험조건은 신협회 적하약관 A조건에 동맹파업약관, 전쟁약관, 창고화재, 도난약관에 별도로 부보해야 합니다. 보험의 담보기간은 제품이 하역된 후 60일간 계속되어야 합니다. 상공회의소가 발행한 원산지증명서 사본 3통, 중량증명서 부본 4통, 포장명세서 부본 4통, 포장명세서에는 포장에 대한 모든 상세한 사항, 카튼박스 안에 포장한 제품명세서, 카튼박스의 수량과 송장에 명시된 수량이 일치한다는 사항들이 기재되어 있어야 합니다.

상환은행비용과 기타비용을 포함해서 CYPRUS 외에서 발생하는 모든 비용과 수수료는 수출상이 부담해야 합니다.

매우 중요한 지시사항

요구한 모든 서류들은 본 신용장하에서 발행되었음을 나타내는 어떠한 문구도 기재되어 있지 않아야 하고 또한 신용장번호와 개설은행명도 기재되어 있지 않아야 합니다.

보험증권과 선하증권을 제외한 모든 요구서류들은(지시식으로 발행되고 백지배서되어 있다) ABDEL-LATIF ABU ZEID ALEPO FREE ZONE, SYRIA의 앞으로 발행되어야 합니다.

송장과 보험증권을 제외하고 모든 요구서류들은 금액과 가격을 기재해서는 안 됩니다.

다음과 같은 제품들이 선적되었음을 증명하는 서류

수량은 20,000야드이고 품목번호는 FJC-4166-02이며 서강 CHARMAX BRAND AIN DYED KING CHIRIMEN JAQUARD 44, USD 0,85/YD LATTAKIA, SYRIAASYPER HF-10087

선적은 P+0 NEDLLOYD 동맹선과 그 동맹선에 가입한 선박에서 이루어져야 합니다.

선하증권에 섬유제품의 낱개를 기재하고 야드수나 순톤수는 기재해서는 아니 됩니다. CUBIC 미터당 총톤수와 용적을 기재해야 합니다.

매우 중요한 지시사항

운송주선업자가 발행한 선하증권은 전혀 수리할 수 없습니다. 매입할 때 귀사에게 지불할 수출대금에서 대리인 수수료 5%가 공제될 것입니다. 이 수수료는 MR. H. FARSOUN HROUGN OURSELVES에게 지불될 것입니다. 이 공제금액은 상업송장에 기재해서는 안 되며 개별증명서를 작성하여 다른 서류와 함께 매입해야 합니다.

분할선적은 금지되며 환적도 금지될 것입니다.

선적항은 모든 한국 항구에서 가능하며 최종목적지는 시리아에 있는 라타키아입니다.

최종선적기일은 2005년 10월 31일

신용장 유효기일: 한국에서 2005년 11월 15일까지 가능

유보조건부와 은행보증서에 의한 매입은 인정하지 않습니다.

한국에 있는 모든 은행을 통한 매입은 허용될 것입니다(즉 매입자유신용장이다). 귀 은행이 신용장내용을 확인하지 않고 수출상에게 신용장을 신속히 통지하기 바랍니다.

상환지시사항

귀 은행의 상환요청을 받은 날로부터 3일 이내에 DEUTSCHE BANK

AG은행이 당 은행의 BEMO BEIRUT계정에서 귀 은행이 차기하라는 지시에 따라 상환될 것입니다.

신용장의 제조건이 충족되었음을 증명하는 서류와 귀사가 당 은행에게 보낸 텔렉스 통지서에 따라 통지된 금액이 차기되고 차기된 날짜가 기재되어 있어야 합니다.

본 신용장에 관련된 모든 우편통지는 BANQUE EUROFEENNE에게 전달되어야 합니다.

본 신용장은 국제상공회의소가 제정하고 1993년에 개정된 신용장 통일규칙 및 관례에 따라 처리될 것입니다.

본 텔렉스는 유효한 증서이며 따라서 우편확인서가 필요 없습니다.

6. 확인신용장

Bankers Trust Company
SEOUL BRANCH

Seoul Center Bldg.
91-1, Sokong-Dong, Chung-Ku,
Seoul, Korea
Telephone: 3112-620
Swift: BKTRKRSX
Telex: K26390, K22377
Facsimile: 756－2648

ADVICE OF CONFIRMED LETTER OF CREDIT

Advise No. : A840170204931
Date : February 28, 2005

Our Reference: ***SEL/116342***

Beneficiary : DAEYANG INDUSTRIES INC
DAEYANG BLDG.,
45, MUGYO-DONG, JUNG-KU
SEOUL, KOREA

L/C No. : SPOLLC700166
L/C Amount : USD 421,200.00(＋0.0%/-0.0%)
Issuing Bank : BANCO SAFRA S.A., SAO PAULO

At the request of **our correspondent,** we are pleased to enclose the **original instrument** of the above L/C issued in your favour.

We have added our confirmation to the above L/C and undertake to **honour** all drafts **drawn** under and in compliance with the terms of the L/C provided that all required documents are accompanied with.

This advice must be attached to the original letter of credit.

Authorized Signature

THIS LETTER OF ADVICE IS SUBJECT TO UNIFORM CUSTOMS AND PRACTICE FOR DOCUMENTARY CREDITS (1993 REVISION) INTERNATIONAL CHAMBER OF COMMERCE PUBLICATION NO 500.

(INCORPORATED WITH LIMITED LIABILITY IN THE U.S.A.)

GK01199 Department FSX seq 4621 on PRT55 At 23:48:08 25-FEB-2005
Received from SAFRB: BANCO SAFRA S.A., SAO PAULO
Routed to FSLDP: BANKERS TRUST CO., SEOUL KOREA,
Pri: NORMAL
Authenticator/test AGREED

Incoming message Application: FIN

MT700/ISSUE OF DOCUMENTARY CREDIT
{1 /Basic Header:
Application Identifier F APDU Identifier 01
LT Address BKTRKRSXAXXX
Session number 4713 Sequence number 130536}
{2 /Application Header:
Input/Output Identifier O Message Type700
System/Input Time 18:59
System/Input MIR 970225SAFRBRSPAXXX1529169917
Output date 26-FEB-2005 Output Time 06:59 Message Priority N}
{4 /Text:
:27 /Sequence of Total: 1/1
:40A/Form of Documentary Credit: IRREVOCABLE
:20 /Documentary Credit Number: SPOLLC700166
:31C/Date of Issue: 25-FEB-2005
:31D/Date and Place of Expiry: 10-APR-2005 KOREA
:50 /Applicant:
FIBRA DUPONT SUDAMERICA S.A.
AV. SAO JERONIMO, S/NR.
AMERICANA -SP - BRASIL
:59 /Beneficiary:
DAEYANG INDUSTRIES INC.
DAEYANG BLDG 45. MUGYO-DONG, JUNG-GU.
SEOUL-KOREA
:32B/Currency Code/Amount: USD 421,200.00
:39B/Maximum Credit Amount: UP TO
:41A/Available With… by…: BKTRKRSXXXX
BANKERS TRUST COMPANY, SEOUL
BY DEF PAYMENT
:42P/Deferred Payment Details:
180 DAYS AFTER SHIPMENT DATE
:43P/Partial Shipment: PERMITTED
:43T/Transshipment: NOT PERMITTED
:44A/Load/Dispatch/In Charge:
FROM ANY KOREA PORT
:44B/For Transportation to:
TO SANTOS PORT-SP-BRASIL
:44C/Latest Date of Shipment: 31-MAR-2005
:45A/Description of Goods/Services:
108.000 KGS - FIOS DE NYLON 70D/24F
CFR SANTOS BRAZIL
AS PER PROFORMA INVOICE NUMBER 970INFOOIS DATED JAN. 28, 2005
:46A/Documents Required:

1) SIGNED COMMERCIAL INVOICE MANUALLY SIGNED, SHOWING SIGNER'S FULL NAME AND CAPACITY OF THE PARTY IN THREE ORIGINALS PLUS THREE COPIES.
2) 2/3 CLEAN ON BOARD OCEAN BILLS OF LADING CONSIGNED TO THE ORDER OF BANCO SAFRA S.A. AND NOTIFYING APPLICANT INDICATING FREIGHT PREPAID **SHOWING FREIGHT AMOUNT IN FIGURES AND WORDS** BY TRANSPORT COMPANY
3) PACKING LIST: THREE ORIGINALS PLUS THREE COPIES.
4) BENEFICIARY'S STATEMENT BEARING THAT ONE ORIGINAL OF COMMERCIAL INVOICE PLUS ONE ORIGINAL OF BILL OF LADING (CONSIGNED TO THE THE ORDER OF BANCO SAFRA S.A.), BY SPECIAL COURIER, DIRECTLY TO APPLICANT ATTN.: COM. EXTERIOR AVENIDA SAO JERONIMO. S/NR.
CEP 13470-900 - AMERICANA - SP - BRASIL
NOT LATER THAN FIVE WORKING DAYS AFTER **SHIPMENT DATE.**
A CERTIFICATE OF THIS EFFECT IS REQUIRED AS WELL AS A COPY OF A AWB COURIER AT NEGOTIATION TIME.

:47A/**Additional Conditions**:
1) THE PAYING BANK WILL HAVE TO SEND TO BANCO SAFRA S.A. AVENIDA PAULISTA, 2100. 16 ANDAR CEP 01310 930 SAO PAULO/ SP/BRASIL ALL REQUIRED DOCUMENTS BY SPECIAL COURIER.
2) ORIGINALS OF COMMERCIAL INVOICE ON **CARBON COPIES AND/OR PHOTOCOPY** ARE NOT ACCEPTABLE.

:71B/**Charges**:
BANKING CHARGES ARE FOR APPLICANT'S
ACCOUNT.
CHARGES OF THE CONFIRMING BANK ARE
FOR APPLICANT'S ACCOUNT.
CHARGES OF THE ADVISING BANK ARE FOR BENEFICIARY'S ACCOUNT.

:48 /**Period for Presentation**:
10 DAYS AFTER SHIPMENT DATE
BUT WITHIN CREDIT VALIDITY.

:49 /**Confirmation Instructions**: CONFIRM

:53A/**Reimbursing Bank**: BKTRUS33XXX
BANKERS TRUST COMPANY. NEW YORK

:78 /**Instructions to the Paying/Accepting/Negotiating Bank**:
PLEASE INFORM US AT UTILIZATION AMOUNT UTILIZED.
AND CONFIRM US THAT ALL TERMS AND CONDITIONS OF
L/C WE ARE COMPLIED WITH. YOU ARE AUTHORIZED TO DEBIT
OUR ACCOUNT WITH YOUR NEW YORK BRANCH THREE WORKING
DAYS AFTER UTILIZATION ADVICE.
BENEFICIARY SHALL BE CHARGED A USD 50.00 FEE FOR EACH
DISCREPANCY IN THE DOCUMENTS. WHETHER OR NOT SUCH
DISCREPANCIES BE RELEASED.

:72 /**Sender to Receiver Information**:
THIS IS THE **OPERATIVE INSTRUMENT**
THIS L/C IS SUBJECT THE UNIFORM
CUSTOMS AND PRACTICE FOR DOC.
CREDIT 1993 REV. INT'L CHAMBER
OF COMMERCE PARIS PUB.NR 500.-}

{5 /Trailers:
{MAC:FE5C161E}

[해 설] our correspondent ~, 당 은행의 거래은행

original instrument ~, 원본

honour ~, 결제하다.

drawn ~, 발행된

SHOWING FREIGHT AMOUNT IN FIGURES AND WORDS ~, 숫자와 문자로 운임이 기재되어 있어야 한다.

Shipment date, 선적일

Additional Conditions, 추가조건

CARBON COPIES AND/OR PHOTOCOPY ~, 사본이 카본과 포토로 복사된 것은 인정하지 않는다.

OPERATIVE INSTRUMENT ~, 본 신용장은 유효한 증서라는 것이다. 신용장 통일규칙 제11조에서 모든 전송신(Teletransmission)은 개설은행으로부터 받은 경우 그 송신문에 “Full details to follow” 즉 상세한 사항은 추후에 통지함 또는 우편확인서가 유효한 증거서류라고 명시되어 있지 않는 한 유효한 신용증서로 취급된다고 규정하고 있다.

이 조항은 동일한 신용장이 두 번 발행됨으로써 무역거래에 악용될 가능성을 배제하기 위해 만들어진 조항이다.

확인은행이 확인한 신용장의 조건이 변경될 경우 변경된 신용장을 확인은행이 확인하지 않으면 확인은행은 변경된 신용장에 대한 확인책임을 부담하지 않는다. 변경된 신용장을 추가로 확인해야만 확인은행의 책임이 발생한다는 것이다.

[해 석]

확인된 신용장통지서

신용장 통지번호: A840170204931

당 은행의 참조번호: SEL/116342

신용장 통지일자: 2005년 2월 28일

수 익 자: 한국 서울 중구 무교동 대양빌딩 대양산업주식회사

신용장번호: SPOLLC700166

신용장금액: 미화 421,200.00달러

개설은행: BANCO SAFRA S.A., SAO PAULO

당 거래은행의 요구에 따라 당 은행은 귀사를 수익자로 발행된 위에서 언급한 신용장 원본을 동봉합니다.

당 은행은 본 신용장에 당 은행의 신용장확인을 추가하였으며 신용장에서 명시된 제반 서류와 환어음이 신용장의 제조건을 충족시키면 정당하게 결제할 것을 확약합니다.

이 신용장통지서는 신용장 원본과 함께 제시되어야 합니다.

본 신용장은 국제상업회의소가 제정하여 1993년 개정된 화환신용장 통일규칙 및 관례에 따라 처리될 것입니다.

신용장의 종류: 취소불능신용장

화환신용장번호: SPOLLC700166

신용장 발행일자: 2005년 2월 25일

신용장 유효기간 및 장소: 2005년 3월10일, 한국

개설의뢰인: FIBRA DUPONT SUDAMERICA S.A. AV. SAO JERONIMO, S/NR. AMERICANA -SP - BRASIL.

수 익 자: 한국 서울 중구 무교동 대양빌딩 대양산업주식회사

화폐코드 및 금액: 미화 421,200.00달러

신용장금액은 미화 421,200.00달러를 초과할 수 없습니다.

신용장 사용방법

BKTRKRSXXXX BANKERS TRUST COMPANY, SEOUL이 연지급으로 지급합니다.

연지급에 대한 사항: 선적후 180일

분할선적: 허용

환 적: 금지

상품선적: 한국에 있는 어떠한 항구에서 가능

최종선적항: 브라질 산토스항구

최종선적기일: 2005년 3월 31일

상품명세서

브라질 산토스항까지 비용 및 운임이 포함된 무역거래조건으로 피오스 데 나이론 70P/24F 108.000KGS

견적송장번호 970INFOOIS에 따르며 이것은 2005년 1월 28일 발행되었습니다.

요구서류

1) 서명자의 성명과 권한이 명시되어 있고 수기로 서명된 상업송장 원본 3통과 부본 3통을 제시해야 합니다.
2) 무사고 본선적재 해양선하증권 2부가 반코 사프라 S.A.를 지시식으로 발행되어야 하며, 최종목적항에서 화물도착통지처로 수입상

이 기재되어 있고, 해상운임이 선불되고 운송회사가 해상운임을 숫자나 문자로 선하증권상에 표기한 것이 나타나 있어야 합니다.

3) 포장명세서 원본 3통과 부본 3통
4) 상업송장 원본 1통과 반코 사프라 S.A.을 지시식으로 발행된 선하증권 1통을 선적후 5일 이내에 특급우편으로 직접 수입상에게 송부했음을 수출상이 증명하는 서류를 제시해야 합니다. 매입할 때 항공화물 특급영수증 부본과 서류를 상기와 같이 송부했다는 증명서를 함께 제시해야 합니다.

추가조건

1) 지급은행은 신용장에 명시된 모든 서류를 특급우편으로 BANCO SAFRA S.A. AVENIDA PAULISTA, 2100. 16 ANDAR CEP 01310 930 SAO PAULO/SP/BRASIL에게 송부해야 합니다.
2) 카본복사나 포토카피로 작성된 상업송장 원본들은 수리할 수 없습니다.

비　용

은행비용은 수입상이 부담해야 합니다.

확인은행의 비용은 수입상이 부담해야 합니다.

통지은행의 비용은 수출상이 부담해야 합니다.

서류제시기간: 선적한 후 10일이고 이것은 신용장 유효기일 이내이어야 합니다.

신용장 확인지시사항: 통지은행은 본 신용장을 확인합니다.

상환은행: BKTRUS33XXX 번호인 뉴욕의 Bankers Trust

매입, 인수, 지급은행에 대한 지시사항

매입, 인수, 지급한 금액을 당 은행에게 통지하고 모든 신용장의 제조건이 일치되었음을 확약해야 합니다.

귀 은행은 귀 은행의 뉴욕지점에 개설되어 있는 당 은행의 계정에서 매입, 인수, 지급통지후 3일 이내에 차기할 권한을 갖고 있습니다

수출상은 제시된 서류가 신용장의 제조건을 충족시키지 못할 경우 불일치 서류제출비용으로 건당 50.00달러를 부담해야 하며 이러한 불일치서류를 수입상이 수리하든 또는 거절하든지간에 관계없이 부담해야 합니다.

정보발신자와 수신자 사항

이것은 유효한 신용증서입니다.

본 신용장은 국제상업회의소가 제정한 1993년 개정된 화환신용장 통일규칙 및 관례에 따라 처리될 것입니다.

7. 양도가능신용장

MODEL FORM-1

Standard Chartered

Standard Chartered Bank
13th Fliir, Nae' wel Bulding
6, 2-Ka, Ulchi-Ro, Chung-Ku
P.O. BOX Kwangwhamun 259
SEOUL, KOREA

TO: SOGANG CORP.

ADVICE OF ORIGINAL LETTER OF CREDIT

LC NO. : TFPSNK0771281 DATED 2005, February 16
FOR : USD 13,860.00
OUR REF. : A5601-902-12878 DATED 2005, February 18
OPENDED BY: NAT'L WESTMINSTER BANK SOUTHAMPTON

DEAR SIRS,
WITHOUT ANY RESPONSIBILITY OR ENGAGEMENT ON OUT PART FOR POSSIBLE ERRORS, OMISSIONS, OR DELAYS IN THE TRANSMISSION THEREOF, WE ENCLOSE AN AUTHENTICATED MESSAGE ADVISING THE ISSUANGE OF THE CAPTIONED CREDIT.

YOU ARE REQUIRED TO EXAMINE THE CONTENTS OF THE CREDIT. IF ANY OF THE TERMS/CONDITIONS DO NOT COMPLY WITH YOUR EXPECTATION PLEASE CONTACT DIRECTLY WITH THE APPLICANT AS WE ARE NOT AUTHORISED TO VARY THE CREDIT WITHOUT INSTRUCTIONS FROM THE ISSUING BANK.

THIS ADVICE IS SUBJECT TO THE UNIFORM CUSTOMS AND PRACTICE FOR DOCUMENT CREDITS.(1993 REVISION, INTERNATIONAL CHAMBER OF COMMERCE. PARIS, FRANCE PUBLICATION NO. 500).

YOURS FAITHFULLY
STANDARD CHARTERED BANK
SEOUL BRANCH

Chop Yapam

MANAGER

Instance Type and Transmission

Original received from SWIFT
Priority : Normal
Message Output Reference : 2354 200216SCBLKRSEAXXX1368908202
Correspondent Input Reference : 1454 200216NWBKGB2LAXXX2194928186

---------- Message Header ----------

Swift Output : FIN 700 Issue of a Documentary Credit
Sender : NWBKGB2LXXX
NATIONAL WESTMINSTER BANK PLC
LONDON GB
Receiver : SCBLKRSEXXX
STANDARD CHARTERED BANK
SEOUL KR

---------- Message Text ----------

27 : Sequence of Total
40A : Form of Documentary Credit **IRREVOCABLE TRANSFERABLE**
20 : Documentary Credit Number TRPSNK077281
31C : Date of Issue 2005 0216
31D : Date and Place of Expiry **2005 0325UNITED KINGDOM**
50 : Applicant **GEOLOGISTICS,** UNIT 5 FLANDERS
INDUSTRIAL PARK, HEDGE END, SOUTHAMPTON
: Beneficiary SOGANG CORPORATION C.P.O. BOX:1726, SEOUL KOREA.
THIS L/C IS RESTRICTED TO STANDARD CHARTERED BANK
SEOUL BRANCH FOR RENEGOTLATION OF DOCUMENT
32B : Currency Code Amount
Currency : USD (US DOLLAR)
Amount :13,860.00
39A : Percentage Credit Amt Tolerance 05/05
41D : Available With …By … -NAME/Addr
NATWEST BANK IBC SOUTHAMPTON
BY ACCEPTANCE
41P : Deferred Payment Details 90 DAYS SIGHT
43P : Partial Shipments PARTIAL SHIPMENTS ARE PROHIBITED
43T : Transshipment Transshipments ARE ALLOWED
44A : On Board/disp/Taking Charge PORT OF LOADING ANY KOREAN PORT
44B : For Transportation to
PORT OF DISCHARGE SOUTHAMPTON PORT UK
44C : Latest Date of Shipment
20050304
45A : Descp of Goods and/or Services
3,300 MTRS OF 45 PERCENT POLY/55 PER CENT
POLYNOSIC PLAIN DYED FABRIC
PER SALES CONTRACT OF 27-1-99
FOB ANY KOREAN PORT AT A TOTAL COST OF USD 13,860.00
46A : Documents Required
+DRAFTS AT 90 DAYS SIGHT DRAWN ON NATIONAL WESTMINSTER BANK PLC, INTERNATIONAL BANKING CENTRE, SOUTHAMPTON, UK
+INVOICES IN 5 COPIES EACH INDIVIDUALLY SIGNED(INCLUDING A COPY' FOR OUR RECORDS)
+WE UNDERSTAND THAT INSURANCE WILL BE CARED FOR BY THE APPLICANT.
+FULL SET CLEAN ON BOARD MARINE BILLS OF LADING ISSUED TO ORDER AND BLANK ENDORSED MARKED NOTIFY GEOLOGISTICS, UNIT 5 FLANDERS INDUSTRIAL PARK, HEDGE END, SOUTHAMPTON EVIDENCING FREIGHT COLLECT.
+PACKING LIST IN 4 COPIES

+CERTIFICATE OF ORIGIN
+COPY OF EXPORT LICENCE SHOWING VISCOUNT TEXTILES LTD AS CONSIGNEE
+BENEFICIARYS CERTIFICATE STATING THAT THE ORIGINAL EXPORT LICENCE HAS BEEN SENT DIREDT TO THE VISCOUNT TEXTILES LTD BY COURIER AT THE TIME OF DESPATCH.

47A : **Additional Conditions**
+ALL DOCUMENTS TO BE FORWARDED BY ONE REGISTERED AIRMAIL / COURIER DIREDT TO NATIONAL WESTMINSTER BANK PLC, INTERNATIONAL BANKING CENTRE, 1ST FLOOR, BRUNSWICK HOUSE, BRUNSWICK PLACE, SOUTHAMPTON SO15 2AP UK.
+ALL DOCUMENTS CALLED FOR UNDER THIS LETER OF CREDIT OTHERTHAN THOSE WHICH, BY ITS TERMS ARE PERMITTED TO BE COPIES MUST BE ISSUED CLEARLY MARKED - ORIGINAL - ON THEIR FACE.
+ OUT OF POCKET EXPENSES RESULTING FROM SETTLEMENT, OBTAINING WAIVERS FOR DISCREPANT DOCUMENTS AND OTHER CORRESPONDENCE ARE FOR ACCOUNT OF THE BENEFICIARY AND MAY BE DEDUCTED FROM PROCEEDS.
+THIS CREDIT IS TRANSFERABLE. THE TRANSFER OF THIS CREDIT IS RESTRICTED TO THE ADVISING BANK.
+NOTWITHSTANDING USANCE DRAFTS BEING STIPULATED AS A TERM OF THIS LETTER OF CREDIT, PAYMENT WILL BE EFFECTED AT SIGHT UPON RECEIPT BY OURSELVES OF DRAFTS, DOCUMENTS IN ORDER WITH DISCOUNT/INTEREST CHARGES FOR THE ACCOUNT OF THE APPLICANT. IN ORDER THAT DRAFTS ACCEPTED BY NAT WEST BANK PLC MAY BE REGARDED AS ELIGIBLE FINANCE AS DEFINED BY THE BANK OF ENGLAND AND THEREBY ATTRACT THE FINEST POSSIBLE DISCOUNT RATES THE FOLLOWING CLAUSE MUST BE APPENDED TO SUCH DRAFTS - COVERING THE EXPORT OF .... (FOLLOWED BY A CONCISE DESCRIPTION OF THE GOODS).
+SHIPMENT TO BE EFFECTED THROUGH GEOLOGISTICS, SEOUL, KOREA WHICH BILLS OF LADING MUST EVIDENCE.
+TOLERANCE OF PLUS OR MINUS 5 PERCENT IN BOTH CREDIT AMOUNT AND QUANTITY OF GOODS ACCEPTABLE.
+A SEPARATE BANK DRAFT IN THE SUM OF 5 PERCENT OF THE INVOICE VALUE (BEING COMMISSION)MADE PAYABLE TO J J PARK ACCOUNT NO 031-18-28083-0 AT KOREA EXCHANGE BANK MUST BE PRESENTED. NEGOTIATING BANK MUST STATE THIS ON THEIR COVERING SCHEDULE THIS INFORMATION IS GIVEN WITHOUT ENGAGEMENT OR RESPONSIBILITY ON THE PART OF NAT WEST BANK PLC.

71B : **Charges**
ALL CHARGES OTHER THAN THOSE OF THE ISSUING BANK ARE FOR THE BENEFICIARY'S ACCOUNT

48 : **Period for Presentation**
DOCUMENTS MUST BE PRESENTED WITHIN 21 DAYS AFTER THE SHIPMENT DATE AS EVIDENCED ON THE TRANSPORT DOCUMENT

49 : **Confirmation Instructions**
WITHOUT

78 : **Instructs to Pay/Accept/Nego Bank**
WE HEREBY ENGAGE TO PAY, IN THE CURRENCY OF THE CREDIT, DOCUMENTS DRAWN IN CONFORMITY WITH ALL ITS TERMS AND CONDITIONS
SPECIAL INSTRUCTIONS FOR ANY BANK ELECTING TO NEGOTIATE DRAFTS

```
     OR DOCUMENTS PRESENTED UNDER THIS LETTER OF CREDIT - PLEASE NOTE
     THAT THIS CREDIT IS AVAILABLE FOR RENEGOTIATION WITH STANDARD
     CHARTERED BANK, SEOUL WHO HOLD SPECIAL INSTRUCTIONS WITH REGARD
     TO DISPOSAL OF DOCUMENTS AND REIMBURSEMENT HEREUNDER.
72 : Sender to Receiver Information
     EXCEPT SO FAR AS OTHERWISE EXPRESSLY STATED THIS CREDIT IS SUBJECT TO
     UNIFORM CUSTOMS AND PRACTICE FOR DOCUMENTARY CREDITS (1993 REVISION)
     I.C.C. PUBLICATION NO. 500
```

[해 설] Irrevocable Transferable의 문구는 본 신용장이 양도가능한 신용장임을 뜻한다.

양도가능신용장이란 수익자(제1수익자)가 지급, 연지급약정, 인수 또는 매입이 수권된 은행(양도은행) 또는 자유매입신용장의 경우에는 신용장에 양도은행으로 특별히 수권된 은행에 대하여 1명 또는 수 명의 다른 수익자(제1수익자)에게 신용장의 전부 또는 일부를 이용할 수 있도록 요청할 수 있는 신용장을 말한다.

신용장에 반드시 transferable이라는 문구를 기재해야만 양도가능신용장으로 간주되고 이외의 표기문구는 양도가능신용장을 의미하는 것으로 인정하지 않는다.

양도은행은 신용장의 종류에 따라 다르다. 매입제한 지급, 인수신용장의 경우 양도은행은 매입제한은행, 지급은행, 인수은행이 되며, 매입자유신용장은 매입할 권한이 부여된 은행이 양도은행이 된다.

신용장의 양도는 양도가능신용장의 금액을 한 사람 또는 여러 사람에게 하느냐에 따라 전액양도(total transfer)와 분할양도(partial transfer)로 나눌 수 있다.

양도가능신용장의 조건변경은 제1수익자가 수락하고 이것은 다시 제2수익자에게 통지되어 제2수익자가 수락하면 양도가능신용장의 조건변경은 효력이 발생한다. 그러나 제2수익자가 양도가능신용장의 조건변경을 거부하면 무효가 되고 원신용장이 효력이 있다. 제2수익자가 여러 명일 경우 일부는 양도가능신용장의 조건변경을 인정하고 일부는 인정하지 않으면 복잡한 현상이 발생할 수 있다.

신용장 통일규칙 제48조 e항에서 신용장이 2인 이상의 제2수익자에게 양도될 경우 1인 또는 그 이상의 수익자가 신용장 조건변경을 거부하더라도 신용장의 조건이 변경되어지는 다른 제2수익자에 의한 수락을 무효화시키지 않는다. 조건변경을 거절한 제 2 수익자에 대해서는 신용장은 조건변경 없이 존속한다.

Date of Place of Expiry, 신용장의 유효기일 및 장소를 의미하며 통상적인 경우 신용장의 유효장소는 수출지역으로 기재된다. 그러나 본 신용장에 신용장 유효장소는 수입지역으로 되어 있다. 따라서 수출상은 우편일수만큼 빨리 화환어음과 선적서류를 수입지역으로 송부하여 신용장 유효기일 이내에 당 서류가 수입지역 매입은행에 도착하도록 해야 한다.

By Acceptance, NATWEST BANK SOUTH AMPTON은행이 90일간의 여신을 제공하는 것을 의미하고 90일간의 이자는 개설은행으로부터 선급받고 어음만기일에 수출대금을 개설은행으로부터 지급받는 신용장이다.

Instructs to the Pay/Accept/Nego Bank의 문구는 개설은행이 지급은행, 인수은행, 매입은행에 대금을 상환하는 방법에 대해 명시한 것이다.

개설은행이 지급, 인수 또는 매입하도록 수권된 은행에 대한 상환을 그 은행(청구은행)으로 하여금 다른 당사자(상환은행) 앞으로 청구함으로써 취득하고자 하는 경우에는 개설은행은 적기에 그 상환은행에게 그러한 상환청구에 응할 수 있도록 적절한 지시와 권한을 부여해야 한다(신용장 통일규칙 제19호 참조).

매입은행은 상당한 시간 내에(Reasonable time) 서류를 검토하여 매입을 할 것인지 거부할 것인지를 결정해야 한다. 여기서 상당한 시간은 얼마를 의미하는지 명확히 할 필요가 있다. 신용장 통일규칙 제13조 6항에 상당한 시간을 갖지만 그 상당한 시간은 서류를 접수한 후 7은행 영업일을 초과할 수 없다고 규정하고 있다. 따라서 신용장거래에서 매입은행, 확인은행, 개설은행, 개설의뢰인은 7은행영업일 내에 제시된 서류를 인수할 것인지 아니면 거부할 것인지를 결정해야 하고 7은행 영업일을 초과하면 제시된 서류를 인수하는 것으로 간주할 수 있다.

[해 석]

신용장원본 통지서
신용장번호: TFPSNK077281
신용장 발행일자: 2005년 2월 16일
신용장금액: 미화 13,860.00달러
당 은행 참조번호: A5601-902-12878

참조서 발행일자: 2005년 2월 18일

개설은행: NAT'L WESTMINSTER BANK SOUTHAMPTON

신용장내용의 오기, 생략, 신용장 전달과정에서의 지연에 대해 당 은행은 어떠한 책임이나 약정 없이 확인된 수단으로 신용장이 발행되었음을 통지합니다.

귀사는 신용장내용을 검토하고 신용장의 제조건이 귀사가 약정한 내용과 일치하지 않으면 수입상에게 직접 통지해야 합니다.

당 은행은 개설은행의 지시 없이는 신용장 내용을 변경할 권한을 갖고 있지 않습니다.

본 신용장은 국제상업회의소가 제정하고 1993년 개정된 신용장 통일규칙 및 관례에 따라 처리됩니다.

서신출력참조번호: 2354 200216SCBLKRSEAXXX1368908202

환거래 취결은행 투입참조번호: 1454 200216NWBKGB2LAXXX 2194928186

SWIFT 출력: 화환신용장 발행 FZ시700

발 송 자: NWBKGB2LXXX NATIONAL WESTMINSTER BANK PLC LONDON GB

수 신 자: SCBLKRSEXXX STANDARD CHARTERED BANK SEOUL KR

전체서류의 일련번호: 1번

40A: 화환신용장의 종류: 취소불능 양도가능신용장

화환신용장 번호: TRPSNKO77281

발행일자: 2005년 2월 16일

유효기일 및 장소: 2005년 3월 25일, UNITED KINGDOM

개설의뢰인: GEOLOGISTICS, UNIT 5 FLANDERS INDUSTRIAL PARK, HEDGE END, SOUTHAMPTON

수 익 자: 서강무역

본 신용장에서 서류의 재매입은 STANDARD CHARTERED은행 서울지점으로 되었습니다.

화폐코드와 금액

화 폐: 미화(미국 달러)

금 액: 13,860.00달러

신용장금액의 과부족허용: 5%

매입방법: 인수로 NATWEST BANK IBC SOUTHAPTON이 지급

연지급 지시사항: 90일 일람후 정기출급

분할선적: 금지

환　　적: 허용

선 적 항: 선적항은 한국에 있는 모든 항구에서 가능

최종선적기일: 2005년 3월 4일

상품과 서비스의 명세서

3,300 MTRS OF 45 PERCENT POLY/55 PER CENT POLYNOSIC PLAIN DYED FABRIC PER SALES CONTRACT OF 27-1-99 FOB ANY KOREAN PORT AT A TOTAL COST OF USD 13,860.00

요구서류

NATIONAL WESTMINSTER BANK를 지급인으로 발행된 일람후 정기출금 화환어음과 각각 개별적으로 서명된 상업송장 5통

당 은행은 수입상이 해상보험을 부보하는 것으로 알고 있습니다.

무사고 본선적재 해양선하증권 3통이 지시식으로 발행되고 백지배서되어야 합니다. 수입항에서 화물도착통지처는 GEOLOGISTICS, UNIT 5 FLANDERS INDUSTRIAL PARK, HEDGE END, SOUTHAMPTON로 기재되어 있고 해상운임은 후불로 지급되도록 기재되어 있어야 합니다.

포장명세서 부본 4통

원산지증명서

수하인이 VISCOUNT, TEXTILES LTD로 작성된 수출허가서 부본

수출허가서 원본이 택배로 신속하게 VISCOUNT로 직접 발송했다는 것을 수출상이 입증하는 증명서

추가조건

모든 서류들은 등록된 항공우편이나 택배로 NATIONAL WESTMINSTER BANK PLC,INTERNATIONAL BANKING CENTRE, 1ST FLOOR, BRUNSWICK HOUSE, BRUNSWICK PLACE, SOUTHAMPTON SO15 2AP UK.에게 직접 송부되어야 합니다.

본 신용장에서 요구하는 모든 서류들은 부본이 허용되는 사항이 신용장에 있어도 서류 앞면에 원본이라고 정확하게 표기되어 있어야 합니다.

양도에 의해서 발생되는 손실, 불일치서류에 대한 유보조건을 획득하는 데 발행한 비용, 다른 환거래 취결은행 비용은 수출상이 부담하며 이 비용들은 수출대금 지급액에서 공제될 것입니다.

본 신용장은 양도가능신용장이며 신용장의 양도는 통지은행으로 제한되어 있습니다.

신용장의 제조건에 기한부 화환어음이 명시되어 있어도 수출대금지급은 양 은행이 화환어음과 서류들을 받자마자 일람출급 화환어음으로 지급되며 할인비용과 이자는 수입상이 부담해야 합니다.

NATWEST BANK PLC가 인수한 화환어음들은 ENGLAND은행이 명

시한 대로 적합한 금융자산으로 간주되어 가장 유리한 할인율이 적용될 것입니다.

다음과 같은 조항들이 이와 같은 화환어음에 첨부되어야 합니다(간단한 상품 명세서).

선적은 지오글로지스틱 서울지점에서 이루어져야 하며 선하증권은 이러한 사항을 증명하고 있어야 됩니다.

신용장금액과 수량의 5%과부족은 허용됩니다.

한국외환은행에 있는 J J PARK계좌(계좌번호 031-18-28083-0)로 지불되도록 되어 있는 송장가격의 5% 금액에 대한 은행의 별도 환어음이 제시되어야 합니다.

매입은행은 화환어음 매입의뢰서에 이와 같은 사실을 기재해야 하며 NAT WEST BANK PLC은 어떠한 약정이나 책임 없이 이러한 사항을 통지합니다.

비 용

개설은행비용을 제외한 모든 기타비용들은 수출상이 부담해야 합니다.

서류제시기간

서류들은 운송서류에 명시된 것처럼 선적일로부터 21일 이내에 제시되어야 합니다.

신용장확인 지시사항: 없음

지급, 인수, 매입지시사항

당 은행은 신용장에 명시된 통화로 신용장에 명시된 제조건들과 동일하게 발행된 서류들과 상환으로 수출대금을 지급할 것을 확약합니다.

화환어음과 본 신용장에서 제시된 서류들을 매입하는 은행에 대한 특별지시사항——본 신용장은 서류처분과 상환에 관련된 특별한 지시사항을 갖고 있는 STANDARD CHARTERED은행 서울지점에 재매입할 수 있다는 것에 유의해야 합니다.

발신자와 수신자 정보사항: 별도로 명백하게 합의한 경우를 제외하고 본 신용장은 국제상업회의소가 제정하고 1993년 개정된 신용장 통일규칙 및 관례에 따라 처리될 것입니다.

제2 절

신용장 내용연구

수출상품을 가득 실은 많은 선박이 최종목적지를 향해 부산항을 떠나고 있다. 선박에 실린 수출상품은 수출상과 수입상이 체결한 매매계약조건에 따라 목적지를 향해 출항하는 외항선박에 선적된 것이다. 신용장의 내용은 외항선박에 선적된 수출상품만큼이나 복잡하다. 그 이유는 서로 다른 상관습을 갖고 있는 수출상과 수입상이 합의하여 신용장내용을 결정하기 때문이다.

본절에서는 신용장내용을 정확히 분석하여 제 3 장의 Nego서류 작성능력을 향상시키는 데 목적을 두고 있다.

1. 매입자유신용장 분석

1) 신 용 장

CHAABNK K23249
TO ADVISING BANK:
CHASE MANHATTAN BANK NA, SEOUL
ATTN: EXPORT BILLS DEPT
FM: SHANGHAI INTERNATIONAL TRUST AND INVESTMENT CORPORATION
4 MAY 2000
TEST WITH YOUR NEW YORK OFFICE
IRREVOCABLE DOCUMENTARY CREDIT NO. S6/949157
BENEFICIARY: SAMSUNG CORPORATION
C.P.O. BOX 1144, SEOUL, KOREA
APPLICANT:
SHANGHAI FOREIGN TRADE CORP., PUDONG CORP.
2111 PU DONG ROAD (S), SHANGHAI 200127 CHINA
AMOUNT:
USD373,274.30 (SAY: U.S.DOLLARS THREE HUNDRED AND SEVENTY THREE THOUSAND AND TWO HUNDRED AND SEVENTY FOUR 30/100 ONLY INCLUDING PACKING CHARGES.
LATEST SHIPMENT DATE: 20 JUN. 2000
EXPIRY DATE: 5 JUL. 2000 EXPIRY PLACE: KOREA
PORT OF LOADING: KOREAN MAIN PORT
PORT OF DESTINATION: SHANGHAI PORT, CHINA
TRANSSHIPMENT: NOT ALLOWED PARTIAL SHIPMENT: ALLOWED
THIRD PARTY TRANSPORT DOCUMENTS: NOT ALLOWED
WE HEREBY ISSUE OUR IRREVOCABLE DOCUMENTARY CREDIT IN FAVOUR OF THE BENEFICIARY FOR ACCOUNT OF THE ABOVE APPLICANT AVAILABLE WITH ANY BANK BY NEGOTIATION OF **BENEFICIARY'S DRAFT(S) DRAWN AT** SIGHT ON US FOR 100PCT OF INVOICE VALUE MARKED ISSUING BANK'S NAME, DATE OF ISSUANCE AND L/C NO. INDICATING AS

DRAWN UNDER THIS LC ACCUMPANIED BY FOLLOWING DOCUMENTS:
—SIGNED COMMERCIAL INVOICE IN 5 COPIES INDICATING CONTRACT NO. 94YN060—ES0918KR—4.
—FULL SET 3/3 CLEAN ON BOARD OCEAN BILLS OF LOADING MADE OUT TO ORDER AND ENDORSED IN BLANK NOTIFYING APPLICANT MARKED FREIGHT PREPAID.
—PACKING LIST/WEIGHT MEMO IN 3 COPIES INDICATING QUANTITY/GROSS AND NET WEIGHT OF EACH PACKAGE.
—QUALITY CERTIFICATE IN 3 COPIES ISSUED BY THE BELOW MENTIONED MANUFACTURER.
—COPY OF BENEFICIARY'S TELEX ADVISING APPLICANT WITHIN 48 HOURS AFTER SHIPMENT INDICATING CONTRACT NO., L/C NO., GOODS' NAME, QUANTITY, INVOICE VALUE, VESSEL'S NAME, PACKAGE, LOADING PORT AND SHIPPING DATE.
—BENEFICIARY'S LETTER CERTIFYING THAT ONE EXTRA COPY OF EACH DOCUMENT CALLED FOR HEREIN HAS BEEN DISPOSED OF ACCORDING TO CONTRACT TERM. EVIDENCING SHIPMENT OF:
ERW STEEL PIEL PIPE

QUALITY: ACCORDING TO JIS A5525 SKK490

SIZE/QUANTITY:
1. 24▾(609.6MM O.D.)×12MM×16M. 200PCS/565.760MT.
2. 24▾(609.6MM O.D.)×12MM×17M. 80PCS/240.448MT.
TOTAL: 280PCS/806.208MT.
ORIGIN: SOUTH KOREA
PRICE TERM: CFR FOR SHANGHAI INCLUDING PACKING CHARGES
PACKING: MILL▾S EXPORT STANDARD PACKING
MANUFACTURER: HYUNDAI PIPE CO., LTD., SOUTH KOREA
SHIPPING MARK: 94YN060-ES0918KR-4
SHANGHAI / CHINA
SPECIAL INSTRUCTIONS:
—BOTH QUANTITY AND AMOUNT 5PCT MORE OR LESS ARE ALLOWED.
—ALL BANKING CHARGES OUTSIDE CHINA ARE FOR BENEFICIARY'S ACCOUNT.
—DOCUMENTS SHOULD BE PRESENTED WITHIN 15DAYS FROM THE DATE OF SHIPMENT, BYT IN ANY EVENT WITHIN THE VALIDITY OF THIS L/C.
INSTRUCTIONS TO THE NEGOTIATING BANK:

1. ALL NEGOTIATED DOCUMENTS MUST BE SENT TO US BY ONE REGISTERED AIRMAIL ADDRESSING TO L/C DEPT. SITICO.
2. ALL COMMUNICATIONS, PLEASE REPLY TO OUR TLX 33031 SITIC CN WE HEREBY ENGAGE WITH THE DRAWERS, ENDORSERS AND BONA FIDE HOLDERS THAT THE DRAFT(S) DRAWN UNDER AND IN CONFORMITY WITH THE TERMS AND CONDITIONS OF THIS CREDIT WILL BE DULY HONOURED ON PRESENTATION.
THIS CREDIT IS SUBJECT TO UCP (1993 REVISION), ICC, PUBLICATION NO. 500. THIS IS AN OPERATIVE INSTRUMENT WITHOUT MAIL CONFIRMATION.

CHASBNK K23249

33031 SITCO CN

2) 신용장 내용분석[2)]

(1) 신용장 자체에 관한 사항

① ISSUING BANK:

② DATE AND PLACE OF ISSUE:

③ L/C 종류:

④ L/C NO.:

⑤ DATE AND PLACE OF EXPIRY:

⑥ APPLICANT:

⑦ BENEFICIARY:

⑧ ADVISING BANK:

⑨ L/C AMOUNT AND TRADE TERMS:

(2) 환어음에 대한 기재사항

① 대금결제방법:

② DRAWEE(환어음지급인):

③ DRAWN UNDER:

L/C NO.: DATED:

(3) 운송 및 해상보험에 관한 기재사항

① SHIPPING DATE:

② LOADING / DISCHARGING PORT:

③ PARTIAL / TRANSSHIPMENT 가능여부 및 분할조건

PARTIAL SHIPMENT:

TRANSSHIPMENT:

④ 선박조건

⑤ 해상보험 부보자

⑥ 해상보험조건

(4) 요구서류에 대한 기재사항

① 품목, 단가, 수량

품 목:

2) 본문내용에 없는 사항을 기재사항으로 요구한 경우에는 미응답으로 처리하면 된다.

단　　가:
수　　량:
② PACKING CONDITION(포장조건):
③ B/L조항
CONSIGNEE(수하인):
NOTIFY PARTY(착화통지처):
운임지불조건
서류제시기일
④ 요구서류

(5) 기　　타
① 과부족 허용조건:
② 은행수수료 부담자:
③ 제조업자:
④ ALL COMMUNICATION:
⑤ THIRD PARTY(제3자)발행 서류인수여부
⑥ 상업송장에 기재사항
⑦ 품질조건:
⑧ 대금지급 확약문언:
⑨ 신용장 통일규칙 준거문언:

[해　석]

통지은행: 체이스 맨하탄 서울지점
ATTN: 수출부서
개설은행: 상하이 국제신용투자기업
신용장 개설일자: 2000년 5월 4일
신용장종류와 번호: 취소불능 화환신용장, 신용장번호 S6/949157
수 익 자: 삼성전자
개설의뢰인: 상하이 해외무역기업
신용장금액: 미화 373,247.30
최종선적기일: 2000년 6월 20일
신용장 유효기일: 2000년 7월 5일
신용장 유효장소: 한국
선 적 항: 부산항(한국의 중심항)
최종목적지: 중국 상하이 항구

환　　적: 금지
분할선적: 허용
제 3 자 운송서류: 금지

당 은행은 상기 수입상 계정에서 귀사를 수익자로 된 취소불능 화환 신용장을 개설합니다. 개설은행명, 신용장 발행일자와 신용장번호가 기재되어 있는 상업송장가격의 100%로 개설은행을 지급인으로 수출상이 발행한 환어음의 매입은 어느 은행에서 가능합니다. 본 신용장에서 규정한 대로 다음과 같은 서류를 함께 제시해야 합니다.

화환어음에는 개설은행의 이름, 신용장 발행일자와 번호를 기재하고 다음과 같은 서류와 함께 제시해야 합니다.

서명된 상업송장 사본 5통, 상업송장에는 계약서 번호 94YN060-ES0918KR-4를 기재해야 합니다.

무사고 본선적재 해양선하증권 3통이 지시식으로 발행되고 백지배서되어야 하며 수입항에서 화물도착통지처는 수입상으로 기재하고 운임이 선불되었음을 나타내어야 합니다.

포장명세서와 중량증명서 3통, 이 서류에는 각 포장화물의 수량, 총·순톤수가 기재되어 있어야 합니다.

하기(下記)에 언급한 제조업자가 발행한 품질증명서

선적 후 48시간 이내로 수출상이 수입상에게 통지한 텔렉스 사본에는 계약서번호, 신용장번호, 상품명, 수량, 송장가격, 선박명, 포장개수, 선적항과 선적일자가 표기되어 있어야 합니다.

본 신용장에서 요구한 서류들의 사본을 추가로 계약조건에 따라 송부했음을 수출상이 증명하는 서류

품　　질: JIS A5525 SKK490에 따름

규격수량:
원 산 지: 한국
가격조건: 상하이까지 비용 및 운임포함조건. 이 비용에는 포장비용이 포함됨.
포장조건: 수출표준조건
제조기업: 한국에 있는 현대강판(주)
선적화인: 94YN060-ES0918KR-4
상하이/중국

특별지시사항

수량과 금액의 5%의 과부족 허용
중국 외에서 발생하는 모든 은행비용은 수출상이 부담합니다.
서류들은 선적일로부터 15일 이내에 제시되어야 하며 신용장 유효기

일 이내이어야 합니다.

매입은행의 지시사항

매입된 모든 서류들은 등록된 항공우편으로 당 은행의 담당부서로 송부되어야 합니다.

모든 통신방법은 당 은행 TLX33031번으로 해야 합니다. 당 은행은 신용장의 제조건과 일치하게 발행된 화환어음의 발행인, 배서인, 선의의 소지인에게 당 서류가 제시되면 정당하게 결제될 것임을 확약합니다.

본 신용장은 1993년 개정된 신용장 통일규칙 및 관례에 따라 처리한다. 본 신용장은 유효한 증서이며 따라서 우편확인이 필요 없습니다.

2. 일람출급신용장 분석

1) 신 용 장

IRST UNION

eStates

Advice of Letter of Credit **Date**: 2000/06/09

Our Ref No.: AC40180607653 **Date**: 6 June, 2000

L/C No.: 140629-143
Beneficiary:
SOGANG CORPORATION,
C.P.O. BOX 1726
SEOUL, KOREA

Issuing Date: 2000/06/09
Applicant:
ABDUL RAZAK BIN ADAM TRADERS

Credit Amount: USD 18,000.00 **Expiry Date**: 2000/08/07

We have received the above mentioned letter of credit from our correspondent in your favour as per the attached.

Please be advised that we are holding special instructions under this credit for refinance or reimbursement and disposal of documents.

Please note that the drafts and documents must be presented to our counter.

Authorized Signature

Mashreq Bank

Phone	: 224497/2077480
Telex	: 45957 MASHFT EM
Fax	: 233546/230554
SWIFT	: BOHLAEAD
Dated	: 09JUN2000
Cr Num	: 140629-143

Foreign Trade Centre, Post Box 9271, Dubai, U.A.E.

IRREVOCABLE DOCUMENTARY CREDIT	CREDIT NUMBER 140629-143 / EXPIRY DATE 07AUG2000 / PLACE OF EXPIRY KOREA
APPLICANT ABDUL RAZAK BIN ADAM TRADERS P.O. BOX: 1396, DUBAI-U.A.E.TEL: 253344/253399 & FAX: 253388	**BENEFICIARY** SOGANG CORPORATION, C.P.O. BOX 1726,SEOUL, KOREA.
ADVISING BANK CORESTATES BANK, N.A. SEOUL BRANCH, 10TH FLOOR SAM WHA BUILDING, 21 SOGONG-DONG CHUNG-KU, SEOUL 100-070 KOREA	**AMOUNT** ABOUT USD 18,000.00 CFR ABOUT USD Eighteen Thousand
PARTIAL SHIPMENT ALLOWED / **TRANSHIPMENT** NOT ALLOWED **TRANSPORTATION** : KOREA **TO** : DUBAI **BY** : SEA **Not Later Than** : 23JUL2000	**CREDIT AVAILABLE WITH** CORESTATES BANK, N.A, SOUTH KOREA By NEGOTIATION against presentation of docuemnts Herein and your drafts at sight Drawn on MashrqBank And marked "Drawn under MashrqBank psc Credit Number 140629-143"

−**Full set of clean 'SHIPPED ON BOARD'** Ocean Bills of Lading made out to the order of Mashreqbank psc, marked 'FREIGHT PREPAID', notify Applicant(giving name & full address) showing the above LC number, name, address and telephone number of the vessel agent at the port of discharge. (BILLS OF LADING TO BE ISSUED IN 3 ORIGINAL PLUS 3 NON−NEGOTIABLE COPIES)
−**Insurance covered by Applicant.** Shipment advice quoting the above LC number and referring to Policy No. HMOC/88/01898 to be sent to Oman Insurance Company Ltd,. P.O. Box No: 5209, Dubai, U.A.E. TLX: 46030 OIC EM −:− FAX: 690110 within 2 working days after shipment by fax and a copy of such advice to accompany the documents.
−**Certificate of origin in** English stating that the goods are of KOREAN Origin showing full name and address of the manufacturer/producer, issued and signed manually in 4 copies by the Chamber of Commerce.
−**Packing List** in 4 copies duly signed by the beneficiaries
−**Shipping Markes**: ARBAT/DABBI/DUBAI IN TRANSIT
−Payments under this credit are subject to the following deductions:
−3 percent of the Invoice value being commission payable to the Applicant.
−1 percent on 120 percent of the Invoice value being Insurance premium payable to the Applicant.
−Manually Signed Commercial Invoices in 4 copies showing the name and address of manufacturer/producer.
COVERING:
−ABOUT 20,000 YARDS − PLAIN DYED FJC − 4166 − 02. (44 INCHES X ABOUT 25 YARDS) AT THE RATE OF USD 0.90 PER YARD.
COLOUR: ZET ZET BLACK, IN 5 DESIGNS EACH DESIGN 4000 YARDS.
−INVOICE TO CERTIFY THAT GOODS AND ALL OTHER DETAILS ARE AS PER CONTRACT NO. JJD−0456
SPECIAL INSTRUCTIONS:
1) Shipment is to be effected by Conference or Regular Line Vessels only covered by Institute Classification Clause and a certificate to this effect from the shipping Co or its agent must accompany the negotiated documents.
2) SHIPMENT BY NYK/UNIGLORI/UASC LINER B/L IS NOT ACCEPTABLE. BILLS OF LADING SHOWING THEM AS CARRIERS/AGENTS NOT ACCEPTABLE.
3) GOODS ARE TO BE SHIPPED IN CONTAINER ON FCL OR LCL BASIS. IN CASE OF LCL BASIS, B/L TO EVIDENCE THE SAME AND TO SHOW THAT ALL LCL HANDLING CHARGES AT DESTINATION ARE PREPAID.
4) Negotiation bank(other than advising bank) must confirm on the covering schedule that all charges of advising banks have been paid.
5) Original Certifcate of Origin and Invoice Legalized by UAE or any Arab Embassy Consulate to be sent directly to the applicant and invoice to certify the same. Non Legalized copies of Certificate of Origin and invoices are acceptable for

CONTINUED ON PAGE ... 2 WHICH IS AN INTERNAL PART OF THIS CREDIT

Documents to be presented within 15 days of issuance of the shipping document(s) but within the validity of the credit.
All bank charges and commissions abroad are to be borne by the beneficiary.

This credit is subject to the uniform customs and practice for Documentry Credits 1993 (Revision) ICC Publication 500.
All presentations under this credit must be marked on the reverse thereof.

A 5 3 0 1 8 0 6 0 7 6 5 3

Yours faithfully,
For MashreqBank psc

Mashreq Bank

Foreign Trade Centre, Post Box 9271, Dubai, U.A.E.

Phone : 224497/2077480
Telex : 45957 MASHFT EM
Fax : 233546/230554
SWIFT : BOHLAEAD
Dated : 09JUN2000
Cr Num : 140629-143

GE NUMBER 2 ATTACHED TO AND FORMING AN INTEGRAL PART OF THE ABOVEMENTIONED CREDIT

Negotiation
6) ALL DOCUMENTS TO BE ISSUED IN ENGLISH LANGUAGE.
7) FREIGHT FORWARDERS BILL OF LADING NOT ACCEPTABLE.
8) BILL OF LADING MUST SHOW SHIPPING MARKS.
9) INVOICE TO SHOW HARMONIZED SYSTEM COMMODITY CODE NUMBER.
10) DOCUMENTS ISSUED PRIOR TO THE DATE OF THIS CREDIT ARE NOT ACCEPTABLE.
11) SHIPMENT SAMPLES TO BE SENT TO THE APPLICANT BY RESISTERED AIRMAIL OR COURIER SERVICE AND RELATIVE ORIGINAL POSTAL OR COURIER RECEIPT TO ACCOMPANY THE DOCUMENTS.
12) THE DOCUMENTS ARE TO BE NEGOTIATED ONLY AFTER DEPARTURE OF THE CARRYING VESSEL FROM THE PORT OF LADING. A CERTIFICATE FROM THE CARRIER, MASTER OR THEIR AGENTS DATED AFTER THE DATE OF DEPARTURE OF THE VESSEL INDICATING THEREIN THE ACTUAL DATE OF DEPARTURE FROM THE PORT OF LADING TO ACCOMPANY THE DOCUMENTS.
13) A Certificate from the Owner/Master or Agent of the vessel or from the Manufacturer/Exporter is to be presented stating 'TO WHOM IT MAY CONCERN'-We certify that the Vessel is allowed to call at Arab Ports in accordance with the Rules and Regulations of Arab Authorities.(Not applicable in case shipment is effected by UNITED ARAB SHIPPING COMPANY VESSELS).
+ INSTRUCTION TO NEGOTIATING BANK. + ALL documents are to be despatched in one set by Courier Service to the issuing bank(MasheqBank psc, Foreign Trade Centre, office tower suite No. 736/739, Al Ghurair Centre, P.O. Box 9271, Deira, Dubai, U.A.E.). Covering schedule must clearly certify that the documents have been negotiated strictly in conformity with the terms of the credit.
− REIMBURSEMENT INSTRUCTION:
Upon receipt of Original Negotiated Documents are our counter strictly in accordance with the Credit terms, we shall reimburse the Negotiating Bank as per their instructions.

END OF L/C NUMBER: 140629-143

MASHREQBANK

2) 신용장 내용분석

(1) 신용장 자체에 관한 사항

① ISSUING BANK:

② DATE AND PLACE (OF ISSUE:

③ L/C종류:

④ L/C NO.:

⑤ DATE AND PLACE OF EXPIRY:

⑥ APPLICANT:

⑦ BENEFICIARY:

⑧ ADVISING BANK:

⑨ L/C AMOUNT AND TRADE TERMS:

(2) 환어음에 대한 기재사항

① 대금결제방법

② DRAWEE(환어음지급인):

③ DRAWN UNDER:

L/C NO.: DATED:

(3) 운송 및 해상보험에 관한 기재사항

① SHIPPING DATE:

② LOADING / DISCHARGING PORT:

③ PARTIAL / TRANSSHIPMENT 가능여부 및 분할조건

PARTIAL SHIPMENT:

TRANSSHIPMENT:

④ 선박조건

⑤ 해상보험 부보자

⑥ 해상보험조건

(4) 요구서류에 대한 기재사항

① 품목, 단가, 수량

품 목:

단 가:

수 량:

② PACKING CONDITION(포장조건):

③ B/L조항

CONSIGNEE(수하인):

NOTIFY PARTY(착화통지처):

운임지불조건

서류제시기일

④ 요구서류

(5) 기 타

① 과부족 허용조건:

② 은행수수료 부담자:
③ 제조업자:
④ ALL COMMUNICATION:
⑤ THIRD PARTY(제 3 자)발행 서류인수여부
⑥ 상업송장에 기재사항
⑦ 품질조건:
⑧ 대금지급 확약문언:
⑨ 신용장 통일규칙 준거문언:
⑩ 보험증권번호:
⑪ SHIPPING MARKS:
⑫ 원산지증명서에 특별히 무엇을 기재하고 서명은 어떻게 하라고 했습니까?
⑬ SPECIAL INSTRUCTIONS
⑭ 화물주선업자가 발행한 선하증권의 수리여부
⑮ 모든 서류는 어떤 언어로 작성되어야 합니까?
⑯ 매입은 언제 해야 합니까?
⑰ 신용장 발행일자 이전서류 인수여부
⑱ 상업송장에는 특별히 어떤 내용을 기재할 것을 요구하고 있나?

[해 석]

신용장통지서
발행일자: 2000년 6월 9일
당은행의 참조번호: AC40180607653
당은행 참조번호 발행일자: 2000년 6월 6일
신용장번호: 140629-143
신용장 발행일자: 2000년 6월 9일
수 익 자: 한국 서울에 있는 서강무역
개설의뢰인: ABDUL RAZAK BIN ADAM TRADERS
신용장금액: 미화 18,000.00달러
신용장 유효기일: 2000년 8월 7일

당 은행은 첨부된 것과 같이 당 환거래 취결은행으로부터 귀사를 수익자로 된 상기 언급한 신용장을 접수하였습니다.

당 은행은 본 신용장거래에서 대금지급, 상환서류의 송부 등에 관한 특별한 지시사항을 받았음을 통지합니다. 화환어음과 서류들이 개설은행에게 제시되어야 함에 특히 유의하시기 바랍니다.

취소불능신용장
신용장번호: 140629-143
신용장 유효기일: 2000년 8월 7일
신용장 유효장소: 한국
신용장 개설의뢰인: ABDUL RAZAK BIN ADAM TRADERS
수 익 자: 서강무역
통지은행: 한국 서울 중구 소공동 100-070 상화빌딩 10층 CORESTATES BANK 서울지점
금　액: 미화 18,000.00달러(CFR가격조건)
금　액: 미화 Eighteen Thousand
분할선적: 허용
환　적: 금지
최종목적지: 두바이
운송수단: 해양운송
최종선적기일: 2000년 7월 23일
신용장 사용방법

본 신용장에 요구된 서류와 MashreqBank를 지급인으로 발행된 일람출급 화환어음을 CORESTATES 서울지점에서 매입할 수 있습니다.

무사고 선적해양선하증권 3통이 MashreqBank psc을 지시식으로 발행되고 해상운임이 선불되었음을 나타내야 합니다.

수입항에서 화물도착 통지처는 수입상으로 표기하고 수입상의 상호와 주소, 상기 신용장번호, 양하항에 있는 선사대리인의 상호, 주소, 전화번호가 기재되어 있어야 합니다.(선하증권 원본 3통과 비유통증권 3통)

적하보험은 수입상이 부보해야 하며, 상기 신용장번호와 보험증권 HMOC/88/01898이 기재된 선적통지서가 선적 후 2일 이내에 OMAN INSURANCE로 송부되고 선적통지사 사본은 다른 서류와 함께 제시되어야 합니다.

영문으로 작성된 원산지증명서, 본 원산지증명서에 상품은 한국이 원산지이고 제조기업과 생산기업의 정확한 상호와 주소가 기재되어 있어야 합니다.

원산지증명서 사본 4부는 상공회의소가 수기로 서명하여 발행된 것이어야 합니다.

포장명세서 사본 4통은 수출상이 정당하게 서명한 것이어야 합니다.

선적화인: ARBAT/DABBI/DUBAI IN TRANSIT

본 신용장에서의 수출대금은 다음과 같은 금액을 공제한 것입니다.

수입상에게 지불될 송장가격의 3%로 된 수수료

수입상에게 지불될 적하보험료로 송장가액의 120%당 1%의 금액

수기로 서명된 상업송장 사본 4통이 상업송장에는 제조기업과 생산기업의 상호와 주소가 기재되어 있어야 합니다.

상품명세서

상업송장은 상품과 기타 모든 상세한 사항은 계약서 번호 JJD-0456에 따른다는 것을 증명하는 것이어야 합니다.

특별지시사항

1) 선적은 선사협회에 등록된 해운동맹이나 정기선사에다 해야 하고 선사와 선사대리인이 이러한 선박에 선적했음을 증명하는 증명서가 매입서류와 함께 제시되어야 합니다.

2) NYK/UNIGLORI/UASC LINER선사가 발행한 선하증권과 선적은 인정하지 않습니다. 이들 선사가 운송인이나 대리인으로 표기된 선하증권은 수리할 수 없습니다.

3) 상품은 FCL이나 LCL로 컨테이너에 적부되어야 합니다.

LCL로 선적할 경우 선하증권은 FCL과 동일하며 목적지에서 발생하는 모든 LCL 취급비용들이 지불되었음을 나타내야 합니다.

4) 매입은행은 매입지시서에 통지은행비용을 포함한 모든 비용이 선불되었음을 확약해야 합니다.

5) UAE 모든 아랍대사관이나 영사관이 서명한 원산지증명서와 상업송장의 원본이 직접 수입상에게 송부되어야 합니다. 상업송장은 동일함을 증명해야 합니다.

영사가 서명하지 않은 원산지증명서와 상업송장은 매입에 이용할 수 없습니다.

서류들은 운송서류가 발행된 날로부터 15일 이내에 제시되어야 하며 신용장 유효기일 이내이어야 합니다. 수입국 외에서 발생한 모든 은행비용은 수출상이 부담합니다.

본 신용장은 1993년 개정된 화환신용장 통일규칙 및 관례에 따라 처리합니다.

본 신용장거래에서의 모든 서류제시는 신용장 뒷면에 표기해야 합니다.

6) 모든 서류들은 영문으로 발행되어야 합니다.

7) 화물주선업자가 발행한 선하증권은 수리할 수 없습니다.

8) 선하증권에 화인표시를 해야 합니다.

9) 상업송장에 국제상품 품목분류번호를 기재해야 합니다.

10) 신용장 발행일자 이전에 발행된 서류들은 수리할 수 없습니다.

11) 선적견본이 수입상에게 등록항공우편이나 급송장으로 송부되어야 하고 관련우편 급송장 영수증 원본이 다른 서류들과 함께 제시되어야 합니다.

12) 서류들은 선박이 선적항을 출항한 후에 매입되어야 합니다.

운송인, 선장, 그들의 대리인이 선박의 출항 후에 발행한 증명서에 선적항을 출항한 실제날짜를 기재하여 다른 서류들과 함께 제시되어야 합니다.

13) 선사, 소유인, 선장, 대리인, 또는 제조기업 및 수출상이 발행한 증명서가 제시되어야 합니다. 이 증명서에는 TO WHOM IT MAY CONCERN이라는 문구를 기재해야 합니다.

선사는 선박이 아랍국가의 법규와 제도에 따라 아랍항구의 입항이 허용되었음을 증명해야 합니다(아랍선박회사에 선적이 되는 경우에는 받아들일 수 없습니다).

매입은행에 지시사항

모든 서류들은 한 부가 급송장을 이용해서 개설은행에게 송부되어야 합니다. 매입지시는 서류들이 엄격하게 신용장의 제조건과 일치하게 매입되었음을 분명하게 증명해야 합니다.

상환지시사항

개설은행이 엄격하게 신용장의 제조건에 따라 매입된 서류원본을 받자마자 당 은행은 개설은행의 지시에 따라 매입은행에 상환할 것입니다.

3. 매입제한신용장 분석

1) 신 용 장

STATE BANK OF INDIA

Commercial Branch, International Banking Division Post Box No. 10141, Bombay-400 023.
Telegraphic Address: BRANCOSEG. BOMBAY. Telex: 011-5851 CBIS IN □Fax: 022-2661303

KMA KORYO BLDG BOMBAY, 24. 5. 2000
544, DOHWA-DONG, MAPO-KU SEOUL, KOREA

Partial details on this credit
Were cabled/telexed/swift on ____________

IRREVOCABLE LETTER OF CREDIT NO. 06070941M001609

Dear Sirs,
You are hereby authorized to draw on THE KMA INDUSTRIES LTD., 612 RAHJA CHAMBERS, NARUIMAN POINT, BOMBAY 21 for a sum not exceeding USD. 120,900/-CFR (say USD. One hundred twenty thousand nine hundred only.
Available by your draft on them at 180days Usance/Sight/drawn for 100% of the invoice value and accompanied by:-
From the date of Bill of Lading, exclusive of interest drafts drawn under this credit are payable only on maturity of relative drafts which will be advised to us by the negotiating bank.
1. Complete set of clean on board bill of lading made out in the name of state bank of India., commercial branch, Bombay, freight prepaid, notify openers.
2. Insurance covered by openers but beneficiary should advise them by cable/telex/fax all the details of shipment immediately after shipment stating quantity shipped, date of shipment, total value etc. A copy of telex should be forwarded along with other shipping documents.
3. Certificate of origin Korean issued by chamber of commerce.
4. Signed invoice in quadruplicate.
5. Certificate that interest rate for usance period does not exceed time of country in currency of which goods are invoiced at the time of negotiation.
6. Shipment details to be cabled or telexed to National Insurance company, Divn.6/250600, Maker Bhavan No.1, Sir Vithaldas Marg, New marine lines, Bombay 20, on their telex nos, 1183157 or 1182086 quoting their policy no. 250600/21/42/00261 dt.18,5,2000 and the openers telex no.1184013 SIL IN OR FAX no. 91-22-2851657.
7. After shipment advance set of non negotiable documents to be airmailed/couriered to openers directly.
8. Separate drafts and invoice to be submitted for CFR value and interest amount.
9. Shipment to be effected in 3 equal lots in Mid June early July & end July 2000.
ALL documents (BL & Invoice) indicate LC NO. ONL 92-97. importer code no.0388076674.
ALL foreign bank charges on account of beneficiary.
Negotiating bank to reimburse themselves by drawing on our office at downtown service branch 39 broadways 8th floor new york USA.
Evidencing shipment/dispatch of approx. 186 MT Polypropylene co-polymer grade BJ-700 price @USD650/-PMT as per indent no RKG-184/1 dt. 12. 5. 2000 of M/s. RKGENTERPRISES. NEW DELHI.

From any Korea port to Bombay port

Deck/partial dispatch/shipments permitted Transhipment prohibited.
Credit Expiry date: This Credit is irrevocably valid in Korea Until 31.7.2000 for Shipment/dispatch and 15. 8.2000 for negotiation.
Draft drawn under this Credit are to bear the following claus "Drawn under State Bank of India, Bombay, Credit No. 06070941M 001609 dated 24. 5. 2000.
Purchase are to note the amounts of the drafts separately on the back hereof.
We hereby guarantee to protect the Drawers, and bonafide holders from any consequences which may arise in the event of non-acceptance or non-payment of drawn in accordance with the terms of this Credit.

OUR CONFIRMATION IS ADDED TO THIS CREDIT AND NEGOTIATION UNDER THIS CREDIT IS RESTRICTED TO BANKERS TRUST CO SEOUL.

"Subject to Uniform Customs and practice for Documentary Credit(1993 revision), International Chamber of Publication No. 500"

Your faithfully.
P. Manager Authorised Signatory
(Manager)

2) 신용장 내용분석

(1) 신용장 자체에 관한 사항

① ISSUING BANK:

② DATE AND PLACE OF ISSUE:

③ L/C종류:

④ L/C NO.:

⑤ DATE AND PLACE OF EXPIRY:

⑥ APPLICANT:

⑦ BENEFICIARY:

⑧ ADVISING BANK:

⑨ L/C AMOUNT AND TRADE TERMS:

(2) 환어음에 대한 기재사항

① 대금결제방법

② DRAWEE(환어음지급인):

③ DRAWN UNDER:

L/C NO.: DATED:

④ 수출어음포괄보험 부보가능여부:

(3) 운송 및 해상보험에 관한 기재사항

① SHIPPING DATE:

② LOADING / DISCHARGING PORT:

LOADING PORT:

DISCHARGING PORT:

③ PARTIAL / TRANSHIPMENT 가능여부 및 분할조건

PARTIAL SHIPMENT:

TRANSSHIPMENT:

④ 선박조건

⑤ 해상보험 부보자

⑥ 해상보험조건

(4) 요구서류에 대한 기재사항

① 품목, 단가, 수량

품 목:

단 가:

수 량:

② PACKING CONDITION(포장조건):

③ TOLERANCE:

④ B/L조항

CONSIGNEE(수하인):

NOTIFY PARTY(착화통지처):

운임지불조건

⑤ 요구서류

(5) 기 타

① USANCE 이자율:

② 신용장 발행일자 이전 선적서류 인수여부:

③ THIRD PARTY(제 3 자) 발행서류 인수여부:

④ 은행수수료 부담자:

⑤ 서류제시기간:

⑥ REIMBURSING BANK:

⑦ 대금지급 확약문언:

⑧ 신용장 통일규칙 준거문언:

[해 석]

신용장종류: 취소불능 확인신용장

신용장번호: 06070941M001609

귀사는 KMA산업(주)를 지급인으로 하는 화환어음을 발행할 권한이 있습니다. 신용장금액은 비용과 운임포함가격으로 된 미화 1,209.00달러이며 180일 기한부 어음을 KMA를 지급인으로 발행하여 매입할 수 있고 화환어음의 요구서류는 선하증권 발행일부터 본 신용장거래에서 발생하는 화환어음의 이자는 관련 화환어음 만기일에 지불되며 매입은행이 이러한 사항을 개설은행에게 통지할 것입니다.

1. 무사고 본선적재 선하증권 3통이 개설은행을 지시식으로 발행되어야 하며 해상운임이 선불되고 수입항에서 화물도착 통지처는 수입상으로 표기되어 있어야 합니다.

2. 적하보험은 수입상이 부보해야 하며, 수익자는 선적후 즉시 전신, 텔렉스, 팩스로 모든 상세한 선적사항을 수입상에게 통지해야 합니다. 텔렉스 사본이 다른 운송서류와 함께 제시되어야 합니다.

3. 상공회의소가 발행한 한국 원산지증명서

4. 서명된 상업송장 4부

5. 기한부 어음 기간 동안의 이자율은 매입시기에 상품의 가격이 결정된 국가의 화폐로 산정된 이자율을 초과할 수 없습니다.

6. 상세한 선적통지가 전신이나 텔렉스로 Nation의 보험회사에게 전달되어야 합니다. 선적통지서에 보험증권번호 250600/12/42/00261, 보험증권발행 2000년 5월 18일, 수입상의 텔렉스번호 1184013 SIL IN 팩스번호 91-22-2851657등이 표기되어 있어야 합니다.

7. 선적 후 비유통서류 1부가 항공우편, 또는 급송장으로 직접 수입상에게 송부되어야 합니다.

8. 비용 및 운임포함가격과 이자금액이 별도로 작성된 화환어음과 상업송장이 제시되어야 합니다.

9. 선적은 2000년 8월 중순, 7월 초, 7월 말에 3번 이루어질 수 있습니다. 선하증권과 상업송장을 포함한 모든 서류들에 신용장번호, ONL 92-97, 수입상코드번호 0388076674가 표기되어 있어야 합니다. 모든 외국은행 비용은 수출상이 부담합니다. 매입은행은 당 은행 NEW YORK에 제시함으로써 상환청구를 할 수 있습니다.

선 적 항: 한국의 모든 항구

최종목적지: Bombay항구

상품명세서

분할선적 허용

환적금지

본 신용장은 한국에서 2000년 7월 31일까지 선적과 송부를 위해 유효하며 2000년 8월 15일까지 매입할 수 없습니다.

본 신용장거래에서 발행된 화환어음은 신용장번호 06070941M001609과 발행일자 2000년 5월 24일과 Drawn under state Bank of India Bombay의 문구가 있어야 합니다.

당 은행은 신용장의 제조건과 일치하게 발행된 서류들은 인수와 지급을 하지 않을 가능성으로부터 화환어음을 발행한 발행인, 선의의 어음소지인을 보호할 것을 확약합니다.

당 개설은행은 본 신용장을 확인하며 본 신용장거래에서의 매입이 Bankers Trust Co. Seoul지점에 제한되어 있습니다.

본 신용장은 국제상업회의소가 제정하고 1993년 개정된 신용장 통일규칙 및 관례에 따라 처리될 것입니다.

4. 취소불능신용장 분석

1) 신 용 장

HSBC Trade Services
The Hongkong and Shanghai Banking Corporation Limited
6th Floor Kyobo Building, 1, 1-Ka, Chong-Ro, Chingro-Ku, Seoul, Korea
Telephone: 3700-9630/6, Facsimile: 722-6547

EXPORT DEPARTMENT
NEW DC ADVICE

DATE 17 DEC 2000

SOGANG CORP
SEOUL KOREA.

PLEASE QUOTE OUR REFERENCE NO.
KMS735925

A6302-812-10635
TEL/FAX NO. 7615574

DEAR SIR.

DOCUMENTARY CREDIT NO.	DC DUB831315
FOR	USD 10,320.00
ISSUED BY	BRITISH BANK OF THE MIDDLE EAST UNITED ARAB EMIRATES

WE ADVISE RECEIVED THE ATTACHED DOCUMENTARY CREDIT. PLEASE CHECK THE TERMS AND CONDITIONS OF THIS CREDIT IMMEDIATELY AND NOTE THAT WE ARE UNABLE TO MAKE ANY CHANGES WITHOUT THE ISSUING BANK'S AUTHORITY. ACCORDINGLY, SHOULD ANY OF ITS TERMS/CONDITIONS BE UNACCEPTABLE PLEASE CONTACT THE OPENER DIRECTLY WITH A VIEW TO OBTAINING A SUITABLE AMENDMENT WITHOUT DELAY TO BE ADVISED TO US. YOU ARE NOT ENTITLED TO RELY ON ANY COMMUNICATIONS OR ANY DISCUSSIONS AT ANY TIME WITH US., THE ISSUING BANK OR THE OPENER AS IN ANY WAY AMENDING THIS CREDIT, SAVE TO THE EXTENT THAT THE CREDIT HAS BEEN AMENDED IN WRITING UNDER AN ADVICE SIGNED BY OUR AUTHORISED SIGNATURIES. YOUR ATTENTION IS ALSO DRAWN TO ARTICLE 3 AND 4 OF UCP 500.

THIS ADVICE IS SUBJECT TO UNIFORM CUSTOMS AND PRACTICE FOR DOCUMENTARY CREDITS (1993 REVISION) INTERNATIONAL CHAMBER OF COMMERCE PUBLICATION NO. 500.

THIS ADVICE CONSTITUES A DOCUMENTARY CREDIT ISSUED BY THE ABOVE BANK AND SHOULD BE PRESENTED WITH DOCUMENT/DRAFTS FOR NEGOTIATION/PAYMENT/ACCEPTANCE.

THIS IS A SYSTEM GENERATED ADVICE AND THEREFORE NO SIGNATURE IS REQUIRED.

HSBC Trade Services

The British Bank of the Middle East
Incorporated in England by Royal Charter 1889 with limited liability
312/45 AL-SUQ ROAD, BBME BUILDING
DUBAI, UAE

DATE OF ISSUE:
13DEC2000

<table>
<tr><td colspan="2">IRREVOCABLE DOCUMENTARY CREDIT NUMBER: DC DUB831315
A 6302812-10635</td></tr>
<tr><td>BENEFICIARY:
SOGANG CORPORATION
C.P.O. BOX 1728
SEOUL, KOREA
TEL: 3166-300</td><td>APPLICANT:
ROYAL TRADERS
POST BOX 856
DUBAI, U.A.E</td></tr>
<tr><td>ADVISING BANK:
HK+SHANGHAI BANKING CORPORATION LTD SEOUL
CPO BOX 6910 6/F KYOBO BUILDING
1-1 CHONGRO CHONGRO-KU
SEOUL KOREA</td><td>AMOUNT: USD 10,320.00

USD TEN THOUSAND THREE HUNDRED TWENTY ONLY

CFR PORT RASHID, DUBAI</td></tr>
<tr><td>PARTIAL SHIPMENTS: ALLOWED
TRANSSHIPMENT: NOT ALLOWED</td><td>DATE AND PLACE OF EXPIRY:
15 JAN 2001
KOREA</td></tr>
<tr><td rowspan="2">SHIPMENT
FROM: KOREA

TO: PORT RASHID DUBAI
LATEST: 31DEC2000</td><td>CREDIT AVAILABLE WITH:
ANY BANK

BY: NEGOTIATION</td></tr>
<tr><td>DRAFTS AT:
SIGHT FOR FULL INVOICE VALUE OF GOODS QUOTING DC NUMBER.
DRAWN ON THE ISSUING BANK</td></tr>
<tr><td colspan="2">DOCUMENTS REQUIRED:
+1. SIGNED INVOICES IN QUADRUPLICATE SHOWING THE NAME AND ADDRESS OF THE MANUFACTURERS/PRODUCERS. ORIGINAL TO BE LEGALIZED AS PER CLAUSE NO. 3 (2) UNDER DOCUMENTS REQUIRED.
+2. FULL SET OF AT LEAST 3 ORIGINAL 'CLEAN ON BOARD' BILLS OF LADING MADE OUT TO THE ORDER OF SHIPPER, ENDORSED IN BLANK, MARKED 'FREIGHT PREPAID' AND NOTIFY THE APPLICANT AND THE BRITISH BANK OF THE MIDDLE EAST, P.O. BOX 66, DUBAI, UAE QUOTING THE NUMBER OF THIS DOCUMENTARY CREDIT.</td></tr>
<tr><td colspan="2">TO BE CONTINUED ON PAGE 2</td></tr>
<tr><td colspan="2"></td></tr>
</table>

HSBC Trade Services

The British Bank of the Middle East
Incorporated in England by Royal Charter 1889 with limited liability
DUBAI, P.O. BOX:66

ATTACHED TO AND FORMING PART OF DOCUMENTARY CREDIT NO. DC DUB831315 PAGE

DATE OF ISSUE: 13DEC2000	BENEFICIARY: SOGANG CORPORATION C.P.O. BOX 1728 SEOUL, KOREA TEL:3166-300

+3. CERTIFICATE OF ORIGIN

+3. 1 CERTIFICATE OF KOREAN ORIGIN, GIVING THE FULL NAME AND ADDRESS OF THE MANUFACTURER/PRODUCER/EXPORTER, MUST BE ISSUED BY AN APPROVED JOINT ARAB FOREIGN CHAMBER OF COMMERCE OR, IN ITS ABSENCE, BY THE LOCAL CHAMBER OF COMMERCE IN THE EXPORTING COUNTRY.
+3. 2 THE CERTIFICATE OF ORIGIN SHOULD BE DULY LEGALIZED/ATTESTED BY THE UAE EMBASSY/CONSULATE OR IN ITS ABSENCE BY AN EMBASSY OF AN ARAB COUNTRY IN THE EXPORTING COUNTRY OR IN ITS ABSENCE BY THE NEAREST UAE EMBASSY/CONSULATE.
+3. 3 THE CERTIFICATE OF ORIGIN MUST EVIDENCE THE SPECIFIC COUNTRY OF ORIGIN OF GOODS, TOGETHER WITH THE NAME OF THE COUNTRY FROM WHICH THE GOODS ARE BEING EXPORTED.
+4. PACKING LIST SHOWING EXACT PIECE, LENGTH OF EACH PIECE, COLOR NUMBER OF PIECES AND YARDS PACKED IN EACH CARTON.
+5. A CERTIFICATE FROM THE BENEFICIARY STATING THAT THE ORIGINAL INVOICE AND CERTIFICATE OF ORIGINAL, DULY LEGALIZED HAVE BEEN SENT DIRECTLY TO THE APPLICANT BY REGISTERED AIRMAIL. NON-LEGALIZED COPIES OF INVOICE AND CERTIFICATE OF ORIGINAL MUST BE SUBMITTED FOR NEGOTIATION.
+6. A CERTIFICATE FROM THE BENEFICIARY STATING THAT FIVE SETS OF SHIPMENT SAMPLES ALONG WITH ONE FULL SET OF NON-NEGOTIABLE SHIPPING DOCUMENTS HAVE BEEN SENT TO THE APPLICANT BY COURIER/SPEED POST WITHIN 5 DAYS FROM THE DATE OF B/L. THE RELATIVE COURIER RECEIPT MUST BE ATTACHED TO THE ORIGINAL DOCUMENTS.
+7. A CERTIFICATE FROM THE BENEFICIARY STATING THAT A COPY OF INVOICE, PACKING LIST AND B/L HAVE BEEN FAXED TO THE APPLICANT ON FAX NO. 009714-536734. THE RELATIVE FAX TRANSMISSON REPORT MUST BE ATTACHED TO THE ORIGINAL DOCUMENTS.
+8 A CERTIFICATE FROM THE BENEFICIARY STATING THAT ONE FULL SET OF NON-NEGOTIABLE SHIPPING DOCUMENTS HAVE BEEN SENT TO BLUE DIAMONDS TEXTILES LLC. PO BOX 26105, DUBAI BY REGISTERED AIRMAIL.
THE RELATIVE POSTAL REGISTRATION RECEIPT MUST BE ATTACHED TO THE ORIGINAL DOCUMENTS.

TO BE CONTINUED ON PAGE 3

HSBC Trade Services

The British Bank of the Middle East
Incorporated in England by Royal Charter 1889 with limited liability
DUBAI, P.O. BOX:66

ATTACHED TO AND FORMING PART OF DOCUMENTARY CREDIT NO. DC DUB831315 PAGE

DATE OF ISSUE: 13DEC2000	BENEFICIARY: SOGANG CORPORATION C.P.O. BOX 1728 SEOUL, KOREA TEL:3166-300

GOODS:

+ABOUT 4800 YARDS POLYESTER SPANDEX JACQUARD PLAIN DYED 44 INCHES X ABOUT 25 YARDS PER PIECE, AT USD 2.15 PER YARD CIF PORT RASHID DUBAI.
+ALL OTHER DETAILS ARE AS PER APPLICANT'S INDENT NO. 99/12049 AND INDENT NO. BE-832/99 OF BLUE DIAMING TEXTILE DUBAI.
+TRADE TERM: CFR PORT RASHID DUBAI
+INVOICE CERTIFY THE SAME.

ADDITIONAL CONDITIONS:
+1. BILL OF LADING MUST BE ACCOMPANIED BY A CERTIFICATE ISSUED BY THE SHIPPING COMPANY OR AGENT, STATING THAT THE CARRYING VESSEL IS ALLOWED TO ENTER THE UNITED ARAB EMIRATES.
(IN CASE OF SHIPMENT BY THE UNITED ARAB SHIPPING COMPANY VESSELS SUCH CERTIFICATE IS NOT REQUIRED).
+2. GOODS TO BE SHIPPED BY UASC OR WILHELMSEN OR APL OR UNIGLORY OR WANHAI OR K LINE VESSELS ONLY UNDER THEIR OWN B/L AND COVERED BY INSTITUTE CLASSIFICATION CLAUSE AND A CERTIFICATE TO THIS EFFECT FROM THE SHIPPING COMPANY OR THEIR AGENTS ALSO CERTIFYING IT'S A MEMBER OF REGULAR/CONFERENCE LINE MUST ACCOMPANY THE DOCUMENTS.
+3. SHIPMENT BY HELLINIC/MERZARIO LINE/MALTA LINE/MAERSK LINE/USA LINE ARE NOT ALLOWED.
+4. BILL OF LADING TO EVIDENCE THE NAME, ADDRESS AND TELEPHONE NUMBER OF CARRYING VESSEL'S AGENT IN U.A.E.
+5. MARKS: ROYAL/JACK/12049 DUBAI, C/NO.1 AND UP
+6. MARKS AS PER CLAUSE NO. 5 ABOVE MUST BE SHOWN IN THE B/L.
+7. INSURANCE WILL BE COVERED BY THE APPLICANT. SHIPMENT ADVICE SHOWING THE NAME OF THE CARRYING VESSEL, B/L NUMBER AND DATE, MARKS, INVOICE VALUE AND THE NUMBER OF THIS DOCUMENTARY CREDIT MUST BE SENT BY REGISTERED AIRMAIL OR COURIER WITHIN THREE DAYS FROM THE DATE OF B/L TO M/S AL SAGR INSURANCE CO. LTD. PO BOX 6840 DUBAI, UAE, REFERRING TO OPEN POLICY NO. ARIC/OPM/1057/86. THE RELATIVE POSTAL REGISTRATION/COURIER RECEIPT AND A COPY OF THE SHIPMENT ADVICE MUST ACCOMPANY THE ORIGINAL DOCUMENTS.

TO BE CONTINUED ON PAGE 4

HSBC Trade Services

The British Bank of the Middle East
Incorporated in England by Royal Charter 1889 with limited liability
DUBAI, P.O. BOX:66

ATTACHED TO AND FORMING PART OF DOCUMENTARY CREDIT NO. DC DUB831315 PAGE

DATE OF ISSUE: 13DEC2000	BENEFICIARY: SOGANG CORPORATION C.P.O. BOX 1728 SEOUL, KOREA TEL:3166-300

+8. B/L TO SHOW DESCRIPTION OF GOODS AS 'TEXTILE PIECE GOODS ONLY'.
+9. THE PRICE AND VALUE OF THE GOODS SHOULD NOT BE MENTIONED IN THE CERTIFICATE OF ORIGIN.
+10. ALL ORIGINAL DOCUMENTS MUST BE SIGNED MANUALLY. DOCUMENTS BEARING RUBBER STAMP SIGNATURE ARE NOT ACCEPTABLE.
+11. GOODS SHIPPED IN CONTAINER ON LCL BASIS AND BILL OF LADING TO EVIDENCE THE SAME. BILL OF LADING ALSO TO EVIDENCE THAT ALL THC, ALL HANDLING CHARGE, DELIVERY ORDER CHARGES AT THE PORT OF DESTINATION HAVE BEEN PREPAID.
+12. INVOICE TO SHOW HARMONIZED SYSTEM (H.S.) COMMODITY CODE NUMBERS APPLICABLE TO THE PRODUCTS SHIPPED UNDER THIS CREDIT.
+13. DOCUMENTS ISSUED PRIOR TO THE DATE OF THIS CREDIT ARE NOT ACCEPTABLE.
+14. INVOICE TO SHOW A DEDUCTION OF 1PERCENT ON 125 PERCENT OF THE INVOICE VALUE BEING INSURANCE PREMIUM PAYABLE TO APPLICANT.
+15. SHIPMENT ADVICE SHOWING DC NUMBER AND ALL OTHER DETAILS INCLUDING VESSEL'S NAME WITH ETD AND ETA TO BE FAXED TO M/S. BLUE DIAMOND TEXTILES, DUBAI ON THEIR FAX NO. 009714 536288 AND COPY OF SUCH FAX MUST BE ATTACHED TO THE ORIGINAL DOCUMENTS.
+16. INVOICE TO SHOW A DEDUCTION OF USD 27.00 BEING COURIER CHARGES.
+17. NEGOTIATIONS UNDER THIS DOCUMENTARY CREDIT ARE UNRESTRICTED.
+18. UNDER NO CIRCUMSTANCES MAY A BANK LISTED IN THE ARAB-ISRAEL BOYCOTT BLACKLIST BE PERMITTED TO NEGOTIATE DOCUMENTS UNDER THIS DOCUMENTARY CREDIT.
+19. THE QUANTITY TO BE SHIPPED IS SUBJECT TO THE LIMITATIONS IMPOSED BY THE CREDIT AMOUNT AT THE PRICE STATED.
+20. ALL DOCUMENTS SUBMITTED FOR NEGOTIATION UNDER THIS DOCUMENTARY CREDIT MUST BE ISSUED IN ENGLISH OR ARABIC LANGUAGE ONLY.
+21. A SUM OF USD 50.00 (OR EQUIVALENT) SHOULD BE DEDUCTED FROM THE REIMBURSEMENT CLAIM FOR EACH PRESENTATION OF DISCREPANT DOCUMENTS UNDER THIS DC. NOTWITHSTANDING ANY INSTRUCTIONS TO THE CONTRARY. THIS FEE IS FOR THE ACCOUNT OF THE BENEFICIARY.
+22. A PHOTOCOPY OF INVOICE AND BILL OF LADING IS REQUIRED FOR ISSUING BANK'S FILE.

TO BE CONTINUED ON PAGE 5

HSBC Trade Services

The British Bank of the Middle East
Incorporated in England by Royal Charter 1889 with limited liability
DUBAI, P.O. BOX:66

ATTACHED TO AND FORMING PART OF DOCUMENTARY CREDIT NO. DC DUB831315 PAGE

DATE OF ISSUE: 13DEC2000	BENEFICIARY: SOGANG CORPORATION C.P.O. BOX 1728 SEOUL, KOREA TEL:3166-300

+BANK TO BANK INFORMATION

+1. ON RECEIPT OF ORIGINAL DOCUMENTS CONFORMING TO THE TERMS OF THIS DOCUMENTARY CREDIT WE WILL REMIT FUNDS IN THE CURRENCY OF THIS DOCUMENTARY CREDIT AS PER YOUR INSTRUCTIONS.

+2. AT THE TIME OF NEGOTIATION, PLEASE PAY THE BENEFICIARY THE AMOUNT OF DRAWING LESS COMMISSION AT 1 PERCENT ON 100 PERCENT OF THE INVOICE VALUE AND INSTRUCT US ON YOUR COVERING SCHEDULE TO PAY THE AMOUNT TO M/S. BLUE DIAMONDS TEXTILES, LLC, PO BOX 26105, DUBAI, U.A.E.

+3. THE AMOUNT OF EACH NEGOTIATION MUST BE ENDORSED ON THE REVERSE OF THIS DOCUMENTARY CREDIT.

+4. NEGOTIATION UNDER RESERVE ON GUARANTEE IS NOT PERMITTED WITHOUT THE PRIOR APPROVAL OF THE ISSUING BANK.

+5. DISCREPANCIES WILL BE ADVISED IN ACCORDANCE WITH UCP 500 ARTICLE 14, IN THE EVENT OF DISCREPANCIES BEING SUBSEQUENTLY ACCEPTED BY THE APPLICANT, WE RESERVE THE RIGHT TO DELIVERY DOCUMENTS AGAINST ACCEPTANCE/PAYMENT, UNLESS INSTRUCTED TO THE CONTRARY BY THE NEGOTIATING BANK, PRIOR TO RELEASE OF DOCUMENTS.

DETAILS OF CHARGES: ALL CHARGES OUTSIDE COUNTRY OF ISSUE FOR ACCOUNT OF BENEFICIARY/EXPORTER

PERIOD FOR PRESENTATION: WITHIN 15 DAYS AFTER SHIPMENT/DELIVERY DATE BUT WITHIN THE VALIDITY OF THE CREDIT.

CONFIRMATION INSTRUCTION: WITHOUT

BANK TO BANK INSTRUCTION:

+THE REIMBURSEMENT UNDER THIS DOCUMENTARY CREDIT IS SUBJECT TO THE UNIFORM RULES FOR BANK TO BANK REIMBURSEMENTS, ICC PUBLICATION NO. 525.

INFORMATION TO PRESENTING BANK:

+1. DOCUMENTS TO BE DESPATCHED BY COURIER IN ONE COVER TO THE

TO BE CONTINUED ON PAGE 5

HSBC Trade Services

The British Bank of the Middle East
Incorporated in England by Royal Charter 1889 with limited liability
DUBAI, P.O. BOX:66

ATTACHED TO AND FORMING PART OF DOCUMENTARY CREDIT NO. DC DUB831315 PAGE

DATE OF ISSUE: 13DEC2000	BENEFICIARY: SOGANG CORPORATION C.P.O. BOX 1728 SEOUL, KOREA TEL:3166-300
ISSUING BRANCH COURIER CHARGES ARE FOR ACCOUNT OF BENEFICIARY. +2. PLEASE PROVIDE BOTH YOUR'S AND YOUR USD AGENT'S SWIFT CODES ON YOUR COVERING SCHEDULE.	
TO BE CONTINUED ON PAGE 6	

ARA BUKHASH 1695 V000.02	MG VARGHESE 4167	The Hongkong and Shanghai Banking Corp. Limitted Seoul Branch

2) 신용장 내용분석

(1) 신용장 자체에 관한 사항

① ISSUING BANK:

② DATE AND PLACE OF ISSUE:

③ L/C종류:

④ L/C NO.:

⑤ DATE AND PLACE OF EXPIRY:

⑥ APPLICANT:

⑦ BENEFICIARY:

⑧ ADVISING BANK:

⑨ L/C AMOUNT AND TRADE TERMS:

(2) 환어음에 대한 기재사항

① 대금결제방법

② DRAWEE(환어음지급인):

③ DRAWN UNDER:

L/C NO.: DATED:

(3) 운송 및 해상보험에 관한 기재사항

① SHIPPING DATE:

② LOADING / DISCHARGING PORT:

LOADING PORT:

DISCHARGING PORT:

③ PARTIAL / TRANSSHIPMENT 가능여부 및 분할조건

PARTIAL SHIPMENT:

TRANSSHIPMENT:

④ 선박조건

⑤ 해상보험 부보자

⑥ 해상보험조건

(4) 요구서류에 대한 기재사항

① 품목, 단가, 수량

품 목:

단 가:

수 량:

② PACKING CONDITION(포장조건):

③ B/L조항

CONSIGNEE(수하인):

NOTIFY PARTY(착화통지처):

운임지불조건

서류제시기일:

선하증권에 특별히 무엇을 기재하라고 했습니까?

④ 요구서류

⑤ 포장명세서에 기재사항:

⑥ 원산지증명서에 특별히 무엇을 기재하고 누구의 승인을 받으라고 했습니까?
⑦ 수입상에게 등록 항공우편으로 보내야 하는 서류
⑧ MARKS:
⑨ 원산지증명서에는 무엇을 기재하지 말라고 했습니까?
⑩ 모든 서류는 어떤 언어로 작성해야 합니까?
⑪ 유보조건부 매입은 인정합니까?

(5) 기 타
① 과부족 허용조건:
② 은행수수료 부담자:
③ 제조업자:
④ ALL COMMUNICATION:
⑤ THIRD PARTY(제 3 자) 발행서류 인수여부:
⑥ 상업송장에 기재사항:
⑦ 품질조건:
⑧ 신용장 통일규칙 준거문언:
⑨ 신용장 발행일자 이전 서류 인수여부:
⑩ 상업송장에는 특별히 어떤 내용을 기재할 것을 요구하고 있나?
⑪ 보험증권:
⑫ 원본서류의 서명방법

[해 석]

신용장통지서
신용장통지서 발행일자: 2000년 12월 17일
수 익 자: 서강무역
통지번호: A 6302-812-10635
전화와 팩스번호: 7615574
당 은행의 참조번호: KMS735925
신용장번호: DC DUB831315
신용장금액: 미화 10,320.00달러
개설은행: 중동 연합 아랍 에미레이트 브리티쉬 은행

당 은행은 첨부한 화환신용장을 받았음을 통지합니다. 즉시 신용장의 제조건을 검토하고 당 은행은 개설은행의 확약 없이 신용장내용을 변경할 수 없음에 유의하시기 바랍니다. 따라서 신용장의 제조건을 받아들일 수 없다면 직접 수입상에게 통지하여 신용장내용을 수정하기 바랍니다.

이러한 사실은 지체 없이 당 은행에게 알려야 합니다.

귀사는 당 은행과 어떠한 통지와 논의도 할 권한이 없습니다. 개설은행 또는 수입상이 신용장을 변경할 수 있습니다.

당 은행의 확인된 서명이 있는 통지서에 따라 서면으로 신용장이 수정될 수 있습니다. 귀사는 신용장 통일규칙 제3조와 제4조에 좀 더 관심을 갖길 바랍니다.

본 통지서는 국제상공회의소가 제정하고 1993년 개정된 신용장 통일규칙 및 관례에 따라 처리될 것입니다.

본 신용장통지서는 상기 은행이 발행한 화환신용장을 구성하며 매입, 지급, 인수를 위해 서류와 화환어음과 함께 제시되어야 합니다.

본 서류는 유효한 통지서입니다. 따라서 서명이 필요하지 않습니다.

신용장종류: 취소불능신용장
신용장번호: DC DUB831315 A 6302 812-10635
신용장 발행일자: 2000년 12월 13일
수 익 자: 서강무역
개설의뢰인: ROYAL TRADERS
통지은행: 홍콩 상하이 은행(주) 서울지점
신용장금액: 미화 10,320,00달러
문자금액: USD TEN THOUSAND THREE HUNDRED TWENTY. ONLY
가격조건: 비용 및 운임포함조건──두바이 RASHID항 도착조건
분할선적: 허용
환 적: 금지
신용장 유효기일 및 장소: 2000년 2월 15일 한국
선 적 항: 한국
최종목적지: 두바이 RASHID항구
신용장사용: 매입자유신용장
화환어음: 송장가격의 100%로 된 금액을 일람출급으로 발행, 화환어음에 신용장번호와 지급인을 개설은행으로 작성해야 합니다.

요구서류

1. 서명된 상업송장 4통, 상업송장에 제조기업과 생산기업의 상호와

주소가 기재되어 있고, 원본은 계약서에 명시된 대로 영사의 서명이 있어야 합니다.

2. 무사고 본선적재 선하증권 원본 3통이 수출상을 지시식으로 발행되고 백지배서되어야 하며 운임이 선불되고 수입항에서 화물도착통지처는 수입상으로 되어 있어야 합니다. 중동 브리티쉬 은행으로 작성되고 신용장번호를 기재해야 합니다.

신용장 발행일자: 1999년 12월 13일

수 익 자: 서강무역

3. 원산지증명서

3.1 제조기업, 생산기업, 수출상의 정확한 상호와 주소가 기재된 원산지증명서 이것은 승인된 아랍연합의 상공회의소가 발행해야 합니다. 당 기관이 없는 경우 수출국의 현지 상공회의소가 발행해야 합니다.

3.2 원산지증명서는 아랍대사관이나 영사관의 증명이 있어야 합니다.

3.3 원산지증명서는 상품의 원산지국가명을 특별히 증명한 것이 어야 하며. 상품을 수출하는 국가를 기재해야 합니다.

4. 각각 낱개별 색상별로 구분된 개수 개별 카튼박스에 포장된 야드, 정확한 개수와 기재된 포장명세서

5. 영사가 서명한 상업송장 원본과 원산지증명서를 등록된 항공우편으로 직접 수입상에게 송부했다는 것을 수출상이 증명하는 서류

영사의 서명이 없는 상업송장과 원산지증명서 사본은 매입을 위해 제시되어야 합니다.

6. 비유통 선하증권 1부와 선적견본 5개를 급송장이나 빠른 우편으로 선하증권이 발행된 날로부터 5일 이내에 수입상에게 송부했다는 것을 수출상이 증명하는 서류관련 급송장영수증은 원본서류와 함께 제시해야 합니다.

비유통 선적서류 1부를 등록된 항공우편으로 BLUE 다이아몬드 섬유회사에게 송부했음을 수출상이 증명하는 서류

관련 급송장영수증이 원본서류와 함께 제시되어야 합니다.

7. 상업송장, 포장명세서, 선하증권 부본을 수입상에게 팩스로(팩스번호 009714-536734) 보냈다는 수출상의 증명서와 팩스송수신이 기록된 서류를 원본서류와 함께 제시해야 합니다.

8. 비유통운송서류 1부를 등록항공우편으로 BLUE DIAMONDS TEXTILES LLC. PO BOX 26105, DUBAI에게 송부했음을 수출상이 증명하는 증명서와 우편등록 영수증이 원본서류와 함께 제시되어야 합니다.

상품명세서 ABOUT 4800 YARDS POLYESTER SPANDEX JACQUARD PLAIN DYED 44 INCHES X ABOUT 25 YARDS PER PIECE, AT USD 2.15 PER YARD CIF PORT RASHID DUBAI.

기타 상세한 사항은 수입상의 계약서 번호 98/12049와 블루다이아몬드 섬유회사의 계약서 번호 BD-832/98를 기재해야 합니다.

가격조건: RASHID 두바이항까지의 비용과 운임포함건

상업송장은 동일한 제품임을 증명해야 합니다.

추가조건

1. 선하증권에 선사와 선사대리인이 발행한 증명서를 첨부해야 하며, 이 증명서에 선박이 아랍 에미레이트를 입항하는 것이 허용된다는 것이 명시되어 있어야 합니다.

(아랍 선박회사에 선적되는 경우 이러한 서류가 필요 없습니다.)

2. 상품은 USAC, SITHHELMSEN, APL, UNIGLORY, WANHAI, K-LINE 선사에 선적되고, 그들 선사가 B//L을 발행해야 한다. 이들 선박은 협회선급약관에 등록되어 있고 선사와 그의 대리인이 이와 같은 사실을 입증하는 증명서 정기선 또는 해운동맹을 증명하는 서류가 다른 서류들과 함께 제시되어야 합니다.

3. HELLINIC, MERZARO LINE, MALTA LINE, MAERSK LINE, USA LINE의 선적은 인정하지 않습니다.

4. 선하증권에 U.A.E.에 있는 선사대리인의 상호, 주소, 전화번호가 기재되어 있어야 합니다.

5. 화 인: ROYAL, JACK, 12049. 두바이 컨테이너번호 1에서 시작하여 끝까지 기재

6. 5항에 명시된 조항에 따라 하인은 선하증권에 기재되어야 합니다.

7. 적하보험은 수입상이 부보해야 하고 선박명, 선하증권 번호와 발행일자, 화인, 상업송장가액, 신용장번호가 기재되어 있는 선적통지서가 선하증권이 발행된 날로부터 3일 이내에 등록된 항공우편이나 급송장을 이용하여 M/S, AL, SAGR보험회사에 송부되어야 합니다. 또한 보험증권번호 ARIC/OPM11657186

관련 우편등록영수증이나 급송장영수증, 선적통지서 사본이 본 서류와 함께 제시되어야 합니다.

8. 선하증권에 상품명세서와 TEXTILE PIECE GOODS를 기재해야 합니다.

9. 상품가격과 가액은 원산지증명서에 기재하지 않아야 합니다.

10. 모든 원본서류들은 자필로 서명되어 있고 RUBBER 스탬프 서명이 있는 서류들은 수리할 수 없습니다.

11. 상품이 LCL로 컨테이너에 선적되고 선하증권은 동일함을 증명해야 합니다. 선하증권에 THC, 모든 취급비용 목적항에서의 인도지시비용이 선불 되었음이 기재되어 있어야 합니다.

12. 상업송장은 본 신용장거래에서 선적된 상품에 국제상품품목번호와 상품코드번호가 기재되어 있어야 합니다.

13. 신용장 발행일자 이전에 발행된 서류들은 수리할 수 없습니다.

14. 상업송장에 수입상이 지불한 적하보험료로 상업송장가액의 125% 당 1%의 비율로 공제된 금액이 표기되어 있습니다.

15. 선박명, 출항일자, 입항일자를 포함하여 신용장번호, 모든 상세한 사항들이 기재된 선적통지서가 M/S BLUE 다이아몬드에게 팩스번호 009714536288로 보내야 하고, 팩스송부서류사본을 원본서류들과 함께 제시되어야 합니다.

16. 상업송장금액에서 급송장 비용으로 미화 7달러가 공제될 것입니다.

17. 본 신용장거래에서의 매입은 제한되지 않았습니다.

18. 아랍, 이스라엘 금지규정에 포함된 은행은 본 신용장거래에서 서류들을 매입할 수 없습니다.

19. 선적수량은 언급된 가격조건에 따라 신용장금액으로 환산된 것으로 한정합니다.

20. 본 신용장거래에서 매입을 위해 제시된 모든 서류들은 영어나 아랍어로만 발행되어야 합니다.

21. 본 신용장거래에서 불일치서류가 제시된 경우 상환금액에서 미화 50달러가 공제됩니다.

22. 상업송장과 선하증권의 사진복사본이 개설은행의 파일보관을 위해 필요합니다.

은행간 공지사항

1. 신용장의 제조건과 일치된 원본서류들을 받고 당 은행은 귀 은행의 지시에 따라 신용장에 명시된 통화로 수출대금을 송금할 것입니다.

2. 매입할 때 상업송장 가격의 100%당 1%의 수수료가 발행된 수출금액에서 공제되고 차액을 수출상에게 지불합니다.

귀 은행의 매입지시서에 당 은행이 수수료를 M/S블루 다이아몬드에게 지불하도록 명시해야 합니다.

3. 각각의 매입금액은 화환신용장 뒷면에 배서되어 있어야 합니다.

4. 유보조건부, 보증부 매입은 개설은행의 사전승인이 있는 경우를

제외하고 인정할 수 없습니다.

5. 불일치 서류들이 신용장 통일규칙 제14조에 따라 통지될 경우 이 불일치서류를 수입상이 인수하면 당 은행은 매입은행이 서류를 송부하기 전 수출상에게 지시하지 않는 한 인수와 지급을 상환으로 서류들을 인도할 권한을 유보합니다.

기타비용

신용장 발행지역 외에서 발생하는 모든 비용들은 수익자나 수출상이 부담합니다.

서류제시기간에 선적과 상품을 운송인에게 인도한 날로부터 15일 이내에 서류들은 제시되어야 하며 신용장 유효기일 이내이어야 합니다.

확인지시사항: 없음.

은행간 지시사항

본 신용장거래에서 상환은 신용장 통일규칙 은행간 상환약정에 대한 조항에 따라 처리합니다.

매입은행의 통지사항

서류들은 개설은행 지점에 1부가 급송장으로 송부되어야 합니다.

급송비용은 수출상이 부담합니다.

귀 은행의 매입의뢰서에 귀은행 또는 귀은행 대리인의 SWIFT 코드 번호를 서류송부장에 기재하여 제시해야 합니다.

제 3 장

Nego서류 작성실무

신용장의 내용을 정확히 파악하여 신용장에 명시된 조건대로 Nego서류를 작성할 수 있는 능력을 키우는 데 본장의 목적이 있다. 따라서 본장에서는 매입절차와 제반 서류를 작성하는 방법에 대해 구체적으로 살펴본다.

제 1 절 Nego의 정의

1. Nego의 개념

신용장 통일규칙 제 2 조에서 "매입이라 함은 지정은행이 수익자에게 선금을 지급하거나 지급하기로 약정함으로써 어음(지정은행 이외의 은행 앞으로 발행된) 및 또는 신용장의 제조건과 동일한 선적서류를 매입함을 의미한다"라고 정의하였다. 따라서 매입은 수출상이 수출상품을 선적한 후 신용장에 명시된 서류와 개설은행이나 제 3 의 은행을 지급인으로 화환어음을 발행하여 수출상의 주거래은행에 제시하면 은행은 제시된 서류가 신용장의 제조건과 일치하는지 상당한 주의를 가지고 검토한 후 수출대금을 수출상에게 지급하는 것을 의미한다.

매입은행이 선적서류와 화환어음을 매입하여 수출상에게 수출대금을 지급하고 수입상에게는 금융지원을 하게 된다.

매입은행은 개설은행의 지급보증을 믿고 수출상에게 수출대금을 지급하는 여신을 제공하는 것으로 볼 수 있다. 개설은행의 지급확약은 매입은행이 제시한 서류가 신용장의 제조건과 일치한 경우에 한해서 매입은행이 수출상에게 수출대금을 지급하겠다는 조건부 보증이기 때문에 매입은행은 제시된 서류가 신용장조건과 동일한지 상당한 주의를 가지고 검토해야 한다. 제시된 서류가 신용장의 제조건과 일치하지 않으면 개설은행은 매입은행에게 대금지급을 거부하기 때문에 매입은행은 수출상과 수출거래약정을 체결하고 신용장의 내용을 상세히 검토한 후에 제시된 화환어음과 제반 서류가 신용장에 명시된 내용과 일치하는지 엄격히 심사해야 한다.

2. 수출거래의 약정

화환어음 및 선적서류의 매입은 취소불능신용장의 특성, 즉 개설은행의 지급확약과 수익자와 매입은행간에 체결된 수출거래의 약정에 따라 이루어진 수출상에 대한 매입은행의 여신행위이다.

수출상으로부터 화환어음과 선적서류의 매입을 의뢰받은 은행은 화환어음의 발행인인 수출상에게 매입에 따르는 제반 비용과 위험을 약정하는 수출거래약정서를 요구하게 된다.

수 입
인 지

수출거래약정서

담 당	대 리	차 장	부점장

20 년 월 일

주식회사 **한국외환은행** ㉐

수 입 자 ㉐

주 소

은행여신거래 기본약관을 수령하였으며 중요한 내용에 대하여 설명을 들었음.	㉐

인감대조

위 당사자(이하 "수출자"라 함)와 위 은행(이하 "은행"이라 함)은 제 1 조 각 호에 정한 거래를 함에 있어서 은행여신거래 기본약관이 적용됨을 확인하고 다음 각 조항에 따르기로 한다.

제 1 조 적용범위

이 약정서는 다음 각 호의 현재 및 장래의 모든 거래에 적용하기로 한다.

1. 신용장방식에 의한 화환어음 또는 선적서류의 매입
2. 무신용장방식에 의한 화환어음 또는 선적서류의 매입
3. 보증신용장 등에 의한 무화환어음(Clean Bill)의 매입
4. 화환어음 또는 선적서류 대금의 추심
5. 기타 전 각 호에 준하는 거래

제 2 조 수출환어음 및 선적서류의 진정

수출자는 은행에 제출하는 수출환어음(수출화물대금, 기타 대금을 지급받기 위한 환어음, 영수증 또는 이들과 동종의 서류를 말한다. 이하 같음) 및 선적서류(운송서류, 보험서류, 상업송장 및 기타 신용장 또는 수출계약서에 의하여 요구되는 서류를 포함한다. 이하 같음)가 충분, 정확, 진정, 유효하고 신용장의 조건, 수출계약서 또는 용역계약서 등의 조건과 완전히 일치할 것임을 보장한다.

제3조 보증서 등 제출

① 수출자는 수출환어음 또는 선적서류 매입시 하자가 발견된 경우는 물론 매입후 환거래은행 등(신용장 발행은행, 재매입은행, 추심은행, 상환은행, 지급은행, 인수은행, 기타 신용장 또는 수출거래관계은행 등을 말한다. 이하 같음)으로부터 하자통보가 있는 경우에도 은행이 정하는 확인서를 제출한다.

② 수출환어음 또는 선적서류가 신용장조건과 불일치하는 등 상당한 사유로 인하여 은행 또는 환거래은행 등이 필요하다고 인정하는 경우 은행은 환거래은행 등에 보증서를 제출할 수 있다. 이 경우 은행은 보증서 제출 전에 그 사실을 수출자에게 통지한다.

③ 제1항, 제2항의 처리로 말미암은 비용 및 손해에 대하여는 수출자가 부담한다.

제4조 담 보

① 수출자는 수출화물(선적서류에 표시된 화물을 말한다. 이하 같음) 및 선적서류를 수출환어음 또는 선적서류의 매입에 의하여 부담하는 채무와 이에 부수하는 이자, 할인료, 수수료, 지연배상금 및 기타 부대비용의 지급을 위한 담보로서 은행에 양도한다.

② 은행은 매입한 수출환어음 또는 선적서류를 제3자에게 재매입 요청할 수 있으며 이 경우 수출화물 및 선적서류를 그 담보로 제공할 수 있다.

③ 수출화물이 멸실, 훼손, 변질, 감가되거나 그러한 위험이 있다고 인정될 경우 또는 은행의 채권보전상 필요하다고 인정되는 상당한 사유가 있는 때는 수출자는 은행의 청구에 따라 곧 은행이 인정하는 담보나 추가담보를 제공하고 또는 보증인을 세우거나 이를 추가하기로 한다.

제5조 환 율

① 수출자가 은행으로부터 수출환어음 또는 선적서류대금을 원화로 지급하는 경우에는 매입 또는 추심선정시와 관계없이 수출자가 실제로 지급받는 날의 해당 매입환율을 적용하기로 한다.

② 수출자가 제13조에 의한 환매채무의 대금을 원화로 지급하는 경우에는 그 대금을 지급하는 날의 은행의 대고객 전신환매도율을 적용하기로 한다.

제6조 비용 등의 부담

① 수출자는 제1조 각 호의 거래에 따른 이자, 할인료, 수수료, 우편료, 전신료, 지연배상금, 기타 비용 은행 또는 환거래은행 등의 권리행사, 권리보전, 담보의 취득 및 처분에 따른 비용을 부담하며 은행이 계산근거를 명시하여 청구하는 바에 따라 은행의 관련규정이 정한 기간 내에 지급한다. 다만 수출자가 은행의 계산방법 등에 관하여 이의를 제기하는 경우에는 은행은 이를 심사하여 그 결과를 통지한다.

② 수출자 이외의 자가 제1항의 이자, 할인료, 수수료, 비율 등을 부담하기로 되어 있는 경우에도 수출자의 비용으로 은행이 수출자 이외의 부담자에게 청구하였으나 입금되지 아니하여 수출자에게 청구한 때는 수출자가 이를 은행의 관련규정이 정한 기간 내에 지급한다. 다만 은행이 추후 수출자 이외의 부담자로부터 이를 지급받은 경우에는 반환한다.

③ 수출환어음 또는 선적서류 매입 후 은행의 관련규정이 정하는 예정일 후에 인수 또는

입금이 이루어진 경우 수출자는 은행의 청구에 따라 은행의 관련규정이 정한 기간 내에 지연이자를 지급한다.

④ 제 1 항 내지 제 3 항의 이자, 할인료, 지연이자, 지연배상금, 수수료, 비용 등의 요율, 계산방법 및 환율의 적용은 은행이 정하며 성질상 고시하기 어려운 것을 제외하고 이를 고시하기로 한다.

제 7 조 환거래은행 및 송달방법의 선정

환거래은행의 선정과 수출환어음 또는 선적서류의 송달방법은 신용장 또는 수출계약서 등의 조건에 따른다. 다만 부득이하다고 인정하는 경우에는 은행이 선택할 수 있으며 이로 인하여 생기는 손해는 은행의 고의 또는 중대한 과실이 없는 한 수출자가 부담한다.

제 8 조 선적서류의 인도

① 신용장에 의한 수출환어음 또는 선적서류를 신용장 발행신청인, 수출화물의 매수인 등에게 인도할 때는 신용장조건에 따른다. 다만 신용장에 특별한 지시가 없는 경우에 은행 또는 환거래은행 등은 환거래은행 등의 소재지의 법령이나 관습에 따라 처리할 수 있다.

② 무신용장에 의한 수출환어음 또는 선적서류를 지급인, 수출화물의 매수인 등에게 인도할 때는 매입 또는 추심신청서에 기재된 조건에 따르기로 한다. 다만 은행이 채권보전상 필요하다고 인정하는 상당한 사유가 있거나 환거래은행 등의 소재지의 법령 또는 관습상 필요하다고 인정되는 경우에 은행 또는 환거래은행 등은 인도조건을 변경할 수 있다.

③ 제 1 항, 제 2 항과 관련하여 은행이 이를 처리하거나 환거래은행 등으로부터 그 사실을 통보받은 경우 곧 수출자에게 통지한다.

제 9 조 수출화물의 운임, 보관료, 보험료 및 보전에 관한 비용 및 손해

① 다음 각 호에 해당하는 비용 및 손해 등은 은행의 고의 또는 중대한 과실이 없는 한 수출자가 부담한다.

1. 수출화물에 관계된 운임, 보관료, 보험료 및 기타비용
2. 수출화물의 수송, 보관, 인도 등과 관련하여 제 3 자에게 손해를 끼친 경우의 손해배상금
3. 수출화물의 수송, 통관, 창고, 보험 등 관계자의 고의나 과실 또는 전쟁, 사변, 천재지변과 같은 불가항력적인 사유로 말미암은 손해
4. 수출환어음, 선적서류 및 수출화물의 반송에 소요되는 비용

② 수출환어음 또는 선적서류 대금의 지급의무자(신용장 발행은행, 신용장 확인은행, 환어음의 인수인, 환어음의 지급인 등 기타 수출환어음 또는 선적서류 대금의 지급을 해야 하는 자, 이와 같음)가 지급, 인수 또는 채무의 확인을 거절한 경우, 은행 또는 환거래은행 등은 수출화물의 양륙, 통관, 입고, 부보, 전매 등 수출화물의 보전에 필요하다고 인정되는 적절한 조치를 취할 수 있으며 이로 말미암은 비용 및 손해에 대하여는 은행의 고의 또는 중대한 과실이 없는 한 수출자가 부담한다.

③ 선적서류의 인도 전에 수출화물이 양륙지에 도착한 경우도 제 2 항과 같다.

④ 제 2 항, 제 3 항에 의하여 은행 등이 조치를 취한 경우에는 곧 수출자에게 통지한다.

제10조 지급 등의 연기

① 수출환어음 또는 선적서류대금의 지급의무자가 지급, 인수 또는 채무의 확인의 연기를 요청한 경우 은행은 수출자의 동의를 얻어 승낙할 수 있다. 다만 은행 또는 환거래은행 등이 부득이하다고 인정하는 때는 수출자의 동의없이 승낙할 수 있다. 이 경우 은행은 승낙한 사실을 곧 수출자에게 통지한다.

② 제1항과 관련하여 생기는 손해는 수출자가 부담한다.

제11조 참가인수 등

① 수출환어음 또는 선적서류에 관하여 제3자가 조건없이 참가인수, 또는 채무인수를 요청한 때는 은행 또는 환거래은행 등은 이를 승낙할 수 있으며 이 경우 은행은 그 사실을 곧 수출자에게 통지한다.

② 제1항의 경우 은행은 각각의 지급의무자가 인수, 지급 또는 채무의 확인을 한 경우와 동일하게 처리할 수 있으며 이로 말미암은 손해는 은행의 고의 또는 중대한 과실이 없는 한 수출자가 부담한다.

제12조 거절증서

① 수출환어음의 매입 또는 추심신청서상에 명백히 거절증서 작성(외국의 법제상 이에 준하는 법적 절차를 포함한다. 이하 같음)을 요구한 어음 외에는 모두 거절증서 작성을 면제한 것으로 한다.

② 수출환어음의 매입 또는 추심신청서상에 거절증서 작성에 관한 명백한 요구에 따라 은행이 환거래은행 등에 그 지시를 하였음에도 불구하고 거절증서가 작성되지 않은 경우에는 은행은 책임을 지지 아니한다.

③ 거절증서의 작성이 면제된 경우에도 은행 또는 환거래은행 등이 소구권 행사 등 채권보전을 위하여 상당한 사유가 있는 경우에는 수출자의 비용부담으로 거절증서를 작성할 수 있다.

④ 거절증서가 작성된 경우에는 그 거절증서는 작성지에는 적법하게 작성된 것으로 추정한다.

제13조 환매채무

① 수출자는 수출환어음 또는 선적서류가 은행에 의하여 매입된 후 다음 각 호의 사유가 하나라도 발생하는 경우에는 은행으로부터 통지, 독촉 등이 없어도 당연히 해당 각 호의 수출환어음 또는 선적서류에 관하여 그 어음 또는 서류상 기재금액의 환매채무를 지며 은행의 관련규정이 정한 기간 내에 면제한다. 또한 신용장 등의 조건에 의하여 은행이 인수인 또는 지급인으로 되어있는 수출환어음 또는 선적서류에 관하여도 같다.

1. 수출자에 대하여 은행여신거래 기본약관 제7조 제1항(당연 기한전 채무변제의무) 각 호의 사유가 하나라도 발생하는 경우의 모든 수출환어음 또는 선적서류
2. 수출환어음 또는 선적서류대금의 지급의무자에 대하여 은행여신거래 기본약관 제7호 제1항(당연 기한적 채무변제의무: 해당 국가의 법제상 이들에 상당하는 경우 포함) 각 호의 사유가 하나라도 발생하는 경우에는 그 자가 지급의무자로 되어 있는 모든 수출환어음 또는 선적서류

3. 수출환어음 또는 선적서류대금의 지급의무자에 의한 지급, 인수, 채무의 확인이 은행의 관련규정이 정하는 기간까지 이루어지지 아니하거나 수출환어음 또는 선적서류가 신용장조건과 일치하지 않는 하자(제3조 제1항에 의하여 확인된 것인지 여부를 불문한다)를 이유 또는 기타 여하한 이유로 거절된 경우의 그 수출환어음 또는 선적서류

② 수출자는 수출환어음 또는 선적서류가 은행에 의하여 매입된 후 다음 각 호의 사유가 하나라도 발생하는 경우에는 은행의 청구에 따라 해당 각 호의 수출환어음 또는 선적서류에 관하여 그 어음 또는 서류상 기재금액의 환매채무를 지며 은행의 관련규정이 정한 기간 내에 변제한다.

또한 신용장 등의 조건에 의하여 은행이 인수인 또는 지급인으로 되어 있는 수출환어음 또는 선적서류에 관하여도 같다.

1. 수출자에 대하여 은행여신거래 기본약관 제7조 제2항(은행이 청구에 의한 기한전 채무변제의무) 각 호의 사유가 하나라도 발생하는 경우의 모든 수출환어음 또는 선적서류
2. 수출환어음 또는 선적서류의 재매입. 추심이 거절된 경우의 그 수출환어음 또는 선적서류
3. 은행이 환거래은행 등으로부터 수출환어음 또는 선적서류대금의 상환청구를 받은 경우의 그 수출환어음 또는 선적서류
4. 수출환어음 또는 선적서류대금의 지급의무자가 지급을 하였음에도 불구하고 지급자의 법령이나 외환사정 및 환거래은행 등의 파산 등 기타 사유로 대금의 회수가 지연되거나 불가능하게 된 경우의 그 수출환어음 또는 선적서류

③ 제 1 항, 제 2 항과 관련하여 발생하는 부도이자, 수수료, 비용 등은 수출자가 부담하고 은행의 청구에 따라 은행의 관련규정이 정한 기간 내에 변제한다. 이 경우 은행은 요율, 계산방법 및 환율의 적용을 정하며 성질상 고시하기 어려운 것을 제외하고 이를 고시하기로 한다.

④ 제 1 항 내지 제 3 항에 의한 채무를 이행할 때까지 은행은 수출환어음 또는 선적서류 대금의 환매청구와는 별도로 수출환어음 또는 선적서류대금의 회수를 위하여 수출자가 요청하는 등 필요하다고 인정되는 경우 환거래은행 등에 적절한 조치를 취한다.

제14조 수출화물 처분대금의 변제충당

① 수출환어음 또는 선적서류대금의 지급의무자에 의한 지급, 인수, 채무의 확인이 은행의 관련규정이 정하는 기간까지 이루어지지 아니하거나 거절된 때는 은행 또는 환거래은행 등은 채권보전을 위하여 필요하다고 인정되는 상당한 사유가 있는 경우 수출화물을 처분하고 그 대금으로 매입에 의하여 부담하는 채무와 이에 부수하는 부도이자, 수수료, 비용 등의 변제에 충당할 수 있다. 다만 부족금이 있는 경우에는 수출자가 은행의 청구에 따라 이들 은행의 관련 규정이 정한 기간 내에 지급한다.

② 제 1 항에 의해 수출화물을 처분한 경우에는 은행은 곧 수출자에게 통지하기로 한다.

③ 은행이 수출화물 및 선적서류를 처분하여 제 1 항의 채무와 부도이자 등의 변제에 충당한 후에도 잉여금이 있는 경우에는 이를 수출자에게 반환한다. 다만 수출자가 은행에 다

른 채무가 있는 경우 은행은 이를 채권보전을 위하여 상당하다고 인정되는 순서와 방법에 따라 수출자의 은행에 대한 기타 채무변제에 충당할 수 있다.

제15조 보 험 금

① 은행이 수출화물에 대한 보험금을 청구하는 경우에는 수출자는 은행의 청구에 따라 필요한 서류를 즉시 제출한다.

② 은행이 제1항의 보험금을 제4조 제1항의 채무 및 이자 등의 변제에 충당한 후에도 잉여금이 있는 경우에는 수출자에게 반환한다. 다만 수출자가 은행에 다른 채무가 있는 경우에는 은행은 이를 은행의 채권보전을 위하여 상당하다고 인정되는 순서와 방법에 따라 수출자의 은행에 대한 기타 채무변제에 충당할 수 있다.

제16조 수출환어음 등의 반환

① 이 약정에 의하여 은행에 대한 채무의 변제 또는 은행여신거래 기본약관 제9조(은행으로부터의 상계 등)에 의한 상계, 대리환급 변제충당의 경우 은행은 수출자에게 수출환어음, 선적서류 및 수출화물을 채무변제 등의 시점에 반환하지 아니하여도 된다.

② 수출자는 제1항에 의하여 은행이 반환하는 수출환어음, 선적서류 및 수출화물을 은행에서 수령한다. 다만 수출화물은 수출화물을 표시하는 서류를 수령함으로써 반환받은 것으로 한다.

③ 수출환어음, 선적서류 및 수출화물의 반환이 불가능하다고 인정되는 상당한 사유가 있는 경우에는 은행은 반환의무가 없는 것으로 한다.

④ 제1항 내지 제3항에 의하여 발생하는 비용 및 손해는 은행의 고의 또는 중대한 과실이 없는 한 수출자가 부담한다.

제17조 서류제출

수출자는 은행이 법령 등에 의한 상당한 사유로 본 약정에 따른 거래와 관련된 허가서, 추천서, 증명서, 신고서, 기타서류를 요청하는 경우 즉시 제출한다.

제18조 적용기간

이 약정의 적용기간은 정하지 않기로 한다. 다만 부득이한 사유가 있는 경우 은행이나 수출자는 이 약정을 해지할 수 있으며 이 경우 해지전에 이루어진 거래에는 이 약정이 계속 적용된다.

제19조 준용규정

수출자와 은행은 이 약정에 없는 사항에 대하여 따로 정함이 없는 한 국제상업회의소의 「신용장 통일규칙」, 「추심에 관한 통일규칙」 및 은행의 관련규정에 따르기로 한다. 다만 위 통일규칙과 은행의 관련규정이 서로 다른 경우에는 위 통일규칙에 따르기로 한다.

3. Nego의 종류

1) Direct Nego와 Renego

신용장이 개설은행에서만 사용가능하다고 규정하고 있지 않는 한 모든 신용장은 지급, 연지급, 화환어음의 인수, 또는 매입이 수권된 은행(지정은행)을 지정하여야 한다. 그러나 자유매입신용장의 경우에는 어떤 은행도 지정은행이 될 수 있다.

자유매입신용장은 수출상이 화환어음과 선적서류를 어떤 은행에서나 매입할 수 있는 신용장이므로 직접매입이 가능하다. 반면에 지급신용장, 인수신용장, 연지급신용장은 신용장의 매입이 특정은행에 제한되어 있다. 수출상은 이런 경우 화환어음과 선적서류를 자기 주거래은행에서 일단 매입하고 수출상의 주거래은행은 다시 매입제한된 은행에 2차 매입을 하거나 사전에 매입이 지정된 은행에 가서 지정의 해제(Release)를 받아 자기 주거래은행에서 정식으로 매각시키는 두 가지 방법이 있다.

2차 매입이 Renego에 해당되며 신용장 유효장소는 자기 주거래은행이 아니라 매입제한된 은행이 된다.

2) Clean Nego와 Letter of Indemnity Nego

Clean Nego는 수출상이 제시한 화환어음과 선적서류가 신용장의 제조건과 일치하여 아무런 하자 없이 매입하는 것을 말한다.

L/I Nego는 수출상이 제시한 화환어음과 선적서류가 신용장내용과 불일치하여 수입상이 선적서류의 인수를 거부할 경우 이에 대해 전적으로 수출상이 책임을 지겠다는 보증각서를 첨부하여 매입하는 것을 말한다.

4. Nego의 사후관리와 관련비용

1) 해외입금관리

① 만 기 일(Due Date)　　어음의 표면상에 기재된 지급기일 또는 기한부 기간에 대한 만기일이다. 즉, 수입상이 수입상품에 대해 지불하기로 약정한 날을 의미한다.

② 입금관리　　만기일에 해당 매입은행에 해외수입상으로부터의 입금

여부를 체크하는 것을 의미한다.

③ 대 체 료 외국환은행에서의 외화거래가 원화의 개입 없이 외화간 대체거래가 일어날 때 징수하는 수수료를 가리킨다.

④ 환 가 료 선적서류의 우편발송기간에 해당되는 분만큼의 은행측 자금부담에 따른 이자조로 징수하는 수수료를 말한다.

2) 부도처리기준

(1) 입금부도

① At Sight Direct/Renego

㉠ CLEAN: 입금예정일로부터 60일까지 입금이 되지 않는 경우, 그 다음날 영업일

㉡ L/G: 입금예정일로부터 30일까지 입금이 되지 않는 경우, 그 다음날 영업일

② Usance Direct/Renego

㉠ CLEAN: 입금예정일로부터 60일까지 입금이 되지 않는 경우, 그 다음날 영업일

㉡ L/G: 입금예정일로부터 30일까지 입금이 되지 않는 경우, 그 다음날 영업일

③ D/A

㉠ CLEAN: 입금예정일로부터 60일까지 입금이 되지 않는 경우, 그 다음날 영업일

㉡ L/G: 입금예정일로부터 30일까지 입금이 되지 않는 경우, 그 다음날 영업일

④ D/P

㉠ CLEAN: 매입일로부터 60일까지 인수통보가 없는 경우, 그 다음날 영업일

㉡ L/G: 입금예정일로부터 30일까지 입금이 되지 않는 경우, 그 다음날 영업일

(2) 인수부도

※ Usance Direct / Renego, D/A

㉠ CLEAN: 매입일로부터 60일까지 인수통보 없는 경우, 그 다음날 영업일

㉡ L/G: 입금예정일로부터 45일까지 인수통보 없는 경우, 그 다음날 영업일

3) Nego 관련비용

① Less Charge 추심전 Nego를 한 경우 개설은행 또는 상환은행에서 수수료를 공제하게 되는데 수출대금의 입금상환시, 동 수수료는 Less Charge형태로 매입은행에서 수출자에게 청구한다. 이러한 비용에는 Reimbursement Charge, Acceptence Charge, Corres Charge, Cable Charge 등이 있다.

② Delay Charge Nego시 환가료 10일을 미리 받고 있는데 이보다도 늦게 입금될 때 지급하는 이자이다.

㉠ L/G Delay Charge: 하자Nego로 인한 입금지연시 만기일로부터 입금일까지 발생하는 이자

㉡ Renego Delay Charge: 재매입은행이 3일 이내에 Nego은행에 대금을 지급하게 되어 있으나 3일 이내에 지급하지 않을 경우

제 2 절
Nego서류 작성방법

수출상은 매입은행과 수출거래약정서를 체결하고 매입을 의뢰하게 되는데 매입시 필요한 서류는 다음과 같다.

① 선적서류 매입신청서
② 수출승인서
③ 대금결제용 수출신고필증
④ 수출신용장 원본(조건변경신용장 포함)
⑤ 신용장에서 요구한 화환어음과 선적서류 일체
⑥ 기타 필요한 서류

1. 선적서류 매입신청서

수출상이 매매계약에서 약정한 상품을 선적하고 화환어음과 선적서류를 발행하여 수출상의 주거래은행에 매입을 요청하게 된다. 이때 수출상은 선적서류매입을 요청하는 신청서를 작성해서 매입은행에 제시하게 된다. 선적서류 매입신청서의 기재사항("매입신청서"서식 참조)을 살펴보면 다음과 같다.

① 매입번호 ①란은 외국환은행이 수출상으로부터 매입의뢰받은 화환어음과 선적서류를 관리하기 위해 매입관리번호를 기재하는 곳이다. 이 매입관리번호는 수출상이 매입할 때부터 개설은행으로부터 송금을 받을 때까지 사용된다.

② Beneficiary ②란은 수익자를 기재하여야 한다. 통상 신용장상의 수익자가 매입을 의뢰하므로 L/C상의 Beneficiary가 기재되어야 하는 것이 원칙이다. 그러나 Transferable신용장일 경우 신용장이 양도되어 원수익자가 신용장을 타인에게 양도한 경우 양도받은 자가 외국환은행에 매입의뢰할 것이므로 신용장의 수익자와는 달리 양도받은 자가 기재된다.

③ Commodity ③란은 수출상품명을 기재하는 곳으로 상업송장상에 명시된 상품명과 동일하게 기재해야 한다.

④ Advice No. ④란은 신용장이 통지은행을 통해 통지될 경우 통지은행의 통지번호가 신용장 표면에 부여되는데 이 부여된 번호를 기재한다. 이 통지번호는 첫 머리가 A로 시작되어 **보기**와 같은 형식으로 구성되어 있다.

보기 "A－0667－404－03135"

⑤ Export Lisence No. ⑤란은 수출승인대상품목의 경우 수출승인번호가 기재되는 곳이다.

⑥ Issuing Bank ⑥란은 신용장 개설은행(Opening Bank)명이 기재되는 곳이다. 혹 신용장이 제3국에서 양도되어 양도은행(T/S Bank)으로 서류가 발송되고 매입대전이 결제될 경우 동 은행을 같이 기재한다.

⑦ Accountee ⑦란은 신용장상의 개설의뢰인(Applicant)을 기재한다.

⑧ Invoice Value ⑧란은 상업송장상의 금액을 기재한다.

⑨ Shipping Expiry ⑨란은 신용장에 명시된 선적기일을 기재하는데 이 난에 기재되는 일자 이전에 모든 선적이 이루어져야 한다는 것을 의미

매 입 신 청 서

① 매입번호	
CMF 번호	

계		대리		차장		차장		부점장	

(1) L/C 및 운송서류내용(DESCRIPTION) (2) 매입대금처리내역

(1)		(2) ⑪ 처리내역			확인인 계	확인인 대
② BENEFICIARY:		⑪ 처리내역				
ASSIGNED FROM		⑫ NEGO AMOUNT				
L/C NO.		외화계정대체				
③ COMMODITY		⑬ 무역어음 대 출	A			
④ DVICE NO.			B			
⑤ EXPORT LICENCE NO.			C			
⑥ ISSUING BANK			D			
⑦ ACCOUNTEE		수입보증금				
⑧ INVOICE VALUE		우 편 료				
⑨ SHIPPING EXPIRY		환 가 료				
⑩ CREDIT EXPIRY		대 체 료				
B/L Date		대체지정계좌입금				

위 내용의 수출하부환어음(또는 운송서류)을 기 약정한바에 의하여 매입하여 주시고 동 수출어음 대금을 위와 같이 처리하여 주시기 바랍니다.

⑭20 년 월 일

⑮상호 (인)

인감대조

⑯ Sight
⑰ @
⑱ PAID
년 월 일

⑲ 확 인 서

한국상업은행 앞 20 년 월 일

수입 인지

위 신용장(계약서)에 의한 수출환어음 또는 선적서류 매입과 관련하여 본인은 귀행에 아래와 같은 신용장(계약서)조건과의 불일치 또는 기타 사유로 인한 하자사항을 확인하며 이로 말미암은 비용 및 손해는 수출거래약정서에 따라 부담하겠습니다.

(운송서류 매입일로부터 Nego대금이 귀행 내규 소정일수를 경과하여 입금되는 경우에는 그 초과 일수에 대한 소정이자를 지급하겠습니다.)

※ DISCREPANCIES

1)____________________

2)____________________

3)____________________

4)____________________

상호 (인)

인감대조

※ 은행 사용란

1	CMF.NO.			9	우편요금	*		16	자사실적	*		23	기산기준일		
2	재매입여부	*		10	기타공제			17	타사실적	*		24	확정일코드		
3	매입통화	*		11	가격조건	*		18	선물환율			25	할인구분		
4	매입금액	*		12	우대요율			19	선물환금액			26	COMM율		
5	하자여부	*		13	수출상대국	*		20	기 산 일	*		27	COMMISSION		
6	외화대체			14	수출형태			21	추심수수료	*		28	INTEREST율		
7	TENOR	*		15	CCCN.NO.			22	USANCE기간	*		29	INTERST		
8	본지사구분														

◉ 추심시에는 *표 항목만 사용

한다.

⑩ Credit Expiry ⑩란은 신용장에 명시된 신용장의 유효기일을 기재하는 곳으로 동 유효기일 이내에 선적서류의 매입의뢰를 외국환은행에 하여야 한다. 단, Re-nego일 경우에는 Re-nego은행에 서류가 동 유효기일 이내에 도착해야 된다.

⑪ 처리내역 ⑪란은 수출상이 매입의뢰한 서류를 외국환은행이 매입할 경우 매입대금을 수출상에게 지급하고 필요에 따라 외화당좌예금 또는 외화정기예금 등의 외화로 대체할 수도 있기 때문에 매입대금의 방법을 기재한다. 수출상의 필요에 따라 일부 또는 전부를 원화로 지급할 수도 있다.

⑫ Nego Amount ⑫란은 수출상이 매입을 의뢰한 금액을 기재하는 곳으로 통상 환어음금액을 기재해야 한다.

⑬ 무역어음대출 ⑬란은 수출상이 무역금융을 해준 금융계에 이 신청서를 보내 무역금융비용을 산출하여 공제하고 차액만 수출상에 지급하는 곳이다. 신용장을 근거로 받은 무역금융을 이미 수출상이 상환하였어도 반드시 동 상황을 확인받아야 한다. 신용장을 근거로 무역금융을 받았을 경우 수출상이 수출을 이행할 때 수출상이 받은 무역금융을 상환해야 한다. 이곳에는 이와 같이 매입의뢰한 신용장에 의거 금융수혜를 받았을 경우 금융을 취급한 금융계에 이 신청서를 회부하여 상환금액을 산출·기입토록 하고 확인을 받음으로써 매입대전을 표시하여 이를 차감하고 의뢰인에게 지급하게 된다. 신용장을 근거로 수혜받은 무역금융이 이미 상환되었을 경우라도 반드시 동 사항을 확인받아야 한다.

⑭ 매입의뢰일 ⑭란에는 수출상이 외국환은행에 선적서류매입을 의뢰하는 날짜를 표시하면 된다.

⑮ 매입의뢰인의 명판 및 인감 ⑮란은 수출상의 명판과 인감을 기명날인하는 곳으로서 ②란에 기재한 Beneficiary와 동일인이어야 한다. 동란에 기재된 자는 서류를 매입하는 외국환은행과 수출화환어음약정을 체결한 자이어야 하며 사용되는 명판 및 인감은 수출거래약정서를 체결할 때 제출한 명판신고서상의 명판, 인감과 동일한 것이어야 한다.

⑯ 결제조건 ⑯란은 수출상이 제시한 환어음과 선적서류를 상환으로 수출대금의 결제조건을 기재하는 곳으로 신용장에 기재된 조건에 따라 일람출급일 경우에는 At Sight, 기타 기한부일 경우에는 XXX days after sight 또는 XXX days after B/L date 등으로 표시된다.

⑰ 환 율 ⑰란은 수출상이 매입의뢰한 환어음을 외국환은행이 원화로 환전해 주는 데 적용되는 환율을 표시하는 곳으로 매입당일 외국환은행이 고시한 환율률이 적용된다. 수출환어음 매입시 적용되는 환율은 전신환매입률(TT/Buying rate)에서 일정한(At Sight: 10일, Renego시: 12일) 기간의 환가료를 차감한 환율이 된다.

⑱ 매입실행일자 ⑱란은 수출상의 매입의뢰를 외국환은행이 선적서류의 매입을 실행기표하는 날짜를 표시한다.

⑲ 확 인 서 ⑲란은 수출상이 매입의뢰한 화환어음과 선적서류가 신용장의 제조건과 일치하지 않아 수출상이 동 하자사항에 대해 전적으로 책임을 지겠다는 보증하에 매입이 이루어질 경우에 사용된다.

2. 화환어음

1) 환어음의 정의

국제간의 환어음거래는 1882년 영국에서 제정된 "환어음법"(Bill of Exchange Act, 1879)과 1979년 국제상업회의소에 의해 개정된 "추심에 관한 통일규칙"(Uniform Rules for Collections, 1979 Reversion, ICC Publication No. 322)에 의해 처리되고 있다.

환어음이란 국제거래상의 채권자인 어음발행인(Drawer)이 채무자인 지급인(Drawee)에 대하여 일정한 기일에 일정금액을 일정한 장소에서 지시인 또는 선의의 어음소지인(Bearer)에게 무조건 지급할 것을 위탁하는 요식증권이며 유통증권이다.

무역거래에서 사용하고 있는 환어음은 환어음의 발행지와 지급지가 서로 다른 외국환어음이다. 외국환어음의 효력은 원칙적으로 행위지의 법률에 따라 처리하게 되어 있다. 환어음이 한국에서 발행되어 미국금융시장에서 합법적으로 배서되어 융통되고 어음만기일에 일본에서 지급하였다면 어음발행에 관해서는 한국법이, 배서에 관해서는 미국법이, 지급에 관해서는 일본법이 적용된다.

환어음이 선적서류와 함께 발행되면 화환어음(Documentary Bill of Exchange)이고 선적서류 없이 발행된 환어음은 무화환어음(Clean Bill of Exchange)

이며, D/A, D/P 대금결제방식에 의해서 발행되는 환어음은 추심어음(Bill of Documentary Collection)이다.

환어음은 대금결제시기에 따라 일람출급환어음(At Sight Bill, Demand Draft)과 기한부 환어음(Usance Bill, Term Bill)으로 나누어진다. 일람출급환어음은 발행 즉시 환어음금액이 지급되는 것이고 기한부 환어음은 환어음이 발행되고 일정기간이 지난 후에 환어음금액이 지급된다.

환어음은 통상 2통이 발행되며 한 통이 사용되면 나머지 한 통은 자동적으로 무효가 된다. 환어음의 당사자는 발행인(Drawer), 지급인(Drawee), 수취인(Payee)로 구분할 수 있다. 환어음의 발행인은 환어음을 발행하고 배서하는 수출상을 말하며, 지급인은 환어음의 지급을 위탁받은 신용장 개설은행 또는 제 3 은행을 말하며, 수취인은 환어음의 지급을 받는 자로서 발행인이나 발행인이 지정하는 제3자도 될 수 있으나 통상 신용장거래에서는 환어음과 선적서류를 매입한 은행이 수취인이 된다.

매입은행은 제시된 환어음을 다음과 같이 검토한다.

① 지급인, 지급지, 수취인, 발행은행, 신용장번호, 발행일자의 표시가 신용장 내용과 일치하는가?
② 환어음은 2매 1조(Set Bill)로 발행되었는가?.
③ 환어음금액을 정확하게 표시하고 있으며 숫자와 문자로 표시하는 금액은 서로 동일한가? 환어음금액은 신용장에 달리 명시한 경우를 제외하고 상업송장금액과 동일해야 하고 신용장에 명시된 통화와 같아야 한다.
④ 기한부 환어음의 경우 기간 또는 기한은 정확하게 표시 또는 산정되었는가?
⑤ 신용장에서 환어음 윗면에 특별히 어떤 문구를 기재하도록 명시된 경우 그 문구가 환어음에 정확하게 기재되어 있어야 하고, 환어음지급에 조건을 요구하는 경우 매입은행은 매입할 수 없다.
⑥ 환어음은 타 신용장과 병행하여 발행된 것은 아닌가?
⑦ 환어음의 기명날인은 당 은행에 제출된 인감(서명감)과 일치하는가?

2) 환어음 작성방법

환어음은 반드시 일정한 형식을 맞추어야만 효력이 발생하는 요식증권이다. 환어음의 법적 효력이 인정되기 위해서는 반드시 기재해야 하는 필수기재사항과 임의기재사항으로 구분할 수 있다. 필수기재사항은 하나도 빠짐없이 기재해야 환어음으로서의 법적 효력이나 구속력이 발생한다. 따라서 수출상은 환어음을 발행할 때 상당한 주의를 기울여야 한다.

아래에서 다음 서식(환어음: "FIRST BILL OF EXCHAGE")을 중심으로 필수기재사항과 임의기재사항에 관해서 설명한다.

(1) 필수기재사항

어음의 문언 중에는 환어음(Bill of Exchange)이라는 표시가 있어야 한다. 또한 환어음의 법적 효력은 행위지 법률에 따라 발생하므로 발행장소를 꼭 기재해야 한다. 발행장소는 도시명까지만 기재해도 된다. 따라서 Seoul, Korea로 기재하면 된다. 환어음 발행일자는 매입은행이 수출상에서 제시한 환어음과 선적서류를 매입한 날짜이며 이 날짜는 신용장 유효기일 이내이어야 한다.

④ 환어음의 금액 신용장에 특별히 명시하고 있지 않는 한 상업송장 금액과 동일해야 한다. 신용장에 100% of invoice value 또는 full invoice value로 표기되어 있고 available by your draft at sight on us or 97% of invoice value라고 표시되어 있는 경우 환어음금액은 송장가격의 97%로 발행하면 된다.

⑤ 지급만기일의 표시 환어음에 표기된 At~Sight of의 At 다음에 기재되는 것이 만기일(Tenor)의 표시가 된다. 지급만기일의 표시는 보통 4가지로 구분하고 있는데 구체적으로 살펴보면 다음과 같다.

첫째, 일람출급(At Sight)은 어음지급인에게 제시하는 날이 어음만기일이 되며 환어음상에 at xxx sight로 표시하면 된다.

둘째, 일람후 정기출급(At~Sight, Days after sight date)은 환어음이 환어음지급인에게 제시된 날로부터 일정한 기간이 지난 후 환어음의 만기가 된다.

셋째, 발행일자후 정기출급(At~days, Months after date, Days after draft date)은 환어음이 발행되고 난 후 일정기일이 지난 후에 환어음의 만기일이

FIRST BILL OF EXCHANGE

① NO. 123456 BILL OF EXCHANGE ② SEOUL, KOREA ③ DATE MAY 2000
④ FOR US $53,200.-
⑤ AT ________ SIGHT OF THIS FIRST BILL OF EXCHANGE (SECOND OF THE SAME TENOR AND DATE BEING UNPAID) PAY TO ⑥ THE KOOKMIN BANK OF KOREA, LTD. OR ORDER THE ⑦ SUM OF SAY US DOLLARS FIFTY THREE THOUSAND TWO HUNDRED ONLY

VALUE RECEIVED AND CHARGE THE SAME ⑧ TO ACCOUNT OF TOKYO SUPPLY LTD

⑨ DRAWN UNDER THE MITSUBISHI BANK, LTD HEAD OFFICE TOKYO, JAPAN
⑩ L/C NO. U - 1041509 ⑪ DATED APRIL 17, 2000
⑫ TO THE MITSUBISHI BANK LTD.
HEAD OFFICE, TOKYO ⑬ K . K TRADING CO.

780603-626 13(x)B-26B

된다.

넷째, 확정일출급(On a fixed date)은 환어음상에 만기일이 기재되어 있는 것을 말한다.

다섯째, 선적일자후 정기출급(Days after B/L date)은 선하증권이 발행되고 난 후 일정기간이 지난 후에 환어음의 만기일이 된다.

⑥ **수취인의 표기** 환어음의 지급을 받는 자로서 발행인이 될 수도 있고 발행인이 지정한 제3자가 될 수 있으나 신용장거래에서 수취인은 통상 매입은행이 된다. 표기방법으로는 기명식, 지시식, 지참인식, 선택무기명식으로 구분할 수 있다. 기명식은 Pay to Kookmin Bank로, 지시식은 Pay to Kookmin Bank or order 또는 Pay to the order of Kookmin Bank로, 지참인식은 Pay to bearer로, 선택무기명식은 Pay to Kookmin Bank로 표기하면 된다.

신용장에서 환어음을 특별히 요구하지 않으면 환어음을 발행하지 않는다. 통상 기한부 이자를 수입상이 부담하는 경우는 환어음을 별도로 발행하여 청구한다.

⑦ **숫자금액 및 문자금액** 상업송장 금액과 일치하여야 하며(For 100% of invoice value), 신용장 금액 이내라야 한다. 'For'에 이어 USD, JPY, KRW 등 국제표준화기구(ISO) 통화표시와 숫자금액을 기재하고, 'THE SUM OF' 다음에 'SAY'로 시작하여 표시통화와 문자금액을 기재한다.

보기 숫자금액 For USD 7,151.00
문자금액 Say US Dollars SEVEN THOUSAND ONE HUNRED
FIFTY-ONE ONLY

⑫ **지급인과 지급지 표시** 지급인은 개설은행, 또는 제 3 의 은행이 될 수 있다. 신용장이 지급인을 표시하는 문구는 Your draft at sight draw on ~이며 이 문구 중에서 drawn on ~ 다음에 표시되어 있는 당사자가 지급인이 된다.

drawn on us로 표시되면 개설은행이 지급인이 되고 drawn on 다음에 개설은행이 아닌 다른 은행이 표시된 경우 그 은행이 지급은행이 된다.

지급지는 신용장이 특별히 명시하지 않는 한 도시명의 표시만으로 충분하다. 이러한 지급지는 실제로 존재하는 곳이어야 하며 존재하지 않는 곳의 표기는 무효로 간주한다. 지급지의 기재가 없으면 지급인의 표시지로 보충하여 어음의 효력을 구제할 수가 있다.

⑬ **발행인의 기명날인** 환어음을 발행하는 자는 수출상 또는 양도받은 경우에는 양수인이 되며, 매입은행은 환어음법에 따라 환어음발행인에 대해서 상환청구권을 갖고 있다. 수출상이 발행한 환어음의 지급이 거절되면 수출상은 환어음의 선의의 소지인과 배서자에게 보상해 주어야 한다. 환어음의 발행일은 매입일자와 일치해야 하고 신용장 유효기일 이내 이어야 한다.

수출상의 서명날인은 수출거래약정서에 따라 은행에 제출한 서명감과 일치해야 한다.

(2) 임의기재사항

① **어음번호** 특별한 의미는 없고 다만 후일 참조할 경우가 생길 때 편리하기 위해서 기재한다.

⑧ to account of~ 이것은 환어음발행인이 지급인에게 지시하는 내용으로 환어음이 지급인에 의해서 결제되면 그 자금을 수입상의 계정에서 차기하라는 뜻이다. 즉 수출상이 환어음과 선적서류를 매입은행에 제시하여 수출대금을 지급받고 매입은행은 개설은행에 서류를 송부하여 대금을 송금받으면 개설은행은 수입상 계정에서 매입은행에게 송금한 금액에 해당하는 금액을 충당받으라는 뜻이다.

⑨ 신용장 개설은행 신용장에 Drawn under ~로 표시되어 있다. 이것은 환어음에 개설은행을 기재하라는 것이며, D/P, D/A 등 무신용장 거래방식의 경우는 공란 또는 매매계약에 명시된 지정은행을 기재하면 된다.

⑩ 신용장번호 신용장번호를 기재하면 된다.

⑪ 신용장 발행일자 신용장에 명시된 신용장 발행일자를 기재하면 된다.

3. 수출신고필증

1) 수출신고

수출은 내국상품을 외국으로 반출하는 것을 말하며, 수출하고자 하는 상품이 대외무역법 및 관세법령에 의거하여 수출이 가능한 상품인지 먼저 확인하여야 한다. 수출하고자 하는 모든 상품은 세관에 수출신고를 하고 수출신고 필증을 받아 상품을 선박, 항공기에 적재하기까지의 수출통관절차를 따라야 한다. 수출상은 수출상품을 선적하기 전까지 수출상품의 소재지 관할 세관장에게 수출신고를 하고 수리를 받아야 한다. 수출제한품목을 수출하려는 수출상은 품목별 관련단체조합이나 산업자원부장관으로부터 수출승인을 취득한 뒤 세관장에게 수출신고를 해야 한다.

수출신고는 수출상품의 소유자(화주 또는 완제품공급자)나 수출입통관을 전문으로 하는 관세사, 통관취급법인 또는 관세사법인 명의로 전자자료교환방식(EDI)에 의한 수출통관시스템을 이용하여 수출신고서를 작성하여 관세청 통관시스템에 전송하여야 한다.

수출신고의 효력은 관세청 통관시스템에서 수출신고번호가 부여된 시점에서 발생하며, 통관시스템에 기록된 내용과 종이신고서에 기록된 내용이 상이한 경우에는 통관시스템에 기록된 것을 기준으로 하고 있다.

수출신고된 상품에 대한 신고서의 처리방법은 자동수리대상, 즉시수리대상, 검사대상으로 구분하고 있다. 자동수리대상은 서류제출대상이 아닌 상품으로서 별도의 상품검사나 심사절차 없이 전산에 의하여 자동으로 수리되는 것을 말하며, 해당요건은 수출신고금액이 미화 10,000달러 이내에서 세관장이 정하는 금액 이하인 경우, 다만 미화 5,000달러를 초과하는 무한수출상품은 자동수리대상에서 제외된다. 즉시수리대상은 자동수리대상이 아닌 상품 중 검사가 생략되는 상품에 대하여 세관직원이 컴퓨터 화면을 통하여 신고내용은 수출신고서 작성요령에 따라 정확하게 작성하였는가? 서류제출대상이 상품은 아닌가? 수출신고한 상품의 세번(HS)은 정확한가? 기타 수출상품통관을 위하여 필요한 사항 등을 심사하여 처리한다.

검사대상은 수출심사시 현품의 확인이 필요한 경우와 위법상품으로 선별된 상품 중 세관장의 검사가 필요하다고 판단한 상품에 대하여 수출상품을 실제로 검사하고 수출신고를 수리하는 방법이다.

2) 수출신고필증교부

수출신고서의 수리는 수출신고서 처리방법에 따라 자동수리대상을 통관시스템에서 자동으로, 즉시수리대상은 심사후 즉시수리되고 검사대상은 검사후 수리하고 있다. 수출상품에 대하여 수출신고를 수리하면 세관장 또는 관세사 등은 수출신고필증을 수출상에게 교부한다. 서류제출대상상품은 세관장이 수출신고필증에 수출신고수리인과 신고서처리 담당자인을 날인한 후 신고인에게 교부하고 관세사가 종이 없는 신고를 한 경우는 관세사가 세관장으로부터 신고수리의 사실을 전산통보받아 수출화주에게 신고필증에 P/L 신고수리 확인고무인과 관세사인을 날인하여 교부하고 있다.

화주 등이 직접 전자문서에 의하여 신고한 경우에 화주는 세관장으로부터 신고수리의 사실을 통보받아 수출신고필증을 출력한 후 세관기재란에, 본 신고필증은 직접신고에 의거하여 세관장으로부터 신고수리된 것임을 기록하고 화주 등의 인장을 날인하여 교부하고 있다.

3) 수출신고서 작성방법

매입은행은 수출신고필증을 다음과 같은 사항을 중심으로 검토한다.

첫째, 수출신고필증상에 명시된 금액과 상업송장에 기재된 금액이 동일

수 출 신 고 필 증

	처리기간: Handling Time:

① 신고자상호명	대구관세사무소 정준용	제출번호 10284-00-00 31190	⑦ 신고번호 120-10-00-0169728-9	⑧ 신고일자 000929	⑨ 신고구분 H	⑩ 검사장	
② 수출자상호명	서강무역(주)	부호 672115 A	⑪ 거래구분	11	⑫ 종류	A	⑬ 결제방법 LS
③ 제 조 자	서울시 중구 충무로1가 25-5		⑭ 목적국 SYRIA	SY	⑮ 적재항	부산항	PUS
통관고유부호	서강무역 1651015	사업자등록번호 212-81-00299	⑯ 운송형태	10BU	⑰ 제조완료일 (검사희망일)	00. 09. 29	
④ 구매자상호명	SAMER ABU ZEID	부호	⑱ 상품소재지	702 대구직할시 북구 노원동 ○○○(주)			
⑤ 환급신청인	수출자 / 제조자 O		⑲ L/C 번호 5512532				
⑥ 환급기관	서울본부세관	부호 010	⑳ 사후관리은행		㉑ 조사란		

㉓ 품명·규격	㉒ 관세사 실적	
(001란) P/D "POLYESTER JACQUARD WOVEN FABRIC (CHIRIMEN PACKAGE, LESS WT)44" WP: POLYESTER M.S. YARN 135D(S.D.) X 192 66G/YD WT: POLYESTER D.T. YARN 75D(S.D.) X 61 57G/YD(2800 T/M) RESIN WT: 1G/YD DYED TOTAL WT: 124G/YD BEFORE WT: 154G/YD 10,000YDS CIF$17,000.- 5% COMM. TO BE DEDUCTED AT THE TIME OF NEGOTIATION	㉔ 세 번 부 호	5407.61-2000
	㉕ 제 품 코 드	
	㉖ 신고가격(FOB)	₩22,242,276/$ 16,200.-
	㉗ 순 중 량	2,480 KGS
	㉘ 수 량	20,438M2
	㉙ 포장개수/종류	40 CT
이 하 여 백	세 번 부 호	
	제 품 코 드	
	신고가격(FOB)	₩
	순 중 량	
	수 량	
	포장개수/종류	

㉚ 총란수	㉛ 총중량	단위	㉜ 총포장개수	㉝ 총신고가격 (FOB)	
(001)	2,680	KG	40		₩22,242,276 $16,200

	서류명	번 호	발급일	㉞ 결제금액	CIF-USD- 17,000.00		
관련서류	㊲ 수출승인서 ㊳ 수출추천서 ㊴ 검 사 증 ㊵ 검 역 증 ㊶ 전략물자수출허가서 ㊷	1250080053028A01 8B-100-5407-011855	20000116 20000116	㉟ 운임	₩823,788	㊱ 보험료	₩274,596
				㊺ 세관 기재란 JJJ-2065			

보세운송	㊸ 운송신고인 수출자와 동일 ㊹ 기간 00/9/29부터 00/10/29까지	㊻ 신고수리일자(00/09/29)

한지 확인한다. 둘째, 수출자, 위탁자, 품명, 도착국, HS No. 등과 수출승인서 내용과 일치하는지 확인한다.

수출신고서 기재사항과 작성방법은 다음 서식 "수출신고필증"을 중심으로 설명하면 다음과 같다.

① 신고자상호, 제출번호

① 신고자를 관세사와 비관세사로 구분할 수 있다. 관세사가 신고하는 경우에는 관세사상호를 기재하고 관세사가 아닌 자가 신고할 경우에는 상호, 주소, 성명을 기재한다.

② 제출번호란에는 신고자부호, 연도 및 신고자작성 일련번호를 다음 보기와 같이 기재한다. 상호가 없는 개인의 경우에는 제출번호의 기재를 생략한다.

보기 신고자부호가 10284이고 자체신고서 일련번호가 3119인 경우:

10284 － 00 － 0031190

- 0 → Check Digit
- 003119 → 일련번호
- 00 → 연 도
- 10284 → 신고자부호

② 수출자상호명, 부호 수출자상호를 기재하며 상호가 없는 경우 성명을 기재한다. 부호란에는 무역업고유번호를 기재한다. 무역업고유번호가 없으면 기재를 생략한다. 무역업 및 무역대리업의 신고제도가 폐지됨에 따라 산업자원부장관은 종전의 무역업신고번호에 갈음하여 무역거래자에 대하여 무역업고유번호를 부여하여 관리하도록 하였고 무역업고유번호는 한국무역협회에 이관되어 한국무역협회회장은 무역업고유번호를 신청한 자에게 즉시 무역업고유번호를 부여해야 한다. 무역거래자는 관세법 제24조 규정에 의한 수출(입)신고시 제 1 항 규정에 의한 무역업고유번호를 수출(입)자 상호명과 함께 기재하여야 한다.

부호란 옆에는 수출자와 제조자가 같으면 A로, 수출자가 수출대행만 하면 B로, 수출자가 완제품을 받아 수출하는 경우에는 C로 표기하면 된다.

③ **제조자주소, 상호, 성명, 통관고유번호, 사업자 등록번호**

① 수출품을 제조한 자의 주소·상호·성명을 기재한다. 원상태수출의 경우에는 수출신고필증상의 납세의무자를 기재한다.

② 통관고유부호: 별도기재요령(현재 미제정)에 의하여 기재한다.

③ 사업자 등록번호: 국세청에 등록된 사업자 등록번호로 기재하고 사업자 등록번호가 없는 경우 주민등록번호를 기재한다.

④ **구매자상호, 부호** 상업송장(Invoice)상에 표기된 외국의 구매회사명을 영문 26자 이내로 기재하면 된다.

부호는 관세청에서 부여하는 해외공급자 코드를 다음 보기와 같이 기재한다. 관세청에 등록된 코드가 없는 경우에는 관세청에서 코드번호를 부여받아 기재한다.

보기 구매자가 미국이고 상호가 SAMER ABU ZEID이며 일련번호가 1번인 경우:

US SAM 0001 A

- A → Check Digit
- 0001 → 일련번호
- SAM → 구매자상호
- US → 구매자국가

⑤ **환급신청인** 수출상품이 관세환급대상인 경우, 환급신청인을 수출자와 제조자 중 해당란에 ○표를 한다.

환급기관부호

환급세관명	부 호	환급세관명	부 호
서 울 세 관	010	진 주 출 장 소	056
의정부출장소	011	여 수 세 관	060
성 남 세 관	012	광 양 출 장 소	062
안 산 세 관	014	목 포 세 관	070
송 탄 출 장 소	016	광 주 세 관	071
인 천 세 관	020	군 산 세 관	080
수 원 세 관	021	익 산 출 장 소	081
주 안 출 장 소	022	전 주 출 장 소	082
부 평 세 관	023	제 주 세 관	090

부산세관	030	동해세관	100
동래세관	032	울산세관	110
양산세관	033	대구세관	120
사상세관	035	구미세관	121
용당세관	039	포항세관	122
마산세관	050	구로세관	130
장승포세관	051	안양세관	131
삼천포출장소	052	대전세관	150
창원세관	053	청주세관	151
충무출장소	054	천안출장소	152

⑥ **환급기관** 수출상품이 관세환급대상인 경우, 환급신청할 기관을 다음 보기와 같이 기재한다. 관세환급기관은 세관 및 출장소(김포세관, 김해세관 및 국제우편출장소는 제외) 중에서 임의선택이 가능하다.

보기 환급기관이 서울세관인 경우: 서울본부세관

부호란에는 환급기관을 기재한 경우, 통계부호표상의 환급기관부호인 010을 기재한다.

⑦ **신고번호** 세관부호, 과부호, 연도, 일련번호순으로 보기와 같이 작성하면 된다.

보기 2000년에 서울세관 수출과로 신고된 수출신고의 경우:

120 − 10 − 00 − 0169728 − 9120

- 0169728 − 9120 → 일련번호
- 00 → 연 도
- 10 → 과부호
- 120 → 세관부호

⑧ **신고일자** 신고자가 신고서를 받은 날짜를 보기와 같이 6단위(년.월.일)로 기재한다.

보기 00(년).09(월).29(일)

⑨ **신고구분** 아래에 명시된 내용에 따라 해당부호를 기재하면 된다.

구 분	부 호
Paperless(P/L) 수출신고	H
서류제출 수출신고	J
출항후 수출신고(수출통관 사무처리에 관한 고시 제6-2조)	L
반송신고(중계무역수출포함)	M
송품장에 의한 간이통관수출신고	S
기타	O

⑩ **검사구분** 본란은 세관에서 기재하는 사항으로 기재하지 않는다.

구 분	부 호
수출검사생략	A
수출 C/S에 의한 검사	B
수출통관사무처리고시 제 3 조 2항 단서에 의한 검사	C
검사생략을 세관장 직원검사대상으로 변경(부정수출정보상품)	D
검사대상을 세관장 직원검사생략으로 변경	E

⑪ **거래구분** 아래에 명시된 해당통계부호를 찾아 기재하면 된다.

거래구분	관리번호	관련근거	비 고
일반형태수출	11	대외무역법 제19조	
국내외국인 투자업체가 외국으로부터 수탁받아 가공후 수출	21	대외무역관리규정 제3-4-1조	제8호와의 차이 · 수출입승인대상 · 제조, 가공
기타 일반업체가 수탁받아 가공후 수출	22	대외무역관리규정 제1-0-2조	
위탁가공(국외가공)을 위한 원자재수출	29		
위탁판매를 위한 상품의 수출	31		B.W.T. 수출 등 남북한 교류대상상품으

			로 승인된 상품은 99
연계무역에 의한 상품의 수출(구상무역 포함)	32		
임대방식에 의한 수출(소유권 이전조건)	33		
(소유권 불이전 조건)	39		
대외원조수출(정부원조)	41		
(민간원조)	49		
현물차관수출	51		
현물상환수출	59		
해외투자수출	61	외국환거래법시행령 제7조	해외투자인가를 받고 현물투자하는 경우
산업설비	69	대외무역법 제22조	산업설비수출승인을 받아 수출하는 경우
국내보세공장에서 건조된 국적취득 조건부 나용선의 수출	70		
주한미군 불하상품수출	71	잉여재산 처분요령	
외국상품을 수입통관후 원상태로 수출	72	대외무역법 제19조	
중계무역수출	79	3-2-10조	수출입승인대상으로 보세구역 내에서 수출되는 경우에 한함
선박, 항공기를 국내수리후 수출	81	별표 3-1-3호 다항	
선박, 항공기를 외국에서 수리검사받을 목적으로 수출	82	별표 3-1-3호 다항	
외국에서 수리 또는 검사를 받을 목적으로 반출하는 상품(선, 기 제외)	83	별표 3-1-3호 다항	재수입조건부 수출
외국상품을 국내에서 수리, 검사(가공제외) 등을 행한 후 다시 반출하는 상품(선, 기 제외)	84	별표 3-1-3호 다항	재수출조건부 수출
외국에서 개최되는 국제행사, 체육대회, 전시회, 박람회, 문화	85	별표 3-1-2호 나항	유상반출의 경우는 일반형태의 수출로 분

예술공연 등에 참가하기 위해 무상반출하는 상품			류
국내에서 개최된 국제행사, 체육대회, 전시회, 박람회, 문화예술공연 등에 참가한 후 재반출하는 상품	86	별표 3-1-3호 가항 ⑥	재수출조건부 수입의 수출
우리나라에서 수출되었던 상품이 수리, 검사 또는 크레임, 기타사유로 반입되어 국내에서 수리, 검사 또는 보수작업 후 다시 반출되는 상품	89	별표 3-1-3호 다항	재수출조건부 수입의 수출
해외이주법에 의한 해외이주자가 반출하는 원자재, 시설재 및 장비 등의 상품의 수출	91	별표 3-1-3호 바항	영구이주
무상으로 반출하는 상품의 견품 및 광고용품	92	별표 3-1-2호 가항	
수출된 상품이나 수입된 상품이 계약조건과 상이하거나 하자보증이행 또는 용도변경 등의 부득이한 사유로 대체 또는 반송을 위하여 반출하는 상품 또는 수출된 상품의 누락이나 부족품의 보충을 위하여 반출하는 상품	93	별표 3-1-2호 다항	
기타 수출승인 면제상품			
무환수탁가공무역에 의하여 수입된 원료의 잔량분 또는 수탁판매방식에 의하여 수입된 상품중 판매되지 않은 잔량분으로서 무상으로 반출하는 상품	94	별표 3-1-2호 바항	
외자도입법에 의거 기술대가를 현물로 지급하기 위하여 반출하는 상품	94	별표 3-1-2호 사항	
수산업법에 의거 외국영해에 있는 자국적 원양어선에 무상송부하는 상품	94	별표 3-1-2호 자항	

외국정부와의 계약조건이행을 위해 반출하는 업무용품	94	별표 3-1-2 차항	
대외무역관리규정 별표 3-1수출승인 면제상품 중 타호에 분류되지 아니한 기타 형태의 상품	94	별표 3-1	
외교관 용품 등 수출	95	별표 3-11호 라, 마항 및 5호 가, 나, 다, 라, 마, 바, 및 아항	
외국대사관에서 반출되는 공용상품 및 직원의 이사화물	95		
외국 국가원수 등의 반입상품의 수출과 우리나라에서 초청하는 외국정부인사, 국제기구 고문관의 자용품 수출	95		
우리나라 외교관이 재외공관에 부임하기 위한 이사화물 또는 제외공관에서 사용될 공용상품 등	95		
수출상품의 성능보장기간 내에 당해 상품의 수리 또는 검사를 위하여 반출하는 상품	96	별표 3-1-2 라항	
대북반출	96	남북교류협력에 관한 법률 제2조 3호	대상상품으로 승인된 경우에 한함

⑫ 종　　류　　수출상품이 어디에서 제조되었는가에 따라 표기기호가 달라진다. 아래 제시된 사항을 근거로 해당번호를 찾아 기재하면 된다.

종　　류	관리번호	비　　고
일반수출	A	일　　반
보세공장으로부터 수출	B	보세공장
수출자유지역으로부터 수출	D	수출자유
우편수출(국제우체국 면허분)	P	국제우편
공해상에서 체포한 수산물의 현지수출	F	현지수출

⑬ **결제방법** 수출입당사자가 합의한 결제방법을 아래 표기된 기호에 따라 기재하면 된다.

구 분	기호	비 고	구 분	기호	비고
신용장방식			무신용장방식		
· 일람출급 L/C	LS		· D/P	DP	
· 기한부 L/C	LU		· D/A	DA	
분할영수(지급)방식	LH		송금방식		
계좌이체(상호계산)방식	WK	외국환관리 규정 제17장 상호계산에 의한 수출입	· 단순송금방식	TT	
			· COD, CAD방식	CD	
			기타유상	GO	
			기타무상	GN	

⑭ **목 적 국** 수출상품의 최종도착국가에 대한 약어(7자리)와 ISO 국가코드(2자리)를 기재한다(국가별 약어와 ISO코드는 관세청에서 발간하는 통계부호표 참조).

⑮ **적 재 항** 수출상품이 선적되는 공항, 항구명을 통계부호표를 참고로 기재한다.

보기 김포공항 "SEL", 인천항 "INC", 부산항 "PUS"

⑯ **운송형태** 운송방법과 운송용구를 다음 보기와 같이 구분하여 기재한다.

보기 선박에 의한 콘테이너 수출: 10 CN

CN → 운송용기

10 → 운송수단

운송수단부호

종 류	부 호
Maritime(선박에 의한 운송)	10
Rail(철도에 의한 운송)	20
Road(차량에 의한 운송)	30
Air(항공기에 의한 운송)	40
Mail(우편물 운송)	50
Multimodal(복합운송)	60
Fixed transport installations(고정운송설비에 의한 운송)	70
Inland waterway(내륙수로에 의한 운송)	80
기타	90

운송용기부호

종 류	부 호
Container(컨테이너)	CN
Pallet(깔판)	PA
Rope(줄)	RO
Movable Panel(이동식 판)	MPA
ULD(Unit Load Device)	UL
Bulk(벌크)	BU
Etc(기타)	ETC

⑰ **제조완료(검사희망)일** 수출상품에 대한 세관검사희망일자를 기재한다. 다만, 제조전 수출신고인 경우에는 제조완료예정일 이후의 세관검사희망일자를 기재한다.

⑱ **상품의 소재지부호·장치장소**

㉠ 부 호: 수출상품이 장치되어 있는 소재지의 우편번호 앞 3자리를 기재한다. 다만, 상품소재지가 2개소 이상인 경우에는 대표적인 소재지와 우편번호를 기재한다.

㉡ 장치장소: 수출상품이 장치되어 있는 소재지를 기재한다.

- 상품소재지가 2개소 이상인 경우, 대표적인 소재지를 기록한다.
- 상품소재지가 보세구역일 경우, 주소(구, 군단위까지) 및 보세구역명을 기재한다.
- 보세구역이 아닐 경우에는 주소와 회사명을 기재한다.

보기 상품소재지가 대구광역시 북구 노원동에 있는 ○○○○(주)일 경우:

702 대구광역시 북구 노원구 ○○○○(주)

→ 우편번호 → 주소 및 회사명

⑲ **L/C번호** 신용장 거래방식에 의한 수출인 경우에는 L/C번호를 기재하고, 그 외의 경우에는 계약서번호를 기재한다.

⑳ **사후관리은행** 수출상에게 수출대금을 지급하는 은행명을 기재한다.

㉑ **조 사 란** 별도기재요령(현재, 미제정)에 의거 기재한다.

㉒ **관세사 실적** 최근 1월 이내 수출신고상품의 제조자에 대한 당해 관세사 등의 수출신고건수를 기재한다.

㉓ **품명 · 규격** 신용장과 상업송장에 명시된 상품명세서를 정확하게 기재해야 한다. 일반적으로 상품명을 기재하고, 그 다음으로 규격을 기재하면 된다.

㉔ **세번부호** 관세율표에 공시된 HS부호를 10단위까지 기재한다.

㉕ **제품코드** 관세환급대상상품에 한하여 업체에서 자율적으로 관리하는 코드를 12자 이내로 기재한다. 관세환급을 전산화한 업체에서만 기재한다.

㉖ **신고가격** FOB기준의 원화가격을 원단위까지 기재한다.

① 무역거래조건이 FOB가 아닐 경우에는 FOB가격으로 산정하여 기재한다. ⇒ 관세청에서 고시한 FOB환산율표 참조(결제조건이 CIF인 경우 운임, 보험료를 공제한 금액).

② 외국에서 수리, 개조하기 위하여 반입된 선박, 항공기를 수리후 수출하는 경우에는 수리, 개조로 인한 가득액을 기재(E/L, 상업송장금액 참조)한다.

③ 우리나라 선박, 항공기를 외국에서 수리후 반입하기 위해 수출하는 경우에는 "0"을 기재한다.

④ 선박, 항공기가 아닌 기타의 경우에는 상품가격에 가득액을 합산하여 기재한다.

㉗ **순 중 량** 수출상품의 총중량에서 포장의 무게를 공제한 중량을 기재한다.

㉘ **수 량** 관세율표에서 당해 HS부호별로 표기하도록 요구하고 있는 단위로 환산 · 기재한다.

㉙ **포장개수/종류** 해당상품의 포장개수를 기재하고 아래 제시한 포장부호를 근거로 보기와 같이 기재한다.

보기 15카톤(판지로 만든 상자)인 경우:

15 CT

CT → 포장의 종류

15 → 수 량

㉚ **총 란 수** 수출신고된 총 란 수를 기재한다.

㉛ **총 중량** 수출신고된 상품 총 중량을 기재한다(포장용기 포함).

㉜ **총 포장개수** 수출신고된 총 외포장 개수를 기재한다.

㉝ **총 신고가격** 수출신고된 각 란별 가격의 합계를 원단위까지 기재하고, 총 원화가격을 관세청장이 고시한 수출환율로 환산하여 미화로 기재한다.

㉞ **결제금액** 수출승인서 또는 상업송장 등의 내용을 근거로 인도조건, 통화코드, 금액순으로 다음 보기와 같이 기재한다.

보기 CIF조건, USD 17,000.00인 경우:

CIF － USD － 17,000.00

17,000.00 → 금 액
USD → 통화코드
CIF → 인도조건

㉟ **운 임** ㉞의 결제금액란에 운임이 포함된 경우에만 이 난을 기재한다. 운임은 원화로 환산하여 기재한다.

㊱ **보 험 료** ㉞의 결제금액란에 보험료가 포함된 경우에만 이 난을 기재한다. 보험료는 원화로 환산하여 기재한다.

포장의 종류부호

포 장 종 류	코 드	비 고
Barrel(통)	BA	
Bottlecreate(맥주 박스 모양의 상자)	BC	
Bag(자루, 부대)	BG	
Bucket(양동이)	BJ	
Bar(막대)	BR	
Bottle, bulbous(전구 모양의 병)	BV	
Can(캔)	CA	
Chest(나무상자 괘)	CH	
Coffin(관)	CJ	
Coil(코일, 나선형으로 똘똘 감은 것)	CL	
Carton(판지로 만든 상자)	CT	
Drum(드럼통)	DR	
Ingots(주철괴)	IZ	
Net(그물)	NT	
Plate(판)	PG	

Pipe(파이프)	PI	
Traypack(뚜껑없는 칸막이 상자)	PU	
Reel(줄 감는 틀)	RL	
Roll(두루마리)	RO	
Skeletoncase(골조상자)	SK	
Bulk, gas(at 1031 mbar 15 oC) (기체상태의 벌크)	VG	
Bulk, liquid(at normal temperature/pressure)(액체상태의 벌크)	VL	
Bulk, solid, large particles("nodules")(덩어리상태의 벌크)	VO	
Bulk, gas(liquefied at abnormal temperature/pressure)(액화가스상태의 벌크)	VQ	
Bulk, solid, granular particles("grains")(곡물벌크)	VR	
Bulk, fine particles("powder")(분말벌크)	VY	
기 타	GT	

㊲ 수출승인번호, 발급일자 수출승인시 부여된 번호와 발급일자를 기재하며 수출승인번호는 다음 보기와 같이 구성되어 있다.

보기 E － 1625 － 009 － 00299 － A05

- A05 → 제한사항(3자리)
- → Check Digit(1자리)
- 00299 → 일련번호(4자리)
- 009 → 허가연월(3자리)
- 1625 → 은행부호(4자리)
- E → 수출구분(1자리)

㊳ 수출추천번호, 발급일자 수출추천품목에 대하여만 기재한다.

㊴ 검사증번호, 발급일자 수출검사증이 발급된 상품에 대하여만 기재한다.

㊵ 검역증 번호, 발급일자 검역증이 발급될 때 부여한 검역증번호와 발급일자를 기재한다.

㊶ 전략물자허가서

㊷ ________

㊸ 보세운송신고인 수출상품 보세운송신고인의 상호와 성명을 다음과 같이 한글 15자 이내로 기재한다.

① 운송신고인이 신고자인 경우: "신고자와 동일"로 기재

② 운송신고인이 수출자인 경우: "수출자와 동일"로 기재
③ 운송신고인이 제조자인 경우: "제조자와 동일"로 기재
④ 운송신고인이 보세운송사업자인 경우: 상호와 성명을 기재

㊹ 보세운송기간 보세운송 시작예정일자와 종료예정일자를 다음 보기와 같이 기재한다.

보기 00/09/29 부터 00/10/29 까지

㊺ 세관기재란 세관에서 특기사항을 기재하는 난으로 신고시에 기재할 필요가 없다.

㊻ 신고수리일자 세관에서 수출신고수리일자를 기재하는 난으로 신고시에 기재하지 않아도 된다.

4. 상업송장

1) 상업송장의 정의

상업송장(Commercial Invoice)은 수출상이 수입상 앞으로 작성해 보내는 수출상품의 계산서이며 내용명세서이다. 상업송장의 기능을 구체적으로 살펴보면 다음과 같다.

첫째, 상업송장은 구매서의 역할을 하므로 수출입상의 이름과 주소, 발행일자와 수입상의 참조번호, 상품의 규격 및 개수, 포장상태 및 하인 등이 표시되어야 한다.

둘째, 상업송장은 CFR의 경우에 수출상이 최종목적지까지 운송인과 운송계약을 체결하여 약정상품을 운반해야 한다. CIF는 수출상이 최종목적지까지 적하보험에 부보하여 보험계약을 체결하고 약정상품을 운송인과 운송계약을 체결하여 최종목적지까지 약정상품을 운송해야 할 책임을 부담한다. 이와 같은 수출상의 의무가 성실히 이행되었는지 상업송장을 근거로 판단할 수 있다.

셋째, 매매계약상품의 순단가, 순톤수, 순중량, 부대비용, 할인료, 지불방식 등을 정확히 표기한 매매계산서 및 수출대금청구서 역할을 한다.

수출입상이 FOB거래조건으로 매매계약을 체결한 경우 비용의 분기점이 선박의 난간을 기준으로 해서 수출상에서 수입상으로 이전하게 된다. 따라

서 수출상은 상품이 선박의 난간을 통과할 때까지의 비용을 부담하면 되고 그 이후의 비용은 수입상이 부담한다.

상업송장은 비용의 분기점을 기준으로 해서 수출상이 부담해야 할 비용을 계산해서 대금청구를 하게 된다. 즉 생산비용이나 상품이 선박의 난간을 통과할 때까지 발생한 물류 및 기타비용을 포함시킨 금액을 수입상에게 청구하게 된다.

넷째, 상업송장은 무역금융의 필수서류가 된다. 화환어음을 담보로 하며, 그 서류에는 상업송장이 반드시 포함되어야 한다.

다섯째, 상업송장은 수입시 화물수취안내서와 수입상품의 정확성 및 진실성을 입증하기 위한 세관신고의 증명자료가 된다.

2) 상업송장의 종류

모든 국가는 자국으로 수입되는 상품에 대해 관세를 부과하고 있다. 관세의 부과는 수입국에서 수입상의 판매단가를 올리기 때문에 수입상의 이익에 중요한 영향을 미치게 된다. 따라서 수입상은 어떻게 해서든지 상업송장에 표시가격을 낮추어 낮은 관세를 부담하려고 온갖 수단을 동원하는 경우가 종종 발생한다. 따라서 국가에서는 수입상이 제출한 상업송장가격이 수출지역의 실제가격과 동일한지 검사하게 되고 검사방법으로 수출국이 소재한 자국의 영사관이 상품의 가격을 확인하게 하는 제도를 실시하고 있는데 이를 구체적으로 살펴보면 영사송장과 세관송장이 있다.

(1) 영사송장(Consular Invoice)

수출상과 수입상이 결탁하여 상업송장가격을 높게 혹은 낮게 표시하여 관세를 포탈하거나 외화를 외국으로 도피시키는 것을 방지하기 위해 수출국에 있는 수입국영사의 확인을 얻도록 한 송장을 말한다. 수출상이 작성한 상업송장에 영사관이 사증을 표기하고 대가로 사증료를 수출상에서 징수하여 영사관의 수입으로 한다. 이 비용은 수출상이 부담한 것처럼 보이지만 사전에 수출상이 수출원가를 계산할 때 원가항목에 포함시켜 수출단가를 산정하기 때문에 결국에는 수입상이 부담하게 된다.

(2) 세관송장(Customs Invoice)

세관송장은 수입국세관이 수입화물에 대한 관세부과기준으로 삼기 위하여 외국수출상의 반덤핑유무를 확인하기 위하여, 쿼터품목의 통관기준량을 계산하기 위하여 또한 수입중계를 작성하기 위해 요구하는 송장을 말한다.

3) 상업송장기재사항

매입은행은 다음과 같은 사항을 중심으로 상업송장을 검토한다.

첫째, 상업송장의 기재내용이 수출승인서와 운송서류 등이 일치하는가?

둘째, 신용장에 특별한 명시가 없는 한 개설의뢰인 앞으로 작성되었는가?

셋째, 신용장에 특별한 명시가 없는 한 상업송장금액은 신용장금액 이내이고 수량, 단가, 가격조건 등은 신용장조건과 일치하는가?

상업송장에 기재된 상품의 수량, 중량, 순톤수, 총톤수는 신용장에 명시된 단위로 표기해야 하며, 단위가 다를 때에는 관계를 정확히 표시해야 한다. 단위표시가 있어도 Per doz., Per case 등과 같이 구체적인 단위로 표시해야 하며 Per unit과 같은 막연한 표현은 삼가해야 한다.

무역거래조건 및 금액도 신용장에 명시된 것과 일치하게 기재되어야 한다. 상업송장금액은 수출상품의 계산서나 청구서의 성격을 갖고 있기 때문에 어떤 무역거래조건을 이용하는지 반드시 기재해야 한다. 신용장금액, 상업송장금액, 환어음금액이 동일하게 작성되어야 한다. 서로 차이가 있게 기재된 경우 매입은행이 매입을 거절할 수 있으며 설령 매입은행이 매입하여 수입상이 동 서류를 인수한 경우 금액상의 차이로 인해 수입통관을 불허하는 경우가 있기 때문에 매수인이 동 상품을 수입통관하는 데 상당한 어려움에 처할 수 있다.

넷째, 상품의 명세서는 신용장에 명시된 명세서와 동일해야 한다. 신용장에 상품명세서의 문구는 DESCRIPT OF GOODS COMMODITY QUALITY-UNIT PRICE AMOUNT (CIF HOCHIMIN CITY PORT) DAEWOO LABO 550KG ENGINE과 같이 표기되어 있다. 신용장 통일규칙 제37조 c항에 “상업송장에 기재된 상품명세서는 신용장에 명시된 상품명세와 완전히 또는 반드시 일치하여야 한다”고 규정하고 있다.

따라서 수출상은 상업송장의 명세서를 작성할 때 신용장에 명시된 상품명세와 엄격히 일치하게 작성해야 한다. 그렇지 않을 경우 수입상이나 개설은행은 신용장의 명세와 상업송장의 명세서의 차이를 들어 서류의 인수를 거부할 수 있다.

다섯째, 화인(Shipping Mark)의 표시는 기타서류와 일치하는가?

여섯째, 상업송장에 증명 또는 사증을 요구하는 경우 동 기재사항이 있는지 확인한다.

신용장 통일규칙 제39조에 명시된 수량, 단가 및 금액의 과부족에 따르면 "About," "Circa," "Approximately"의 용어가 금액, 수량, 단가에 사용된 경우 10%의 과부족을 허용하는 것으로 해석한다. 그러나 수량에는 "About" 등이 있고 금액에는 동 표시가 없는 경우에는 수량만 10% 허용되고 신용장 금액의 10% 과부족은 허용되지 않는다.

과부족 허용문구가 신용장에 없더라도 상품의 성질상 정확한 수량을 선적하기가 곤란한 경우에는 분할선적이 금지되었더라도 5%까지의 과부족조건(M/L Clause)을 허용한다. 다만 다음의 모든 조건을 충족하여야 한다.

첫째, 신용장에서 과부족을 금지하는 문언이 없어야 한다. 신용장금액에 "Up To," "Maximum," "Not Exceeding"이라는 문구가 사용된 경우에는 하편차만 허용된다.

둘째, 어음발행금액이 신용장금액을 초과하지 않아야 한다.

셋째, 신용장에서 수량이 숫자가 명시된 포장단위나 개개품목으로 명기되지 않아야 한다.

상업송장의 기재사항을 다음 서식 "COMMERCIAL INVOICE"를 중심으로 구체적으로 살펴보면 다음과 같다.

① Shipper/Exporter 수입상에게 상품을 판매하는 수출상을 의미하며 신용장에 명시된 수익자의 상호와 주소를 정확히 기재한다.

② For Account & Risk of Messrs 수출상으로부터 상품을 구매하는 수입상의 상호와 주소를 기재하면 된다. 신용장에 명시된 신용장의 개설의뢰인의 상호와 주소를 정확히 기재하고 선하증권에 기재된 수입상과 동일해야 한다.

③ Notify party 수입항에 수입화물이 도착하면 화물이 도착했음을 통지하는 당사자를 기재하면 된다. 신용장에 명시된 화물도착통지처를 기재한다.

④ Port of loading 운송수단이 출발하기로 예정된 항구, 공항 등의 명칭을 기재하며 이는 신용장에 또는 계약서상의 적재지(Place of loading)와

일치해야 한다.

보기 Busan, Korea
Kimpo, Korea

⑤ Final destination　　운송수단의 최종목적지인 항구, 공항 등의 명칭을 기재하며 신용장 또는 계약서상의 도착지와 일치하여야 한다.

⑥ Carrier　　운송에 사용되는 선박/비행기 명칭을 기재하며, 여러 가지 운송수단을 사용하는 경우 주된 운송수단을 기재하면 된다.

⑦ Sailing on or about　　화물을 적재한 선박이나 비행기가 출발하는 연, 월, 일을 기재하며 통상 B/L이나 Air Waybill상의 선적일자와 동일하게 기재해야 한다. 여기서 'on'은 표시일자를, 'about'는 5일을 의미한다.

⑧ Invoice No. and date　　수출상이 상업송장에 부여한 참조번호와 상업송장 발행일자를 기재한다.

⑨ L/C No. and date　　신용장번호 및 발행일을 기재한다.

⑩ L/C issuing Bank　　신용장의 개설은행란에 명시된 대로 개설은행의 상호와 주소를 정확히 기재한다.

⑪ Remarks　　기타 참조사항 기재란으로서 거래상대방이 신용장이나 계약서에서 별도로 요구한 사항을 기재한다. 수출상이 수입상에게 상품을 인도하는데 있어서 양자간에 합의한 대로 송장작성시에는 Country of origin을 명기한 다음 Korea를 표기한다.

⑫ Marks and numbers of PKGS　　화인은 관련서류와 포장상품의 대조점검을 용이하게 하고 화물을 도착지까지 신속하고 안전하게 운송할 수 있도록 간단하게 표시하여야 한다. 포장종류당 포장화물의 개수와 각 상품의 포장형태를 drum, bale, box, case, bundle 등으로 기재한다.

* Shipping Marks는 화물의 내용을 식별하기 위하여 포장(Box. Case 등) 겉면에 표시된 물품내역을 말한다. 대부분의 화물은 상품의 특성에 따른 개별포장을 한 후 컨테이너에 적재되며, 도착지에서 수입상의 용도에 따라 분류 사용된다. 또한 LCL화물의 경우 CFS에서 여러 수출상의 화물을 한 컨테이너에 적재하므로 도착항에서 각각의 물품통관시는 shipping marks에 따라 분류한다. Shipping marks는 반드시 서류(B/L, INVOICE, Packing list)와 일치되어야 한다. Shipping mark에는 수입상의 상호, ORDER No., Color, 수량,

COMMERCIAL INVOICE

① Shipper/Exporter		⑧ Invoice No. & date
SOGANG Corporarion C.P.O. BOX 1726, SEOUL,		JJJ-1101/A APR. 27. 2000 ⑨ L/C No. & date PD/28363/2000 11-04-2000
② For Account & Risk of Messrs M/S WHITE RESE FASHIONS LLC., P.O. BOX 23066 DUBAI, U.A.E.		⑩ L/C issuing bank HABIB BANK AG ZURICH AL FAHIDI STREET BRANCH P.O.BOX NO. 3138, PAR DUBAI－U.A.E.
③ Notify party SAME AS ACCOUNTEE AND HABIB BANK AG ZURICH		⑪ Remarks:
④ Port of loading BUSAN, KOREA	⑤ Final destination DUBAI	
⑥ Carrier PRES. EISENHOWER V/142-W	⑦ Sailing on or about APR. 27. 2000	

⑫ Marks and numbers of PKGS	⑬ Description of goods	⑭ Quantity/Unit	⑮ Unit-Price	⑯ Amount
			⑰ CIF DUBAI	
-FASHIONS- 3/2294/2000 DUBAI IN TRANSIT TTL...PCS...YDS... C/NO. 1－20 MADE IN KOREA	ITEM # (4):-KOREAN ORIGIN 100% POLY FORMAL BLACK JACQUARD GGT. (FJO-9156) 44" X ABT 25 YDS PER PIECE.	4,633YDS.	(PER YD) $2.544US	$11,786.35

⑱ * FINAL PRICE TERM: CFR DUBAI.
* OTHER DETAILS AS PER NAVIN TRADING SALES CONT NO V-6112/3/2000.
* MERCHANDISE IS OF KOREAN ORIGIN.
* FULL DETAILS OF SHIPMENTS HAS BEEN ADVISED DIRCTLY TO M/S. THE ORIENTAL INSURANCE CO. LTD., PO BOX 478, DUBAI AND TO THE APPLICANT REFERING TO OPEN POLICY/COVER NOTE NO. DB OPM 2185 BY AIRMAIL WITHIN TWO DAYS FROM SHIPMENT DATE AND A COPY OF ABOVE ADVICES AND THE POSTAL REGISTRATION RECEIPT IS ACCOMPANIED THE ORIGINAL SET OF DOCUMENTS.
* DETAILS OF SHIPMENT AND NAME OF VESSEL HAS BEEN SENT BY FAX TO THE OPENING BANK AT THE TIME OF SHIPMENT AND THE COPY OF SUCH FAX ALONGWITH TRANSMISSION PROOF IS ACCOMPANIED ORIGINAL SET OF DOCUMENTS.
* FULL PARTICULARS OF SHIPMENT VIZ, NAME OF THE VESSEL, ETA AND ETD OF THE VESSEL., L/C NO., INDENT NO. QUANTITY SHIPPED AND AMOUNT OF THE INVOICE HAS BEEN ADVICED ON FAX NO. 04 533859 AND THE ORIGINAL, FAX COPY IS ACCOMPANIED THE ORIGINAL DOCUMENTS.
* SIX SETS OF MULTIFOLD SHIPMENT SAMPLES AND TWO SETS OF NON NEGOTIABLE DOCUMENTS HAVE BEEN COURIER TO WHITE ROSE FASHIONS LLC., PO BOX 23066. DUBAI TEL. 538789 WITHIN 2/3 DAYS AFTER THE SHIPMENT IS EFFECTED AND THE DETAILS OF COURIER AWB NO. HAS BEEN ADVISED ON FAX 533859 AND COPY OF SUCH FAX AND ORIGINAL RECEIPT IS ACCOMPANIED THE ORIGINAL DOCUMENTS.
* H.S. NUMBER: 5407. 69. 2000.

Mailing address : C.P.O. Box 1726 Seoul, Korea
Cable address : "TONGTRA" SEOUL
Telex code : K28304 K23706 TONGTRA
Telephone No. : 3166-300
FAX No. : 753-5436

⑲ Signed by

SIZE, C/T No., 도착항, 원산지 등의 내용이 표기된다.

⑬ Description of goods　　상품명세란에는 규격(Specification), 품질(Quality), 등급(Grade) 등 해당상품에 대한 정확한 명세를 기재하여 다른 어떤 상품과도 명확히 구별할 수 있어야 하며, 동 상품명세서는 신용장상에 명시된 것과 엄격히 일치해야 한다. 그러나 상업송장 이외의 기타서류에는 일반적인 용어(General term)로 표시할 수 있으나 상업송장에는 신용장상의 상품명세와 일치하도록 하여야 한다.

⑭ Quantity/Unit　　송장금액계산의 기초가 되는 최소단위당 수량을 기재하며 수량의 계산단위는 일반적으로 다음과 같이 개수 혹은 도량형에 의하여 계산된다.

① 개　수－상품수: 개수(Piece), 조(Set), 다스(Dozen) 등
　　　　　포장수: 상자(Case), 표(Bale), 부대(Bag) 등
② 도량형－중　량: 톤(Ton), 파운드(Lb, Libra), 킬로그램(Kg) 등
　　　　　용　적: 입방피트(Cft: Cubic feet), 용적톤(M/T: Measurement Ton) 등
　　　　　길　이: 야드(Yard), 미터(Meter) 등
　　　　　면　적: 평방피트(SF: Square Feet), 평방미터(SM: Square Meter) 등

아울러 수량결정의 시기(선적수량조건 및 양육수량조건)와 과부족용인조건(More or Less Clause)에 유의할 필요가 있으며 가능한 구체적이고 정확한 문언으로 표시해야 한다.

⑮ Unit Price　　단위수량당 가격을 기재한다.

보기 @ US $ 3.50/kg

⑯ Amount　　단위당 단가에 수량을 곱하여 총금액을 기재한다. 그러나 제반 비용을 첨가하여야 하고, 대량구입에 따르는 할인이 있으면 차감하여 송장상의 금액(Amount)은 수입업자가 꼭 부담하여야 할 실채무액이 표시되어야 한다. 그리고 L/C상의 금액은 상업송장에 기재될 수 있는 최고금액을 의미하므로 신용장상에 별도의 명시가 없는 한 은행은 신용장이 허용하는 금액을 초과한 금액으로 발행된 상업송장의 인수를 거부할 수 있다.

⑰ CIF DUBAI Incoterms와 같은 무역거래조건을 정확하게 기재해야 한다.

⑱ Final price term : CFR DUBAI 수출상이 상업송장에 기재할 사항을 별도로 신용장에 요구한 경우 그러한 요구사항을 정확하게 기재해야 한다.

⑲ Signed by 신용장에서 별다른 요구가 없으면 서명을 하지 않아도 무방하지만 Signed Commercial invoice in triplicate와 같이 서명을 요구하는 경우에는 대표자 또는 서류작성자의 서명이 필요하다. Manualy signed, duly signed 또는 signed by handwriting으로 요청시는 자필로 서명하여야 한다.

5. 선하증권

1) 선하증권의 특성

화주가 화물을 본선에 적재하면 선장은 화주에게 본선수취증을 발급하여 주고 화주는 본선수취증과 선적요청서를 선박회사에 제출하여 선하증권 발급을 요청하고 선박회사는 제출된 선적요청서(서식 "Shipping Request" 참조)에 기재된 사항에 따라 선하증권을 발행하게 된다. 수출상은 선적요청서를 정확하게 알기 쉬운 용어로 작성해야 한다. 선하증권의 기재사항이 정확하게 기재하였는지 선적요청서를 근거로 판단하게 되며, 선박회사가 선적요청서에 따라 선하증권을 발행하지 않아 수출상에게 손실을 발생시키면 선박회사는 수출상에게 배상책임을 져야 한다. 따라서 선박회사는 수출상의 요청과 지시에 따라 선하증권을 발행한다.

선하증권은 하주와 선박회사간의 해상운송계약에 따라 선박회사가 발행하는 유가증권이다. 즉 선박회사가 화주로부터 운송상품을 수령하였으며 동 상품을 목적지까지 운송하겠다는 운송계약이 화주와 운송인간에 체결되었음을 입증하는 서류가 선하증권이다. 선하증권의 특성을 구체적으로 살펴보면 다음과 같다.

첫째, 선하증권은 해상운송계약에 의해 화물이 선적될 것을 전제로 발행하는 법률상 요인증권이다.

둘째, 선하증권은 상법에 명시된 법률기재사항을 기재해야 하는 요식증권이다.

SHIPPING REQUEST

① SHIPPER	HYUNDAI LINE
② CONSIGNEE	PLEASE CONTACT

③ NOTIFY PARTY	⑪ B/L NO	⑫ FLAG
	B/L REQUIRED ORIGINAL COPY	

PRE-CARRIGE BY		⑥ PLACE OF RECEIPT	B/L TO BE ISSUED AT
④ OCEAN VESSEL	⑦ VOY. NO.	⑤ PORT OF LOADING	SHIPMENT EXPIRRING DATE ON L/C
⑧ PORT OF DISCHARGE		⑨ PLACE OF DELIVERY	⑩ FINAL DESTINATION

⑬ MARK AND NUMBERS	⑭ NO & KIND OF PKGS	⑮ DESCRIPTION OF GOODS	⑯ GROSS WEIGHT	MEASURE MENT
⑰ TOTAL NUMBER OF CONTAINER OR PACKAGES				

⑱ FREIGHT & CHARGES.	⑲ REVENUE TONC	⑳ RATE	㉑ PER	㉒ PREPAID/ COLLECT	㉓ FREIGHT PREPAID AT FREIGHT

SERVICE TYPE REQUESTED	수출면장번호

㉔ FREIGHT DAYABLE AT H/H	㉕ NO OF ORIGINAL B/L H/P	㉖ PALCE OF ISSUE P/H	P/P ㉗ SHIPPED ON BOARD DATE

ACCEPTED BY ON 2000	APPLOCANT ADD : NAME : TEL :
HYUNDAI SHIPPING CO., LTD.	㉘ CARRIER NAME. ADD : NAME : TEL :

셋째, 선하증권은 권리증권이다. 선하증권의 소지인은 선박회사에 화물의 인도를 요구할 수 있기 때문에 권리증권이며, 운송화물의 처분에는 반드시 선하증권을 사용하여야 하기 때문에 처분증권의 특성도 갖고 있다.

넷째, 선하증권은 배서에 의해 소유권이 이전되는 유통증권이다.

2) 선하증권기재사항

선하증권은 화주의 선적요청서에 따라 선박회사가 발행하며 매입은행은 다음과 같은 사항을 검토한다.

첫째, 신용장에 명시된 대로 발행된 선하증권 원본(Full set) 3통이 제시되었는가?

둘째, 운송인(Carrier) 또는 대리인(Agent)의 서명내용 정정시 정정인이 있는가?

셋째, 화물이 신용장에 명시된 선박에 본선적재 또는 선적되었음을 표시하고 있는가?

넷째, 백지배서(Blank endorse)를 요구하는 경우 배서가 되어 있는가?

다섯째, 수하인(Consignee) 및 통지서(Notify party)의 표시가 신용장조건과 일치하는가?

여섯째, 선적항, 도착항, Shipping Line 등이 신용장조건과 일치하는가?

일곱째, 운임지급조건의 표시는 신용장조건과 부합하는가? 무역거래조건이 CFR, CIF, CIP의 경우 Freight Prepaid로 기재되고 FOB, FAS인 경우 Freight Collect로 표기된다.

여덟째, 환적, 분할선적 및 할부선적은 신용장조건과 일치하는가?

아홉째, 신용장에 명시된 선적기일 이내에 선적되고, 상품의 수량 및 용적은 신용장조건과 일치하는가?

열 번째, 고장부 선하증권(Foul B/L)은 아닌가? B/L상에 상품 및 포장에 하자가 있음을 표시하고 있지는 않은가?

열한 번째, 제시기일이 경과된 B/L(Stale B/L)은 아닌가? 서류제시기간 내에 제시되고 있는가? 아무런 명시가 없으면 선적일 후 21일 이내에 제시되었는가?

선적일의 표시방법은 특정기간 월 또는 연속월 중 선적시기를 Shipment during January 20XX 등으로 표시하였을 경우에는 그 지정월의 초일부터 말일 사이에 선적이 끝나야 한다.

특정연속월 중의 인도 또는 선적은 선적시기를 Shipment during from May to July 20XX와 같이 특정월이 계속적으로 표시되어 있을 경우 5월 초일부터 7월 말일의 3개월간의 선적을 완료해야 한다.

선적일이 신용장에 표시되어 있지 않은 경우에는 선적일을 신용장 유효기일(Expiry Date)로 간주한다. 선적일이 1st Half of July인 경우에는 선적일을 7월 1일부터 15일 사이로 간주한다. 선적일이 2st Half of July인 경우에는 선적일을 7월 16일부터 7월 30일까지로 간주한다. 선적일이 Promptly, Immediately 등으로 표시된 경우에는 선적일을 L/C발행일로부터 30일 이내로 간주한다.

서류제시기간 운송서류를 요구하는 모든 신용장은 서류의 제시를 위한 유효기일의 명시에 추가하여 신용장조건에 따라 서류가 제시되어야 할 특정기간을 명시하여야 한다. 서류의 제시기간이 명시되지 않는 경우에 서류는 선적일로부터 21일 이내에 제시되어야 한다. 상품의 선적일자는 서류제시기간의 기산기준이 되는 선적일자로 간주한다. 해상운송서류는 상품이 선박에 본선적재 또는 선적되었다는 내용을 선하증권상의 사전인쇄문언으로 증명하는 운송서류의 발행일자는 본선적재일자나 선적일자로 간주하여 그 밖의 경우에는 본선적재부기일(Date of on Board Notation)을 선적일자로 간주한다.

복합운송서류는 발송, 수탁, 또는 본선적재문언이 복합운송서류에 표시된 경우에는 발행일자는 발송, 수탁 또는 본선적재일자로 간주하고, Stamp나 기타 다른 방법에 의하는 경우에는 그 날짜를 선적일로 간주한다.

항공운송서류에서 실제발송일자를 요구한 경우에는 발송일자를, 그 밖의 경우에는 항공운송서류발행일로 간주한다.

도로, 철도 또는 내수로 운송서류는 Stamp가 찍혀 있으면 수취 Stamp 일자, Stamp가 찍혀 있지 않으면 발행일자가 서류제시기간이 된다.

특사배달 또는 우편수취증은 집배(Pick-Up), 수취 또는 그러한 취지의 문언이 기재된 일자가 서류제시기간이 된다.

열두 번째, Short Form B/L(약식선하증권), Blank Back B/L(백지배면선하증권), Charter Party B/L(용선계약선하증권), 범선선적선하증권, 갑판선적의 기입이 있는 선하증권은 신용장에서 허용하지 않으면 매입할 수 없다.

열세 번째, 선박, 선적항, 양륙항과 관련하여 "Intended"(예정된)의 표시가 있는 선하증권은 수리할 수 없다. 다만, 본선적재의 부기가 있고 실제 선적항이 표시되어 있는 경우와 복합운송에서 최종목적지가 양륙항 이외의 지점인 경우는 예외로 한다.

선하증권의 기재사항을 다음 서식 "BILL OF LADING"을 중심으로 구체적으로 살펴보면 다음과 같다.

① Shipper　수출상의 성명 또는 상호를 기재하며, 이는 통상 신용장의 수익자와 일치하여야 하나, 중계무역이나 신용장 양도시에는 원 신용장의 수익자와 다른 물품공급자나 양수자를 기재하게 된다. 이 경우 신용장상에 '제3자 서류 용인조항'이나 '양도가능조항'이 명시되어 있어야 한다.

② Consignee　신용장에 명시된 선하증권이 지시식인 경우와 기명식인 경우에 다르게 기재해야 한다. 선하증권이 지시식으로 표기된 경우 "Bill of loading made out to order, to order of, to order of shipper, to order of issuing Bank". made out 다음에 이어지는 문구를 그대로 기재하면 된다. 선하증권이 기명식으로 표기된 경우 "Consigneed to 수입상" consigneed 다음에 표기된 수입상의 상호와 주소를 기재하면 된다.

③ Notify Party　수입항에서 화물의 도착통지처를 기재하면 된다. 통상 수입상이 기재되고 수입상 외에 제3자가 기재된 경우 이는 수입상의 통관대리인이다. 신용장에 명시된 화물도착통지처를 정확히 기재하면 된다.

④ Place of Receipt　화주가 운송상품을 운송인에게 인도하고 운송인이 인수하는 장소로 "Busan CY," "Busan C.F.S." 등으로 표기한다.

⑤ Export Carrier/Ocean Vessel　화물을 수송하는 해상운송선박명이 기재된다.

⑥ Port of Loading　'Port of Loading'란에는 화물을 선적하는 항구명과 국명을, 'Place of Receipt'란에는 운송인이 송화인으로부터 화물을 수취하는 장소로서 통상 선적항에 입접한 CY나 CFS를 기재한다.

보기 "Busan, Korea"
"Incheon, Korea"

⑦ Voyage No.　선박회사가 임의로 정한 일련번호가 기재되는데 1항차는 출발항에서 목적항을 거쳐 출발항으로 회항하는 것으로 하며 수출·수입을 구별하기 위하여 East, West, South, North 등으로 표기한다.

BILL OF LADING

APL

① Shipper SOGANG CORPORATION C.P.O. BOX 1726, SEOUL.KOREA	BOOKING NUMBER 005332148	⑪ B/L NUMBER APLU 005332148
	EXPORT REFERENCES	⑫ Flag
② Consignee (Name and Full Address/Non-Negotiable Unless Consigned to Order) (Unless provided otherwise a consignment "To Order" means To Order of Shipper) TO THE ORDER OF HABIB BANK AG ZURICH	FORWARDING AGENT(References. F.M.C. No.) A C S	
	POINT AND COUNTRY OF ORIGIN OF GOODS BUSAN, KOREA	
③ Notify Party(Name and Full Address) M/S WHITE ROSE FASHIONS. LLC., DUBAI UAE AND HABIB BANK AG ZURICH	ALSO NOTIFY(Name and Full Address)/DOMESTIC ROUTING/ EXPORT INSTRUCTIONS/PIER-TERMINAL/ONWARD ROUTING FROM POINT OF DESTINATION	

Pre-carriage by(MODE)	④ Place of Receipt	
⑤ Export Carrier(Vessel, voyage, & flag) PRES SISENHOWER ⑦ V/142-W	⑥ Port of Loading BUSAN, KOREA	
⑧ Port of Discharge	⑨ Place of Delivery	⑩ Final Destination

Please refer to Clause 7 iii)on Reverse Side PARTICULARS FURNISHED BY SHIP- Payment by Cheque must be made to the order of APL

⑬ Container NO.	⑰ NO. OF PKGS	⑮ Destination of Packages and Goods	⑯ Gross Weight	Measurement
NAVIN# APLU970676 FASHIONS- 3/2294/98 DUBAI IN TRANSIT TIL. PCS... YDS C/NO, 1-20 MADE IN KOREA	⑭ Seal # 1237194 20 CTNS	FF 9' 66" D40 ITEM # (4):-KOREAN ORIGIN 100% POLY FORMAL BLACK JACQUARD GGT (FJO-9156) 44" X ABT 25 YDS PER PIECE. DUBAI AGENT NAME AND ADDRESS APL (EMIRATES) LLC AL JAHRA BLDG, KHALID BIN AL WALID STREET POBOX 5727, DUBAI, UAE TEL: 9714 521304 FAX: 9714 529615 ㉗ SHIPPED ON BOARD APR.27.2000	KGS. 20 CTNS 1,000 KGS. 1,000	

COPY
NON-NEGOTIABLE

SEOUL			OCEAN FREIGHT PAYABLE AT			㉘ Carrier Name
⑱ Freight Rates Charges, Weights and or Measurements (SUBJECT TO CORRECTION)			㉓ PREPAID U.S.$	㉔ COLLECT U.S.$	Local Currency	
⑲ Revenue Tons	⑳ Rate	㉑ Per				
FREIGHT PREPAID AS ARRANGED						㉙ Carrier's Sign
142		㉒ TOTAL PREPAID	㉕ No of original B/L	㉖ Place of Issue		
Voyage	Office	TOTAL COLLECT				

000000 000	45895001	00000000	POS	JEB	DBA	00000000	F	APLU005332148
FORWARDER	SHIPPER	CONSIGNEE	LD.	DIS. PORT	DEST	NOTIFY	CSC	B/L NUMBER

APPLICABLE ONLY WHEN USED AS MULTIMODAL OF LOADING.

⑧ Port of Discharge/⑨ Place of Delivery/⑩ Final Destination 'Port of Discharge'란은 양륙항 및 국명을, 'Place of Delivery(인도지)'란에는 운송인이 수화인에게 화물을 인도하는 장소로서 통상 도착항에 인접한 CY나 CFS를 기재. 'Final Destination(최종도착지)'는 선하증권에 운임이 계산되어 있지 않은 경우 단지 참조사항에 불과하며, 복합운송이 아닌 경우 일반적으로 기재하지 않는다.

⑪ B/L No. 선적요청서에 따라 선사가 선하증권번호를 기재한다. 통상 선적항과 양륙항의 알파벳 두문자를 이용하고 번호를 일련번호로 "Aplu 005332148" 등으로 표시된다.

⑫ Flag 선박의 등록국적을 나타낸다. 해상사고시는 국제적 판례인 기국주의에 의한다.

⑬ Container No. 화물이 적재되는 Container의 일련번호를 기재한다.

⑭ Seal No. Container에 적재된 화물에 봉인을 한 Seal번호를 표기한다(예 SEAL # 1237194).

⑮ Description of Packages and Goods 신용장에 명시된 상품명세서와 선하증권에 특별히 기재할 것을 신용장에서 요구한 경우 등 요구사항을 기재한다.

⑯ Gross Weight, Measurement 등록검량회사에서 검측된 중량 및 용적이 명기되어 Packing List, Invoice와 일치되지 않은 경우에 Remark를 부기하여야 하고 화물에 이상이 있으면 송하인에게 파손화물보상장(L/I: Letter of Indemnity)을 첨부시킨다. 수출입의 경우 Packing List와 B/L이 상이한 경우 통관되지 아니하므로 정확히 작성해야 한다.

⑰ Total Number of Container or Packages(In words) 상품의 수량 또는 Full Container의 개수를 영문으로 표시하여 명백히 나타내어 In Words의 의미는 선하증권 발행자가 직접 상품을 확인하지 못하고 발생하므로 수량이 틀림없을 것이라는 추측의 의미로 삽입된 단어이다.

⑱ Freight and Charge 상품의 운송에 따른 제반 물류비용의 표기로 Freight, C.A.F., B.A.F., C.F.S., Charge, Wharfage 등이 통상 표시되며 Through B/L인 경우는 Inland Charge가 표시된다.

⑲ Revenue Ton 중량과 용적을 기준으로 할 때 운임이 높게 책정되는 것을 표시한다. 즉 총중량과 총용적에 각각의 운임단가를 곱하여 총중

량의 운임이 총용적보다 클 경우는 "K/T"를, 총용적이 클 경우는 "CBM"을 표시한다.

⑳ Rate　Revenue ton당의 운임단가와 부대물류비용, 즉 C.F.S. Charge Wharfage, B.A.F., C.A.F.의 Percent 등이 표시된다. Wharfage의 경우 국내에서는 톤이하 무조건 올림으로 산정하고 있어, 만일 7.001 CBM이라면 8CBM으로 계산된다.

㉑ Per　용적당 또는 중량당, Full Container의 경우는 Van당을 표시한다.

㉒ Prepaid/Collect　CIF조건의 수출일 경우는 Prepaid란에 운임을 계산하여 표시하며, FOB조건의 수출일 경우는 Collect란에 계산 표시한다. 전자는 운임이 선불되고 후자는 후불됨을 의미한다. 또한 운임의 지불조건은 Description of Goods란에 "Freight Prepaid" "Freight Collect"라고 통상 표시되므로 혼동은 되지 않으나 간혹 기재되지 않는 경우도 있으므로 구별하여 각각의 난에 기재하는 것이 좋다. 또한 복합운송의 경우는 각 구간마다의 운임이 표시하여 계산하는 것이 복합운송을 명백히 표시하는 것으로 구간표시를 하고 구간운임계산을 나타내는 것이 좋다.

㉓ Freight Prepaid At　CIF 수출조건인 경우 운임이 지불되는 장소를 나타낸다. 즉 화물이 인천에서 선적운송되어지고 서울에서 운임이 지불되는 경우는 "Seoul, Korea"라고 기재한다. Freight Prepaid의 경우 운임이 반드시 지불되어야 운송인은 B/L을 발행한다.

㉔ Freight Payable At　FOB수출조건으로 운임이 수입상의 부담인 경우 수입상이 운임을 지불할 장소가 기재되며 운임이 지불되지 않으면 운송인 또는 대리점은 화물인도지시서(D/O: Deliver Order)를 발행하지 않는다.

㉕ No. of Original B/L　신용장에 통상 Full set로 표시되어 있다. 모든 선하증권은 한 set로 발행되며 일반적으로 3통 1조로 하여 발행된다. 이 3통(original, duplicate, triplicate)은 전부다 정식선하증권으로 각 선하증권은 독립적인 효력을 갖고 있고 그 중 한 통이 사용되며 나머지 2통은 무효가 된다. 정식선하증권에 비유통선하증권(non-negotiable)이 발행되는데 이것은 선하증권 원본이 아니므로 몇통을 발행하였는지가 문제되지 않는다.

㉖ Place of Issue　B/L의 발행장소가 기재된다.

㉗ Shipped On Board Date　B/L 발행자의 Sign이 기재된다. B/L 발

행자는 은행에 자기의 Sign을 등록하고 있으며 일단 발행권자가 Sign을 한 후에 B/L의 내용을 수정할 경우에는 재발급을 하든가 또는 "Correction"도장을 날인한 후 Sign하여야 한다. 그러나 중량 및 용적 등 상품의 가격에 영향을 미치지 않는 부분에는 Correction 도장만 날인해도 유효한 것으로 간주한다. 선하증권 발행일을 기재한다.

㉘ Carrier Name

㉙ Carrier's Sign 선하증권을 발급하는 계약운송인(Contractual Carrier)이 서명한다. 이 때 주의할 사항은 신용장에서 해상선하증권(Ocean/Marine Bill of Lading)을 요구하고 있는 경우 서명과 함께 'Name and Capacity'를 추가해야 한다는 점이다.

'Name and Capacity'는 통상 선사B/L(B/L 우상단에 인쇄된 Actual Carrier와 Contractual Carrier가 동일)인 경우에는 'As Carrier', 'For the master 선장이름'으로 기재하고, Forwarder's B/L(B/L 우상단에 인쇄된 Actual Carrier와 Contractual Carrier가 동일)인 경우에는 'As Agent for the Carrier, 실제운송인'으로 기재한다.

3) 컨테이너화물의 운송형태 표기

B/L에는 다음과 같이 운송형태를 표기하여, 화물이 어떤 형태로 선적되었는지를 나타내고 있다.

(1) CY/CY(FCL/FCL)

수출업자의 공장이나 창고에서 수입업자의 창고까지 컨테이너로 수송되는 방법이며, 운송도중 컨테이너의 개폐 없이 수송된다. FCL(Full Container Load)은 한 컨테이너 채우기 충분한 양의 화물을 말하므로 이를 CY Cargo라 한다.

① CFS/CFS(LCL/LCL) 선적항의 CFS에서 목적항의 CFS까지 컨테이너로 운송되는 방법으로 여러 하주의 소량 컨테이너화물(LCL)을 CFS에서 혼재(consolidation)하여 선적하고 목적지의 CFS에서 컨테이너를 개봉하여 화물을 분류하여 여러 수입업자에게 인도된다.

LCL(Less than Container Load)은 컨테이너 하나를 채우기에 부족한 소량화물의 경우 이용되며, FCL에 대비되어 쓰인다. CFS에서 컨테이너에 적입

(stuffing)되고 목적지에서도 수출지에서와 마찬가지로 CFS에서 적출(devanning)되어 수입업자에게 분배된다. 이런 혼재업무는 프레이트 포워더들이 행하는데 이를 Forwarder's Consolidation라 한다.

② CFS/CY(LCL/FCL) 운송인이 지정한 선적항의 CFS로부터 목적지의 CY까지 컨테이너에 의해 운송되는 형태로, 운송인이 여러 송하인들로부터 화물을 CFS에서 집하하여 목적지의 수입업자 창고 또는 공장까지 운송하는 것을 말한다. 이를 Buyer's Consolidation이라 한다.

③ CY/CFS(FCL/LCL) 수출상의 공장이나 창고에서 컨테이너로 작업되어 목적항의 CFS까지 운송되는 방법으로서 여러 하주의 소량화물을 수출상의 공장이나 창고에서 컨테이너로 작업하여 선적하고 목적지의 CFS에서 컨테이너를 개봉하여 각 수입업자에게 화물을 인도하는 것을 말한다.

4) 선하증권의 배서

선하증권의 하수인을 기재하는 방법은 다음과 같다.

(1) To the order of XXX Co. Ltd(개설인)
(2) To XXX Bank(개설은행)
(3) To the order, To order of shipper(소지인)

상기에서 소지인식인 To the order, To order of shipper의 경우에는 소유권 이전을 위하여 수출상의 배서가 반드시 필요하다.

배서에는 두 가지 방법이 있다. 첫째는 백지배서(Blank endorsed)이며, 두 번째는 기명식배서이다.

대부분의 신용장은 백지배서를 요구하지만 endorsed to the order of XXX라고 요구하는 경우에는 기명식배서를 의미하는 것이므로 선하증권 뒷면에 to the order of XXX라고 기재하고 아울러 수출상이 배서하여야 한다.

5) 기명식 선하증권의 유의사항

앞서 설명한 바와 같이 선하증권은 유가증권이며, 배서에 의하여 소유권이 이전된다. 이러한 사유로 신용장에서는 full set of B/L을 요구하고 있으나, 선하증권상에 consignee를 수입상으로 표기하고 1/3 set of original B/L을 수입상 앞으로 우편 송부토록 하는 경우를 볼 수 있다.

- 2/3 set of clean on board ocean bills of Lading made out to the order of XXX Co.
- 1/3 set of original documents to be sent to XXX Co.

이러한 경우는 대개 거래관계가 오래되고, 또는 항해일수가 짧은 지역과의 거래에서 나타나는데 만약 수입상이 물품을 인수하고 서류하자를 사유로 지급거절을 할 경우 물건을 떼이는 경우가 발생할 수 있다. 따라서 기명식 선하증권의 직접발송은 매우 신중하게 처리되어야 한다.

6. 보험증권

1) 적하보험의 정의

적하보험이란 해상운송 도중에 발생할 수 있는 각종의 위험에 대해 보험자(Insurer, Assurer)가 그 손해를 보상할 것을 약속하고 보험계약자는 그 대가로서 보험료를 지불하는 의무를 부담하는 것을 내용으로 하는 계약이다. 적하보험서류는 보험증권(Insurance Policy), 보험증명서(Certificate of Insurance), 부보각서(Cover Note) 등이 있으며 보험증권은 예정보험증권(Open Policy)와 확정보험증권(Definite Policy)으로 구분할 수 있다.

적하보험증권은 화주의 "적하보험청약서"(p. 465의 서식 참조)를 근거로 보험회사가 발행하며 이 보험증권은 보험계약이 성립되었음을 증명하고, 배서에 의해서 피보험이익이 양도되는 유통증권이다.

2) 보험서류

보험서류는 문면상 보험회사 또는 보험업자 또는 그 대리인에 의해 발행되고 서명된 것이어야 한다고 신용장 통일규칙 제34조에 명시되어 있다. 동 조항은 보험서류를 발행할 수 있는 당사자를 보험회사, 보험인수업자 또는 보험회사와 보험인수업자의 대리인으로 규정하였다. 따라서 보험중개업자가 발행한 부보각서(Cover Note)는 신용장에서 특별히 인정하지 않는 한 수리할 수 없다.

보험서류가 두 통 이상의 원본이 발급되었음을 기재하고 있는 경우에 신용장이 특별히 인정하고 있지 않는 한, 원본 전통이 제시되어야 한다. 신

적 하 보 험 청 약 서

<table>
<tr><td colspan="6">① Assured</td></tr>
<tr><td colspan="3">② Reference No</td><td colspan="3">③ Claims, If Any, Payable at</td></tr>
<tr><td colspan="2">④ Local Vessel or Conveyance</td><td colspan="2">⑤ From(Interior Port or Place of Loading)</td><td colspan="2">⑫ Amount Insured</td></tr>
<tr><td colspan="2">⑥ Ship or vessel Called The ______</td><td colspan="2">⑦ Sailing On or About</td><td colspan="2" rowspan="2">⑬ Conditions and Warranties Institute Cargo Clauses</td></tr>
<tr><td colspan="2">⑧ At and From</td><td colspan="2">⑨ Trans shipped At</td></tr>
<tr><td colspan="2">⑩ Arrived At</td><td colspan="2">⑪ Thence To</td><td colspan="2">⑭ 증권발행일</td></tr>
<tr><td colspan="6">⑮ Packing</td></tr>
<tr><td colspan="3">⑯ Number of Police Issued</td><td colspan="3">⑰ Place and Date Signed</td></tr>
<tr><td colspan="6">⑱ Special Instructions</td></tr>
</table>

용장에 별도의 명시가 없는 한, 은행은 보험회사나 보험업자 또는 그 대리인이 사전서명한 포괄예정보험계약에 의거하여 발행된 보험증명서 또는 확정통지서를 수리한다. 신용장이 특별히 포괄예정보험에 의한 보험증명서 또는 확정통지서를 요구할 경우에는 은행은 이를 대신하여 보험증권을 수리한다. 신용장에 별도의 명시가 없거나, 부보효력이 늦어도 화물의 본선적재일, 적송일 또는 인수일로부터 발효한다는 것이 나타나 있는 보험서류가 아닌 한, 은행은 이와 같은 운송서류에 표시된 화물의 본선적재일, 적송일 또는 인수일보다 늦게 발행한 보험서류를 수리하지 아니한다.

신용장에 별도의 명시가 없는 한, 보험서류는 신용장에 표시된 통화와 동일한 통화로 표시되어야 한다.

신용장에 별도의 명시가 없는 한, 보험서류에 명시되어야 하는 최저보험금액은 당해 상품의 CIF(지정목적항까지의 운임·보험료포함 인도조건)가격, 또는 경우에 따라서는 CIP(지정목적지까지의 운송비·보험료포함 인도조건)가격에 10%를 가산한 금액이어야 한다. 단 이것은 서류의 문면상으로 CIF 또는 CIP가격을 판정할 수 있는 경우에 한한다. 그렇지 아니할 경우에는 은행은 신용장에서 지급, 인수 또는 매입이 요구되는 금액의 110% 또는 총 송장금액의 110% 중에서 더 큰 금액을 최저금액으로 수리한다.

3) 보험계약범위의 표시

신용장에는 요구되는 보험종류 및 계약되어야 할 그 밖의 추가위험이 있다면 그러한 위험도 기재되어야 한다. "통상의 위험" 또는 "관례적 위험"과 같은 불명확한 용어를 사용해서는 안 된다. 만일 이와 같은 불명확한 용어가 사용되었다면, 은행은 계약되지 않은 어떠한 위험에 대해서도 책임지지 아니하고 보험서류를 제시된 대로 수리한다.

신용장에 특별한 명시가 없을 경우, 은행은 계약되지 않은 어떤 위험에 대한 책임없이 보험서류를 제시된 대로 수리한다. 또한 신용장에 별도의 명시가 없는 한, 은행은 보험계약에 면책비용 또는 초과공제면책비율의 적용을 받는다는 것을 표시한 보험서류를 수리한다.

4) 전 위험담보의 표시

신용장이 "전 위험에 대한 보험"이라고 규정하고 있는 경우에, 은행은

"전 위험"이라는 표제의 유무에 관계없이, 그 보험서류가 어떠한 특정한 위험을 제외시킨다고 표시하고 있을지라도 "전 위험"이라는 표시 또는 약관이 포함되어 있는 보험서류이면 비록 그것이 어떤 위험에 부보되어 있지 않더라도 책임을 지지 아니하고 수리한다. 전 위험담보는 가장 포괄적으로 담보해 주고 있다. 전 위험담보조건에서 제 4 항 일반면책약관, 제 5 항 불내항 부적합성 면책약관, 제 6 항 전쟁면책약관, 제 7 항 동맹파업약관은 제외되어 있다. 그리고 제 4 항과 제 5 항은 어떠한 담보조건에서도 담보가 안 되고 제 6 항과 제 7 항은 전 위험담보조건에서 담보가 안 되기 때문에 추가로 담보해야 한다. 또한 전 위험담보조건이지만 화물의 특성에 따라 담보가 안 되어 부가조건으로 부보해야 하는 경우도 있다. 따라서 화주는 전 위험담보조건을 정확하게 기재해야 한다.

5) 보험증권기재사항

매입은행은 보험증권을 다음과 같은 사항을 중심으로 검토한다.

첫째, 보험증권면에 법적 기재사항의 누락은 없는가?

둘째, 보험서류는 발행된 전통이 제시되고 보험회사, 보험인수업자 또는 그 대리인에 의하여 정당하게 발행된 것인가? 가격조건이 수출자 부보조건(CIF, CIP, C&I 등)인 경우에는 보험서류가 제시되어야 한다.

셋째, 피보험자는 신용장의 수익자이며 배서는 정당한가?

넷째, 보험중개업자가 발행한 부보각서(Cover Note)는 신용장에서 특별히 허용되었는가?

다섯째, 부보일자는 운송서류에 표시된 선적일자 이전 또는 동일자로 표시되었는가?

여섯째, 보험금액은 신용장에서 요구하는 금액(동일통화)으로 부보되어 있는가? 부보금액은 신용장에서 요구한 금액으로 부보되어야 하나, 신용장에서 그 명시가 없는 경우에는 CIF 또는 CIP가격의 110% 이상으로 부보하여야 한다.

일곱째, 선명, 출항예정일, 선적항, 양륙항, 상품명, 수량 등 기타 제반 기재사항은 신용장조건과 일치하고 다른 서류와는 상치되지 않는가?

여덟째, 보험의 담보범위 및 제조건이 신용장에서 요구한 보험조건과 일치하는가?

부보위험은 런던해상보험협회(Institute of London Underwriters)가 정한 협회적하약관(Institute Cargo Clauses)에 의하여 결정되고 반드시 협회적하약관이 첨부되어야 보험증권으로서의 역할을 하게 된다. 협회적하약관은 A·B·C Clause의 세 가지 기본약관과 협회전쟁약관(Institute War Clause) 및 협회동맹파업약관(Institute Strikes Clauses) 등으로 구분된다. Institute Cargo Clause(A) 약관은 전 위험담보조건(A/R)과 같고 Institute Cargo Clause(B) 약관은 분손담보조건(W/A)과 같으며 Institute Cargo Clause(C) 약관은 분손부담보조건(F.P.A)과 같다.

면책비율이란 소손해면책이라고도 하며 분손중 선박의 좌초, 침몰 또는 화재 이외의 사고로 화물에 미미한 손해가 발생한 경우에는 장거리 항해운송중에 당연히 발생할 수 있는 손해로 인정하여 보험회사의 담보책임이 면책되는 일정비율(3% 미만, 5% 미만 등)을 말한다.

면책비율이 적용되지 않는다는 "면책비율부적용"(IOP: Irrespective of Percentage)조항이 신용장에 표시되어 있지 않는 한 면책비율이 적용된다는 보험서류를 수리할 수 있다(신용장 통일규칙 제35조 C항). 보험증권의 기재사항을 다음 서식 "Dae han Fire & Marine Insurace Co., Ltd"을 중심으로 구체적으로 살펴보면 다음과 같다.

① **피보험자**(또는 보험계약자)**명**　　피보험자 또는 보험계약자의 이름을 기재한다. 신용장에 피보험자의 지시가 있을 경우에는 피보험자를 기재한다. Insurance policy must be issued in the name of the applicant. 신용장에 피보험자에 대한 별도의 지시사항이 없는 경우에는 수출자는 자신을 피보험자로 기재된 보험증권을 발급받아 수출환어음 매입시 이를 백지배서(Blank Endorsement)하여 수입자측에게 양도한다.

② **보험증권번호**　　보험계약자가 제시한 적하보험청약서를 근거로 보험자가 보험증권을 교부할 때 기재하는 번호이다.

③ **참조번호**　　보험자가 업무상 참조하기 위한 번호로서 통상 수출의 경우에는 신용장 또는 수출허가서의 번호를, 수입의 경우에는 상업송장 또는 수입허가서의 번호를 기재한다.

④ **보험금액**　　피보험자가 실제로 보험에 가입한 금액을 말하며 보험자가 보상해 주는 최고의 보상액이 된다. 보험금액은 당사자의 합의에 의하여 정해지지만 보험금액은 보험가액과 동액 또는 그 이하가 되지 않으면 안

DAEHAN FIRE & MARINE INSURANCE CO., LTD.

HEAD OFFICE #51-1, NAMCHANG DONG, CHUNGOKU SEOUL, KOREA
TEL : 82-2-3455-3114
FAX : 774-7059
Telex : DAEINS K28230
E-mail dhmarine@chollian .dacom.co.kr

인 지 세
1 0 0 원
남 대 문 세 무 서
인쇄승인 제00-82호

MARINE CARGO INSURANCE POLICY

Assured(s). etc. ① SOGANG CORPORATIOON ATTN:F.J. DEPT., C.P.O. BOX:1726, SEOUL, KOREA		Ref. No. ③ INVOICE NO: JJJ-2065
Policy No. ② 24010-700043-6709		Amount Insured hereunder ④ USD************18,700.00 USD************17,000.00 X 110.000%
Claim if any payable at: ⑥ SYRIAN MARITIME & TRANSPORT AGENTSIES S. ZAFER SOUFI BLDG. RUE DE PORT P.O.BOX 93 LATTAKIA SYRIA TEL 41-232-2302210/1 FAX IN USD		Conditions ⑤ INSTITUTE CARGO CLAUSES(A) Institute Radioactive Contamination Exclusion Clause Institute Classification Clause On-Deck Clause Special Replacement Clause(applying to machinery) Excluding the risk of Mortality Excluded:Natural Withering THE FOLLOWING RISKS: INSTITUTE CARGO CLAUSES(A) INSTITUTE STRIKES CLAUSES(CARGO) INSTITUTE WAR CLAUSES(CARGO) FIRE, THEFT IN THE CUSTOMS HOUSE THIS INSURANCE IS VALID FOR A PERIOD OF 60 DAYS AFTER THE DISCHARGE OF THE GOODS
Survey should be approved by: ⑦ THE SAME AS ABOVE		
Local Vessel or Conveyance ⑧	From(interior port r place of loading) ⑨	
Ship or Vessel ⑩ "BUNGA RAYA SATU"	Sailing on or about ⑪ SEP. 30. 2000	
At and from ⑫ BUSAN, KOREA	Transshipped at ⑬	
Arrived at ⑭ LATTAKIA, SYRIA	There to ⑮	
Goods and Merchandises ⑯ 20,000YDS FO FJC-4166-02 SOGANG CHARMAX BRAND PLAIN DYED KING CHIRIMEN JAQUARD 44"		
Marks and Numbers		
Place and Date Signed in ⑰ SEOUL KOREA SEP, 30. 2000		No. of Policies issued ⑱ TWO / 2

㉑ IMPORTANT PROCEDURE IN THE EVENT OF LOSS OR DAMAGE FOR WHICH UNDERWRITERS MAY BE LIABLE LIABILITY OF CARRIERS, SAILEES OR OTHER THIRD PARTIES INSTRUCTIONS FOR SURVEY DOCUMENTATION OF CLAIMS	CONDITION ⑳ Notwithstanding anything contained herein or attached hereto to the contrary, this insurance is understood and agreed to be subject to English law and practice only as to liability for and settlement of any and all claims. For HYUNDAI MARINE & FIRE INSURANCE CO., LTD. ⑲ By ________________ AUTHORIZED REPRESENTATIVE

For DAEHAN FIRE & MARINE INSURANCE CO., LTD.

된다. 보험가액과 보험금액이 일치하는 경우를 전부보험, 보험목적물의 가액 일부만 보험에 부보한 경우를 일부보험이라고 하는데 대부분의 해상보험은 전부보험이다. 금액이 보험가액을 상회하면 초과보험이 되는데 초과분은 무효가 된다. 그러나 서류상으로 이러한 가격을 명확히 판단하지 못할 경우에는 상업송장금액이나 신용장에 의해 발행한 환어음금액 중에서 큰 금액을 최저금액으로 인정한다(신용장 통일규칙 제34조).

보험조건은 화물의 특성과 포장, 운송방법, 항해기간, 최종목적항의 특성 등을 감안하여 결정된다. 보험조건을 합리적으로 결정하여 보험료를 절감해야 한다. 보험금액은 보통 상품의 CIF가격에 희망비액 10%를 가산한 금액이 된다(신용장 통일규칙 제37조 b항). 즉 보험가액={원가(Cost 즉 FOB가격)+보험료(I)+운임(F)}×1.1이 된다. 그런데 FOB가격과 운임은 알고 있어도 보험료를 알고 있지 않는 한 CIF가격이나 보험금액을 산출할 수 없는데 이때의 보험금액 및 보험료를 산출하는 공식은 다음과 같다. 즉 보험률을 R이라고 하면,

$$\text{보험금액} = \frac{1.1(C+F)}{1-1.1R}$$

$$\text{보험료} = \text{보험금액 } R = \frac{1.1R(C+F)}{1-1.1R}$$

그리고 표시통화는 신용장상에 별다른 명시가 없는 한, 신용장과 동일한 통화로 표시되어야 한다.

⑤ **보험조건** 적하보험의 계약조건은 수출입계약을 체결할 때 매매계약의 당사자들이 합의하여 결정한다.

⑥ **보험금 지불지** 일반적으로 수출의 경우에는 화물의 최종목적항이 기재되고 수입의 경우에는 당해 보험자명이 기재된다.

⑦ **손해사고통지서** 피보험화물에 손해가 발생한 경우에는 피보험자 혹은 그 대리인은 지체없이 보험자에게 통지해야 한다. 수출의 경우에는 최종목적항에 있는 보험자의 대리점의 상호 및 주소가 명시되고, 수입의 경우에는 보험자명이 기재된다.

⑧, ⑨ 화물이 출하된 곳과 실제 선적된 곳이 다른 경우 출하된 곳에서 선적이 된 곳까지의 운송화물에 대한 운송수단을 보험계약시 기재하게 되는데 ⑧은 국내운송용구이며, ⑨는 출하항 또는 출하지이다.

⑩ 화물을 선적하는 선박명이 기재된다.

⑪ 적재선박이 선적항을 출항하는 일자를 연, 월, 일로 기재한다. 특히 수출의 경우에는 선하증권에 기재한 일자와 같아야 한다.

⑫는 선적항, ⑬은 환적이 있는 경우 환적항, ⑭는 양륙항을 기재한다.

⑮ **최종목적지와 운송수단** 최종목적지가 내륙지방에 있어 하역항과 목적지가 다른 경우, 운송약관에 따라 하역항에서 최종목적지까지의 운송화물에 대하여 부보할 때 최종목적지와 운송용구를 기재한다.

⑯ **피해보험화물의 명세** 화물의 품명, 수량, 화인 등을 신용장과 선하증권에 명시된 것과 동일하게 기재해야 한다. 신용장에 성질, 수량 등에 관한 명시가 있으면 나중에 손해판정의 기준이 되므로 보험서류에 필히 기재하여야 한다.

⑰ **보험증권의 발행지와 발행일** 발행일은 선하증권 발행일보다 이전이 되지 않으면 안 된다. 신용장에 별도의 명시가 없거나 또는 제시된 보험서류의 부보효력이 늦어도 화물의 선적일이나 발행일 또는 복합운송의 경우 화물인수일로부터 개시된다는 것을 규정하고 있지 않는 한 선적서류에 의해 입증되는 선적일이나 발송일 또는 복합운송사의 화물인수일보다 보험증권의 발행일자가 늦은 보험서류는 수리하지 않는다.

⑱ **보험증권의 발행매수** 보통 2통이 발행되는데 보험자가 1통에 대하여 변제하면 나머지 1통은 무효가 된다.

⑲ **보험자의 서명** 해상보험증권은 보험자 또는 보험자의 대리인이 서명해야 한다. 다만 보험자가 법인인 경우에는 법인의 인장으로 충분하다. 우리나라에서는 보험회사의 해상보험부문의 책임자가 서명하는 것이 보통이다.

⑳ **본문약관** 개정된 보험증권의 신양식의 본문약관은 종전양식의 본문약관보다 아주 간결하게 되어 있는데 그 내용은 준거법약관, 타보험약관, 약인약관, 선서약관으로 되어 있다.

㉑ **난외 약관** 종전양식에 있던 이태릭서체약관과 대치된 것으로써 중요사항약관(Import Clause)라 하는데 클레임 발생시에 피보험자가 취해야 할 각종 조치 및 절차 등을 일괄규정하고 있다.

7. 원산지증명서

1) 원산지증명서의 정의

국제무역거래에서 수입국은 수입상품의 통계와 수입상품의 제한요건의 충족여부, 국별 쿼터량의 관리, 국별 양허세율 등을 관리하기 위해서 수입상품이 어느 국가에서 생산되었는지를 증명하는 서류를 요구하는데 이것이 원산지증명서이다. 원산지증명서는 수출상이 환어음과 서류를 매입할 때 제시해야 하는 부대서류이자, 수입상품의 국적을 증명하는 문서로서 수출국의 정부기관에서 발행하며 우리나라는 대한상공회의소에서 발행한다. 수입상품의 원산지판정기준은 다음과 같다(대외무역법 제6-3-1조).

① 당해국 영역에서 생산한 광산물, 농산물 및 식물성 생산물
② 당해국 영역에서 번식·사육한 산동물과 이들로부터 채취한 상품
③ 당해국 영역에서 수렵·어로로 체포한 상품
④ 당해국 선박에 의하여 체포한 어획물, 기타 상품
⑤ 당해국에서 제조·가공 공정중에 발생한 것
⑥ 당해국 또는 당해국의 선박에서 제1호 내지 제5호의 물품을 원재료로 하여 제조·가공한 물품

2) 원산지증명서 작성시 주의사항

첫째, 신용장이 원산지증명서에 상업송장금액을 기재할 것을 요구한 경우 CIF DUBAI 등과 같이 무역거래조건을 반드시 기재하여야 하며, 항란에 기재하면 된다.

둘째, 원산지증명서에 기재사항이 많아 1매에다 기재할 수 없는 경우 반드시 소정양식을 사용해야 된다.

셋째, 신용장에 원산지증명서 원본(Original)을 2통 이상 요구할 경우 신용장 사본을 함께 제시해야 한다.

넷째, 신용장에 명시된 상품명이 PLAIN DYED POLXESTER JACQUARD 또는 PLAIN DYED POLYESTER JACQUARD WOVEN FABRIC으로 되어 수출허가서와 수출승인서에 명시된 상품명세서와 불일치하면 원산지증명서상의 상품기재는 다음 보기와 같다.

보기 먼저 PLAIN DYED POLXESTER JACQUARD 또는 PLAIN DYED POLYESTER JACQUARD WOVEN FABRIC 혹은 Textile Piece Goods 등으로 표기한 다음 괄호( )안 혹은 바로 하단부에 수출승인서(E/L)상의 상품명을 상세히 기재한다.

다섯째, 7항(Shipping Marks), 8항(Number and Kind of Package: Description of Goods) 및 9항(Gross Weight or Other Quantity)은 기타서류에 명시된 내용과 동일하게 작성한 후 여백없이 바로 마감선을 타자해야 한다.

여섯째, 다만 상공회의소에 원산지증명서 등 제반 서류 발급신청을 할 수 없으니 신청자는 반드시 서명등록절차를 필하여야 한다. 원산지증명서를 발급하고자 하는 수출상은 대한상공회의소에 서명을 반드시 등록해야 원산지증명서와 제반 서류를 발급해 줄 것을 요청할 수 있다.

3) 원산지증명서 기재사항

원산지증명서 기재사항은 다음 서식 "CERTIFICATE OF ORIGIN"을 중심으로 설명한다.

① Shipper 수출상의 상호와 주소를 정확히 기재한다.

② Consignee 신용장에 명시된 선하증권이 지시식인가에 따라 표기가 달라진다. 신용장에 Bill of lading made out to order, to order of, to order of shipper, to order of issuing bank로 된 경우 Made out 다음에 온 문구를 기재하면 된다.

③ Particulars of Transport 선명(또는 기명), 선적항, 양륙항 및 선적일자를 기재한다.

④ Buyer 수입상 상호와 주소를 정확히 기재해야 한다.

⑤ Country of Origin 원산지가 한국인 경우 The Republic of Korea 라고 기재하며, 외국상품에 대한 원산지증명서 발급신청서는 동란에 실제 원산지국명을 표기하고 관련증빙서류를 제출해야 한다.

⑥ Invoice Number and Date 수출상이 작성한 상업송장번호 및 발행일자를 기재한다.

⑦ Shipping Marks 신용장에 명시된 사항을 기재해야 한다.

⑧ Number and Kind of Packages: Description of Goods 수출상품의

① Shipper

SOGANG CORPORTAION
C.P.O. BOX 1726. SEOUL, KOREA.

ORIGINAL

CERTIFICATE OF ORIGIN

Issued by
THE KOREA CHAMBER OF COMMERCE & INDUSTRY
Seoul, Republic of Korea

원 산 지 증 명 서
대한상공회의소

② Consignee or Order

TO ORDER

④ Buyer(if other than consignee)

WHITE ROSE FASHIONS LLC.
P.O. BOX-23066
DUBAI. UNITED ARAB EMIRATES

③ Partial of Transport (where required)

FROM	BUSAN, KOREA
TO	DUBAI
SHIPPED PER	"AL WAJBA V-C259W"
ON OR ABOUT	JAN. 26, 2000.

⑤ Country of Origin

The Republic of Korea

⑥ Invoice Number and Date

JJJ-1001 JAN. 26, 2000.

⑦ Shipping Marks	⑧ Number and Kind of Packages : Description of Goods	⑨ Quantity, Gross Weight or Measurement
FASHIONS- 12/2143/97 DUBAI IN TRANSIT TTL____PCS____YDS G/NO. 1-40 MADE IN KOREA.	ITEM#(4):-KOREAN ORIGIN POLY FORMAL BLACK PEACH CREPE JACQUARD PLAIN DYED. 44"XABT25YDS PER PIECE. [PLAIN DYED POLYESTER JACQUARD WOMEN FABRIC] ⑩ *THE CONTENTS OF THESE PRODUCTS ARE MANUFACUTRED AND PRODUCED BY SOGANG CORPORATION SEOUL KOREA. *WE CERTIFY THAT THE GOODS ARE NEITHER OF ISRAELI ORIGIN NOR DO THEY CONTAIN ANY ISRAELI MATERIALS *THE NAME OF MANUFACTURERS: SOGANG CORPORATION C.P.O BOX 1726 SEOUL, KOREA. *GOODS ARE OF KOREAN ORIGIN. *THE NUMBER AND DATE OF THIS DOCUMENTARY CREDIT: 161740 AND 05 JAN 2000 *THE NAME OF ISSUING BANK: ABN-AMRO BANK DUBAI BRANCH P.O. BOX 2567 DUBAI, UNITED ARAB EMIRATES	10,000YDS.

The Korea Chamber of Commerce & Industry hereby certifies, on the basis of relevant invoice and other documents, that the above mentioned goods originate in the country shown in column 5.

28. APR 2000
THE KOREA CHAMBER OF COMMERCE & INDUSTRY
Executive Director Kang, Seong-Yil
The Republic of Korea

042382

포장개수 및 포장종류를 기재한다. Description of Goods란에는 신용장에 명시된 상품의 종류, 상품명, 규격, 품질, 등급 등 상품명세서를 기재해야 한다.

⑨ Gross Weight or Other Quantity 총중량 또는 기타 수량을 기재한다.

⑩ Other Information 원산지신용장이 원산지증명서에 특별히 기재할 것을 요구하는 경우 요구사항을 기재하면 된다.

8. 포장명세서

1) 포장명세서의 정의

포장명세서는 상업송장의 부속서류로서 화물의 외견상 구별하기 위해 사용되는 서류이다. 수출상이 운송화물의 명세서를 상세하게 작성하여 수입상에게 제시하고 수입상은 포장명세서에 명시된 내용으로 운송화물을 관리할 수 있다. 포장명세서에는 화인, 포장개수, 컨테이너 일련번호, 상품명세서, 수량, 순중량, 총톤수, 용적, 원산지 등이 기재된다.

포장명세서는 수출입통관절차에서 수출입신고서를 심사할 때 활용되고, 수입지에서의 화물의 분류 및 관리, 판매단계에서도 이용되며, 선박회사와 운송계약을 체결할 때 운임산정의 기준이 된다.

2) 포장명세서의 기재사항

포장명세서의 기재사항을 다음 서식 "PACKING LIST"을 중심으로 구체적으로 살펴보면 다음과 같다.

① Shipper/Exporter 신용장에 명시된 수출상의 상호와 주소를 정확히 기재한다.

② For Account & Risk of Messrs 신용장에 명시된 수입상의 상호와 주소를 정확히 기재한다.

③ Notify Party 신용장에 명시된 수입항에서의 수입화물도착 통지처를 기재하면 된다.

④ Port of Loading 수출화물의 선적지를 기재하면 된다. 화물을 선적하는 항구명 및 국명이 표시된다.

⑤ Final Destination 화물의 최종목적지를 기재한다.

⑥ Carrier 화물을 운송하는 해상운송선박명을 기재한다.

PACKING LIST

① Shipper/Exporter SOGANG Corporation C.P.O. BOX 1726. SEOUL, KOREA.	⑧ No. & Date of Invoice JJJ-1001 JAN. 26. 2000
② For Account & Risk of Messrs. WHITE ROSE FASHIONS LLC. C.P.O. BOX-23066 SAUDI UNITED ARAB EMIRATES	⑨ Remarks : * THE NUMBER AND DATE OF THIS DOCUMENTARY CREIDT: 131740 AND 05 JAN 2000 * THE NAME OF ISSUING BANK: ABN-AMRO BANK DUBAI BRANCH P.O. BOX 2567 DUBAI, UNITED ARAB EMIRATES
③ Notify Party SAME AS ACCOUNTEE AND ABN-AMRO BANK, P.O. BOX 2567, DUBAI	
④ Port of Loading: BUSAN, KOREA ⑤ Final Destination: DUBAI	
⑥ Carrier: WAJBA V-C259W ⑦ Sailing on or about: JAN, 26, 2000.	

⑩ Marks and Numbers of PKGS	⑪ Description of Goods	⑫ Quantity	⑬ Net-weight	⑭ Gross-Weight	⑮ Measurement
FASHIONS- 12/2143/97 DUBAI IN TRANSIT TTL____PCS____YDS G/NO. 1-40 MADE IN KOREA.	ITEM#(4):-KOREAN ORIGIN POLY FORMAL BLACK PEACH CREPE JACQUARD PLAIN DYED. 44"XABT25YDS PER PIECE.				
	C/NO. 1-40	250YDS	45KGS.	50KGS.	
	TOTAL (40CI NS)	10,000YDS.	1,800KGS.	2,000KGS.	

Mailing address : C.P.O Box 1726 Seoul, Korea
Cable address : "TONGTRA" SEOUL
Telex code : K28304 K23706 TONGTRA
Telephone No. : 3166-300
Fax No. : 753-5436

SOGANG CORPORATION

PRESIDENT

⑦ Sailing on or about 적재선박이 선적항을 출항하는 일자를 연, 월, 일로 기재한다.

⑧ No. & Date of Invoice 수출업자가 작성한 상업송장번호와 발행일자를 기재한다.

⑨ Remarks 기타 참조사항을 기재한다. 신용장에 특별히 포장명세서에 기재사항을 요구할 경우 이러한 사항을 기재한다. 통상 신용장의 번호와 발행일자, 개설은행명을 요구한다.

⑩ Marks and numbers of PKGS 화인은 관세서류와 포장명세서의 관리를 용이하게 하고 화물을 최종목적지까지 안전하게 운송할 수 있도록 정확하고 간단하게 기재해야 한다.

⑪ Description of goods 신용장에서 명시된 상품명세서를 정확하게 기재한다.

⑫⑬⑭⑮는 신용장에 특별히 명시되어 있지 않는 한 통상 생략한다.

9. 기타서류

기타서류에는 선적통지서, 검사증명서(Certificate of Inspection), 선적화물은 계약서에 명시된 것과 동일하다는 수출상의 증명서, 상세한 선적통지서, 서류를 Fax로 보낸 경우, Fax 송신번호가 기재된 증명서, 국제등기화물수령증, 선박회사가 발급하는 증명서 등이 있다. 이러한 서류들은 수출입상이 매매계약서에서 합의하는 조건에 따라 달라진다.

매입은행은 기타서류를 다음과 같은 사항을 중심으로 검토한다.

첫째, 지정된 발급기관에서 정당하게 발행되었는가?

둘째, 기재된 내용이 신용장에서 요구하는 내용과 일치하는가?

셋째, 상품의 명세, Shipping Mark 및 수량은 다른 서류와 일치하는가?

넷째, 영사송장을 요구한 경우 요구대로 발행되었는가? 내용이 상업송장과 일치하는가? Copy를 요구할 때에는 여기에도 영사의 서명 또는 Stamp가 있는가? 양식은 해당국의 양식을 사용하였는가? L/C에서 Visaed, legalized 또는 Notarized Document를 요구하면 그 의미를 정확히 이해해야 한다.

- Visaed는 일반송장에 영사의 서명이 필요하다.

- Legalized는 송장 및 B/L에 영사의 서명이 있어야 한다.
- Notarized는 송하인이 서명한 서류에 상공회의소의 서명이 있어야 하고, 이를 정당한 것으로 인정하는 영사의 서명이 있어야 한다.

다섯째, 세관송장(Customs Invoice)을 요구한 경우 정당하게 발급되었는가? 내용이 상업송장과 기타서류와 일치하여야 한다. 원산지란에 국명이 기입되어 있는가를 확인한다. 해당국가별로 지정된 양식을 사용하고 있는지 확인한다.

여섯째, 포장명세서와 수량, 중량 및 용적이 신용장 및 운송서류와 일치하는가?

일곱째, 원산지증명서(Certificate of Origin), 특혜관세 원산지증명서(GSP C/O: Generalized System of Preference Certificate of Origin), 검사증명서(Inspection Certificate)가 신용장에서 요구하는 대로 정당하게 발급되었으며, 그 내용이 다른 선적서류의 내용과 상치되지 않는가?

서류준비시 유의사항으로 다음과 같은 것들이 있다.

첫째, L/C상에 사본(Copy)이 인정되는 경우를 제외하고는 Invoice, Packing List, Beneficiary Certificate상에 "Original"이라는 표시를 하는 것이 실무상 안전하다. 특히 서류가 복사장치, 컴퓨터 장치 등에 의하여 작성된 경우 반드시 "Original"이라는 표시를 하여야 한다(신용장 통일규칙 제20조 참조).

둘째, L/C상에 Beneficiary, Applicant의 주소와 Invoice 등 모든 서류상의 주소와의 일치여부를 확인해야 한다.

셋째, I/C(검사증명서)가 미제시된 경우에는 입금이 되지 않을 가능성이 높으므로 매입에 신중을 기하도록 한다.

넷째, 중국, 베트남, 방글라데시, 중동지역의 매입건은 다른 지역보다 비교적 입금상태가 불량하므로 주의를 기울여야 한다.

1) 선적통지서

SOGANG Corporation

100-706	25-5, CHUNGMU-RO, 1GA, CHUNG-GU SEOUL, KOREA	CPO BOX: 1726 SEOUL KOREA/TEL: 3166-300/FAX: 753-5436 TELEX: K28304, TONGTRA/CABLE: TONGTRA SEOUL

TO: WHITE ROSE FASHIONS LLC FAX NO.: 009714-533859 DATE: 2000. 1. 27
P.O. BOX-23066 DUBAI. U.A.E.

FROM: SOGANG CORPORATION JJJ-1001 SIGN: 50수 2000. 1. 27 SOGANG CORP

ATTN:

SHIPMENT ADVICE

WE ARE PLEASED TO INFORM YOU THAT WE HAVE SHIPPED THE FOLLOWING GOODS AS FLOW:

1) THE NUMBER AND DATE OF THIS DOCUMENTARY CREDIT:
I161740 AND 05 JAN 2000

2) THE NAME OF ISSUING BANK: ABN-AMRO BANK DUBAI BRANCH
P.O. BOX 2567 DUBAI, UNITED ARAB EMIRATES

3) INVOICE AMOUNT: US$24,960.-

4) MERCHANDISE: ITEM # ($): -KOREAN ORIGINAL
POLY FORMAL BLACK PEACH CREPE
JACQUARD PLAIN DYED.
44"XABT, 25 YDS PER PIECE.

5) QUANTITY SHIPPED: 10,000YDS

6) NAME OF THE CARRYING VESSEL: AL WAJBA V-C259W

7) SAILING DATE: JAN. 26. 2000

8) DETAILS OF COURIER AWB NO.: 2509584346

BEST REGARDS.

CONFIRMED &
CERTIFIED BY
SOGANG CORPORATION

PRESIDENT

2) 검사증명서

NAVIN TRADING CO.
C.P.O. BOX 5631
SEOUL, KOREA

INSPECTION CERTIFICATE

L/C NO.

COMMODITY

QUANTITY

AMOUNT

INVOICE NO.

B/L NO.

VASSEL NAME

ON BOARD DATE

SHIPPER

THIS IS TO CERTIFY THAT GOODS HAVE BEEN INSPECTED AND THE SAME HAVE BEEN FOUND IN ORDER AND SOUND CONDITION FOR SHIPMENT.

THIS CERTIFY IS ISSUED IN GOOD FAITH, FOR THE PURPOSE OF SHIPMENT.
FOR ANY OTHER TECHNICAL OR OTHER DEFFECTS IN THE GOODS, THE FACTORY/MAKER OF GOODS IS RESPONSIBLE.

THANKING YOU.

YOUR'S FAITHFULLY.

NAVIN TRADING CO.

SEOUL, KOREA

JHAMAN PIRTHYANI

3) 팩스 송신증명서

TRANSMISSION JOURNAL 2000-04-27 3:21:00 PM

FAX NUMBER: 753-5436

NAME:

NO	FAX NUMBER	TIME	PAGE	RESULTS
328	7744009	01:28	01	COMM.ERROR
329	0019713524814	01:29	01	OK
330	00227135821041	01:32	01	OK
331	0019716481921	01:33	04	OK
332	2168105	01:35	13	OK
333	51282136	01:38	02	OK
334	00227113335288	01:41	02	OK
335	0026326361031	01:43	05	OK
336	0537541716	01:47	10	OK
337	00171142358	01:51	01	OK
338	00213107634777	01:54	01	OK
339	001653397148	02:03	02	OK
340	7511541	02:06	01	COMM.ERROR
341	23564144	02:08	02	OK
342	7533433	02:13	01	OK
343	009714532156	02:15	02	OK
344	0531289411	02:17	01	OK
345	0325482156	02:20	01	OK
346	00255112563002	02:23	01	OK
347	00243557785813	02:25	01	OK
348	6811386	02:27	04	OK
349	3851391	02:30	02	OK
350	0532168532	02:32	01	OK
351	001246814589	02:35	01	OK
352	001235456642	02:37	03	OK
353	0531289411	02:40	09	OK
354	0512598413	02:45	02	OK
355	00255112563002	02:51	01	OK
356	002441819428648	02:55	03	OK
357	001246814589	03:01	01	OK
358	001235456642	03:04	01	OK
359	0019714535811	03:08	01	COMM.ERROR
360	0512541714	03:10	02	OK
361	7520678	03:15	03	OK
362	0512541714	03:17	06	OK

CONFIRMED &
CERTIFIED BY
SOGANG CORPORATION

PRESIDENT

4) 수출승인서

<table>
<tr><td colspan="6">수출승인(신청)서
Export License(Application)
(업체용) C-9801 0134 JJJ-1001
처리기간 : 1일
Handling Time : 1 Day</td></tr>
<tr><td colspan="3">1. 수출자(Exporter) 무역업고유번호(Notification No.) 672115
서울특별시 중구 충무로1가 25-5 고려대연각센터
서 강 무 역 주 식 회 사 (서명)
대표이사 김 영 기 (Signature)</td><td colspan="3">4. 구매자 또는 계약 당사자(Buyer of Principle of Contract)
WHITE ROSE FASHION LLC., (U.A.E.)
5. 신용장 또는 계약서 번호(L/C or Contract No.)
PD/28363/2000</td></tr>
<tr><td colspan="3">2. 위탁자 (Request) 사업자등록번호 (Business No.) 201-81-00223
서울특별시 중구 충무로1가 25-5 고려대연각센터
서 강 무 역 주 식 회 사 (서명)
대표이사 김 영 기 (Signature)</td><td colspan="3">6. 금액(Total Amount)
US$189,600.-
7. 결제기간(Period of Payment)
AT SIGHT
8. 가격조건(Terms of Payment)
CIF</td></tr>
<tr><td colspan="3">3. 원산지(Origin)
R.O.K.</td><td colspan="3">9. 도착항(Port of Dispatch)
DUBAI</td></tr>
<tr><td>10. HS부호
(HS Code)</td><td>11. 품명 및 규격(Description/Size)</td><td>12. 단위 및 수량
(Unit/Quantity)</td><td>13. 단가
(Unit-price)</td><td colspan="2">14. 금액
(Amount)</td></tr>
<tr><td>5407.69.2000</td><td>PLAIN DYED POLYESTER JACQUARD WOVEN FABRIC
(PEACH SKIN PALACE LESS WEIGHT) 44/5"

CONSTRUCTION
LESS WEIGHT AFTER FINISHED
WP:POLYESTER M.S.YARN 1350(S D)
X204 141G/YD
WT:POLYESTER DRAW TESTURED YARN 75D(S D)
X108 38G/YD(1700T/M)
FINISHING RESIN TG/YD
DYED TOTAL WEIGHT J80G/YD
BEFORE WEIGHT 225G/YD

1% ON 125% INS. PREMIUM TO BE DEDUCTED AT THE TIME OF NEGOTIATION
(FINAL PRICE OF DUBAI)

A6501 804 09106</td><td>10,000YDS

FOB
$2,456/YD

* D-JJJ-1011/A: 5,000YDS
* D-JJJ-1011/B: 5,000YDS</td><td>$2.544

FRT
$0.03/YD</td><td colspan="2">US$25,440.-

INS
$0.01/YD</td></tr>
<tr><td colspan="6">15. 승인조건기재란(Remarks to be filled out by an approval agency)</td></tr>
<tr><td colspan="6">16. 유효기간(Period of Approval)</td></tr>
<tr><td colspan="6">17. 승인번호(Approval No.) 1 2 5 0 0</td></tr>
<tr><td colspan="6">18. 승인기관 관리번호(No. for Approval Agency)</td></tr>
<tr><td colspan="6">19. 위의 신청사항을 대외무역법 제14조 제2항 및 동법 시행령 제26조 제1항의 규정에 의하여 승인합니다.
(The undersigned hereby approves the above-mentioned goods in accordance with Article 14 (2) of the Foreign, Trade Act and Article 26(1) of the Enforcement Decree of the said Act)
2000년 4월 27일
승인권자</td></tr>
<tr><td colspan="6">승인기관이 2이상인 경우 15~18의 기재사항은 이면에 기재하도록 합니다.
이 서식에 의한 승인과는 별도로 대금결제에 관한 사항에 대하여는 외국환 관리법령이 정하는 바에 따라야 합니다.</td></tr>
</table>

5) 수출상의 증명서

200001－2039

C.P.O. BOX 1726, SEOUL, KOREA.

SOGANG Corporation

TELEX: K 26304, 23706, 22716 CABLE ADDRESS: TONGTRA SEOUL MAILING ADDRESS: C.P.O. BOX 1726 SEOUL, KOREA	MANUFACUTERES-EXPORTERS-IMPORTERS	TELEPHONE: SEOUL HEAD OFFICE: 3166-300 FAX: 753-5436

Our Ref. JJJ-1001	Date. JAN, 27, 2000

TO WHOM IT MAY CONCERN:

CERTIFICATE

RE. 1) THE NUMBER AND DATE OF THIS DOCUMENTARY CREDIT:
161740 AND 05 JAN 2000
2) THE NAME OF ISSUING BANK: ABN-AMRO BANK DUBAI BRANCH
P.O. BOX 2567 DUBAI, UNITED ARAB EMIRATES
3) INVOICE AMOUNT : US$24,960.-
4) QUANTITY : 10,000YDS.

WE CERTIFY THAT 6 SETS OF MULTIFOLD SHIPMENT SAMPLES AND TWO SETS OF NON-NEGOTIABLE DOCUMENTS HAVE BEEN SENT TO THE APPLICANT. TEL: 009714-538789 BY COURIER WITHIN THREE DAYS AFTER THE DATE OF SHIPMENT. DETAILS OF COURIER AWB NO. HAS BEEN ADVISED ON OUR APPLICANT BY FAX ON FAX NO. 009714-533859. COPY OF THE TRANSMITTED FAX MESSAGE ALONG WITH BELATIVE ORIGINAL COURIER RECEIPT IS ACCOMPANIED THE DOCUMENTS.

THANK YOU.

YOURS TRULY.

SOGANG CORPORATION

PRESIDENT

6) 선박회사의 증명서

UNITED SHIPPING CO., LTD.
聯合海運株式會社

TEL: (753)8192~5
(753)0746~9

MARINE CENTER, SUITE 608
CENTRAL P.O.BOX 2878
SEOUL 100-628, KOREA

CABLE: USHICO
TELEX: K27208/K23385
FAX: 82-2-756-5863

To Whom It May Concern,

Dear Sirs:

C E R T I F I CA T E

Vessel Name: mv. AL WAJBA V-C259W
DATE: 2000. 1. 26

We, as Agents for United Arab Shipping Company (S.A.G.) hereby certify and confirm that the above vessel carrying the goods :

1. is owned and operated by United Arab Shipping Company (S.A.G.) which belongs to one of the Member Lines of Conference, also, plying in regular liner service with Container Vessels.
2. is not Israeli and is neither the Israel owned nor black-listed in the Iraqi Government Black list and/or by Israel Boycott Office, Ministry of Customs & Ports. Kuwait, also, has no relation with Israel Government and/or Israelite in its capital, organization and management.
3. is not over 15 years old and classified 100Al Vessel in Lloyd's Registers and/or classified vessel as per London Institute Classification Clause, and has the sound cargo gear and tackle.
4. will not call at any Israeli Ports and/or territorial waters during her voyage/trip enroute to Arabian Gulf/Countries.
5. is allowed by Arab Authorities to call at Arabian Ports.
6. is not banned entry to the Ports of the Arab States for any reason, whatsoever, under the Laws and Regulations of such States.
7. THE NUMBER AND DATE OF THIS DOCUMENTARY CREDIT: I61740 AND 05 JAN 2000.
8. THE NAME OF ISSUING BANK: ABN-AMRO BANK DUBAI BRANCH P.O.BOX 2567 DUBAI, UNITED ARAB EMIRATES.
9. SHIPMENT HAS BEEN EFFECTED BY VESSELS OF CONFERENCE (UASC) LINE COVERED BY INSTITUTE CLASSIFICATION CLAUSE.
10. THE AGE OF THE CARRYING VESSEL: 10 YEARS.

Very Truly Yours.

United Shipping Co., Ltd., Agents
For United Arab Shipping. Co., (S.A.G.)

Agents for: **UNITED ARAB SHIPPINNG CO.** (S.A.G.)

7) 국제우편수령증

EXPRESS

File Name: W 14　　Page Number: 1　　Date: 03' 26' 91　　Time: 21:29:30

AIRMAIL

국제등기우편물수령증(갑) Receipt for Registered Item					일련번호/Seal No. 8262
우편물번호 Item No.	9326	도착국명약호 Country Code	DXB		접 수 일 부 인 Date Stamp
중량 Weight	200g	편별 Route	☑항공 Air	☐선박 Surface	SEOUL I.P.O 2000. 1. 26 KOREA
요금Postage	11,320won	종별 Category	☑서 ? Letter ☐인쇄물 Printed paper ☐소형포장물 Small packet ☐맹인용 점자 Braille		
보험가액 Insured Services	won				
	SDR				☐
특수취급 Special Services	☑국제속달 Express　☐배달통지 A.R.　☐통관회부 Presentation to customs				
요금납부 Postage payment	☐우표 Postage stamp　☑별납 Paid separately　☐창구기계 Counter machin　☐후납 Paid afterwards				
내용품명 Contents	SHIPMENT ADVICE -OPEN POLICY NO. DB/OPM/2185				
발송인 주소성명 Sender	SOGANG CORPORATION C.P.O. BOX 1726, SEOUL, KOREA				
수취인 주소성명 Address	M/S. ORIENTAL INSURANCE CO. LTD., P.O. BOX 478, DUBAI, U.A.E.				
비고 Remarks	L/C NO & DATE: 161740 & 05 JAN 2000				
참고사항 Note	1. 등기우편물에 대한 손해배상은 내용품가격에 관계없이 통당 정액(17,040원)을 배상하므로 유가증권 보석류 등 귀중품은 지정된 우체국(통관국)에서 보험서창을 이용하여야 분실, 파손 등 사고시에 보험가액 전액을 배상 받을 수 있습니다. 2. 주소, 성명은 영어, 불어 또는 배달국가에서 통용되는 문자와 아라비아숫자로 정확하게 기재(나라명과 도시이름을 반드시 영어 또는 불어로) 하여야 합니다. 3. 소형포장물이나 상품에는 세관표지(C1) 또는 세관신고서(C2, CP3)를 작성하여 붙여야 합니다.				담당자서명 Signature of the official

8) 급송장 수령증

DHL WORLDWIDE EXPRESS Shipment Airwaybill

2 5 0 9 5 8 4 3 4 6 — Quote this shipment number in an enauiry

ORIGIN | DESTINATION

1. From(Sender)

Sender's name

Sender's reference *first* twelve characters will be shown on invoice

Company name
SOGANG CORP.

Address
11/13FL KORYO DAEYEONKAK BLDG. 25-5 1-KA

Phone/Fax/Telex *specify* one
02-3166-300

2. To(Receiver)

Company name
WHITE ROSE

Delivery address *DHL cannot deliver to a PO Box*
P.O. BOX-23066 DUBAI. UNITED ARAB EMIRATES

Country

Phone/Fax/Telex specify one

authorization and

I/ we agree that DHL's standard terms apply to this shipment and limit DHL's liability The Warsaw Convention may also apply(see reverse).
I/ we understand that DHL does not transport cash or dangerous goods(see reverse)

Signature
Date JAN 27 2000

3. Shipment details

Not all payment and service options are available in all countries.

Service
□DOCUMENT
□WORLDWIDE PACKAGE EXPRESS all declarables
□EXPRESS DOCUMENT
□DOMESTIC
□WORLDMAIL
Airmail/ Printed Mattrer specify one
□OTHER SERVICE....*specify*

Transport charges
If left black sender pays transport charges
□Sender
□Cash/Cheque/Ctedit Card
For approved customers only
□External Biling Agreement
□Transport Collect
Shipment insurance see reverse
□YES______________
insured value give currecny

Full description of contents
6 sets OF MULTIFOLD SHIPMENT SAMPLES & TWO SETS OF NON-NEGOTIABLE DOCUMENTS

International Worldwide Package Express shipments only *Attach the Original and two copies of a Proforms or Commercial invoice*

Declared value currency | Sender's VAT/GST no.

Harmonised commodity code *if* apples | Receiver's VAT/GSP no. or EIN/SSN

Type of export □PERMANENT □REPAIR/RETURN □TEMPORARY

Destination duties/taxes if left blank receives pays duties/taxes
□Receiver □Sender □Other.....................□
Specify destination approved account number

4. Size and weight

No. of pieces	Weight
1	1.5

Dimensions cm L×W×H
× ×

VOLUMETRIC/CHARGED WEIGHT kg

CODE	CHARGES
	Services
	Special
	Insurance
	Other/VAT
CURRENCY CODE	TOTAL

TRANSPORT COLLECT STICKER No.

PAYMENT DETAILS
Cheque/Card no.
Type Expiry

RECEIVED BY UNI-OCEAN EXPRESS LTD. SEOUL, KOREA AS AGENT FOR DHL
Route No. CU 30
Time 15:30
Date JAN 27

Orginal Copy

Account no.
591201008

Postcode

Postcode

Contract person

10. 지역별 NEGO서류 작성방법

신용장은 수입상의 요청에 따라 요구되는 서류의 내용에 차이가 있지만, 전체적으로는 지역별 또는 국가별로 비슷한 유형을 띄고 있다. 이는 국가의 무역정책, 현지의 금융관행, 상거래 형태 등이 비슷하기 때문이다. 예를 들어, 미국지역 전자신용장의 경우 국가무역정책에 따라 원산지에 대한 확인서류는 필수적으로 요구되며, 중동지역 신용장은 대부분 영사송장을 요구하고 있다. 또한 이스라엘 제품이나 이스라엘 원자재사용, 이스라엘 국적의 선박사용이 아니라는 Certification을 요구하고 있다.

유럽지역 신용장은 연지급 전자신용장이 많은 편이며, 따라서 환어음을 요구하지 않는다. 기본서류작성은 어느 지역이든 차이가 있을 수 없지만 보충 서류들은 상기와 같은 여러 가지 사유로 국가별 특색이 뚜렷이 나타난다.

본 장에서는 지역별 특성이 포함된 신용장의 사례와 동 신용장에 따른 NEGO서류 작성방법, 그리고 보충서류의 작성방법을 소개하였다.

사례를 소개하기에 앞서 필자가 고심했던 부분은 소개될 서류작성방법이 모범적인 정답이라고 말할 수 있을까 하는 부분이었다. NEGO서류는 신용장과 일치되는 범위 내에서 작성자에 따라 표현방법을 달리 할 수 있기 때문이다. 예를 들어 선하증권의 품목표기에 20 cartons of cotton printed fabrics라고 할 수도 있고 10,000yds of라고 할 수도 있기 때문이다. 또한 서류 작성자들이 궁금히 여기는 서류의 작성과정과 보충서류들에 대한 배경을 충분히 설명하지 못한 점이다. 서류작성의 know-how는 작성과정에 있다고 생각한다. 신용장에서 요구하는 서류들은 경중의 차이는 있지만 분명한 필요에 의해서 요청된 것이라 생각한다. 아무런 의미 없이 서류제출을 요청할 리는 결코 없으리라고 본다. 어쨌든 이러한 점을 최대한 염두에 두고 본 장을 작성하였다. 사례로 든 NEGO서류들을 살펴보면 신용장에 나타난 내용과 철저히 엄밀일치하게 작성하였음을 볼 수 있다. 신용장에 나타난 수입상의 상호나 주소는 모든 서류에 대하여 동일하게 작성되었으며, 품명 또한 동일하게 작성되었음을 알 수 있다. NEGO서류작성은 신용장과 철저히 일치되게 작성하는 것이 실무자의 기본자세라고 생각한다. NEGO서류가 잘못 작성된 경우를 보면 실무자가 해당 ORDER에 대한 내용을 너무 잘 알기 때문에 내용을 생략하거나 반대로 불필요한 내용을 삽입하여 문제가 된 경우를 볼 수 있다. NEGO서류를 확인하는 은행은 오직 신용장과 서류가 일치하느냐를 확인할 뿐이다. 보충서류들은 통상적인 서류들도 있지만 전혀 생소한 내용들도 있다. 이러한 서류의 작성은 통상적인 서류에 준용하여 작성하는 방법뿐이라고 생각한다.

1) 미국신용장

미국, 중동을 비롯한 일부지역 신용장에서 cost break down을 요구하고 있다. 즉 CIF거래의 경우 Insurance와 freight를 상업송장에 표기하도록 요청하고 있다.

3 copies of Commercial Invoice duly signed by the beneficiary indicating CIF value totally(FOB, freight and insurance values seperately) 또는 CFR조건에서는 freight를 표기하도록 요청하고 있다. 이는 각국의 관세정책과 관련이 있다. 각국은 수입물품에 대하여 물품가액 산정시 CIF가격으로 하는 경우도 있고 FOB가격으로 산정하는 경우도 있다. 따라서 물품이 CIF가격조건으로 수입시 관세가액 산출을 위하여 실제 발생한 freight와 insurance charge를 상업송장에 나타나도록 요구하는 것이다. 우리나라의 경우는 CIF가격을 기준으로 하므로 FOB로 수입된 경우에는 CIF가격으로 재산정한 금액에 대하여 관세를 부과하고 있다. 참조로 다음의 미국의 관세평가제도를 살펴보면 cost break down의 사유를 이해하리라 본다

미국 세관의 과세가격은 구매자가 판매자에게 실제로 지불한 거래가격을 사용하는바, 이러한 관세평가방법은 GATT 동경라운드에서 채택된 신관세평가 협약에 근거하고 있으며, 이는 현재 우리나라가 시행중인 관세평가방법과 동일한 것이다. 다만, 미국의 관세평가가 우리나라와 다른 점은 운임, 보험료가 과세가격에 포함되지 않는다는 점이다. 무역거래상 거래가격이라 함은 미국에 수입하려고 할 때, 실제로 지급하였거나 지불해야 할 금액(가격)을 의미하는 것으로 다음 비용을 포함한 것을 의미한다.

수출포장비용: 포장비용을 수입업자와 수출업자 중 누가 지불하는지를 불문하고, 미국에 수출할 수 있도록 포장한 재료비 및 노임을 과세가격에 포함시켜야 한다.

판매수수료: 수출업자가 지불한 수수료 즉, 제조업자에게 지불하였거나 수입 후 미국 내의 판매를 위하여 지급한 모든 수수료가 과세가격에 포함되

어야 한다.

생산지원(Assist)비용: 생산지원이라 함은 수입업자나 수출업자가 수출용 제조에 직접, 간접으로 무상이나 혹은 시장가격보다 낮은 가격으로 물품 구성재료 등을 제공하여 수출물품 제조에 사용토록 한 것으로 다음과 같은 것을 생산지원 비용으로 간주한다.

첫째, 수입물품의 제조에 사용된 재료, 구성요소, 부분품, 공구, 모울드, 주형 등. 둘째, 기타 수출물품 생산과정에서 소비되는 물품, 기술개발, 예술작업, 디자인 스케치 등 용역제공비용(단, 동 용역이 미국 내에 거주하는 자에 의해 제공되었을 경우에는 과세가격에서 제외된다) 상기 생산지원비용은 다음 원칙에 의해 결정된다. 첫째, 생산지원비용은 다음 비용을 포함한 가격을 말한다. 수입업자가 자기와 아무런 관련이 없는 제3자로부터 구입하였을 경우, 구입가격. 둘째, 수입업자가 자기와 인척관계 또는 주종관계에 있는 자로부터 구입하였거나 자신이 생산하였을 경우 그 생산원가. 셋째, 수출자의 생산지까지 운송비도 포함하며, 중고의 보조물을 사용할 경우 보조물가격을 사용한 만큼 가격조정을 하여야 한다. 넷째, 수리나 개조를 하였을 경우 그 수리 및 개조비용도 추가하여야 한다. 다섯째, 기술개발, 예술작업, 디자인, 스케치를 미국의 타 국가에서 행하였을 경우 작업비용, 구입가격, 차용가격 모두를 포함시켜야 한다. 일곱째, 로열티 물품을 수입할 때 미국의 수입자가 수입물품의 판매거래와 관련 로열티를 지불하는 조건으로 수입물품의 구매계약을 할 경우 수입물품의 판매에 따라 수출업자에게 지불하는 로열티는 과세가격에 포함되어야 한다. 아홉째, 수출업자의 사후귀속이익 수입물품과 동일한 물품을 미국에서 생산함으로써 지불하여야 하는 권리금은 과세대상이 아니지만, 수입물품의 미국에서의 판매에 따른 수익이 해외송금이 되는 경우(사후귀속이익) 이는 과세대상이다. 한편, 다음과 같은 비용은 실제로 지불된 가격일지라도 과세가격에서 제외되는 것으로 간주된다. 첫째, 수출국으로부터 미국으로의 운송에 필요한 국제운송비, 보험료 기타 부대비용. 둘째, 물품이 미국에 도착한 후, 발생되는 모든 경비 즉, 미국 내의 운송비, 조립비, 기술원조비 등. 셋째, 미국에서 당해 수입물품에 부과된 관세, 기타 연방세. 넷째, 물품이 미국에 수입된 후 수출상사간에 합의된 물품가격인하는 면세대상이 아니다.

원칙적으로 과세가격은 수입물품의 실제 거래가격이지만, 거래상 다음과 같은 조건이나 제한이 있는 경우, 동 거래가격은 과세가격으로 인정되지 않고, 유사물품, 동종동질 물품가격 등 다른 가격을 과세가격으로 채택해야 한다. 첫째, 수입물품의 처분이나 사용에 제한을 가하는 거래. 둘째, 자유시장가격에 따르지 않는 거래. 셋째, 물품수입 후 미국에서 판매한 후 수출입업자에게 이익을 분배하는 거래. 넷째, 친족관계 또는 고용관계에 있는 특수관계자간의 거래. 따라서 과세가격은 수출입거래시 수출입업자간의 특수관계가 있는 거래가격의 무관세허가증은(Carnet) 세관장이 인정한 발급기관(Issuing Association)이나 보증기관(Guaranteeing Association)이 발급하는데 미국연방 관보(Federal Register)에 이를 고시토록 하고 있다.

미국지역 수출품의 원산지표시에 관하여 살펴보면 수입물품의 원산지에 대한 확인서류 제출은 미국뿐만 아니라 대부분의 국가에서 요구하고 있지만, 특히 미국은 수입물품에 대하여 원산지 확인을 이중, 삼중으로 요구하고 있다. Certificate of origin, Country declaration, VISA 등은 모두 원산지 확인과 관련된 서류이며, 상업송장에도 제조 및 가공국명 표기를 요구하고 있다. 이는 미국의 수입정책에 기인하므로, 미국의 수입물품에 대한 원산지표기 제도를 살펴봄으로써 상업송장에 표기하고 있는 중량의 구성비 및 제조/가공국명의 표기에 대한 배경을 이해할 수 있으리라 본다. 원산지표시는 미국에 수입되는 모든 물품에는 개별 상품별로 미국의 최종소비자가 쉽게 알아볼 수 있고 영구히 보존가능한 방법으로 동 물품의 생산국을 표시하도록 하고 있다. 따라서 물품수입시 원산지표시가 되어 있지 않을 경우, 미국 세관의 감독하에 동 물품을 재수출하거나 원산지를 표시하도록 하고 있다. 그렇지 못할 경우 수입물품의 과세가격의 10%에 해당하는 관세를 추가로 지불해야 한다.

만일 수입물품이 다른 미국 물품과 결합되어 판매되는 경우에는 수입물품만이 특정국가의 수입품임을 표시하도록 하고 있는바, 병이나 컨테이너, 용기를 수입하여 미국 물품을 동 용기 등에 넣어 판매할 경우 병, 컨테이너, 용기 등이 특정국가의 생산품임을 Bottle made in Korea와 같이 명시하도록 하고 있으며, 타 국가에서 생산된 Label로 원산지를 표시하여 수입물품에 부착하였을 경우에도 동 Label의 생산국가를 Label made (or printed) in Korea'와 같이 표시하여야 한다. 또한, 수입물품을 통관 후 소단위 등으로 재포장할 경우에는 동 원산지표시가 지워지지 않아야 하고, 컨테이너에 포장할 때는 컨테이너에 내용물의 원산지를 표시하여야 하며 또한, 수입업자가 직접포장하지 않고 재포장자에게 판매할 경우에 수입업자는 재포장자에게 원산지표시 의무를 통고하여야 하며, 그렇지 못할 경우 수입업자가 벌금과 추가관세를 지불하도록 하고 있다. 한편, 다음 물품들은 원산지표시가 필요 없으나 상자나 컨테이너에 넣어서 판매할 때는 최종구입자가 쉽게 원산지를 알아볼 수 있도록 상자나 컨테이너에 넣어서 내용물의 원산지표시를 Contents made in Korea와 같이 해야 한다. ① 물품을 수입상 자신이 사용할 경우. ② 물품이 수입된 후 가공하여 원산지표시가 지워질 경우. ③ 원산지표시가 없어도 물품의 성질상 최종구입자가 원산지를 식별할 수 있을 경우. ④ 기타 원산지표시가 불가능한 경우. ⑤ 물품의 파손 없이는 표시가 불가능한 경우. ⑥ 원료, 원유, 석탄. ⑦ 20년 이전에 생산된 물품. ⑧ 미국 부속영토의 제품 등이다.

수입물품이 미국 수요자를 현혹하여 미국 제품인 것처럼 믿게 하는 표시나 이름을 부착한 경우 또는 제조국 이외의 타 국가나 지방이름을 표시한 경우에는 수입을 금지한다. 일반적으로 수입물품에 The United States, USA, 또는 미국의 지방이나 도시이름을 부착하고 그 지역의 원산지표시가 없을 경우에는 대중을 현혹하는 것으로 간주되는바, 이러한 물품은 차압이나 몰수를 당한다. 그러나 몰수나 차입 이전에 세관에 신청하여 금지된 표시를 지우고 원산지를 정확히 표시하거나 재수출 또는 폐기하는 경우에는 동 물품을 수입업자에게 인도하여 준다. 원산지표시 이외에 직물, 모직물, 동물털 및 그 제품을 미국에 수입하는 경우, 다음과 같은 사항을 물품에 표시하거나 물품에 라벨을 부착하여 그 표시를 하여야 한다.

① 중량상의 구성비가 5% 이상 되는 직물의 성분을 구성비 순서대로 속명(Generic Names) 및 구성비율을 명시하여야 하며, 구성비가 5% 이하일 경우에는 기타(Other)로 표시하여 동 직물의 성분과 비율을 표시하여야 한다. ② 제조업자의 성명 또는 미연방 무역위원회(Federal Trade Commission) 등록번호, 미국특허권에 등록된 상표. ③ 제조 및 가공국명. ④ 수입금액이 $500 이상일 경우에는 상기 사실을 송장(invoice)에도 명시해야 한다.

2) NEGO서류 작성시 유의사항

(1) 깨끗하게 만들 것

서류작성 완료 후 최종검토과정에서 오기 부분이 발견시 서류발급자의 correction stamp로 내용을 정정하는 사례가 많다. 상업송장 등 자체작성서류는 재작성이 용이하지만 선하증권, 보험증권 등 외부 발급서류는 재발급이 불가하거나 또는 시간이 걸리므로 correction 요청을 하게 된다. 서류발급자가 날인한 correction stamp는 법적으로 하자가 없지만, 여러 곳을 정정할 경우 서류의 신뢰도가 저하된다. 특히 유가증권을 이곳저곳 correction 할 경우 일단 거부감이 들게 된다. NEGO서류도 하나의 상품이다. 정확하고 깨끗한 서류는 은행으로 하여금 호감을 갖게 되어 대금 입금에 도움을 줄 수 있다. 서류작성 단계에서 철저한 검토로 정정 부분이 없도록 하는 것이 서류작성자의 기본자세이다. 다음과 같이 정정을 금지하거나 정정에 대한 방법을 지시한 L/C도 가끔씩 보게 된다.

Any Alteration, Deletion And/or Amendment made on B/L, certificate of origin, Invoice and packing list is not acceptable even if is Authenticated by its issuing Authority. Any alteration or correction on the documents required herein must be signed by the issuer of the document over a rubber stamp of the issuer person who signed the document.

(2) 서류제목표기에 대한 문제

신용장에서는 생소한 내용의 서류요청을 받게 되는 경우가 흔히 있다. 예를 들어 Packing에 관하여도 summary packing list, detailed packing list 등 이러한 서류요청을 받게 된다. 이 때, 서류작성 방법과 내용은 packing list와 동일하더라도 요구하는 서류의 제목으로 양식을 작성하여 사용하는 것이 좋다. 은행 담당자는 신용장에서 요구하는 사항과 서류의 일치여부를 검토하는 것이지 서류의 내용을 검토하는 것이 아니다. 따라서 신용장에서 특별히 작성을 요구하는 서류에 대하여는 서류제목을 붙인 양식을 작성하는 것이 좋다.

(3) 품목의 일치

NEGO서류의 대부분은 기본적으로 상품명세를 기입하게 되어 있다. 이 경우, 상품명세는 신용장의 상품명세와 일치하여야 한다. 이 부분에 대하여 UCP500에서는 상업송장상의 상품명세는 신용장의 상품명세와 상응하여야 한다. 기타 모든 서류에서 상품은 신용장의 상품명세와 모순되지 아니하는 일반적인 용어로 표기할 수 있다고 정의하고 있다. 이에 대한 해석은 상업송장의 상품명세가 신용장의 상품명세와 일치 또는 상응한다는 것이지 문자 하나라도 틀리지 않게 꼭 같아야 한다는 뜻은 아니다. 따라서 신용장의 명세와 상업송장에 기술한 상품명세가 모순되는 것이 아니라면 무방하다고 해석하고 있다. 기타 모든 서류에 대하여는 상품명세와 모순되지 아니하는 일반적인 용어로 표기할 수 있다고 해석이 된다. 그러나 서류담당자는 상응이라든가 일반적인 용어에 대하여 오히려 어려움을 느끼게 된다. 따라서 NEGO서류의 품목은 신용장의 품목과 일치하게 작성하는 것이 효율적인 서류작성 방법이라고 볼 수 있다. 또한 금융 후진국들은 아직도 엄밀일치의 원칙에 어긋나는 서류는 수리를 거절하고 있는 것이 관행화되어 있으므로 서류작성시는 엄밀일치의 원칙을 지키는 것이 사고방지의 지름길이다.

(4) 신용장의 간소화

① 신용장의 간소화 　신용장에서 요구되는 보충서류의 작성에는 많은 시간이 소요될 뿐만 아니라 자칫 보충서류로 인하여 하자가 될 소지가 있다. NEGO서류는 물품이 선적되면 최대한 빨리 작성되어 매입에 들어가는 것이 양 당사자 모두에게 유리하다. 최근 들어 운송수단의 발달로 물품도착은 점점 빨라지고 있어 동남아 지역의 경우 물품보다 서류도착이 늦는 경우가 발생된다. 미주지역의 경우도 부산에서 Los Angeles까지 8일이면 도착이 된다. 그러나 NEGO서류의 경우 선적 후 기본서류작성, VISA 등 통관서류 발급, 선적서류 매입에 따른 은행의 소요기간 또한 발송시간을 감안하면 매우 촉박하다. 더구나 검사증명서가 첨부되거나, Renego L/C일 경우 2~3일이 추가 소요되므로 자칫하면 서류도착지연으로 물품통관을 못하는 경우가 발생한다. 신용장을 많이 접해보면 많은 보충서류들은 통관에 필요한 서류가 아니며, 수입상에게도 별 소용이 없는 서류들이 많다. 예를 들어 Beneficiary Certification의 경우 Certification이 있는 것과 없는 것이 내용상으로는 아무 차이가 없다. 수출상이 확약한 품질증명서가 무슨 소용이 있을까? 필자의 생각으로 서류인수 후 통관에 들어가면 대부분은 휴지통에 버

려지리라고 생각한다. 물론 꼭 필요한 서류는 당연히 작성해야 되지만 믿을 수 있는 거래처라면 꼭 필요치 않는 보충서류의 삭제를 요청해 볼 필요가 있다.

② 신용장의 Amend 거래관계가 많은 수입상들은 신용장 개설 후 추가 ORDER가 발생하면 계속 Amend를 하는 경우가 많다. 4~5회 정도의 Amend까지는 서류작성시 별문제가 없지만, 심지어 20~30차의 Amend 통지를 받는 경우도 있다. Amend의 내용도 금액의 증액, S/D, E/D연장, 내용의 삭제/추가, Destination의 변경 등 많은 내용이 포함된다. 이 경우 서류작성자는 매우 혼란스러워지며, 서류작성에 착오를 일으킬 소지가 높다. 흔히 신규개설보다 Amend할 경우 많은 비용이 절감되리라 생각하지만, 실제로 꼭 그렇지 만은 않다. 서류작성에 혼동을 가져올 정도의 Amend는 신규개설을 요청하는 것이 더 경제적이라 생각한다.

제 4 장

Nego서류 작성실습

제2부의 신용장내용을 정확히 분석할 수 있는 독자는 Nego서류를 정확하게 작성할 수 있을 것이다. 신용장내용과 주어진 조건을 근거로 Nego서류를 작성해야 한다.

제 1 절

Nego서류 작성실습

1. 일람출급신용장의 Nego서류의 작성

1) Nego서류의 작성조건

신용장내용을 분석하여 신용장에서 어떤 서류를 요구하고 있는지 구체적으로 파악한 다음 아래 제시된 조건을 참고로 Nego서류를 작성한다.

아래 상황을 참조하여 Nego서류를 작성하세요.

1. ITEMS: item #4 참조
2. ADVICE OF NOTIFICATION 참조
3. LETTER OF CREDIT 참조
4. CERTIFICATE OF AMERICAN PRESIDENT LINES 참조
5. CERTIFICATE OF MANUFACTURER, EXPORTERS, IMPORTERS
6. 환어음 매입일자와 번호: 200004-2058
7. 상업송장 발행일자: 2000년 4월 27일
8. 상업송장번호: JJJ-1101/A
9. SAILING DATE: APR. 28, 2000
10. CARRIER: PRES. EISENHOWER V/142-W
11. BOOKING NUMBER: 005332148
12. B/L NUMBER: APLU 00532148
13. GROSS W/T: KGS, CTN 1,000
14. MEASUREMENT: CBM 4,069
15. 선하증권 발행일자: 2000년 4월 28일
16. 신용장 유효기일: 2000년 5월 10일
17. FORWARDING AGENT: ACS
18. CARTON BOX NO.: C-NO., 1-40
19. THE DETAILS OF COURIER AWB NO.: 2513532140
20. DETAILS OF COURIER. AWB NO.: 2509584346

2) 신 용 장

Documentary Credits Department

U B A F

SEOUL BRANCH

Seoul, 15/04/2000

Tel. No. : 778-8081 Ext. : 114

ADVICE OF NOTIFICATION

SOGANG CORP.
C.P.O. BOX 1726
SEOUL REPUBLIC OF KOREA

Our Reference	:	20000415EX9112/SM
Applicant	:	
Issuing Bank	:	HABIB BK AG ZURICH AL FAHIDI ST P.O. BOX 3138 DUBAI U.A.E.
Issuing Bank's ref.	:	PD/28363/2000
Currency/Amount	:	USD 11,786.00 Max
Validity	:	10/05/2000
Place of expiry	:	KOREA
B.O.K. Number	:	A-8601-804-09106

Dear Sirs.

We are pleased to enclose full details of the documentary credit issued in your favour.

This credit is irrevocable, available by payment at sight, for presentation of documents at our counters exclusively.
This credit does not bear our confirmation.
In accordance with the credit reimbursement conditions, upon presentation of the documents for our Renegotiation, we—Ubaf Seoul branch—will pay the value of the documents to your first negotiating bank after receipt of the funds from the issuing bank.

If after careful examination of credit terms, you do not agree with any of them, please contact your buyers to obtain the appropriate amendment.

Our above reference, 20000415EX9112/SM, should be quoted in all correspondence.

Yours faithfully.
Union de Banques Arabes et Francaises
U.B.A.F.-SEOUL BRANCH
No signature required

3rd Floor, Sam Do Building 1-170, Soon Hwa-Dong, Chung-Ku, Seoul, Korea, C.P.O. Box 1224
Tel : (82-2) 3455-5300 ▌Swift : UBARKRSX ▌Fax : (82-2)3455-5353/54 ▌Telex : K26400 UBAFSK, K23700 UBAFKO

(INCORPORATED SWIZERLAND) 1967 Date of Issue 11-04-2000	HABIB BANK AG ZURICH Al Fahjdi Street Branch P.O. Box No.3138 Par Dubai U.A.E. Tel. : 534545 Fax : 532156 Telex : 46765 BHBANK EM	IRREVOCABLE DOCUMENTARY CREDIT	L/C. PD/ 28363/2000 XXXXXX/RESTRICTED/XXXXXXXX ( ) Confirmation of our brief telex ref. : DATE AND PLACE OF EXPIRY 10-05-2000-S. KOREA

Applicant M/S WHITE ROSE FASHIONS LLC. C.P.O BOX-23066 DUBAI, U.A.E.	Beneficiary M/S. SOGANG CORPORATION C.P.O. BOX 1726, SEOUL, KOREA
Advising Bank UNION DE BANQUES ARABES ET FRANCAISES, C.P.O. BOX 1224 SAMSUNG MAIN BLDG., 18/FL., SEOUL 100, KOREA.	Amount USD.11,786./-(USD. EIEVAN THOUSAND SEVEN HUNDRED EIGHTY SIX ONLY) CFR DUBAI
Partial Shipments: ☑ Allowed ☐ Not Allowed Transshipment: ☐ Allowed ☑ Not Allowed Shipment form KOREA To DUBAI By ☐ Conference line/Regular line vessel only ☐ By Air ☐ By Steamer ☐ By Container ☑ AS PER ADDL. CLAUSE NO. 6 Last shipment date 30-04-2000	Credit available with ADVISING BANK By (ACCEPTANCE ☑ NEGOTIATION Against presentation of the documents detailed herein and marked ☑ ☑ Beneficiary's draft(s) at SIGHT drawn on opening bank and Marked Drawn under Habib Bank AG Zurich Par Dubai L/C. PD 28363/98

☑	Signed invoices in quintuplicate in the name of applicants certifying merchandise to be of KOREAN
☑	Full set of clean "Shipped on board" ocean Bills of Lading plus two copies drawn or endorsed to the order of Habib Bank AG Zurich showing beneficiary as shipper, marked notify Applicants and Habib Bank AG Zurich showing freight prepaid/Name, address & Tel., No., of shipping agent at destination must also appear on bill of Lading.
☐	Airway Bill/Post Parcel Receipt in duplicate showing beneficiary as shipper and goods consigned to Habib Bank AG Zurich, P.O. Box No. 3138. Par Dubai A/c. applicants bearing our L/C No. marked notify applicant and Habib Bank AG Zurich showing freight prepaid to collect.
☑	Insurance covered by applicant All shipments under this credit must be advised by Beneficiary within Two days from shipment date directly to M/s. THE ORIENTAL INSURANCE CO. LTD., P.O. BOX 478, DUBAI And to the applicant reffering to Open Policy/Cover Note No. DB OPM 2185 giving full details of shipments. A copy each of above advices and the postal registration receipts to accompany the original set of documents.
☐	Insurance Policy or Certificate in Duplicate in negotiable form for 110% of the invoice value covering Institute Cargo Clauses(All Risk) Institute War Clauses(Cargo) and Institute Strikes Riots and Civil Commotions Clauses. (Cargo) with extended cover from Warehouse to Warehouse. Unlimited transshipment Risks to be covered if transshipped. All claims payable at Dubai
☑	Packing List/Weight List FOUR Copies
☑	Certificate of origin from : · Chamber of Commerce · China Council for Promotion of International Trade · Dept of trade or its affiliates. · duly attested by UAE Embassy/Consulate or any Arab Embassy Consulate
☑	Beneficiary must send telegram/telex/Fax to the opening Bank at the time of shipment giving details of shipment and name of vessel. The copy of such telegram/telex/Fax alongwith transmission proof should accompany Original set of documents.
☐	If L/C is transferred, name and address of the transferee should be advised to opening bank within 7days. Negotiated documents to include evidence of the same.

NEGOTIATION UNDER RESERVE STRICTLY NOT ALLOWED/THIRD PARTY DOCUMENTS NOT ACCEPTABLE/FREIGHT FORWARDERS BILL OF LADING NOT ACCEPTABLE/DOCUMENT PRIOR TO THE LC DATE NOT ACCEPTABLE. HOUSE AIRWAY BILL NOT ACCEPTABLE/BILL OF LADING SHOWING SHIPPERS LOAD AND COUNT NOT ACCEPTABLE.
All Bank charges recording fee and commission abroad including reimbursement are for Beneficiary's/account.
Documents to be presented within 10 days after the date of issuance of the shipping document(s) but within the validity of the credit.

Covering : AS PER ATTACHED SHEET WHICH FORMS AN INTEGRAL PART OF THIS CREDIT
Shipping Marks :)
AS PER ATTACHED SHEET WHICH FORMS AN INTEGRAL PART OF THIS CREDIT.
Additional Clauses :)

We hereby issue this Documentary credit subject to the Uniform Customs and Practice for Documentary Credits(1993 Revision). International Chamber of Commerce-Paris, France, Publication No. 500. We agree with drawers, endorsers and bonafide holders of draft drawn under and in compliance with the terms of this credit that the same will be honored on due presentation. Directions to the Negotiating Bank are given on the reverse of the credit. YOURS faithfully. For Habib Bank AG Zurich	Advising BANK'S NOTIFICATION

ADDITIONAL SHEET-1

(INCORPORATED SWIZERLAND)
1967

Habib bank AG Zurich
Al Fahjdi Street Branch
P.O. Box No.3138
Par Dubai U.A.E.
Tel.. : 534545
Fax : 532156
Telex : 46765 BHBANK EM

Date of Issue 11-04-2000

CONTINUATION OF IRREVOCABLE DOCUMENTARY CREDIT	PD/28363/2000
AMOUNT US$11,786.00/- CIF DUBAI	

(THIS ATTACHMENT FORMS AN INTEGRAL PART OF OUR L/C NUMBER MENTIONED ABOVE)

GOODS DESCRIPTION : -

ITEM #(1) : - ABOUT 35,000 YDS KOREAN ORIGIN 100% POLY H.S.A. DOBBY GEORGETTE PLAIN DYED. 44"×ABT 25 YDS PER PIECE. @ US$ 2.496 PER YARD CIF DUBAI. OTHER DETAILS AS PER BENEFICIARY SALES CONT NO OJ-DB-0191.
MARKS : -FASHIONS-3/2276/2000 DUBAI IN TRANSIT.

ITEM #(2) : - ABOUT 10,000 YDS KOREAN ORIGIN H.S.A. SEMI LENO GEORGETTE PLAIN DYED. 58/60"×ABT 25 YDS PER PIECE. @ US$ 3.072 PER YARD CIF DUBAI. OTHER DETAILS AS PER BENEFICIARY SALES CONT NO OJ-DB-0193.
MARKS : -FASHIONS-3/2278/2000 DUBAI IN TRANSIT.

ITEM #(3) : - ABOUT 15,000 YDS KOREAN ORIGIN H.S.A. SEMI LENO GEORGETTE PLAIN DYED. 58/60"×ABT 25 YDS PER PIECE. @ US$ 3.072 PER YARD CIF DUBAI. OTHER DETAILS AS PER BENEFICIARY SALES CONT NO OJ-DB-0193.
MARKS : -FASHIONS-3/2279/2000 DUBAI IN TRANSIT.

ITEM #(4) : - ABOUT4,633 YDS KOREAN ORIGIN 100% POLY FORMAL BLACK JAQOUARD GGT. (FJO-9156). 44"×ABT 25 YDS PER PIECE. @ US$ 2.544 PER YARD CIF DUBAI. OTHER DETAILS AS PER NAVIN TRADING SALES CONT NO V-6112/3/2000.
MARKS : -FASHIONS-3/2294/2000 DUBAI IN TRANSIT.

ITEM #(5) : - ABOUT 5,000 YDS KOREAN ORIGIN 100% POLY FORMAL BLACK JAQOUARD GGT. (FJO-9156). 44"×ABT 25 YDS PER PIECE. @ US$ 2.544 PER YARD CIF DUBAI. OTHER DETAILS AS PER NAVIN TRADING SALES CONT NO V-6113/3/2000.
MARKS : -FASHIONS-3/2295/2000 DUBAI IN TRANSIT.

ADDITIONAL CLAUSES :

1. INVOICE TO SHOW A DEDUCTION OF 1% DISCOUNT ON THE 100% OF THE ORIGINAL INVOICE VALUE IF THE SHIPMENT IS EFFECTED BY THE VESSEL OVER 15 YEARS OF AGE, BUT NOT OVER 20 YEARS OF AGE. A CERTIFICATE OF THE VESSEL'S AGE FROM THE SHIPPING CO OR FROM ITS AGENT MUST ACCOMPANY THE ORIGINAL DOCUMENTS.

2. BENEFICIARY MUST ADVICE ON FAX NO. 04 533859 FULL PARTICULARS OF SHIPMENT VIZ, NAME OF THE VESSEL, ETA AND ETD OF THE VESSEL, L/C NO., INDENT NO., QUANTITY SHIPPED AND AMOUNT OF THE INVOICE. THE ORIGINAL FAX COPY TO ACCOMPANY THE ORIGINAL DOCUMENTS.

3. INSURANCE PREMIUM 1% ON 125% OF THE INVOICE NALUE PAYABLE TO MR. DILIP KUMAR B. AWTANI, A/C NO., 0055 369536 115 WITH EMIRATES BANK INTL LTE., AL SOUK BRANCH, DUBAI SHOULD BE DEDUCTED FROM THE PROCEEDS AT THE TIME OF NEGOTIATION AND INSTRUCTIONS FOR PAYMENT SHOULD BE INCORPORATED IN THE NEGOTIATING BANK'S COVERING SCHEDULE.

CONTD.....2

For Habib Bank AG Zurich

Attorney Attorney

ADDITIONAL SHEET-2

(INCORPORATED SWIZERLAND)
1967

Date of Issue 11-04-2000

Habib bank AG Zurich
Al Fahjdi Street Branch
P.O. Box No.3138
Par Dubai U.A.E.
Tel.. : 534545
Fax : 532156
Telex : 46765 BHBANK EM

CONTINUATION OF IRREVOCABLE DOCUMENTARY CREDIT	PD/28363/2000
AMOUNT US$11,786.00/- CIF DUBAI	

(THIS ATTACHMENT FORMS AN INTEGRAL PART OF OUR L/C NUMBER MENTIONED ABOVE)

ADDITIONAL CLAUSES :

4. INSPECTION CERTIFICATE IS REQUIRED DULY SIGNED BY MR. JHAMAN OF M/S. NAVIN TRADING CO., SEOUL, KOREA CERTIFYING THAT GOODS HAVE BEEN INSPECTED AND FOUND IN PROPER ORDER AND SOUND CONDITION AND HIS SIGNATURE MUST BE VERIFIED BY HIS BANKERS. RUBBER STAMP SIGNATURES ARE NOT ACCEPTABLE.

5. SIX SETS OF MULTIFOLD SHIPMENT SAMPLES AND TWO SETS OF NON NEGOTIABLE DOCUMENTS MUST BE SENT BY COURIER OR SPEED POST TO WHITE RESE FASHIONS LLC., P.O. BOX 23066, DUBAI TEL. 538789 WITHIN 2/3 DAYS AFTER THE SHIPMENT IS EFFECTED AND THE DETAILS OF COURIER OR SPEED POST AWB NO., MUST BE ADVISED ON FAX 533859 AND COPY OF SUCH FAX AND ORIGINAL RECEIPT MUST ACCOMPANY THE ORIGINAL DOCUMENTS.

6. GOODS MUST BE SHIPPED BY CONFERENCE LINE/UASC/WILLINE/APL/SEALAND/PIL/UNIGLORY/SENATOR LINE VESSEL'S BILL OF LADING ONLY AND COVERED BY INSTITUTE CLASSIFICATION CLAUSE.

7. EACH ITEM MUST BE SHIPPED SEPARATELY AND FOR EACH ITEM SEPARATE SET OF DOCUMENTS ARE REQUIRED FOR NEGITIATION.

8. A CERTIFICATE ISSUED BY THE BENEFICIARY STATING THAT THE GOODS SHIPPED ARE FULLY IN CONFORMITY WITH THE ORDER PLACED AND SUCH CERTIFICATE IN DUPLICATE MUST ACCOMPANY THE ORIGINAL DOCUMENTS.

9. A CERTIFICATE ISSUED BY THE SHIPPING COMPANY OR THEIR AGENTS CERTIFYING THAT THE VESSEL IS NOT PROHIBITED FROM ENTERING ARAB PORTS FOR ANY REASON AND SUCH CERTIFICATE IN DUPLICATE MUST ACCOMPANY THE ORIGINAL DOCUMENTS (NOT APPLICABLE IN CASE SHIPMENT IS EFFECTED BY UNITED ARAB SHIPPING COMPANY LINE VESSELS).

***

For Habib Bank AG Zurich

Attorney　　　　Attorney

3) 작성할 Nego서류

(1) 매입신청서

매 입 신 청 서

매입번호	
CMF번호	

계		대리		차장		부장		부점장	

(1) L/C 및 운송서류내용(DESCRIPTION)

BENEFICIARY :	
ASSIGNED FROM	
L/C NO.	
COMMODITY	
ADVICE NO.	
EXPORT LICENCE NO.	
ISSUING BANK	
ACCOUNTEE	
INVOICE VALUE	
SHIPPING EXPIRY	
CREDIT EXPIRY	

(2) 매입대금처리내역

처리내역			확인인 계	확인인 대
NEGO AMOUNT				
외화계정대체				
무역어음 대출	A			
	B			
	C			
	D			
수 입 보 증 금				
우 편 료				
환 가 료				
대 체 료				
대 체 지 정 계 좌 입 금				

위 내용의 수출하부환어음(또는 운송서류)을 기 약정한 바에 의하여 매입하여 주시고 동 수출어음 대금을 위와 같이 처리하여 주시기 바랍니다.

20 년 월 일

상호 (인)

인감대조

Sight
@
PAID 년 월 일

확 인 서

한국상업은행 앞 20 년 월 일

수 입
인 지

위 신용장(계약서)에 의한 수출환어음 또는 선적서류 매입과 관련하여 본인은 귀행에 아래와 같은 신용장(계약서)조건과의 불일치 또는 기타 사유로 인한 하자사항을 확인하며 이로 말미암은 비용 및 손해는 수출거래약정서에 따라 부담하겠습니다.

(운송서류 매입일로부터 Nego대금이 귀행 내규 소정일수를 경과하여 입금되는 경우에는 그 초과일수에 대한 소정이자를 지급하겠습니다.)

※ DISCREPANCIES

1)____________________
2)____________________
3)____________________
4)____________________

상호 (인)

인감대조

※ 은행 사용란

1	CMF.NO.			9	우편요금	*		16	자사실적	*		23	기산기준일		
2	재매입여부	*		10	기타공제			17	타사실적	*		24	확정일코드		
3	매입통화	*		11	가격조건	*		18	선물환율			25	할인구분		
4	매입금액	*		12	우대요율			19	선물환금액			26	COMM율		
5	하자여부	*		13	수출상대국	*		20	기 산 일	*		27	COMMISSION		
6	외화대체			14	수출형태			21	추심수수료	*		28	INTEREST율		
7	TENOR	*		15	CCCN.NO.			22	USANCE기간	*		29	INTEREST		
8	본지사구분														

◉ 추심시에는 *표 항목만 사용

(2) 선적요청서

SHIPPING REQUEST

1. SHIPPER	APL LINE
2. CONSIGNEE	PLEASE CONTACT

3. NOTIFY PARTY	11. B/L NO.	10. S/O NO.
	9. B/L REQUIRED ORIGINAL COPY	

PRE-CARRIGE BY	PLACE OF RECEIPT	6. B/L TO BE ISSUED AT

4. OCEAN VESSEL	7. VOY. NO.	5. PORT OF LOADING	12. SHIPMENT EXPIRRING DATE ON L/C

8. PORT OF DISCHARGE	PLACE OF DELIVERY	13. FINAL DESTINATION

14. MARK AND NUMBERS	15. NO. & KIND OF PKGS	16. DESCRIPTION OF GOODS	17. GROSS WEIGHT	18. MEASURE-MENT

19. FREIGHT & CHARGES.	20. REVENUE TONC	21. RATE	22. PER	23. PREPAID	24. COLLECT

SERVICE TYPE REQUESTED				25. 수출면장번호
H/H	H/P	P/H	P/P	PLEASE ARRANGE TO SHIP CARGOES AS DESCRIBED ABOVE

26. ACCEPTED BY ON 2000	27. APPLOCANT ADD : NAME : TEL :
HYUNDAI SHIPPING CO., LTD.	28. FORWARDER AT PORT OF LOADING ADD : NAME : TEL :

(3) 선하증권

BILL OF LADING

APL

SHIPPER(Seller licensee and full address)	BOOKING NUMBER	B/L NUMBER
	EXPORT REFERENCES	
CONSIGNEE(Name and Full Address/Non-Negotiable Unless Consigned to Order) (Unless provided otherwise a consignment "To Order" means To Order of Shipper)	FORWARDING AGENT(References. F.M.C. No.)	
	POINT AND COUNTRY OF ORIGIN OF GOODS	
Notify Party(Name and Full Address)	ALSO NOTIFY(Name and Full Address)/DOMESTIC ROUTING/ EXPORT INSTRUCTIONS/PIER-TERMINAL/ONWARD ROUTING FROM POINT OF DESTINATION	

(MODE)	Place of Receipt
Export Carrier(Vessel, voyage, & flag)	Port of Loading
Port of Discharge	Place of Delivery

Please refer to Clause 7 iii)on Reverse Side　PARTICULARS FURNISHED BY SHIPPER　Payment by Cheque must be made to the order of APL CO.,

/CONTAINER NOS	NO. OF PKGS	DESTINATION OF PACKAGES AND GOODS	GROSS WEIGHT	MEASUREMENT
			COPY NON-NEGOTIABLE	

B/L TO BE LEASED SEOUL	OCEAN FREIGHT PAYABLE AT		
FREIGHT RATES CHARGES, WEIGHTS AND OR MEASUREMENTS (SUBJECT TO CORRECTION)	PREPAID U.S.$	COLLECT U.S.$	Local Currency
FREIGHT PREPAID AS ARRANGED			

	142		TOTAL PREPAID				
	Voyage	Office	TOTAL COLLECT				

	000000 000	45895001	00000000	POS	JEB	DBA	00000000	F	APLU005332148
	FORWARDER	SHIPPER	CONSIGNEE	LD. PORT	DIS. PORT	DEST	NOTIFY	CSC	B/L NUMBER

APPLICABLE ONLY WHEN USED AS MULTIMODAL OF LOADING.

(4) 상업송장

COMMERCIAL INVOICE

<table>
<tr><td colspan="3" rowspan="2">1. Shipper/Exporter</td><td colspan="3">8. No. & date of invoice</td></tr>
<tr><td colspan="3">9. No. & date of L/C</td></tr>
<tr><td colspan="3" rowspan="2">2. For Account & Risk of Messrs.</td><td colspan="3">10. L/C issuing bank</td></tr>
<tr><td colspan="3" rowspan="4">11. Remarks :</td></tr>
<tr><td colspan="3">3. Notify party</td></tr>
<tr><td>4. Port of loading</td><td colspan="2">5. Final destination</td></tr>
<tr><td>6. Carrier</td><td colspan="2">7. Sailing on or about</td></tr>
<tr><td>12. Marks and numbers of PKGS</td><td colspan="2">13. Description of goods</td><td>14. Quantity/Unit</td><td>15. Unit-Price</td><td>16. Amount</td></tr>
<tr><td colspan="6">Mailing address : C.P.O. Box 1726 Seoul, Korea
Cable address : "TONGTRA" SEOUL
Telex code : K28304 K23706 TONGTRA
Telephone No. : 3166-300
FAX No. : 753-5436</td></tr>
</table>

(5) 환 어 음

BILL OF EXCHANGE

Date :

____________ SIGHT OF THIS BILL OF EXCHANGE(OF THE SAME TENOR AND DATE BEING UNPAID) PAY TO ________________________ OR ORDER THE SUM OF DOLLARS

VALUE RECEIVED AND CHARGE THE SAME TO ACCOUNT OF ________________

____

DRAWN UNDER ____

L/C NO. ________ DATED __________________________

TO :

SOGANG CORPORATION

PRESIDENT

(6) 포장명세서

PACKING LIST / WEIGHT LIST

1. Shipper/Exporter		8. No. & date of invoice
2. For Account & Risk of Messrs.		9. Remarks :
3. Notify party		
4. Port of loading	5. Final destination	
6. Carrier	7. Sailing on or about	

10. Marks and numbers of PKGS	11. Description of goods	12. Quantity	13. Net weight	14. Gross Weight	15. Measurement

SOGANG CORPORTATION

PRESIDENT

Mailing address : C.P.O. Box 1726 Seoul, Korea
Cable address : "TONGTRA" SEOUL
Telex code : K28304 K23706 TONGTRA
Telephone No. : 3166-300
FAX No. : 753-5436

(7) 원산지증명서

1. Shipper	ORIGINAL **CERTIFICATE OF ORIGIN** Issued by THE KOREA CHAMBER OF COMMERCE & INDUSTRY Seoul, Republic of Korea 원 산 지 증 명 서 대한상공회의소
2. Consignee	4. Buyer(if other than consignee)
3. Partial of Transport (where required)	5. Country of Origin 6. Invoice Number and Date

7. Shipping Marks	8. Number and Kind of Packages : Description of Goods	9. Quantity, Gross Weight or Measurement

The Korea Chamber of Commerce & Industry hereby certifies, on the basis of relevant invoice and other documents, that the above mentioned goods originate in the country shown in column 5.

28. APR 2000
THE KOREA CHAMBER OF COMMERCE & INDUSTRY
Executive Director Kang, Seong-Yil
The Republic of Korea

042382

(8) 적하보험청약서

적 하 보 험 청 약 서

<table>
<tr><td colspan="4">1. Assured</td></tr>
<tr><td colspan="2">2. Reference No.</td><td colspan="2">3. Claims, If Any, Payable at</td></tr>
<tr><td>4. Local Vessel or Conveyance</td><td colspan="2">5. From(Interior Port or Place of Loading)</td><td>12. Amount Insured</td></tr>
<tr><td>6. Ship or vessel Called The __________</td><td colspan="2">7. Sailing On or About</td><td rowspan="2">13. Conditions and Warranties Institute Cargo Clauses</td></tr>
<tr><td>8. At and From</td><td colspan="2">9. Trans shipped At</td></tr>
<tr><td>10. Arrived At</td><td colspan="2">11. Thence To</td><td>14. 증권발행일</td></tr>
<tr><td colspan="4">15. Packing</td></tr>
<tr><td colspan="2">16. Number of Police Issued</td><td colspan="2">17. Place and Date Signed</td></tr>
<tr><td colspan="4">18. Special Instructions</td></tr>
</table>

(9) 수출신고필증

수 출 신 고 필 증					처리기간: Handling Time:
1. 신고자 상호명	제출번호	7. 신고번호 120-10-98-	8. 신고일자	9. 신고구분 H	10. 검사장
2. 수출자 상호명	부호	11. 거래구분 11	12. 종류 A	13. 결제방법	
3. 제 조 자		14. 목적국	15. 적재항		
통관고유부호	사업자등록번호	16. 운송형태	17. 제조완료일 (검사희망일)		
4. 구매자 상호명	부호	18. 상품소재지			
5. 환급신청인 수출자 제조자		19. L/C 번호 161740			
6. 환급기관 서울본부세관	부호 010	20. 사후관리은행		21. 조사란	

23. 품 명 규 격	22. 관세사 실적	
	24. 세 번 부 호	
	25. 제 품 코 드	
	26. 신고가격(FOB)	₩ /$
	27. 순 중 량	
	28. 수 량	
	29. 포장개수/종류	
이 하 여 백	세 번 부 호	
	제 품 코 드	
	신고가격(FOB)	₩
	순 중 량	
	수 량	
	포장개수/종류	

30. 공란수 ( )란	31. 총중량	단위	32. 총포장개수	33. 총신고가격 (FOB)	₩ $

	서 류 명	번 호	발 급 일				
관련서류	37. 수출승인서	1250080053028A01	20000116	34. 결제금액			
	38. 수출추천서	8B-100-5407-011855	20000116	35. 운임(₩)		36. 보험료(₩)	
	39. 검 사 증			45. 세관 기재란			
	40. 검 역 증						
	41. 전략물자수출허가서						
	42.						
보세운송	43. 운송신고인 수출자와 동일 44. 기 간 / / 부터 / / 까지			46. 신고수리일자			

(10) 검사증명서

NAVIN TRADING CO.
C.P.O. BOX 5631
SEOUL, KOREA

INSPECTION CERTIFICATE

L/C NO. :

COMMODITY :

QUANTITY :

AMOUNT :

INVOICE NO. :

B/L NO. :

VASSEL NAME :

ON BOARD DATE :

SHIPPER :

THIS IS TO CERTIFY THAT GOODS HAVE BEEN INSPECTED AND THE SAME HAVE BEEN FOUND IN ORDER AND SOUND CONDITION FOR SHIPMENT.

THIS CERTIFY IS ISSUED IN GOOD FAITH, FOR THE PURPOSE OF SHIPMENT.
FOR ANY OTHER TECHNICAL OR OTHER DEFFECTS IN THE GOODS, THE FACTORY/MAKER OF GOODS IS RESPONSIBLE.

THANKING YOU.

YOUR'S FAITHFULLY.

NAVIN TRADING CO.

SEOUL, KOREA

JHAMAN PIRTHYANI

⑾ 수출승인서

<table>
<tr><td colspan="6">수출입승인(신청)서
Export/Import License(Application)
(업체용) C-9801 0134 JJJ-1001</td><td colspan="2">처리기간 : 1일
Handling Time : 1 Day</td></tr>
<tr><td colspan="4">1. 수출자 (Exporter) 무역업고유번호 (Notification No.) 6 7 2 1 15
서울특별시 중구 충무로1가 25-5 고려대연각센터
서 강 무 역 주 식 회 사 (서명)
대표이사 김 영 기 (Signature)</td><td colspan="4">4. 구매자 또는 계약 당사자(Buyer of Principle of Contract)

5. 신용장 또는 계약서 번호(L/C or Contract No.)</td></tr>
<tr><td colspan="4">2. 위탁자 (Request) 사업자등록번호 (Business No.) 201-81-00223
서울특별시 중구 충무로1가 25-5 고려대연각센터
서 강 무 역 주 식 회 사 (서명)
대표이사 김 영 기 (Signature)</td><td colspan="4">6. 금액(Total Amount)

7. 결제기간(Period of Payment)

8. 가격조건(Terms of Payment)</td></tr>
<tr><td colspan="4">3. 원산지(Origin)</td><td colspan="4">9. 도착항(Port of Dispatch)</td></tr>
<tr><td>10. HS부호
(HS Code)</td><td colspan="3">11. 품명 및 규격(Description/Size)</td><td colspan="2">12. 단위 및 수량
(Unit/Quantity)</td><td>13. 단가
(Unit-price)</td><td>14. 금액
(Amount)</td></tr>
<tr><td></td><td colspan="3"></td><td colspan="2"></td><td></td><td></td></tr>
<tr><td colspan="8">15. 승인조건기재란(Remarks to be filled out by an approval agency)</td></tr>
<tr><td colspan="8">16. 유효기간(Period of Approval)</td></tr>
<tr><td colspan="8">17. 승인번호(Approval No.) 1 2 5 0 0</td></tr>
<tr><td colspan="8">18. 승인기관 관리번호(No. for Approval Agency)</td></tr>
<tr><td colspan="8">19. 위의 신청사항을 대외무역법 제14조 제2항 및 동법 시행령 제26조 제1항의 규정에 의하여 승인합니다.
(The undersigned hereby approves the above-mentioned goods in accordance with Article 14 (2) of the Foreign, Trade Act and Article 26(1) of the Enforcement Decree of the said Act)
2000년 4월 27일
승인권자</td></tr>
<tr><td colspan="8">승인기관이 2이상인 경우 15~18의 기재사항은 이면에 기재하도록 합니다.
이 서식에 의한 승인과는 별도로 대금결제에 관한 사항에 대하여는 외국환 관리법령이 정하는 바에 따라야 합니다.</td></tr>
</table>

⑿ 선적통지서

SOGANG Corporation

100-706 25-5, CHUNGMU-RO, 1GA, CHUNG-GU SEOUL, KOREA
C.P.O. BOX: 1726 SEOUL KOREA/TEL: 3166-300/FAX: 753-5436
TELEX: K28304, TONGTRA/CABLE: TONGTRA SEOUL

TO: WHITE ROSE FASHIONS LLC FAX NO.: 533859 DATE: 2000. 4. 29
P.O. BOX-23066 DUBAI. U.A.E.

FROM: SOGANG CORPORATION JJJ-1001/A SIGN: 50 2000. 4. 29 SOGANG CORP.

ATTN: SIX SETS OF MULTIFOLD SHIPMENT SAMPLES AND TWO SETS OF NON NEGOTIABLE DOCUMENTS HAVE BEEN COURIER TO WHITE ROSE FASHIONS LLC., P.O. BOX 23066, DUBAI TEL. 538789

SHIPMENT ADVICE

WE ARE PLEASED TO INFORM YOU THAT WE HAVE SHIPPED THE FOLLOWING GOODS AS BELOW :

1) L/C NO. :

2) AMOUNT OF THE INVOICE :

3) MERCHANDISE :

4) QUANTITY SHIPPED :

5) NAME OF THE VESSEL :

6) SAILING DATE :

7) THE DETAILS OF COURIER AWB NO. :

8) THE ISSUING BANK :

BEST REGARDS.

CONFIRMED & CERTIFIED BY
SOGANG CORPORATION

PRESIDENT

⒀ 선박회사 증명서

AMERICAN PRESIDENT LINES

Tel: (753)8192～5

MARINE CENTER, SUITE 608
CENTRAL P.O. BOX 2878
SEOUL KOREA

CABLE : USHICO
Telex : k27208
Fax : 82-2-756-5863

CERTIFICATE

To Whom it May Concern　　　　Date :

Dear Sir,

Name of vessel. :
B/L No. :

American President Lines, hereby certify that the carrying vessel for the above consignments.

1. Is owned and operated by American President Lines which is US Flag carrier and the member lines of Conference in regular liner full container service.
2. In neither the Israel owned nor black-listed by Ministry of Customs & Ports, Israel Boycott office, also has no relation with Government and/or Israelite in its capital, organization and management.
3. All vessels owned or operated by American President Lines, Ltd. are not over 15 years old or are in the highest class, 100 Al, under the rules of the American Bureau of Shipping, ABS and are free of any outstanding requirement of ABS as to structural strength.
4. Will not call at Israel port and/or territorial waters during her voyage en route to Arabian Gulf and/or Red Sea ports.
5. Is allowed to call Arabian Gulf/Red Sea ports by Arab authorities.
   Please be guided accordingly.
6. THE VESSEL'S AGE : 12 YEARS
7. GOODS ARE SHIPPED BY APL LINE VESSEL'S BILLS OF LADING ONLY AND COVERED BY INSITITUTE CLASSIFICATION CLAUSE.
8. "THE VESSEL IS NOT PROHIBITED FROM ENTERING ARAB PORTS FOR ANY REASON."

Very truly yours.
AMERICAN PRESIDENT LINES

Manager

⒁ 국제등기우편수령증

<table>
<tr><td colspan="5">국제등기우편물수령증(갑)
Receipt for Registered Item</td><td>일련번호
Serial No.</td></tr>
<tr><td>우편물번호
Item No.</td><td colspan="2">4823</td><td>도착국명약호
Country Code</td><td>DXB</td><td>접 수 일 부 인
Date Stamp</td></tr>
<tr><td>중 량
Weight</td><td>105g</td><td>편별
Route</td><td colspan="2">☑항공, □선박
□Air, □Surface</td><td rowspan="4"></td></tr>
<tr><td>요 금
Postage</td><td>9,870won</td><td rowspan="3">종별
Category</td><td colspan="2" rowspan="3">☑서 정
□Letter
인 쇄 료
□Printed paper
소형포장물
□Small packet
맹인용 점자
□Braille</td></tr>
<tr><td rowspan="2">보험가액
Insured value</td><td>won</td></tr>
<tr><td>SDR</td></tr>
<tr><td></td><td colspan="4"></td><td>□</td></tr>
<tr><td>특수취급
Special Services</td><td colspan="5">☑국제속달 Express   □배달통지 Air   □통관회부 Presentation to customs</td></tr>
<tr><td>요금납부
Postage payment</td><td>□우표
Postage stamp</td><td colspan="2">☑별납
Paid separately</td><td>□창구기계
Counter machin</td><td>□후납
Paid afterwards</td></tr>
<tr><td>내용품명
Contents</td><td colspan="5">FULL DETAILS OF SHIPMENTS</td></tr>
<tr><td>발 송 인
주소성명
Sender</td><td colspan="5">SOGANG CORPORTAION
C.P.O. BOX 1726 SEOUL, KOREA</td></tr>
<tr><td>수 취 인
주소성명
Address</td><td colspan="5">M/S THE ORIENTAL INSURANCE CO. LTD.,
P.O. BOX 478, DUBAI</td></tr>
<tr><td>비 고
Remarks</td><td colspan="5">OPEN POLICY/COVER NOTE NO. DB OPM 2185</td></tr>
<tr><td>참고사항
Note</td><td colspan="4">1. 등기우편물에 대한 손해배상은 내용품가격에 관계없이 통당 정액(17,040원)을 배상하므로 유가증권 보석류 등 귀중품은 지정된 우체국(통관국)에서 보험서창을 이용하여야 분실, 파손 등 사고시에 보험가액 전액을 배상 받을 수 있습니다.
2. 주소, 성명은 영어, 불어 또는 배달국가에서 통용되는 문자와 아라비아숫자로 정확하게 기재(나라명과 도시이름을 반드시 영어 또는 불어로) 하여야 합니다.
3. 소형포장물이나 상품에는 세관표지(C1) 또는 세관신고서(C2, CP3)를 작성하여 붙여야 합니다.</td><td>담당자서명
Signature of the official</td></tr>
</table>

<table>
<tr><td colspan="5">국제등기우편물수령증(갑)
Receipt for Registered Item</td><td colspan="2">일련번호
Serial No.</td></tr>
<tr><td>우편물번호
Item No.</td><td colspan="2">4853</td><td>도착국명약호
Country Code</td><td>DXB</td><td colspan="2">접 수 일 부 인
Date Stamp</td></tr>
<tr><td>중 량
Weight</td><td>105g</td><td>편별
Route</td><td colspan="2">☑항공, ☐선박
☐Air, ☐Surface</td><td colspan="2" rowspan="3"></td></tr>
<tr><td>요 금
Postage</td><td>9,870won</td><td rowspan="3">종별
Category</td><td colspan="2" rowspan="3">☑서 정
☐Letter
인 쇄 료
☐Printed paper
소형포장물
☐Small packet
맹인용 점자
☐Braille</td></tr>
<tr><td rowspan="2">보험가액
Insured value</td><td>won</td></tr>
<tr><td>SDR</td><td colspan="2">☐</td></tr>
<tr><td>특수취급
Special Services</td><td colspan="6">☑국제속달 Express   ☐배달통지 Air   ☐통관회부 Presentation to customs</td></tr>
<tr><td>요금납부
Postage payment</td><td colspan="2">☐우표
Postage stamp</td><td>☑별납
Paid separately</td><td>☐창구기계
Counter machine</td><td colspan="2">☐후납
Paid afterwards</td></tr>
<tr><td>내용품명
Contents</td><td colspan="6">FULL DETAILS OF SHIPMENTS</td></tr>
<tr><td>발 송 인
주소성명
Sender</td><td colspan="6">SOGANG CORPORTAION
C.P.O. BOX 1726 SEOUL, KOREA</td></tr>
<tr><td>수 취 인
주소성명
Address</td><td colspan="6">M/S WHITE ROSE FASHIONS CO., LTD.
P.O. BOX 23066, DUBAI, UAE</td></tr>
<tr><td>비 고
Remarks</td><td colspan="6">OPEN POLICY/COVER NOTE NO. DB OPM 2185</td></tr>
<tr><td rowspan="2">참고사항
Note</td><td colspan="4" rowspan="2">4. 등기우편물에 대한 손해배상은 내용품가격에 관계없이 통당, 정액(17,040원)을 배상하므로 유가증권 보석류 등 귀중품은 지정된 우체국(통관국)에서 보험서장을 이용하여야 분실, 파손 등 사고시에 보험가액 전액을 배상받을 수 있습니다.
5. 주소 성명은 영어, 불어 또는 배달국가에서 통용되는 문자와 아라비아숫자로 정확하게 기재(나라명과 도시명은 반드시 영어 또는 불어로)하여야 합니다.
6. 소형포장물이나 물품에는 세관표지(C1) 또는 세관신고서(C2/C3)를 작성하여 붙여야 합니다.</td><td colspan="2">담당자서명
Signature of the official</td></tr>
<tr><td colspan="2"></td></tr>
</table>

(15) 수출상의 증명서

200004－2058

C.P.O. BOX 1726, SEOUL, KOREA.

SOGANG Corporation

TELEX : K 28304, 23706, 22716 CABLE ADDRESS : TONGTRA SEOUL MAILING ADDRESS : C.P.O. BOX 1726 SEOUL, KOREA	MANUFACUTERES-EXPORTERS-IMPORTERS	TELEPHONE : SEOUL HEAD OFFICE : 3166-300 FAX : 753-5436

Our Ref. JJJ-1011/A	Date. APR. 27, 2000.

TO WHOM IT MAY CONCERN:

CERTIFICATE

RE. 1) L/C NO. :
2) AMOUNT :
3) QUANTITY :

WE CERTIFY THAT THE GOODS SHIPPED ARE FULLY IN CONFORMITY WITH THE ORDER PLACED.

THANK YOU.

YOURS TRULY.

SOGANGO CORPORATION

PRESIDENT

⒃ 선적에 대한 수출상의 증명서

200004－2058

C.P.O. BOX 1726, SEOUL, KOREA.

SOGANG Corporation

TELEX : K 28304, 23706, 22716
CABLE ADDRESS : TONGTRA SEOUL
MAILING ADDRESS : C.P.O. BOX 1726 SEOUL, KOREA

MANUFACUTERES-EXPORTERS-IMPORTERS

TELEPHONE : SEOUL HEAD OFFICE : 3166-300
FAX : 753-5436

Our Ref. JJJ-1011/A　　　　Date.

TO M/S. THE ORIENTAL INSURANCE CO. LTD., PO BOX 478, DUBAI

FULL DETAILS OF SHIPMENTS

RE.
1) L/C NO. :
2) INVOICE AMOUNT :
3) QUANTITY :
4) COMMODITY :

WE ARE PLEASED TO INFORM YOU THAT WE HAVE SHIPPED THE CATIONED GOODS BY "PRES. EI SENROWER V/142-W" WHICH LEFT BUSAN, KOREA FOR DUBAI ON APR. 27, 2000. AND A COPY OF SUCH OUR INVOICE IS ENCLOSED HEREWITH.

YOU MAY. THEREFORE INSURE THE ABOVE GOODS UNDER OPEN POLICY/COVER NOTE NO. DB OPM 2185 IN DUE COURSE..

THANK YOU.

YOURS TRULY.

* C.C. : M/S. WHITE REOSE FASHIONS LLC.
P.O. BOX 23066 DUBAI, U.A.E

SOGANG CORPORATION

PRESIDENT

⒄ 수출상의 FAX송신 증명서

TRANSMISSION JOURNAL 2000－04－27 3:21:00 PM

FAX NUMBER: 753-5436

NAME:

NO	FAX NUMBER	TIME	PAGE	RESULTS
328	7744009	01:28	01	COMM.ERROR
329	0019713524814	01:29	01	OK
330	00227135821041	01:32	01	OK
331	0019716481921	01:33	04	OK
332	2168105	01:35	13	OK
333	51282136	01:38	02	OK
334	00227113335288	01:41	02	OK
335	0026326361031	01:43	05	OK
336	0537541716	01:47	10	OK
337	00171142358	01:51	01	OK
338	00213107634777	01:54	01	OK
339	001653397148	02:03	02	OK
340	7511541	02:06	01	COMM.ERROR
341	23564144	02:08	02	OK
342	7533433	02:13	01	OK
343	009714532156	02:15	02	OK
344	0531289411	02:17	01	OK
345	0325482156	02:20	01	OK
346	00255112563002	02:23	01	OK
347	00243557785813	02:25	01	OK
348	6811386	02:27	04	OK
349	3851391	02:30	02	OK
350	0532168532	02:32	01	OK
351	001246814589	02:35	01	OK
352	001235456642	02:37	03	OK
353	0531289411	02:40	09	OK
354	0512598413	02:45	02	OK
355	00255112563002	02:51	01	OK
356	002441819428648	02:55	03	OK
357	001246814589	03:01	01	OK
358	001235456642	03:04	01	OK
359	0019714535811	03:08	01	COMM.ERROR
360	0512541714	03:10	02	OK
361	7520678	03:15	03	OK
362	0512541714	03:17	06	OK

CONFIRMED &
CERTIFIED BY
SOGANG CORPORATION

PRESIDENT

2. 매입자유신용장의 Nego서류의 작성

1) Nego서류의 작성조건

신용장내용을 분석하여 신용장에서 어떤 서류를 요구하고 있는지 구체적으로 파악한 다음, 아래 제시된 조건을 참고로 Nego서류를 작성한다.

아래 상황을 참조하여 Nego서류를 작성하세요

1. 환어음 매입일자와 번호: 200009-252000
2. 상업송장 발행일자: 2000년 9월 28일
3. 상업송장번호: JJJ-2065
4. SAILING ON OR ABOUT: SEP., 30, 2000
5. CARRIER: "BUNGA RAYA SATU"
6. BOOKING NUMBER: 005332148
7. B/L NUMBER: 005332148
8. GROSS W/T: 2680 KGS
9. MEASUREMENT: 10.000 CBM
10. 선하증권 발행일자: 2000년 9월 30일
11. CONTAINER NO.: C/T NO.1-40
12. LADEN ON BOARD: SEP., 30, 2000
13. MARKS AND NOS: CONTAINER NOS:

    S.A.Z.
    HF-10087
    LATTAKIA IN TRANSIT
    ALEPPO FREE ZONE
    C/T NO. 1-40
    MADE IN KOREA

2) 신 용 장

Deutsche Bank Aktlengesellschalt Seoul Branch Postal Address : C.P.O. Box 512, Seoul 110-605 Business Address : 5th FL. Sei-An Building, 116 Shinmoonro-1Ka, Chongro-Ku Seoul 110-700, Korea Page 1 of 1 Date 24 SEP 2000	Tel : 7244-500 Telex : K26353 DBASL SWIFT : DEUTKRSE Fax : 736-3870	Notification of Documentary Credit Our ref. 794EL19802820 L/C NO. 5512532 dated 22 SEP 2000 Amount USD 17,000.00 Date of Expiry 15 NOV. 2000
Advice Through Bank/Beneficiary SOGANG CORPORATION C.P.O. BOX 1726 SEOUL KOREA		Applicant SAMER ABU ZEID CYPRUS In Favour of : SOGANG CORPORATION C.P.O. BOX 1726

We wish to inform you that the bank indicated has opened/issued a documentary credit in your favour. Please see the enclosure for details.

We would like to draw your special attention to the specific terms and conditions of the documentary credit which you have to be fully complied with when making the documents in order to avoid difficulties in the course of processing.

In case the terms and conditions do not correspond to the terms of your agreement, or if you think that you are unable to fulfill them in one item or another we would recommend that you arrange immediately for the applicant to make the necessary alterations of amendments.

In case we have received the details to the documentary credit by cable, we neither take into consideration any further mail confirmation of the cable nor forward it to you.

We kindly ask you to pay attention to the fact that the bank indicated has opened/issued this documentary credit in your favour. Unless the credit has been confirmed by us (as indicated below) this advice is given to you without any engagement on our part and does not constitute any obligation on our part to honour documents.

Should the credit be designed as transferable and should we be authorized to effect such transfer please note that we are under no obligation to do so.

BANK OF KOREA'S REF. NO.
A-8001-809-02179

Issuing Bank
BANQUE EUROPEENNE POUR LE MOYEN
ORIENT-CYPRUS O.B.U-LIMASSOL
P.O. BOX 6232
LIMASSOL
CYPRUS, REPUBLIC

Deutsche Bank
Aktlengesellschalt
Seoul Branch

This advice requires one control & procure only.

This Notification is subject to UCP for Documentary Credits (1993 Revision). ICC Publication No. 500

DBASU K26353
5575B BEMO CY
AUTO TLX, DO NOT INTERRUPT 222EP98 2207

Test☐ Correct☐ Incorrect	
Checked by	Date :
SAL	

TO : DEUTSCHE BANK AG-SEOUL-KOREA
FM : BANQUE EUROPEENNE POUR LE MOYEN ORIENT SAL
CY. O. B. U. LIMASSOL/CYPRUS

LIMASSOL 22ND SEPTEMBER, 2000

DEUTBANK 2000. 9. 23 INCONING

TEST : FOR USD 17,000.00

ORDER ACCOUNT : SAMER ABU ZEID

WE OPEN AN IRREVOCABLE DOCUMENTARY CREDIT NO. 5512532

ORIGINAL

IN FAVOUR OF : SOGANG CORPORATION, ATTN : F.J. DEPT.
C.P.O. BOX : 1726, SEOUL, KOREA

TO THE EXTENT OF ABT USD. 17,000.00(ABOUT US DOLLARS SEVENTEEN THOUSAND)

AVAILABLE AT SIGHT

AGAINST PRESENTATION OF THE FOLLOWING DOCUMENTS TO BE REMITTED TO OURSELVES BY DHL COURRIER UNDER TWO SEPARATE COVERS :

COMMERCIAL INVOICE MADE OUT IN THE NAME OF ABDEL-LATIF ABU ZEID ALEPPO FREE ZONE, SYRIA IN 6 COPIES SIGNED BY THE SELLER INCLUDING AN ORIGINAL COPY CERTIFIED BY THE CHAMBER OF COMMERCE

THE INVOICE MUST BEAR THE FOLLOWING ATTESTATION :

-WE CERTIFY THAT THIS INVOICE IS AUTHENTIC, THAT IS THE ONLY ONE ISSUED BY US FOR THE GOODS DESCRIBED THEREIN, THAT IT SHOWS THEIR EXACT VALUE WITHOUT ANY DEDUCTION. WE DECLARE ALSO THAT THE ORIGIN OF THE GOODS IS EXCLUSIVELY FROM KOREA

-WE ARE NOT REPRESENTED IN SYRIA AND SYRIA IS NOT INCLUDE IN THE TERRITORY OF ANY OTHER AGENT WHO WOULD BENEFIT WHATSOEVER FROM ANY COMMISSION ON OUR MERCHANDISE EXPORTED TO SYRIA

-WE CERTIFY THAT THE GOODS IMPORTED ARE MANUFACTURED BY EXPORTER'S COUNTRY AND THAT THERE IS NO MATERIAL PRODUCED BY ISRAEL IN THE MANUFACTURE OR PREPARATION OF THESE GOODS.

-WE CERTIFY THAT THE ABOVE GOODS ARE MANUFACTURED BY (FIRM OR MANUFACTORY TO INDICATE FULL NAME OF MANUFACTURER TO BE INDICATED CLEARLY) AND THAT THEY ARE ENTIRELY MADE IN KOREA

-WE ARE FULLY AWARE OF THE SYRIAN LEGISLATION CONCERNING THE BOYCOTT OF ISRAEL AND UNDERTAKE TO COMPLY WITH IT.

Deutsche Bank
Aktiengesellschalt
Seoul Branch

-TO BE CONTINUE

FULL SET OF CLEAN ON BOARD MARINE BILLS OF LADING ISSUED TO THE ORDER AND BLANK ENDORSED AND BEARING THE FOLLOWING ATTESTATIONS :
FREIGHT : PREPAID
NOTIFY : ABDEL-LATIF ABU ZEID, ALEPPO FREE ZONE, SYRIA
DESTINATION : LATTAKIA, SYRIA

CERTIFICATE ISSUED BY THE SHIPPING COMPANY STATING THAT THE SHIP LOADING THE GOODS IS NOT OF ISRAEL NATIONALITY, THAT SHE IS NOT BLACKLISTED BY THE ARAB BOYCOTT BUREAU AGAINST ISRAEL AND SHALL NOT CALL DURING HER PRESENT VOYAGE AT ANY ISRAEL PORT
(SEPRATED OR INCORPORATED IN THE B/L)

ORIGINAL

INSURANCE POLICY OR CERTIFICATE IN 2 COPIES ISSUED TO THE ORDER OF THE SELLERS AND BLANK ENDORSED COVERING THE VALUE OF THE INVOICE PLUS 10 PER CENT AND CONERING THE FOLLOWING RISKS :
−INSTITUTE CARGO CLAUSES (A)
−INSTITUTE STRIKES CLAUSES (CARGO)
−INSTITUTE WAR CLAUSES (CARGO)
−FIRE, THEFT IN THE CUSTOMS HOUSE
THIS INSURANCE MUST BE VALID FOR A PERIOD OF 60 DAYS AFTER THE DISCHARGE OF THE GOODS.

CERTIFICATE OF ORIGIN ISSUED BY THE CHAMBER OF COMMERCE IN 3 COPIES

CERTIFICATE OF WEIGHT IN 4 COPIES

PACKING LIST IN 4 COPIES SHOWING ALL DERAILS OF PACKING NAMELY CONTENTS OF CARTON BY CARTON EQUAL TO THE INVOICED QUANTITY.

N.B.

ALL CHARGES AND COMMISSIONS, OUTSIDE CYPRUS, INCLUDING REIMBURSEMENT BANK CHARGES AND OTHERS ARE ON BENEFICIARIES ACCOUNT.

VERY IMPORTANT :

−ALL DOCUMENTS REQUIRED SHOULD NOT BEAR ANY MENTION SHOWING THAT THEY HAVE BEEN ISSUED UNDER A DOCUMENTARY CREDIT AND SHOULD NOT BEAR THE CREDIT NUMBER NOR THE NAME OF OUR BANK.

−ALL DOCUMENTS REQUIRED EXCEPT INSURANCE POLICY AND BILL OF LADING (SINCE ISSUED TO THE ORDER AND BLANK ENDORSED) MUST BE ISSUED IN THE NAME OF ABDEL-LATIF ABU ZEID, ALEPPO FREE ZONE, SYRIA.

−ALL DOCUMENTS REQUIRED EXCEPT INVOICE AND INSURANCE POLICY MUST NOT SHOW ANY VALUE OR PRICES.

EVIDENCING THE SHIPMENT OF THE FOLLOWING GOODS

ABT 20,000 YDS FJC-4166-02 SOGANG CHARMAX BRAND
PLAIN DYED KING CHIRIMEN JAQUARD 44" AT USD 0.85/YD
CIF LATTAKIA, SYRIAAS PER HF-10087

N.B.

Deutsche Bank
Akliengesellschalt
Seoul Branch

-TO BE CONTINUE

SHIPMENT TO BE EFFECTED THROUGH P+O NEDLLOYD LINES BILL OF LADING AND THEIR VESSELS ONLY.

-BILL OF LADING MUST SHOW 'TEXTILE PIECE GOODS' only WITHOUT MENTIONING NUMBER OF YARDS NOR NET WEIGHT : TO MENTION GROSS WEIGHT AND MEASUREMENT IN CUBIC METERS.

VERY IMPORTANT

ORIGINAL

ANY FORWARDER'S BILL OF LADING IS CATEGORICALLY NOT ACCEPTABLE

-UPON NEGOTIATION PLEASE DEDUCT FROM YOUR PAYMENT TO BENEFICIARIES 5% AGENT COMMISSION TO BE PAID TO MR H. FARSOUN THROUGH OURSELVES. THIS DEDUCTION MUST NOT BE SHOWN ON THE INVOICE BUT ON A SEPARATE CERTIFICATE ATTESTING SAME TO BE NEGOTIATED WITH DOCUMENTS.

PARTIAL SHIPMENT : NOT PERMITTED
TRANSSHIPMENT : NOT PERMITTED
PORT OF SHIPMENT : ANY KOREAN PORT
PORT OF DESTINATION : CIF LATTAKIA, SYRIA
LATEST DATE FOR SHIPMENT : 31ST OCTOBER, 2000
EXPIRY DATE : 15TH NOVEMBER, 2000 IN KOREA

NEGOTIATION UNDER RESERVES OR AGAINST BANK GUARANTEE PROHIBITED

NEGOTIATION OF DOCUMENTS THROUGH ANY BANK IN KOREA ACCEPTABLE

PLEASE NOTIFY THIS LETTER OF CREDIT TO THE BENEFICIARY URGENTLY WITHOUT ADDING YOUR CONFIRMATION.

IN REIMBURSEMENT : PLEASE REIMBURSE YOURSELVES WITH DEUTSCHE BANK AG FRANKFURT INSTRUCTING THEM TO DEBIT THE ACCOUNT OF OUR BEMO BEIRUT WITH THEM VALUE 3 WORKING DAYS FROM DATE OF YOUR REIMBURSEMENT CLAIM CERTIFYING THAT ALL TERMS AND HAVE BEEN COMPLIED WITH AND UNDER YOUR TELEX ADVICE TO US GIVING AMOUNT TO BE DEBITED AND VALUE DATE

ALL MAIL CORRESPONDENCE REGARDING THIS CTEDIT MUST BE REMITTED TO BANQUE EUROPEENNE POUR LE MOYEN ORIENT SAL - CYPRUS OFF SHORE BANKING UNIT - P.O. BOX 6232 LIMASSOL/CYPRUS.

THIS CREDIT IS SUBJECT TO THE UNIFORM CUSTOMS AND PRACTICE FOR DOCUMENTARY CREDIT (REVISED VERSION OF 1993) BROCHURE 500 OF THE I.C.C.

THIS TELEX IS AN OPERATIVE INSRTRUMENT NO MAIL CONFIRMATION WILL FOLLOW.

THKS AND RGDS
BEMO SAL OBU

DBASL K26353
5575B BEMO CY

Deutsche Bank
Akliengesellschalt
Seoul Branch

3) 작성할 Nego서류

(1) 매입신청서

매 입 신 청 서

매입번호	
CMF번호	

계		대리		차장		부장		부점장	

(1) L/C 및 운송서류내용(DESCRIPTION)

BENEFICIARY :	
ASSIGNED FROM	
L/C NO.	
COMMODITY	
ADVICE NO.	
EXPORT LICENCE NO.	
ISSUING BANK	
ACCOUNTEE	
INVOICE VALUE	
SHIPPING EXPIRY	
CREDIT EXPIRY	

(2) 매입대금처리내역

처리내역			확인인 계	확인인 대
NEGO AMOUNT				
외화계정대체				
무역어음 대 출	A			
	B			
	C			
	D			
수 입 보 증 금				
우 편 료				
환 가 료				
대 체 료				
대 체 지 정 계 좌 입 금				

위 내용의 수출하부환어음(또는 운송서류)을 기 약정한 바에 의하여 매입하여 주시고 동 수출어음 대금을 위와 같이 처리하여 주시기 바랍니다.

20 년 월 일

상호 (인)

인감대조

Sight
@
PAID 년 월 일

확 인 서

수 입 인 지

한국상업은행 앞 20 년 월 일

위 신용장(계약서)에 의한 수출환어음 또는 선적서류 매입과 관련하여 본인은 귀행에 아래와 같은 신용장(계약서)조건과의 불일치 또는 기타 사유로 인한 하자사항을 확인하며 이로 말미암은 비용 및 손해는 수출거래약정서에 따라 부담하겠습니다.

(운송서류 매입일로부터 Nego대금이 귀행 내규 소정일수를 경과하여 입금되는 경우에는 그 초과 일수에 대한 소정이자를 지급하겠습니다.)

※ DISCREPANCIES

1)__________
2)__________
3)__________
4)__________

상호 (인)

인감대조

※ 은행 사용란

1	CMF.NO.			9	우편요금	*		16	자사실적	*		23	기산기준일		
2	재매입여부	*		10	기타공제			17	타사실적	*		24	확정일코드		
3	매입통화	*		11	가격조건	*		18	선물환율			25	할인구분		
4	매입금액	*		12	우대요율			19	선물환금액			26	COMM율		
5	하자여부	*		13	수출상대국	*		20	기 산 일	*		27	COMMISSION		
6	외화대체			14	수출형태	*		21	추심수수료	*		28	INTEREST율		
7	TENOR	*		15	CCCN.NO.	*		22	USANCE기간	*		29	INTEREST		
8	본지사구분														

◉ 추심시에는 *표 항목만 사용

(2) 선적요청서

SHIPPING REQUEST

<table>
<tr><td colspan="4">1. SHIPPER</td><td colspan="4">P&O</td></tr>
<tr><td colspan="4">2. CONSIGNEE</td><td colspan="4">PLEASE CONTACT</td></tr>
<tr><td colspan="4" rowspan="2">3. NOTIFY PARTY</td><td colspan="2">11. B/L NO.</td><td colspan="2">10. S/O NO.</td></tr>
<tr><td colspan="4">9. B/L REQUIRED ORIGINAL COPY</td></tr>
<tr><td colspan="2">PRE-CARRIGE BY</td><td colspan="3">PLACE OF RECEIPT</td><td colspan="3">6. B/L TO BE ISSUED AT</td></tr>
<tr><td>4. OCEAN VESSEL</td><td>7. VOY. NO.</td><td colspan="3">5. PORT OF LOADING</td><td colspan="3">12. SHIPMENT EXPIRRING DATE ON L/C</td></tr>
<tr><td colspan="2">8. PORT OF DISCHARGE</td><td colspan="3">PLACE OF DELIVERY</td><td colspan="3">13. FINAL DESTINATION</td></tr>
<tr><td>14. MARK AND NUMBERS</td><td colspan="2">15. NO. & KIND OF PKGS</td><td colspan="2">16. DESCRIPTION OF GOODS</td><td colspan="2">17. GROSS WEIGHT</td><td>18. MEASURE MENT</td></tr>
<tr><td>19. FREIGHT & CHARGES.</td><td colspan="2">20. REVENUE TONC</td><td>21. RATE</td><td>22. PER</td><td colspan="2">23. PREPAID</td><td>24. COLLECT</td></tr>
<tr><td colspan="8"></td></tr>
<tr><td colspan="4">SERVICE TYPE REQUESTED</td><td colspan="4">25. 수출면장번호</td></tr>
<tr><td>H/H</td><td>H/P</td><td>P/H</td><td>P/P</td><td colspan="4">PLEASE ARRANGE TO SHIP CARGOES AS DESCRIBED ABOVE</td></tr>
<tr><td colspan="4">26. ACCEPTED BY
ON 2000</td><td colspan="4">27. APPLOCANT
ADD :
NAME : TEL :</td></tr>
<tr><td colspan="4">HYUNDAI SHIPPING CO., LTD.</td><td colspan="4">28. FORWARDER AT PORT OF LOADING
ADD :
NAME : TEL :</td></tr>
</table>

(3) 선하증권

① 선적선하증권

Shipper	B/L No.: Reference : P&O
Consigned to order of(for U.S. Trade only Not Negotiable unless consigned To Order	
Notify Party/Address(It is agree that no responsibility shall attach to the Carrier or his Agents for failure to notify(see clause 20 on reverse)	Place of Receipt(Applicant only when this document is used as a Combined Transport Bill of Lading)
Vessel and Voy. No.	Place of Delivery(Applicant only when this document is used as a Combined Transport Bill of Lading)
Port of Loading / Place of Discharge	

Undermentioned particulars as declared by Shipper, but not acknowledged by the Carrier(see clause 11)

Marks and Nos : Container Nos :	Number and kind of Packages ; Description of Goods	Gross Weight(kg)	Measure

Total No. of Container Packages received by the Carrier	Movement	Freight payable at

EXCESS VALUATION : REFER TO CLAUSE 7(3) ON REVERSE SIDE(U.S. TRADE ONLY)

Received by the Carrier from the Shipper in apparent good order and condition(unless otherwise noted herein) the total number or quantity of Containers or other packages or units indicated in the box above entitled "Total No of containers/packages received by the Carriage subject to all the terms and condition hereof (INCLUDING THE TERMS AND CONDITIONS ON THE REVERSE HEREOF AND THE TERMS CONDITIONS OF THE CASHIERS APPLICABLE. TARIFF)from the Place of Receipt in the port of lading,whichever is applicable to the port of Discharge or the Place of Delivery, whichever is applicable. If the Carrier so requires before he arranges delivery of the Goods one original Bill of Lading duly endorsed must be surrendered by the Merchant to the Carrier at the Port of Discharge or at some other location acceptable to the carrier in accepting this Bill of Lading the Merchant expressly accepts and agrees to all its terms and conditions whether printed, stamped or written as otherwise incorporated, notwithstanding the ono-signing of this Bill of Lading by the Merchant.

Number of Bill of Lading	Place and Date of Issue	IN WITNESS of the contract herein contained the number of originals stated opposite has been issued one of which being accomplished the others) to be void. P&O Nedlloyd Ltd. in part. P&O Nedlloyd
	COPY NOT NEGOTIABLE	

② 화물주선업자 선하증권

Shipper/Exporter	FBL KR M41 DSSCS1190371000 NEGOTIABLE FIATA MULTIMODAL TRANSPORT BILL OF LADING **100** Issued subject to UNCTAD/ICC Rules for Multimodal Transport Documents(ICC Publication 481)
Consigned to order of	Dong Shin Shipping Co., Ltd.
Notify address	8TH. FL., INT'S INSURANCE BLDG., #120, 5-KA, NAMDAEMUN-RO, CHUNG-KU, SEOUL, KOREA C.P.O. BOX6941 SEOUL, KOREA 100-095
Place of receipt	HEAD OFFICE TEL: (02)778-2561(Rep.) FAX: (02)774-4009
Ocean vessel	BUSAN OFFICE TEL: (051)633-3611
Port of discharge / Place of delivery	FAX: (051)647-9698

Marks and numbers	Number and kind of packages	Description of goods	Gross Weight	Measurement

Declaration of Interest of the consignor In timely delivery(Clause 6.2.)

Declared value for ad valorem rate according the declaration of the consignor(Clauses 7 and...)

The goods and instructions are accepted and dealt with subject to the Standard Conditions printed overleaf.

Taken in charge in apparent good order and condition unless otherwise noted herein at the place of receipt for transport and delivery as mentioned above.
One of these Multimodal Transport Bills of Lading must be surrendered duly endorsed in exchange for the goods. In Witness whereof the original Multimodal Transport Bills of Lading all of this tenor and date have been signed in the number stated below, one of which being accomplished the other to be void.

Freight amount	Freight payable at	Place and date of issue
Cargo Insurance through the undersigned ☐not covered ☐Covered according to attached policy	Number of Original FBL's	Stamp and signature
For delivery of goods please apply to:		Dong Shin Shipping Co., Ltd.

(4) 상업송장

COMMERCIAL INVOICE

1. Shipper/Exporter		8. No. & date of invoice 9. No. & date of L/C
2. For Account & Risk of Messrs.		10. L/C issuing bank 11. Remarks :
3. Notify party		
4. Port of loading	5. Final destination	
6. Carrier	7. Sailing on or about	

12. Marks and numbers of PKGS	13. Description of goods	14. Quantity/Unit	15. Unit-Price	16. Amount

17. P.O. Box
Cable address :
Telephone :

18. Signed by ______________________

(5) 환 어 음

BILL OF EXCHANGE

Date : ______________

____________ SIGHT OF THIS BILL OF EXCHANGE(OF THE SAME TENOR AND DATE BEING UNPAID) PAY TO ________________________ OR ORDER THE SUM OF DOLLARS

VALUE RECEIVED AND CHARGE THE SAME TO ACCOUNT OF ____________

____

DRAWN UNDER ______________________________________

L/C NO. ________ DATED ____________________

TO :

SOGANG CORPORATION

PRESIDENT

(6) 포장명세서 및 중량증명서

PACKING LIST & WEIGHT LIST

<table>
<tr><td colspan="2">1. Shipper/Exporter</td><td>8. No. & date of invoice</td></tr>
<tr><td colspan="2">2. For Account & Risk of Messrs.</td><td rowspan="4">9. Remarks :</td></tr>
<tr><td colspan="2">3. Notify party</td></tr>
<tr><td>4. Port of loading</td><td>5. Final destination</td></tr>
<tr><td>6. Carrier</td><td>7. Sailing on or about</td></tr>
</table>

10. Marks and numbers of PKGS	11. Description of goods	12. Quantity	13. Net weight	14. Gross Weight	15. Measurement

SOGANG CORPORTATION

Mailing address : C.P.O. Box 1726 Seoul, Korea
Cable address : "TONGTRA" SEOUL
Telex code : K28304 K23706 TONGTRA
Telephone No. : 3166-300
FAX No. : 753-5436

PRESIDENT

(7) 원산지증명서

<table>
<tr><td>1. Shipper</td><td rowspan="2">ORIGINAL
CERTIFICATE OF ORIGIN
Issued by
THE KOREA CHAMBER OF COMMERCE & INDUSTRY
Seoul, Republic of Korea

원 산 지 증 명 서
대한상공회의소</td></tr>
<tr><td rowspan="2">2. Consignee or Order</td></tr>
<tr><td>4. Buyer(if other than consignee)</td></tr>
<tr><td>3. Partial of Transport (where required)</td><td>5. Country of Origin

6. Invoice Number and Date</td></tr>
</table>

7. Shipping Marks	8. Number and Kind of Packages : Description of Goods	9. Quantity, Gross Weight or Measurement

The Korea Chamber of Commerce & Industry hereby certifies, on the basis of relevant invoice and other documents, that the above mentioned goods originate in the country shown in column 5.

28. APR 2000
THE KOREA CHAMBER OF COMMERCE & INDUSTRY
Executive Director Kang, Seong-Yil
The Republic of Korea

042382

(8) 적하보험청약서

적 하 보 험 청 약 서

<table>
<tr><td colspan="6">1. Assured</td></tr>
<tr><td colspan="3">2. Reference No.</td><td colspan="3">3. Claims, If Any, Payable at</td></tr>
<tr><td colspan="2">4. Local Vessel or Conveyance</td><td colspan="2">5. From(Interior Port or Place of Loading)</td><td colspan="2">12. Amount Insured</td></tr>
<tr><td colspan="2">6. Ship or vessel Called The</td><td colspan="2">7. Sailing On or About</td><td colspan="2" rowspan="2">13. Conditions and Warranties Institute Cargo Clauses</td></tr>
<tr><td colspan="2">8. At and From</td><td colspan="2">9. Transshipped At</td></tr>
<tr><td colspan="2">10. Arrived At</td><td colspan="2">11. Thence To</td><td colspan="2">14. 증권발행일</td></tr>
<tr><td colspan="6">15. Packing</td></tr>
<tr><td colspan="3">16. Number of Police Issued</td><td colspan="3">17. Place and Date Signed</td></tr>
<tr><td colspan="6">18. Special Instructions</td></tr>
</table>

(9) 수출신고필증

<table>
<tr><td colspan="6">수 출 신 고 필 증</td><td colspan="2">처리기간:
Handling Time:</td></tr>
<tr><td>1. 신고자 상호명</td><td>제출번호</td><td colspan="2">7. 신고번호
120-10-98-</td><td>8. 신고일자</td><td>9. 신고구분
H</td><td colspan="2">10. 검사장</td></tr>
<tr><td>2. 수출자 상호명</td><td>부호
672115 A</td><td>11. 거래구분</td><td>11</td><td>12. 종류</td><td>A</td><td>13. 결제방법</td><td></td></tr>
<tr><td>3. 제 조 자</td><td></td><td>14. 목적국</td><td>UAE</td><td>15. 적재항</td><td></td><td colspan="2"></td></tr>
<tr><td>통관고유부호</td><td>사업자등록번호</td><td>16. 운송형태</td><td></td><td colspan="2">17. 제조완료일
(검사희망일)</td><td colspan="2"></td></tr>
<tr><td>4. 구매자 상호명</td><td>부호</td><td>18. 상품소재지</td><td colspan="5"></td></tr>
<tr><td>5. 환급신청인</td><td>수출자 / 제조자</td><td colspan="6">19. L/C 번호</td></tr>
<tr><td>6. 환급기관 서울본부세관</td><td>부호
010</td><td>20. 사후관리은행</td><td colspan="3"></td><td colspan="2">21. 조사란</td></tr>
</table>

<table>
<tr><td>23. 품 명 규 격</td><td>22. 관세사 실적</td><td></td></tr>
<tr><td></td><td>24. 세 번 부 호
25. 제 품 코 드
26. 신고가격(FOB)
27. 순 중 량
28. 수 량
29. 포장갯수/종류</td><td>₩ /$</td></tr>
<tr><td rowspan="6">이 하 여 백</td><td>세 번 부 호</td><td></td></tr>
<tr><td>제 품 코 드</td><td></td></tr>
<tr><td>신고가격(FOB)</td><td>₩</td></tr>
<tr><td>순 중 량</td><td></td></tr>
<tr><td>수 량</td><td></td></tr>
<tr><td>포장개수/종류</td><td></td></tr>
</table>

<table>
<tr><td>30. 공란수 ( )란</td><td>31. 총중량</td><td>단위</td><td>32. 총포장개수</td><td>33. 총신고가격 (FOB)</td><td colspan="2">₩
$</td></tr>
<tr><td></td><td>서 류 명</td><td>번 호</td><td>발 급 일</td><td>34. 결제금액</td><td colspan="2"></td></tr>
<tr><td rowspan="6">관련서류</td><td>37. 수출승인서</td><td>1250080053028A01</td><td>20000116</td><td>35. 운임(₩)</td><td>36. 보험료(₩)</td><td></td></tr>
<tr><td>38. 수출추천서</td><td>8B-100-5407-011855</td><td>20000116</td><td rowspan="5">45. 세관 기재란</td><td colspan="2" rowspan="5"></td></tr>
<tr><td>39. 검 사 증</td><td></td><td></td></tr>
<tr><td>40. 검 역 증</td><td></td><td></td></tr>
<tr><td>41. 전략물자수출허가서</td><td></td><td></td></tr>
<tr><td>42.</td><td></td><td></td></tr>
<tr><td>보세운송</td><td colspan="3">43. 운송신고인
수출자와 동일
44. 기 간
/ / 부터 / / 까지</td><td colspan="3">46. 신고수리일자</td></tr>
</table>

⑽ 검사증명서

NAVIN TRADING CO.
C.P.O. BOX 5631
SEOUL, KOREA

INSPECTION CERTIFICATE

L/C NO.:

COMMODITY:

QUANTITY:

AMOUNT:

INVOICE NO.:

B/L NO.:

VASSEL NAME:

ON BOARD DATE:

SHIPPER:

THIS IS TO CERTIFY THAT GOODS HAVE BEEN INSPECTED AND THE SAME HAVE BEEN FOUND IN ORDER AND SOUND CONDITION FOR SHIPMENT.

THIS CERTIFY IS ISSUED IN GOOD FAITH, FOR THE PURPOSE OF SHIPMENT.
FOR ANY OTHER TECHNICAL OR OTHER DEFFECTS IN THE GOODS, THE FACTORY/MAKER OF GOODS IS RESPONSIBLE.

THANKING YOU.

YOUR'S FAITHFULLY.

NAVIN TRADING CO.

SEOUL, KOREA

JHAMAN PIRTHYANI

(11) 수출승인서

<table>
<tr><td colspan="6">수출입승인(신청)서
Export License (Application)
(업체용) C-9801 0134 JJJ-1001</td><td colspan="2">처리기간 : 1일
Handling Time : 1 Day</td></tr>
<tr><td colspan="3">1. 수출자 (Exporter) 무역업고유번호 (Notification No.) 6 7 2 1 15
서울특별시 중구 충무로1가 25-5 고려대연각센터
서강 무 역 주 식 회 사 (서명)
대표이사 김 영 기 (Signature)</td><td colspan="5">4. 구매자 또는 계약 당사자(Buyer of Principle of Contract)

5. 신용장 또는 계약서 번호(L/C or Contract No.)</td></tr>
<tr><td colspan="3">2. 위탁자 (Request) 사업자등록번호 (Business No.) 201-81-00223
서울특별시 중구 충무로1가 25-5 고려대연각센터
서강 무 역 주 식 회 사 (서명)
대표이사 김 영 기 (Signature)</td><td colspan="5">6. 금액(Total Amount)

7. 결제기간(Period of Payment)

8. 가격조건(Terms of Payment)</td></tr>
<tr><td colspan="3">3. 원산지(Origin)</td><td colspan="5">9. 도착항(Port of Dispatch)</td></tr>
<tr><td>10. HS부호
(HS Code)</td><td colspan="2">11. 품명 및 규격(Description/Size)</td><td colspan="2">12. 단위 및 수량
(Unit/Quantity)</td><td colspan="2">13. 단가
(Unit-price)</td><td>14. 금액
(Amount)</td></tr>
<tr><td></td><td colspan="2"></td><td colspan="2"></td><td colspan="2"></td><td></td></tr>
<tr><td colspan="8">15. 승인조건기재란(Remarks to be filled out by an approval agency)</td></tr>
<tr><td colspan="8">16. 유효기간(Period of Approval)</td></tr>
<tr><td colspan="8">17. 승인번호(Approval No.) 1 2 5 0 0</td></tr>
<tr><td colspan="8">18. 승인기관 관리번호(No. for Approval Agency)</td></tr>
<tr><td colspan="8">19. 위의 신청사항을 대외무역법 제14조 제2항 및 동법 시행령 제26조 제1항의 규정에 의하여 승인합니다.
(The undersigned hereby approves the above-mentioned goods in accordance with Article 14 (2) of the Foreign, Trade Act and Article 26(1) of the Enforcement Decree of the said Act)
2000년 4월 27일
승인권자</td></tr>
<tr><td colspan="8">승인기관이 2 이상인 경우 15~18의 기재사항은 이면에 기재하도록 합니다.
이 서식에 의한 승인과는 별도로 대금결제에 관한 사항에 대하여는 외국환 관리법령이 정하는 바에 따라야 합니다.</td></tr>
</table>

⑿ 선박회사 증명서

CERTIFICATE

Date : SEP. 30, 2000

To Whom it May Concern
Dear Sir,

Name of Vessel. : BUNGA RAYA SATU

Dongshin Shipping Co., Ltd. hereby certify that the carrying vessel for the above consignments.

Very truly yours.
Dongshin Shipping Co., Ltd.

DONGSHIN SHIPPING CO., LTD.
ACTING AS A CARRIER

⒀ 수출상 증명서

200009－4519

ATTN: F.J. DEPT., C.P.O. BOX 1726, SEOUL, KOREA.

SOGANG Corporation

TELEX : K 28304, 23706, 22716
CABLE ADDRESS : TONGTRA SEOUL
MAILING ADDRESS : C.P.O. BOX 1726 SEOUL, KOREA

MANUFACUTERES-EXPORTERS-IMPORTERS

TELEPHONE : SEOUL HEAD OFFICE : 3166-300
FAX : 753-5436

Our Ref. JJJ-2065 Date.

TO WHOM IT MAY CONCERN:

SEPARATE CERTIFICATE

RE. *QUANTITY

THANK YOU.

YOURS TRULY.

SOGANG CORPORATION

M. K. KIM MANAGER OF
FOREIGN EXCHANGE DEPT.

제 2 절

Nego서류 검토실습

신용장내용을 분석한 후 작성된 서류가 신용장에 명시된 내용과 동일하게 작성되었는지 검토하여 틀린 부분을 정정하여야 한다.

독자들은 먼저 신용장을 읽고 신용장에 명시된 해당 서류를 보고 신용장내용과 일치하게 작성되었는지 검토하여 틀린 부분은 수정하면 된다. 신용장에서 선박회사의 증명서를 가장 먼저 요구하고 있다. 선박회사가 발행한 내용과 신용장에서 요구한 내용을 비교·검토하면 된다.

1. 신 용 장

ABN-AMRO Bank　　ORIGINAL

SEOUL BRANCH
Young Poong Building, 15th Fl.
33, Seorin-Dong, Chongro-Ku,
C.P.O. Box 3035, Seoul 100-630
Tel, (02)399-6625(D), 399-6600(G)
Telex K24624/k22885
Fax 399-6647
SWIFT CODE : ABNAKRSE

ADVICE OF OPENING DOCUMENTARY CREDIT

DATE 12JAN2000
OUR ADVICE NO. A8501-80100961

BENEFICIARY :	ISSUING BANK :
SOGANG CORP.	ABN AMRO BK DUBAI
C.P.O. BOX 1726	P.O. BOX 2567
SEOUL	DUBAI UNITED ARAB EMIRATES
TEL : 3166 455/458	

LETTER OF CREDIT NO.	: I61740
EXPIRY DATE	: 04FEB2000
AMOUNT	: USD *********69,120.00

WE HAVE BEEN INFORMED BY ABOVE MENTIONED BANK THAT THEY HAVE ISSUED THE CAPTIONED L/C IN YOUR FAVOUR, PLEASE FIND ENCLOSED LETTER/TELEX ADVICE INTENDED FOR YOU.
PLEASE CHECK THE CREDIT TERMS CAREFULLY. IN THE EVENT THAT YOU DO NOT AGREE WITH THE TERMS AND CONDITIONS OR IF YOU FEEL UNABLE TO COMPLY WITH ANY OF THE TERMS AND CONDITIONS. PLEASE ARRANGE AN AMENDMENT OF THE CREDIT THROUGH YOUR CONTRACTING PARTY (THE APPLICANT FOR THE CREDIT.)
THIS NOTIFICATION AND THE ENCLOSED ADVICE ARE SENT TO YOU WITHOUT ENGAGEMENT ON OUR PART.
KINDLY ACKNOWLEDGE RECEIPT BY SIGNING AND RETURNING TO US THE ATTACHED COPY.
THIS ADVICE IS SUBJECT TO UNIFOTM CUSTOMS AND PRACTICE FOR DOCUMENTARY CREDITS(1993 REVISION) I.C.C. PUBLICATION NO. 500.

AUTHORIZED SIGNATURES

ABN-AMRO Bank

Dubal Branch
P.O. Box 2567 Dubai, United Arab Emirates
Telex : 45610 ABNAMR EM-Cable:Bancolanda
Tel:512200, Fax:511555, Swift:ABNA AE AD

ADVICE FOR THE BENEFICIARY

DATE 05JAN2000

ADVISING BANK:
ABN AMRO BANK N. V.,
C.P.O. BOX 3035 SEOUL SOUTH-KOREA

WE ISSUE OUR IRREVOCABLE DOCUMENTARY CREDIT 161740

BENEFICIARY:
SOGANG CORPORATION
C.P.O. BOX 1726
SEOUL, KOREA

DATE AND PLACE OF EXPIRY: 04FEB2000 IN KOREA

APPLICANT:
WHITE ROSE FASHIONS LLC.
P.O. BOX-23066
DUBAI. UNITED ARAB EMIRATES

AMOUNT: USD *********69,120.00
SIXTY NINE THOUSAND ONE HUNDRED TWENTY AND 00/100 USD

CREDIT AVAILABLE WITH ANY BANK IN KOREA
BY NEGOTIATION AGAINST PRESENTATION OF BENEFICIARY'S DRAFTS
AT SIGHT DRAWN ON THE ISSUING BANK AND DOCUMENTS DETAILED HEREIN.

SHIPMENT FROM KOREA
TO DUBAI
NOT LATER THAN 26JAN2000

PARTIAL SHIPMENT PERMITED

TRANSHIPMENT PROHIBITED

GOODS/SERVICES AND SHIPPING MARKS:
AS PER ATTACHED ADDENDUM WHICH FORMS AN INTEGRAL PART OF THIS L/C.

TOLERANCE UPTO MINUS 10% IN QUANTITY ACCEPTABLE.

GOODS COVERED UNDER EACH ITEM TO BE SHIPPED SEPARATELY.
COMPLETE SEPARATE SETS OF DOCUMENTS ARE REQUIRED FOR EACH ITEM.
EACH SET OF DOCUMENTS MUST BE NEGOTIATED SEPARATELY.

TERM OF DELIVERY : CFR.

ABN AMRO BANK N.V.

ABN AMRO DUBAI USD69120■00

SEE NEXT PAGE

auyyaudou Hunnkim

ABN-AMRO Bank

Dubal Branch
P.O. Box 2567 Dubai, United Arab Emirates
Telex : 45610 ABNAMR EM-Cable:Bancolanda
Tel:512200, Fax:511555, Swift:ABNA AE AD

CONTINUATION OF DOCUMENTARY CREDIT REFERENCE NO. 161740

AND SOUND CONDITION

A CERTIFICATE FROM THE CARRIER, MASTER OR THEIR AGENTS STATING "THE VESSEL IS NOT PROHIBITED FROM ENTERING TO THE ARAB PORTS FOR ANY REASON, AS PER ITS RULES AND REGULATIONS"
(THIS CLAUSE IS NOT APPLICABLE IF SHIPMENT IS EFFECTED BY VESSELS OF UNITED ARAB SHIPPING COMPANY).

SHIPMENT TO BE EFFECTED BY VESSELS OF CONFERENCE LINE, COVERED BY INSTITUTE CLASSIFICATION CLAUSE, A CERTIFICATE FROM THE CARRIER, MASTER OR THEIR AGENTS TO THIS EFFECT MUST ACCOMPANY THE DOCUMENTS THIS CERTIFICATE MUST ALSO STATE THE AGE OF THE VESSEL.

TRANSPORT DOCUMENTS ISSUED BY FREIGHT FORWARDERS NOT ACCEPTABLE.

INVOICES MUST SHOW A DEDUCTION OF 1% OF 100% OF THE INVOICE VALUE BEING DISCOUNT IN CASE OF SHIPMENT BY VESSELS WHICH ARE OVER 15 YEARS OF AGE BUT LESS THAN 20 YEARS OF AGE.

AT THE TIME OF NEGOTIATION OF THE DOCUMENTS AN INSURANE PREMIUM @1% ON 125% OF THE INVOICE VALUE IS TO BE WITHHELD FROM THE BENEFICIARY WHICH WILL BE REMITTED BY US TO EMIRATES BANK INT'L LTD., AL SOUK BRANCH, DUBAI, U.A.E., A/C NO. 0055-369536-115 OF MR. DILIP KUMAR B. AWTANI.

DOCUMENTS TO BE PRESENTED WITHIN TO DAYS AFTER THE DATE OF SHIPMENT BUT WITHIN THE VALIDITY OF THE CREDIT.

REIMBURSEMENT:-
WE SHALL REIMBURSE THE NEGOTIATING BANK UPON RECEIPT OF DOCUMENTS BY US DRAWN STRICTLY IN ACCORDANCE WITH THE L/C TERMS.

ADVISING, NEGOTIATING AND REIMBURSING BANK'S CHARGES (POSTAGE/COURIER AND TELETRANSMISSION INCLUDED) AND COMMISSIONS TO BE FOR BENEFICIARY'S ACCOUNT.

PLEASE ADVISE THIS L/C TO THE BENEFICIARY ONLY AFTER COLLECTING YOUR CHARGES.

PLEASE ADVISE BENEFICIARY WITHOUT ADDING CONFIRMATION.

THIS DOCUMENT CONSISTS OF [5] SIGNED PAGES.

BENEFICIARY WILL BE CHARGED A MINIMUM OF USD 50.00 (OR EQUVALENT IN THE CURRENCY OF CREDIT) AS DISCREPANCY FEE PLUS TRACER/TELEX

ABN AMRO BANK N.V.

SEE NEXT PAGE

auyyaudou Hunnkim

ABN-AMRO Bank

Dubal Branch
P.O. Box 2567 Dubai, United Arab Emirates
Telex : 45610 ABNAMR EM-Cable:Bancolanda
Tel:512200, Fax:511555, Swift:ABNA AE AD

CONTINUATION OF DOCUMENTARY CREDIT REFERENCE NO. 161740

EXPENSES AND ADMINISTRATION FEE IN THE EVENT OF PRESENTATION OF DISCREPANT DOCUMENTS.

THE NUMBER AND DATE OF THIS DOCUMENTARY CREDIT AND THE NAME OF OUR BANK MUST BE QUOTED ON ALL DOCUMENTS.

WHERE POSSIBLE INVOICES TO BEAR HARMONIZED SYSTEM COMMODITY CODE NUMBER APPLICABLE TO THE PRODUCT UNDER SHIPMENT.
"THE DEPARTMENT OF PORTS AND CUSTOMS WARNS SUPPLIERS THAT EAILURE TO QUOTE THE RELEVANT HARMONIZED SYSTEM (H.S.) COMMODITY CODE NUMBERS ON THE COMMERCIAL INVOICES WILL RESULT IN UNNECESSARY DELAY IN CLEARANCE OF GOOD."

DOCUMENTS TO BE DESPATCHED TO THE ISSUING BANK IN ONE LOT BY COURIER SERVICE WITHIN 2 DAYS AFTER THE DATE OF NEGOTIATION.

PLEASE ACKNOWLEDGE RECEIPT.

THIS DOCUMENTARY CREDIT IS SUBJECT TO THE UNIFORM CUSTOMS AND PRACTICE FOR DOCUMENTARY CREDITS (1993 REVISION, INTERNATIONAL CHAMBER OF COMMERCE, PARIS, FRANCE, PUBLICATION NO. 500).

ABN AMRO BANK N.V.

SEE NEXT PAGE

auyyaudou Hunnkim

ABN-AMRO Bank

Dubal Branch
P.O. Box 2567 Dubai, United Arab Emirates
Telex : 45610 ABNAMR EM-Cable:Bancolanda
Tel:512200, Fax:511555, Swift:ABNA AE AD

CONTINUATION OF DOCUMENTARY CREDIT REFERENCE NO. 161740

SIGNED COMMERCIAL INVOICE IN 4 FOLD IN ENGLISH.

FULL SET OF AT LEAST 3 ORIGINALS + 2 NON-NEGOTIABLE SHIPPED ON BOARD MARINE BILL OF LADING ISSUED TO ORDER, BLANK ENDORSED, MARKED FREIGHT PAID, NOTIFY: ABN AMRO BANK, P.O. BOX 2567, DUBAI AND APPLICANT AND MUST ALSO MENTION THE NAME, ADDRESS AND TELEPHONE NUMBER OF THE AGENTS OF THE CARRYING VESSEL AT THE PORT OF DISCHARGE.

CERTIFICATE OF KOREAN ORIGIN IN 3 FOLD ISSUED BY CHAMBER OF COMMERCE SHOWING THE NAME OF MANUFACTURERS.

ORIGINAL CERTIFICATE OF ORIGIN MUST BE LEGALIZED BY U.A.E. EMBASSY OR CONSULATE.

PACKING LIST IN 3 FOLD ISSUED BY BENEFICIARY.

INSURANCE:-
SHIPMENT ADVICE QUOTING DETAILS OF SHIPMENT SUCH AS CREDIT NUMBER, SHIPPING MARKS, INVOICE AMOUNT, MERCHANDISE, NAME OF THE CARRYING VESSEL TO BE SENT BY THE BENEFICIARY TO M/S. ORIENTAL INSURANCE CO. LTD., P.O. BOX 478, DUBAI, U.A.E. BY REGISTERED AIRMAIL, REFERRING TO OPEN POLICY NO. DB/OPM/2185. COPY OF SHIPMENT ADVICE MUST ACCOMPANY THE DOCUMENTS.
INSURANCE WILL BE COVERED ON THIS SIDE.

SHIPMENT ADVICE STATING DETAILS OF SHIPMENT SUCH AS NAME OF THE CARRYING VESSEL, ETA & ETD OF THE VESSEL, CREDIT NUMBER, INDENT NUMBER, QUANTITY SHIPPED AND INVOICE AMOUNT TO BE SENT BY THE BENEFICIARY TO THE APPLICANT BY FAX ON FAX NO. 009714-533859.
COPY OF TRANSMITTED FAX MESSAGE MUST ACCOMPANY THE DOCUMENTS.

A CERTIFICATE FROM THE BENEFICIARY STATING THAT 6 SETS OF MULTIFOLD SHIPMENT SAMPLES AND TWO SETS OF NON-NEGOTIABLE DOCUMENTS HAVE BEEN SENT TO THE APPLICANT, TEL: 009714-538789 BY COURIER OR SPEED POST WHTHIN THREE DAYS AFTER THE DATE OF SHIPMENT. DETAILS OF COURIER OR SPEED POST AWB NO. MUST BE ADVISED TO THE APPLICANT BY FAX ON FAX NO. 009714-538789. COPY OF TRANSMITTED FAX MESSAGE ALONGWITH RELATIVE ORIGINAL.
COURIER/SPEED POST RECEIPT MUST ACCOMPANY THE DOCUMENTS.

INSPECTION CERTIFICATE DULY SIGNED BY MR. JHAMAN OF M/S MAVIN TRADING CO., SEOUL, KOREA(WHOSE SIGNATURE MUST BE VERIFIED BY HIS BANKERS. RUBBER STAMP SIGNATURES NOT ACCEPTABLE) CERTIFYING THAT THE GOODS SHIPPED HAVE BEEN INSPECTED AND FOUND IN ORDER.

ABN AMRO BANK N.V.

SEE NEXT PAGE

auyyaudou Hunnkim

ABN-AMRO Bank

Dubal Branch
P.O. Box 2567 Dubai, United Arab Emirates
Telex : 45610 ABNAMR EM-Cable:Bancolanda
Tel:512200, Fax:511555, Swift:ABNA AE AD

THIS FORMS AN INTEGRAL
PART OF L/C NO.:I61740

GOODS DESCRIPTION:-

ITEM # (1) : -ABOUT 10,000 YDS KOREAN ORIGIN POLY CATIONIC BUTCHER GEORGETTE PLAIN DYED. 44" X ABT 25 YDS PIECE. @ US$ 1.392 PER YARD CIF DUBAI. OTHER DETAILS AS PER BENEFICIARY SALES CONT NO HDB-791.
MARKS : -FASHIONS - 12/2140/2000 DUBIA IN TRANSIT

ITEM # (2) : -ABOUT 5,000 YDS KOREAN ORIGIN 100% POLY MUMTAZ CR-EPE PLAIN DYED (FORMAL BLACK). 58/60"×ABT 25 YDS PER PIECE. @ US$ 2.976 PER YARD CIF DUBAI. OTHER DETAILS AS PER BENEFICIARY SALES CONT NO HDB-792.
MARKS : -FASHIONS-12/2141/2000 DUBAI IIN TRANSIT.

ITEM # (3) : -ABOUT 5,000 YDS KOREAN ORIGIN H.S.A. SEMI GEORGETTE PLAIN DYED (FORMAL BLACK). 58/60"×ABT 25 YDS PER PIECE. @ US$ 3.072 PER YARD CIF DUBAI. OTHER DETAILS AS PER BENEFICIARY SALES CONT NO HDB-793.
MARKS : -FASHIONS-12/2142/2000 DUBAI IIN TRANSIT.

ITEM # (4) : -ABOUT 10,000 YDS KOREAN ORIGIN POLYFORMAL BLACK PEACH CREPE JACQUARD PLAIN DYED. 44"×ABT 25 YDS PER PIECE. @ US$ 2.496 PER YARD CIF DUBAI. OTHER DETAILS AS PER BENEFICIARY SALES CONT NO HDB-707/RA.
MARKS : -FASHIONS-12/2143/2000 DUBAI IIN TRANSIT

ABN AMRO BANK N.V.

SEE NEXT PAGE

auyyaudou Hunnkim

S. TANDON K.A.ABOOBACKER

2. 검토서류

1) 선박회사의 증명서

UNITED SHIPPING CO., LTD.
聯 合 海 運 株 式 會 社

TEL: (753)8192~5
(753)0746~9

MARINE CENTER, SUITE 608
CENTRAL P.O. BOX 2878
SEOUL 100-628, KOREA

CABLE : USHICO
TELEX : K27208/K23385
FAX : 82-2-756-5863

To Whom It May Concern,

Dear Sirs:

C E R T I F I CA T E

Vessel Name: mv. AL WAJBA V-C259W
DATE: 2000. 1. 26

We, as Agents for United Arab Shipping Company (S.A.G.) hereby certify and confirm that the above vessel carrying the goods :

1. is owned and operated by United Arab Shipping Company (S.A.G.) which belongs to one of the Member Lines of Conference, also, plying in regular liner service with Container Vessels.
2. is not Israeli and is neither the Israel owned nor black-listed in the Iraqi Government Black list and/or by Israel Boycott Office, Ministry of Customs & Ports. Kuwait, also, has no relation with Israel Government and/or Israelite in its capital, organization and management.
3. is not over 15 years old and classified 100Al Vessel in Lloyd's Registers and/or classified vessel as per London Institute Classification Clause, and has the sound cargo gear and tackle.
4. will not call at any Israeli Ports and/or territorial waters during her voyage/trip enroute to Arabian Gulf/Countries.
5. is allowed by Arab Authorities to call at Arabian Ports.
6. is not banned entry to the Ports of the Arab States for any reason, whatsoever, under the Laws and Regulations of such States.
7. THE NUMBER AND DATE OF THIS DOCUMENTARY CREDIT : I61740 AND 05 JAN 2000.
8. THE NAME OF ISSUING BANK : ABN-AMRO BANK DUBAI BRANCH P.O.BOX 2567 DUBAI, UNITED ARAB EMIRATES.
9. SHIPMENT HAS BEEN EFFECTED BY VESSELS OF CONFERENCE (UASC) LINE COVERED BY INSTITUTE CLASSIFICATION CLAUSE.
10. THE AGE OF THE CARRYING VESSEL : 10 YEARS.

Very Truly Yours.

United Shipping Co., Ltd., Agents
For United Arab Shipping. Co., (S.A.G.)

Agents for: **UNITED ARAB SHIPPINNG CO.** (S.A.G.)

2) 상업송장

COMMERCIAL INVOICE

1. Shipper/Exporter SOGANG Corporation C.P.O. BOX 1726. SEOUL, KOREA.	8. No. & date of invoice JJJ-1001 JAN. 26. 2000
2. For Account & Risk of Messrs. WHITE ROSE FASHIONS LLC. C.P.O. BOX-23066 SAUDI UNITED ARAB EMIRATES	9. No. & date of L/C 161740 05 JAN 2000 10. L/C issuing bank ABN-AMRO BANK DUBAI BRANCH P.O. BOX 2567 DUBAI, UNITED ARAB EMIRATES 11. Remarks
3. Notify party SAME AS ACCOUNTEE AND ABN-AMRO BANK, P.O. BOX 2567, DUBAI	
4. Port of loading: BUSAN, KOREA 5. Final destination: DUBAI	
6. Carrier: WAJBA V-C259W 7. Sailing on or about: JAN, 26, 2000.	

12. Marks and numbers of PKGS	13. Description of goods	14. Quantity/Unit	15. Unit-price	16. Amount
			CIF DUBAI (PER YD)	
FASHIONS- 12/2143/97 DUBAI IN TRANSIT TTL____PCS____YDS C/NO. 1-40 MADE IN KOREA.	ITEM#(4):-KOREAN ORIGIN POLY FORMAL BLACK PEACH CREPE JACQUARD PLAIN DYED. 44″×ABT25YDS PER PIECE.	10,000YDS.	$2.496	US$24,960.-

* OTHER DETAILS PER BENEFICIARY SALES COTN NO HDB-707/RA.
* TERM OF DELIVERY : CFR.
* SHIPMENT ADVICE QUOTING DETAILS OF SHIPMENT SUCH AS CREDIT NUMBER, SHIPPING MARKS, INVOICE AMOUNT, MERCHANDISE, NAME OF THE CARRYING VESSEL HAS BEEN SENT TO M/S. ORIENTAL INSURANCE CO. LTD., P.O. BOX 478, DUBAI, U.A.E. BY REGISTERED AIRMAIL, REFERRING TO OPEN POLICY NO. DB/OPM/2185 AND COPY OF SHIPMENT ADVICE IS ACCOMPANIED THE DOCUMENTS.
* SHIPMENT ADVICE STATING DETAILS OF SHIPMENT SUCH AS NAME OF THE CARRYING VESSEL, ETA & ETD OF THE VESSEL, CREDIT NUMBER, INDENT NUMBER, QUANTITY SHIPPED AND INVOICE AMOUNT HAS BEEN SENT TO THE APPLICANT BY FAX ON FAX NO. 009714-533859 AND COPY OF TRANSMITTED FAX MESSAGE IS ACCOMPANIED THE DOCUMENTS.
* THE RELEVANT HARMONIZED SYSTEM (H.S.) COMMODITY CODE NUMBERS : 5407.69.2000

Mailing address : C.P.O Box 1726 Seoul, Korea
Cable address : "TONGTRA" SEOUL
Telex code : K28304 K23706 TONGTRA
Telephone No. : 3166-300
Fax No. : 753-5436

26. JAN 2000
THE KOREA CHAMBER OF COMMERCE & INDUSTRY
Executive Director Kang, Seong-Yil
The Republic of Korea

SOGANG CORPORATION
PRESIDENT

3) 선하증권

Shipper
SOGANG CORPORTAION

C.P.O. BOX 1726.
SEOUL, KOREA.

UNITED ARAB SHIPPING COMPANY S.A.G.

RECEIVED in apparent external good order and condition except as otherwise noted the total number of containers or other packages or units enumerated below for transportation from the place of receipt to the place of delivery subject to the terms detailed on the reverse side of this Bill of Lading. One of the signed bills of lading must be surrendered duly endorsed in exchange for the goods or delivery order. On presentation of this document(duly endorsed) to the Camer by or on behalf of the holder, the rights and liabilities arising in accordance with the terms thereof shall (without prejudice to any rule of common law or statue rendering them binding on the Merchant) become binding in all respects between the Carrier and the holder as though the contract evidenced hereby had been made between them.

IN WITTNESS whereof the stated number of original bills of lading all of this tenor and date have been signed, one of which being accomplished, the other(s) to be void.

Consignee or Order
TO ORDER

Notify Party/Address It is agreed that no responsibility shall attach to the Carrier or his Agent for failure to notify (See Clause 20 on reverse of this Bill of Lading)
WHITE ROSE FASHIONS LLC.
P.O. BOX-23066
DUBAI, UNITED ARAB EMIRATES
AND ABN AMRO BANK, P.O. BOX
2567, DUBAI

Place of Receipt (Applicable only when this document is used as a Combined Transport Bill of Lading)

Place of Receipt (Applicable only when this document is used as a Combined Transport Bill of Lading)

Vessel and Voy. No.
mv. AL WAJBA V-C259W

Port of Loading	Port of Dischatge
BUSAN, KOREA	DUBAI

Particulars as declared by Shipper

Marks and Nos : Container Nos: Seal Nos:1X40'PART OF CONTR	Number and kind of Package : Description of Goods	Gross Weight(Kg)	Measurement (cbm)
FASHIONS- 12/2143/97 DUBAI IN TRANSIT TTL____PCS____YDS C/NO. 1-40 MADE IN KOREA.	SAID TO CONTAIN : 40 CTNS ITEM#(4):-KOREAN ORIGIN POLY FORMAL BLACK PEACH CREPE JACQUARD PLAIN DYED. 44"XABT25YDS PER PIECE. * THE NUMBER AND DATE OF THIS DOCUMENTARY CREDIT : 161740 AND 05 JAN 2000 *THE NAME OF ISSUING BANK : ABN-AMRO BANK DUBAI BRANCH P.O. BOX 2567 DUBAI, UNITED ARAB EMIRATES	2,000.00 KGS	7.371 CBM

40' dg-std uacu 4888535(SEAL#877582;CFS/CFS) ; 40 CTNS

SAY;1X40'PART OF CONTAINER ONLY

"FREIGHT PREPAID" AS ARRANGED

LOADED ON BOARD

26 JAN 2000

Freight and charges	Revenue tons	Rate	Per	Prepaid	Collect
NON-NEGOTIABLE				COPY	

Total No of Containers/Packages received by the Carrier	Freight available at	Place and date issued
	SEOUL, KOREA	SEOUL, KOREA 26 JAN 2000
Movement	Number of Original Bills of Lading	IN WITTNESS whereof the number of original Bills of Lading stated opposite have been issued one of which being accomplished the other(s) to be void.
	THREE(3)	

AGENT KWAIT SUIPPING AGENCIES(S.A.K) P.O.BOX 3278
UNITED ARAB EMIRATES TEL. 210808 TLX. 45524 FAX. 9714 238107

Signed for the Carrier.

4) 원산지증명서

<table>
<tr>
<td>1. Shipper

SOGANG CORPORTAION
C.P.O. BOX 1726. SEOUL, KOREA.</td>
<td rowspan="2">ORIGINAL

CERTIFICATE OF ORIGIN

Issued by
THE KOREA CHAMBER OF COMMERCE & INDUSTRY
Seoul, Republic of Korea

원 산 지 증 명 서
대한상공회의소

4. Buyer(if other than consignee)

WHITE ROSE FASHIONS LLC.
P.O. BOX-23066
DUBAI. UNITED ARAB EMIRATES</td>
</tr>
<tr>
<td>2. Consignee or Order

TO ORDER</td>
</tr>
<tr>
<td rowspan="2">3. Partial of Transport (where required)

FROM BUSAN, KOREA
TO DUBAI
SHIPPED PER “AL WAJBA V-C259W”
ON OR ABOUT JAN. 26, 2000.</td>
<td>5. Country of Origin
The Republic of Korea</td>
</tr>
<tr>
<td>6. Invoice Number and Date

JJJ-1001 JAN. 26, 2000.</td>
</tr>
</table>

7. Shipping Marks	8. Number and Kind of Packages : Description of Goods	9. Quantity, Gross Weight or Measurement
FASHIONS- 12/2143/97 DUBAI IN TRANSIT TTL___PCS___YDS C/NO. 1-40 MADE IN KOREA.	ITEM#(4):-KOREAN ORIGIN POLY FORMAL BLACK PEACH CREPE JACQUARD PLAIN DYED. 44"XABT25YDS PER PIECE. [PLAIN DYED POLYESTER JACQUARD WO- VEN FABRIC] * THE CONTENTS OF THESE PRODUCTS ARE MANUFACUTRED AND PRODUCED BY SOGANG CORPORATION SEOUL KOREA. * WE CERTIFY THAT THE GOODS ARE NEI-THER OF ISRAELI ORIGIN NOR DO THEY CONTAIN ANY ISRAELI MATERIALS * THE NAME OF MANUFACTURERS : SOGANG CORPORATION C.P.O BOX 1726 SEOUL, KOREA. * GOODS ARE OF KOREAN ORIGIN. * THE NUMBER AND DATE OF THIS DOCU-MENTARY CREDIT : 161740 AND 05 JAN 2000 * THE NAME OF ISSUING BANK : ABN-AMRO BANK DUBAI BRANCH P.O. BOX 2567 DU-BAI, UNITED ARAB EMIRATES	10,000YDS.

The Korea Chamber of Commerce & Industry hereby certifies, on the basis of relevant invoice and other documents, that the above mentioned goods originate in the country shown in column 5.

406335

26. JAN 2000
THE KOREA CHAMBER OF COMMERCE & INDUSTRY
Executive Director Kang, Seong-Yil
The Republic of Korea

5) 포장증명서

PACKING LIST

1. Shipper/Exporter SOGANG Corporation C.P.O. BOX 1726. SEOUL, KOREA.		8. No. & date of invoice JJJ-1001 JAN. 26. 2000 9. Remarks * THE NUMBER AND DATE OF THIS DOCUMENTARY CREIDT: 131740 AND 05 JAN 2000 * THE NAME OF ISSUING BANK: ABN-AMRO BANK DUBAI BRANCH P.O. BOX 2567 DUBAI, UNITED ARAB EMIRATES
2. For Account & Risk of Messrs. WHITE ROSE FASHIONS LLC. C.P.O. BOX-23066 SAUDI UNITED ARAB EMIRATES		
3. Notify party SAME AS ACCOUNTEE AND ABN-AMRO BANK, P.O. BOX 2567, DUBAI		
4. Port of loading BUSAN, KOREA	5. Final destination DUBAI	
6. Carrier WAJBA V-C259W	7. Sailing on or about JAN, 26, 2000.	

10. Marks and numbers of PKGS	11. Description of goods	12. Quantity	13. Net-weight	14. Gross-Weight	15. Measurement
FASHIONS- 12/2143/97 DUBAI IN TRANSIT TTL____PCS____YDS C/NO. 1-40 MADE IN KOREA.	ITEM # (4):-KOREAN ORIGIN POLY FORMAL BLACK PEACH CREPE JACQUARD PLAIN DYED. 44" × ABT25YDS PER PIECE.				
	C/NO. 1-40	250YDS	45KGS.	50KGS.	
	TOTAL (40CI NS)	10,000YDS.	1,800KGS.	2,000KGS.	

Mailing address : C.P.O Box 1726 Seoul, Korea
Cable address : "TONGTRA" SEOUL
Telex code : K28304 K23706 TONGTRA
Telephone No. : 3166-300
Fax No. : 753-5436

SOGANG CORPORATION

PRESIDENT

6) 선적통지서

SOGANG Corporation

100-706 25-5, CHUNGMU-RO, 1GA, CHUNG-GU SEOUL, KOREA
C.P.O. BOX: 1726 SEOUL KOREA/TEL: 3166-300/FAX: 753-5436
TELEX: K28304, TONGTRA/CABLE: TONGTRA SEOUL

TO: WHITE ROSE FASHIONS LLC FAX NO.: 009714-533859 DATE: 2000. 1. 27
P.O. BOX-23066 DUBAI. U.A.E.

FROM: SOGANG CORPORATION JJJ-1001 SIGN:

ATTN:

SHIPMENT ADVICE

WE ARE PLEASED TO INFORM YOU THAT WE HAVE SHIPPED THE FOLLOWING GOODS AS BELOW :

1) THE NUMBER AND DATE OF THIS DOCUMENTARY CREDIT :
I161740 AND 05 JAN 2000

2) THE NAME OF ISSUING BANK : ABN-AMRO BANK DUBAI BRANCH
P.O. BOX 2567 DUBAI, UNITED ARAB EMIRATES

3) INVOICE AMOUNT : US$24,960.-

4) MERCHANDISE : ITEM # ($) : -KOREAN ORIGINAL
POLY FORMAL BLACK PEACH CREPE
JACQUARD PLAIN DYED.
44″×ABT, 25 YDS PER PIECE.

5) QUANTITY SHIPPED : 10,000YDS

6) NAME OF THE CARRYING VESSEL : AL WAJBA V-C259W

7) SAILING DATE : JAN. 26, 2000

8) DETAILS OF COURIER AWB NO. : 2509584346

BEST REGARDS.

CONFIRMED & CERTIFIED BY
SOGANG CORPORATION

PRESIDENT

7) 수출상의 증명서

200001－2039

C.P.O. BOX 1726, SEOUL, KOREA.

SOGANG Corporation

TELEX : K 28304, 23706, 22716 CABLE ADDRESS : TONGTRA SEOUL MAILING ADDRESS : C.P.O. BOX 1726 SEOUL, KOREA	MANUFACUTERES-EXPORTERS-IMPORTERS	TELEPHONE : SEOUL HEAD OFFICE : 3166-300 FAX : 753-5436

Our Ref. JJJ-1011/A	Date. JAN. 27, 2000

TO WHOM IT MAY CONCERN:

CERTIFICATE

RE. 1) THE NUMBER AND DATE OF THIS DOCUMENTARY CREDIT :
161740 AND 05 JAN 2000

2) THE NAME OF ISSUING BANK : ABN-AMRO BANK DUBAI BRANCH
P.O. BOX 2567 DUBAI, UNITED ARAB EMIRATES

3) INVOICE AMOUNT : US$24,960.-

4) QUANTITY : 10,000YDS.

WE CERTIFY THAT 6 SETS OF MULTIFOLD SHIPMENT SAMPLES AND TWO SETS OF NON-NEGOTIABLE DOCUMENTS HAVE BEEN SENT TO THE APPLICANT. TEL : 009714-538789 BY COURIER WITHIN THREE DAYS AFTER THE DATE OF SHIPMENT. DETAILS OF COURIER AWB NO. HAS BEEN ADVISED ON OUR APPLICANT BY FAX ON FAX NO. 009714-533859. COPY OF THE TRANSMITTED FAX MESSAGE ALONG WITH BELATIVE ORIGINAL COURIER RECEIPT IS ACCOMPANIED THE DOCUMENTS.

THANK YOU.

YOURS TRULY.

SOGANGO CORPORATION

PRESIDENT

8) 검사증명서

NAVIN TRADING CO.
C.P.O. BOX 5631
SEOUL, KOREA

INSPECTION CERTIFICATE

DATE : JAN 26 2000

L/C NO. : 161740
- THE NUMBER AND DATE OF THIS DOCUMENTARY CREDIT : 161740 AND 05 JAN 2000
- THE NAME OF ISSUING BANK : ABN-AMRO BANK DUBAI BRANCH P.O. BOX 2567 DUBAI, UNITED ARAB EMIRATES

COMMODITY : ITEM # (4) : -KOREAN ORIGINAL
POLY FORMAL BLACK PEACH CREPE JACQUARD PLAIN DYED.
44″×ABT 25 YDS PER PIECE.

QUANTITY : 10,000 YDS

AMOUNT : US$24,960.00

INVOICE NO : JJJ-1001

B/L NO : SELA30326

VASSELNAME : mv. AL WAJBA V-C259W

ON BOARD DATE : JAN. 26, 2000.

SHIPPER : SOGANG CORPORATION

THIS IS TO CERTIFY THAT GOODS HAVE BEEN INSPECTED AND THE SAME HAVE BEEN FOUND IN ORDER AND SOUND CONDITION FOR SHIPMENT.

THIS CERTIFY IS ISSUED IN GOOD FAITH, FOR THE PURPOSE OF SHIPMENT.
FOR ANY OTHER TECHNICAL OR OTHER DEFFECTS IN THE GOODS, THE FACTORY/MAKER OF GOODS IS RESPONSIBLE.

THANKING YOU.

YOUR'S FAITHFULLY.

NAVIN TRADING CO.
SEOUL, KOREA

JHAMAN PIRITHYANI

9) 환 어 음

BILL OF EXCHANGE

Date : 200001-2039, Korea

US$24,960.00

_____________ SIGHT OF THIS BILL OF EXCHANGE (OF THE SAME TENOR AND DATE BEING UNPAID) PAY TO __________________________ OR ORDER THE SUM OF DOLLARS TWENTY FOUR THOUSAND NINE HUNDRED SIXTY ONLY.

VALUE RECEIVED AND CHARGE THE SAME TO ACCOUNT OF WHITE ROSE FASHIONS LLC. P.O.BOX-23066 DUBAI UNITED ARAB EMIRATES

DRAWN UNDER ABN-AMRO BANK DUBAI BRANCH P.O.BOX 2567 DUBAI, UNITED ARAB EMIRATES

SOGANG CORPORATION

L/C NO. 161740 DATED 05 JAN 2000

TO : ABN-AMRO BANK DUBAI BRANCH P.O.BOX 2567 DUBAI, UNITED ARAB EMIRATES

10) 수출승인서

수출입승인(신청)서
Export License (Application)
(업체용) C-9801 0134　JJJ-1001

처리기간 : 1일
Handling Time : 1 Day

1. 수출자 (Exporter)　무역업고유번호 (Notification No.)　6 7 2 1 15 서울특별시 중구 충무로1가 25-5 고려대연각센터 서 강 무 역 주 식 회 사 (서명) 대표이사 김 영 기 (Signature)	4. 구매자 또는 계약 당사자(Buyer of Principle of Contract) WHITE ROSE FASHION LLC., (U.A.E.) 5. 신용장 또는 계약서 번호(L/C or Contract No.) 161740
2. 위탁자 (Request)　사업자등록번호 (Business No.)　201-81-00223 서울특별시 중구 충무로1가 25-5 고려대연각센터 서 강 무 역 주 식 회 사 (서명) 대표이사 김 영 기 (Signature)	6. 금액(Total Amount) US$69,120. 7. 결제기간(Period of Payment) AT SIGHT 8. 가격조건(Terms of Payment) CIF
3. 원산지(Origin) R.O.K.	9. 도착항(Port of Dispatch) DUBAI

10. HS부호 (HS Code)	11. 품명 및 규격(Description/Size)	12. 단위 및 수량 (Unit/Quantity)	13. 단가 (Unit-price)	14. 금액 (Amount)
407.69.2000	PLAIN DYED POLYESTER JACQUARD WOVEN FABRIC (PEACH SKIN PALACE LESS WEIGHT) 44″	10,000YDS	$2.496	US$24,960.-
	CONSTRUCTION LESS WEIGHT AFTER FINISHED WP:POLYESTER M.S.YARN 1350(S D) X204 141G/YD WT:POLYESTER DRAW TESTURED YARN 75D(S D) X108 38G/YD(1700T/M) FINISHING RESIN TG/YD DYED TOTAL WEIGHT J80G/YD BEFORE WEIGHT 225G/YD	FOB $2,456/YD	FRT $0.03/YD	INS $0.01/YD

1% ON 125% INS. PREMIUM TO BE DEDUCTED AT THE TIME OF NEGOTIATION(FINAL PRICE OF DUBAI)

A8501 801 00961

15. 승인조건기재란(Remarks to be filled out by an approval agency)

16. 유효기간(Period of Approval)

17. 승인번호(Approval No.) 1 2 5 0 0 7

18. 승인기관 관리번호(No. for Approval Agency)

19. 위의 신청사항을 대외무역법 제14조 제2항 및 동법 시행령 제26조 제1항의 규정에 의하여 승인합니다.
(The undersigned hereby approves the above-mentioned goods in accordance with Article 14 (2) of the Foreign, Trade Act and Article 26(1) of the Enforcement Decree of the said Act)

년　　월　　일
승인권자

승인기관이 2 이상인 경우 15～18의 기재사항은 이면에 기재하도록 합니다.
이 서식에 의한 승인과는 별도로 대금결제에 관한 사항에 대하여는 외국환 관리법령이 정하는 바에 따라야 합니다.

11) 수출신고필증

수 출 신 고 필 증

처리기간:
Handling Time:

1. 신고자 상호명	명진관세사무소 이주영	제출번호 18601-98-9001849	7. 신고번호 120-10-98-0012539-9	8. 신고일자 2000126	9. 신고구분 H	10. 검사장
2. 수출자 상호명	서강무역(주)	부호 672115 A	11. 거래구분 11	12. 종류 A	13. 결제방법 LS	
3. 제 조 자	서울시 중구 충무로1가 25-5		14. 목적국 AE	15. 적재항 부산항	PUSAN	
통관고유부호	서강무역 1651015	사업자등록번호 201-81-00223	16. 운송형태 10BU	17. 제조완료일 (검사희망일)	2000. 01. 26	
4. 구매자 상호명	WHITE ROSE FASHION LLC	부호	18. 상품소재지	대구직할시 북구 노원동 ○○○○(주)		
5. 환급신청인	수출자	제조자	19. L/C 번호 161740			
6. 환급기관	서울본부세관	부호	20. 사후관리은행		21. 조사란	

23. 품 명 규 격	22. 관세사 실적	
POLYESTER TEXTURE(P/D) 44" P/D POLYESTER JACQUARD WOVEN FABRIC (PEACH SKIN PALACE, LESS WEIGHT)44" WP : POLYESTER M.S. YARN 135D(S.D.) X 204 141G/YD WT : POLYESTER D.T. YARN 75D(S.D.) X 108 38G/YD(1700"T/M) FINISHING RESIN 1G/YD DYED TOTAL WEIGHT : 180G/YD BEFORE WEIGHT : 225G/YD 10,000YDS CIF$24,960.- ON 125% INS. PREMIUM TO THE DEDUCTED AT THE TIME OF NEGOTIATION*(FINAL PRICE C&F DUBAI)	24. 세 번 부 호	5407.69-2000
	25. 제 품 코 드	
	26. 신고가격(FOB)	₩39,920,069/$24,560.-
	27. 순 중 량	1,800 KGS
	28. 수 량	
	29. 포장개수/종류	
이 하 여 백	세 번 부 호	
	제 품 코 드	
	신고가격(FOB)	₩
	순 중 량	
	수 량	
	포장개수/종류	

30. 공란수 (001)란	31. 총중량 2,000	단위 KG	32. 총포장개수 40	33. 총신고가격 (FOB)	₩39,920,069 $24,690

	서 류 명	번 호	발 급 일	34. 결제금액	CIF-USD-24,960	
관련서류	37. 수출승인서	1250080053028A01	20000116	35. 운임(₩)	487,623	36. 보험료(₩)
	38. 수출추천서	8B-100-5407-011855	20000116	45. 세관 기재란		
	39. 검 사 증					
	40. 검 역 증					
	41. 전략물자수출허가서					
	42.					

보세운송	
43. 운송신고인 수출자와 동일 44. 기 간 2000/1/26부터 2000/2/25까지	46. 신고수리일자

12) 국제등기우편수령증

EXPRESS

File Name: W 14 Page Number: 1 Date: 03' 26' 91 Time: 21:29:30

AIRMAIL

국제등기우편물수령증(갑) Receipt for Registered Item					일련번호/Seal No. 8262
우편물번호 Item No.	9326	도착국명약호 Country Code	DXB		접 수 일 부 인 Date Stamp
중량 Weight	200g	편별 Route	☑항공 Air	□선박 Surface	SEOUL I.P.O 2000. 1. 26 KOREA
요금Postage	11,320won	종별 Category	☑서 ? Letter □인쇄물 Printed paper □소형포장물 Small packet □맹인용 점자 Braille		
보험가액 Insured Services	won				
	SDR				□
특수취급 Special Services	☑국제속달 Express □배달통지 A.R. □통관회부 Presentation to customs				
요금납부 Postage payment	□우표 Postage stamp ☑별납 Paid separately □창구기계 Counter machin □후납 Paid afterwards				
내용품명 Contents	SHIPMENT ADVICE -OPEN POLICY NO. DB/OPM/2185				
발송인 주소성명 Sender	SOGANG CORPORATION C.P.O. BOX 1726, SEOUL, KOREA				
수취인 주소성명 Address	M/S. ORIENTAL INSURANCE CO. LTD., P.O. BOX 478, DUBAI, U.A.E.				
비고 Remarks	L/C NO & DATE: 161740 & 05 JAN 2000				
참고사항 Note	1. 등기우편물에 대한 손해배상은 내용품가격에 관계없이 통당 정액(17,040원)을 배상하므로 유가증권 보석류 등 귀중품은 지정된 우체국(통관국)에서 보험서창을 이용하여야 분실, 파손 등 사고시에 보험가액 전액을 배상 받을 수 있습니다. 2. 주소, 성명은 영어, 불어 또는 배달국가에서 통용되는 문자와 아라비아숫자로 정확하게 기재(나라명과 도시이름을 반드시 영어 또는 불어로) 하여야 합니다. 3. 소형포장물이나 상품에는 세관표지(C1) 또는 세관신고서(C2, CP3)를 작성하여 붙여야 합니다.				담당자서명 Signature of the official

13) 금 송 장

Orginal Copy

DHL WORLDWIDE EXPRESS

Shipment Airwaybill (Non negotiable)

2 5 0 9 5 8 4 3 4 6

Quote this shipment number in an enauiry

ORIGIN

DESTINATION

1. From(Sender)

Account no.
591201008

Sender's name

Sender's reference *first* twelve characters will be shown on invoice

Company name
SOGANG CORP.

Address
11/13FL KORYO DAEYEONKAK BLDG.
25-5 1-KA CHOONGMU-RO CHUNG-KU
SEOUL, KOREA.

Postcode

Phone/Fax/Telex *specify* one
02-3166-300

2. To(Receiver)

Company name
WHITE ROSE FASHIONS LLC.

Delivery address *DHL cannot deliver to a PO Box*
P.O. BOX-23066
DUBAI. UNITED ARAB EMIRATES
-L/C NO&DATE : T61740&05 JAN 2000

Postcode

Country

Contract person

Phone/Fax/Telex specify one

5. Sender's authorization and signature

I/ we agree that DHL's standard terms apply to this shipment and limit DHL's liability
The Warsaw Convention may also apply(see reverse).
I/ we understand that DHL does not transport cash or dangerous goods(see reverse)

Signature

Date
JAN 27 2000

3. Shipment details

Not all payment and service options are available in all countries.

Service
□DOCUMENT
□WORLDWIDE PACKAGE
EXPRESS all declarables
□EXPRESS DOCUMENT
□DOMESTIC
□WORLDMAIL
Airmail/ Printed Mattrer
specify one
□OTHER
SERVICE.........*specify*

Transport charges
If left black sender pays transport charges
□Sender
□Cash/Cheque/Ctedit Card
For approved customers only
□External Biling Agreement
□Transport Collect
Shipment insurance see reverse
□YES__________
insured value give currecny

Full description of contents
6 sets OF MULTIFOLD SHIPMENT SAMPLES &
TWO SETS OF NON-NEGOTIABLE DOCUMENTS

International Worldwide Package Express shipments only *Attach the Original and two copies of a Proforms or Commercial invoice*

Declared value currency

Sender's VAT/GST no.

Harmonised commodity code *if* apples

Receiver's VAT/GSP no. or EIN/SSN

Type of export □PERMANENT □REPAIR/RETURN □TEMPORARY

Destination duties/taxes if left blank receives pays duties/taxes
□Receiver □Sender □Other...................□
Specify destination approved account number

4. Size and weight

No. of pieces	Weight
1	1.5

Dimensions cm L×W×H
× ×

VOLUMETRIC / CHARGED WEIGHT
kg

CODE	CHARGES
	Services
	Special
	Insurance
	Other/VAT
CURRENCY CODE	TOTAL

TRANSPORT COLLECT STICKER No.

PAYMENT DETAILS
Cheque/Card no.

Type Expiry

RECEIVED BY UNI-OCEAN EXPRESS LTD. SEOUL, KOREA AS AGENT FOR DHL

Route No. CU 30
Time 15:30
Date JAN 27 2000

참고문헌

1. 국내문헌

강원진, "국제상업회의소의 UCP 600 완성초안에 제시된 주요 내용의 검토", 「국제상학」 제21권 2호, 한국국제상학회, 2006. pp. 3-20.

김기선, "신용장거래관습에 있어 국제표준은행의 본질적 해석에 관한 연구", 국제상학, 한국국제상학회 제11권, 1996.

______, "신용장거래관습에 있어 효율과 형평의 구현방식에 대한 규범적 접근", 무역상무연구, 한국무역상무연구회 제11권, 1998.

김종칠, "UCP 600의 주요내용과 문제점에 대한 연구", 「국제상학」 제21권 2호, 한국국제상학회, 2006. pp. 21-44.

구종순, 「무역실무」, 박영사, 2006.

______, 「해상보험」, 박영사, 2000.

______, "한국기업의 수출위험관리에 관한 실증적 연구", 박사학위논문, 고려대학교, 1990.

구종순·박광서, "한일기업의 수출위험관리에관한 비교연구", 무역학회지, 제19권 1호, 1994.

노동환, "신용장거래에서 매입은행의 국제표준은행관행 적용에 관한 연구", 박사학위논문, 서강대학교, 1998.

대한상공회의소, "인코텀즈 2000", 1999.

대한상공회의소·ICC한국위원회, "ICC국제무역정보", 1998-2000.

박대위, 「신용장」, 제 3 개정판, 법문사, 1994.

박세운·김영락·방두완, "서류심사에 대한 제 6 차 개정 신용장통일규칙 연구", 국제상학, 제21권 4호, 한국국제상학회, 2006. pp. 103-121.

백대림, "신용장통일규칙에서의 운송서류 관련규정; 축조해설과 적용사례

Ⅲ", 중재, 제182호, 1987. 3. p. 9.

서백현, "신용장통일규칙 운송서류조항의 변화에 관한 비판적 고찰 ── 제5차 개정신용장통일규칙을 중심으로", 박사학위논문, 서강대학교, 1997.

______, "제6차 신용장통일규칙 항구간 운송선하증권조항의 해석", 관세학회지, 제7권 4호, 한국관세학회, 2006. p. 136.

이제현,"신용장거래의 무역사기유형분석과 예방에 관한 연구," 무역학회지, 제27권 1호, 한국무역학회, 2002. 2.

______, "양도가능신용장거래의 물품하자담보책임에 관한 연구," 무역학회지, 제27권 1호, 한국무역학회, 2002. 2.

______, "신용장통일규칙 제48조의 해석과 적용에 관한 연구," 수출보험학회지, 제3권 1호, 한국수출보험학회, 2002. 11.

______, "전자신용장거래 당사자 간의 법률관계에 관한 연구," 전자상거래학회지, 제5권 0호, 한국전자상거래학회, 2004. 6.

______, "연지급신용장 거래당사자간의 법률관계에 관한 연구," 국제상학, 제19권 3호, 한국국제상학회, 2004. 9.

______, "선하증권의 부지문언이 송하인, 수하인, 운송인에게 미치는 영향에 관한 연구," 해운물류연구, 제46호 한국해운물류학회, 2005. 9.

이제현·구종순, 포페이팅(Forfeiting) 금융비용의 관세과세가격 결정에 관한 연구," 무역학회지, 제31권 5호, 한국무역학회, 2006. 11.

____________, 「전자무역실무」, 도서출판 두남, 2004.

____________, 「전자무역」, 도서출판 두남, 2006.

____________, 「무역학원론」, 교우사, 2006.

이용근·최유섭, "UCP 600상의 서류심사관행에 관한 연구", 「국제상학」 제21권 4호, 한국국제상학회, 2006. pp. 85～102.

채동헌, "제6차 개정 신용장통일규칙(UCP 600)에 따른 법률관계", 월간금융, 1-2월호, 전국은행연합회, 2007.

최정호, "S사의 신용장거래에 의한 무역사기사건", 경영논총, 제5권, 서강대학교, 1994.

최정호·이제현, "한국기업의 수출위험관리와 수출보험활용에 관한 실증연구", 경영논총, 제11권, 서강대학교, 2000.

____________, "신용장거래의 무역사기유형분석과 예방에 관한 연구", 경

영논총, 제12권, 서강대학교, 2001.

전자무역서류 활성화를 위한 eUCP에 관한 연구, 무역학회지, 제28권 1호, 한국무역학회지, 2003. 2.

신용장실무론, 박영사, 2002.

무역결제론, 박영사, 2006.

한재필, "UCP 600을 위한 주요개정내용에 관한 연구",「국제상학」제21권 2호, 한국국제상학회, 2006. pp. 45-65.

2. 외국문헌

Bergami Roberto, "Discrepant Documents and Letters of Credit-The Banks' Obligations under UCP500", *Vindobona Journal of International Commercial Law & Arbitration*, Vol. 7, 2003.

Byrne James E., "Overview of Letter of Credit Law & Practice in 2005", 2006 *Annual Survey of Letter of Credit Law & Practice, The Institute of International Banking law & Practice*, Inc., 2006.

Chaimer, Kim, "A representative of a carrier looks at the draft UCP", Documentary Credit Insight 12-3, 2006. pp. 13～14.

Christensen, Kim, "End the fuss about transport documents issued by forwarders", Documentary Credit Insight 11-3, 2005. pp. 11-12.

DOLE Richard F., Jr., "Applicant Ad Hoc Waver of Discrepancies in the Documents Presented under Letters of Credit", *2006 Annual Survey of Letter of Credit Law & Practice*, Institute of International Banking Law & Practice, Inc., 2006.

Ellinger E. P., "The UCP-500: Considering A New Revision", *2006 Annual Survey of letter of Credit law & Practice*, Institute of International Banking Law & Practice, Inc., 2006.

Erdemol, Haluk, "Making the new UCP trader friendly", Documentary Credit Insight 11-2, 2005. p. 23.

Ford, Mark, "The transport sector view UCP 600", Documentary Credit Insight 11-3, 2005. pp. 2-3.

Foutts Robert L., UCP 600 Update, JP MorganChase Treasury Services,

November 2, 2006.

Herl, Heinz, "Addresses, Agent and Transport Docoment", Documentary Credit Insight 12-1, 2006. p. 8.

ICC Publication No. 511, UCP 500 & 400 Compared, p. 66.

ICC Publication No. 371, Decisions(1975～1979) of the ICC Banking Commission, R. 29, 30, pp. 47-50.

ICC Publication No. 459, Case Studies on Documentary Credit(Vol. I), Case No. 85.

ICC Publication No. 469, Opinions of The ICC Banking Commission(1987～1988), R. 161, p. 56.

ICC Pulication No. 459, Case Studies on Documentary Credits(Vol. I), Case No. 950

ICC, Documentary credits know-how can now be tapped online, 2000(ICC, http:// www.iccwbo.org/iccbhba/index.html).

ICC, *First Complete Draft of UCP 600-Cover Note to National Committees, Comments to Draft Articles*, ICC Banking Commission, 2005.

ICC, *International Standard Banking Practice for the Examination of Documents under Documentary Credits(ISBP)*, ICC Pub No. 645, 2003.

ICC, *More Case Studies on Documentary Credits*, ICC Publishing SA, 1991.

ICC, Second *Complete Draft of UCP 600-Cover Note to National Committees, Comments to Draft Articles*, ICC Banking Commission, 2006.

ICC, UCP 600 & UCP 500 Compared, Part Ⅱ. Detailed Comparison for Each Article, UCP 600, Article 16 Comment. 2006.

Klein, Carter H., Letter of Credit Law Development, prepared for CBA Commercial & Financial Transactions Committee, Jenner & Block, January 19, 2006.

Kozolchyk, Boris, "The unwarranted comeback of the FIATA bill of lading", Documentary Credit Insight 11-3, April, 1992, pp. 198～199.

________, "Evolution and present state of the ocean bill of lading from a banking law perspective", Journal of Maritime Law and Commerce, Vol. 23, No. 2, April, 1992, pp. 198～199.

Kreitman Roger, "UCP 600: The End in sight?", *Letter of Credit Law Developments*. Prepared for CBA Commercial & Financial Transactions Committee and Klein Carter H. Jenner & Block LLP. 2006.

Muller, Rene, "Confronting the key issues in the UCP revision", Documentary Credit Insight 11-4, 2005. pp. 5～6.

Lee, T. O,. "A call for consistency with transport convention", Documentary Credit Insight 12-3, 2006. pp. 15～16.

Reynolds, Frank, "A trader's view", Documentary Credit Insight 12-4, 2006. pp. 11～13.

Song, Chang-Soon Thomas, "calls for a practical reading of UCP where a shipped bill of lading has two dates", Documentary Credit Insight 6-4, 2006. p. 15.

Taneja, Pradeep, "UCP 600: A document restoring the credibility of L/Cs", pradeep-taneja@yahoo.co.in

국문색인

영문색인

[W]

공저자 약력

최정호(崔正鎬)

서강대학교 경영학과 졸업(경영학 학사)
Drexel University(경영학 석사)
Wharton School University of Pennsylvania(경영학 박사)
한국국제경영학회 상임이사(1997. 2-1999. 2)
한국무역학회 이사(1998. 2-2000. 2)
관세사자격 문제출제위원
서강대학교 총무처장
현 서강대학교 경영학과 교수
　서강대학교 대학원 무역학과장
　한국보험학회 이사
　푸르덴셜 생명보험주식회사 사외이사
　사회복지공동모금회 재정운영위원

주요논문

S사의 신용장거래에 의한 무역사기사건
수출보험시장의 문제점과 활성화 방안
신용장거래의 무역사기유형분석과 예방에 관한 연구
한국기업의 수출위험관리와 수출보험활용에 관한 실증연구
전자무역서류 활성화를 위한 eUCP에 관한 연구
생명보험회사의 ALM: 필요성과 제기법
손해보험회사의 부채관리를 위한 손실지급금(loss payments)예측
보험산업 구조조정에 따른 지급여력제도의 문제점과 개선방안
손해보험회사 부채의 현재가치 측정
최근 금융환경하의 손해보험사 자산운용 안정성 제고방안
외 다수

이제현(李濟鉉)

한남대학교 경상대학 무역학과 졸업(경영학 학사)
서강대학교 대학원 무역학과 졸업(상학 석사)
서강대학교 대학원 무역학과 졸업(경영학 박사)
한국능률협회 상임교수(1993. 1-2000. 6)
한국경제신문사 교육아카데미 교수(2000. 10-현재)
한국능률협회 컨설팅 비상임전문위원(2001-현재)
현 한남대학교 경상대학 무역학과 교수

주요논문

한국의 수출보험 운영현황 분석과 개선방안에 관한 연구
전자무역서류 활성화를 위한 eUCP에 관한 연구
전자신용장거래에서 은행의 전자서류 검토의무와 책임에 관한 연구
전자신용장 거래당사자간의 법률관계에 관한 연구
연지급신용장 거래당사자간의 법률관계에 관한 연구
선하증권의 부지문언이 송하인, 운송인, 수하인에게 미치는 영향에 관한 연구

개정판
무역결제론

2006年 2月 25日 初版發行
2007年 9月 20日 改訂版印刷
2007年 9月 30日 改訂版發行

共著者 최정호·이제현
發行人 安 鍾 萬
發行處 (株) 博 英 社
서울特別市 鍾路區 平洞 13-31番地
電話 (733)6771 FAX (736)4818
登錄 1959. 3. 11. 제300-1959-1호(倫)

www.pakyoungsa.co.kr e-mail: pys@pakyoungsa.co.kr

定 價 33,000원(CD 포함) ISBN 978-89-7189-566-5